JN298912

芸術家ガリレオ・ガリレイ

Galilei Der Künstler. Der Mond. Die Sonne. Die Hand　　Horst Bredekamp

月・太陽・手

ホルスト・ブレーデカンプ　原 研二 訳

産業図書

GALILEI DER KÜNSTLER : Der Mond. Die Sonne. Die Hand

by Horst Bredekamp

The original edition was published under the title
Horst Bredekamp: Galilei der Künstler
Copyright © 2009 by Akademie Verlag GmbH, Berlin

Japanese translation rights arranged with Akademie Verlag GmbH, Berlin
through Tuttle-Mori Agency, Inc., Tokyo

Reproduced by permission of the Photographer, Barbara Herrenkind, Berlin
through Tuttle-Mori Agency, Inc., Tokyo

口絵 1　オッターヴィオ・レオーニのガリレイ像 (1624)
右目と左目が自立していることによって、この顔はますます生彩を放つ (図 370a 参照)。

口絵 2a　サンドロ・ボッティチェリ：漏斗型地獄 (1485／95) (図46参照)

口絵 2b　ジョヴァンニ・ストラダーノ：ダンテの漏斗型地獄 (図47参照)
ガリレイは数学的地獄の構造はどうあるべきか講演している。当時、ダンテ『神曲』の地獄を再構成することが人気のテーマだったのである。同じくタッソの誇大妄想のような庭園も数学的に問題にされる。ガリレイにとって実測できない空間は無意味である。

口絵3 画家仲間ロドヴィコ・チゴリによる天井画。月の上に立つマリア

『星界の報告』通りにあばた面の月面が登場した。ただし頭上に12の星、足下に月を踏みしめる姿は古代的「運命の女神」の図像からきている。カトリックの中心ローマの教会にそもそも異端的な図像が紛れ込んでいるところへ、さらに、現代科学の図像が滑り込んだわけである（図79、図80、図81、図82参照）。

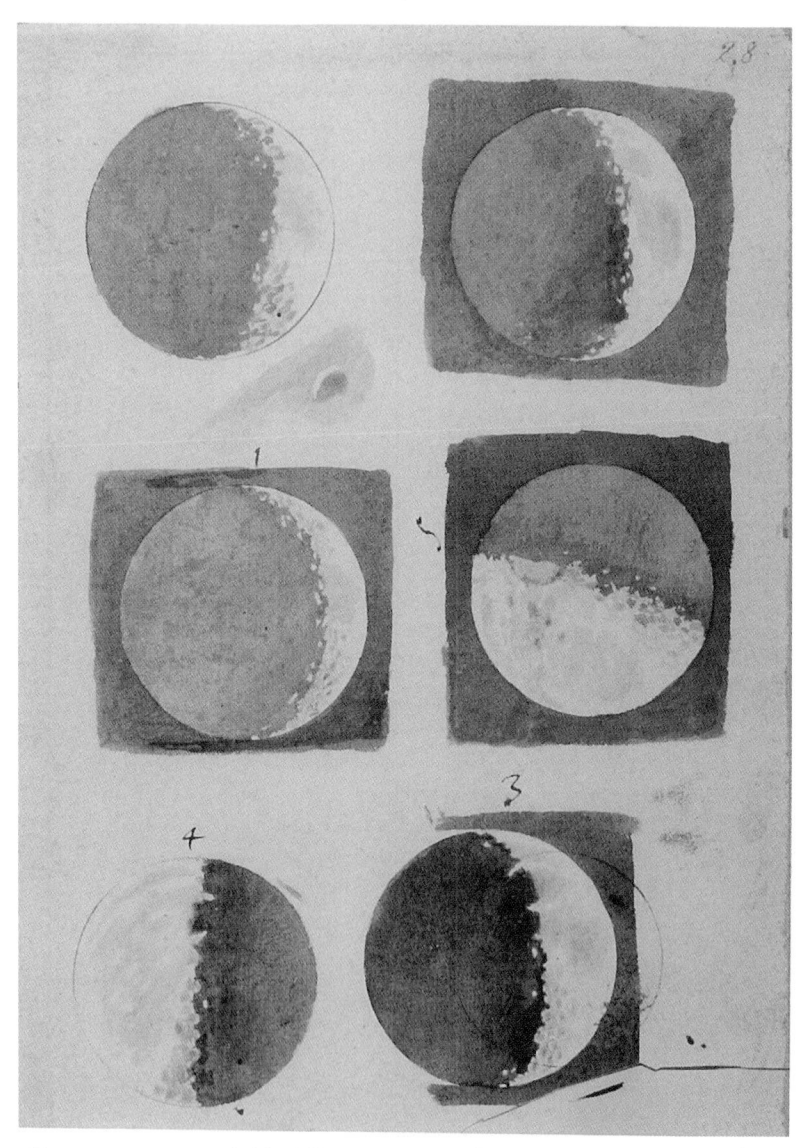

口絵4 フィレンツェの中央図書館にあるガリレイ筆の月相図
これほど手なれた筆さばきが成立するには、眼の修練が必要だった(図103、図104参照)。

口絵 5a　ベルナルド・ボッチェッティ：アブラハムと 3 人の天使（1610-1622）
色違いの石の薄片を嵌め込んで絵とするインタルジアという技巧が使われる。その人工的輪郭を美学者ガリレイはマニエリスムとして激しく拒否（図 35 参照）。

口絵 5b　フランチェスコ・リゴッツィによる石板への油彩：ダンテとの地獄めぐり（1620）
もともとの石板が持つ模様、ひび、色合い、肌理に誘われて『神曲』が描き出される。インタルジアを否定するガリレイは、こういう石肌の絵も否定するはずなのに‥‥と、ブレーデカンプはいぶかしむ（図 361 参照）。

OBSERVAT. SIDEREAE

ctum daturam. Depressiores insuper in Luna cernuntur magnæ maculæ, quàm clariores plagæ; in illa enim tam crescente, quam decrescente semper in lucis tenebrarumque confinio, prominente hincindè circa ipsas magnas maculas contermini partis lucidioris; veluti in describendis figuris obseruauimus; neque depressiores tantummodo sunt dictarum macularum termini, sed æquabiliores, nec rugis, aut asperitatibus interrupti. Lucidior verò pars maximè propè maculas eminet; adeò vt, & ante quadraturam primam, & in ipsa fermè secunda circa maculam quandam, superiorem, borealem nempè Lunę plagam occupantem valdè attollantur tam supra illam, quàm infra ingentes quædam eminentiæ, veluti appositæ præseferunt delineationes.

Hæc

口絵6 『星界の報告』は通常銅版画5枚によって飾られるが、1冊だけ手描き版がある フィレンツェ版より荒々しく素早い筆さばきであるが、正確な月相の読み取りに基づいている。これをガリレイの真筆と判定したのはブレーデカンプ。しかし中央下のアルバテギウスが大きすぎ真円すぎるのはなぜ？（図149、図151、図153、図387等参照）。

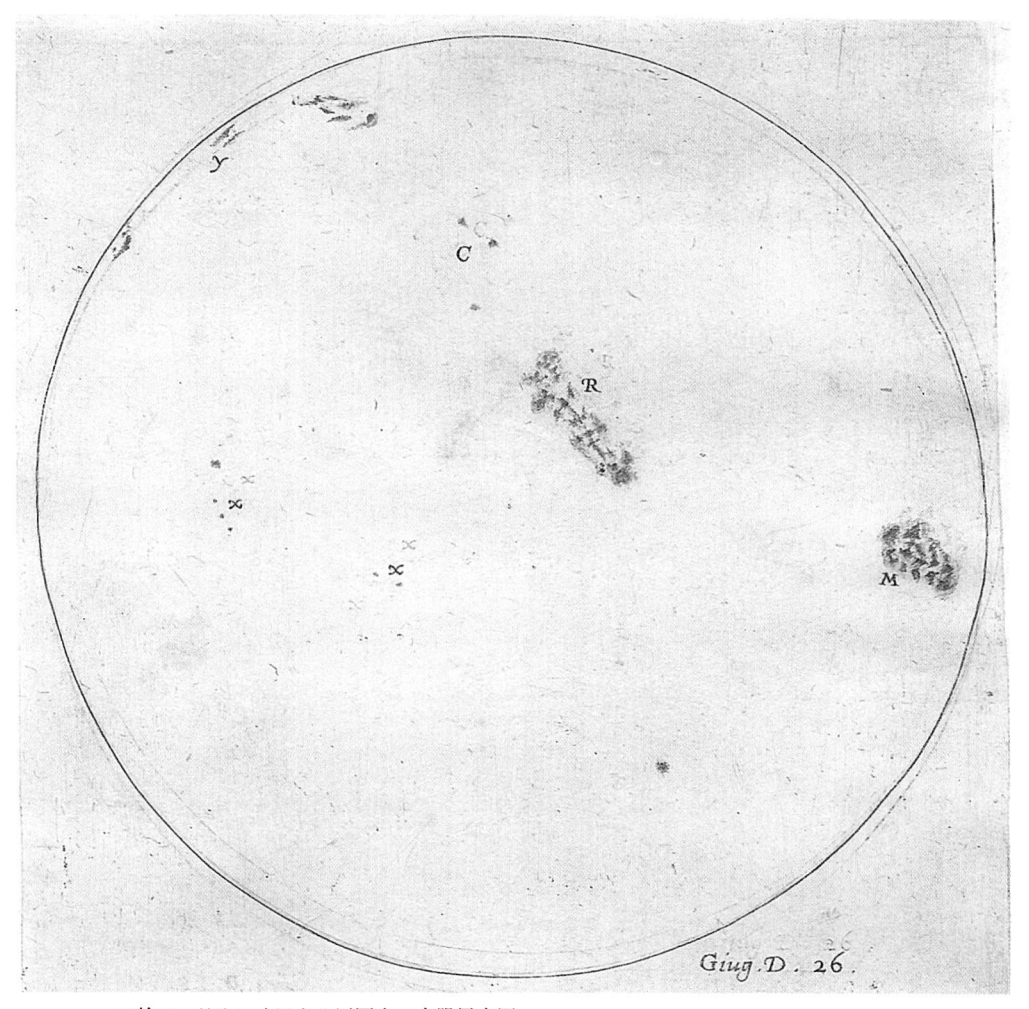

口絵7　ガリレイによる原図大の太陽黒点図
点描のごとき極細のペンさばき。論敵シャイナーの黒点＝惑星説に優越していったのは、形成物の朦朧とした状態まで描写できたからである（図701、ガリレイ、1613）。

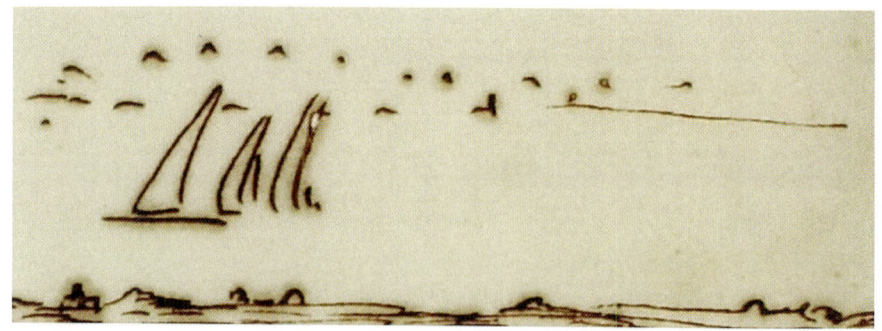

口絵 8　ガリレイによる河川風景とその部分図
まことに闊達な墨跡。署名なしの月相図をだれの手によるのか同定するのに、まず判断の元となるのはこのような手なのだ（図 378、図 379 参照）。

再版のための前書き

　魅力を失って久しいガリレイ研究が、ここ数年、思いがけず新たな展開を見たのは、＜演繹する思想家＞と＜実験する実際家＞を峻別する伝統の考え方が疑問に付されたからである。こういう事態になったのも、眼と手を活用したガリレイ像が視野に収められたからである。例えばベルリン大学提出の科学史に関する博士論文[1]やアイリーン・リーヴスとアルベルト・ファン・ヘルデンによる太陽黒点研究もまたこれらガリレイの活動を明らかにしている[2]。両研究とも理論家ガリレイが実際家として登場し、研究エンジニアのガリレイが哲学者として姿を現している。加えてアイリーン・リーヴスによる最近のアルキメデスにまつわる「王の鏡」史研究によれば、望遠鏡の新たな定義は凸面鏡の使用に始まる[3]。そうしてついにピサでの学会「可視的なものの克服。ガリレイと芸術」は、包括的なテーマに捧げられるに至った[4]。

（1）　Matteo Valleriani, Galileo Engineer, Boston 2009.
（2）　Eileen Reeves und Albert van Helden, Galileo and Schneider on Sunspots 1611-1613, Chicago 2008.
（3）　Eileen Reeves, Galileo's Glasswork. The Telescope and the Mirror, Cambridg und London 2007. さらにガリレイの好敵手クリストフ・シャイナーに関する彼らのブリリアントな報告も参照のこと：Taking it: Appels and Protogenes among Astronomen, in : Bildwelten des Wissens, Bd. 5/2. 2007, S. 65-72.
（4）　Letture Galilei. Galilean Lectures. Galileo e le Arti. The Conquest of Visible; Galileo and the Arts. Convengno internazionale di studi, Pisa, 28-29 settembre 2006. Organizzazione scientifical: Lucia Tongiorgi Tomasi e Alessasndro Tosi, in: Galilaeana, Bd.IV, 2007, S. 1-308.

　本書についての書評でユルゲン・レンは、ここに開かれる新たな全体的展望のことをこう言っている、「感覚の世界を、抽象的論理的思考の経験的元素材として片付けるのではなく、自然科学的認識を独特に定式化することとして再

発見する」⁽⁵⁾試みであると。この意味で「芸術家」ガリレイというタイトルは、研究者の一側面を付加語として表したのではなく、全体的な能力を表したものだった。本書は活発に像を描く手を思考器官であると定義するが、その試みは芸術史、科学史、哲学が協働する一つの空間で行われるものであり、分野に立てこもることでは適わないことなのである。

(5) Jürgen Renn, Rezension, in: Frankfurter Allgemeine Zeitung, 16. Nov. 2007, Nr. 267, S. 43.

　初版については様々な研究領域の以前からの参考文献や新しい参考文献が付け加えられねばならない⁽⁶⁾。本テクストは細部における多くの訂正と誤植を除いては本質的に改変はないのだから⁽⁷⁾、なおいっそう注意を喚起しておかねばならないのは、初版の時よりももっと強調さるべきいくつかのアスペクトがあるということ。本書の主要目的の一つはニューヨーク版『星界の報告』を提示して、印刷ではなく素描で挿入された月のイラストに注目することだった。書物史家ポール・ニーダム（プリンストン大学）によるシステマチックな乱丁分析を通じて認められたことであるが、それには校正のための組み版が含まれていた。

(6) ＜思考を促す手＞というテーマについては：André Leroi-Gourhan, Hand und Wort, Die Evolution von Technik, Sprache und Kunst, Furankfurt am Main 1980; および Frank R. Wilson, Die Hand-Geniestreich der Evolution. Ihr Einfluß auf Gehirn, Sprache und Kultur des Menschen, Stuttgart 2000, および出版されたばかりの Richard Sennett の研究書（Richard Sennett, Handwerk, Berlin 2008, S. 202-239）をも参照のこと。ベルリンの銅版画キャビネットの壮大な素描（ディセーニョ）ショーはガリレオ時代からも再構成が試みられている（Disegno. Der Zeichner im Bild der frühen Neuzeit, [Hg.: Hein-Th. Schulze Altcappenberg und Michael Thimann mit Heiko Damm und Ulf Sölter], Ausstellungkatalog, Berlin 2007). 最後に Frances Huemer によるガリレイとルーベンスの関係について新たな定義がなされている：Reconsidering Rubens in Venice-Padua and Mantua, in : Storia dell'arte, N. S. 15=115, 2006, S. 37-46.

(7) 我ながら謎なのは、イマヌエル・カントに Max という名前を付加してしまったことである（訳者注：本文 20 ページの誤記のこと）。Wolfram Hogebre の推測では、頭韻的に芸術史家 Max Imdahl と音が合ってしまったからではないかというのだが、そうなのか。あるいはスポーツ紙「レプブリカ」の記者がこの筆名で試合予測を載せていたので、これと混ざってしまったのではないか、というのが炯眼なる読者の意見（検索してみれば分かるだろう）。

その科学的探究に特化した解析のためにほぼ1カ月にわたって本書はベルリンの銅版画キャビネットに留め置かれた。イレーネ・ブリュックレ（銅版画キャビネット勤務）がこれをつぶさに精査した結果、とりわけこれら月のイラストは銅版を直接刻んだものではなく腐食法によるものであるという認識に至った。イラストのアマチュアめいた筆使いのせいで、これはガリレイ本人の手になるものではないか、という推断は、これにてテスト済みの確信に変わった。この結論は、その他の科学的探究の諸結論ともども、個々の研究論文の形で発表されるはずである[8]。

(8)　Galileo's O, Akademie Verlag, Berlin, 2009.

　ガリレイのような人物には学問分野がどうとか、頭と手はどちらが上かというような序列はどうでもよかった。彼の人格を再構成するには手元の限られた手段を動員する他はなかったのだが、そういう環境であればこそ、再版にあたって喜びもひとしおなのである。

H. B. 2008年9月

目　次

再版のための前書き

I　導入：ガリレイの手 …… 1
1. 都市のスケッチ …… 1
2. 原画の固有意志 …… 4
3. ホッブス・ライプニッツ・ガリレイ …… 7
4. 『星界の報告（シデレウス・ヌンキウス）ML版』 …… 10
5. 謝辞 …… 11

II　「ミケランジェロの再来」ガリレイ …… 15
1. 墓碑を拒否される …… 15
2. 魂の入れ替わりを構成する …… 18
3. ミケランジェロとガリレイの一体化 …… 20
4. ガリレイとヴァザーリ …… 24

III　文化批判としての明証性芸術 …… 29
1. 若書きのスケッチ …… 29
2. リッチというターニング・ポイント …… 36
3. マニエリスムの批評 …… 48
4. ダンテの地獄を計測する …… 71
5. 軍事施設 …… 79

IV　1600年前後の月 …… 93
1. レオナルドの遺産 …… 93

  2. チゴリの『十字架降下』 …………………………………… 98
  3. エルスハイマーとハリオット ……………………………… 101
  4. チゴリによる月のフレスコ画 ……………………………… 105

Ⅴ 『星界の報告』の月 ……………………………………………… 113
  1. 望遠鏡の眼差し ……………………………………………… 113
  2. 月の平坦ならざること ……………………………………… 117
  3. 書籍の形で出す決意 ………………………………………… 127
  4. 出版者バリオーニ …………………………………………… 129
  5. 月のテキストと図 …………………………………………… 136

Ⅵ フィレンツェ版素描 ……………………………………………… 147
  1. 割り付け ……………………………………………………… 147
  2. 描写テクニック ……………………………………………… 154
  3. 素描と銅版画の比較 ………………………………………… 163

Ⅶ 『星界の報告』ML の素描 ……………………………………… 167
  1. 本と素描 ……………………………………………………… 167
  2. 誰の手になるものか？ ……………………………………… 174
  3. 素描の優位 …………………………………………………… 180
  4. 汚れのアウラ ………………………………………………… 195

Ⅷ 『星界の報告』製作 ……………………………………………… 197
  1. 最初の図版と最初の言葉 …………………………………… 197
  2. 木版画 ………………………………………………………… 202
  3. 印刷の終結 …………………………………………………… 205
  4. 銅版画家ガリレイ？ ………………………………………… 210
  5. 新版の計画 …………………………………………………… 229

Ⅸ 太陽黒点の描写スタイル ………………………………………… 239
  1. シャイナーの試み …………………………………………… 239

	2. ガリレイとチゴリの反応 ………………………………………… 250
	3. 太陽研究のネット ………………………………………………… 280
	4. アリストテレス派に下る「最後の審判」………………………… 306

X 反省、そして絵画の奨励 …………………………………………… 313
 1. ガリレイのパラゴーネ（絵画優位論）………………………… 313
 2. チゴリの絵画理論 ………………………………………………… 319
 3. サグレドとの交換 ………………………………………………… 325
 4. アルテミジア・ジェンティレスキのための尽力 ……………… 334
 5. アンナ・マリア・ヴァイアーニの育成 ………………………… 337
 6. 画家サルヴァトゥスへの批評 …………………………………… 349

XI 真の哲学としての芸術 ……………………………………………… 355
 1. チゴリの嘲笑 ……………………………………………………… 355
 2. 芸術というモデル ………………………………………………… 359
 3. 「哲学の書」……………………………………………………… 365
 4. 眼の帝国 …………………………………………………………… 373

XII 結び：認識のスタイル ……………………………………………… 377
 1. スピードと形態 …………………………………………………… 377
 2. スケッチの絶対性 ………………………………………………… 381

付　録

I ガリレイの月を原図大で再現 ……………………………………… 387
 1. 1610 年 1 月 7 日付書簡の写し ………………………………… 388
 2. 『星界の報告』(Sidereus Nuncius) ML の素描 ……………… 390
 3. 転写の工程図解 …………………………………………………… 395
 4. 『星界の報告』Venedig, 1610 の銅版画 ……………………… 396
 5. 中央図書館蔵（BNFC, Gal. 48）フイレンツェ版の素描 …… 401

Ⅱ　原図大の太陽黒点　1611年9月－1612年8月 ………………………… 405
　1. 原図大による年表 ………………………………………………………… 405
　2. 太陽黒点に関する情報交換地図 ………………………………………… 521
　　a. ガリレイへの発信者 …………………………………………………… 521
　　b. ガリレイからの受信者 ………………………………………………… 522

Ⅲ　**参照事項** ……………………………………………………………………… 523
　1. 文献 ………………………………………………………………………… 523
　2. 出典略記号 ………………………………………………………………… 551
　3. 図版出典 …………………………………………………………………… 552
　4. 歴史人物索引 ……………………………………………………………… 553

訳者あとがき ……………………………………………………………………… 557

本書の成立は
アレクサンダー・フォン・フンボルト基金
およびマックス・プランク教会の
2006年度
マックス・プランク研究奨励賞
による助成金に
支えられている

図1　オッターヴィオ・レオーニ：ガリレイ。紙にチョーク、1624年、フィレンツェ、Biblioteca Marucelliana

I 導入：ガリレイの手

1. 都市のスケッチ

　フィレンツェの中央図書館（BNCF）に保管されたガリレイ文庫のうち第50巻には、1610年から1613年の間にガリレイが手掛けた木星の衛星軌道に関する計算が含まれる。数式はセピアのインクでぐいぐいと書き込まれ、繰り返し

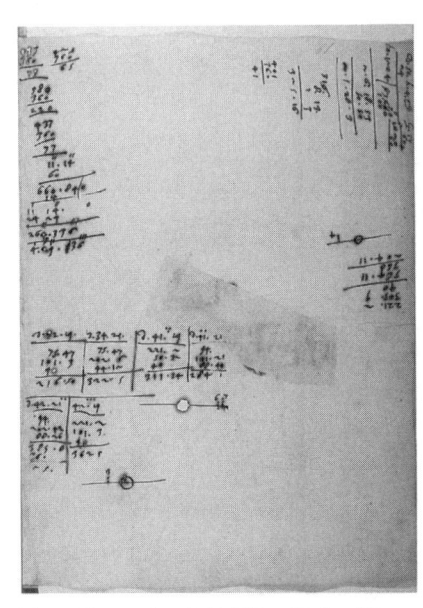

図2　ガリレイ：木星衛星の数式。紙にペン、ca.1610/11, BNCF, Gal. 50, F.61r

図3　ガリレイ：数式と都市景観。紙にペン、ca.1610/11, BNCF, Gal. 50, F.61v

紙面をひっかくので、特に筆圧のかかった箇所では紙を破るほどである（図2）。ちょうど真ん中より下、穴の空いた箇所をふさぐために付箋が貼られている。

ページをめくると、これが驚きなのだが、数字とダイヤグラムを描いていたのと同じペン同じインクで一つの建築群が描かれている（図3）。それは高い壁に囲まれた町である。すなわち高く構えた城塞と一つの通路で結ばれた町なのである。このような佇まいは、例えばヴィテルボス近郊ソリアーノとでもいおうか、スタンダードなイタリアの中規模山岳都市に見られる。

しかしながら、つくづくと眺めてみれば、町の描写は都市景観図（ヴェドゥーテ）を意図したのではないようである（図4）。町の内部に描かれているのは、家並みというよりは、むしろ平たい、押し合う巨大な薄片の重なりを思わせる。屋根も窓も入り口もないので、この建築全体を構成するのは、平板な、太陽光に白々と輝き、あるいは深々と影を刻んだ平面群である。いったいどのような力がガリレイを促したというのか。ちょうど同時代の、今日いまだにわれらの顔色なからしめる[1]、例えばルーカ・カンビアーゾに立体幾何学のような軍事要塞の設計図を描かせたような力か。こういう建築がどこから来たのか分からないとしても、初期キュビスム建築図を連想するのは許されよ

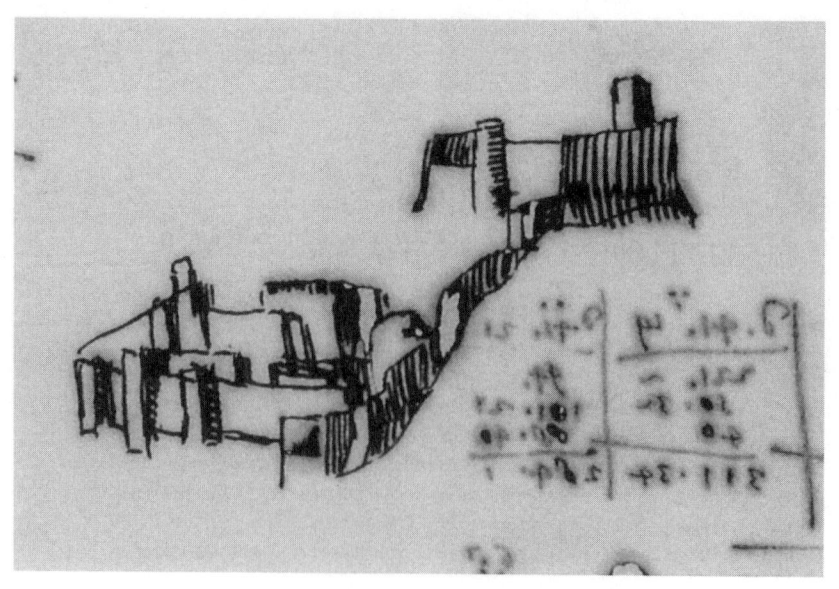

図4　ガリレイ：都市景観。紙にペン、図3の部分

う。

(1) Torriti, 1966 ; Geometrie der Figur, 2007.

ペンによる挿画は、周囲に書き込まれた木星衛星群に関する数字・図表・ダイヤグラムとはさしあたって無関係である。けれどもガリレイは1611年頃に月面と太陽黒点を観測しながら、倦むことなく光と影の効果、および光と影が物体を像とするときの影響について熟慮を重ねていた。そうした幾つもの事例の一つにペン画も数えられるのである。彼が木星計算式と同じ紙面に同じペンで、伸長した月面クレーターを三つスケッチしたのも同じ例だ。このスケッチも光と影によってどのように高低差が生じるのかという問題に捧げられている（図5）[2]。上方の造形は斜めから鳥瞰する楕円形クレーターを示しているが、真ん中よりの造形は右手の縁だけをクローズアップで見せている。その下方を目で追っていくと、最後にはクレーター全体を望む低めのパースペクティヴが、クレーターの細長い形状をしっかりと環状に組み込んでいく。クレーターの深さは明暗のコントラストによって集中的に納得できるという点で、それは

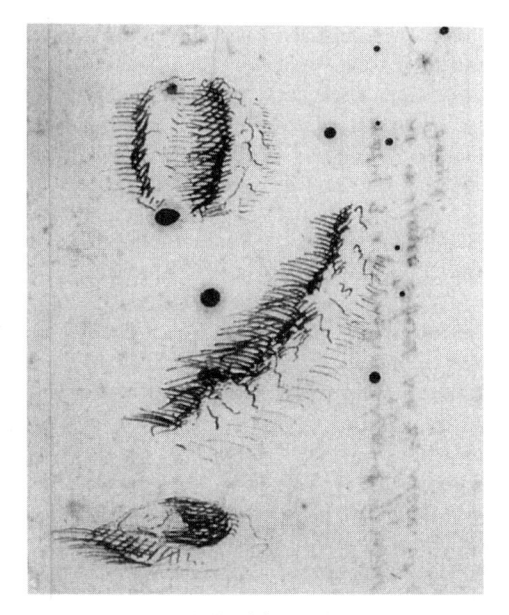

図5　ガリレイ：月面の隆起図。紙にペン、1611/12,
　　　BNCF, Gal. 50, F. 68r, 図189の部分

町の構成原理にとりわけ馴染んでいるのである。
 (2) Johann Georg Brengger 宛てガリレイの 1610 年 11 月 8 日付書簡，in; Opere, Bd. X, s. 471.

　木星衛星の計算の傍らでガリレイの思考は、光と影の空間創出効果へと飛躍した。彫りの深さのイリュージョンを起こさせるのに光と影の交代劇がいかに有効であるか、彼の都市の陣容が階段状をしていることからよく分かる。クレーターの湾曲を描くのにガリレイは平行線、斜線、交差線を用いるが、それに対し直角でできた建造物の性格を際立たせるためには垂直と水平の平行線を使用し、上部城塞の右手の壁では控え壁を暗示させようと屈曲さえさせている。光と影でできた町の建物は立体幾何学として構成されているが、その揺るぎなさは見る者に、この瞬間天体学に革命を起こしていたガリレイその人の自信を感じさせずにはいない。次に述べる試論もまた同じような効果が引き金となっている。

2. 原画の固有意志

　本論はエルヴィン・パノフスキイの「芸術批評家としてのガリレオ」というエッセイを前提としている[3]。なぜヨハネス・ケプラーの惑星楕円軌道がガリレイによってフェイドアウトさせられたのか。小論ではあるが深い議論においてパノフスキイが科学史上のトラウマの一つに没頭したのが、この問いである。パノフスキイはこういう排除行動はガリレイの審美的特徴が原因だったと説明したが、この論が 1954 年に表れて以来繰り返し議論の的となった[4]。つい最近になってマッシモ・ブッチャンティニがガリレイとケプラーの関係を包括的に再構成する際に、パノフスキイを出発点として議論した[5]。以下は同様の企てでありながら対極の方向へ導く。パノフスキイのアイデアは検証していくのではなく、いわば裏をかくのがいいと思う。美学ではなく素描による圧縮の領域へと降りていくこと。そこでは手の動きの一つひとつが宇宙学全体の性格を決定する能力を秘めている。
 (3) Panofsky 1954; 同, 1956, Galileo. 近年発表されたパノフスキイ書簡 Bd.111 によれば、彼はプリンストン移住ののちアルベルト・アインシュタインとヴォルフ・アン・パウ

リと近隣に過ごしたハンブルク滞在経験をこの問題に関して稔りあるものと解していた。(同, 2006, S. 233, 242. 281; その他の箇所については索引を参照のこと)。
(4) Koyré, 1955［独訳：1988］は同意見である。Rosen, 1956 の批判に対して Panofsky, 1956, More in Galileo、および Drake, 1957 の応答がある。以下も参照のこと：Fehl, 1958; Lotz, 1958; Mazzi, 1985; Shea, 1985; Panofsky, 1993（Heinich）。
(5) Bucciantini, 2007, S. VIII-XIII.

議論の基礎を提供してくれるのは、様々な理由で知られることのなかった資料である。一連の基本的仮定とならんでそれらの資料を使うと、ガリレイの方法はどのようなものであったかというイメージまでが一変するとすれば、ひとえにそれは彼の素描や銅版画の特異性による[6]。ガリレイが最も研究の対象とされる自然学者であることはそもそも疑う余地がないものだから、これら素描が特別に修練した手のなせる技であるという認識には、ほとんどだれも迫ることがなかった。もしかするとそのせいだろう、素描という最も重要なメディアが表に出ないままなのだ[7]。1896年から1910年にかけて刊行されたガリレイ著作集の国家編纂版は言うも愚かな価値を持っているが、特に注意を喚起しておきたいのは、それらであっても素描は、まま、ないがしろにされてきた、あるいは当時の複製技術のせいで、検証しにくい形で提出されたのであった[8]。それゆえ、ガリレイ自身と彼の直接関わる人々の手になる表現を複製する際に、すべてがオリジナル撮影であること、これが本書の方法としてはどうしても必要なことだった。むろん、これでも自分の目による直接視の代わりにはならないが、真正な印象を得る役には立つ。

(6) このコレクションはあまりに膨大で、とりわけガリレイの図解表現の分野にはわずか一歩を進めることができるのみである。ガリレイによる幾何学の素描、極端には代数学のメモをも含めて研究することは固有のテーマとなろう。このための萌芽研究には以下がある：Büttner, Damerow, Renn und Schemmel, 2003.
(7) それだけ一層以下のパイオニア的業績は顕彰に値する：Edgerton, 1984; Tabarroni, 1984、および Hallyn, 1994 S. 30-35.
(8) なぐり書きのような草稿が持っている固有の、そしてしばしば驚嘆すべきディメンジョンに焦点が合わされるようになったのは、つい最近のことである。際立って目覚ましい一例が BNCF, Gal. 50, F. 64r. についての以下の研究である：Dupré, 2003, S. 385-388.

ガリレイは天体観測に望遠鏡を使い、諸現象を検証したが、それをわれわれ

が研究対象とするときには、逆にアナログおよびデジタルな虫眼鏡が要求される。これにて拡大すれば歴史劇場の開幕である。この劇場はヴィジュアルな思考形式を補足する偉大な契機に数えることができる。本研究の核心は、ガリレイの素描家としてのインテリゲンツをこうやって再構成することである。

　ガリレイの思考の図化(スケッチ)は彼の思考動機の深部に及ぶので、ここでも芸術史上の基本認識を強化してくれる。すなわち、ある個人の本質は、自分でコントロールした発言においてではなく、いたずら描きをする手によってついでのことのように生み出されたもの、ときには取るに足らない些細な産物において表れるのである。それはジョヴァンニ・モレッリの名前を冠した認識原理であるが、ジークムント・フロイトが精神分析学を構想したのも、こうした原理に基づいていた。精神分析学も同様に意識的行動やおもてだった発言からではなく、「過小評価されていたり注目されていなかったりする特徴、すなわち残り物から」明察を得ようと試みる[9]。このことは興味深いことにグラフィックな手の運動に当てはまる。手の運動は、個人のくせであるかもしれないし、個人を超えてシステム化可能な特殊性の表れかもしれない、そのあわいを揺れる運動なのである[10]。

(9)　Freud, 1967, S. 207. これについては Ginzburg, 1983, S. 65ff. を参照のこと。
(10)　Perrig, 1991, S. 15-34.

　取るに足らないもの、あるいは非芸術的なもの、一過性のものや戯画的なもの、そうしたものの素描は、遅くともアルブレヒト・デューラーが子供のなぐり描きを真似たときにはもう、一つの様式になっていた。それは解消しがたい対決状況・活性状況こそ常態とする芸術運動である[11]。ガリレイの素描が生きるのも、この緊張フィールドにおいてである。芸術史・科学史の境界領域にある彼の素描は、筆跡鑑定で分かるかもしれない個人的性格であれ、まさに一般基準のごとくに追及せよと挑発してくるのだ[12]。

(11)　Lavin, 2007, S. 8; こういう複合に関する基本議論は同著: S. 7-35. および同, 2003 を参照のこと。
(12)　Kemp, 1979, S. 31.

　素描する手の運動は、思念のままに留まっている思考よりは高度の客観性を

満たしてくれる。これはレオナルド・ダ・ヴィンチの絵画論以来、「比較 paragone」の基本的な約束である。この「手において nelle mani」経過する思考とはどういうものか、16世紀以来の芸術史が探究し続けているところである[13]。「素描 disegno」理論の試みは、素描されることによって精神と肉体の交互作用はいかに可視的なレベルに蓄積されていくのかを理解すること[14]。これらの成果を神経生理学的に把握し、検証し、稔りあるものにする手掛かりはある。これと結びつくのが「運動する知性 motorische Intelligenz」の概念である。人間がピアノを弾ける、あるいは「手に筆をとって繊細きわまりない造形を紙上に」移すことができる。このことはこういう文脈の中では、人間の思考能力を掛け替えのないものとする定義の一部とみなされる[15]。精神哲学を行動理論的に基礎づける潮流は、ジョン・デューイからブルノ・ラトゥールやクリフォード・ギアーツを経て「実践的理性 praktische Vernunft」というコンセプトにまで及ぶが、広い意味にとれば、それを具現するのがガリレイの素描する手なのである[16]。

(13) Kruse, 2003, S. 94-96、その他多数箇所。
(14) ディセーニョ（素描）理論の基本議論は：Kemp, 1974.
(15) Neuweiler, 2007, S. 29, 36. この関連で特記すべきは、人間の言語能力の前提として触覚や運動能力について考察している Arnold Gehlen である。(Gehlen, 2004, S. 136-137). Neuweiler, György Ligeti および Gehlen に関しては：Meyer-Kalkus, 2007, S. 79-81, 96-102. 音楽学の同様の追求（Wagner, 2005, S. 15-19、その他多数箇所）および文学研究（Grave, 2006）。
(16) Dewey に関しては以下を参照：Geertz, 1992, S. 71; 以下も参照のこと：Latour, 1986, および一般論として Ferreo, 2006.

3. ホッブス・ライプニッツ・ガリレイ

本書は、ガリレオ・ガリレイ、トーマス・ホッブス、ゴットフリート・ヴィルヘルム・ライプニッツを例に近代の自然学・国家理論・哲学のヴィジュアルな思考形式をその起源から明らかにしようとした試みの完結編である[17]。ガリレイの資料解明はほとんど20年もの期間に渡っているので、彼への献身もこれまでとする[18]。

(17) Bredekamp, 1999; 同, 2003; 同, 2004.
(18) 初期のいくつかの論文は以下に取り込まれている：Bredekamp, 1996, Galileo; 同,

1996, Skizzen-blätter；同 , 2000, Hands；同, 2005, Luchse；同, 2006, Galilei；同, 2007, Evidenz.

　ガリレイ、ホッブス、ライプニッツはそれぞれ個人的つながりがある。1635年11月ガリレイ裁判の2年後、アルチェトリの自宅に軟禁されていた折、ガリレイはホッブスの訪問を受けた。ホッブスは躓きの書である『天文対話Dialogo』の英訳計画を披歴するのである[19]。それから35年後、ホッブスはライプニッツの一通の手紙を受け取り、これに詳細な返書を与えている[20]。彼ら相互の親密度はここでのテーマではないが、それでも彼らの結びつきはこの一面からも妥当なように思われる。三人とも「普遍数学（マテーシス・ウニヴェルサリス）」の旗を振ったのだが、その図像否定の特性にはノーと言った。彼らは世界像を省察するのに図像が基本的に貢献すると認識していたのだ。

(19)　Opere, Bd. XVI, S. 355, Z. 16-19.
(20)　Gottfried Wilhelm Leibniz の Thomas Hobbes 宛て書簡（1670年7月23日付）, in: Hobbes 1994 Bd. 1 Nr. 189 S. 713；以下を参照のこと：1674（?）, in: 同上 , Nr. 195, S. 732f.

　ホッブスは国家理論の省察「幾何学にならって more geometrico」を越えて一つの結節点を眼前に据える。それが『リヴァイアサン』の核心に通じていった。もし契約相手に王手をかける「いかなるヴィジュアルな権力」も存在しないのなら、あらゆる契約はたんなる紙くずであるのだと[21]。目と幾何学を一直線に作動させることは、ホッブスにとっては、図によって構成されるものをコントロールし、平和を可能にする基礎を提供した[22]。構成的に運動する手の意味はホッブスにとっては目にも鮮やかだったゆえ、彼は素描の腕前がまずまずであることを自慢にしていた[23]。ライプニッツにとっては人間の認識力の最高形態である数学すらなお＜見ること（Visus）＞の下位にあった。なぜなら視は神の全体視に連なる部分であったから[24]。ライプニッツが数学の最も大事な理論家の一人でありながら、同時にもしかすると数学の最も重要な図像提供者であったのも、やはり同じ理由からである[25]。ライプニッツは素描による概念の構成力を心得ていて、この分野に自分の才能が不足し訓練も足らないにもかかわらず、ひるむことなく自分の手で描くのであった[26]。

(21)　Hobbes, 1991, Leviathan, XVII, S.117.
(22)　Bredekamp, 2002, および同 , 2003, S. 119-121 .

(23) Hobbes, 1629, S.al^r；および以下を参照のこと： Bredekamp, 1999, S. 141f.
(24) Bredekamp, 2004, S. 100-105.
(25) Bredekamp, 2004, S. 87-100.
(26) 同上, S. 129-149.

　ガリレイ、ホッブス、ライプニッツが好んで図像を使って思考を遊動させる、なんという徹底ぶりであろう。なおさら膨大な研究がこの側面をないがしろにしているのは驚きである。これほど広範に抑圧が蔓延していることからすれば、原因はヴィジュアルなもののフェイド・アウト、過小評価、いや軽蔑にあるのだ。ヴィジュアルなものこそヨーロッパの悟性構造に深く根ざしているというのに。イマヌエル・カントの二重規定、すなわち悟性なき直観は存在せず、直観なき悟性もまた存在しないという規定は、しばしば引用されるくせに後半部は脇へ押しのけられてきた[27]。悲劇的例は美学である。美学はライプニッツの「小感覚」に従って感覚世界を哲学の直接的対応物として記述するかわりに、悟性を具象化すべく核心を奪われてしまう[28]。とりわけフォルムはあらゆる姿形のエッセンスや固有性を形成するが、哲学の言説では存在の余地すらない。こういうところに特殊や疎外因子への感受性の欠如が現れるのである[29]。

(27) Kant, 1968, Bd. III/1, S. 97.
(28) Hogrebe, 1992, S. 67-73 その他多数箇所。
(29) この問題を Baumgarten は承知していたが、解決していない（Baumgarten, 1986, S. 41 S. 16f.）。「偶然」の中に起爆剤があるという Mirjam Schaub の友好的指摘（Schaub, 2005, S. 544-545）。この問題は素描理論の広範な部分に当たっている。Belting, 2005. による原理的批判を参照のこと。

　近代哲学の膨大な業績は圧倒的な喪失によって購われていると私は考える。だからこそ近代の指準となる三人の人物がヴィジュアルなものの持つフォルム世界とどのように関わっているのかを再構成しようというのである。芸術史がフォルムに特権を与えるなら、それは17世紀には生きていたのにそのあと力を失っていった伝統の再興であり、ダンスやスポーツやあらゆる芸術フォルムのような外見のフォルムに生き延びようということである[30]。これらの分野ではフォルムを省みることは、見えるものの中で自分を見えなくする「背後を

突く」形而上学の揺籃となるのだ。ホッブス、ライプニッツ、そしてガリレイについての試みのかなわぬ希望なれど目指すのが、これ、揺籃となることである[31]。

(30) 科学史については以下を参照のこと：Daston, 2001, S. 19f. その他多数箇所。この概念の再来については：Boehm, 1999; 特に（Bild）Tanz について：同, S. 248-250; Krois, 2006. の新たな定義を参照のこと。舞踏については Catoni, 2005 の革新的仕事がある。スポーツについては以下を参照のこと：Gumbrecht, 2005.
(31) 以下を参照のこと：Hogrebe, 2006, S. 378-381.

4.『星界の報告（シデレウス・ヌンキウス）ML 版』

この 1610 年版『星界の報告（シデレウス・ヌンキウス）』が格別なところは、これまでひとに知られることがなく初公開であること、これに載せられた月の図は銅版画ではなく素描であること（図6）にある。これはニューヨークの古書店「マータヤン・ラン」のリチャード・ランとセイラ・マータヤンの所有していた版である（以下『星界の報告』ML と表記）。出所は南米の個人コレクションを経て 19 世紀にさかのぼることができる。この初公刊は所有者の許可を得て行われるのであるが、アントニオ・ファヴォロによって国定版ガリレイ著作集が発表されて以降、最も重要なドキュメントとなるだろう。両者はこれがオリジナルではないということを危ぶみながらもあらゆる角度から研究を遂行し、リチャード・ランは独自の観察から繰り返し究明に加わってきた。

2006 年 2 月、プロイセン文化財団ベルリン国立博物館銅版画キャビネット

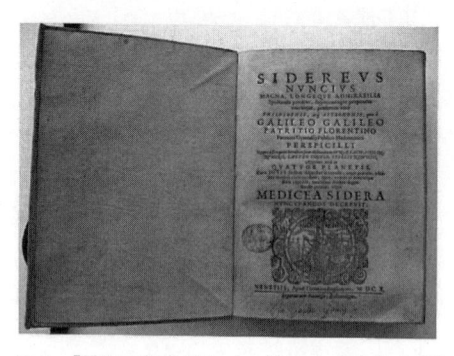

図6 『星界の報告 Siderius Nuncius』ML, 1610

において専門家に調べてもらうために1週間貸し出してくれた。修復学と素材研究の期間中、イレーネ・ブリュックルとテレサ・スミス、およびホルム・ベーヴァースとハインリヒ・シュルツェ・アルトカッペンベルク（銅版画キャビネット所属）、ソーニャ・クルークとシュテファン・シモン（ラートゲン研究室）、ベルリン工科大学共同研究員（ブリギット・カンギーサーとティーモ・ヴォルフ）の一員であったオリヴァー・ハーン（国立資料調査室）、およびルート・テスマー（フンボルト大学）の共同作業は、とりわけ幸福な時間となった。最後にはステファン・サイモンとテレサ・スミス（現ハーヴァード大学）の仲介でニュー・ブリュンスウィクのリュートガー大学ギーン・ホール実験室で継続研究が試みられることとなった。参加者すべてはお役所的ではない実際的な研究のお手本であって、特別の謝意を表したい。当該書と用いた資料の年代を証明し、加えて一連の問題に答えた研究のそれぞれの成果は、個々に公刊されることになろう。

5 謝　辞

　研究期間中、たくさんの方々から助言と支援をたまわり、一部を数え上げることができるだけである。ウィリアム・S・シーは原稿全体を校閲し、校正ばかりか意見・喚起においても決定的に助けとなってもらった。ユルゲン・レンは本書の生みの親の一人であり、ディヴィッド・フリードバーグの寛容さがなければ第VII章は貧弱なものとなっただろう。ヴァレスカ・フォン・ローゼンとハイコ・ダムには1600年界隈の改革派フィレンツェ絵画に関して最高に有り難い注釈を戴いた。ディーター・B・ハルトマンは天文学の分野で貴重な助言をたまわり、アルベルト・ヴァン・ヘルデンには太陽黒点の章を検証してもらった。

　個別問題では、次の方々の支えがあった。タチャーナ・バルチュ、ヤン・ヴァン・ベーヴェルン、マリオ・ビアジオリ、ゴットフリート・ベーム、ヴォルフガー・ブルスト、ミケーレ・カメロータ、マッシモ・チェレーザ、ミヒャイル・カツィダキス、スヴェン・デュプレ、エステル・ファジノ、ウルリケ・ファイスト、アルムート・ゴルトハーン、アネッテ・ホフマン、ヴォルフラム・ホーグレーベ、マリオ・インフェリーゼ、トーマス・キルヒナー、エー

バーハルト・クノープロッホ、ジョン・ミヒャエル・クロイス、ヴォルフガング・ルフェーブル、ヨハンナ・ベアーテ・ローフ、マーラ・マロスケ、ラインハルト・マヤーカルクス、ユルゲン・ミッテルシュトラウス、アレクサンダー・ペリヒ、ドナト・ピナイダー、アイリーン・リーヴズ、ミリアム・シャウプ、ビルギト・シュナイダー、ヤン・コンラート・シュレーダー、ウルリケ・タルノフ、マッシモ・ヴァレリアーニ、ヴィルヘルム・フォッセンクール、ニコラス・ヴァーデ、インゲボルク・ヴァルター、ガブリエレ・ヴェルナー、ゲルハルト・ヴォルフ、ロベルト・ザッペリ。

ヘルツィアーナ図書館のルドルフ・ヴィットコウアー奨学生認可（ローマ、2005）のおかげで、ローマの資料館・図書館での仕事が進捗をみた。ローマその他の町の研究所では次の方々の助力を仰いだ。ヘルムート・ギアとマリアンネ・フィンケル（アウグスブルク国立・市立図書館）、パオラ・ピロロとイサベラ・トルッチ（フィレンツェ国立中央図書館）、マルチア・ファイエッティ（フィレンツェ、ウフィツィ素描・版画キャビネット）、インガ・ラルソン（ハンブルク国立大学図書館）、アンケ・フォラーセン（ハンブルク天文台）、モンス・ピエル・フランチェスコ・フマガリ（ミラノ・アンブロジアーナ図書館）、エンリカ・シュネッティニ（ローマ、アカデミア・デイ・リンチェイ）、アンブロジア・M・ピアツォニ（ローマ、ヴァティカン・アポストリカ副Prefetto）。

フンボルト大学の研究チーム「レクイエム」には16世紀初期のローマ事情について価値ある助言を戴き、最後にはヘルムホルツ文化工学センターの部署をまとめたチーム「工学的図像」に、個々の問題を越えて本質的な支援をたまわった。

けれどもなかでもカルメン・アロンソ・シュミット、ウルフ・イエンゼン、ユーリア・アン・シュミット、およびマルコ・シュトローベル（フンボルト大学、ベルリン）には、本文全般にわたって良心的に弛むことなく眼を通していただいた。特にカルメン・アロンソ・シュミットには人名索引をお願いし、ウルフ・イエンゼンには参考図書を整備してもらい、ユリア・アン・シュミット（イタリア語）とマルコ・シュトローベル（ラテン語）にはそれぞれの言語で独訳を手伝ってもらった。その都度断っていないが、翻訳はこの二人と私の合作である。

700 を超える図版の手配にはハンブルク市アビ・ヴァールブルク賞の資金援助を得ることができた。バルバラ・ヘレンキントは膨大なデジタル画像作りと組織ワークを担っていただいた。彼女にはとりわけ原版『星界の報告』MLのすばらしい彫塑的写真に腕を発揮してもらった（第 VII 章）。

　本書の全体は様々な論文、テクスト、図版が可能な限り密に組み合わされた成果である。本書を総体として構成しようという色んな試みから大いに明快なひらめきのある形態が生まれたのだが、このような形にしてくれたのはペトラ・フローラートであり、草稿の入れ替え、総計 8 度にわたるページ替えを通じて先へ導いてくれたのも彼女である。アカデミー出版のゲルト・ギースラーとザビーネ・コファラには絶大な補助と無私なる信頼をいただいた。長年にわたる集中的共同作業は、ペトラ・フローラートとゲルト・ギースラーのおかげで特別に良好な状態を維持できた。

　ベルリンの科学協会常任フェローという地位のおかげで少なからぬ自由と資料的援助に恵まれなければ、本書が書かれることはなかっただろう。その決済はマックス・プランク研究賞の資金でまかなわれたが、これは 2006 年夏のマックス・プランク協会とフンボルト基金によって私に与えられたものである。

　ここに名前をあげたすべての方々と研究所に心から謝意を表します。

＊＊＊

　ホッブスとライプニッツの仕事の後、この文章もシュレスヴィヒ・ホルスタイン西岸のレームスタッカーダイクで仕上げている。私はホッブス本を 1300 年に作られたダイクの建設者に捧げ、ライプニッツ本のときは、考えあぐねている間に眺めていたダイクの羊たちに捧げた。そこで本書は、ガリレイが見たものを望遠鏡でもう一度追査してみようと覗き見たアイダーシュテット上空、比類ない夜空に捧げようと思う。

H. B. 2007 年 4 月

II 「ミケランジェロの再来」ガリレイ

1. 墓碑を拒否される

　ガリレイが1642年1月8日に亡くなったとき、家族は公の騒動にならないよう気を配った。彼らの恐れは、ガリレイが先祖代々の安息の地フィレンツェのサンタ・クローチェ教会への埋葬を禁止されるのではないかということにあった。ガリレイの埋葬場所がノヴィツィアト礼拝堂の狭い扉からしか通路のない鐘楼下の小礼拝堂だったのも、用心のためだった[1]。こういった対策をとったにもかかわらず、フィレンツェの教皇大使であるジョルジョ・ボロニェッティはローマの枢機卿付詩人フランチェスコ・バルベリーニに宛てた手紙で以下のような警告を発している。「皆の言うことには、大公のお望みは、壮大な、つまりミケランジェロに比肩する墓碑を、ミケランジェロの墓碑の真向かいに建立させることです。大公はアカデミア・デラ・クルスカにそのモデルの計画と実行を任せようとお考えです。すべてを考慮しましても、閣下にこの件をお知らせするが大事と愚考いたしましたる次第です」[2]。

（1）　Galluzzi, 1998, S. 418.
（2）　„Si dice comunemente che il Gran Duca voglia fargli un deposito sontuoso, in paragone e dirimpetto a quello di Michelangelo Buonarroti, e che sia per dar il pensiero del modello e del tumulo all'Academia della Crusca. Per ogni buon rispetto ho giudicato bene V. Em. za lo sappia" (Giorgio Bolognetti an Francesco Barberini, 12. 1. 1642, in: Opere, Bd. XVIII, S. 378, Z. 5-7 ; Galluzzi, 1998, S. 418).

　1574年に竣工したミケランジェロの墓碑は、サンタ・クローチェのラング

ハウス、入り口の後ろにジョルジョ・ヴァザーリの采配によって建立された（図7）[3]。故ガリレイをフィレンツェの最も有名な芸術家と肩を並べさせようというアイデアだけでもう、ローマに対する挑発と解されたに違いなかった。教皇ウルバヌス8世はフィレンツェ駐在大使フランチェスコ・ニコリーニをはじめその他の人士を介して、公的墓碑の建立をガリレイに許すのはやっかいなことになると伝えさせた[4]。これにて大いなる廟の計画は、まだ口にもされず追及もされないうちに、消滅することになった。

(3) Cecchi, 1993.
(4) Galluzzi, 1998, S. 418f

図7 ジョルジョ・ヴァザーリ 他によるミケランジェロ・ブオナローティの墓碑、1574, Florenz, Santa Croce

とはいえ、ガリレイとミケランジェロの関係は、なんといおうとも無から出た話ではなかったので、抗うことのできない一つのお題目だった。ガリレイと異端審問所の対立を予見しながら画家ロドヴィコ・チゴリは、すでに1612年

にガリレイをミケランジェロになぞらえて、こう言うのだ。ミケランジェロは建築学においてヴィトルヴィウス法則を破壊したが、これをガリレイは自然科学界で果たした。それゆえガリレイに逆風が吹くのなら、ミケランジェロに起こったのと同じことが繰り返されるだけだろう。「当代まで守られてきた秩序の外に建築することを始めたミケランジェロと同じことが汝の身にも起こるでしょう。そのうえに一同厚かましくも口をそろえて主張することには、ミケランジェロは彼の勝手気ままをもってヴィトルヴィウスを遠く離れ建築を滅ぼしてしまったのだと」[5]。しかしながら建築に没落をもたらしたのはミケランジェロではなく、素描 disegno の技を習得せず、奔放な形態を生み出した連中なのだ[6]。

(5) „et mi credo avengha lo istesso come quando Micelagniolo cominciò a architetturare fuori del'ordine degli altri fino ai suoi tempi, dove tutti unitamente, facendo testa, dicevano che Micelagniolo avea rovinato la architettura con tante sue licenze fuori di Vitruvio" (Lodovico Cigoli の Galilei 宛書簡（1612年7月14日付）, in: Opere, Bd. XI, S. 361, Z. 7-10).

(6) Lodovico Cigoli の Galilei 宛書簡（1612年7月14日付）in: Opere, Bd. XI, S. 361, Z. 10-16.

改革者ガリレイを規範破壊者ミケランジェロと同列に置こうというチゴリの努力は、「最後の弟子」としてガリレイの遺産管理人に任じられたヴィンチェンツォ・ヴィヴィアーニによって全面的に受け継がれる[7]。ガリレイを顕彰しようというあまたの試みののち[8]、ヴィヴィアーニは1688年その遺言に、ガリレイの墓碑を実現すべく遺産を当て、自分もまたこの廟に葬るべしと定めた[9]。生涯の終わりを彼は雛型の仕上げに捧げたが、これこそフィレンツェの教皇大使ボロニェッティをしてガリレイの死の直後に憤激させた例の対比ポジションのために構想されたものだった。ミケランジェロの墓碑を飾る建築、絵画、素描の化身たちに対して、ヴィヴィアーニは対面チャペルのガリレイ廟モニュメントに天文学、幾何学、哲学3体の設置をもって応答としようというのが、ヴィヴィアーニの目論みだった[10]。

(7) Boschiero, 2005, S. 84ff.
(8) 彼は様々な処置の中でも彫刻家 Giovanni Battista Foggini に廟のモデルを注文した（Büttner, 1976, 以下についても）、その際彼はメディチ家とともに、ガリレイの名声

をフィレンツェの町の栄光と尊厳の上に輝かせようと努力した（Galluzzi, 1998, S. 424）。しかし彼の遺骨が安置された付属礼拝堂の装飾が作られただけであった。1674年の晩夏、それは胸像と碑銘を備えられ、ガリレイの功績が銘記された（同上）。この出来事全般については以下も参照のこと：Gregori, 1983。
（9）　Galluzzi 1998, S. 425.
（10）　1674 年の手紙にすでに：同上。

2　魂の入れ替わりを構成する

　ヴィヴィアーニの努力が実を結ばなかったとき、彼はデル・アモーレ通り（現在の S. アントニオ通り）の館を、1692 年、ガリレイの広告塔となした（図8）。ファッサードの大きな平面には歴史家ジョヴァンニ・バッティスタ・ネッリの解釈によって2葉の巨大な碑板を張らせ、そこにフィレンツェの二人の英雄の生涯を交錯させた。右側の碑文にいわく、神のごときミケランジェロを失った補いに、この者「ガリレイが幾何、天文・地理学、工学、理論の崇高なる革新者、すなわち自然学の教父にして王、ドゥーチェ、ほとんど神のごとき

図8　ジョヴァンニ・バッティスタ・ネッリ、ヴィヴィアーニ邸（カルテローニ邸）ファッサード図）、1692, Florenz, via S. Antonio n（Photo: Michail Chatzidakis, 2007）

発明者となって光とともにこの世に送り返された。第二のミケランジェロ、偉大なるガリレオは（……）正式な記録によればピサにおいてガリレイ一族のこの上なく高名なヴィンチェンツォ・ミケランジェロ、新旧音楽理論をまとめたきわめて学識深いこのフィレンツェ人とその誉ある妻ジューリア・アンマナーティの子としてキリスト生誕暦1564年に生まれ、すなわち2月18日金曜の夕べ21時30分のこと。同年同日ローマにて23時30分、奇しくも同夜ブオナローティは亡くなった」[11]。当初単なる比喩としてミケランジェロとガリレイが結びつけられていたものが、1564年2月18日の死亡と生誕の一致によって、生まれ変わる魂の結合に昇格したのである。

(11) „prompta ac largiore manu DEO reficiente conspectior redderis Orbi sublimiorum scientiarum Geometriae, Astronomiae, Geographiae, Mecanices,Theoreticae. Et naturalis Philosophiae. Instauratore, Patre, Principe, Duce ac pene divino Inventore, altero hoc tuo patritio MAGNO GALILAEO his siquidem [falso hac in parte scribente quodam encomiaste] legitime nascitur Pisis ex celeberrimo Vicentio Michaelis Angeli de Galilaeis nobiliflorentino. De vetere ac recentiori theorica musicae scriptori doctissimo et ex honestissima huius uxore Iulia de Ammannatis. Anno a Christi Nativit. CIƆ.IƆ.C.LXIV hora ibidem ab occasu XXI cum semisse. Die veneris XIIX Febr.Qui quidem ipsi annus ipsaque dies. Romae. Hora tamen XXIII cum dimidio ac partier ab occ. Ipsi Bonarrotio lethalis fuit" （以下を参照のこと：Favaro, 1879, S. 471f.; プロジェクト史については：同上、S. 465f.; Büttner 1976, S. 112f.）.

ヴィヴィアーニと共同して芸術史家フィリッポ・バルディヌッチによって解明されたガリレイの誕生日は後世に思われているほど操作されたものではない[12]。彼の研究によればガリレイの誕生日は2月18乃至19日とされたが、1564年2月19日のガリレイ洗礼の日付に関する最終的結論では、ミケランジェロの命日の1日前にこの世に生を受けたと見なしている[13]。

(12) Favaro, 1882; Segre, 1989, S. 17-20.
(13) 伝記ではまだ2月19日という日付が使われている（Viviani, in: Opere, Bd. XIX, S. 599, Z. 19）。けれどもガリレイが2月16日にはすでに生まれていたと証明したのは、ようやくファヴォロになってからである（Favaro, 1992, Bd. II, S. 546-566）。話の全体については：Segre, 1989, S. 221-223；同、1991, S. 116-122；同、1998, Galileo, S 70-73.

ガリレイとミケランジェロの結合は、ガリレイ顕彰に影のように横たわる1633年判決の不名誉をミケランジェロの名声によって緩和することを可能に

した。同時にしかしミケランジェロを追慕する気持ちもこういう操作によって利益を得ている。つまりメディチ家に対してミケランジェロは、1528年から1530年におけるフィレンツェ防衛のためメディチ家に敵対したという負い目[14]、そして数年後、メディチ家が独裁権を確立すると、ローマに逃亡し、以後一度もフィレンツェには戻らなかったという負い目があるのだ。魂を入れ替わらせることによってメディチ家にとって両者は損害を補填しあっている。貴族達のフィレンツェを捨てたミケランジェロはガリレイとなって帰還を果たし、ガリレイはメディチ家に保護されることによってミケランジェロに変容し、信奉の代弁者となった。メディチ家のフィレンツェは芸術と科学の二人の英雄を相補的に祝福することができた[15]。

ネッリはガリレイ誕生の日付を確定することで、ミケランジェロからガリレイへの魂の変容に堅信礼を施したわけである[16]。マックス・イマヌエル・カントは人間学のプランの中で「三人の天才、ミケランジェロ、ガリレイ、ニュートンの形而上学者(メテムプシコシス)」[17]についてなお語るところがあった。

(14) Bredekamp, 2006、Zustand.
(15) Galluzzi, 1998, S. 428f. 以下を参照。ミケランジェロとガリレイの共同描写はブオナローティ家のValerio Marucelliによるフレスコ画「ミケランジェロとアンドレア・グリッティ」にある、Florenz, 1616-1618 (Vligenthart, 1976, S. 119-121).
(16) Nelli, 1793, Bd. I, S. 21f.
(17) Kant, 1923, S. 826.

3 ミケランジェロとガリレイの一体化

18世紀、教会の近代化に関心のあった僧侶グループが教会批判のインテリ階層、および大公ジャン・ガストーネ・デ・メディチと結託した時代にあって、文化闘争の気運のさなか、ガリレイとミケランジェロの連想はついにサンタ・クローチェ教会にまで到達する。ローマの公権力が要求したことは、たんに、あらゆる反教会の口調を墓碑文と演説から省いてくれるようにというものだった。

ガリレイの遺骨は1737年3月12日に、聖人に執り行われる儀礼を借用しながら、墓のあるチャペルに移されたのだった[18]。その際、かつてミケランジェロがサンタ・クローチェ教会に埋葬された日時を踏襲したのである[19]。3

II 「ミケランジェロの再来」ガリレイ 21

図9 ジョヴァンニ・フォジーニ、ヴィンツェンツォ・フォジーニ、ジローラモ・ティッツァーティ：ガリレイの廟、1737, Florenz, Santa Croce

カ月後の6月6日、サンタ・クローチェの左脇陣の第一チャペルに、ガリレイの霊廟は異端審問体制へのフィレンツェ国家の勝利として落成した（図9）[20]。

死後95年、そして異端審問の判決を受けてから104年後、彼には一つのモニュメントが奉げられる。それはミケランジェロ廟に付された像がメランコリックで悲哀に満ちた身振りを示しているのと違って、すでにジョヴァンニ・バティスタ・フォジーニの手になるガリレイの胸像もそうだったのだが、昂然と身を起こし戦闘的姿勢をとっているのだった。右手には望遠鏡、コンパスを持った左手は球体の上にやすらい、重量ある草稿を本の積み重なりに押しつけている。

(18) Galluzzi, 1998, S. 439.
(19) Galluzzi, 1998, S. 435f.
(20) 同上 , S. 433.

小さめのスケールではあるが、ミケランジェロによるウルバヌス8世廟の考え方も、重厚な柩の上には死神がそしてその上には皇帝然として坐る教皇が身を起こし（図10）、二人の女性像が脇持として寄り添っている[21]。ジョヴァ

図10 ジョヴァンニ・ロレンツォ・ベルニーニ：
　　　ウルバヌス8世廟、1642-47, Rom, St. Peter

ンニ・ロレンツォ・ベルニーニの荘厳な構想が一つの典型となる効果を発揮していたが、これをガリレイの霊廟もまたならったのである。

(21) Behrmann, 2004

このために脇持に同様の身体言語を引用する効果が生じた。ベルニーニの「慈悲」は身をよじる格好にてウルバヌス8世の棺の渦巻き装飾にもたれているが（図11）、それはヴィンツェンツォ・フォジーニの「天文学」がガリレイの棺の渦巻き装飾に身をもたせかけているのと同じである（図12）。教皇の「慈悲」像が伴う童子は、ガリレイが1613年に世間の耳目を集めた出版物に捧げたあの黒点を現前する太陽の表現に照応している。その身振りにおいてさらに似ているのは、ベルニーニの「正義」像である（図13）。そしてジローラモ・ティッツァーティの「幾何学（図14）像。これらは二つながら本の上に右ひじをつき、その本は棺の渦巻き装飾の丸い部分から滑り落ちそうにしている。教皇の「正義」像が持つ剣には幾何学の印である図表が対置される。

図11 ジョヴァンニ・ロレンツォ・ベルニーニ：慈悲。ウルバヌス8世廟、1642-47, Rom, St. Peter

図12 ヴィンツェンツォ・フォジーニ：天文学。ガリレイ廟、大理石1737, Florenz, Santa Croce

図13 ジョヴァンニ・ロレンツォ・ベルニーニ：正義。ウルバヌス8世廟、大理石、1642-47, Rom, St. Peter

図14 ジローラモ・ティッツァーティ：幾何学。ガリレイ廟、大理石、1737, Florenz, Santa Croce

　ガリレイのモニュメントのためにミケランジェロ廟を参照して典型全体と女の脇持を構想したのは、ローマへの当てつけだったのかどうか、確信を持って決定することはできない。しかしながらガリレイの太陽が、ウルバヌス8世廟にある「慈悲」像に反応したものであり、研究者の「幾何学」像が教皇の「正義」像への返答であるならば、このことは少なくとも識者たちを勇気づけたことだろう。何しろローマとの数十年に及ぶ確執の後でガリレイ廟が建立されたのだから[22]。

　(22)　Büttner, 1976, S. 110.

4　ガリレイとヴァザーリ

　ヴィヴィアーニがミケランジェロとガリレイを結びつけるときに挙げている理由には二人の気質の共通性もあった。生涯の日付がいっしょだということよ

り、もっとこの点に彼の言いたいこともあったようだ。

　1654年4月末、ヴィヴィアーニはガリレイの履歴を公子レオポルト・デ・メディチ宛て書簡の形で提示し、それは多くの点で不正確で検討不足であるにもかかわらず、今日に至るまで、ガリレイ研究の基本文献の地位を占めてきた[23]。あらゆる伝記作法のお手本はジョルジョ・ヴァザーリの『伝記 Viten』だった。だからこそ、ヴィヴィアーニもまたこの芸術史上の記念碑から刺激を取り出したのだ。なかでもジョットの生涯記述にインスパイアされたのは特筆すべきことである。ヴィヴィアーニが「神のごとき」画家たちのうちこの最初の人物の生涯から受け継いだのが、次のような常套句（トポス）だった。いわく、すでに幼少のみぎりに神のごとき資質を顕した、彼の尋常ならざる才能にはこういう神性が伴われているのであって、この才が年長の大人物に認められ、開花させられた……。この人物が彼の遺産をこの若者に受け渡したのである……[24]。

(23)　Ruospo, 2006.
(24)　最初のトポスはヴァザーリの次の発言にある、„E quando fu all'età di dieci anni pervenuto, mostrando in tutti gli atti ancora fanciulleschi una vivacità e prontezza d'ingegno straordinario" (Vasari, 1906, Bd. I, S. 371)。そこからヴィヴィアーニはガリレイに関して言うのである、"Cominciò questi ne'prim, anni della sua fanciullezza a dar saggio della vivacità del suo ingegno" (Opere, Bd. XIX, S. 601, Z. 33f)。第二のトポス、尋常ならざる分析力は両伝記に満ちているが、師チマブエとの関係でジョットについて語られる第三のトポスについては (Vasari, 1906, Bd. I, S. 370f.)、ヴィヴィアーニは師を数学者オスティリオ・リッチのこととして語っている (Viviani, 1968, S. 604, Z. 137ff; これについては後のIIIの2「リッチというターニング・ポイント」を参照のこと)。この複合のさせ方についてより詳しくは以下を参照のこと：Segre, 1989, S. 225-231; 同、1991, S. 112fl; 同、1998, Biografie, S. 72f.

　ジョットの伝記を借用しながらヴィヴィアーニは、ガリレイが新たな絵画の創設者に匹敵するのみならず、彼自身が芸術家の資質を持っていたという認識に至った。ヴィヴィアーニによれば、彼の生きていた時代は、ガイレイが画家とならなかったことを残念に思っていたというのである。「彼は素描芸術において大いなる満足と驚異の成功をおさめた。彼には大いなる天賦の才があったのであり、彼自身ものちに友人たちにこう語るのがつねだった。自分で職業を選ぶ力があの年齢の時にあったなら、自分は断じて絵画を選んでいただろ

う」[25]。けれどもガリレイはずば抜けた判断力を与えられ、「まことに素描への嗜好は彼の中にあってかくも当たり前で自然なものであり、時とともに的確な嗜好を身につけていったので、最上の芸術家たち、なかにはチゴリ、ブロンズィーノ、パッシニャーノ、エンポリといった当代の名だたる画家たちが含まれるが、絵画や素描についてはガリレイの意見が彼らよりも優先されたのである」[26]。ヴィヴィアーニは名前を列挙しながら一息にガリレイの「最愛の友人たち（amicissimi suoi）」の名前を挙げているのであり[27]、フィレンツェ絵画の選り抜き達へのガリレイの近しさを明らかにしているのだ。

(25) „Trattenevasi ancora con gran diletto e con mirabil profitto nel disegnare; in che ebbe così gran genio e talento, ch'egli medesimo poi dir soleva agl'amici, che se in quell'età fosse stato in poter suo l'eleggersi professione, averebbe assolutamente fatto elezione della pittura" (Viviani, 1968, S. 602, Z. 67-70).
(26) „Ed in vero fu di poi in lui così naturale e propia l'inclinazione al disegno, et acquistovvi col tempo tale esquisitezza di gusto, che, l guidizio ch'ei dava delle pitture e disegni veniva preferito a quello de'primi professori da'professori medesimi, come dal Cigoli, dal Bronzino, dal Passignano e dall' Empoli,e da altri famosi pittori de'suoi tempi" (同上, Z. 70-74).
(27) 同上、Z. 74f.

ヴィヴィアーニが名指すロドヴィコ・カルディ、通称チゴリ、彼こそ1612年にガリレイをミケランジェロと結び付けたフィレンツェの宮廷画家だった。バルディヌッチもまた彼をミケランジェロになぞらえることになるだろう[28]。ブロンズィーノ、市民としての名前をクリストファーノ・アッローリもフィレンツェの同名の画家一族の出であり[29]、パッシニャーノはドメニコ・クレスティのことであり、トスカナの素描術とヴェネツィアの色彩を結びつけ、もっぱらフィレンツェとローマで活躍し[30]、エンポリとは、人後に落ちず高名な画家ヤコポ・ダ・エンポリのことだった[31]。

(28) Baldinucci, 1845-1847, Bd. 3, 1846, S. 277.
(29) Saur, 1992, Bd. 2, S. 556-561; The Medici, 2002, S. 140-143.
(30) Saur, 1999, Bd. 22, S. 277-281; Del Bravo, 1999.
(31) The Medici, 2002, S. 158f. さらなる文献表つき。

ガリレイを著名な画家たちのサークルに位置づけるに当たって、その核心をヴィヴィアーニはこう述べる。ガリレイは芸術家としての資質に基づいて「舞

台構成、人物配置、遠近法、彩色法、その他絵画を仕上げるに要請されるあらゆる要素」について最高度の鑑識眼を持っておられる[32]。諸芸術家たちは「ガリレイにおいて、これほどに高貴なる芸術という観点から、他に類を見ない、練達の芸術家にあってすら例を見ない、かくも完璧なる嗜好と、かくも尋常ならざる才能を認めているので、これに匹敵する手本をまたと見出すことかなわない」[33]。ガリレイの芸術見識が「尋常ならざる才能（グラツィア・ソプラナトゥラレ）」であったというときの最上級の使い方によってガリレイはつまりは、ヴァザーリ著『伝記 Viten』のタイトル・ページに最終審判者として登場する建築・彫刻・絵画の具体化である女性像にランク付けられている[34]。ここでもガリレイとミケランジェロの意識されざる結合が見られる。ミケランジェロが芸術の神様であるのなら、彼は先ずガリレイの中に再来し、芸術の魂を植え付けたのだ。この第二のミケランジェロが数学者となってしまったとしても、彼は少なくとも芸術に関して審判者のステイタスを保つこととなる。

(32) „i quali bene spesso lo richiedevano del parer suo nell' ordinazione dell'istorie, nella disposizione delle figure, nelle prospettive, nel colorito et in ogn'altra parte concorrente alla perfezione della pittura" (Viviani, 1968, S. 602, Z. 75-77).
(33) „riconoscendo nel Galileo intorno a sì nobil arte un gusto così perfetto e grazia sopranaturale, quale jn alcun altro, benchè professore, non seppero mai ritrovare a gran segno" (同上、Z. 77-79).
(34) Warnke, 1977.

ヴィヴィアーニが最後に挙げるのは、先にもふれたガリレイとその芸術仲間チゴリとの関係である。チゴリは特に遠近法の問題に関してはだれよりガリレイに従う者であって、「ガリレイによって当代随一の画家と尊ばれた真に高名なるチゴリは、彼の成功作の大半をまさに当のガリレイの最良の著作に負うており、とりわけかのお方（ガリレイ）こそ遠近法の唯一の師であったと高言した」[35]。

(35) „onde'l famosissimo Cigoli, reputato dal Galileo il primo pittore de' suoi tempi, attribuiva in gran parte quanto operava di buono alli ottimi documenti del medesimo Galileo, e patricolarmente pregiavasi di poter dire che nelle prospettive egli solo gli era stato il maestro" (Viviani, 1968, S. 602, Z. 79-83).

彼の伝記の総括部にもう一度ヴィヴィアーニは、ガリレイが芸術の3部門す

べてについて、なかんずく素描芸術において、完璧な鑑識眼を持っていたと強調する。「彼が絵画をお気に入りであったことから、彼は彫刻・建築、および素描に属するすべての諸芸術に完璧な鑑識眼を持っていた」[36]。

(36) „Oltre al diletto ch'egli aveva nella pittura, ebbe ancora perfetto gusto nell'opera di scultura e architettura et in tutte l'arti subalternate al disegno" (同上、S. 627, Z. 920ff.).

　ヴィヴィアーニは盲目の学者の最後の10年をその邸宅に住み、助手兼介護人として同時代の誰よりも彼に近いところにいた。それだけいっそう、ガリレイの伝記を書くのにヴァザーリの芸術家列伝にインスパイアされたというのは特筆に値するのである。ガリレイは芸術家であり、芸術を解する者として、ヴァザーリが不滅の人々のためにとっておいた域に踏み入った。ガリレイの素描の才、素描を生涯に渡って駆使していたこと、彼の鑑識眼、およびロドヴィコ・チゴリとの交友が、ガリレイをミケランジェロの生まれ変わりの投影となしたのである。

III 文化批判としての明証性芸術

1. 若書きのスケッチ

　ヴィヴィアーニによって芸術家として讃えられたガリレイ像は、実践的にも理論的にも虚構だったのではない。例えば紙上に走らせた線が正面から眺めた要塞都市のように見える[1]、この種の線描を「紙ナプキン素描」というが、そういった偶然残された一群の落書こそ、その無意識の佇まいゆえにまず真っ先に注目に値いする。

　（1）　Dinner for Architects, 2003.

　そういうグループに属するのが、アリストテレスについてのガリレイの初期手稿に見られる2ページである。それは1580年から1585年にかけてピサ大学における在学期間、たぶん1584年に完成したとおぼしい[2]。ガリレイが受講登録した諸芸学部には医学もふくまれるようなところだったが、ここでアリストテレスからアヴィケンナに至る諸権威に関わる様々なコースの単位を取得せねばならなかった[3]。おそらくこういう状況から生まれたのが彼の『デ・カエロ』であり、見開き2ページ分の素描が含まれるのは、この中である。

　（2）　BNCF, Gal. 46, F. 1-102 (Opere, Bd. I.S. 15-177; 英訳は以下を参照：Wallace, 1977). Wallace が1590年としたことについては（同上：S. 22; および同, 1984, S. 90を参照）Camerota, 2004, Galileo Galilei, S. 41 によって1584年に訂正された。
　（3）　同上, S. 39.

それはフォリオ版1-55とフォリオ版56-101に達する二つからなる合本である。膨大な書きものの第2部の保護表装として使われた第2ページの表側と裏側は、手稿の内容とはなにも関係ない数字、幾何学図形、文字、語句、図像で覆われている[4]。

(4) 第一紙片 F. 55v の裏側にはっきり見て取れるのは、異なる二つの錘によって作動する時計に関する文字列と素描である。けれどもその筆跡はガリレイのものではない。素描も杓子定規にこわばって、ガリレイの描き込み態度とは違っている。そういうわけでこのページは考慮に入れない。

表側は混乱した印象を与える（図15）。一番下は褪色著しい走り書きで、もっぱら幾何学図形からなり、つたない手なので子供のいたずら書きのようである。その上には数字の並び、文字列、中央左にはロバの頭に髭の男の頭、最後に上半分には、背中を見せ、横座りなのか蹲る姿勢なのか、女性の姿がある。いろいろな層をなして像が混在するのはこれが孤立例ではない。この紙は比較的安手なのだが、通常様々に使われた[5]。数字列と文字（図16）がガリレイの手になるものであることは、彼の手稿にはこの種の書き込みが無数に残されているから疑いないところである。それらに共通するのは、色、インクの線の揺るぎなさ、強さ、図像を形作る曲線の走りである。素材とスタイルが同一の筆跡であることを証している（図17）。

(5) Kemp, 1979, S. 57ff; および以下を参照のこと：Westfehling, 1993, S. 101ff. 奇遇であるが、ミケランジェロの手になる初期の走り描きは似たような紙面利用を示している（Florenz, Archivo Buonarroti, II/III F. 3^V; および以下を参照のこと：Dussler, 1959, S. 56, Nr. 27, Abb. 35 および Perrig, 1991, S. 68ff.）。書体練習と素描練習の混在という点では、ミケランジェロの紙面は、アリストテレス論文にあるガリレイの紙面と同じ構造を示している（Bredekamp, 1996, Skizzenblätter）。

紙面の上半分に描かれた背中越しの女性は、高く束ねた巻き毛の幾筋か肩にかかっている。左腕は継ぎ足されたように見えるが大きさが全身に釣り合わず、合成要素としては現実離れしており、散漫にスケッチされた手は、波型で始まり直線に終わるタッチによって消されている。左肩からまとった衣装は、彼女の膝までを覆っている。引き寄せられた膝は右に傾き、強い線で描かれた右腕は後方足元に近い。

直接のお手本は明らかではないが、少なくともたたずまいは、バルトロメ

III　文化批判としての明証性芸術　31

図15　ガリレイ：走り書きのページ。紙にペンと赤チョーク、1584, BNCF, Gal. 46, F. 56r

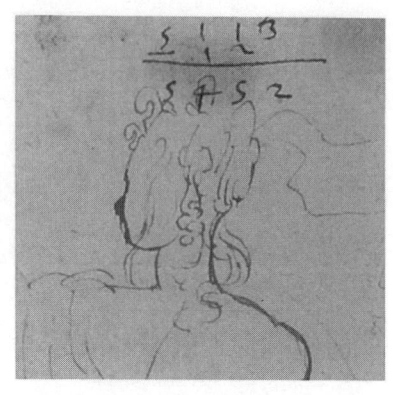

図16　ガリレイ：書体練習。紙にペン、　　図17　ガリレイ：女性頭部。紙にペン、
　　　図15の部分　　　　　　　　　　　　　　　図15の部分

オ・アンマナーティがヴェッキオ宮のエレメント（四大）噴水のために描いた彫像、すなわち80年代にヴィラ・プラトリーノの庭園に設営される彫像をはっきり示している。ジョヴァンニ・グェッラが1598年頃に記憶から呼び起こした一団の彫像は、素描という同一メディアなのでこれと比較が容易である（図18）[6]。アーチの中央右に傾いたフィオレンツァは頭部と肩がガリレイの女性像に近似であり（図17）、右下手に横臥する神泉馬（ヒッポクレーネー）は同様の横座りを示している。両者の姿勢が明らかにしているのは、ガリレイ界隈に広がっていた形態センスである。

(6)　Heikamp, 1978, S. 146f.

　ガリレイのアリストテレス手稿の裏面にもまた似たような数字、文字、文章、形象の混合が見られる（図19）。紙面の上半分には縦長版を横に倒した男が簡略に描かれている。軽く強調された胸部からすれば、これは女性なのかもしれない。場面としてはペルセウスによるアンドロメダ救出、あるいは大洪水の際の救助場面が思い当たる[7]。次に垂直に表れるのが「In」という書体練習の横のロバの頭部のシルエット。これには「non」と書き込まれている。その右側には、人差し指と親指を広げた大きなぎこちない手が伸びている。その下方左には女性の下半身が描かれ、もう少し下の紙面際にはニンフが姿を現している。

III　文化批判としての明証性芸術　33

図18　ジョヴァンニ・グェッラ：アンマナーティの泉。紙にペンと筆、1598年頃、ウィーン、Albertina, Nr. 37205

(7) Eine spätere Sintflut-Zeichnung von Abraham Bloemart zeigt ein solches Motiv (Visions du déluge, 2006, S. 66).

これらの形象は、何かを目指したものではなくたまたま描き込まれたスケッ

図19　ガリレイ：人物素描と数式。紙にペン、1584年頃、BNCF, Gal. 46, F. 101v

チである。ガリレイがニンフの輪郭線で試みたペン使いは、肌の感じではなく羽毛の衣装めいているが、荒々しい線はまた編み目を作ってもいる。ここに見られる手技はなめらかで、その揺るぎなさが弱点を補っている。幾何学素描において、気ままに引かれてはいるがそのカーヴするあたりで繰り返し自己訂正するペンさばきは（図20）、ちょうど太陽の黒点研究の有名な紙面がいい例であるように、このニンフの身振りの描法にかなっている[8]。

(8) Opere, Bd. V, S. 205.

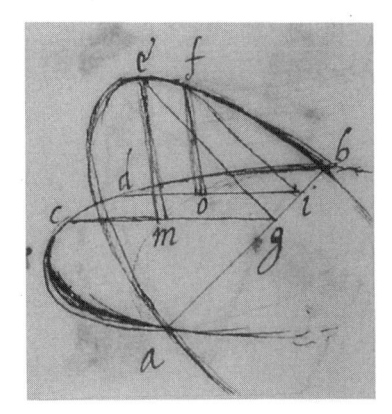

図20　ガリレイ：幾何学素描。Marcus Welser 宛書簡。紙にペン、1612年12月1日, BNCF, Gal, F. 35

図21　ガリレイ：ニンフの頭部。図19の部分

図22　ルーカ・カンビアーゾ：プロセルピーナ頭部。紙面にペンとビスタ、ca. 1560, New York, Sammlung Suida Manning コレクション

図23　ガリレイ：男の頭部。図19の部分

ニンフの頭部は（図21）この点でいくらか練習したことの証である。輪郭線のゆるぎなく明快である頭部、カーヴを描く巻き毛、小さな口、ほんの暗示程度の鼻、そして両目に大胆な表情を与える吊りあがった眉、これらはルーカ・カンビアーゾの描く頭部を思い出させる（図22）[9]。男の身体、とりわけ脚部は貧弱なものであるが、それだけ一層その滑らかな頭部の変奏ぶり——これまたカンビアーゾの素描を思わせる——が、あらためて練達ぶりを表すのである（図23）。

[9] Torriti, 1966, Tav.XI.

ニンフの体と姿勢は二体の有名なヴェーヌス彫像と交錯するものである。右手は恥部を覆い、左手は軽く招いているところはローマのベルヴェデーレ宮にあるヴェーヌス・フェリクスに対応している（図24）[10]。またそっと前傾した裸体は、フィレンツェのウフィツィ・トリブーナにあるメディチのヴェーヌスを思い出させる（図25）[11]。こういうたまさかの、一部はへたくそで一部は闊達な素描に判断を下すとすれば、それらは隅々に渡って同時代の芸術的要求を満たすものであることを証している。ライトモチーフのようにそれらはすでにこのような若い時期から、多くの点で失敗しているにもかかわらず、繰り返し印象深い能力の片鱗をきらめかせていることが分かるのである

[10] Haskell und Penny, 1981, S. 324.
[11] 同上 , S. 325ff.

2 リッチというターニング・ポイント

リッチへの接近

ヴィヴィアーニによれば、芸術への愛着こそが幾何学を経て数学へとガリレイを導いた。伝記作者の筆が生彩を帯びるところであるが、父は息子の数学研鑽を目論んでいたので、息子が芸術に関心を抱くのを見て、少なくとも数学の基本知識を習得する気にさせようとした由。三角形や円形の研究がどんな意味があるのか、ガリレイが納得しようとしなかったとき、父親は、幾何学が音楽にとどまらず造形芸術の基礎なのだよと説得したというのだ[12]。

[12] Viviani, 1968, S. 603, Z. 129-S. 604, Z. 134.

III 文化批判としての明証性芸術　37

図24　ヴェーヌス・フェリックス、ローマ彫像、大理石、紀元後2世紀、ローマ、ヴァチカン博物館、Cortile del Belvedere

図25　メディチのヴェーヌス、ギリシアのプラクシテレスブロンズ像模刻、大理石、紀元前1世紀、フィレンツェ、Uffizien, Tribuna

　ヴィヴィアーニの報告によれば、やがて幾何学研究に手を染めたガリレイは1582年から1583年の冬学期に数学講義を受けていたが、これはメディチ家宮廷に出仕する者たちに提供されたものである[13]。その任に当たったのが、1540年フェルモ生まれのオスティリオ・リッチだった。数学の講義はニコロ・タルタリアによってなされていたようだが、リッチは1580年にメディチ家に

出仕し、1587年以来「数学者」あるいは「数学のマイスター」と称号された[14]。ヴィヴィアーニによれば彼こそ、弟子ガリレイに格別な才能を見出すことによって決定的なターニング・ポイントを招来した人物なのだった。これはチマブエが弟子ジョットを見出したという話をなぞるものとなっている。

(13) これらは通常ピサではクリスマスと復活祭の間に催されていた（Guidone, 2001, S. 64; Drake, 1978, S. 2f.）。
(14) Maestro di Mattematica（Settle, 1971, S. 122; Guidone, 2001, S. 62）。

ヴィヴィアーニがリッチに遭遇したのは、ニコロ・ゲラルディーニのガリレイ伝を媒介してであったが、それは自分が書くつもりの伝記のための素材として集めさせたものだった。法律家ゲラルディーニの記述には自分の経験したことも含まれていた。それだけ一層リッチがガリレイの主導的な教師であったという彼の指摘は権威を帯びたのだ。「彼は名字をデリッチといい、辺境国の出である」[15]。記憶に空白があるにもかかわらずゲラルディーニが、信頼おける根拠を示さないまま生き生きと描いていることには、ガリレイがリッチの講義に出席し、リッチはガリレイの才能を見出すのである。こうしてガリレイの父の憂慮をよそにガリレイには医学ではなく数学を勉強させよと、リッチは父親を最後には得心させたのだという[16]。リッチがガリレイに決定的なターニング・ポイントをもたらした、ヴィヴィアーニはこうゲラルディーニの報告を継承し強化したのである[17]。

(15) Credo che si cognimonasse de'Ricci e fosse di nazzione marchigiano（Gherardini, 1968, S. 636, Z. 73）。
(16) 同上, S. 636f.
(17) Viviani, 1968, S. 604.

アカデミア・デル・ディセーニョ

ガリレイがリッチの講義を実際に受けたという話は、1587年の認定書から来ている。ボローニャ大学の講師の口を見つけようとした際に、自分は「オスティリオ・リッチの学生」であると認証してあった[18]。

(18) „M.Galileo Galilei [...] è allievo di Ostilio Ricci"（引用は以下による：Guidone, 2001, S. 62）。

リッチが講義や個人授業を行った制度上の枠として、ヴィヴィアーニは「ストゥディオ Studio」を挙げているが、そこは教授と学生が出会う場であった[19]。彼の言うのは具体的には芸術アカデミーのことである。なぜなら当時、ただこの種のアカデミーだけが数学の授業を提供していたからだ。芸術家は光学と遠近法におのずと関心をもっているので、幾何学と代数学にたずさわり、評価の低かった数学への尊敬を高く掲げるのをやめなかった。加えて建築家をこの新しい機関へ引き立てるべく、ユークリッドと数学はすでにアカデミア・デル・ディセーニョの創設定款にカリキュラム化されており[20]、1569年以来、ジョヴァン・アントニオ・ベオロニェーゼは数学の一般教則を定めていた[21]。その後継者としてリッチが授業をしていたのは、大学ではなく、この芸術アカデミーにおいてだった[22]。

(19) Viviani, 1968, S.604, Z. 139. この概念については以下を参照：Dempsey, 1980, S. 554f.
(20) Burioni, 2004, S. 394.
(21) Jack, 1976, S. 18.
(22) Zangheri, 2000, S. 272f. 数学については Eganzio Danti の論難がある。数学と言ってもただ実際の計測家だとか芸術家に用いられたものだと。Olschki, 1965, Bd. 2, S. 189 および以下をも参照のこと：Settle, 1990, S. 36.

 1563年に創設されたこの機関が「素描アカデミー」というプログラム名を持っていたのは、それが「素描」という意味での「ディセーニョ」——これは「アイデア」と二重の意味で結びついていたのだが——を、どの能力にもまさって芸術家の最高の必須要件と結び付けていたからである。あらゆるその他のジャンルが競合するなか、教則の意図するところ、素描はこれら一切を結びつけ先導する力があった[23]。こういう素描理論はヴァザーリが情熱と個人的関心を注いだものだが[24]、芸術家の自己聖化のライト・モチーフとなった。ちょうどいい例が、彫刻家ベンヴェヌート・チェッリーニ。彼がこの芸術アカデミーに考案した紋章は（図26）、あまたの乳房を持ったエペソスのディアーナ女神であり、誉のラッパを両の手に、賢明さと強靭さの印である蛇と獅子を足元に従えている。というのも「ディセーニョはあらゆる人間活動の真に根源であり始原である」のだから[25]。

(23) Wazbinski, 1987; 以下を参照のこと：Barzman, 2000, および Burioni, 2004.
(24) Kemp, 1974, S. 226.

la Tromba della
nostra Fama uiene
da le Braccia

ABCD E FGHIL   MNOPQRSTV

Hauendo io cossiderato quāto q̄ste nostre arti, che procedono dal disegno, siano
gradi, nō potendo l'huomo alcuna cosa p̄ fettamēte opare, senza riferirsi
al disegno, dal quale egli trae sempre i miglior cosigli, et p̄che io crederrei benisso,
far capaci tutti gl'huomini cō uiue ragioni, a le quali nō si potrebbe cōtradire
essere uerissimo, che il disegno essendo ueramēte origine, et principio di tutte
le azzioni dell'huomo, e solo quella Iddea uera della Natura, che fu da gli
Antiqui cō molte potiss̄e figurata, p̄ significare, ch'ella nutrisce ogni cosa, come
sola, e principale ministra di Dio, che di Terra scrisse, e creò il primo huomo
ad imagine, e similitudine di sé, et che si cōsequenza nō possono i professori dell'
Arti del disegno hauere si Suggello, e si Impresa loro, niuna cosa, ne più somiglian
te ai vero, ne più ypria degli esercizij loro, che la detta Iddea della Natura, come più
largamēte dimostrarci, senza ristringēr mi a tata breuità, se io nō cōnoscessi, voi tutti
Artefici nobilissimi, nō meno esercitati in discorrere le merauigliose ope della Natura
che uirtuosissimi, et eccellēti nelle cose, che dal disegno procedono. Hora quāto al
la forma similitutē del nostro Suggello, hauēdomi voi fatto degnio di dirui paser mio
tra voi bellissi Ingegni, che riaccendere il gran Lume poco manco che spēto, di
una cosi grāde, et honorata scuēzia com'è la nostra, et aiutati dalla diuina et im
mortal virtù del nro Ill̄mo e gloriosissimo Duca Cosimo de' Medici Amatore di vero

di Benvenuto Cellini

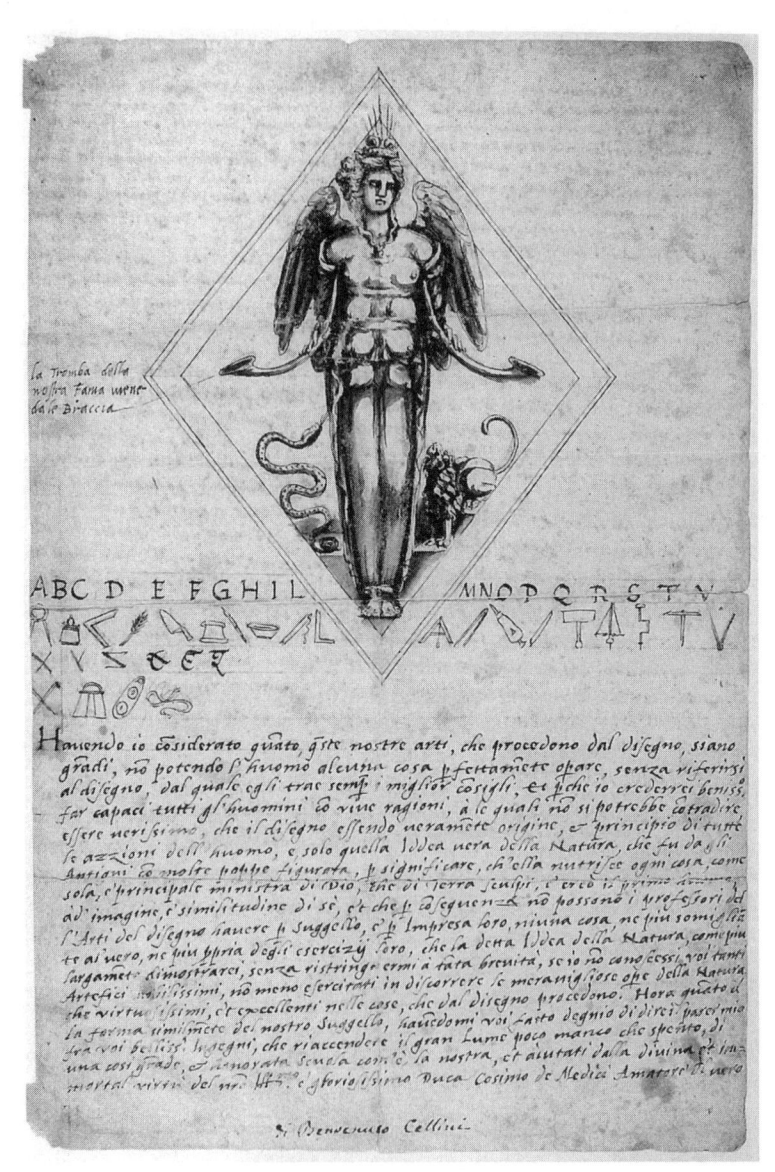

図26　ベンヴェヌート・チェッリーニ：エフェソスのディアーナ。
　　　ペンと筆、ca. 1564, London, British Museum

(25) „Che il disegno essendo veramente origine, e principio di tutte le azzioni dell'huomo"（Benvenuto Cellini, 第2アカデミー紋章図案、以下に所収：Kemp, 1974, S. 223）. エフェソスのディアーナには創造し生産する自然の原理が体現され、これがディセーニョの先導的イメージとなる。なぜならディセーニョはすべてを包括すると見なされるのだから（Lankheit, 1973, S. 30f.）。

特筆せねばならないのだが、紋章案の基本を形作っているのが、鉗子から滑車にいたる一種の工学的アルファベットである。アルキメデスの滑車図は蛇状曲線で終わっているが、これは考えうるかぎりの自然運動を象徴するものであり、同時に工学的模倣にして制圧である[26]。芸術的、芸術工学的活動の総体を、素描において、一つに接合してしまう風土がここにある。ちょうどチェッリーニの紋章案のような素描がもっとも印象深い形象でありうるように。なぜリッチのような数学者が芸術アカデミーと結び付いたのかの理由も、この風土にあった。芸術アカデミーは初期のいわば複合型工学学校だったのだ[27]。

(26) Bredekamp, 2003, Kulturtechniken.
(27) Olschki, 1965, S. 141-154.

芸術家の求めることは、すべての諸芸と工学を素描へと糾合することを超えて、王侯の教育意思と結合した。素描は自己形成の範例メディアであるゆえに公子教育にふさわしく、「ディセーニョ」を修得することは王侯が超–芸術家となることを可能とした[28]。リッチが特別講義を行った相手が、大公コジモ1世の1567年生まれの公子にとどまらず若き画家ロドヴィコ・チゴリであったのも、こういうわけだった[29]。宮廷数学者としては公子に教授するのは義務であり、そうしてトスカナ大公フェルディナンド1世は若いチゴリに関心を払っていたのだから、このフィレンツェの若き画家たちのスターもまた個人授業を享受できたのだ[30]。ガリレイがこの特典を享けることができたのは、リッチが父親と親交があり、ガリレイの才能に目をかけていたからなのだろう。リッチにしても、メディチ家公子と並んで将来有望な画家チゴリと才能豊かな数学者ガリレイに個人授業を授けることによって、芸術アカデミーの政治的複合工学的性格を、核心としてはっきり提示したのである。

(28) Kemp, 1979, S. 37-59; Warnke, 2007, S. 47-49.
(29) Settle, 1971, S. 122. 以下を参照：Masotti, 1975.

(30) Baldinucci, 1846, S. 237.

　リッチが生徒ガリレイに授業した場がどこだったか、ゲラルディーニもヴィヴィアーニも挙げていない。チゴリの両伝記がしかし一致して主張しているところによれば、カステロ修道院の集会部屋で行われた通常講義とは違って[31]、リッチの個人授業は建築家ベルナルド・ブォンタレンティの館で行われていた。ジョヴァン・バティスタ・カルディはチゴリについて述べている。「この者は完璧なる画家に望まれる知識を何にもまして尊しとしていたので、オスティリオ・リッチ氏と結んだ親交を活用した。陛下の並み優れたこの数学者は誉れ高きドン・ジョヴァンニ（デ・メディチ）に授業を行った後はベルナルド（ブォンタレンティ）氏の館にて、自身没頭してきた数学と遠近法の原理をロドヴィコに手ほどきした」[32]。バルディヌッチもほぼ同様のことを言っている。チゴリ自身、絵画に素描、蠟彫塑においてどれほど成功を収めようとも、なお基礎知識を修得せねばならないとはわきまえており、「ブォンタレンティ家において遠近法と建築術について最初の研鑽を積んだとはいえ、いかに多くの不足があるか気づいていたので、オスティリオ・リッチとかいうご仁の、ついでのことに数学を教えてくれるという好意に甘えて、これらの修得にあらためて身を献げた。この人物（リッチ）はドン・ジョヴァンニにもベルナルド家の館にて数学の授業を行っていたのだった」[33]。

(31)　Jack, 1976, S. 18.
(32)　„E perchè stimava oltremondo il sapere quanto si aspetta ad un perfetto pittore, presa occasione per l'amicizia che teneva con M. Ostilio Ricci, matematico provvigionato dell'Altezze, il quale ogni giorno, dopo che aveva data la lezione all'Eccellentissimo Sig. D. Giovanni, in casa M. Bernardo introducendo Locovico nelli principii di matematica e prospettiva, a quelli studi si dette" (Cardi, 1913, S. 14).
(33)　„vedendo quanto gli mancava, non ostante i primi studi fatti appresso il Buontalenti in prospettiva e architettura, di nuovo sotto la del scorta medeisimo vi si applicò, al che s'aggiunge il favore offertoli da un certo m. Ostilio Ricci di leggerli le matematiche nel tempo stesso che egli, nella casa pure di Bernardo, ne dava lezione a D.Giovanni de' Medici" (Baldinucci, 1846, S. 239). CardiやBaldinucciはいざ知らず、GheradiniやVivianiがガリレイをRicciの3番目の弟子と呼んでいるからには、それは異端審問所から有罪を宣告された者にあまりに近すぎるためにチゴリをうまく救助するための用心からではなかったろうか。ガリレイはバルディヌッチによる「チゴリの全生涯」では不在の者として考えられている。チゴリからガリレイに宛てられた手

紙の山にもかかわらず、逆向きの書簡はほとんど残っていないということも、おそらく似たような防御策、隠滅を計ったと思われる。

館というのは 1576 年にブォンタレンティが建てたカジノ・メディチェオ・ディ・サンマルコのことであり、ラルガ通りメディチ家のいわゆる古代庭園のそばにあった（図 27）。それは科学実験のために建てられたので、リッチの授業にぴったりの場所となったのだ[34]。カルディの注釈によれば、彼の特待生たちは個別の授業で問題を受け取ったが、それにしてもリッチによって仕込まれたこの年月にこそ、チゴリとガリレイの間に生涯続く友情が生まれたにちがいなく、ガリレイとのちのトスカナ大公との特別な関係も、同根に育ったものであるだろう[35]。

(34) Covoni, 1892, S. 198-247,
Fara, 1995, S. 59.
(35) Settle, 1971, S. 122.

図 27　ベルナルド・ブォンタレンティ：サン・マルコのカジノ・メディチェオ、中庭ファッサード、1574-1576, Florenz, Via Cavour 57（Photo: Almut Goldhahn, 2007）

こうしたことのすべては、ヴィヴィアーニの報告によって説得的なものとなる。ガリレイが独り立ちしていった重大な時期に、芸術が影響を及ぼしたというのだ。幾何学愛、および数学愛を伝えるリッチは、芸術アカデミーで教える数学者であり、その授業の行われた場所も自身が遠近法と建築術を教授した建築家の館であり、その方法論はあらゆる人智の冠たる素描を最高の枠とし、二人の同窓生のうちの一人はチゴリとともに若い勤勉な画家であり、メディチ家の新芽は御自ら端倪すべからざる芸術家であって、のちにアカデミア・デル・ディセーニョへと迎えられるのだ[36]。ヴィヴィアーニが請け合うことには、ガリレイは天賦の才能に恵まれて、また画家としておよび芸術問題における見識家としての能力に恵まれて、生涯に渡って芸術と縁があったのだと。

(36) Jack, 1976, S. 11.

アルベルティ、ユークリッド、アルキメデス

リッチについては1590年に高度測量器の使用法に関する出版物が出ている。おそらくガリレイとその同級生たちはこのような機器を使って授業を受けたことだろう。それは計測者のいる場所と対象物の間の距離が分かっているときに、簡単な工学器械を使って角度を手掛かりに対象物の高さを明らかにするものだった[37]。それはレオン・バティスタ・アルベルティの著書『数学教程 Ludi matematici』の応用であり、授業のスタンダードにもなって、リッチの採用するところともなった。ガリレイの遺稿にはこの『数学教程』の写しがあり、序言には「オスティリウス・リッチウス」と署名が入っている[38]。

(37) Guidone, 2001, S. 65f.
(38) BNCF, Gal. 10, F. 1r. Settle, 1971, S. 122.

その内容は、対象物の高度をいかにして計算できるかの解説であり、第一挿図（図28）にすっかり明示されているとおりである。このうえなく簡明な稿本の左際に眼の位置がD点で示され、そこから建物の突端へと一直線に線が伸び、そうして視のピラミッドが形作られ、それは逆さまに垂直に地面に突き刺さった矢によって貫かれている。塔の上部角へ向かう視光線と矢の交差点には蠟で印をつけられC点が生じており、塔の立つ地面へ向かう視線は、同じく蠟で封ぜられたB点が生まれている。線分DBと線分BCの間にはDから

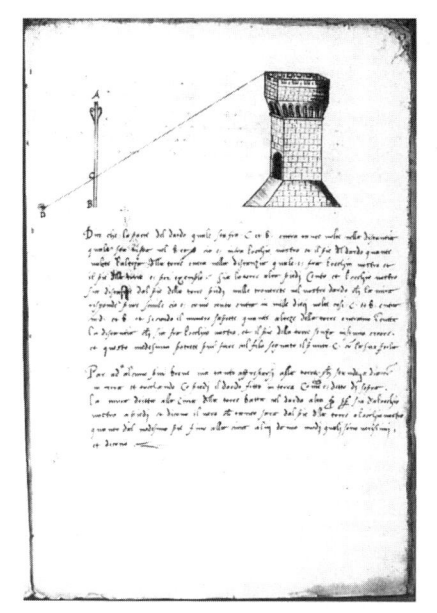

図28　レオン・バティスタ・アルベルティの写し、高度計算、紙にペン、Ca. 1585-86, BNCF, Gal. 10, F. 2r

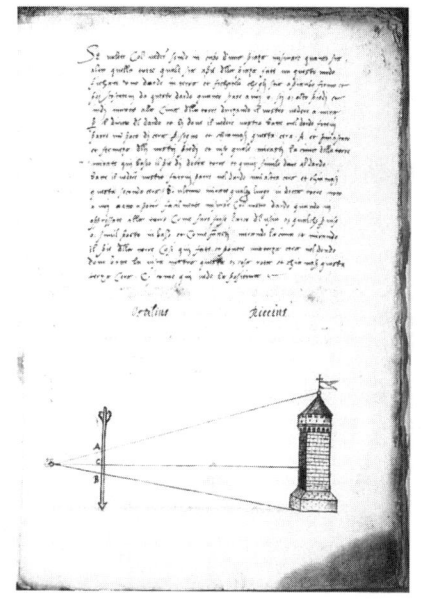

図29　レオン・バティスタ・アルベルティの写し、高度計算、紙にペン、Ca. 1585-86, BNCF, Gal. 10, F. 1r

塔までの線分と塔の高さとの間にあるのと同じ比率が生じている。こうして簡単な公式を使えば、垂直線の長さと同時に塔の各辺の長さを割り出すことができる[39]。Folio 1r（図29）においても同じこと、地面に向かう矢は、枠に張られたスクリーンの線と相同に、いわばアルベルティの遠近法の窓における線を形成している。

(39) Alberti, 1980.

この授業がガリレイにどれほどの印象を与えたか、1606年のガリレイ文書に比例円を構成し転用しているところからも分かる。本書での説明の仕方が、ちょうど1585年頃のアルベルティ草稿の写しの叙述に似ているのだ（図30）。そうしてついには月面上の起伏を測るためのガリレイの研究は、照射される対象の大きさを光線の投影効果から解き明かすべく、視のピラミッドによる高度計算へと逆転させた（図31）[40]。二つの事例は溢れる熟慮の諸例であり、リッ

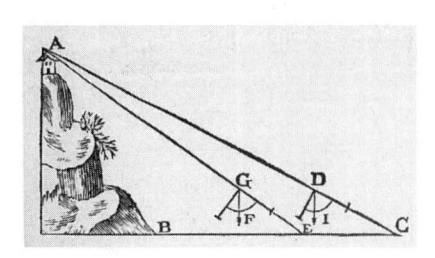

図30　角度計測、木版画、ガリレイ、1744, S. 29

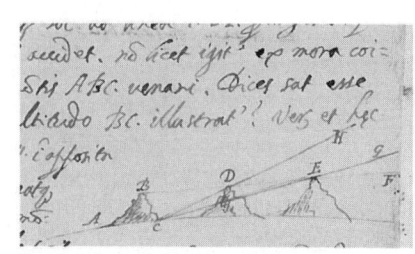

図31　ガリレイ：月面の射光角度、紙にペン、8. 11. 1610, BNCF, Gal. 53, F. 36r

チの授業の成果であった。アルベルティの『数学教程』は、ガリレイがリッチ経由で遠近法の伝統になじみ、これにて高度や深度を幾何学的に理解する可能性を会得したということの証なのだ。『数学教程』には一つの手稿が添えられており、それはジョヴァンニ・デ・メディチのための教材として使われ、従ってガリレイとチゴリにも使用されただろうと推測されるのだが、これを見れば、リッチはアルベルティの「遠近法論 Della prospettiva」も教授していたことは明白である。このテキストをリッチ経由で知ったガリレイは、アルベルティの議論の印象深いエレガンスに親しむことになったし、このことがユークリッド草稿によって補完される単なる教材以上の影響をガリレイに及ぼしたのだろうと思われる[41]。

(40)　Opere, Bd. X, S. 471.
(41)　Biblioteca Riccadiana, Florenz, Ms. 2110 (Settle, 1971, S.124, 125, Anm. 15, および Dupré, 2005, S. 149-150)。アルベルティ著作のその他の材料も明らかに影響力を持っていた。例えばアルベルティの方法をガリレイは水深測量法に利用したし、初期論文 La Bilancetta もアルベルティの素材に刺激を受けたものだろう：Opere, Bd. I, S. 215-220; Bd. VIII, S. 212-213 (Sttle, 1971, S. 123)。リッチの授業材料のすべては Valleriani, 2007, S. 20-22 を先ず介しており、この数学者の遺稿にまとめられている。

さらにゲラルディーニとヴィヴィアーニによるそれぞれの伝記は、ユークリッドの授業を通じてガリレイを涵養していった思考スタイルがどのようなものであったか、一つのイメージを提供してくれる。ヴィヴィアーニによればガリレイはユークリッドのいう定義・公理・公準といった基本を「公正で追査可能」であるとし、ユークリッド幾何学を基礎に全体系を打ち立てる計画を抱いた。「ただちに彼は理解したのである、幾何学という建築はかくなる基礎の上

に打ちたてられたなら、堅牢不動この上なきものとなるだろうと」[(42)]。

(42) „e considerando le domande d'Euclide così oneste e concedibili, fece immediatamente concetto che se la fabbrica della geometria veniva alzata sopra tali fondamenti, non poteva esser che fortissima e stabilissima" (Viviani, 1968, S. 604, Z. 149-152).

ゲラルディーニのさらに付け加えて言うことには、ガリレイはユークリッド研究ののち、どうやらタルタリアの文書収集に促されたに違いないのだが、アルキメデスの著作にも手を染めた[(43)]。ゲラルディーニが言うには、これにてガリレイは天空へと解き放たれた思弁をもう一度たぐり寄せ、「何にも邪魔されず確実に大地と天空を闊歩する」[(44)] 方法を手中にしたのである。アルキメデスが数学者の範例であり、無数のマシンの発明によって少なからず実際の人でもあったとすれば、ガリレイにおいては「思弁と行動、理論と実践とが一つに結びあった」[(45)]。

(43) Drake, 1978, S. 4; 以下を参照 Valleriani, 2007, S. 21.
(44) „passeggiar sicuro e senza inciampo sì per le terra come per il cielo" (Gherardini, 1968, S. 637, Z. 140f.).
(45) „S'accoppiarono in lui lo speculare e l'operare, la teorica e la pratica" (同上 S. 638, Z. 144).

二人の伝記作者が師リッチのもとでのガリレイの修業時代を評するときの形容や評価の仕方が、自ずと語っている。ユークリッドが「公正である (onesto) とか「追査可能 (concedibile)」、「きわめて力強い (fortissima)」、あるいは「不動 (stabilissima)」といった属辞は、アルキメデスの個性「着実 (sicuro)」とか「躓きのない (senza inciampo)」と組み合わされている。こういう概念は、ガリレイがリッチの授業によって確たる基盤を足下に得たという通常の言い方以上のものを体現している。むしろこういう評価の仕方は、芸術アカデミーでは戦いの概念として利用された審美的文化に即していたのだった。ガリレイが己の文学批評・芸術批評において鋭く論難したのが、この審美的文化である。ここではこの文化は、けっして古代の偉人ユークリッドとアルキメデスの受容の仕方をあてこすっているのではなく、現在の文化闘争にむしろ普遍的な枠組みとなっているような文化を反映している。ガリレイとチゴリはこの点で一致している。二人の友情が確たるものとなっ

たのも、そのおかげであるだろう。

3 マニエリスムの批評

チ ゴ リ

　1559年生まれのチゴリはガリレイより5歳年上である。フィレンツェのウフィツィにある自画像は1604年、45歳の彼であり、4分の3肖像画の中でこちらをじっと見返している（図32）。印象深いのは、背景の断固たる暗さ、そして焦げ茶色から天啓のごとく浮かび上がる画家の道具たる細い絵筆に金縁の白襟に当たる薄い光の唐突な反射。簡潔なタッチは毛皮の帽子のふわふわとした感触を伝える名人芸である。帽子正面の二つに分かれた片側には光が当たり、額に飛び出す束にはこわばった感触まで同時に感じさせる。右向きに影の

図32　ロドヴィコ・チゴリ：自画像。カンバスに油彩、1606-1607, Florenz, Uffizien

差す眼差しは、探るような凝視となって、いわば止まったままの現在時間を作り出している。

　この自画像の時点でチゴリはイタリアで最も有名な画家の一人であった[46]。これまでおよそ30年に渡って彼は、独特のやり方で解剖学を推奨し自分でも手を染めていたアレッサンドロ・アッローリ[47]のもとで修行しており、このことはチゴリにとって悲運ともなりかねない事態を引き起こした。1578年にアカデミーへの入試に合格し、すでに名声も得ていたのだが、死体解剖の際に激しい中毒に陥り、ほとんど3年ほども生死の境を漂ったのであった[48]。彼がすでに述べたリッチのもとでの研鑽を終えるのは、この病が回復して後のことだった。

(46)　自画像はカルロ・デ・メディチ枢機卿の注文だった（Lodovico Cigoli 1559-1613, 1992, Nr. 22, S. 105）.
(47)　Wazbinski, 1987, Bd. I, S. 183; The Medici, 2002, S. 291.
(48)　Baldinucci, 1848, S. 235f.

　最初の絵の一つはフィレンツェの「十字架降下」である（図33）。左手前のくずおれるマリアに発し、体の屈曲したキリストを対角線に、そしてキリストを十字架から解放する刑史たちの一人へと、構図は明晰である。この刑史からヨハネを経てマグダラのマリアへと独自に直線が下りる。中央には暗い平面が口をあけているが、この空虚こそ緊張を凝集するチゴリの才能の一端を窺わせてくれる。

　もちろんチゴリはヴォルテッラのロッソ・フィオレンティーノ作「十字架降下」を見ており、あらゆるフィレンツェの芸術家たちにとって、これを研究することはいわば義務教育なのだった（図34）。登場人物は空間の暈（かさ）のようなものに囲まれたキリストの周りをめぐっている。地面には空虚な平面が左手へと倒れ込むマグダレーナによって媒介されるが、そのマグダレーナは衣装の赤によってコンポジション全体を決定している。基本構図は見出すことが可能だが、若いチゴリがやったことは、ロッソにあっては絶望して右手へと体をそむけているヨハネを、右軸へと組み直すことによって場面を落ち着かせようということだった。マリア・マグダレーナの衣装の赤と、梯子を支える少年の衣の叫ぶような黄色に対して、チゴリの使った色彩は制御され、後退している。ロッソの色彩が意味から解き放たれた彩色劇場を展開するやり方はハイパーリ

図33 ロドヴィコ・チゴリ：十字架降下。木板に油彩、ca. 1580, Florenz, Uffizien

III 文化批判としての明証性芸術 51

図34 ロッソ・フィオレンティーノ:十字架降下。木版に油彩、
1521, Volterra, Pinacoteca Comunale

アルそのものであるが、これはチゴリの忌避するところだった。

　表現主義に刺激され興奮した20世紀はロッソの絵画に啓示を見た。それは繰り返しがきかず絵画手段では到達しがたいものなのに、危機に満ちた、いわば暴動状態の絵画に、極限にまで膨張して顕れた啓示だった[49]。「マニエラ」が示す越え難くハイブリッドで一徹なところは、チゴリのような若い芸術家たちにはうんざりだった。チゴリの初期の絵画に認められるのは、形式とモチーフがふたたび一つとなり、幻想であっても追査可能なものと結びついたそういう新たな独自の様式探究である。チゴリの様式はヴィヴィアーニがガリレイの話をするときにユークリッドの影響に結びつけた例の「公正さ onestà」にちょうど平行するものである。この様式は1582年から彫刻家バルトロメオ・アンマナーティによる一連の激しい攻撃が煽った改革論争の1要因だった。彼は言うのである。フィレンツェ様式の支配に抗せよ、ルネサンス芸術へ回帰して、形式というものを落ち着いて具体化せよと[50]。激しい葛藤状態が続いたこの年月にチゴリは、ガリレイとともに幾何学と数学の研究につとめることで、明らかにネオ・ルネサンスの党派意識を強めたのである。

(49)　Bredekamp, 2000, Manierismus.
(50)　Jack, 1976, S. 19.

アリオスト対タッソ

　ガリレイがいかに妥協なくこの立場を表明したか、彼の文学批評テキストからうかがうことができる[51]。彼は少年期から青年期にかけて両親と学校を通じて優れた言語教育を享受し、文学への興味を開花させていった。

　彼の理想はルドヴィコ・アリオストの緊密に音の織物となった言語様式にあった。ガリレイは生涯この詩人を研究し、作品の大半をそらんじ、数年に渡ってそのスタイルの分析に没頭した[52]。夥しい解釈のみならず、アリオストが自身の傾向に添って確立しようとした様式について、こうあるべきではという提案まで付け加えたのである[53]。アリオストはルネサンスの完成者と見なされ、この一点で彼はマニエリスム文学を拒否する陣営のあらゆる批評家たちにとってヒーローとなった。

(51)　Panofsky, 1954. 基本的議論は以下を参照：Bolzoni, 1995, S. 210-244：Dell'Aquila, 2006.

(52) Viviani, 1968, S. 627, Z. 898-900；Panofsky, 1954, S. 4.
(53) 繰り返し修正が入る。言語メロディーを新たにして自説を強化しようとするのである。例えば「肉体から解かれ、氷よりも冷たくなって Sciolta dal corpo più freddo che ghiaccio」という詩行にガリレイは più freddo を freddo più と書き込み、Sciolta dal corpo freddo più／che ghiaccio と修正する。これにて彼は以前の轟くリズムに対して発言内容に力点を置くべく、"più" のあとに生じた短い休止によって緊張感を出そうというのである（Opere, Bd. IX, S. 192, Z. 63, 66）。ガリレイの加筆については：Dell' Aquila, 2006, S. 37-41.

あらゆる批評を一身に受けてみせたのはトルクァート・タッソだった。人間としても詩人としてもこの弛まざる越境者は、天才的で計算不能で、自分をもひとをも危険に晒しながら、おのがヴィルトゥオーソの言語のきらめく力におのが文学を養った。ガリレイがこれに背を向けたのは、まさにそれが花火の振る舞いだったからだ。その「タッソ考察 Considerazioni al Tasso」の中で彼は拒絶の要諦をまとめたが、それは普遍化された文化批評の様相を呈した。

ガリレイの判断は決して孤立例だったのではない。それというのもタッソはフィレンツェを小商人の町、ホリゾントの狭い町と中傷したと噂されていたために、むしろ1582年以来標的なのであった。さらに1584年から1586年の間、フィレンツェとタッソのフェラーラの間の外交的緊張が、論争をいやがうえにも沸騰させた[54]。しかしながら対決の激しさと長々しさは、タッソの悪評がガリレイにとって誘い水以上の意味があったことを示している。おそらくすでにピサの大学時代に始まり、研鑽を積んだフィレンツェ時代にも継続したこの論争は、生涯の終わりに至るまで彼を解放することがなかった[55]。ガリレイがタッソというゴーストと戦うや、ルターの悪魔と争うがごとし、という触れ込みは、たんにアカデミア・デラ・クルスカの論争の枠をはるかに超えて、主役たちが抱いていたオブセッションのエネルギーを言い当てているのだ[56]。

(54) Plaisance, 2004．対照としてタッソ・ファン側からのガリレイ批判については以下を参照のこと：Foscolo, 1958, S. 179-185。この争いが外部の者にとってはどれほどうんざりするものであったか、アリオストとタッソのどちらを高く評価するのかという問いに答えよと言われた Annibale Caros が、画家の中の最高はラファエロですと答えた例に明らかである（Zapperi, 1990, S. 33）。
(55) Galilei の Francesco Rinuccini 宛書簡（1640年5月19日付）in : Opere, Bd.XVIII, S. 192f.; Panofsky, 1954, S. 19f., Anm. 2.

(56) Panofsky, 1 956, S. 10. Considerazioni の日付およびこのテーマへの繰り返される関心については以下を参照のこと：Wlassics, 1974, S. 18-32.

反・インタルジア（嵌め込み画）

すでに最初の一文が読者を当惑させ置き去りにする。「様々な欠点のうちとくにタッソにおいて著しいものがある。彼の語りは限られた文才と想像力の貧困に発するのだ」(57)。タッソ攻撃としては何でもありだろうが、想像力の欠如というのはない。ガリレイにとって想像力問題は、色んな思いつきが山ほど溢れているといったことではなく、議論が一つに束ねられ持続的に一直線に整除されることをいう。この能力がタッソにはない。「素材が払底すると、彼は切れ切れの脈絡のない奇想を縫い合わせるほかはない。そのため彼の語ることは油彩画というよりインタルジアとなるのだ」(58)。

(57) „Uno tra gli altri difeti è molto familiare al Tasso, nato da una grande strettezza di vena e povertà di concetti" (Opere, Bd. IX, S. 63, Z. 3f.).

(58) „Ed è, che mancandogli ben spesso la materia, è constretto andar rappezando insieme concetti speza ti e senza dependenza e connessione tra loro, onde la sua narrazione ne riesce più presto una pittura intarsiata, che colorita a olio" (同上 Z, 4-8).

インタルジアとは同時代に高く評価されていた嵌め込み細工のことをガリレイは言っている。例えばフィレンツェ宮廷や、またプラハ宮廷のピエトレ・ドゥーレ工房で追求されていたような芸術のことである（図35）。例えばジョヴァンニ・カストルッチのインタルジア「アブラハムと三人の天使」。カスト

図35 ベルナルド・ポッチェッティの素描によるプラハ工房作：アブラハムと三人の天使。インタルジア、1610-1622, Florenz, Museo dell'Opificio delle Pietre Dure

ルッチはプラハのインタルジア職匠で、メディチ家のフェルディナンド1世のチャペル祭壇のためにこれを制作した[59]。インタルジア芸術の目指すところは、自然自身をして語らせることにある。石、あるいは木片にできるだけ手を加えないよう組み合わせていくことによって、自然と人工のあわいを漂う芸術作品としようというのだ。けれどもこのような越境ぶりがガリレイによれば芸術の洗練ではなく弱体化をもたらしたのである。「すなわち、インタルジアは異なる色の木片を混合させるのだが、それは決して穏やかに組み合わされ一つにされるのではなく、そのために輪郭はくっきりとではなく色の違いで硬く分離される。そのゆえに人物はどうしようもなくぎすぎすと粗っぽく、角張って平べったいのである。それに引き換え、油彩画であれば境界線は穏やかに溶け合い、一つの色からもう一つの色へと途切れまなく連続し、結果、柔らかくまろやかに力強く彫塑的に出来上がるのである」[60]。

(59) The Medici, 2002, Nr. 118, S. 260f；一般論としては以下を参照：Giusti, 2005.
(60) „perchè, essendo le tarsie un accozamento di legenetti di diversi colori, con i quali non possono già mai accoppiarsi e unirsi così dolcemente che non restino i lor confini taglienti e dalla diversità de' colori crudamente distinti, rendono per necessità le lor figure secche, crude, senza tondeza e rilievo; dove che nel colorito a olio, sfumandosi dolcemente i confini, si passa senza crudeza dall'una all'altra tinta, onde la pittura riesce morbida, tonda, con forza e con rilievo" (Opere, Bd. IX, S. 63, Z. 8-15; Panofsky, 1956, Galileo, S. 9).

　文学スタイルとインタルジア技巧の比較は、同時代の対立のまっただ中へと導く[61]。インタルジアのモンタージュ技巧に対して絵画の流麗な移行能力を称揚することによってガリレイは、90年代に起こった例のフィレンツェ・マニエリスム放逐を名指しているのだった。チゴリの師アレッサンドロ・アッローリによって展開された眼にも鮮やかな色彩のコントラストが、より強固に統一され、境界を曖昧にした技巧に席を譲ったのである。チゴリはヴェネツィア滞在の後もっぱらコレッジオを視野に据えながらこのようなやり方を推し進めたので、バルディヌッチは彼のことを「フィレンツェのコレッジオ」と麗々しく呼んだ[62]。ガリレイは例えばチゴリの「聖ラウレンティウスの殉教」を目にしたことだろう（図36）。焼き格子の下の火は別の光源から来る刑吏の背後に連続する色調を決定している。一方、ラウレンティウスはすでに別世界の光に浴していて、この世界がいわば煙とともにキャンバスを突き破り、聖人に

図36 ロドヴィコ・チゴリ：聖ラウレンティウスの殉教。油彩、
ca. 1590, Figline Valdarno, Museo della Collegiata

殉教の王冠を手渡そうとしている。二つの光ゾーンは燃えるような腰巻に橋渡され、これがロッソ・フィオレンティーノの場合なら稲妻のコントラストとなるところ、こちらは色価に応じて丸く展開されるゾーンとなっている。

(61) パノフスキイはこれをもとに1954年のガリレイ研究を構築した(Panofsky, 1954; 同：1956, Galileo)。以下はこの論文の拡大の試みである。
(62) Baldinucci, 1846, S. 233, 243, 252; Damianaki, 2000, S. 38f.

しかし、こうすることでどうしても矛盾がまつわりつく。例えば刑吏の湾曲した背筋には、マニエリスムにまごうことなき相貌を与えたあの捻じれ文化が横溢してしまう。色彩の破断を避けようとして、拒絶したはずのものが肉体の

III 文化批判としての明証性芸術 57

コンポジションに強化されてしまう。チゴリの画風にしても、ちょうど時代の改革画派と同じように、徹底して望み、意識的に高めた類似の緊張によって生かされていたのであって、ガリレイですら自分がレトリカルに憤怒の断罪を下した論理を維持することができなかったのは、自明のことだろう[63]。

(63) 1600年前後の絵画の両義性について基本的議論は：von Rosen, 2005. チゴリからカラッチ兄弟まで改革派絵画の特徴についてはフリートレンダーの分かりやすい分析がいまだにお手本である：Friedländer, 1957, S.51ff. およびチゴリについても同：1963. 最新研究は：Casciu, 2003.

とはいえ理論的になら妥協のない議論をすることはできた。ガリレイにとってアリオストは完璧な絵画の判断基準を満たしている。この詩人は「単語、文章、表現法や概念を十全に我がものとしているあの詩人たちのように、音調をやわらげ角をとる。タッソは自分の書く物を切れ切れに、乾いて素材のままにする。彼には創造をやり遂げるに必要なすべてのものが欠けているからだ」[64]。アリオストは全体の連環が連続的となるよう文章をつづるゆえに、彼こそが理想を表象するのだが、一方、タッソは石や木片を使わないとはいえ、単語や文章を個々ばらばらに嵌め込んでいくインタルジア制作者とかわりがない。タッソの文言は、述べるべき対象に関わらないゆえに、ガリレイにとっては木端を組み合わせた、素材のままの断片であり、ヴェールの陰影がかかった完璧な絵画の筆さばきからすれば、嘲笑の的である。タッソの「言語貧困から」結果する「言われたこと、これから言われるべくあるものとはなんの必然的関係もない事物で空間を」満たすことは、だからこそ「インタルジア制作」として表記されてしかるべきなのだと[65]。

(64) „Sfuma e tondeggia l'Ariosto, come quelli che è abbondantissimo di parole, frasi, locuzioni e concetti; rottamente, seccamente e crudamente conduce le sue opere il Tasso, per la povertà di tutti i requisti al ben oprare" (Opere, Bd. IX, S. 63, Z. 15-18).
(65) „per brevità di parole, le stanze di concetti che non ànno una necessaria continuazione con le cose dette e da dirsi, l'addomanderemo intarsiare" (同上：Z. 20f.; 以下を参照：Panofsky, 1954, S. 17).

「斜めから見る」を批判する

ガリレイは研ぎ澄まされた明快さを推奨するあまり、ミケランジェロの「最後の審判」（図37）の聖カタリーナに見られる性的暗示に第二の攻撃目標を見

図37　ミケランジェロ・ブオナローティ：アレクサンドリアの聖カタリーナ、および聖ブラジウス。フレスコ、ca 1540 年頃、ヴァチカン、システィナ礼拝堂、「最後の審判」部分

出す。「絵画装飾に関してなされねばならない配慮のうち、とりわけ重要なものの一つが、次の要請である。人物の姿勢、配置は、題材が要求することと矛盾しないよう、卑猥だったり破廉恥だったりする身振りにならないよう。このような間違いがミケランジェロ・ブオナローティの審判において、裸のカタリーナの後背から迫る下品きわまりない体勢で描かれた聖バジリウスの姿に紛れ込んでいる」[66]。

(66)　„Fra le considerazioni che si devono avere intorno al decoro della pittura, una è di grandissimo momento, la quale richiede che le attitudini e le disposizioni delle figure non vengano, contro a quello che ricerca l'istoria, a rappresentare atti osceni e disonesti: nel qual errore incorse Michelagnolo Bonarroti nell'accomodare, nel suo Giudizio, S.Caterina nuda con S.Biagio dietro, disposti in attitudine oscenissima" (Opere, Bd.IX, S. 94, Z. 1-8).

この発言に何か意味があるとすれば、こういう注釈がガリレイの逞しい想像

力を示すものであるということだ。聖カタリーナと、釘の刷毛を掲げ己の肌を「くしけずる」聖バジリウスが下品に描かれていると言うためには、特別に才能豊かな眼が必要である。意図的、あるいは意図せざる暗示を認めるというのだから、ガリレイにはこういう眼が与えられていたわけだ。「私の記憶では、ピサの司教座教会の一つから、聖ミカエルが悪魔ときわめて拙い体勢で描かれている一幅の絵が取り外されたことがあった。あれこれ思うのは勝手だが、芸術家たちはわざとというより不注意からそういうことを仕出かしたのだ」[67]。

　ガリレイの批評は、まるでミケランジェロの「最後の審判」の裸体に褌を上塗りさせた反宗教改革のかの有名な決議を、ともかく受け入れた結果なのだと思われよう。けれども彼の出発点は、手ごろな装飾に関して、モラルの領域ではなく芸術理論の領域にあった。狙いは作品の対象と目的に絵画手段を結びつけることであった[68]。セクシャルなものをガリレイは、明瞭でないものと暗示的なものというとくに分かりやすい領野として利用したのだ。彼がタッソを軽蔑したのは、セクシャルなものではなく暗示的なもの、モラルではなく両義的なものだった。

(67)　„E io mi ricordo veder rimuover in Pisa, da una chiesa principale, una tavola, entrovi dipinto S.Michele col demonio sotto, pur in un atto disonestissimo: ben che questo e quello si può credere esser più per inavvertenza, che per elezione, stato da i loro artefici figurato" (Opere, Bd.IX, S. 94, Z. 7-12).

(68)　優れた概観を与えてくれるのは Thimann, 2003; 1600 年頃の鋭い時代規定を展開したのは von Rosen, 2005, Kap.III/2.

　タッソは登場人物にいわば斜めから発する強制を加えるので、アナモルフォーズの詩人と称される所以である、アナモルフォーズ、「それはある一定の視角から眺めると人物像が現れるものである。それは遠近法による騙し絵で、絵を見るときの自然、通常のやり方で正面から見ると、線と色の混乱無秩序以外のなにものでもない。むりをすれば川、あるいはうねる道、荒廃の海辺、雲、あるいは奇妙奇天烈な空想の産物を見つけることができるかもしれない」[69]。ガリレイは、暗示や遠近法変換のために明証性を犠牲にするアナモルフォーズの芸術および文学の正当性を争っている。なかでもアナモルフォーズへと誘う横からの観察は（図38）、ガリレイに言わせれば、錯誤へと導くファンタジーの産物である。恰もタッソの文学にさも似たり。「話の筋道が開けて

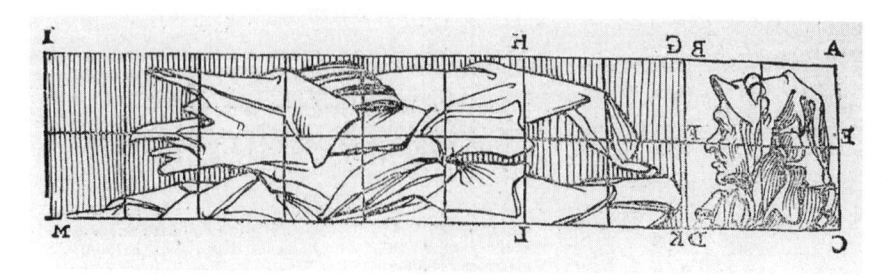

図38 作者不詳、アナモルフォーズ、木版画、1611, ジャコモ・バロッツィ・ヴィニョーラ『遠近法実践のための二法則』所収

いてとりあえずまっすぐに見晴らすことができるのならそれはアレゴリーにふさわしいが、斜めから眺め、意味を暗くすると、奇怪にもキマイラや仰山の幻想的妄念で覆われてしまうのである」[70]

(69) „[...] le quali, perchè riguardate in scorcio da un luogo determinato mostorino una figura umana, sono con tal regola di prospettiva delineate, che, vedute in faccia e come naturalmente e comunemente si guardano le altre pitture, altro non rappresentano che una confusa e inordinata mescolanza di linee e di colori, dalla quale anco si potriano malamente raccapezare imagini di fiumi o sentier tortuosi, ignude spiaggie, nugoli o stranissime chimere" (Opere, Bd. IX, S. 129, Z. 28-S. 130, Z. 2).

(70) „[...] che la favola corrente, scoperta e prima dirittamente veduta, sia per accomodarsi alla allegoria, obliquamente vista e sottointesa, stravagantemente ingombrata di chimere e fantastiche e superflue imaginazioni" (Opere, Bd. IX, S. 130, Z. 7-10).

ハンス・ホルバインによるロンドンの絵画「大使たち」は、斜めから見ると前景に頭蓋骨が浮かび上がる、とりわけ印象深い伝統を創始しているが[71]、タッソの「斜交い」文学をガリレイが攻撃するとき、それはこの伝統に向けられているのだ。様々な視角をこのように弄ぶことがガリレイにとっては思考惑乱の根源なのである。

(71) Panofsky, 1954, S. 14; Claussen, 1993; North, 2002, S. 125ff. 概論としては以下を参照のこと : Baltrušaitis, 1996.

「ストゥディオロ（研究室）」批判

それに劣らず挑戦的な態度でガリレイは、タッソ文学が当世流のコレクショ

ンの姿をしていることをとがめる。「私が騎士たちの行状冒険を彼の文学の細部に渉るあらゆる寓意をつぶさに眺めようとすると、どこぞの驚異の人の研究室に踏み入れた塩梅なのである。それは徒然の慰みに――古代の遺物であれ、希少種であれ、あるいはその他もろもろの理由であれ――不可思議に見える、が、本当は無価値な、例えば石化した蟹、干物になったカメレオン、琥珀に封じられた蠅や蜘蛛、エジプトの墳墓見つかる土偶など、そんなもので飾り立てているのである」[72]。

> (72) „Quando mi volgo a considerare i cavalieri con le loro azzioni e avvenimenti, come anche tutte l'altre favolette di questo poema, parmi giusto d'entrare in uno studietto di qualche ometto curioso, che si sia dilettato di adornarlo di cose che abbiano, o per antichità o per rarità per altro, del pellegrino, ma che però sieno in effetto coselline, avendovi, come saria a dire, un granchio pertificato, un camaleonte secco, una mosca e un ragno in gelatina in un pezzo d'ambra, alcuni di quei fantoccini di terra che dicono trovarsi ne i sepolcri antichi di Egitto" (Opere, Bd.IX, S. 69, Z. 7-15).

　ガリレイが嫌悪をあらわにしたのは、奔放に展開されるクンストカマー（収集室）に対してである。このタイプのコレクションの主張は、ちょうどナポリ人フェランテ・インペラートの展示が明快に見せてくれるような（図39）[73]、人工物（artificialia）、科学器械（scientifica）および、鉱物、植物、動物の3界からなる自然物（naturalia）を構成することにあった。インペラートはガリレイを尊敬していて、後年、彼の来臨を望んだほどだ[74]。しかしガリレイは、例えばニコロ・ガッディに代表されるようなフィレンツェのコレクションなら見学していたもようである。ガッディは1591年に亡くなるまで、ナトゥラリア、スキエンティフィカからなる選り抜きのクンストカマーを真正なクンストカマーへと完成させた男である[75]。ガリレイの認識欲、明晰さへの衝迫からすれば、このようなアンサンブル（集合体）は苦痛以外の何ものでもなかったにちがいない。ガッディは一方で素描の豊富なコレクションを所有していたので、ガリレイにしても、アンサンブルの否定的意味を一身に負った人工物（アルティフィキアリア）の中に素描も分類したとき、ガッディの例が念頭にあったのだろう。「さすれば、絵画に関しては、バッチオ・バンディネッリ、あるいはパルミジャニーノなどその他の有害な小スケッチのなにがしかを」[76]。

> (73) Bredekamp, 1993/2003, S. 38; 2004, Fenster, S. 27.

図39　フェランテ・インペラートのクンストカマー、銅版画、1599

(74) Ferrante Imperato Johannes Faber, 7. 7. 1611, in: Opere, Bd. XX, S. 567, Nr. 551 bis.
(75) Acidini Luchinat, 1980, S. 143f.
(76) „e così, in materia di pittura, qualche schiezetto di Baccio Bandinelli o del Parmigiano, e simili altre cosette" (Opere, Bd.IX, S. 69, Z. 15-17; Panofsky, 1954, S. 19).

ここに名前の挙がった二人の芸術家の素描が非難されることほど、いぶかしい判定はないだろう。バンディネッリについては彫刻家として言及されるのが常であるとしても、彼の「素描」芸術はあらゆる非難を免れるものだった。完成した大理石彫刻に対するベンヴェヌート・チェッリーニの激しい批判を迎え撃つべく、バンディネッリは自画像の中で（図40）シニョーリア広場のヘラクレスとカクスのプランを誇らしげに指さしている。「誹謗中傷の者は黙れ、私の素描はどうしたのだ？」[77]。なおのことパルミジャニーノは天賦の才ある素描家と言われる権利がある[78]。ガリレイの否定態度は、明晰・明証を要求する果断なさをそれだけいっそう明らかにしている。こういう要求にアナモルフォーズは耐えられない。マニエリスムの捩れた人体も同様である。相応の素

III 文化批判としての明証性芸術　63

図40　バッチオ・バンディネッリ：自画像。板に油彩、
ca. 1530, Boston, Isabella Stewart Gardner Museum

描コレクションを含む収容物の在り方、クンストカマーの「奔放な」形態は、言うなればタッソ文学という拷問部屋に等しい。

(77)　„Ahi, cattiva linguaccia, o dove lasci tu il mio disegno?"（引用は以下による：Wiemers, 2000, S. 237f.; 以下も参照のこと：Cellini, 2000, S. 579）。
(78)　Oberhuber, 2003.

それだけいっそうガリレイのアリオスト部屋訪問記は歓喜に包まれている。「熱狂の人(フリオーソ)の部屋に足を踏み入れるや、目の前には開けるのは、衣裳部屋（guardaroba）、トリブーナ（tribuna）、王室ギャラリー（galleria regia）、飾られるのは最も高名なる彫刻家たちの百もの古代彫刻、無限の歴史画そして最も卓越した画家たち、水晶、瑪瑙、ラピスラズリ等などその他の宝石類からなるあたまの器、ついには言うも愚かな高価、稀少貴重にして驚異の品々」[79]。グァルダローバ、トリブーナ、ガレリア・レギアといった三つの表記は、お気に入りのアリオストふう部屋のアンサンブルであり、ガリレイがフィレンツェの研究時代に歩き回っていた空間の具体的な構成を示している。

(79) „ma all'incontro, qunado entro nel Furioso (sic), veggo aprisi una guardaroba, una tribuna, una galleria regia, ornata di cento statue antiche de' più celebri scultori, con infinite storie intere, e le migliori, di pittori illustri, con un numero grande di vasi, di cristalli, d'agate, di lapislazari e d'altre gioie, e finalmente ripiena di cose rare, preziose, maravigliose, e di tutta eccellenza" (Opere, Bd. IX, S. 69, Z. 17-23).

グァルダローバという概念はまずもってフィレンツェのヴェッキオ宮殿に収納されたコレクションのシステム全体に関係する。それはコジモ1世のもとで総勢12名によって管理された。しかし1562年以来この概念は、ヴァザーリが「地理学的絵図室」と称して設立した部屋の呼称として特別に使用された（図41）[80]。これは国土地図、天体図と並んでエグナツィオ・ダンティの両地球儀、科学器具、およびロレンツォ・デラ・ヴォルパイアの名高い時計を含み、コジモ1世の死後は大陸図、天井には天体図、最終的には地と天の球儀が加えられた[81]。ヴァザーリによると、この部屋は天と地の物を「きわめて正確に、誤謬なく」集めたと詳説されているので[82]、まるでガリレイにとってはおあつらえむき、この部屋がタッソの錬金術師ふう研究室の反対物として天啓のよ

図41 ジョルジョ・ヴァザーリ等によるグァルダローバ。
ca. 1570-80, Florenz, Palazzo Vecchio

うに姿を現したにちがいない。

(80) Vasari, 1906, Bd.VII, S. 633-636. Guardaroba の歴史とその起源の空間を正確に定義する困難については以下を参照のこと：Allegri und Cecchi, 1980, S. 294；任務については：S.297f.；奉公人については：S. 295f.
(81) Muccini, 1997, S. 140-147. Danti については：Settle, 1990, S. 29.
(82) „[...] per mettere insieme una volta queste cose del cielo e della terra giustissime e senza errori"（Vasari, 1906, Bd.VII, S. 633f.）.

　ガリレイはメディチ家のフランチェスコ1世が1569/70年に研究室として設立させたストゥディオロ studiolo をおそらくは拒絶しただろう。直接証明するわけにはいかないが、そのミクロコスモスふうの集中ぶりには、ガリレイが嫌うすべてがそろっていたと思われる(83)。フランチェスコ1世の注文で始まり、1587年その死後も後継者フェルディナンド1世が引き継ぎ、ストゥディオロとは対照的なウフィツィのトリブーナを整えた。1589年の作業終わりには、ウフィツィの4階のギャラリーは工房も付属する秩序だったクンストカマーの、前例なき複合建築へと成長していた(84)。中央空間の真ん中にはクンストカマー収納棚が据えられ、それは部屋の形を縮小しながら反復し、それぞれの仕切りには様々な分類がなされ縮小しながら収集されているのだった（図42）。これに接続して武器コレクションが続き、ブロンズ像の間、さらなる科学器具と3自然界のオブジェの部屋、最後に「各種職業、能力、階層の手工芸品」の供えられた作業場があった(85)。トリブーナのこうした包括的な性格には、多肢に分かれたマニュファクチャの能産的特徴がそなわっていた。ウフィツィはこうして、「素描 disegno」のみが考案し実現できるあらゆる対象に献身するクンストカマーとなった。

(83) Liebenwein, 1977；Feinberg, 2002, S. 61f. はむしろこのコレクションの秩序から出発するが、それにはまた Pizzorusso, 2002, S. 120 が反対する。
(84) Heikamp, 1963；Gaeta Bertelà, 1997.
(85) Heike, 1963, S. 199.

　ここに展示されるものには、ガリレイが手放しで熱中した高価な容器類も含まれた。例えばベルナルド・ブォンタレンティの下絵によるジャック・ビュリヴェルトのラピスラズリの壺（図43）(86)。あるいは金エナメルがかけられた同じ素材の杯（図44）(87)。これらの仕事にガリレイは最高の称賛をおくって

図42　フィレンツェ、ウフィツィのトリブーナ

いたが、それはありのままとは異なる装いをしていないからだった。すなわち華麗であって、有用でもある道具。それらは絵画や彫刻に似るところがなく、道具の本分を守っている。

(86)　The Medici, 2002, S. 31.
(87)　同上 : S. 255.

　グァルダローバがどうやらヴェッキオ宮殿の同名の部屋に認められ、トリブーナもウフィツィのクンストカマー議定書に名指されているとすれば、ガレリアはウフィツィの古代コレクションを手本にしているということなのだろう。ガレリアはフェルディナンド1世が執務に着いた後1587年ウフツィのロッジアに組み込まれ、台座に80体の古代彫像を据えた（図45）。このゾーンからは離れて、メディチ家と272の「著名人」の肖像とが天井下にびっしりと加えられた[88]。ガリレイが「王のギャラリー」について語っていることは、このコレクション室の豪華さを示すものだったかもしれない。あるいはあらゆる同様のギャラリーの耳目を集めたフランス王フランソワ1世居城フォンテーヌ

図43 ベルナルド・ブォンタレンティ案による
　　 ジャック・ビュリヴェルト：瓶。ラピスラ
　　 ズリ、1583, Florenz, Museo degli Argenti

図44 ステファノ・カローニ、アンブロジオ・カ
　　 ローニ、ジャック・ビュリヴェルト：舟形
　　 椀（ナヴィチェラ）。ラピスラズリ、黄金、
　　 1575, Florenz, Museo degli Argenti

図45　ジョルジョ・ヴァザーリとベルナルド・ブォンタレンティ：ウフィツィの第1回廊、1570-80, Florenz

ブローのギャラリーに目配りしていたのかもしれない。フォンテーヌブローを真似することによって、ローマのファルネーゼ宮殿やルチェライ・ルスポリ、それにメディチ家のヴィラに然るべくギャラリーが生まれたのであり[89]、これはまたウフィツィのギャラリーにも霊感源となっていった。こうしたすべてをガリレイは「王のギャラリー」を賛美するときに眼にしていたにちがいない。コレクションの観点からは彼は分類の透明性を讃えている。

(88)　Prinz, 1981, S. 346.
(89)　同上：S. 343-345.

タッソの島

　言語の明晰さ、ヴィジュアルの明快さを弁護するガリレイは、空想建築を批判する際に再度舌鋒鋭くなる。タッソの宮殿イメージは中心に庭園があるのだが、ガリレイはこれを馬鹿げた空想の最たるものと見なしている。「この宮殿というのは、円形をしており、その閉じた内懐、いわば中心に庭園がある。しかしこれは通常の建築に反する。というのは宮殿というのは庭園のさなかにあ

るものであって、逆ではないからだ。この庭園が宮殿の中心に置かれているにもかかわらず、そこは丘陵、渓谷、杜、洞窟、川、草地の数々からなっており、なおさらにこうしたすべてが高い山の頂に存在する。これに従えば中心から宮殿の広さを推しようとすれば、山頂にあるといいながら、この山頂は何百マイルの広さに達するわけだ。頂上からふもとまでを計ろうとすれば、山は足下まで何千マイルの広がりを有さねばならない。これがカナリア諸島の小島だというのだから、この島は地上最大の島ということになる」[90]。

(90) „Questo palazzo è tondo, e *nel più chiuso grembo, che quasi centro*, ha un giardino, con architettura contraria alla comune, perchè si veggon ben palazi in mezo de'giardini, ma non per l'opposito. E questo giardino, ben che sia quasi centro del palazo, nulla di meno contiene in sè colline, valli. Selve, spelonche, fiumi e stagni, tutte robe costituite su la cima d'un alto monte: onde se dal centro si può raccorre la circonferenza, questo palazo doveva girare sentiani di miglia, ben che fosse piantato nella cima d'un monte; e se dalla cima si può arguire la piamta del medesimo monte, doveva aver di circuito miglia di miglia; ed essendo in una dell'isole Canarie, essa isola doveva esser la maggior del mondo " (Opere, Bd. IX,S. 138, Z. 1-12). Pizzorusso, 2002, は S. 113 と S. 120 で、メディチ家の別邸カステッロをアリオストの文学に、プラトリーノをタッソの文学に結び付けている。ガリレイを迎えた実際の庭園レセプションについては：Garbari, Tongiorgi Tomasi und Tosi, 1991, S. 24.

　タッソの内・外の逆転した在り方は、気ままな想像力の飛翔を拒否するガリレイと衝突する。芸術は自分を制御して、己の卓越性を一点に凝集させねばならないのに、枠をぶちこわし、概念軸をひっくり返してしまうのでは、能力を発揮するフィールドを破壊することになってしまうというのだ。

ディテール批判とスタイル批判

　タッソへの優位を保ちつつガリレイは最後に文学・芸術の形態内部のディテールにも攻撃を仕掛ける。いかに入念にこれを行ったか、「もの」とも「行為」とも解される単語 cosa のタッソの使い方を批判する際にうかがうことができる。「『御名と鴻業の栄光の轟き』という挿入句がいかに、うるさく、煩わしく、生硬で、大仰で、高慢であるか、ここで言っておくのをひかえるわけにはいかない。『御名の赫々たる栄光 suono magnifico di nome』とは言うだろう、しかし『鴻業の轟き magnifico di cose』とは未熟な。そもそも『cose』とはこの詩人の大好物で、頻繁に普通の意味で使われているが、それは戦闘、占領、艦隊

に軍隊と理解されるのみならず、馬、戦車、ウィンチ、長靴、枕、樽とも解されるものだ」[91]。ガリレイの言葉批判を動機づけるのも、よろずの御用を勤める「cose」の曖昧さ、ごちゃ混ぜぶりのせいである。

(91) „pur non resterò di dire quanto questa parentesi (*illustre suono* etc.) abbia dello stentato, del mendicato, del pedantesco, del bonfio e del burbanzoso. Leggiadra cosa è quel suono magnifico di nome, ma non meno vaga l'altra magnifico di cose, con questa voce cose, tanto cara a questo poeta e tante volte usata in questo significato generale, sotto il quale possiamo intendere non più battaglie, assedi, armate, eseciti, che cavalli, carroze, aragani, stivali, casse e barili" (Opere, Bd. IX, S.65, Z. 16-23). Gottfriedによる Feldherrnへの献詩:「トルコ人、ペルシア人、アンティオキア人が倒れたこと－／（御名と鴻業の赫々たる栄光）－／我々ではなく、天の配剤のおかげ／天は有り難くも我らに味方せり」(Rainer Warningの注釈 in: Galilei, 1980, S. 254).

つまるところガリレイはタッソの言葉使いを絵筆に置き換え、独特の暗示手法で文学テクニックを画法になぞらえたのである。「おお、わがタッソ、汝は、無力、不明、無益のことを語ることによって、なんと多くの言葉をむげに捨ててしまったのか。汝は絵を描けない絵描きに似ている。筆をカンヴァスにあちこち擦りつけ汚し、挙句、赤・緑・黄色と塗りたくるが、何も描けない。同じく汝もあまたの言葉を組み立てるが、いかなる理をわきまえた絵も生じないのだ」[92]。タッソの文学は「下書きなし、色彩なし、構想なし、気品なしの化粧張り、言葉のがらくた、天と自然と恋愛のごった煮で、総じるところ、構造にも意味にも得るところなし」[93]。タッソ文学否定はかく火を吹いて、画法批判の姿をとった。

(92) „Oh, Sig. Tasso mio da bene, non v' accorgete voi quante parole andate buttando via in dir cose senza sugo, senza concetto, senza niente? Voi fate come quel pittore che non sa dipignere, che, mena e rimena il pennello sopra la tavola, dagli, frega, impiastra, finalmente fa rosso, verde giallo, ma non dipigne niente: così voi mettete veramente insieme molte parole, ma non dipignere cosa che vaglia" (Opere, Bd. IX, S. 129, Z. 3-9).
(93) „uno impiastramento, senza disegno, senza colorio, senza concetto, senza grazia, un ciarpame di parole ammassate, una paniccia di *cieli*, di natura e d'amore, che in *summa summarum* non ha nè costruzione nè senso che vaglia" (同上: S. 77, Z. 5-8).

あらためてここに明らかだろう、保守派ではあるがアリオストを本尊とする若き世代と反乱派ではあるがタッソを旗印とした旧世代との間に起こった文化

闘争から、ガリレイがどれほどの徹底性をもって造形芸術理論を展開したか。インタルジアへの軽蔑、曖昧さ批判、アナモルフォーズの拒絶、コレクションのカオスへの嫌悪、筆の自律の否定、これらからガリレイは造形芸術の判断基準を確立していく。芸術は明証性の規則と証拠に従わねばならぬというただ一つの思想を、これほどの戦意をもって繰り返す批判というものは、なかなかほかに見つかるものではない。

ガリレイのタッソ成敗は華々しく、同時にあやしいものでもある。第一、ここに姿を現しているガリレイは、のちに余計な、厭わしくもある悶着をまき散らす論争屋である。第二、ガリレイが集約するのは、若い世代の芸術家とインテリの意見である。彼らは、この半世紀ヨーロッパの芸術シーンを支配した目を欺く洗練様式の過剰矯正、高度理論武装、ハイブリッドな自己言及性、これ見よがしの両義性、こうした産物に、うんざりしてしまったのだ。問題は、言葉と事態の、音声と効果の、形態と内容の新たな結合を再獲得すること、一般化すれば、行為の追査可能性と責任だった。

歴史に喩えを求めるなどやるものではないが、ガリレイの文学批判・芸術批判がポストモダンに別れを告げる運動であるとすれば、その見かけ上執念きプレモダンの性格はないも同然である。彼のポジションは純粋主義者のそれであって[94]、彼の時代の芸術と言語をマニエリスムのハイブリッド性から解放しようと試みたのであるからには、彼は保守的であると同時に発明的でもあると認めることができる。いずれにしても厳密であろうという態度が彼の議論を魅力的にするのであり、議論は世界観に対する世界観を立てるものではなく、形式分析を事細かく述べ立てるのである。

(94) Panofsky, 1954, S. 11

4. ダンテの地獄を計測する

1587/1588年にガリレイは、言語整備を目的としたアカデミア・フィオレンティーナで二つの講演を行ったが、それはタッソの空想建築ヴィジョンを批判したときの補足のようなものだった。つまりダンテの地獄描写が計測可能であることを証拠だてようというのだ[95]。

(95) Opere, Bd. IX, S. 29-57. 事件の環境については : Settle, 1990, S. 24-26, 35.

長きにわたって『神曲』のインフェルノを頭の中で再構成することがフィレンツェ人の知的遊びであって、その手掛かりとなる考え方を提供したのが、長年この問題に献身していたアントニオ・マネッティ（1423-1497）、数学者にして、時に応じてのフィリッポ・ブルネレスキの協同者である[96]。芸術家たちが地獄の形態について思い描こうと試みるたびに、拠り所はマネッティだった。例えば8層の環が内へ内へと狭まっていく岩棚、なかでもサンドロ・ボッティチェリの描いた羊皮紙上の壮大な素描が卓抜である（図46）[97]。ジュリアーノ・ダ・サンガロがまずこうした円形劇場ふうの再構成にマネッティの解明になる基準値を加える先鞭をつけ[98]、これを完遂したのが、ジロラモ・ベニヴィエニの1506年の出版物で、これにはマネッティの解答に版画が添えられた[99]。ここからひと山ほどの解釈の繚乱。アレッサンドロ・ヴェルテロが1544年に最終校正をもたらすのだが、これはこれで多様な熟議の標的となった[100]。シエナ出身と思われる文学者リドルフォ・カストラヴィラが1570年にダンテの『神曲』について根本的批判を加えた後では、議論はまさにインフレ

図46 サンドロ・ボッティチェリ：漏斗型地獄。羊皮紙にテンペラ、1485/95, Rom, Biblioteca Apostolica Vaticana

III　文化批判としての明証性芸術　73

を起こし激しさを増していった。その印刷されることのなかった草稿は、フィレンツェのナショナル・ヒーローが文学スタンダードの破壊の廉でとがめられたときては、有名にも悪名高くにもなった。それは1573年と1575年だけでもフィレンツェのアカデミア・デリ・アルテラーティでの10の講演を挑発した[101]。1572年に出版された文学者ヤコポ・マンゾーニのダンテ弁護もまた、こうした反応の一つだったのだ[102]。

(96)　同 : 2001, S. 834-843; 同 : 2002, S. 141-146.
(97)　Schulze Altcappenberg, 2000, S. 38/39.
(98)　Dreyer, 1996, S. 33; 一般論としては : Degenhart, 1955.
(99)　Benivieni, 1897. 以下を参照のこと : Settle, 2001, S. 835-837; 同 : 2002, S. 144.
(100)　Vellutello, 1544.
(101)　Brunner, 1999, S. 76-78.
(102)　同上 : S. 78; Mazzoni, 1587.

　ガリレイがダンテの地獄の構造について講演を行ったのも、『神曲』をめぐって先鋭化するこのような対立状況のさなかだった[103]。彼の解釈は、本質的にマネッティの実践を自分独自の議論で支えようというものであったようだ。ガリレイがダンテの地獄の姿として理解したところでは、大地の中心を底に据えた巨大な円形劇場のような姿をして8段階状に狭まりつつ落ち込んでいく穴である[104]。最後に彼はサタンの姿に及んで、これを計測するためにデューラーの人体比率論を持ち出している。「画家や彫刻家、なかんずくアルブレヒト・デューラーが人体比率について自分の書で、良く釣り合った肉体は9頭身のはずであるにしても、そこまで整った比率はきわめて稀なり、と述べているが、人間は一般に8頭身であるゆえ、巨大なサタンもまた頭8個分の大きさであらねばならないだろう」[105]。

(103)　Brunner, 1999, S. 123f.; Settle, 2001, S. 835; 同 : 2002, S. 143.
(104)　Opere, Bd.IX, S. 35, Z. 9-14.
(105)　„e perchè gli uomini ordinariamente sono alti otto teste, ancor che i pittori e gli scultori, e tra gli altri Alberto Durero, nel suo libro della misura umana, tenga che i corpi ben porporzionati devono esser 9 teste, ma perchè di sì ben proporzionati rarissimi si trovano, porremo il gigante dovere esser alto 8 volte più che la sura testa". (同上 : S. 42, Z. 9-12; 翻訳はGalileiによる : 1987, Bd. 1, S. 62)。以下を参照のこと : Dürer, 2004, S. 348.

ガリレイによるダンテのサタンの身体計測には、文学作品や芸術作品を言葉どおりに検証していくことにまつわるあらゆる先入観が満ち満ちている。とはいえガリレイの果たしたことは、芸術の域外にあることではなく、その反マニエリストとしての熱狂を銑鋭化したものだった。彼を駆り立てているのは、芸術をも、いや芸術こそ厳密に受け止めること、幻想やシミュレーションを退け、正確に議論を組み立て、曖昧を避けることだった。ガリレイの目的は、目撃してさえ説明できないのなら、空想を正確に描こう、ダンテのやったこともそういうことだったのだと証明することである。これに従えば想像力と正確さは対立項ではない。こうした芸術理論の核心によってガリレイは喝采と最初の名声を得たのだった。こういう講演を行い、マネッティの再構成に賛成票を投じることによって、彼はダンテをめぐって形成されるフィレンツェの自己理解の核を打ちたて、それをまたアカデミア・フィオレンティーナとアカデミア・デラ・クルスカが守っていくのである。ダンテをアリオストの傍らに据えたのは、ガリレイである。

　冒頭にガリレイは、ここに集うは試すためなり、と述べている。「喋々と述べられるテーマを縁なき衆生に分からせるのは、絵を伴った生きた言葉ではないのか」[106]。このような絵とテキストの協同作業に賛同する態度によって、彼は図版をも用いたのだというのは明らかである。ガリレイの友人であるチゴリとジョヴァンニ・ストラダーノ（ヨハン・ヴァン・デル・ストラエト）の素描が生まれたのも、こういうことをきっかけとしたのだろう。ストラダーノはメディチ家に与して破格の栄誉に浴していたので、フィレンツェでは位が高かった[107]。彼の円錐地獄の断面図は地獄界の環状部分をくっきりと線引きすることによって数学的スタイルを示しており、これこそはガリレイがダンテ読解で提唱したものだった（図47）[108]。

(106) „oggi qui venuti siamo a tentare se, la viva voce, accompagnando il disegno, potesse, a quelli che comprese non l'hanno, dichiarare l'intenzione dell'una opinione e dell' altra" (Opere, Bd. IX, S. 32, Z. 15-17; 翻訳はGalileiによる: 1987, Bd. 1, S. 51).

(107) Brunner, 1999, S. 123f.　かくしてストラダーノのルツィファー素描はサタンの腹周りに、凍えて落下する天使たちの氷帯が描かれている。これはガリレイの指摘するところである（同上 S. 326）。

(108) Giovanni Stradano e Dante, 1996, S. 143; Brunner, 1999, S. 326

III 文化批判としての明証性芸術 75

図47 ジョヴァンニ・ストラダーノ：ダンテの漏斗型地獄。紙に黒チョーク、ペン、筆。褐色と白色に盛り上がった、地色は青の紙。BMLF, Codice Mediceo Palatino 75

 さらにガリレイ講演には直接の反応があった。商人ルイジ・アラマンニの手になる一連の素描である。この者は、折々、本職の訓練を受けた芸術家たちの顔色なからしめることもあった多才な素人たちの一人である[109]。その素描が描かれたのは、どうやら1591年の自分の講演の進行中で、アラマンニはその講演もガリレイの講演を参考にしながら素描の力も借りつつ準備したのであった[110]。その形状と数値はマネッティのそれと、従ってガリレイのデータと一致しているので、それらは転用されたガリレイの素描の姿を保っているのではと期待される[111]。

(109) 同上 S. 111. この素描はこれまでストラダーノの名前で登録されていたが、アラマンニのものとされるべきである（同上：S. 109）。
(110) 同上 S. 110f., 124.
(111) Settle, 2001, S. 837; 同：2002, S. 143f.

 アラマンニのシリーズは建築素描に似た抽象化された断面図であり、なによ

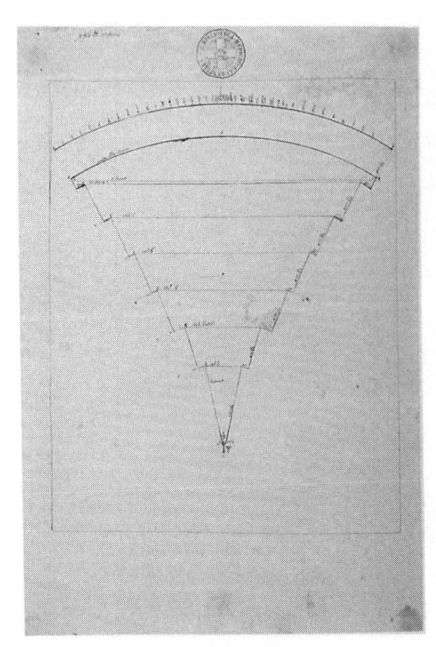

図48 ルイジ・アラマンニ：マネッティに基づく数値付き地獄断面図。紙にペン、1587, BMLF, Codice Mediceo Palatino 75

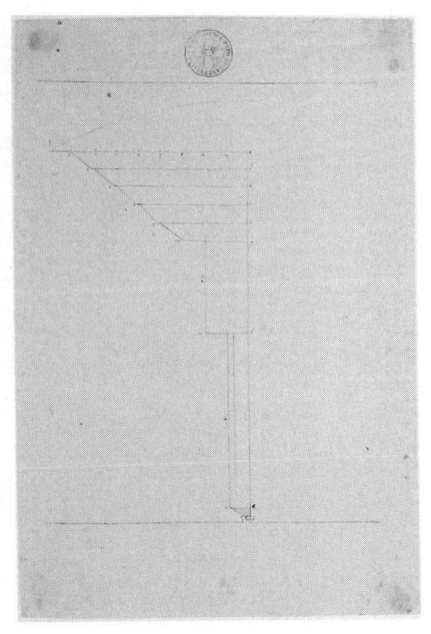

図49 ルイジ・アラマンニ：ヴェルテロに基づく数値付き地獄断面図。紙にペン、1587, BMLF, Codice Mediceo Palatino 75

りマネッティの再構成に拠っている（図48）[112]。ヴェルテロの対抗案に対するアラマンニのプラン は、半分のみの断面図で、上部環の縁が斜面をなして下って行き、地獄遍歴するなら山の斜面で行われるという弱点をさらした（図49）[113]。それにもまして下方地獄界の側面は垂直に切り立っているので、人間は転落してしまい、構造自体もほぼ耐えられない。ガリレイはこういう様相を第二講演で舌鋒鋭く批判した[114]。

(112) Giovanni Stradano e Dante, 1996, S. 150. ボッティチェリの円形劇場を使った説話的断面タイプに応じた描写も、同じである（同上：S. 143）。
(113) 同上：S. 149.
(114) Opere, Bd. IX, S. 52f.; Settle, 2001, S. 841; 同：2002, S. 148.

アカデミア・フィオレンティーナは1595年ダンテの新版にアラマンニの構想を銅版画で載せた。それは平面図と断面図の組み合わせで、まるでガリレイ

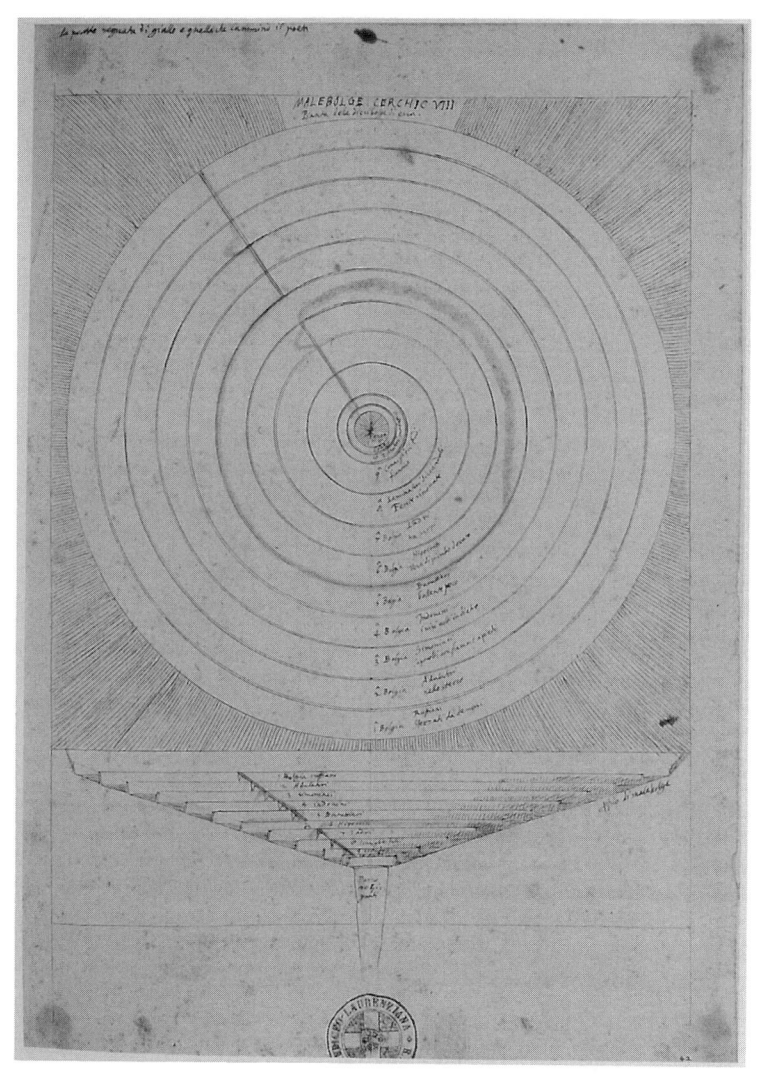

III 文化批判としての明証性芸術　77

図50　ルイジ・アラマンニ：地獄のマルボルジュ。紙にペン、
1587, BMLF, Codice Mediceo Palatino 75

が言葉とイメージで提示したような、まさにシュールなほど正確な再構成のようである（図50）[115]。銅版画家コルネリス・ガレ（父）がチゴリの素描を銅

図51 コルネリス・ガレ(父):ダンテの地獄 XXXIV。ロドヴィコ・
チゴリの素描に基づく銅版画、1595 頃

版画に仕立てたのも、この脈絡である。それは（図51）、巻物を開いた形の説明書を左側に配置し、アラマンニの平面・断面の組み合わせスタイルにならっている[116]。

(115) Giovanni Stradano e Dante, 1996, S. 147.
(116) Brunner, 1999, S. 132.

すなわちダンテが世界の数学化が始まろうかという文化の同時代人となったのは、もっぱらガリレイ、アラマンニ、チゴリを介してなのだ。手始めに地獄ほど格好のスタート地点はない。アカデミア・デル・ディセーニョで修得したことを広めていくガリレイの突進が、フィレンツェの芸術家・文学者サークルにおいて成功を収めていく、その様子があらためて納得されるのである。

III 文化批判としての明証性芸術　79

5. 軍事施設

要塞建築論

　図とテキストをシステマチックに結合させる作業の始まりは、リッチがユークリッドとアルベルティを媒介したことにあるのだが、ガリレイはこのやり方をダンテ講演の成功の後、自分のほとんどすべての論文に応用している。なかでも軍事施設のためのテキスト群に応用されるのである。1592年パドゥア大学への招聘後、彼は若き貴族らへの私授業による収入を改善しようとして規則的にそうしたテキストを利用していた[117]。授業の素材は望まれるままに提供したので、当冊子の手書きは山をなし、少し異動のある二つの版の形で伝わっている。「軍事施設概要」と題された第1ヴァージョンは1592/93年にまとめられたと推測される[118]。手稿で伝わる「概要」のうちでもずば抜けて注目されるのは、ミラノのアンブロジアーナ図書館に収蔵される二冊である。なぜならそれらはパドゥア人ジョヴァンニ・ヴィンチェンツォ・ピネリの蔵書に由来するものであり、そのピネリはパドゥア大学にガリレイを招聘するのにおおいに尽力した人物だったからである[119]。1593年5月25日という日付によって二つのうち一つの手稿がもっとも古く伝わる「論考(トラクタート)」と見なすことができる[120]。「要塞建築論」と題された第2版はたぶん1600年頃のものである[121]。

(117) ガリレイの家計簿にはこうした私授業が様々に現れる。例えば1601年2月28日にはボヘミアの学生二人に（BNCF, Gal. 26, F. 62v)、1602年6月17日にはポーランドからの学生たちに授業を開始している（BNCF, Gal. 26, F. 63r)。以下を参照のこと: Valleriani, 2001, S. 286-290.

(118) Opere, Bd. II, S. 15-75.

(119) 同上: Bd. X, S. 42, Z. 47-51, 53.

(120) むろんこうした日付は授業の日付なのか、手稿終わりの日付なのかは未決定である（BAM, D328 inf., F. 7r)。FavaroはこのタイトルをOpere版最終文章から選んだ: „Et questo basti per questa breve instruttione all'architettura militare" (同上、F. 59v; Opere, Bd.II, S. 75, Z. 31)。第1版の使用された2番目のミラノ草稿は様々な著者の手稿を含んでおり、中にはG.V.Pinelliのものも混じっており、それは唯一、本文、脚注、欄外注がそえられていた（BAM, D. 296 inf.)。

(121) Opere, Bd. II, S. 77-146. タイトル「Trattato di Fortificazione」については: S. 13.

　ときにヴェネツィア方言で書かれながら、手稿のサイズはハンドブック型か

ら標準判の間を大きく振れる。このことは図版の大きさにも決定的影響がある。「概要」は主要部に40葉、「論考」(トラクタート)は51葉の図版を備える。ときにばらばらの、しかしどの図もつたないスタイルなので、ガリレイをお手本にして筆記者たちがこうした表現をなぞろうとしていることが分かる。その点、それはガリレイが視覚化しようとしたもののほんの間接的印象にすぎない。とはいえ、この印象は十分に鮮やかである。

プッチーニ論文の転用

ガリレイの「論考」(トラクタート)は、防衛、攻撃、平地築城の主要3部に捧げられる。これら3部門の枠組みは、幾何学の基本則の序言と、テクスト無しだが要塞概略図満載の終結部による[122]。

(122) Opere, Bd.II, 序言 S. 17-22, 防御 S. 23-42, 攻撃 S. 42-56, 平地作業 S. 57-67、要塞平面図 S. 68-75.

こういう構成にしたのはガリレイ自身ではなく、「要塞論」初の書に由来している。これはフィレンツェの建築家ベルナルド・プッチーニがメディチ家のコジモ1世の注文によってその息子フランチェスコのために1564年にまとめたものである[123]。彼は1575年に亡くなるまで、ウフィツィの建築監督や夥しい義務に縛られて、これ以上続刊を完成することはできなかった[124]。メディチ家のラウレンツィアーナ図書館に保管されたガリレイ著作は、けれども、その断片のままの姿でも影響力を発揮したのであった。とくにそれはフランチェスコ・ディ・ジョルジオ・マルティーニからピエトロ・カタネオを経てジョヴァン・ヤコポ・レオナルディ、ダニエレ・バルバロ、なかんずくジョヴァン・バッティスタに至るまでの関連論文を編纂合本としたものとなっていたので、なおさらであった[125]。

(123) BMLF, Acquisti e Doni, Nr. 214.
(124) Lamberini, 1990, S. 119.
(125) 同上: S. 122f.

プッチーニは防御・攻撃・平地築城というふうに建築論考(トラクタート)を3部構成にしたが、ガリレイはそのことも良しとしたし、幾何学による平面図の付録をも良

しとした。彼の変更点は、幾何学の基礎項目に予示文章を付けたこと、実際の建築と空想の建築とに分けることを回避し、無数の付加的用語に注を加えたことである。しかし本質的にはガリレイは、1500年代のただ中にフィレンツェ築城術総体を提供するテキストを、自分の名前で広めたのだった[126]。

(126) 同上：S. 136-138にこの証明がある。これが近年のガリレイの要塞テキストに現れないということは、その価値を落とすものである（Pellicano, 2000; Nuovo, 2006）。それだけいっそう例外は強調さるべきである：Camerota, 2004, Galileo, S. 96。テキストの正確な調整が望まれる。

プッチーニが素描の重要さを繰り返し強調する[127]、同様にガリレイもまた「概要」[128]においても「論考」においてもテキストを絵によって包み込む[129]。建築形態を述べるに当たってプッチーニは本質的には四つの異なる処方を用い、ガリレイがこれを採用し拡大していった。その第一：要塞の個々の構成要素を言葉で規定し、同時に注記号を添えた平面図を使って説明すること。このようにしてプッチーニは高台稜堡（カヴァリエロ）の様々な種類を二つの簡単な連続する平面図で示した（図52）。かくなる高台稜堡Aは二つの稜堡（コルティナ）の縁GDとEFの間を結ぶ線上の中央に突き出、Aの背後には2カ所がBCと印されている。ガリレイはこの平面図を逆さまにして（図53）、文字記号ではなく、描き込みをして、異なる構造物にそれぞれ彩色をほどこした。上側に引っ込んでいた直線壁は暗褐色で、下方を向いていた高台稜堡（カヴァリエロ）を示す要塞は赤く目立たせてある。こういう区別は、褐色で示された古い建築部分を赤く目立たせた九つの施設から区別するために、軍事建築家ベルッツィが実践していたものだ[130]。ガリレイの場合には上り下りの傾斜を黒褐色のインクによる渦巻き線で印している。

(127) „come si vede nella seguente figura（次の図版に見られるとおり）"（BMLF, Acquisti e Doni, Nr. 214, F. 37v）。
(128) それゆえbaluardo（土塁）の防塁の場合は、尖端に二つの稜堡（コルティナ）の壁が押し出しているのは „come appresso si vede（以下にご覧のとおり）"（Opere, Bd. II, S. 25, Z. 8f.）。使われたプラットフォームが傾斜を護るためであるのは „come nella figura appresso si vede（以下の図版に見る如し）"（同上：S. 26, Z. 5）。あるいは、「はさみforbicia」は両脇に落ち込む高台を脇からせり上がる「はさみ状」壁によって守る様子は „la figura della quale e manifesta qui appresso（図が以下のように明示している）"（同上：S. 27, Z. 10）。

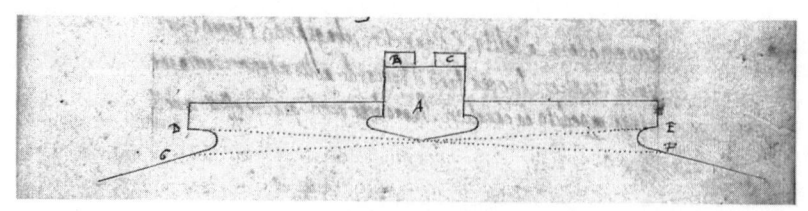

図52 ベルナルド・プッチーニ：稜堡（コルティナ）中の高台稜堡（カヴァリエロ）。紙に褐色ペン、BMLF, Acq. Doni 214, F. 17r

図53 作者不詳：ガリレイに基づく、稜堡（コルティナ）中の高台稜堡（カヴァリエロ）。紙に赤と褐色のペン、BAM, D328 inf., F. 8v

(129) それゆえ平面図は要塞を連山の前に置いてあり、「それに属する図に見る如し」(Opere, Bd. II, S. 132, Z. 33f.)；要塞の壁は「図版に見る如く」(同上、S. 133, Z. 2-3)、後退せねばならない。あるいは港湾が設置されるのは、「次の図版に」見る如し(同上、S. 136, Z. 17)。
(130) Lamberini, 1990, S. 120, Anm. 45.

　新旧の建築部分の色分けをプッチーニは、とくに第二の表現原則の領域、すなわち全要塞平面図とその改・新築に関わる領域に転用した。例えば水に囲まれた要塞に追加的防御施設が描かれる（図54）、すると外を囲む木柵環も、狭い入り口ともども赤く記入される。ガリレイはこの図を若干押しつぶす形に受け継いでいる（図55）。
　さらなる全方位の描写には、プッチーニは要塞の上下半分それぞれに二つの傾斜を線によって記入し、それに赤い描線による張り出しと稜堡が付属させて、要塞の前に広がる平地に敵が展開する可能性を奪おうという意図である（図56）。ガリレイの方は褐色で示される古い施設の概略だけでなく赤く識別

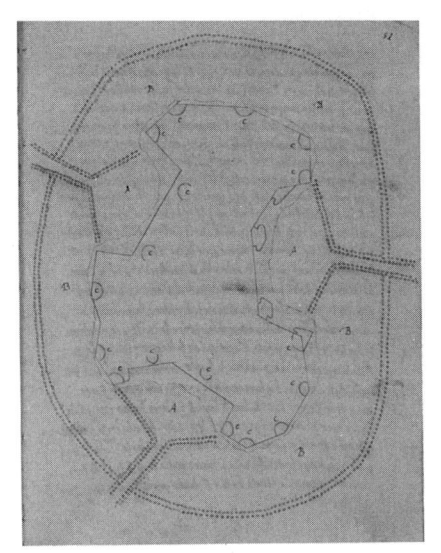

III 文化批判としての明証性芸術 83

図54 ベルナルド・プッチーニ：水に囲まれた要塞。紙に赤と褐色のペン、BMLF, Acq. Doni 214, F. 82r

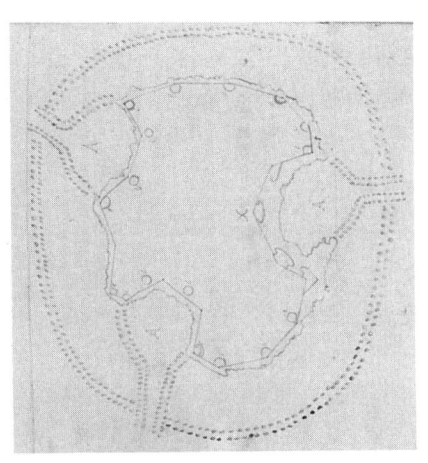

図55 作者不詳：ガリレイに基づく、水に囲まれた要塞。紙に赤と褐色のペン、BAM, N281 sup., F. 49v

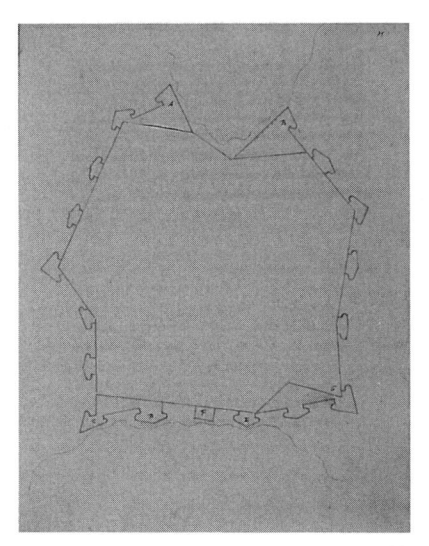

図56 ベルナルド・プッチーニ：二つの斜面の間の要塞。紙に赤と褐色のペン、BMLF, Acq. Doni 214, F. 75r

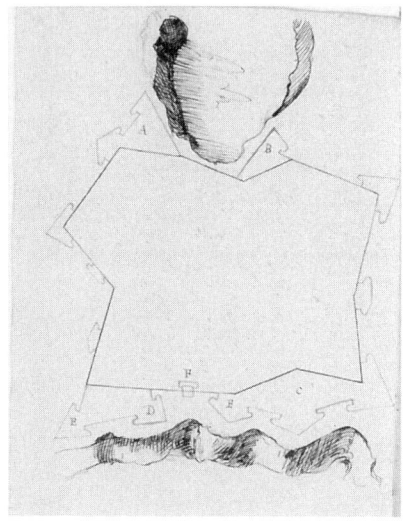

図57 作者不詳：ガリレイに基づく、二つの斜面の間の要塞。紙に赤と褐色のペン、BAM, N281 sup., F. 46v

された新施設を引き継ぐが、ただし、上と下の斜面を3次元で仕上げている（図57）。素描の出来は明らかに書き手のほどを表し、影の効果によって空間を浮かび上がらせようとするが、斜面をそれと分からせる能力をマスターしていない。それら素描は平面図を3次元に起こす身振りの域を出ないのだ。

入り口を見張る施設によって自然港湾を管制することは（図58）、ガリレイの「論考〔トラクタート〕」において一層忠実に採用され（図59）、水域へと切り立つ岸壁は拙いにせよ念入りに記入されるが、それほどの高さを表現していないゆえに、先ほどの斜面の場合と違って奇異な思いを起こさせない。

プッチーニの第三の表現原則は個々の建築部分や器械を個別化することに関係している。木摺、木柵、筵、その他あらゆる部分や工具として引き合いに出される素材などの助けを借りて、地面に固定するために使われるこうした道具や器械類には、アルファベット記号が付されている。ガリレイの「論考〔トラクタート〕」ではわずかの場合を除いてそれが特に忠実に再現されている[131]。

(131) Opere, Bd. II, S. 57, Z. 11-13.

図58　ベルナルド・プッチーニ：港湾封鎖。紙に赤と褐色のペン、BMLF, Acq. Doni 214, F. 84v

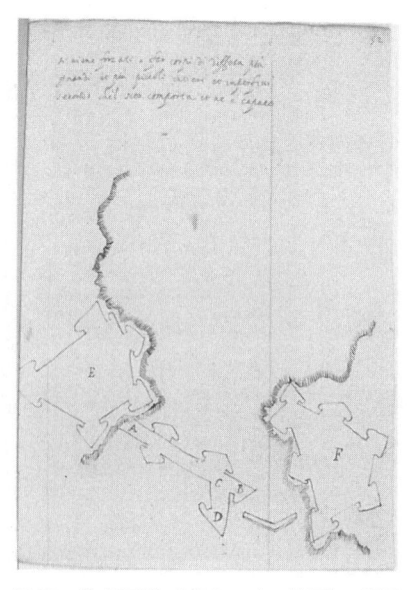

図59　作者不詳（ガリレイの模写）：港湾封鎖。紙に赤と褐色のペン、BAM, N281 sup., F. 52r

III 文化批判としての明証性芸術 85

　こういう実地の応用とは逆の例が本文の最後に現れる。それは幾何学的平面図を使った第四の表現原則を表している。これらはガリレイに格別の印象を与えたに違いなかった、というのもそれまで彼はたいていの表現を変更せずに採用していたからである。例えば狭い平地に敷設されるために一部不規則な形をとる防御施設についてのプッチーニの設計がそうである（図60）。右上の逆さまに描きこまれた平面図ですら、忠実になぞられているのだ（図61）。
　いかにガリレイが本文と挿図の一致に心を砕いたか、「論考(トラクタート)」の最後の砲台司令部の描写に明らかとなる。プッチーニはこれを線の抽象的な複合として断面図に明らかにした(132)、一方、ガリレイは斜めから俯瞰した具体的な空間描写とする。「いかにすれば砲台がしつらえられるのか、よりよく理解できるよう、我々は以下の挿図を遠近法によって描いておいた」(133)。まず褐色のペンのみで記入された素描（図62）、これはこれに続く対ページにもう一度描かれるが、そこでは影がペンではなく筆に持ち替えて描かれる（図63）。まるで一般にガリレイが期待されていた腕前をここで見せねばならなかったかのように。すでに描いたものを繰り返すときには、厳密化がなされるのであって、それはガリレイが本文と図の相互役割を確かめ、疑わしき場合には修正すると

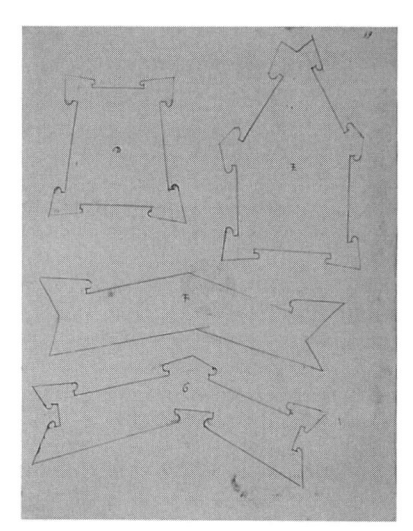

図60　ベルナルド・プッチーニ：狭隘地用要塞。紙に赤と褐色のペン、BMLF, Acq. Doni 214, F. 99r

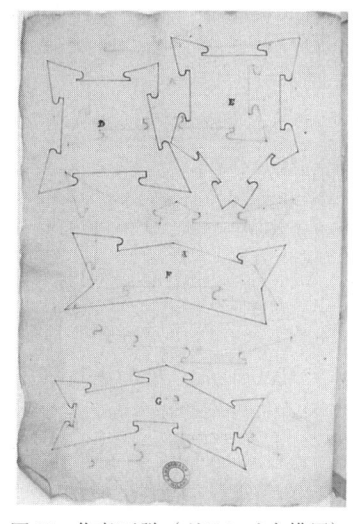

図61　作者不詳（ガリレイを模写）：狭隘地用要塞。紙に赤と褐色のペン、BAM, D328 inf., F. 65v

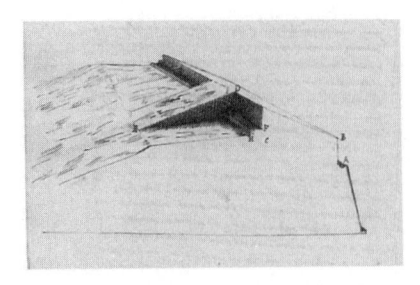

図62 作者不詳（ガリレイを模写）：砲台。紙に赤と褐色のペン、BAM, D296 inf., F. 40v

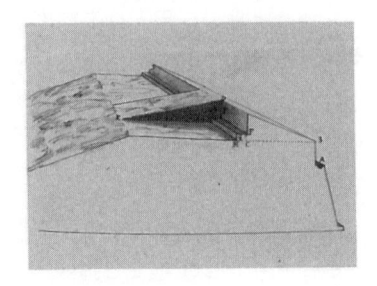

図63 作者不詳（ガリレイを模写）：砲台。紙に赤と褐色のペン、BAM, D296 inf., F. 41r

いったときの厳密さの表れなのである。

(132) BMLF, Acq. Doni, 214, F. 94r.
(133) „Et perche si possa meglio comprendere come vadino accomodati I letti, habbiamo dissegnata la seguente figura in prospettiva" (Opere, Bd. II, S. 146, Z. 18f.).

添 加 物

ガリレイとプッチーニの論考(トラクタート)は同一であるが、多くの細部においては変更・拡大が企てられている。たとえば序において彼は垂直線、直線の分割、角度、四角形、六角形、七角形、八角形の構成に腐心しつつ、デューラーの築城術論考(トラクタート)を引き合いに出している。五角形論もまたデューラーを参照しながらの提示である(134)。

(134) Opere, Bd. II, S. 20, Z. 4f. ガリレイによるデューラーのペンタグラム受容については：Fredel, 1998, S. 283f. 以下も参照のこと：Opere, Bd. IX, S. 42, Z. 10-12. デューラーの比率術については（前注 S. 65 を参照のこと）。

本文においてガリレイとプッチーニ版の大きな違いは、彼が無数の建築要素を平面図ばかりか、3次元の姿で描き出したところにある。例えば傾斜城壁（スカルパ）の廃墟化した張り出しに代表される素描は（図64）、新旧の建築部分を明確化するためのみならず、個々の建築要素をよりよく識別するために異なる彩色を用いている。傾斜城壁の本体は赤い線で、張り出しは褐色の線で描いたのは、そういうわけだ。壁を這う蜥蜴、着生した草のたぐいはこの素描に物語的スタイルを与え、これがガリレイの晩年に至るまでのスタイルとなるだろう。梃子の原理の解明に捧げられた『新科学論議』では、その建築描写は要塞

III　文化批判としての明証性芸術　87

図64　作者不詳（ガリレイを模写）：傾斜城壁（スカルパ）。紙に赤と褐色のペン、BAM, D328 inf., F. 15v

図65　作者不詳（ガリレイを模写）：Spornつき廃墟。『論議』二日目、Galilei, 1655 (Renn und Valleriani, 2001, Tav. 1)

建築の「論考（トラクタート）」の素描のあと何十年も経つのだが、相変わらず同一の表現原則にのっとっている。それゆえ自重による梃子作用を強調するやり方は、若干斜め上の視角といい、石積みと植物の茂り方で明示するやり方といい、まったく同じそれらの合作なのだ（図65）[135]。

  [135] Galilei, Discorsi, 2日目、Prop. III; Renn und Valleriani, 2001, Tav. 1. Opere, Bd. VI-II, S. 159.

　このような物語がかった表現とは対照的に、高台稜堡（カヴァリエロ）の様々な形態のヴィジュアル化は、ひたすら立体的にかたどることを本質としている（図66）。ここにも描き手の拙さが認められるが、それでもここには、なんとしても明証性へ肉薄しようとするガリレイの身振りが、はっきり表れているのである。

素描（ディセーニョ）の問題

　いくつかの建築物の素描は、「図figura」が決して「たんなるイラスト」と位置づけられるものではないことを証明している[136]。図をテキストのイラストとして軽視することは、図が持っている議論活性化の相対的な価値を評価しそこなっている。それはテキストの傍らに受け身で添えられているのではなく、テキストに提起される問題の理解を独自に助けてくれるのである。

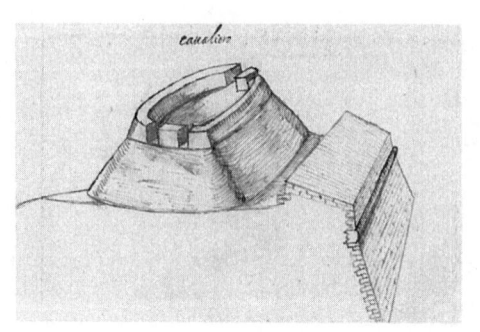

図66 作者不詳（ガリレイを模写）、高台稜堡（カヴァリエロ）。紙に褐色ペン、BAM, D296 inf., F. 56r

(136) Favaro, Avvertimento, in: 同上 : Bd. II, S. 12 („disegni semplice dimostrativi"). この判断は、ガリレイ国家編纂版に杓子定規にイラストを付けるという事態を生んだ。それはもともとの絵のコストのかかる手仕事とわざわざ未完成であるものを消滅させてしまった。近年の論文がただの一つも図版に関心を持たないという事実が、すべてを物語っている（Pellicano, 2000; Nuovo, 2006）。

ガリレイが表現の仕方に積極的にかかわる姿勢は、すでに概念選択に現れている。両「論考（トラクタート）」において彼は素描という代わりに60カ所以上「フィグーラ figura」というネーミングを使用している。彼は「素描を描く disegnare」ことの結果だと定義し、精神の投企ではなく、具体的に描くこととして理解したので[137]、脈絡に応じて「図（フィグーラ）」の具体的な意味を「姿」「絵」「挿図」および幾何学的な表現の場合には「軌跡」として使用している[138]。こうした指示参照の数の多さだけでなく「フィグーラ」や「ディセニャーレ」の様々な差異化は、いかにガリレイが素描的に書き込むことを概念として定義していたかを証言するものである。

(137) 例えば以下を参照のこと : „Nella presente figura ci viene disegnato il modo [...]" (Opere, Bd.II, S. 19, Z. 9-10, 同上 : S. 21, Z. 15; S. 67, Z. 30-31)。
(138) 例えば : Opere, Bd. II, S. 20, Z. 23, 34.

ガリレイはたくさんの著作者をお手本とすることもできたのだから、彼がプッチーニを選んだのには大いに理由があった。このフィレンツェの建築家

III 文化批判としての明証性芸術 89

は、アカデミア・デル・ディセーニョ設立に際し独自の距離をとり、ヴァザーリとヴィンチェンツォ・ボルギーニとは違った一方の極を代表した。素描術をマスターした芸術家の優位争いという点でアカデミーの二人の好敵手が前提としていた考え方によれば、言葉の十全たる意味において建築家たりえるのは、絵画、彫刻、装飾、遠近法に解剖学を修め、なかんずくこれらすべての分野を素描によって横断できる者のことだった。ヴァザーリは言うのだ、発明の才が芸術家の素描の線にあるとすれば、それを物質化して行く次の段階は、応用芸術と工学の仕事だ。「(建築)の素描／計画 (disegni) は線以外では作りえない。それは建築家にとって芸術の始まりであり終わりである。なお残っている仕事というのは、前述の線をもとにした木型をたよりに石工や壁工がやる仕事にほかならないのだ」[139]。

(139) „[...] I disegni di quella (architettura) non son composti se non di linee: il che non è altro, quanto all'architettore, che il principio e la fine di quell'arte, perchè il restante, mediante i modelli di legname tratti dalle dette linee, non è altro che opera di scarpellini e muratori" (Vasari, 1906, Bd. I, S. 170).

けれどもヴァザーリが素描というとき、あらゆる作法をマスターした芸術的表現方法と純粋に幾何学的線画を区別するのと同じ区別を設けているのだった。真の建築家とは彼に従えば自由な線をわがものとするが、幾何学の純粋な特徴は大工、水道施工、軍事建築家用なのだ[140]。こうした区別に対して反乱したのがプッチーニである。建築には画家や彫刻家の第1級を争う素描術が必要なのではない。むしろ「建築されるものにとって必要なこと、十分なこと、美を簡単な線描にて下書きできればよろしい」、こうプッチーニは議論に及んだ[141]。

(140) Lamberini, 1990, S. 127.
(141) „Non ha bisogno l'Architettura di loro disegni, perchè con semplici line ella disegna divisa l'utile, il commodo et il bello dell' edificio" (BMLF, Acquisti e Doni, Nr. 214, F. 3r [disegna は原文では divisa と置き換えられている])。この問題と複合問題を深化させるためには以下を参照のこと：Burioni, 2004, S. 396-402.

ヴァザーリの口ぶりには、素描（ディセーニョ）の実践に二つの階級の仕事があるのだと見下すふうがあるが、ガリレイがそれをひっくり返す。ガリレイが支持するのは、プッチーニの議論だ。ガリレイにとって素描が尊いのは、実

践に優越するからではなく、実践を可能にするからである。「要塞の壁を補強したいのなら、大工の棟梁にとってはただ建築の素描をそれ相当の縮尺で与えられれば十分だろう。そののちどうすればプランどおり実現されるか、どういう素材が、器械が、役割分担が必要なのか、棟梁の心得である」[142]。こういう定義は、ヴァザーリの線描定義とは些細とはいえ決定的な違いを意味した。線描がヴァザーリにとっては実践の上位にあるのに対し、ガリレイにとっては両方とも協力者なのだ。

(142) „E però, quando s'averà a fortificare di muraglia, basterà solamente dare al capomaestro de'muratori il disegno della fortezza con le sue misure; ed esso poi, come persona prattica, saprà benissimo quail materie, istumenti ed operazioni saranno necessarie per mandar ad essecuzione la disegnata fabrica" (Opere, Bd.II, S. 57, Z. 5-10).

　プッチーニは生前に意思を貫徹することができなかったが、それだけいっそう印象深いのは、ガリレイがプッチーニの代弁をしていることである。彼の「論考」(トラクタート)がその証拠。幾何学的素描と芸術的素描を区別する見かけ上の戦線を展開したのは、ヴァザーリ、および彼と意見を同じくしたアカデミア・デル・ディセーニョの芸術家王侯だが、しかし、この機関で行われていた数学の定期的授業をつまびらかにすれば、それだけでこの戦線はもたないと分かるのだった。ガリレイとチゴリは、数学的素描と図像的素描の序列がこの芸術アカデミーの急所であることの生き証人だった。

　こういう背景を置いてみると、プッチーニが末尾に説明文もなしに付録とした幾何学的平面図は、さながらヴァザーリとその一党に対して炸裂する仕掛け花火であったことが分かるのである。プッチーニが執拗にこだわった幾何学的正確さといういわば反マニエリスムの明証性には、ガリレイも我が意を得たりの思いを強くしたことだろう。何しろ彼もまた「素描（ディセーニョ）」という芸術観に対して1次元的に二つを争わせるのではなく包摂しようと強く思っていたのだから、なおのことそうなのだ。

　とはいえこういう二枚腰は解決困難な葛藤を発生させもする。この葛藤は物語的に示される建築要素と素っ気ない立体として示される建築要素の間の亀裂においてすでに発生していた。幾何学的平面図と物語的に展開された景観図とのシュールに見えなくもない結合は、なおその葛藤を深めるものである。それ

Ⅲ　文化批判としての明証性芸術　91

は素描が幾何学的にも芸術的・物語的にも展開能力を持っているだけでなく、二つを結合させる力をも誇示しているようなものだ。

　これがはっきり表れるのが、プッチーニとガリレイの表現法の違いにおいてである。山と間近に接近しているゆえにほとんどそれと一体化した要塞を描こうとして、プッチーニは後退線を描くのに赤線で印した（図67）。それと対照的にガリレイの「論考（トラクタート）」では要塞の向こうに山々を褐色のペンでそびえさせた（図68）。幾何学的平面図の抽象を遠近法的風景の語りと結びつける構成的やり方は、斜め上からの視角からコンビネーションを提供した。この角度により、データの3次元構造が眼に見えるものとなり、同じく、下方平面図へとまっすぐ降りる眼差しもその構造を眼に見えるものとした。

　しかしこれによって分かることは——そしてこれが素描の驚くべきアンサンブルの究極のポイントなのだが——いわばマニエリストふうパースペクティヴ変換は、これをガリレイはタッソのアナモルフォーズを批判する際に激しく拒

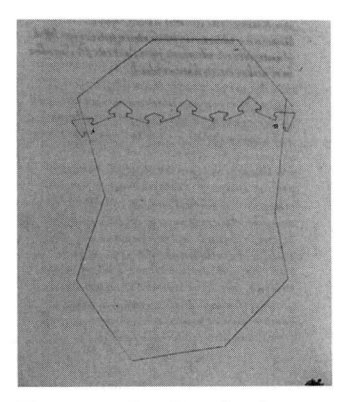

図67　ベルナルド・プッチーニ：要塞ラインの後退。紙に赤と褐色のペン、BMLF, Acq. Doni, 214, F.77v

図68　作者不詳（ガリレイを模写）、丘陵を前にした要塞ラインの後退。紙に赤と褐色のペン、BAM, N281, sup., F. 47r

否したものであるが、こういう構成的表現を見てみると、それはたんに軍事的に必要な機能にとどまらず芸術理論の立論機能ともなっていたのである。ここにおいてユークリッド的挿図の苦行的「誠実さ」は、それぞれの分野を芸術的過剰によって洗練する素描（ディセーニョ）の要請と組み合わされたのである。

　プッチーニのお手本を超えてガリレイは概念規定を平面図に施し、谷、斜面、丘陵など、景観図ふうに風景を描いて、それぞれの建築部分と器械を詳しく描写し、地図と景観の組み合わせ図と平面図のシリーズを様々に展開した。どうやら彼は、他人のテキストを受容するに値するドキュメントとするためには、こうした自分自身の検査を経た上でないと納得しなかったようだ。いずれにしても後に彼は同じようなことを議論するだろう。例えば1604年の超新星や太陽黒点の発見の場合のように[143]。

(143) Shea, 2005, S. 16. 太陽黒点については、次註 S, 227f. を参照のこと。

　プッチーニの「論考（トラクタート）」との関係を問うこととは別にガリレイの軍事施設テキストは、造形芸術と数学の結合をいかに強烈に刻印されているか、あらためて明らかにするものである。その地下に根を張る連携ぶりは、アカデミア・デル・ディセーニョによって進められ最高度に転換された芸術文化、ガリレイが身近に体験した80年代のあの芸術文化に根を持っていた。ヴィヴィアーニによれば、この時代、アリオストの「明晰さ chiarezza」と「明証性 evidenzza」は[144]、ユークリッドの用語「公正さ onesto」と「追査可能性 concedibile」と結びついていた。これらは芸術家養成の枠内で教えられた概念であった。正確さを要求するこの態度こそが、幾何学に訓練された眼を通じて世界を解明可能とするのだ。これはアカデミア・デル・ディセーニョの圏内におけるガリレイの研修時代の教えであり、それは実践において示されたが、またガリレイが要塞の構成図で示したように拡大され、あるいは抑制すらされた。ガリレイ、チゴリ、その他フィレンツェの芸術家仲間が活躍したのは、こういう帯電フィールドだった。

(144) Viviani, 1968, S. 627, Z. 111.『論議』の最初の両日にアリオストを利用していることについては以下を参照のこと：Di Pasquale, 2001.

IV　1600年前後の月

1. レオナルドの遺産

　研修生ガリレイの第二の習い性となった原理が直截に稔りをもたらした分野こそ、まさに天文学研究だった。

　1604年秋から1605年夏に至るまで天空に認められた超新星に挑発されて、おそらく1604年11月のことだろう、コスモロギーの問題についてガリレイは三つの講演を行った。謎深い天体現象には不感症のくせにアリストテレスの宇宙論は遵守する著作者たちが幅を利かすので、ガリレイとしては自分の理論を出版するには十分の裏付けがなされなければならないと思い[1]、1606年にアリンベルト・マウリという筆名で著書を発表し、望遠鏡の成果によって衆目を集めた[2]。それは次のような仮説であった。月の表面は「まっすぐ平坦なのではなくて、まさに地球と同じ、いや地球の我々が識別できるのだからそれ以上に高くそびえる巨人のごとき山岳がある。まさにこの山岳あればこそ、月面に小さな鱗状の暗がりが出現するのであり、それというのも（遠近法学者の教えるごとく）広く丸まった山は陽の光を受けても反射することはできないのだから。ちょうど月の残りの部分が平坦で滑らかであるように」[3]。ガリレイはまだ望遠鏡の発明前とはいえ、すでに翌年には山岳と水路の反射能力について意見を逆転させていたが、月面のでこぼこを明らかにする目的はこれによってすべて論じ尽くされたわけではなかった。

（1）　Shea, 2005, 他多数箇所.
（2）　Camerota, 2002, Galileo Galilei, S. 167.

(3) 独訳は以下による：Drake, 1976, Philosophers, S. 104; Dupré, 2003, S. 374.

月の表面に２種類、平坦な広がりとぎざぎざの亀裂の入った盛り上がりを認めるということは、通説に反する。月は滑らかな球体であればこそ、コスモスのハーモニーの完璧な姿とみなされていたからだ。そもそも天空には審美ゾーンというものがあって、そこでは星々が固い素材によっても毀損されることがない理想体をなしており、あらゆる天体同様、月もまたはそのゾーンの一員と見なされていたのだった。月は常に一様に見えるのだから、アリストテレスはこれに審美的円盤を見たのであり、発光体でもあるのだから、第二の太陽と見なした[(4)]。地上の素材からは自由なはずの形成物が何故海や砂漠みたいであるのか、染みや明るい斑点を持つのは何故という問題は、アリストテレスによる解決によれば、その不規則ぶりは地上の陸と海とを反映しているゆえだろうと[(5)]。イスラムのアヴェロエスの教えでも、自ら発光する天体としての月というアリストテレスの理論は支持されており、それは燃え木の発火するのに似て発光能力を太陽になぞらえるものだった[(6)]。月は明るく発光する平面を持つと同時に、まったく、あるいはわずかしか光らない暗いゾーンも持っているということについて、アヴェロエスの説明では月のエーテル体の密度の違いであるとされた[(7)]。月は太陽の派生物ではなく、完全に自分で輝く天体であることが決定的だった。この理論はガリレイの時代まで通用しており、いや彼の時代を支配し、パドヴァでも教えられ、1632年の『天文対話』で再度対決の標的とされねばならなかった[(8)]。

(4) De Generatione Animalibus (IV, 11), in: Aristoteles, 1984, S. 1203. しかしながらその別の箇所（III, 11）ではアリストテレスは、もし月が四大の最高エレメントである火に関係するのなら、月より上の世界と下の世界との基本的対立は相殺されるかもしれない、と仄めかしている。だから少なくとも斑点ありの月でも、地球を規定する現象として認める理論的可能性はあったのだ（Ariew, 1984, S. 216f.）。満腔の輝きを放ち滑らかな姿をしている月は、マリア論的な教会シンボルと見なされた。(Reeves, 1997, S. 144f.; Edgerton, 1991, S. 231 f.; Ostrow, 1996, Immacolata, S. 222-229)。
(5) Stooke, 1992 はこの観念を19世紀に至るまで追跡した。
(6) Ariew, 1984, S. 219.
(7) Averroes, In libros Aristotelis De Caelo commentarii, lib. II, summa II, Questium III, comm. 32, in: Aristotelis Opera, 1962, S. 115v.; Ariew, 1984, S. 217.
(8) 以下を参照のこと：同上 S. 222f., および Wilson, 2001 の批評、『天文対話』に関してはS. 564ff.

ただし、月は物質の密度を保っており山岳のような起伏を伴うのだという1606年の彼の発言は、見かけほど驚きではなかった。この理論は同時代人にはプルタルコスによって知られていたものだ。プルタルコスは1世紀終わり頃『月球の表面 De facie in orbe lunae』という著作において、月は地球と同じ性状を示すという理論を対話相手に語らせていた。プルタルコスが月の様々な表面を照らす光について記述するその言語的インスピレーションに、この著書を所有していたガリレイは深く感動し、ジョヴァンニ・デ・メディチといった同時代人もまた実際ガリレイの理論を直にプルタルコスと結びつけていた[9]。

(9) Giuliano de' Medici の Galilei 宛書簡（1610年4月19日付）, in: Opere, Bd. X, S. 319, Z. 19f. Galilei の源泉としてのプルタルコスについては以下を参照のこと：Casini, 1984; Montgomery, 1996, S. 221f.; Shea, 2001, S. 93f.

プルタルコスがガリレイの刺激源であることに疑問の余地がないとして、レオナルド・ダ・ヴィンチの著作の場合は、出版されてはいなかったにもかかわらず研究され議論されていたので、彼の役割は一義的には決められない。とはいえ間接証拠に明らかなように、ガリレイはレオナルドの月理論に親しんでいたのである[10]。月は天空を航行する間、決して様々な部分を見せることなく、一定の顔を向けるので、月が地上の与件の反射鏡であるとレオナルドは推論した。むしろ月は大地と似た性状を自ずからそなえているのだと[11]。アトランティクス文書のうち視覚研究に特化したスケッチの1枚に、左側に月が二つ小さくスケッチされており、そのうち左の月は満月、右は半月を示している（図69）[12]。密度の高いペンの運びは、レオナルドが暗い形成体に密度のある物質感を与え、それはアルンデル文書でもレイチェスタ文書でも同じように、月面の大海に浮かぶ大陸や島嶼を表す暗部となり、永遠に泡立つ無数の波となって、とりわけよく光を反射していた[13]。

(10) Dupré, 2003.
(11) Richter, 1970, Bd. II, Nr. 902, S. 130. この点については以下を参照のこと：Dupré, 2003, S. 375ff.
(12) Kemp, 1981, S. 323-325; Reaves und Pedretti, 1987.
(13) Leonardo, 1980, S. 56, 57（Codex Leicester, F. 7r）; Kemp, 1981, S. 324-325; Dupré, 2003, S. 376f.

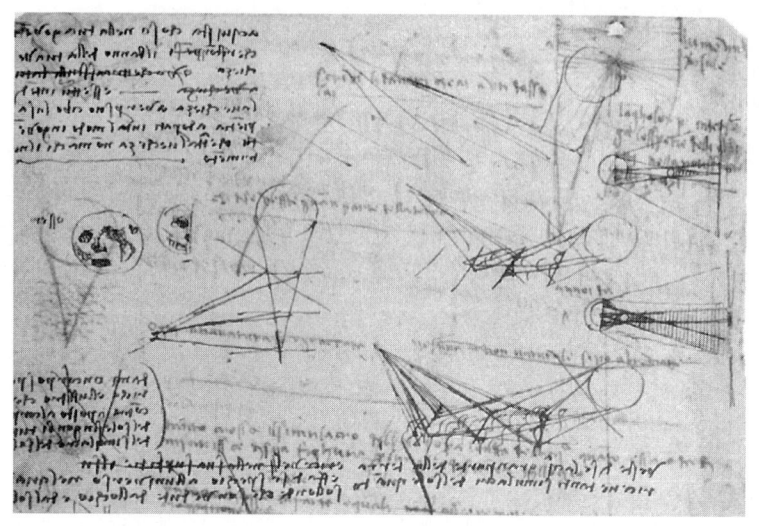

図69 レオナルド・ダ・ヴィンチ：スケッチ，1505／08, BAM, Codex Atlanticus, F. 310r, 上半分

　アトランティクス文書の月のスケッチが通常よりはるかに大きい18.5cmの直径で描かれているのを一瞥するだけで、月は地球と同じ物質を示すというレオナルドの確信ぶりが分かろうというものである（図70）。レオナルドがプルタルコス説にならっていたことは、調査するまでもなく、その書き込み方に明らかである。それは決してエーテルではなく大地のエレメントなのだ。月面の模様は、明るい表面から固体が浮かび上がる印象を呼び覚ます。
　ライチェスタ文書所収第3スケッチの月は（図71）、プルタルコスの月理論に賛同したあとで、レオナルドの第3帰結を説明するものである。すなわち月の表面を輝かすのは、太陽に次いで第2の光源が認められるのだという。その満ちていく月の素描は、影ゾーンの陰影のつけ方がじつに素晴らしい。光と影の黒々と印された分離線のあとでは、次第に夜の平面の黒さが減じて行き、レオナルドの言葉の記述のとおり、遂には背後の円の縁に利鎌の光となって再び現れる。「いくたりかの人々は、月が自ずから発光していると想定したが、しかしそれは間違いである。というのも彼らは三日月の両端の間に見える光を根拠とするが、その三日月は明るい部分の縁では暗く、背後の暗部へ移行するところでは、大方の人がこれを新たな光冠と思うほどに明るい。この冠は太陽に

図70　レオナルド・ダ・ヴィンチ：月の右半分。紙にペン、1513/14, BAM, Codex Atlanticus, F. 647v

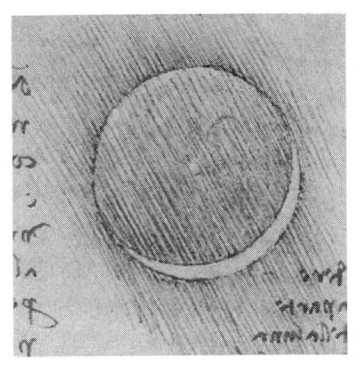

図71　レオナルド・ダ・ヴィンチ：月の右半分。紙にペン、1506/08, 個人蔵、Codex Leicester, F. 2r

照らされた三日月の両先端がもう光らない場所で環を閉じる（……）。月の陰った部分が、月の見える背景よりもどれほど明るいか、あなたが見ようと思うなら、月の明るい部分を手で、もしくは何か離れた物体でさえぎってみればいい」[14]。レオナルドは lumen cinereum（地球照）の灰色の「第2の光」を、太陽に照らされた地球からの反射であると認識している。つまり月は太陽に二重に照らされていた。一度は光の直撃を受けて煌々と、2度目は地球の「帯」越しに間接光を浴びて。レオナルドの考えは、望遠鏡の発明以前では、女王エリザベス1世の侍医ウィリアム・ギルバートしか達していない認識状態を代表するものである[15]。

(14)　„Alcuni àn creduto che la luna abbia alquanto di lume da sé, la quale openione è falsa, perchè l'ànno fondata sopra quel chiarore che si uede in mezzo a li corni quando la luna è noua, la quale alli confini dello splendore pare oscura, e al confine della oscurità del campo pare si chiara, che molti credono essere vn cerchio di nouo splendore, che finisca di circundare, doue le punte de' corni alluminat dal sole terminano il loro splendore [...]. Se uoi vedere quanto la parte onbrosa della luna sia più chiara che 'l canpo, ove tal luna si truova, occupa col la mano, o con altro obietto più distate occu pi all' ochio la parte luminosa della luna" (Richter, 1970, Bd. II, Nr. 902, S. 131f.; Olson und Pasachoff, 2001, S. 318f.).

(15) 1600年前後の彼はレオナルドの大判の素描に匹敵するやり方で月面の影模様を研究して一葉の紙面に記しており、まるで水面に大陸が隆起する月地図のように、影模様の輪郭を線描しているのだった。これもまた審美的性質を示すものではさらさらなく、月の固有の質感を表現するものであった（Whitacker, 1989, S. 208）。

　レオナルドの覚書と絵画論は芸術家、研究者の間を回覧されていたが、レオナルドによる月理論の見識がガリレイにもたらされたのも、かなりの確率で芸術仲間チゴリや、ガリレイの軍事施設論を生んだ著作者ピネリを通じてだった[16]。滑面が鏡面となるガリレイの理論は、彼が実際にレオナルドを研究していたという強い間接証拠となるのだ。1606年、ガリレイの確信するところでは、隆起面はすべすべの平面よりも反射力が少ない。しかし翌年には反対意見に翻り、月面の明るい模様は海の波によって作られたもので、これが太陽光をまっ平らな平面よりも明るく反射させているのであると言った。この翻意についてはレオナルドの議論に示唆されたものであることは明白である[17]。

(16) Reeves, 1997, S. 115-118; Dupré, 2003, S. 375ff.
(17) Dupré, 2003, S. 377f.

2. チゴリの『十字架降下』

　この頃の書簡は残されていないが、1608年フィレンツェのピッティ宮殿にあるチゴリ作『十字架降下』（図72）は、彼の大作に数えられ、ガリレイとの対話を推測させる徴候を読み取れるものでもある。
　材質の色使いが強烈で、『聖ラウレンティウス』（図36）と似たような両義性を感じさせる。一見すると初期マニエリストに帰せられるような作品であって、ヨハネの赤い衣が見る者の眼にしみる。とはいえ、例えば同じガレリア・パラティナのホールにあって比較可能なアンドレア・デル・サルトの『キリスト埋葬』ほどには錬金術的な光彩を放っているわけではない。チゴリの色彩の圧倒する力は興奮へと煽るのではなく、内部へと引き込み、その灼熱を心因性の展開にもっていくのである。同じことは諸人物の共演する構図にも当てはまる。それはヨハネの赤に始まり左上に向かうラインを構成し、あらためてチゴリ特有の何もないゾーンへと開かれていく。事件が集中してくるのは、こういう真空の周りである。この絵は1600年界隈フィレンツェ絵画の前代未聞の輻

図72　ロドヴィコ・チゴリ：十字架降下。木板に油彩、1604-1608、フィレンツェ、ガレリア・パラティナ

轢ぶりを開示する。そこでは馴致されたマニエリスムが、ヴェネチアの彩りをまといつつ左手前にくずおれるマリアの姿でティントレットの人物様式を伴ってやって来る。シュールな効果を発揮するのは、キリストの血の赤の光輪／茨冠である。1604 年ガリレイに面識を得ているペーテル・パウル・ルーベンスが、この絵画をアントワープの自作「十字架降下」の構図に重ねたのであった(18)。

(18) Friedländer, 1964, S. 76f.; Reeves, 1997, (Galilei については) S. 68-76, (Cigoli については) S. 125. Rubens および Galilei に関する近年の研究書は以下を参照：Konecny, 2005; オランダの文脈における十字架降下については以下を参照のこと：Warnke, 2006, S. 38f., Taf.V.

1604/05 年の超新星出現後、チゴリは自作に重要な修正を加える。左上に太陽の燃える赤を、右には十字架脇に蒼ざめた月を加筆したのである。これら天体の表象は天文学の法則を守らないことによって、これ見よがしの特徴を帯びた。例えば雲のかかった太陽は、左から場面を照らす光の強度を持たないし、同じことが対面の月に対しても当てはまる。キリストと若者たちが晩餐を摂ったのは満月の夜だったのだから、磔刑の日にチゴリが描くような三日月は現れるはずがなかった。レオナルドのライチェスタ文書に描かれた月の副次的な光り方、その特徴を帯びた月相こそ、明らかにチゴリの描きたかったものだ（図71）。1607 年にチゴリも、地球が月面に送る例の地球照（lumen cinereum）によって、月の夜の側を明るく描いたのである(19)。さらに月の上に暗いＺ状に盛り上がったものが見えるが、それは外から押し寄せて来る雲のようなものであり、何かの気体のようなものに遮られたのではなかった。むしろチゴリもまたまぎれもなくプルタルコスの月＝第二の地球説を、ガリレイが望遠鏡を天空に向ける以前に、すでに絵に実現していたのだ。様々な発見が、器械の発明のおかげでなされるのは通例のことである。望遠鏡然り、あるいは顕微鏡然り。しかし同様に、この事例が教えてくれることだが、また逆もまた真なりなのだ。道具が発明されるのは、その成果が予定され、あるいはすでに分かっているときなのである。

(19) Reeves, 1997, S. 104-112.

3. エルスハイマーとハリオット

なかでもチゴリとガリレイより先に月を望遠鏡で観測したにもかかわらず、表面の構造を認識できなかった人々がいる。この人々と比べてみれば二人の業績は明白である。画家アダム・エルスハイマーは『逃避途上の休息』（図73）において満月を描きこんだが、その明暗のある月面はとても詳細なので、望遠鏡を用いただろうと推測される（図74）[20]。ところがエルスハイマーの描くもやもやは、ヤン・ファン・エイクやレオナルドがとっくに到達していた正確さにも遠く及ばず[21]、望遠鏡を使えなかったチゴリが巨大な隆起のように思い描いた陰りに比べても（図72）むしろ後退している。ゆえに1609年夏ローマで出回った望遠鏡の一つを使用して見えた月の表面なのに、エルスハイマー自身が逆さまに描いた月の見かけよりも、情報が少ないありさまだ（図75）[22]。これの意味するところは、彼が倒立投影型の望遠鏡を使用したということなの

図73 アダム・エルスハイマー：逃避途上の休息。銅板に油彩、1609, München, Bayerische Staatsgemäldesammlungen

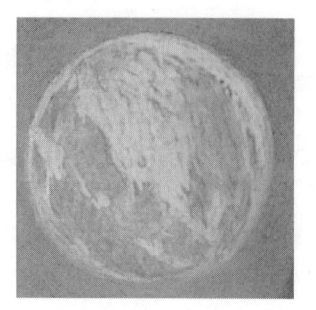

図74 アダム・エルスハイマー： 図75 満月の写真（倒立像）
満月。図73の部分

図76 アダム・エルスハイマー：水面
に映る月。図73の部分

だろうか[23]。つまり彼の描写はたんに望遠鏡で拡大した自然の写しではなく、倒立型望遠鏡を介した実見の写しなのかもしれない。自然を忠実に写した風景の真ん中に、そして細部にわたってリアルな要件を満たした夜空の真ん中に、エルスハイマーは月の顔貌をひっくり返してコラージュした。リアルなくせに地球衛星が左右裏返しで表現されているのは、こうして水面に映したことの結果なのだ（図76）[24]。

(20) この問題に初めて集中したのは Ottani Cavina, 1976, S. 141f. である。Byard, 1988, S. 33f., の推測によれば、ドイツ人植物学者にして天文学者 Johann Faber は、エルスハイマー、ペーテル・パウル・ルーベンス、ガリレイと同等に知人であり、高く評価していた人物で、この若き画家に新しい技術を教えたのは彼ではないかと言う。（以下を参照のこと：Damianaki, 2000, S. 50, および Repp-Eckert, 2004, S. 602f. の報告）。ミュンヘンとフランクフルトにおけるエルスハイマー絵画展はこの可能性を肯定してくれる（Dekiert, 2005, S. 33）。結局 Sauerländer, 2006 は自然科学的にはかならずしも間違いとはいえない芸術の固有性を主張した。しかし、ガリレイとチゴリの協働作業が示すのは、まさにここにこそ自然科学が芸術に競い合う点があったということだろう。

(21) van Eyck については以下を参照のこと：Montgomery, 1994; 同 1996, S. 202-206; Leonardo について、およびレオナルドが望遠鏡をすでに自由に使っていたかどうかについては以下を参照のこと：Reaves und Pedretti, 1987.

(22) Damianaki, 2000, S. 57f. Hartl und Sicka, 2005, S. 122 はこの倒立した月に気付いていない。さらに彼らはヴェネチアで印刷された『星界の報告』の銅版画をフランクフルト版の木版画と取り違えている (S. 113)。
(23) むろんこの種の投影タイプが知られるのは、1613年のケプラーの望遠鏡が初めてである。一方、このことは、同様のものがそれより早くローマで見つかり、テストされていたということを排除しない。エルスハイマーはいずれにせよローマで手に入る望遠鏡の一つを使用したと包括的に Thielemann, 2007 は検証している。
(24) Damianaki, 2000, S. 58. 月の鏡像において正立して再現されながら、左右が入れ替わるのはなぜか。

イギリス人地図製作者トーマス・ハリオットもまた、おそらくその直後1609年8月5日に月を観測したようだが、目視情報を然るべく解読することができなかった。彼が眼にしたものは一葉のスケッチとして残されているが、光の当たった領域には何か不分明な断片的現象が示されている（図77）[25]。光と影の間の境界線は震える擦過線で表されているが、湾曲の偏角は、この絵図では隆起とか谷とかを思い描くわけにはいかない。

(25) Bloom, 1978.

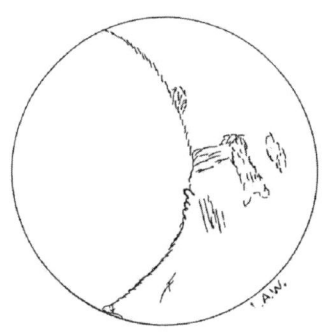

図77 トーマス・ハリオット：月の相貌。紙にペン、1609, Petworth Ms., Leconfield HMC241/ix, F. 26

それゆえ疑問が湧く。なぜ、ガリレイがその直後に現象の本質として明快にとりだせたものを、ガリレイの先行者は分かりやすく強調できなかったのか。簡単に説明してみれば、ハリオットの6倍望遠鏡がガリレイのものより性能が悪かったということがあるかもしれない[26]。事実、ガリレイの望遠鏡は若干高度な能力を備えていた[27]。ヤン・ファン・エイクとレオナルド・ダ・ヴィ

ンチがハリオットよりも月の正確な像を提供できたのは、公平無私に見るよう訓練された眼を持っていたからである。こういう事実を前にすると、現象認識を決定するのは、器械の性能などではなく自然観察と予見との相互干渉なのだという印象を強くする[28]。

(26) Van Helden, 1977, S. 17; Mann, 1987, S. 59, Anm. 20.
(27) Van Helden, 1977, S. 26f.; 同 1984, S. 155.
(28) Gingerich, 1975.

ハリオットとその友人サー・ウィリアム・ロウアーが望遠鏡による月の図を交換し合ったのは、1610年春、まだ『星界の報告 Sidereus Nuncius』の啓示を知らなかった。ハリオットが送った望遠鏡を使ってロウアーは幾度かの観測を行い、それを2月6日に報告している。昼と夜の分割ラインは彼にはまるでオランダ国土地図の海岸線のような姿に見え、満月は「我が家のコックが先週作ってくれたケーキ」を思い出させた[29]。二つの喩えは月面の凹凸ぶりが視野に入っていないことを示しており、ようやく翌年になってロウアーはガリレイの『星界の報告』によって知見を得て、月面に「奇怪な斑紋」を見たと認めているが、それとても影の問題なのだとはつゆほども思い至ってないのだ[30]。

(29) „In the full she appears like a tarte that my cooke made me the last weeke" (引用は以下による：Whitacker, 1989, S. 120).
(30) „In the moone I had formerlie observed a strange spottednesse al over, but had no conceite that anie parte thereof mighte be shadowes" (引用は以下による：Whitacker, 1989, S. 120f.).

ロウアーは敬愛に値する。彼は自分の誤認の理由を道具の不備のせいではなく、己の想像力の限界に認めていたのだから。1610年6月には、プレイヤッド星座の「7人の乙女たち」を観測した際に、第8番目の星がそこに見えるのをどうしても納得できなかった。「なんとなれば、この[7という]数字は前から定まったものなれば、我が目が信じられず、さらに眼をこすって数え直したことだった」[31]。ロウアーは自分を惑わせたのが視覚器官よりもどうやら自分の予見のせいだと認めたのだ。同じことがハリオットにも明らかに起こっている。

(31) „[...] because I was prejugd with that number, I beloved not myne eyes nor was carefull to observe how manie" (Stevens, 1900, S. 116; 引用は以下による：Bloom, 1978, S. 121).

4. チゴリによる月のフレスコ画

　ハリオットとロウアーがイギリスで自分たちの過誤を知らされた頃、チゴリはローマでフレスコ画を手がけ、新たな月の相貌を描くべく邁進していた。1610年晩夏、チゴリは激しい競争を勝ち抜いて、サンタ・マリア・マッジョーレに教皇パウロ5世の天頂閣天井をフレスコ画でおおうという注文を請けた。かくして当代随一の注文が彼に充てられたということは、またローマにおいて新たなフィレンツェ画派が勝利した合図となるものだった。1610年9月2日に彼は最初の支払いを受け取った[32]。

(32)　Acanfora, 2000, S. 30.

　この仕事の始まりについて報告しているのがガリレイの刎頚の友、ミケランジェロ・ブオナローティ・イル・ジョヴァーネ。その比類なく生気に満ちた肖像を描いたのが、この仲間のさらなる一人であるクリストファーノ・アッローリだった（図78）[33]。ブオナローティは1610年10月に大いに興奮して、しかもたぶん皮肉もなしにこう伝えている。「チゴリ氏は最高天の頂におわす。すなわち教皇聖堂の明かりをとる天頂閣に、教父お歴々のご尊顔を拝しながら」[34]。

(33)　Cristofano Allori, 1984, S. 74.
(34)　„Il Sig.r Cigoli è nel colmo de più alto cielo, ciò è nel pinnacolo della lanterna della cupola della cappella del Papa, dinanzi al Dio Padre e al suo splendore" (Michelangelo Buonarroti il Giovane の Galilei 宛書簡（1610年10月付）, in : Opere, Bd. X, S. 453, Z. 30-32).

　その複雑なプログラムによれば、丸天井の中心軸に鎮座した天空の女王は、月を足下に据える（図79）[35]。チゴリとガリレイの往復書簡によれば、チゴリがこの仕事を遂行するに当たって、なかんずく夏の暑いさ中、どれほどの困難を負ったことか[36]。彼を補佐したのが、ヴィンチェンツォ・ボッカッチとシジスモンド・コッカパーニの両画家、また後者は巨大な空間総体の構想にも加わった。丸天井の規模を描き込んだスケッチの1枚にチゴリの記したスペクタクルな詳細からすると、ガリレイもこれに参画しており、「サンタ・マリア・マッジョーレの丸天井の規模はローマ指尺（Spanne）を使えば、ガリレオ・

図78 クリストファーノ・アッローリ：ミケランジェロ・ブオナローティ・イル・ジョヴァーネ。油彩、ca. 1610, Florenz, Casa Buonarroti

ガリレイ氏の入念な計算によるところ、天頂の明り取り塔を入れずにすべて合わせておよそ4000と700指尺に及ぶ。ローマ式測定では、3000.200.17掌尺（Palmi）となり、果てもない数字である」[37]。

(35) この点、およびこれに付随することについては以下を参照のこと：Panofsky, 1954, S. 5; Faranda, 1986, S. 95f.; Wolf, 1991/92; Ostrow, 1996, Immacolata; 同 1996, Art, S. 240ff.
(36) Lodovico Cigoli の Galilei 宛書簡（1611年7月1日付）in: Opere, Bd. XI, S. 133, Z. 37-40; S. 168, Z. 4f.
(37) „misure della cupola di S. a Maria Maggiore co(n) il palmo romano le quali secondo la diligenza del Sig.r Galileo Galilei è tutta Palmi 4000 e 700 in circa senza la lanterna. E(i) misuratori Romani dicevano ch(e) era Palmi 3000.200.17 misurata molte, e molte volte" (引用は以下による：Acanfora, 2000, S. 32)。

このメモもまた、「芸術プロジェクトの参画者にして助言者ガリレイ」というヴィヴィアーニの報告が決してフィクションではないのだという心証を強くしてくれる。ガリレイが地元の測量師を欺いた干渉事件は、1611年初頭のローマに凱旋滞在をした時期に当たるはずで[38]、この折、彼は聖堂建築に集中す

IV 1600年前後の月 107

図79 ロドヴィコ・チゴリ：パオリーナ聖堂のフレスコ天井画。1610-1613, Roma, Santa Maria Maggiore

る時間を持ったのだろう。ここで言及されたのが、たんに建築規模だけでなかったことは、1612年4月13日付チゴリのガリレイ宛書簡に明らかである。チゴリの報告によれば、彼の聖母もその他のフレスコの部分も、教会の財務官ヤコポ・セッラ枢機卿を含む注文主たちによって望まれたもので[39]、その結果、父なる神の最高の出番が欠けるのは仕方がなかった。しかし問題がまだある。「下から見上げるとどう見えるのかということ。私はその人物たちを力強く彩るよう努めました。彼らを過度に密集させぬよう、そのかたまりを明るい色と暗い色で描き分けましたので、はるか離れた下方から見上げても一人ひとりの姿が見分けにくいということはないでしょう」[40]。

(38) 同上：S. 33.
(39) Lodovico Cigoli の Galilei 宛書簡（1612年4月13日付）in : Opere, Bd. XI, S. 291, Z. 23-25.
(40) „[...] come nella veduta da basso tornerà. Io mi sono ingegniato di colorirle gagliardo, et le figure non azuffate e ammontate, et le amontate separate con chiari e scuri: però non credo mi abbino da mancare per la distanza"（同上：Z. 26-28）.

この報告から分かることは、チゴリとガリレイがフレスコ画について形式の面からもいかに正確に意見交換していたかということである。チゴリが自己解説の記述の中で明晰さ、明証性、歪みなく正視するといった批判基準を適用しているのも、ガリレイのタッソ論と同じ志向である。チゴリは一度も床上から検証することもなしに足場からのみ人物群を描き続けた。では、下から見上げてもきちんと人物群を見分けられるには、どのように描けばいいのか。これはまさに遠近法の修得にも当てはまる問題で、二人がリッチのもとで学んだものが、これだった。消失点を持つ空間に正確な遠近法ではるか高いところへ、大きな塊となった人物群を定着させる。しかも図式に従って互いに並べればいいのではなく、まして痙攣的に互いを相殺し合うのでもなく、描き分けるのだ。ローマのバロック絵画が始まるのは、この能力をもってである[41]。

(41) Acanfora, 2000, S. 38, 44.

自分はもう聖母を完成したとチゴリは言う。これが最終的にフレスコ画のスペクタクルな局面の一端に触れる。1616年、フレスコ画完了の4年後、サンタ・マリア・マッジョーレについてパオロ・デ・アンジェリスが書いた本のた

めに、聖堂の概略図が出来上がった（図80）。1931年の補修作業で初めて分かったことだが、この銅版画は、フレスコ画の月を改変している。すなわち銅版画は月の表面をつるつるの球体に描くのに、フレスコ画の方はそうではない（図81）。むしろただ半分だけ照らされた月はその明るい部分に影や光の帯を浮かび上がらせ、それは山や谷であるのだろうが、恰も疱瘡に罹ったかの如くなのだ。

こういう月の見え方をすでにチゴリは『十字架下降』のときに大胆にも仄めかしていたが、そのメッセージたるや、まさに弁論術の大見えである。彼が大胆でありえたわけは、1610年にはガリレイの『星界の報告』が出ていて、望遠鏡によって月を観測した成果が公開されていたからだ。チゴリはラテン語はあまり得意ではなかったのだが、10月にガリレイに本書を送ってくれるよう頼み[42]、入手後、当然のごとく研究を重ねて、1611年春ガリレイのローマ来訪に際して、これに添える銅版画の1枚を自由な創意に基づいてパオリーナ聖堂の丸天井に飾った（図82）。アカデミア・デイ・リンチェイの創立者にして運営者であるフェデリコ・チェージはガリレイのローマにおける同盟者の一人として、この月の姿の由来にもその挑発的性格にもなんら疑義をはさまなかった。「チゴリ氏はサンタ・マリア・マッジョーレの聖堂天頂閣の任に当たるや、

図80　作者不詳：サンタ・マリア・マッジョーレ聖堂天頂閣天井画スケッチ。Rom, 銅版画, De Angelis, 1621, S. 194

図81　ロドヴィコ・チゴリ：純潔のマリア、図79の部分

図82　月相、銅版画、Galilei, 1610, Venedig, S. 8r. 図95の部分（左へ90度回転）.

鬼神の働きにて、良き真すぐなる友人として聖処女の絵姿の足下に描き込んだ月は、貴殿の発見なされた月さながら、光る部分と小さな島々が配されておりました。我々一同顔を見合わせては、貴下の名声羨むまいぞと申し合わせておるところです」(43)。

(42) Lodovico Cigoli の Galilei 宛書簡（1610 年 10 月 1 日付）in: Opere, Bd. X, S. 442, Z. 16-17. これがイタリア語の本だったらというのが彼の望みだった。

(43) „Il S. Cigoli s'è portato divinamente nella cupola della capella di S.S.ta a S. Maria Maggiore, e come buon amico e leale, ha, sotto l'imagine della Beata Vergine, pinto la luna nel modo che da V. S. è stata scoperta, con la divisione merlata e le sue isolette. Spesso siamo insieme, consultando contor l'invidi della gloria di V.S." (Federico Cesi の Galilei 宛書簡 [1612 年 12 月 23 日付]、in: Opere, Bd. XI, S. 449, Z. 9-13).

チゴリが黙示録の聖母を月の上に載せると決めたのは、いっしょに勉学に励んで以来の友情の証なのだろう。ところでこれはねじれ現象を引き起こす。自然科学の発見が天体構造の伝統の観方を真っ向から侮辱しているというのに、それがカトリックの総本山のフレスコ画に救済プログラムとなって掲げられるのだ。パオリーナ聖堂の責任あるお歴々は、自然科学と教会の宥和をはかった陣営に属していた。1611 年のガリレイのローマ来訪は、彼らによってまことに凱旋行進とされた。「わが身に享けたるご愛顧の数々、畏れかしこくも枢機卿殿に高位聖職者の方々、様々の諸侯が、我が星界観測を見んものと欲し、こぞってご満足の様子、小生としましても彼らの所有せる立像、絵画、装飾列柱、宮殿、庭園といった奇跡の数々を見るだに愉悦の極みでありました」(44)。

(44) „Io sono stato favorito da molti di questi Illustrissimi Sigg. Cardinali, Prelati e diversi Principi, li quali hanno voluto vedere le mie osservazioni e sono tutti restati appagati, sì come all'incontro io nel vedere le loro maraviglie di statue, pitture, ornamenti di stanze, palazzi, giardini ec." (Galilei の Filippo Salviati 宛書簡 [1611 年 4 月 22 日付]、in：同上 S. 89, Z. 4-8; 独訳は以下による：Wohlwill, 1909, Bd. I, S. 379) 教会政策上の条例については Wolf, 1991/92, S. 313f.; 一般状況は Feldhay, 1995. を参照のこと。

ガリレイの印象は希望的観測に曇らされているのでは決してない。イエズス会が言いつのりそうな反対意見がそこここに現れ始めてはいたが(45)、5 月末にガリレイがローマを去る折に、枢機卿フランチェスコ・マリア・デル・モンテがメディチ家大公コジモ 2 世宛に伝えた評価の方がより重要だった。「かの者

はこの機会に乗じて巧みに己の発見を披歴し、そのためこの街の全ての有能なる人士および事情通の者たちはそれを全き真実にして本当のことであるばかりか、最高の讃嘆に値するとほめそやしております。今日私どもがかの古代ローマ共和国に生きておりましたら、必ずや彼の像をキャピトルに建立し彼の衆に抜きん出た価値を讃えるところでありましょう」⁽⁴⁶⁾。デル・モンテが古代を引き合いに出したのは、自分の時代を過小に評価している。偉人を顕彰するのなら大理石にしかできないだろうに、チゴリはそれを教皇聖堂の聖母をもってなしたのだ。

(45)　Wohlwill, 1909, Bd. I, S. 390f.

(46)　„[...] ha hauto occasione di mostrare si bene le sue inventioni, che sono state stimate da tutti li valent' huomini e periti di questa città non solo verissime e realissime, ma ancora maravigliosissime; e se noi fussimo hora in quella Republica Romana antica, credo certo che gli sarebbe stata eretta una statua in Campidoglio, per honorare l' eccellenza del suo valore" (Francesco Maria del Monte の Cosimo II. 宛書簡［1611 年 5 月 31 日付］、in: Opere, Bd. XI, S. 119, Z. 3-7; 独語訳は以下による：Wohlwill, 1909, Bd. I, S. 388).

V 『星界の報告』の月

1. 望遠鏡の眼差し

　サンタ・マリア・マッジョーレの教皇聖堂の天頂閣にチゴリが掲げた月は、ガリレイが望遠鏡を使って覗き見た様々な連続相の一つに過ぎなかった。最初の連続画は月の素描が九つ、1610年1月7日に記された手紙からとられ、ここでガリレイは初めて地球の衛星の観測を検討した。第三の連続画は月の素描七つからなり、ガリレイ直筆草稿の1610年版『星界の報告』に添え付けの1枚としてフィレンツェ国立中央図書館に所蔵されるものである。第三の、新たに浮上したシリーズは、5葉の素描からなり、『星界の報告』の印刷された版の一つに挿入されたものである。これらの素描は、最終的には5葉の銅版画が加えられ、1610年3月出版の『星界の報告』に刷り込まれることになる。これらの日付から分かるのは、書簡の素描が1月7日以前に、また本の形になった銅版画の元絵が1610年3月以前に制作されたということだけである。
　1月7日の記述は博物学に関心のあったアントニオ・デ・メディチを念頭にしていたようである。彼はガリレイに格別の尊敬を抱いていたのだ。それは自筆ではなく、いくつかの写本でのみ伝わっているものである[(1)]。にもかかわらずここでガリレイは観測によって『星界の報告』第1部の基礎を置いたことからすれば重大な意味がある。加えて彼はこの書簡において、先ず第一に月を望遠鏡によって観測し、なおかつ観測した対象を認識したのだと主張した。「上に述べた観測のただの一つとて、適切なる道具なくしては目に入らない、否、見ることができないのです。それゆえわれわれは、天体をかくも近々とかくも

はっきりと眼にした、世界で初の人間だったと思っても過言ではないのです」⁽²⁾。この陳述は、自分の観たものが何であるかを認識した最初の男がガリレイだという意味でのみ、正当である。というのも彼以前にすでに何人か天空に望遠鏡を向けていたからである。ガリレイは望遠鏡を介すれば当然眼に入るものを根拠に、月面の平坦ならざるところから出発する理論を正しいと推論した最初の研究者だった。

（1） Opere 中に再現されている原文は（Opere, Bd. X, S. 273-278）、おそらく最初期の版のものである。それは原典コピーの写真版のかたちでヴァティカン図書館長 Franz Ehrle が編纂者 Favaro に手渡したものだった（S. 273, Vorbemerkung）。私はこれを費用をかけてヴァティカン図書館に探したのだが、見つけることができなかった（Massimo Ceresa には大変お世話になりました）。

（2） „Di tutte le sopradette osservationi niuna se ne vede o può vedere senza strumento esquisito; onde possiamo credere di essere stati i primi al mondo a scuoprire tanto da vicino et così distintamente qualche cosa dei corpi celesti" (Galilei, 書簡［1610 年 1 月 7 日付］in: Opere, Bd. X, S. 277, Z. 125-128).

望遠鏡が考案された例には、1590 年以前、すでにジョヴァン・バッテイスタ・デラ・ポルタのような孤立例とか、1598 年のラファエロ・グァルテロッティの例があった⁽³⁾。しかしその使用が始まるのは 1604 年のオランダが初である。1608 年 10 月にはオランダ人ハンス・リッパーヘイの望遠鏡特許申請が却下されているが、それはもはやなんらの機密事項でもなかったからである。同じとき大公モーリッツ・フォン・ナッサウはすでに別系列から望遠鏡を手に入れていた。1 年のうちに望遠鏡の知見はヨーロッパ全土に広まり、試供品は少なくとも大都市では使用可能であった⁽⁴⁾。

（3） Della Porta 考案の長所短所については以下を参照のこと : Ronchi, 1962; Gualterotti については : Settle, 2006, S. 629. 基本文献は Van Helden, 1977, S. 15ff.
（4） 同上 : S. 20-26, 36-42; Riekher, 1990, S. 19-21 ; Sluiter, 1997.

1609 年夏、商人たちが初めてイタリアに姿を見せ、7 月末にパドヴァに現れた一人の実演者などは、さらにヴェネツィアに赴き、知識を政府に売り付けようとした。ガリレイはこれを見ていないが、8 月 3 日以降、自分の望遠鏡を改良するのに熱中し、一気呵成に仕上げるや、8 月の 21 日、さらに 24 日にはもう、9 倍率の望遠鏡をヴェネツィアにて将校たちを前に実際に使って見せた。それだから、これ以前、彼の友人がパオロ・サルピに外国人から望遠鏡を買い

付けないよう助言していたのだ⁽⁵⁾。12 月初めの書簡では望遠鏡のさらなる改良を告げており、果たして 1610 年 1 月 7 日の書簡では 20 倍率の望遠鏡が報告されている。「閣下にはご満足していただけるよう、月面を眼にしつつ我が望遠鏡の一つにて観測しましたものを手短にご報告申し上げます。地球直径の 3 倍の距離に離れたものを近々と観測できますのも、裸眼にて見えます月の 20 倍の直径を可能にした望遠鏡を工夫しましたゆえのこと。さすれば月の表面を 400 倍に眺め、その固体を通常の大きさに比して 8000 倍、そのため一つの優れた道具があればかくも強烈な拡大にて彼方にあるものをきわめて明瞭に認識できるのであります」⁽⁶⁾。

(5) Drake, 1970, S. 146-148. このこと、およびこれに付随することについては以下を参照のこと：Pantin, 1992, S. XX-XXII, Hallyn, 1992, S. 13-25.
(6) „Per satisfare a V.S.Ill.ma, racconterò brevemente quello che ho osservato con uno de'miei occhiali guardando nella faccia della luna; la quale ho potuto vedere come assai da vicino, cioè in distanza minore di tre diametri della terra, essendochè ho adoprato un occhiale il quale me la rappresenta di diametro venti volte maggiore di quello che apparisce con l'occhio naturale, onde la sua superficie vien veduta 400 volte, et il suo corpo 8000, maggiore di quello che ordinariamente dimostra: sichè in una mole così vasta, et con strumento eccellente, si può con gran distintione scorgere quello che vi è" (Galilei 書簡［1610 年 1 月 7 日付］in: Opere, Bd. X, S. 273, Z. 1-9; 以下を参照のこと：Galilei の Michelangelo Buonarroti il Giovane 宛書簡［1609 年 12 月 4 日付］, in: 同上：S. 271, Z. 21-22)。この器械を再構成すると、1 月には 33 倍率まで性能アップしただろうという推測については以下を参照のこと：Claus, 1993, Ringwood, 1994.

ガリレイは扱いの難しいこの器械を試した体験を、手紙の最後に語っている。それは呼吸し動悸がするだけでその効果を損ねかねないというのである。「閣下の御注文に十全にお答えいたすべく、望遠鏡使用に際して注意すべき点を付け加えて申し上げます。要はこの道具を固定せねばならないということです。すなわち手には動脈からくる拍動、それに呼吸からすら伝わってくるのですが、その振動を避けるためには、確たる場所に望遠鏡を固定しなければなりません。レンズは布類で清潔に明るく保っていただきたい。なんとなれば呼吸や湯気の類、眼からの蒸散ですら曇りを生みますゆえ」⁽⁷⁾。

(7) „Hora mi resta, per satisfare interamente al commandamento di V.S.Ill.ma, dirli quello che si deve osservare nell' uso dell' occhiale: che insomma è che lo strumento si tenga fermo, et perciò è bene, per fuggire la titubatione della mano che dal moto dell'

arterie et dalla respiratione stessa procede, fermare il cannone in qualche luogo stabile. I vetri si tenghino ben tersi et netti dal panno o nuola che il Fiato, l'aria humida e calignosa, o il vapore stesso dall'occhio, et massime riscaldato, evapora, vi genera sopra" (Galilei の書簡［1610年1月7日付］in: Opere, Bd. X, S. 277, Z. 142-S. 278, Z. 149).

　誰もこれに匹敵する倍率で月を観測した者はいなかったのだから、この報告を否むことはできなかったろう。現在使用される望遠鏡にしてもガリレイの報告する同じ困難を、なお例外なく経験する。とりわけ眼を接眼レンズへとくっつけながら、しかしなお呼吸や脈拍といった自律運動で器械を揺らさずに焦点を合わせるという困難な作業は、対象にとどまらず観測の方法そのものを、どれほどの厳密さをもってガリレイが顧みていたか、明らかにするものである。

　遠くを見る能力を持った拡大レンズがあるという知らせに正面から向き合ったガリレイは、1609年8月29日、自から望遠鏡製作を成功させ、その最初の報告で次のように強調している。制作は「遠近法の科学に立脚せねばならない」のであり、逆もまた真で、「その実現についても」熟慮をなしたのであると[8]。今日までの通説によれば、こういう発言の真意は、光学法則には決して本当には関心がなかったガリレイなのだから、彼の知的営為といえど己の実践能力の読み替えなのだというのだ[9]。

　(8)　„e parendomi che dovessi havere fondamento su la scientia di prospettiva, mi messi a pensare sopra la sua fabbrica" (Galilei の Benedetto Landucci 宛書簡［1609年8月29日付］, in: 同上：S. 253, Z. 11f.).
　(9)　こうした発言は以下に山ほど見つかる：Dupré, 2005, S. 146f.

　どうしてこんな結論になるのか。ガリレイの思考の中に正統な光学伝統の痕跡がほとんど見出せないせいである。彼の考え方はとりわけエットーレ・アウソニオとジョヴァン・バッティスタ・デラ・ポルタによって代表されるのであって、これを形成したのは、中世の伝承ではなく16世紀イタリアの光学なのだ。ところが、遠近法規則をただちに望遠鏡と結びつけたガリレイの発言は、決して虚空からつかみ取ったものではない。むしろリッチのもとでの研鑽の持続的影響がここにあらためて現れているというべきである。月の表面が平坦ではない、ガリレイをしてすでに望遠鏡発明以前にこう想像させたものこそ、遠近法の訓練だったのだ[10]。

　(10)　このコンプレクスに関する根本的議論は以下を参照のこと：Dupré, 2005, S. 148-152.

2. 月の平坦ならざること

　月が平坦でない。このことがガリレイを虜にする。「大方の人が月とはこうもあろうと想像し、他の天体がこうなのだから……と想定してきたのとはまるっきり違って、月がまさに均等でも、すべすべもしておらず、きれいな表面もしていない、それどころか粗く不均等で、理の当然として、月は隆起と深淵だらけ、地球表面をおおう山と谷に似ている、いや、はるかにそれより巨大でさえある」[11]。初めてガリレイは月面の平坦ならざるに直面し、そこで強調したのは、地球の地形への対比である。こうして月と地球は別々の天体でありながら親族に変身して、これによって、救済なき深淵だらけの地球に対して、＜完璧に滑らかでハーモニーに満ちた天体＞という二項定立が霧消する。

(11) „et in effetto si vede apertissimamente, la luna non essere altramente di superficie uguale, liscia e tersa, come da gran moltitudine di gente vien creduto esser lei et li altri corpi celesti, ma all'incontro essere aspra et ineguale, et in somma dimonstrarsi tale, che altro da sano discorso concluder non si può, se non che quella è ripiena di eminenze et di cavità, simili, ma assai maggiori, ai monti et alle valli che nella terrestre superficie sono sparse" (Galileiの書簡［1610年1月7日付］in: Opere, Bd. X, S. 273, Z. 9-16).

　諸現象を記述するガリレイのリズミカルな文体は秀逸で、文学史上の巨匠と祭り上げられる域に達する。「新月の後まず4，5日観察を続ければ、暗くなった天体の内、明るい部分と残余の部分の間の境界に引かれた線がきれいな楕円ではなく、きわめて不明瞭なぎざぎざとした粗い境界線となっており、その線上には数多の光点が外へとそそり立ち、暗い部分へと侵入している。顧みれば、他の暗い部分は明るい部分へいくらか刻みを入れるところがあり、長円のもともとの軌跡を超えて明部へと押し入る、これはまさに並置した図版に示した通りです」[12]。

(12) „Prima, cominciando a rimirarla 4 o 5 giorni dopo il novilunio, vedesi il confine che è tra la parte illuminata et il resto del corpo tenebroso, esser non una parte di linea ovale pulitamente segnata, ma un termine molto confuso, anfrattuoso et aspro, nel quale molte punte luminose sporgono in fuori et entrano nella parte oscura; et all' incontro altre parti oscure intaccano, per così dire, la parte illuminata, penetrando in essa oltre il giusto tratto dell'ellipsi, come nella figura apresso si vede" (Galileiの書簡

[1610 年 1 月 7 日付] in: Opere, Bd. X, S. 273, Z. 18-S. 274, Z. 26).

　この簡潔な説明はガリレイが軍事施設草稿で適用したのと同じ描き方に従っている。彼が言っているのは、本文に採用した九つの挿図のうちの第1図のことである。それらは写し方が薄いのでガリレイのスタイルをあまり識別できないのだが、いわば月相を見分けるには重要である。その限りでそれらは実際的で築城術素描に似ているのだ（図83）。この第1図は満ちていく月の4、5日目に当たる。筆を使うことによって、明暗を分ける線に揺らぎがあり、明るい区域は暗いゾーンへと押し込み、一方では暗い平面がぐっと右手へ湾曲した角のように明るい三日月に貼り付いている。

　ガリレイの第2図写しは第1図の直後に生まれたに違いないが（図84）、それでもさほどの違いがなく、消えていく光部について以下に続く記述に即していない。「さらには先に述べた諸境界と、明暗を分ける境界線は曲がっていて不規則であるばかりか、様々なきわめて明るい光点をここにははっきり認めることができ、それら光点は暗部にあって、そして光る両角によって完全に分けられている。これら光点は次第に大きくなり増大し、ついには数時間後には明るい部分と一つになり、その結果、両者の間と光る部分の間にあった例の領域も明るくなっていく。そうして隣にある図版が示すごとき類似の（境界線）が見えるのである」[13]。光点と光斑は、素描では昼と夜を分ける線の左に浮かび

図83　ガリレイからの模写：月相。1610年1月7日付書簡：Opere, Bd. X, S. 274

図84　ガリレイからの模写：月相。1610年1月7日付書簡：Opere, Bd. X, S. 274

上がっており、その数と色の力は本文の強調するところと一致していないが、しかしそれは少なくとも原理の印象を媒介してくれるものである。

(13) „Di più, non solamente è il predetto confine e termine tra 'l chiaro 'l tenebroso, sinuoso et ineguale, ma scorgonsi vicino ad esso diverse punte luminosissime poste nella parte oscura, et totalmente separate da le corna illuminate; le quali punte a poco a poco vanno crescendo et ampliandosi, si che dopo qualche hora s'uniscono con la parte luminosa, divenendo lucido anco quello spatio che tra esse et la parte risplendente si fraponeva: et si veggono simili a quelle che ci rappresenta la figura appresso" (Galilei の書簡 [1610 年 1 月 7 日付] in: Opere, Bd. X, S. 274, Z. 27-37).

これに続いてあらためて描かれた第3図は、三日月の両端に登場する暗い斑点のゾーンを強調するものである（図85）。「その他にも光の当たる部分、すなわち主に明と暗の間の境界辺り、何より角(つの)の南先端付近に、いくつもの暗い斑点が見えます。その暗い斑点の境界は際立って明るい縁となり、その光る縁はすべて月の影側に向かって整列し、その結果、太陽光の当たる側にあるのはいつもすべて暗い斑点となります。この斑点部分は、単純化するとその様子から『アイス』と呼ばれるガラスに似ております（訳注：焼き物の釉のガラス質のこと）。これにはささやかながら御役に立つよう図版を付してあります」[14]。

(14) „Veggonsi in oltre nella parte illuminata, et massimamente nel confine tra 'l chiaro et l'oscuro, et più che altrove intorno alla punta del corno australe, moltissime macchiette oscure, et terminate con certi orli luminosi, li quali sono posti tutti verso

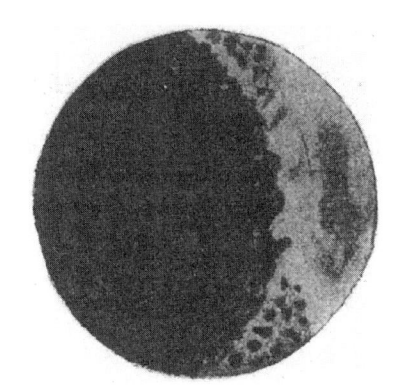

図 85　ガリレイからの模写：月相、1610 年 1 月 7 日付書簡：Opere, Bd. X, S. 274

la parte oscura della luna, restando le machiette oscure tutte sempre verso la parte onde viene il lume del sole, dalla frequenza delle quali macchie viene quella parte resa simile ad uno di quei vetri che vulgarmente si chiamano di ghiaccio. Siane un poco di essempio la figura presente"(同上 Z. 38-49).

明るい平面が広がり繋がっていく現象と相同で、逆に暗部が減じていき最後に満月のときにはもはや認めがたくなる現象を、ガリレイは強調している。同じような鏡像性格は、個々のクレーターにも当てはまる。その暗い縁は常に陽光が射してくる側にあり、これに対し、ハイライトの三日月は対面の夜に向かう側にある。光と影が形作る三日月の相互的な遊戯においても、ガリレイは地球との相同性を見出している。「光が連続的に増加して行くとき、今述べている斑点がその大きさと暗さを減じていく、その結果、それらは満月ではほとんど見分けることができません。月が欠けていくときにはあらためて夥しい数が姿を見せていきます。そして常に影は太陽光が射してくる側にあり、光る縁は月球体の影部に向かっている。かくしてすべてこの現象は、山を戴く谷々が引き起こす地球上の現象に正確に一致するのです。これすなわち健全な理性なら理解もたやすい」[15]。

(15) „Secondo poi che il lume vien successivamente crescendo, sciemano le dette macchiette di grandezza et d'oscurità, sì che nel plenilunio poco si distinguono; nello scemar poi della luna tornasi a vederne gran moltitudine: et pure in tutte et sempre la parte oscura è verso il sole, et l'orlo illuminato risguarda la parte tenebrosa del corpo lunare. Et tutte queste apparenze sono puntualmente simili a quelle che fanno in terra le valli incoronate da i monti, come ogni sano giuditio può comprendere" (Galilei の書簡［1610年1月7日付］in: Opere, Bd. X, S.274, Z. 50–S. 275, Z. 57).

これらに続いて熱心に述べられるのが、際立って大きな、およそ月の中央に位置する、完璧に丸いクレーターである。「既述のとおり斑点は様々な形をし、きわめて不規則な形をしているからこそ、月のほぼ中央にあって完全に丸い形をし、他と比べてもきわめて大きい斑点を眼にするのは大いなる驚きです。」[16] 彼は人を魅了するこの記念像こそ月面のもっとも偉大な現象であると挑発してくる。巨大クレーター上の陽光移動を地上の現象と比較できるよう、ガリレイは地上はるかに一つの眼を設置する。それはボヘミヤのお盆型の深い谷に近似の現象を見い出す眼である。「太陽がその大いさを現し始めると、（クレーター

V 『星界の報告』の月　121

の）内側空間は暗くなりまさり、高く昇る太陽に合わせて底に陽が当たり始め、続いて日なたの形が、月の満ち欠けのごとくに変化するとき、ここに見るのは、地上の一大円形劇場が生み出す光と影の、（あのクレーターに）寸分違わぬ現象です。あるいはこういう方がよろしいか、ボヘミヤの盆地が完全に円形をしていて、きわめて高い山々が完全にそれを縁取っているとして、それが作りなすであろう劇場であると」[17]。

(16) „Apparendo le sopradette macchiette di diverse figure et molto irregolari, una ve ne ho io, non senza qualche meraviglia, osservata, che è posta quasi nel mezo della luna, la quale apparisce perfettissimamente circolare, et è tra le altre assai grande"（同上：S. 275, Z. 58-61）.

(17) „quando il sole comincia ad illustrare la sua altezza, lasciando lo spatio di mezo tenebroso, et quando poi, alzandosegli maggiormente, comincia ad illuminare il fondo, et successivamente mutandosi gl'aspetti di esso sole con la luna nel crescere et nel calcare di quella, si veggono le medesime apparenze a capello di lume et di ombre, che fa in terra un grandissimo anfiteatro rotondo, o per meglio dire che faria la provincia de i Boemi, quando il suo piano fusse perfettamente circolare, et da altissimi monti fusse con perfetta circonferenza abbracciata" (Galilei の書簡［1610 年 1 月 7 日付］in: Opere, Bd. X, S. 275, Z. 61-69). ガリレイの一部類比的思考法については Spranzi, 2004. を参照のこと。

このケースではガリレイは月全体ではなくクレーターだけを四つの素描に表した。少し小さめの直径をした連続する円形は、いかに光が相互に一連の月相を展開するかを明示するものである（図86）。ここに進行する光と影劇場の特質を明らかにすべく、ガリレイは連続画を利用する。驚くべきは、日なたにもっとも近い環部がもっとも影が深く、同時に、反対側の一番離れた環がもっ

図86　ガリレイからの模写：巨大クレーターの4相。1610年1月7日付書簡：Opere, Bd. X, S. 275

とも明るいという点である。「影部が常に太陽の側にあり、明部が対面にあることに気をつけてみれば、満月の前後の月相がこれら斑点素描に似るのです。これが、(例の斑点が) きわめて大きな、完全に丸い、崇高なる境界に囲まれた窪地であることの間接証拠です」[18]。ここでの「斑点」は巨大クレーターと定義され、最初の三つの素描上には、満ちていく月の光は残りの月面に左から右へと移動し、4番目の素描には、欠けていく月の姿が対称形に左から現れ、反対の右側に光る部分を生み出していく。眼前には、月の全体としては右から左へと、巨大クレーターとしては逆に左から右へと変化する光が、対称形に逆転する前代未聞の光劇場として繰り広げられる。

(18) „Et i suoi aspetti avanti et dopo il plenilunio sono simili a questi, avvertendo che sempre la parte tenebrosa è verso il sole, et la chiara all'opposto; inditio certo, quella essere una grandissima cavità perfettamente rotonda et da termini eminenti circondata" (Galileiの書簡［1610年1月7日付］in: Opere, Bd. X, S. 275, Z. 70-78).

最後の二つは、再度大きめの素描となって、さらなる詳細を明らかにする。直に続く1枚（図87）が扱う問題は、ガリレイがのちに別扱いをすることになるだろう。それは南極を経て右へと向かい明るいゾーンへと達する暗い膨隆のことであり、ガリレイはこれを1610年1月1日に観察することができたもようである。これを集中的に記録しながら、のちに『星界の報告』の決定的動機とした。「月がおよそ4分の1に満ちてきたとき、下方、すなわち南部にある巨大な膨隆が認められます。それは隣り合うごとくに明部をくぼませるのです。

図87　ガリレイからの模写：月相。1610年1月7日付書簡：Opere, Bd. X, S. 275

V 『星界の報告』の月 123

明部が成長すると、あの窪地では前山の形で三角形の隆起がそびえ始める。そしてその直後には光をもっと受けることによってその周りにいくつかの別の光点が認められるようになります。その光点はその他の光からは完全に際立っており、影に囲まれていて、それが膨張拡大し、最後には明部と一体化します。地上の極端に高い山が、はるか西にあり朝まだきに陽光を広い平原より先に受け、その山裾の東方向へ広がる平原より先に輝くのは、同じ理屈なのです」[19]。

 (19) „Quando la luna è intorno alla quadratura, si scorge nella parte inferiore, ciò è nella australe, un immenso seno, il quale incava la parte lucida nella maniera apresso: nella qual cavità, crescendo la parte lucida, comincia poi a sporgere, in guisa di un promontorio, un'eminenza triangulare; et nell' aqquistar più lume, se li scuoprono poco dopo intorno alcune altre punte lucide, totalmente spiccate dall'altro lume et circondate da tenebre; le quali crescendo et allargandosi, finalmente si uniscono con la parte luminosa: in quella guisa apunto che in terra gl'altissimi monti, benchè molto occidentali, nell'aurora prima si illuminano che le larghe pianure, che dalle radici di quelli verso levante si distendono" (Galileiの書簡［1610年1月7日付］in: Opere, Bd. X, S. 275, Z. 79–S. 276, Z. 90; s.u. S. 124f.).

ここに記述され図示された月相のおかげでガリレイは、望遠鏡なしには分からない月の暗い斑点を研究する機会に恵まれる。重量ある大地の性格からして陸地は暗く、輝く海は明るく姿を現すに違いないという直感的理解に対しては、これをガリレイはひっくり返す。まるで判じ絵の地と図が反転するみたいに。議論はこうである。広いゾーンは光線と摩擦を起こす平坦でない表面によって光を反射しているのか、あるいは広いゾーンは平板な様子であるので反射の受信地点を持たないがゆえに暗いままなのか、それを決定するのはそのゾーンの明度次第である。これによりガリレイはレオナルドの鏡像理論を強化する。「先に言及した不均等さは、より明るい部分においてのみ見えるのに、何の器械も使わず誰にでも見えるあの大きな斑点には、そのような明と暗の不均衡を見ることはできないし、何らかの訳の分からない変化が太陽のせいで引き起こされるということもない。それゆえあの斑点の表面ははるかに均一で、深みと隆起が欠けているのは、明るい部分総体を締め出しているようなものだと推論されるのです」[20]。この考えをもっとつぶさに分からせるために、ガリレイは思考遊戯をコントロールしながら、宇宙から地上へそそがれる視線をあらためて想像する。この眼には、不規則な隆起や谷の姿の現れるあらゆる区域

が、太陽光のまぶしい反射を受けているのが見える。その結果、この部分は煌々と照り返し、それにひきかえ平坦部分は海のようであろうとも太陽光の摩擦地点を提供しないので暗いままに終わる。「月を地球と比べようとする者は、月の斑点を海に、より明るい部分を大陸に、つまり地表になぞらえるだろう。地球は大変な距離から太陽によって照らされているのが観測されるとき、陸地はより明るく見え、海とその他の水の表面は光が少ないのです。私はいつも以前からこう考えていました」[21]。

(20) „Le predette disegualità si veggono solamente nella parte della luna più lucida; ma in quelle grandissime macchie le quali senza altro strumento da ogn'uno si veggono, non ci si scorge tale disegualità di chiari e di scuri, nè vi produce il sole alcuna sensibile mutatione: onde si argomenta, la superficie di esse macchie essere assai più eguale, et mancare delle cavità et eminenze le quali tutta la parte più lucida ingombrano" (Galileiの書簡［1610年1月7日付］in: Opere, Bd. X, S. 276, Z. 90-97).

(21) „Sì che quando alcuno volesse paragonare la luna alla terra, le macchie di quella risponderiano più ai mari, et la parte più luminosa al continente, cioè alla superficie terrena: et io ho veramente ancora per avanti hauto sempre opinione, che il globo terrestre veduto da grandissima lontananza illuminata dal sole, più lucido aspetto faria nella parte terrena, et meno risplendente apparirebbe il mare et la superficie dell'altre acque" (同上 Z. 97-103).

素描のうちの最後の一つは（図88）、おそらく翌日の月を表しているらしいのだが、上半分に影ゾーンへと突き出す二つの切っ先を描いている。「とりわけ眼につくのは、月のあまり明るくない部分、通常、『斑点』と称される部分

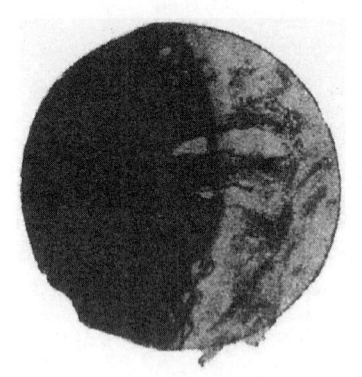

図88　ガリレイからの模写：月相。1610年1月7日付書簡：Opere, Bd. X, S. 276

は、全体として、そしてすべての部分に至るまで同じわけではなく、いくつかの小さな場所が分割されていて、それらはこれら斑点の残りの部分よりずっと明るい。こうした大きな斑点のうちの一つは、上と下から二つの長い明るい光の頸木で囲まれています。この明るい頸木というのは、月が5日ないし6日になると一方が他方の東方向に傾いて、奇跡のような姿を現し、こうして暗い領域へと越境して広がっていくのです」[22]。素描の写しでさえよく見分けられるのだが、二つの明るく湾曲した帯が、東側の光るゾーンから起き上がり、夜の領域へと射し込んでいる。

(22) „Vedesi tuttavia che la parte men lucida della luna, cioè quella che communemente si chiama le macchie, non è per tutto et in tutte le sue parti consimile, ma ha sparse alcune piazzette alquanto più chiare del resto di esse macchie: et una di queste gran macchie è racchiusa di sotto et di sopra da due gioghi lunghi et molto illuminati, li quali, inclinando l'uno verso l'altro incontro all'oriente, quando la luna ha 5 o 6 giorni, sporgono mirabilmente in fuori et distendono oltre al confine sopra la parte oscura, in questa guisa" (Galileiの書簡[1610年1月7日付], in : Opere, Bd. X, S. 276, Z. 104-114).

それからガリレイは月の全平面を、個々の斑点の不規則な輝きと暗がりの現象と解している。こうしてより高度な研究が期待されると総括しながら、研究に供される彼の新しい望遠鏡を顕彰して見せる。「私の観測によれば、月球総体には何箇所か他の所よりも明るいところがあり、とりわけ東部と南部の間にある1点は、その他の領域にひときわ抜きん出て星のごとく輝いています。さらに反対側には5ないし6個の小斑点があり、他の部分に比べてずっと黒いし、なかでも大斑点上部、北の方角にある一つは太陽による照射を特別反射しているように見えます。／さらに多くの個々の斑点を私は観測し、そのうちのもっともっと多くを観測できると期待できます。というのも私は2地球直径より小さいところまで月に接近する望遠鏡を完成させるところなのです」[23]。

(23) „Ho osservato in tutto il corpo lunare essere alcuni puntini più lucidi di tutto il resto, et uno in particolare posto tra la parte orientale et la meridionale della luna, che, a guisa d'una stella, assai più risplende dell'altre parti; et all'incontro vi sono 5 o ver 6 altre macchiette piccole, più nere di tutto il resto, et una in particolare collocata sopra le macchie grandi verso settentrione, la quale par che molto resista all'illuminatione del sole./ Molte altre minutie ho osservate, e più ancora spero di essere per osservarne, sendo intorno al finire un occhiale che mi avvicinerà la luna a meno di 2 diametri

della terra" (Galilei の書簡 [1610 年 1 月 7 日付]：Opere, Bd. X, S. 277, Z. 115-121).

最後に、追加の観察とともに早くも木星衛星を小さい星として分類する一文が続く、「さらに月観測を続けるうちに小生は他の星々について以下のごときを目にとめました。まず、この望遠鏡にて数多の互いに区別の難しい恒星が見えてきます。本日の夜にも三つの恒星に囲まれた木星を見たのですが、これらはその微小な大きさのおかげで全く見えないのです」[24]。

>   (24) „Et oltre all'osservationi della luna, ho nell'altre stelle osservato questo. Prima, che molte stelle fisse si veggono con l'occhiale, che senza non si discernono; et pur questa sera ho veduto Giove accompagnato da 3 stelle fisse, totalmente invisibili per la lor picciolezza" (同上 Z. 125-132).

こうした驚天動地の現象には、最終的に天上の光の様々な性情の観察が続く。「惑星は小さな満月のようにまん丸であり、きれいな円形をして光芒を持たない、それに対し恒星はそういう姿をしていない、その代わりにまたたきふるえ、望遠鏡なしよりもありの時に多く見え、どういう形をしているのか分からないような光芒を引く」[25]。この光のふるえを取り除くためにガリレイが結びに推奨している方法は、こうである。「眼からそれを取り除く遮光ガラスは部分的に蔽い、空けておいた穴は楕円形にしておく、そうすると対象がはるかに明瞭に見えるでしょう」[26]。

>   (25) „I pianeti si veggono rotondissimi, in guisa di piccole lune piene, et di una rotondità terminata et senza irradiatione; ma le stelle fisse non appariscono così, anzi si veggono folgoranti et tremanti assai più con l'occhiale che senza, et irradiate in modo che non si scuopre qual figura posseghino" (同上 : Z. 137-141).
>   (26) „Ô bene che il vetro colmo, che è il lontano dall'occhio, sia in parte coperto, et che il pertuso che si lascia aperto sia di figura ovale, perchè così si vedranno li oggetti assai più distintamente" (同上 : S. 278, Z. 152-155). 明るい個体の放散が開口部を小さくすることで避けられるという指摘については、すでにレオナルドが管の大きさを縮小するといいという提案をしていた（Dupré, 2003）。

恒星、惑星、木星衛星についての簡潔な言及によって、1610 年 1 月 7 日付書簡は『星界の報告』のプログラム全体をちょうど細胞核のように数行で凝集する。通例、この書簡はガリレイの月図の時系列に必要なデータ・インジケーターとしてのみ評価されているが、それは来る天文学の革命の第一級ドキュメ

ントとして特別の地位を占めるのみならず、ガリレイが図とテキストを互いに重ねる断固たる態度の証言であるのだ。連続する再現図、とりわけ巨大クレーターの四つの相の「フィルム」は重要なディテールの強調と動画化を促すものである。ガリレイの原画に基づく写しがいかにみじめなものであろうとも、テキストと緊密に連動させると、ガリレイが軍事施設論において引き受け展開させた原理がなおのこと強固になる。

彼の望遠鏡の拡大能力では、月の全身を観測するわけにはいかなかった。月表面の4分の1ほども視界を得られず、全体像を導き出すためには、内部の眼差しがあるかどうかが特別の問題だった。ガリレイが全体像を生み出すことができたのは、望遠鏡を覗いた時ではなく、素描によってである。素描はイラストでも補助資料でもない。掛け値なしに認識の必須メディアなのである。

3. 書籍の形で出す決意

さらに数週間を研究に費やした後ガリレイは、とりわけ木星衛星がもたらした驚きのおかげで、観測結果を書籍の形で公にする決意をした。こういう決意を語るのが、木星観測の最初の7日間を手短な記述に書き留めたあの1枚である。それは科学史上のもっとも感動的な1ページなのである（図89）[27]。

(27) Opere, Bd. III/2, S. 427.

ガリレイは最初にイタリア語で1月7日から15日に企てた研究の成果を記述し、行中にそれぞれの星の配置をシステマチックに小スケッチで描き込んだ。こうしてこのシリーズの最初の日に、輻の嵌め込まれた輪みたいだと特徴づけられる木星と並んで、三つの小さな星が登場する。その中の二つは左側、O[RIE]N[S]（東）と表記された側に、一つは右側、OCCI[DENS]（西）と注記される。この認識は驚くべきものだが、新しい恒星でも起こりえたので、未だ革命的とはいえない。ところが、1月8日、第3行では三つともそっくり木星の右側に移動する。こうしてこれは恒星ではなく惑星の衛星と見なすべきではないかという疑惑が湧き起こる。1月9日、ガリレイは曇りと記しているが、続く10日には絶好の天文観測日和に恵まれて、二つの星を木星の左側に再び確認することができた。これにて明らかなり、我は一つの新しき惑星系を発見

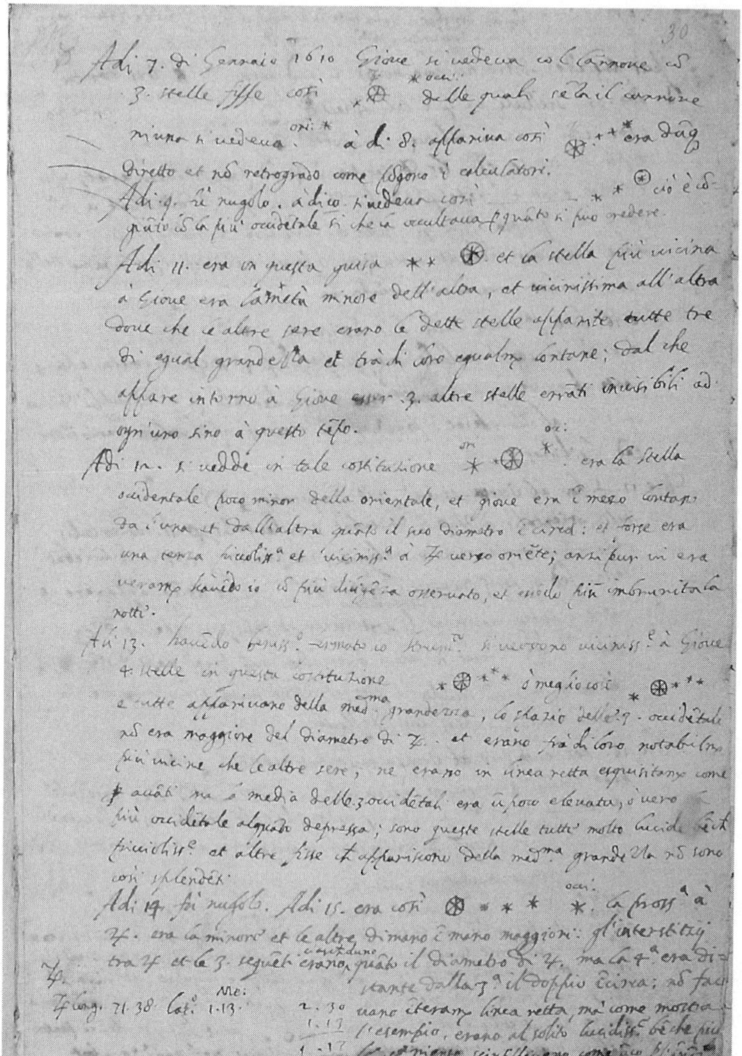

図89　ガリレイ：木星衛星のプロトコル。紙にペン、1610, BNCF, Gal. 48, F. 30

せり。

　ガリレイの書き込みは今や長くなる。このページの下方際にある最後の2文をもって始まった文章は裏面上部、1月15日に繋がっていき、星々が先ず

べてまとめて1ブロックの木片に彫られるよう指定し、こうして星々は黒い背景に白く輝かせる。そののちこの一枚彫はパーツに切り分けられ、それぞれの説明文に応じてそれぞれの星を割り当てようというのだ[28]。こういう見せ方は、木星衛星の観測結果を1冊の本にして公表しようというガリレイの決意のほどを明らかにするものである。『星界の報告』起草を促したのは、地球衛星の観測では決してなく、新たな惑星系の発見なのだ[29]。そうして使用言語をラテン語に変えたこともテンポを急変させた。ガリレイはこの瞬間、学者界全体への波及が期待できる言語へと鞍替えすることで、後になれば翻訳に要する時間を省いたのだった[30]。

(28) „per l'inanzi faransi intagliar in legno tutte in un pezzo, e le stelle bianche il resto nero e poi si segheranno i pezzi" (BNCF, Gal. 48, F. 30v; Opere, Bd. III/2, S. 428). Gingerich und Van Helden, 2003, S. 254 、その他多数箇所。
(29) 同上
(30) 同上：S. 254.

こういう使用言語替えによる時間節約の意義は小さくなかった。むしろこれほどの重要性を持った1冊の本が、これ以上ないほどすばやく出版にこぎつけたのだから。テキストが書かれたスピードといい、木星衛星の木版画の仕上がり、月の銅版画の制作されるスピードといい、今なお検証しているときですら息をのむ。本を1冊仕上げると決意してから2カ月後、1610年3月12日、その本が姿を現す。しかしながらガリレイはトンマーゾ・バリオーニという書籍出版の専門家を得ていたのであり、二人はすでにチームとしては練習済みだった。

4. 出版者バリオーニ

『星界の報告』のとてつもない重要さに眼をみはるあまり、その編纂史も出版者もほとんど調べられていない。知られているのは、バリオーニが1576年ベルガモに生まれ、19世紀に至るまで活動した同名のヴェネツィアの出版会社を創立したことである[31]。すでに1594年、18歳の折、彼はヴェネツィアの出版者ロベルト・メイエッティのエイジェントとして出版業への登竜門を見出した。1598年にこの者が亡くなると、ジョヴァン・バッティスト・ベリチの

築城術に関する作品によって自らの企画になる最初の本を出版する。ただしそれは彼の参画を独自の出版者商標によって明らかにするずっとあとのことなのだが[32]。献辞を捧げられたフィリップ・ルートヴィヒ2世・フォン・ハーナウ・ミュンツェンベルクはドイツ人貴族で、1595年にパドヴァ大学を卒業しており、ヴェネツィア文化とも親しんでいた[33]。メイエッティは禁書販売の専門だったので絶えず審問所と悶着を起こしていたが[34]、この者を介してバリオーニはガリレイの友人サルピと昵懇になったのだ。それゆえガリレイがミラノ人バルダッサーレ・カプラに対して『弁明の書』を1607年にバリオーニのところから出したのは、偶然ではなかった。カプラはガリレイを軍事コンパスと1604年の新星（Nova）理論の剽窃の廉で攻撃を仕掛けたのであった[35]。

(31) Cioni, 1963.
(32) Belici, 1598. Nur ein Teil der Auflage wurde unter seiner Verantwortung verkauft: Breman, 2002, S. 48.
(33) Müller-Ludolph, 1991, S. 108, 110.
(34) Grendler, 1981, Nr. XIII, S. 105–114; Infelise, 1999, S. 57f.
(35) Opere, Bd. II, S. 513–599.

本書の終わりに、出版者商標が付されている。それにはトウモロコシの両脇に2羽の雄鶏が配され、その右手の鶏は地面の穀粒をついばんでいる（図90）。FRVGES MENDACII NON COMEDETIS（偽りの果実を汝ら食すことなからむ）という銘辞によってバリオーニは、真実を声高に要求したのである。そして真実を口にすることこそメイエッティが繰り返し審問所と争わねばならなかった原因なのだ。彼独自の出版者商標はタイトル・ページにグロテスク文様の枠に囲まれて示されている。そこでは獅子に跨ったミネルヴァが盾を構え、槍を突き刺す体勢をとっている（図91）[36]。

(36) 私の知る限りではバリオーニの商標研究は存在しない。研究展望は Stevens, Gehl, 2003 が与えてくれる。

バリオーニの出版社とガリレイの間には格別な友好関係があったと思われるが、そのことはガリレイに献呈された賛辞にうかがうことができる。それは印刷業者の代弁者、すなわちボニファツィオとかいう名の者が、書籍完成を寿いで捧げた献辞という体裁になっている。ボニファツィオが神に請い祈ることに

図90　ロベルト・メイエッティの出版商標。木版画、1607

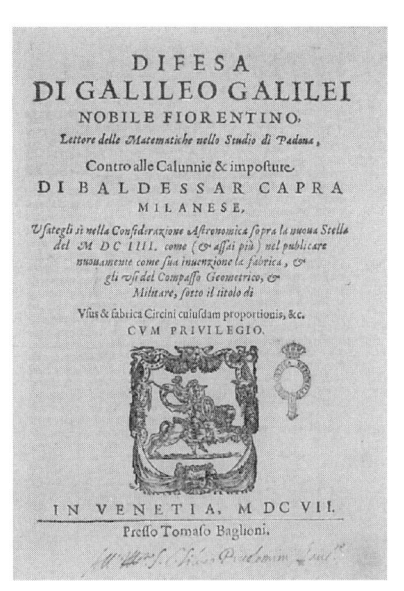

図91　ガリレイのタイトルページ、ディフェンス。鉛植字と木版画、1607

は、ガリレイへの裏切りの償いのあとにも神がその道を常の事のように付き添ってくだされますようにと。「あなた様のうるわしき精神がもう1冊出版する機会を恵まれますよう」、そしてカプラがさらなる誹謗中傷を続けるのを阻止くださいますよう[37]。『星界の報告』はこういう要請への返答のようなものだ。ガリレイが彼の本をこのヴェネツィアの出版者のもとで出したということは、理にかなっていた[38]。

(37)　„E qual volta ghe accada de stampar/Qualch'altro parto del so bel inzegno/Che impedissa a le Cavre el rampegar" (Opere, Bd. XIX, S. 576, Z. 9f.).
(38)　De Mas, 1982, S. 161.

　バリオーニが自分の出版物のための新たな商標を考案したのは、この時である（図92）。それは童子たちをあしらったカルトゥーシュ（枠飾り）であり、その欄外銘刻には HINC RELIGIO VERA「ここに真の宗教あり」と記されていた。中央に鎮座するのは宗教を表す女性像であり、左腕に豊饒の角を抱き、右手は前方を指している。膝には5総大司教ローマ、コンスタンチノープル、

図92　トンマーゾ・バリオーニの出版商標、図93の部分

アレクサンドリア、アンティオキア、イェルサレムの王冠を置き、上体には重い鎖が、頭には十字架のついたティアラ状王冠を戴いている。豊饒の角と照応する形に足下には書籍や諸芸術の記号が横たわる。

　中景には古代風のファンタジー・ランドが、マールテン・ヴァン・ヘームスケルクのヘレナ像以来、ヒエロニムス・クックのような北方の銅版画家の媒介を経て、そしてバッティスタ・ピットーニのような芸術家を介して、イタリアへと影響を返しながら一つの類型と化したのだが、個々のモチーフを定義し全体として解釈することはなかなか難しい[39]。バリオーニの商標にしても、たんに雰囲気を醸そうというのだ。例えば軒にSPQR（ローマの元老院ならびに人民）と記されたバルコニーふうの建築はその上に旗槍を持った三人の騎士を載き、全ローマの首都を示しているらしい。絵面の左半分の構築物は、けれども正確に何が何と確定することができないし、同様にレリギオの右側にしても屹立するオベリスクや2階建てのコロッセウムや右側に現実離れして螺旋回転するオベリスクもまたそうである。ゴシックめいたファッサードを持ち三角屋根の上にはパンテオンの掩蓋を備えて右端にある建物は、架空の混合性格を示しているが、右手前に画面によって切り取られた彫刻の断片には大地に横たわ

るベルヴェデーレのトルソを思わせるものがあり、これらはヴァティカン一帯を暗示しているのかもしれない。こういう定義は左手に向かって玉座の周りに終結する芸術記号にも当てはまる。例えば彫刻の断片群と並んで、画架、楽器、台石部分、これらと分かち難い書籍群のようなもの。

(39) Oberhuber, 1968; Stritt, 2004.

　「真の宗教」は古代ローマと教皇の混合像として登場し、また教皇の装いをしたミネルヴァとアブンダンティア（豊穣女神）の合成としても登場している。こういう合成こそ、古代と現在の、俗なる帝国と芸術・知識の治める国（ドミニウム）の融合なのである。ここにあるのはたんなる教皇制の称揚にとどまらない。むしろ、その図示された理想形態がプログラムしているのは、反宗教改革の葛藤を世界からなくすことなのである。しかしながら五つの王冠とティアラがこの古代の女王をカトリック中枢の像となすのである。レリギオのユートピアは、あらゆる葛藤を超克するイレーネふう（宥和派の）内実にあるのだ。
　この意味で数学者マルカントニオ・デ・ドミニスが、バリオーニ社出版物の著者たちの一人であるのも偶然ではないのだろう。彼はパドヴァのイェズイット神学校で教えてはいたが、宥和派の自由思想家の仲間であり、ガリレイがパドヴァ大学で1592年に教鞭をとり始めたときには、神学校を辞したにもかかわらず、しょっちゅう戻ってきたので、二人は出会っていたものと思われる[40]。1616年の終わりにロンドンに逃亡していた彼は、その地でサルピのトリエント公会議の歴史を1619年に出版した[41]。彼のすでに1591年に起草された『視光線と光』の光学テキストは、きっちり20年後にバリオーニのもとで公刊される（図93）。1610年1月27日、つまりこれはガリレイがヴェネツィアに赴き、あるいはすでにそこに滞在していて彼の最初の草稿合本の印刷についてバリオーニと相談をしていた日付であるが、このとき彼の草稿は印刷許可を得たのであった[42]。ガリレイの作品は1610年の3月にはもう売り出されていたが、デ・ドミニスの論文は翌年の10月になってようやく日の目を見た。フォーマットにおいて相似た両書がその出版スピードにおいてはまったく違ってしまったわけだ。この現象ほどガリレイと出版者が急いだ理由をはっきり分からせるものはない。本のでき方において両書の違いは、デ・ドミニスの本がただ木版のみのイラスト付きであるのに対し、ガリレイの本文では銀河を述べるに

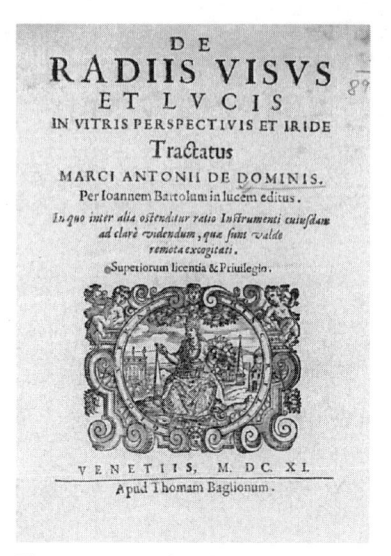

図93 マルカントニオ・デ・ドミニス：デ・ラディス・ヴィズス・エト・ルキス（視光線と光）。1611の扉絵

も、恒星、木星衛星を描写するにも木版を用いながら、月は銅版画で描写したところにある。

(40) 大学とイェズイット神学校の間の葛藤については以下を参照のこと：Shea, 2006, de Dominis については S. 742, ガリレイとの関係については S. 755.
(41) De Mas, 1984, S. 159f. Zu seiner posthumen Aburteilung: Redondi, 1989, S. 113.
(42) De Dominis, 1611, S. 1 の前.

『星界の報告』界隈に現れたさらなる出版物もまた、ガリレイの新作がバリオーニの出版社に占める地位をうかがわせるものである。例えばエウスタキウス・ルディウスの眼病に関する書がそうである。これは1609年2月には印刷許可を受けていたのだが、翌年になってようやく、つまりガリレイの作品といっしょにバリオーニのもとで、出版の運びとなった[43]。これほど対照的な事例はないだろう。分厚さからして優に2倍、その入念な仕上げぶり、小さいながら正確でとびっきり読みとりやすいラテン文字と相俟って、高価な物語ふう章頭の図形文字を伴う様子は、まったく別の出版社から出された書物のようだ（図94）。フォーマットを拡大したことによって商標もまた新たにされねば

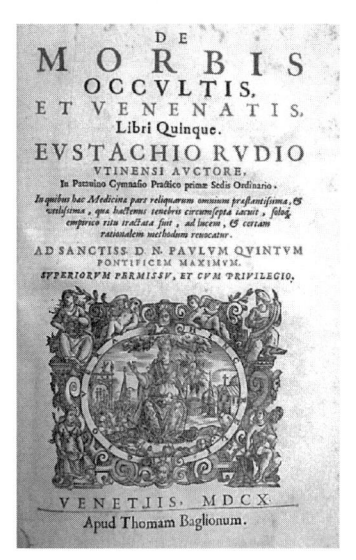

図94　エウスタキウス・ルディウス：
デ・モルビス・オクルティス
（隠れた病）。1610 の扉絵

ならなかったのだろう、個々の組み合わせモチーフがいささか粗くなったが、それによりかえって彫りが明快になった。枠外の四人の女性像はおそらく四大陸の表象なのだろう[44]。

(43)　Rudius, 1610, 献辞の前。
(44)　例えば Poeschel, 1985, Europa: S. 101, Afrika: S. 82, Abb. 49, Asien: S. 76, Amerika: S. 87. を参照のこと。

　ルディウスの豪華本の出版とは対照的に、ガリレイの本は緊急の汎用印刷から生まれたものであり、愛書家的観点からすると取るに足らないものであって、明らかに重点は、豪華さとか手が込んでいるとかいうところになく、生産スピードにあった。それにつけても印象的なのは、ドミニスの光学本の場合も、ルディウスのお金をかけた本の場合も、添えられたのがただ木版画だけなのに対し、ガリレイの薄いエッセイでは月のために銅版画が用いられていた点である。ここにいたって両者を分けるのが、銅版画だったということが明らかとなるだろう。管見したところ、『星界の報告』が銅版画を用いたバリオーニの唯一の出版物である。

5. 月のテキストと図

『星界の報告』の5葉の銅版画は、出版史上初の月の映像シリーズとして高いステイタスを維持するもので、天文学史の初期の高度印刷術本（インクナブラ）に数えられる。とはいえそれらは一筋縄ではいかない。問題の第一は、そのシリーズが月相のサイクルを追っていないということにある。第一の銅版画（図95）は、新月を数日経た鎌形の輝部を右側に示している。2番目は（図96）、満ちていく月の昼と夜とが半々になっているところを示しているが、見開きのページには欠けていく月の昼夜反転の図が掲載され（図97）、今や左半分が輝いている。図98の上図10vでは右半分が欠けていく月のあらためて暗い鎌形が続き、加えて、現代の見る者にとくに苛立たしい思いをさせるのは、同ページ10vにページ10rの欠けて行く月の昼夜半々の図が繰り返されることである。

同じものをもう一度登場させたのは、ページ10rの銅版画が弱いことの補いだった[45]。しかしながら、必要に迫られてのこの繰り返しは、17世紀の書籍印刷業者が、図版を比べようとしてページをめくる読者の労をできるだけ取り除こうとしたことからすれば、何も異とするにはあたらない。複製技術はコピーを幾度も繰り返すことを可能としたし、異なる箇所で異なる文脈のもとに配置させることもできた。だから太陽黒点の制作器械がクリストフ・シャイナーの『ローザ・ウルシナ』においては幾度となく登場するし、ルネ・デカルトもなお眼の断面図を繰り返し様々な箇所でコピーするのだ[46]。

(45) 詳細は S. 202-206 を見よ。
(46) 例えば Descartes, 1650 では断面図は観察者よって見られる眼を通して、手を加えることなくページ 94, 97, 99, 101, 103, 105, 118 に印刷されている。

テキストを然るべき図版と同一視野で読ませ検証させる基本方針は、『星界の報告』全体を貫いており、この方針は、本書が御覧の如く一気呵成に作られたことを思うと、一層注目に値する。第1図からして目的は明らかである。それは月が初めて十二分に輝いた相を示しており、これを複合的に表現しようとしたものである。ページ7vでガリレイは平坦ならざる月面理論の根拠となる現象を述べ始め、この図を見開きにおさめる（図99）。読者はページをめくる

V 『星界の報告』の月　137

図 95　月相、銅版画、Galilei, 1610, Venedig, S. 8r

図 96　月相、銅版画、Galilei, 1610, Venedig, S. 9v

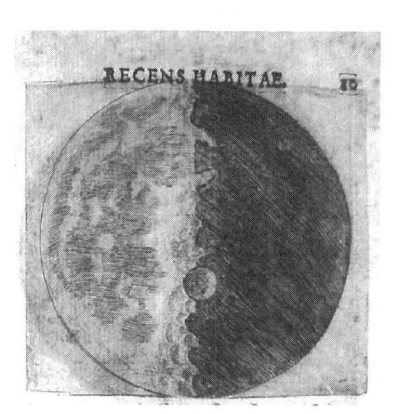

図 97　月相、銅版画、Galilei, 1610, Venedig, S. 10r

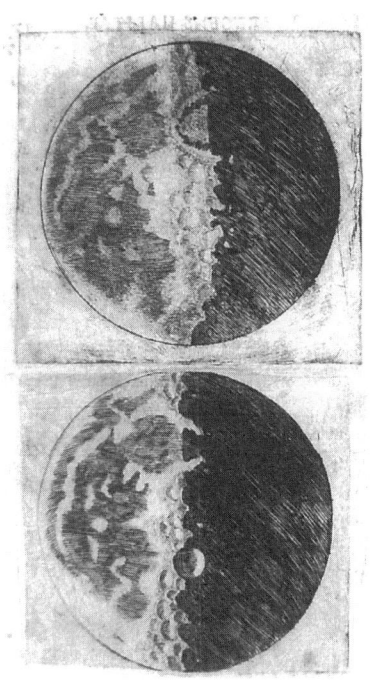

図 98　月相、銅版画、Galilei, 1610, Venedig, S. 10v

図99　見開き 7v, Galilei, 1610, Venedig

ことなく同一視野のうちに文字による説明を図に確かめることができる。「満月の後4乃至5夜目、月が輝く二つの角を持つとき、明と暗を分かつ境界線は、完璧な球体なら起こるであろう均等な楕円曲線をもはや作らず、描くのは不規則でぎざぎざとしてうねりに満ちた線であり、まさに図版（figura）に見られるごとし」[47]。

(47)　„Quarta aut quinta post coniunctionem die, cum splendidis luna sese nobis cornibus offert, iam terminus, partem obscuram à luminosa diuidens, non æquabiliter secundum oualem lineam extenditur, veluti in solido perfectè sphærico accideret; sed inæquabili, aspera, & admodum sinuosa linea designatur, veluti apposita figura repræsentat" (Galilei, 1610, Venedig, S. 7v; 以下を参照のこと：Opere, Bd. III/1, S. 63, Z. 4-8; Galilei, 1980, S. 88 において与えられた独訳はここでも、また以下の『星界の報告』の引用でも受け継がれているが、銅版画を指す箇所全体は改変されている。figura の独訳は「素描」とか「スケッチ」とか与えてあるが、我々はそれに反対で「図版」という訳を用いる)。

この月相は 8r の銅版画に確認できるが、昼と夜の分割線は、繰り返し、暗くたいてい丸い形成物を右側輝部へと張り出させ、もう少し大きめのとりわけ三角の明るい光の楔が、逆に左側暗部へ打ち込まれる。これをガリレイはテキ

ストにこうとどめる。「いくつかの輝く膨隆部は光と闇の境界線を越えて、暗部へと立ち入り、他方、闇の部分は光へと押し入っている」[(48)]。

(48) „complures enim veluti excrescentiæ lucidæ vltra lucis tenebrarumquè confinia in partem obscuram extenduntur, & contra tenebricosæ particulæ intra lumen ingrediuntur" (Galilei, 1610, Venedig, S. 7v; 以下を参照のこと：Opere, Bd. III/1, S. 63, Z. 9-11; 独訳は Galilei, 1980, S. 88f. による).

それに続く記述は昼夜を分かつ線分から離れ、自立した斑点現象の解明におもむく。「然り、暗部とはまったく切り離されたところにある膨大な数の小さな黒い斑点は、太陽光の溢れるゾーンにおいてすらほとんど全体にわたって散見される。例外はただ、昔から知られた巨大な斑点を指す部分だけである」[(49)]。月の下半分に形成されたこれらの斑点のうち四つはそれぞれ左縁に明るい鎌形を浮かび上がらせている。「今言及した小斑点には常にいずれにも一致点があって、これらは太陽側に黒い部分を持ち、太陽と反対側は発光する縁を戴くことになる。さながら山の峰々が陽光を受けて煌々と輝くに同じである」[(50)]。こういう解説は銅版画を同一視野におさめて検証でき、これに続く山中の日の出との比較もまた本文と図を直接に結び付けて行われる。

(49) „Quinimo, & magna nigricantium macularum exiguarum copia, omnino à tenebrosa parte separatarum, totam ferè plagam iam Solis lumine perfusam vndiquaquè conspergit, illa saltem excepta parte quæ magnis, & antiquis maculis est affecta" (Galilei, 1610, Venedig, S. 7v-8r; 以下を参照のこと、Opere, Bd. II/1, S. 63, Z. 11-14; 独訳は以下に拠る：Galilei, 1980, S. 89).

(50) „Adnotauimus autem, modo dictas exiguas maculas in hoc semper, & omnes conuenire, vt partem habeant nigricantem locum Solis respicientem; ex aduerso autem Solis lucidioribus terminis, quasi candentibus iugis coronentur" (Galilei, 1610, Venedig, S. 8r; 以下を参照のこと：Opere, Bd. III/1, S. 63, Z. 15-18; 独訳は以下による：Galilei, 1980, S. 89).

月の夜ゾーンが光の劇場を左右反転させる現象は、8ページの裏側の冒頭から始まるが（図100）、読者は検証するためには先ずページを返さなければならない。「しかし月面上の光と闇の境界線は不規則でうねりに満ちているのが見てとれるにとどまらず、――さらなる驚きなのだが――光の当たるゾーンからは完全に分けられ、引き離され、かなりな幅の中間領域によって隔てられているにもかかわらず、月の暗黒域内に多数の輝く尖端が姿を見せているのであ

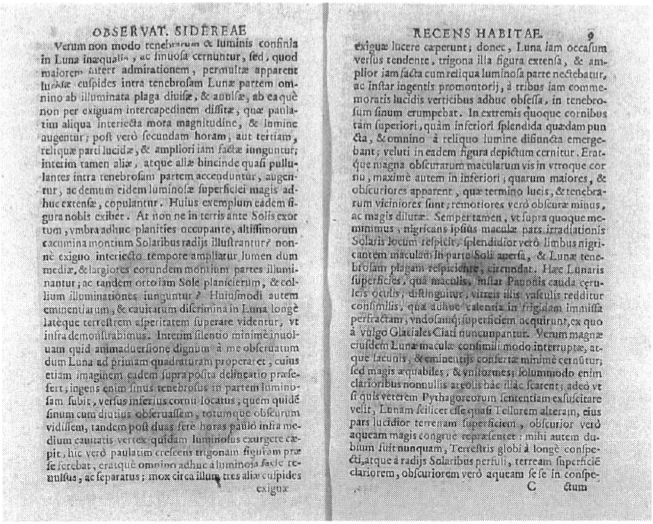

OBSERVAT. SIDEREAE

Verum non modo tenebrarum & luminis confinia in Luna inæqualia, ac ſinuoſa cernuntur, ſed, quod maiorem infert admirationem, permultæ apparent lucidæ cuſpides intra tenebroſam Lunæ partem omnino ab illuminata plaga diuiſæ, & auulſæ, ab eaquè non per exiguam intercapedinem diſſitæ, quæ paulatim aliqua intericcta mora magnitudine, & lumine augentur; poſt verò ſecundam horam, aut tertiam, reliquæ parti lucidæ, & ampliori iam factæ iunguntur; interim tamen aliæ, atque aliæ hincinde quaſi pullulantes intra tenebroſam partem accenduntur, augentur, ac demum eidem luminoſæ ſuperficiei magis adhuc extenſæ, copulantur. Huius exemplum eadem figura nobis exibet. At non ne in terris ante Solis exortum, vmbra adhuc planities occupante, altiſſimorum cacumina montium Solaribus radijs illuſtrantur? nonnè exiguo intericcto tempore ampliatur lumen dum mediæ, & largiores eorundem montium partes illuminantur; ac tandem orto iam Sole planicierum, & collium illuminationes iunguntur? Huiuſmodi autem eminentiarum, & cauitatum diſcrimina in Luna longè lateque terreſtrem aſperitatem ſuperare videntur, vt infra demonſtrabimus. Interim ſilentio minimè inuoluam quid animaduerſione dignum à me obſeruatum dum Luna ad primam quadraturam properaret, cuius etiam imaginem eadem ſupra poſita delineatio præſefert; ingens enim ſinus tenebroſus in partem luminoſam ſubit, verſus inferius cornu locatus; quem quidē ſinum cum diutius obſeruaſſem, totumque obſcurum vidiſſem, tandem poſt duas ferè horas paulò infra medium cauitatis vertex quidam luminoſus exurgere cæpit, hic verò paulatim creſcens trigonam figuram præ ſe ferebat, eratquè omnino adhuc à luminoſa facie reuulſus, ac ſeparatus; mox circa illum tres aliæ cuſpides

exiguæ

RECENS HABITAE. 9

exiguæ lucere cæperunt; donec, Luna iam occaſum verſus tendente, trigona illa figura extenſa, & amplior iam facta cum reliqua luminoſa parte nectebatur, ac inſtar ingentis promontorij, à tribus iam commemoratis lucidis verticibus adhuc obſeſſa, in tenebroſum ſinum erumpebat. In extremis quoque cornibus tàm ſuperiori, quàm inferiori ſplendida quædam puncta, & omnino à reliquo lumine diſiuncta emergebant; veluti in eadem figura depictum cernitur. Eratque magna obſcurarum macularum vis in vtroque cornu, maximè autem in inferiori; quarum maiores, & obſcuriores apparent, quæ termino lucis, & tenebrarum viciniores ſunt; remotiores verò obſcuræ minus, ac magis dilutæ. Semper tamen, vt ſupra quoque meminimus, nigricans ipſius maculæ pars irradiationis Solaris locum reſpicit, ſplendidior verò limbus nigricantem maculam in parte Soli auerſa, & Lunæ tenebroſam plagam reſpiciente, circundat. Hæc Lunaris ſuperficies, quà maculis, inſtar Pauonis cauda cęruleis oculis, diſtinguitur, vitreis illis vaſculis redditur conſimilis, quæ adhuc calentia in frigidam immiſſa perfractam, vndoſamq; ſuperficiem acquirunt, ex quo à vulgo Glaciales Ciati nuncupantur. Verum magnæ eiuſdem Lunæ maculæ conſimili modo interruptæ, atque lacunis, & eminentijs confertæ minimè cernũtur; ſed magis æquabiles, & vniformes; ſolummodo enim clarioribus nonnullis areolis hàc illàc ſcatent; adeò vt ſi quis veterem Pythagoreorum ſententiam exſuſcitare velit, Lunam ſcilicet eſſe quaſi Tellurem alteram, eius pars lucidior terrenam ſuperficiem, obſcurior verò aqueam magis congruè repræſentet: mihi autem dubium fuit nunquam, Terreſtris globi à longè conſpecti, atque à radijs Solaribus perfuſi, terream ſuperficiē clariorem, obſcuriorem verò aqueam ſe ſe in conſpe-

C ctum

図 100　見開き 8v, 9r, Galilei, 1610, Venedig

る」(51)。銅版画には、暗いゾーンのそこここに光りを受けたところと明瞭に光を放つ斑点の間に、境界線が引かれているが、少なくとも 6 カ所はっきり強調された「尖端」を、まぎれもなく見分けることができる。

(51)　„Verum non modo tenebrarum & luminis confinia in Luna inæqualia, ac sinuosa cernuntur, sed, quod maiorem infert admirationem, permultæ apparent lucidae cuspides intra tenebrosam Lunæ partem omnino ab illuminata plaga diuisæ, & auulsæ, ab ea què non per exiguam intercapedinem dissitæ“（Galilei, 1610, Venedig, S. 8v; 以下を参照のこと : Opere, Bd. III/1, S. 64, Z. 4–8; 独訳は以下による : Galilei, 1980, S. 89）．ガリレイの言語については : Casini, 1984.

ガリレイは、光の当たる斑点の、時とともに起こるメタモルフォーゼを連続画の現象として一気呵成に理解しようと試みる。「斑点はしばらく待つと次第に大きさと発光力を増大させ、2, 3 時間後には、他の光っていた部分、今や増大しつつある部分に溶け合ってしまう。けれどもその間中暗い側の内部では次々に新たな尖端が発光し始め、至るところでいわば発芽し、生い育ち、最後には一つの光る平面に融合し、その平面はまたさらに拡大していくのである。この例をわれわれに提供してくれるのが、同図（figura）である」(52)。ガリレ

イはここではっきりページ 8r に戻って参照を指示しており、これに従うと観察者は、暗いゾーンへと押し入ってくる光の斑点を、これら閉じた平面がなお個々の点から成っていた段階へと、頭の中で戻して考えなければならないか、あるいは、侵入してくる明るい斑点が、閉じた光の大平面に融合して行く様を思い浮かべるにちがいない。

(52) „quæ paulatim aliqua interiecta mora magnitudine, & lumine augentur, post verò secundam horam, aut tertiam, reliquæ parti lucidæ, & ampliori iam factæ iunguntur; interim tamen aliæ, atque aliæ hincinde quasi pullulantes intra tenebrosam partem accenduntur, augentur, ac demum eidem luminosæ superficiei magis adhuc extensæ, copulantur. Huius exemplum eadem figura nobis exibet" (Galilei, 1610, Venedig, S. 8v; 以下を参照のこと : Opere, Bd. III/1, S. 64, Z. 8-14; 独訳は以下による : Galilei, 1980, S. 89).

あらためて地上の日の出の際に起こる変化と比較した後で、ガリレイは最初は孤立した光の島々が融合していく様子を記述するが、それもすでに1月7日の手紙で南側の光の角上方の大きな膨隆を例に描いたとおりであり[53]、最後に鎌形の尖端を描写する際にもう一度本文と図の照応をこう強調するのだ。「角となっていく部分、上の角も下の角も、他の光とは完全に離れたところに個々に輝く諸点が現れる。それは同図（figura）に写し取られているとおりであり、角の両端には暗い斑点の強固な塊があり、とりわけ下方に顕著である」[54]。

(53) Opere, Bd. X, S. 275, Z. 79-S. 276, Z. 90.
(54) „In extremis quoque cornibus tàm superiori, quàm inferiori splendida quaedam puncta, & omnino à reliquo lumine disiuncta emergebant; veluti in eadem figura depictum cernitur. Eratque magna obscurarum macularum vis in vtroque cornu, maximè autem in inferiori" (Galilei, 1610, Venedig, S. 9r; 以下を参照のこと : Opere, Bd. III/1, S. 64, Z. 34-S. 65, Z. 4; 独訳は以下による : Galilei, 1980, S. 90).

光のゾーンに示された斑点の変化の仕方は本文と図が引き受けている。「それらのうち光と闇の境界に近い所にある斑点は、次第に大きく暗くなっていく。より離れたところにある斑点はさほど暗くなく、はっきりもしていない。すでに上で述べたことであるが、斑点の黒い部分自体は太陽光の来る側にいつも見られ、太陽とは反対側、月の闇のゾーンに向いた側にある黒い斑点の縁に光輝を放つ環が囲むのである」[55]。

(55) „quarum maiores, & obscuriores apparent, quæ termino lucis, & tenebrarum

vicinores sunt; remotiores verò obscuræ minus, ac magis dilutæ. Semper tamen, vt supra quoque meminimus, nigricans ipsius maculæ pars irradiationis Solaris locum respicit, splendidior verò limbus nigricantem maculam in parte Soli auersa, & Lunæ tenebrosam plagam respiciente, circundat" (Galilei, 1610, Venedig, S. 9r; 以下を参照のこと：Opere, Bd. III/1, S. 65, Z. 4-9; 独訳は以下に拠る：Galilei, 1980, S. 90f.).

続いて月の斑点を孔雀の羽根の眼のような紋様や、すでに1月7日の書簡に大クレーター・フィールドの隠喩的記述で使っていた例の「氷の杯」になぞらえるところに、再度、ガリレイの文学的傾向が明らかである。「これら月表面は暗青の眼をつけた孔雀の尾羽のように斑点で飾られており、それはガラス器に似る。つまりまだ熱いまま冷たい水に突っ込まれ、ひび模様が入って水面のようになり、そのために俗に氷の杯と呼ばれるのである」[56]。

(56) „Hæc Lunaris superficies, quà maculis, instar Pauonis cauda caeruleis oculis, distinguitur, vitreis illis vasculis redditur consimilis, quæ adhuc calentia in frigidam immissa perfractam, vndosamq; superficiem acquirunt, ex quo à vulgo Glaciales Ciati nuncunpantur" (Galilei, 1610, Venedig, S. 9r; 以下を参照のこと：Opere, Bd. III/1, S. 65, Z. 9-13; 独訳は以下に拠る：Galilei, 1980, S. 91).

あらためて一気呵成にガリレイが向かう対象は、比較的明るい、以前に「古くから（知られた）」と定義された形成物である。これは銅版画では水平の線群で特徴づけられ、月の上半分の鎌形のところに大規模に広がっている。この現象の分析はページ9rにあふれ出し、つまるところ、ページ8rの最初の銅版画を参照指示しているだけでなく、図版に複数形を用いることによって、ページ9vと10rに見開きで示された両図版（図101）にまで抜け目なく参照指示しているのである。暗い海のごとき印象の、より深くに横たわるこれらの平地は、その縁に特別の効果を発揮して、「満ちていく月でも欠けていく月でも、大斑点のまわりの光と闇の境界線には、ちょうどわれわれがつぶさに提示できる図版（describendis figuris）に見てきたように、いつも月の輝部のそっけない一帯が浮かび上がってくる」[57]。

(57) „in illa enim tam crescente, quam decrescente semper in lucis tenebrarumque confinio, prominent hincindè circa ipsas magnas maculas contermini partis lucidioris; veluti in describendis figuris obseruauimus" (Galilei, 1610, Venedig, S. 9v; 以下を参照のこと： Opere, Bd. III/1, S. 65, Z. 23-26; 独訳は以下に拠る：Galilei, 1980, S. 91).

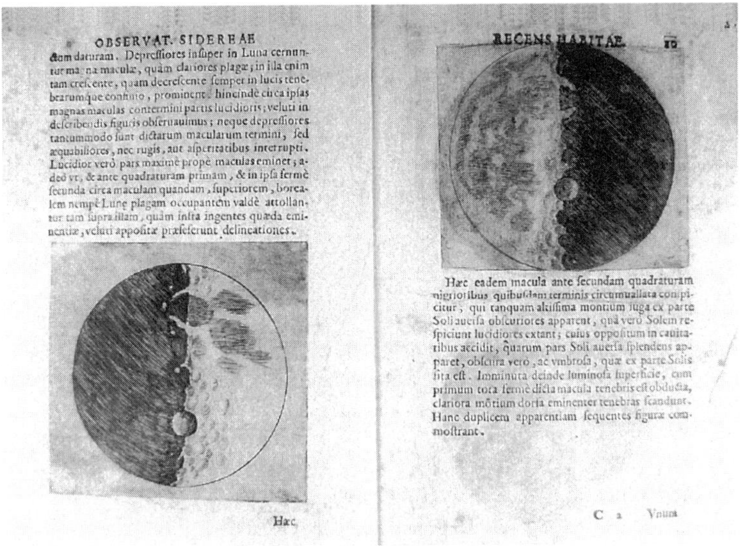

図 101　見開き 9v, 10r, Galilei, 1610, Venedig.

　最も際立ってこの現象が現れるのは、上半分にある大斑点においてであり、それは 9v と 10r の両図版に互いに反転した光を浴びて登場する。この経過を整理するときにもガリレイはこれら二つの銅版画を参照指示する。「月のより明るい輝部はしかし斑点近くで一番高くそびえ、その結果、上部の、つまり北のゾーンに位置を占める特定の斑点のあたり、すなわちそれの上部と下部において、上弦の月以内でも、ほとんど正確に下弦の月のさなかでも、いくつかの物凄い隆起がそそり立っており、それは添付の図（delineationes）が明瞭に示すところである」[58]。

(58)　„Lucidior verò pars maximè propè maculas eminet; adeò vt, & ante quadraturam primam, & in ipsa fermè secunda circa maculam quandam, superiorem, borealem nempè Lunae plagam occupantem valdè attollantur tam supra illam, quàm infra ingentes quæda eminentiæ, veluti appositæ præseferunt delineationes" (Galilei,1610,Venedig, S. 9v; 以下を参照のこと：Opere, Bd. III/1, S. 65, Z. 28-33; 独訳は以下による：Galilei, 1980, S. 91).

　ページ 10r に付された唯一の本文もまたこの光現象に該当するのだが、ガリレイはこの現象についてもさっそくページ 10v に続く二つの銅版画を参照す

るよう指示する（図102）。上半分の銅版画に関連して、内部に暗い側、外部に明るい形状を見せるあの巨大な半円を問題にしている。「この環は下弦の月の前に暗い縁によって閉じるのが見える。さながら高い連山のごとく、その縁は太陽を背にする側により暗く、太陽の側により明るい輝いた姿を見せる」[59]。

(59) „Hæc eadem macula ante secundam quadraturam nigrioribus quibusdam terminis circumuallata conspicitur; qui tanquam altissima montium iuga ex parte Soli auersa obscuriores apparent, quà verò Solem respiciunt lucidiores extant" (Galilei, 1610, Venedig, S. 10r; 以下を参照のこと： Opere, Bd. III/1, S. 65, Z. 34-35-S. 66, Z. 1-2; 独訳は以下による：Galilei, 1980, S. 93).

太陽側のクレーターの縁が影を投げるのに対し、対岸にある縁は光り輝くという現象について、ガリレイはページ 10r の最後の一文を捧げている。「反対のことが大きな窪地で起きる。太陽とは反対部分が輝き、太陽側の部分が暗く影を投げているのである。それから輝く月面が欠けていき、さきほどの斑点全体が暗黒に沈むとき、明るさを増した峰々が暗闇から突き出してくる。これら平行現象は以下の図版（figurare）に示される」[60]。下段の銅版画では上半分にある巨大な半円にとどまらず、その下に記入された、合わせて15のクレー

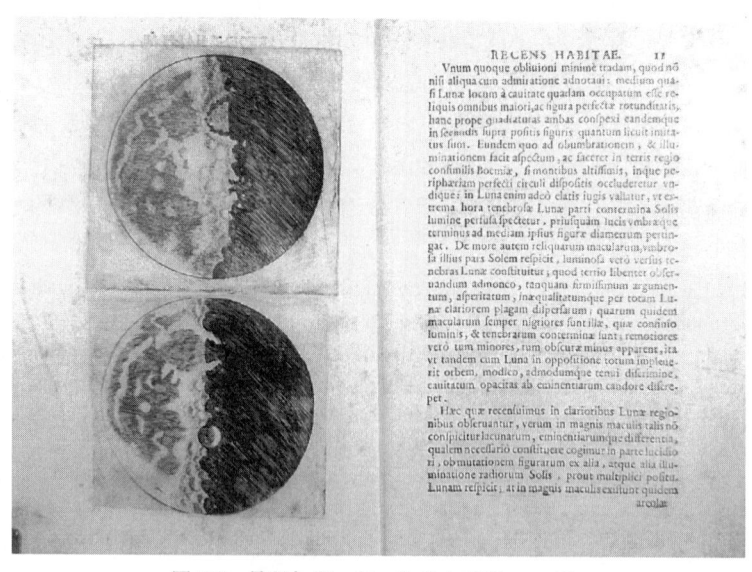

図102　見開き 10v, 11r, Galilei, 1610, venedig

ターとクレーターの部分もまた、文字による説明を助けている。

(60) „cuius oppositum in cauitatibus accidit, quarum pars Soli auersa splendens apparet, obscura verò, ac vmbrosa, quæ ex parte Solis sita est. Imminuta deinde luminosa superficie, cum primum tota fermè dicta macula tenebris est obducta, clariora montium dorsa eminenter tenebras scandunt. Hanc duplicem apparentiam sequentes figurae commostrant" (Galilei, 1610, Venedig, S. 10r; 以下を参照のこと：Opere, Bd. III/1, S. 66, Z. 2-5-S. 67, Z. 1-2; 独訳は以下による：Galilei, 1980, S. 93).

最後にガリレイはページ 10v の下の方の図版において光り輝く巨大クレーターに、彼の最高のインスピレーションと言えるかもしれない記述を捧げる。あらためて 1 月 7 日の書簡に結び付けて[61]、ガリレイはこのクレーターが自分にもたらした茫然自失と讃嘆をこう繰り返した。「いくらかの驚きなしには語れない決して忘れられないことがまだある。おおよその月の中心が一つの窪地によって占められている。それは他のすべての窪地に秀でて大きく、完璧な円形を描いている。上弦下弦の月両時期にわたって私はこれを観測し、それを先に挙げた図版 (figuris) のうち 2 番目のものにできる限り再現しておいた」[62]。こういう指摘の特異なところは以下にある。ガリレイが論じているのは、ページ 10v での巨大クレーターの対照表現ではなく、裏面のページ 10r の繰り返しでもなく、ページ 9 にこの現象を初めて描いた箇所なのである（図 101）。そのわけは、草稿で参照していたのが第 6 図であったのに、これが落ちてしまったからである[63]。ページ 10v の下段の月と対照させるべく、いずれにせよページのめくり戻しの労が読者からは省かれたわけである。

(61) Opere, Bd. X, S. 275, Z. 58-69. S. o. S. 107f.
(62) „Vnum quoque obliunioni minimè tradam, quod non nisi aliqua cum admiratione adnotaui: medium quasi Lunæ locum à cauitate quadam occupatum esse reliquis omnibus maiori, ac figura perfectæ rotunditatis; hanc prope quadraturas ambas conspexi, eandemque in secundis supra positis figuris quantum licuit imitatus sum" (Galilei, 1610, Venedig, S. 11r; 以下を参照のこと：Opere, Bd. III/1, S. 67, Z. 3-S. 68, Z. 4; 独訳は以下による：Galilei, 1980, S. 93).
(63) „eandemque in 6. et in 2. Figura quantum licuit imitati sumus" (Opere, Bd. III/1, S. 23, およそ紙面中央). S. 179 を見よ。

月面上の光の劇場を図像で再現することと文字で描写することは、かくも可能な限り互いに関係づけられ、総じて連続性が保たれている。ページ 8 の銅版

画は満ちていく月の最初の相を示し、ここから光の劇場は初めて十全に展開していく。これに続くページ 9v とページ 10r の対置は、昼夜半々を反転させて直接に比較させてくれる。ページ 10r の図はページ 10v の下段に再度掲載され、そのため際立って目立つ巨大クレーターを直接分からせる効果を発揮した。それはページ 10v 上段では暗い環が明るいゾーンへと伸びていく運動であり、下段では巨大な、円形のクレーターの浮上であり、これは光と影の劇場を平坦ならざる表面の運動機能として認識するよう、観測する者を特別なやり方で促してくれるのである。

　使用概念に関しては、ガリレイはラテン語の場合でも以前に使用した用語を忘れない。銅版画を参照指示させるのに彼は徹底的に figura という概念を取り入れるが、それはイタリア語で書かれた要塞建築のためのテキストでも 1 月 30 日の書簡でも使用したものだった。手技による形成物であり様態である二重性格をそなえた figura（像）は disegno（素描）の二重の意味に似ている。ガリレイがクレーターの縁を扱う例の箇所で、くっきりと線を引いて隆起を強調すべく delinerationes（輪郭）について語るとき、いっそうそれは明瞭になるのだ。ガリレイの芸術家としての訓練が概念にも現れているのである。

VI　フィレンツェ版素描

1. 割り付け

　『星界の報告』の重要性を鑑みるとき、銅版画の原画として利用された素描はどれなのかと昔から問われてきた。フィレンツェに保管された自筆草稿には7葉の水彩素描が付帯されていたので、当然、先ずそれらが手掛かりとなる。それらはフォリオ判の裏表に 28, 29 と書き込まれており、水彩用紙としては範型が小さく、本文ページよりはずっと分厚い[1]。表ページ 28r には 3 段にそれぞれ二つずつの月がペアとして描かれている（図 103）。7 番目の月は別個に裏面フォリオ 29v に登場する（図 104）。

　（1）　BNCF, Gal. 48, F. 28, 29. およそ 25.8 × 18.3cm では、他のページの 30 × 20cm に比べれば若干小さい。

　7 番目のこの水彩素描は天秤座テータ星（Theta Librae）とおぼしき姿が描かれているので、日付は 1610 年 1 月 19 日とされてきた[2]。こう決定する根拠は、同一紙面に描き込まれたホロスコープ、およびフォリオ 29r にあるさらなる誕生日星座によって想定された[3]。けれどもこれは証明不能である[4]。この事情はこれまで基準とされた 1978 年の研究も同様なのだ。その研究では、最初の 6 葉は 1609 年 11 月 30 日から 12 月 18 日の間に生まれたと結論されているが[5]、新たな資料からはこれとは異なる日付が浮かび上がる[6]。

　（2）　Whitacker, 1978, S. 162.
　（3）　1590 年 5 月 2 日という日付はコジモ 2 世デ・メディチの誕生星座に当たるので、ガ

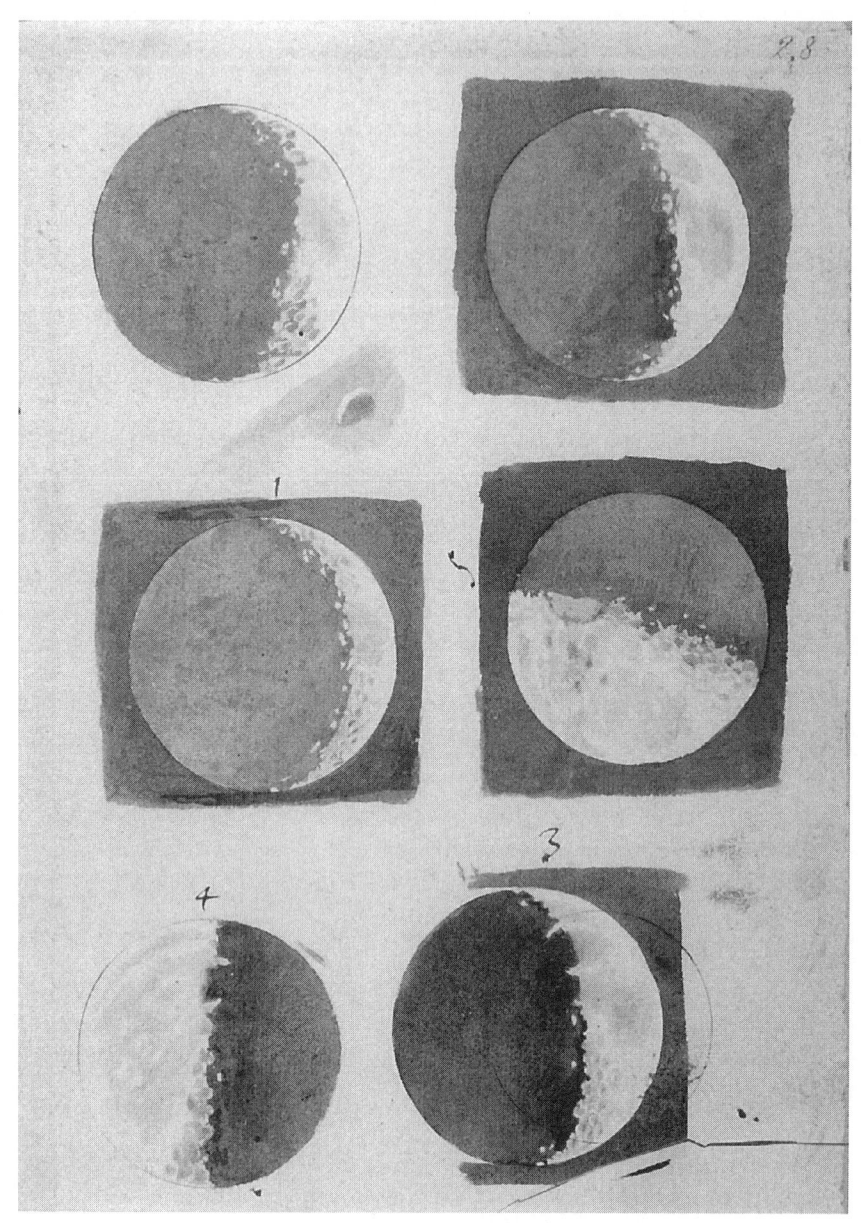

図103　ガリレイ：月相、筆による素描、1610, BNCF, Gal. 48, F. 28r

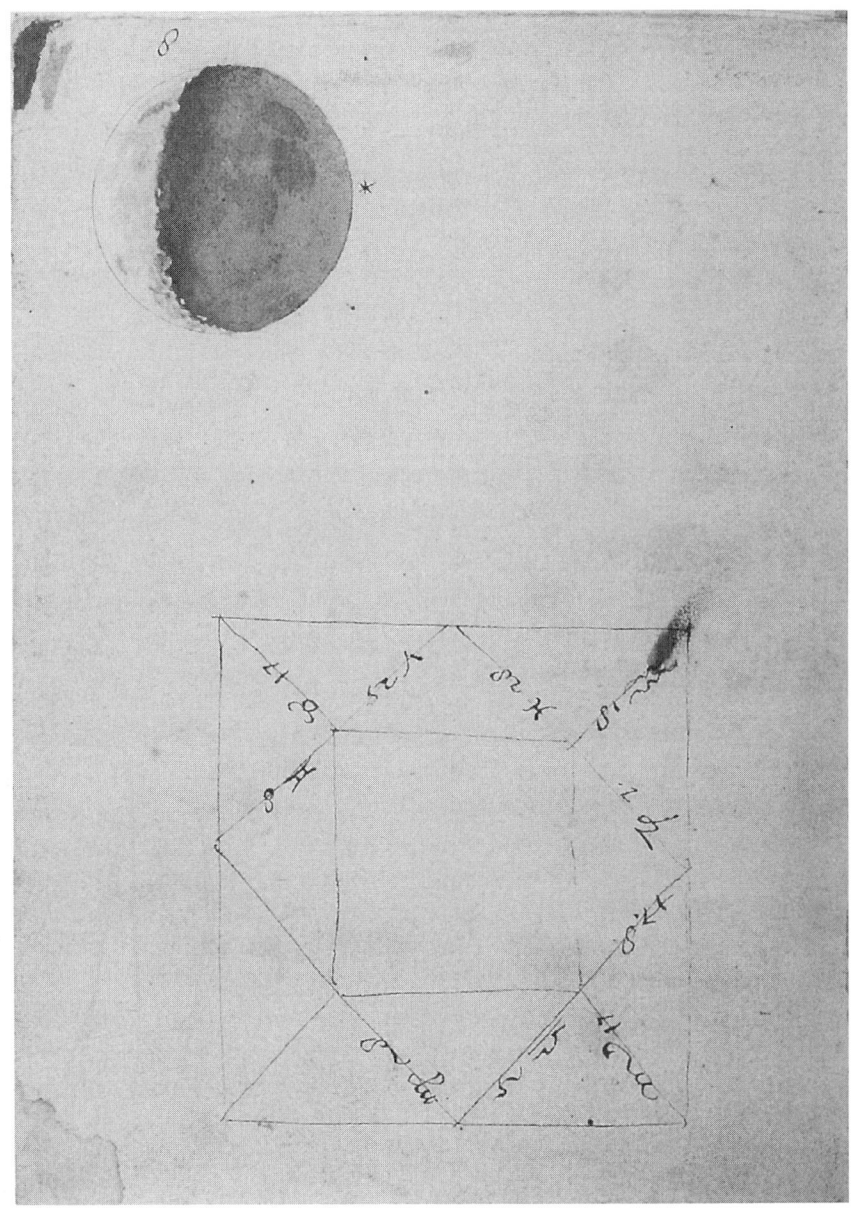

図104　ガリレイ：月とコジモ2世のホロスコープ、紙にペンと水彩、1610, BNCF, Gal. 48, F. 29v

リレイが木星衛星の発見後、これをメディチ家に献呈することでフィレンツェに特権的地位を得ようと決意したのは、1610年1月15日以後であると、仮定されてきた（Gingerich, 1975, S. 88; Biagioli, 1999, S. 120ff.）。ガリレイの天文学については以下を参照のこと：Kollerstrom, 2001.
(4) 下記参照：S. 214, Anm. 57.
(5) Whitacker, 1978, S. 155-169. 最も重要な初期考察は Righini, 1975, S. 59-76 および Drake, 1970, S. 153-168 である。以下をも参照のこと：Whitacker, 1989, S. 122ff. および Shea, 1990, S. 55ff.
(6) 下記参照：S. 210-216.

左下、4と番号をふられ、昼夜半々の姿を示している月は、『星界の報告』のページ10r（図97）と10v（図98）の銅版画によって再現されたものである。この事情はこれまでの日付について考えなおしを要求する。銅版画もそうだが、これには1610年1月7日付書簡において再現されていた巨大クレーターの姿がない。それゆえ、フィレンツェ版水彩の素描4は別の枠組みから生まれたのだ。

さらにこれまで解かれていない問題がある。ガリレイが28rの紙面に割り付けた六つの月相にシステムがないこと。とはいえ右下に描き込まれた数字3をふられた月_{トラバント}が、すぐ上の段の二つの衛星_{サテライト}に時計の進行どおりに従うのではなく、右下角に向かって跳躍していることからすれば、月の上の太陽の運行は、独自の螺旋運動を示していると考えられる。この紙面割り付けの経緯を再構成するあらゆる試みの要点は、ここにある[7]。

(7) Gingerich, Van Helden, 2003 はインパクトのある研究を試みている。彼らは月相を追いかけることによって、先に描き込んだ素描を汚さずして紙面を覆うのは困難であることを見て取った。とはいえ、月相が右上から右下角へ空の中央を飛び越えていく事情を彼らは問題化しておらず、そのためつぼを外してしまった。

けれどもだからこそ紙面を覆っていくやり方は、それだけいっそう発信力のある間接証拠となるのだ。新たな資料の光のもと、月4の問題も解明するなら、日付の問題は後に根本から新たに設定されるのだから、素描は先ず内的な形態心理学の論理からだけでも検討しておかねばならないだろう。

その手始めは、5とふられた衛星のまわりにその他の月をすべてまとめてみること。5なくしてはその他の月のいずれもポジションを得ることはかなわない。最初に記入されたのが月5（図105）だということは、それが最大の面積

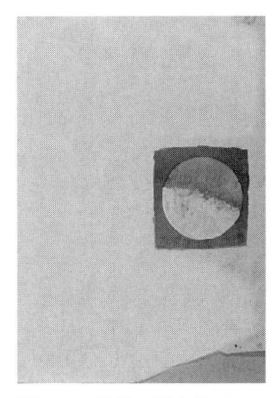

図105　月相の描き込み、再構成1 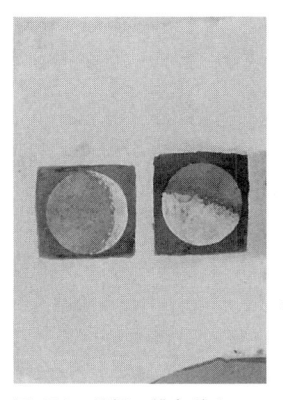　　　図106　月相の描き込み、再構成2 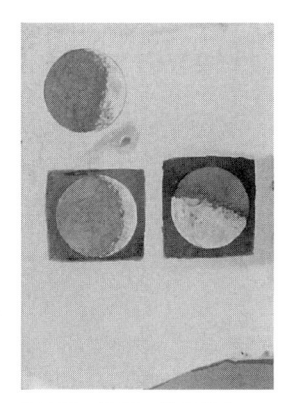　　　図107　月相の描き込み、再構成3

を占めていることからすぐにも見て取れるが、以後すべては一にこのことにかかっている。ガリレイがこの筆頭ポジションをなぜページ中央から始めたのか、当て推量をするわけにはいかないが、もしかすると彼にとってはこのやり方が紙と手をよくなじませてくれたとでもいうことか。

　この描き込みは平面を構成する最初の心理的反応と結びついている。それはページ右下段隅の描き込みへのガリレイの不随意な反応だからだ。切り取られた隅を考慮に入れると、四角片の位置は中央なのではなく、上へとずらした痕跡なのだ。こうした軽いずらし方は、切りとられた隅から上へと印刷をずらすことと一致し、それがその後に続く配置の手順を決定した。

　5の左側に続いた月の第1相（図106）は、どのような心理的反応によるものか。それは若干下方へずれ、小さめの余地を与えられているという現れ方をする。これによってクレーターの理想形のための余地が得られ、ガリレイはこれを大きく拡大して左上段に続く月の姿とした（図107）。この図に背景となる宇宙が欠落することとなったのは、こういう説明的付録だったからだ。右上段に描き込まれた月は、翌日の、両端を広げた鎌形を顕しているが、これによってガリレイは闇に沈んでいく夜の空の黒い四角形へと立ち戻る（図108）。すでに配置された月5の四角形にあまり近づき過ぎないよう、下辺は上縁より当然窮屈になっている。

　月5は中央右寄りにすでに配されているので、次の描き込みは右下段隅に跳

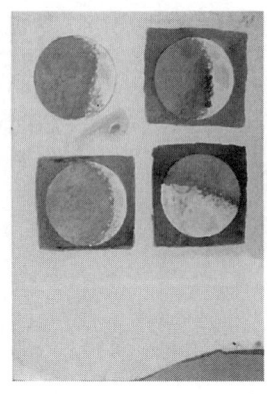

図108　月相の描き込み、
　　　再構成4

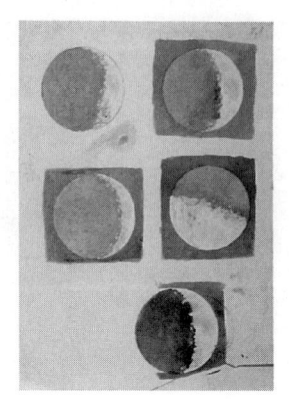

図109　月相の描き込み、
　　　再構成5

ぶ（図109）。ここでガリレイは、紙片隅が切り取られているために、窮地に陥っている[8]。狭くなっているので先ず彼は小さめの円を試みる。それは中心よりにあるが、下書きの線は右端に飛び出しているのが見て取れる。縦の基準線を離れ、月を左へと動かしてみようと考えなおして、第2案を採用した結果、左側の背景はもう描き込むことができなくなった。

(8)　切り取られているのは素描が描き込まれた後に始めて起こったのではない。このことは、ガリレイが本来の紙の端を越えて筆が滑り、次のフォリオ29rに細い帯が残っている事情に明らかである。

下段左に配された月4もまた狭すぎて困っている。ガリレイは背景の暗い四角形を断念し、軸を左にずらさざるをえなかった（図110）。円形の横、右上の繊細なこすれは、ガリレイがもともとこの縁を暗い背景に置く予定だったこと、しかし余地がないのでそれを中止したことを示している。

こういった割り付けの順序を示す兆候のすべてが、中段右に配置された月こそアルキメデスの支点であると告げている。それに続く上下段の四つの月すべてがこの月をめぐる。これに続くすべての月が一つの軸をめぐるかのごとく時計の針となってこの第1描き込みをめぐるのである。

月に番号をふるガリレイの態度は揺るぎない（図111）。その意図は、月が異なるサイクルに属するにもかかわらず様々な相を一つの運行内の状態に応じ

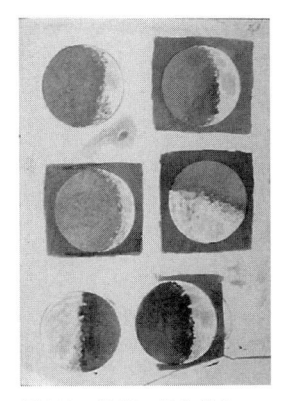

図110　月相の描き込み、
　　　　再構成6

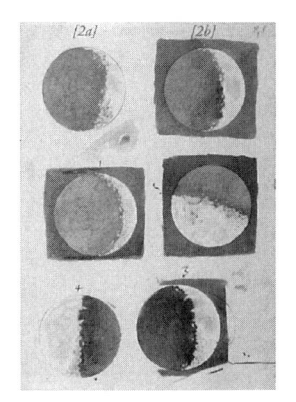

図111　月相の描き込み、
　　　　再構成7

て呈することから理解できる。満ちていく月の最初の描写が中段左にナンバー1と登記されている。続く数字2は上段の二つの月のうちの片方に充てられるが、両者はあまりに近接しているので、自分用の数字を割り当てられるに至らない。両者は併せて数字2を予定される[9]。すぐこれに続く上弦の月は右下に姿を現し、はたしてナンバー3と記入される。これにて満ちていく月の諸相が与えられたことになる。最後にナンバー4と5は欠けていく月の互いに密着した相を示す[10]。

[9] 続くこれらの月を同じものとするためには、左上に描き込まれた月が番号2a、右隣が2bをもらうことになる。

[10] 5とふられた月は衛星4よりもちろん1日早い相だと測定される。その根拠は、月5の夜の側がまだ半分に達していないこと、それは月4の場合では起こっているのだが。しかしながらだからといって、衛星5ではすでに陰った領域へと二つの明るい光の指が伸びていることについては、解明するものではない。この月が西に向かって膨隆してできる半円のリングには、月の二つの光の帯が射しこむことができる隙間がない。けれどすでに陰ったゾーンがふたたび明るむのは不可能なのだから、月4が月5の前ではありえない。明らかにガリレイは月の、黄昏時に見られるような傾きを見て、陰ったゾーンを十分西へ、光の領域へと動かさなかった。この弱点にもかかわらず、月4の両角と月5の環状膨隆はこの順序に疑いを入れる余地はない。ガリレイがそう見たということは、4から5へと番号をふったことを分からせてくれる。それは月相のどの連続相のことを言っているのか、いや、目論んでいたのかを告げるものである。

こうしてアラビア数字をふることで、渦巻くように組み立てられた月のサイ

クル内の連続が与えられる。中段の始点1から上段の2aと2bを経て、右外回りに下段3に至り、そこから左に向かって月相4に、そうして最後に5とふられた中段右の終点に到着する。

2. 描写テクニック

ガリレイの月素描は長いこと著作集の複写でしか知られていなかった[11]。その図版はおおいに有用だったが、その鈍い復刻は水彩の筆の高い水準を再現するものではなく、その芸術的価値が認められるようになったのは、ようやく最近の研究によってである[12]。比較的狭めの直径57から59mmの範囲に、テクニックを駆使して、月の彫塑的表面を筆で再現しようというのだ。これを月のサイクルどおりに1から5までの数字の連鎖で出現させるのである。

[11] Opere, Bd. III/1, S. 48.
[12] まずは Edgerton, 1984.

素描が特筆に値する水準を見せているのは、褐色の淡彩画にしたおかげである。それは深く陰るトーンからほとんど真っ白に輝く生地の色にいたる様々な濃淡を担いながら微妙な階梯を可能とした。満ちていく月の最初の図が示しているように、ガリレイはもともとの紙面の淡い白と褐色を地の色として利用した。それは月の満腔の輝きとなる（図112）。それに続く色調はすべてこれを基準とする。

いわば色の調整システムの第2基軸となるのは、背景、すなわち宇宙の暗がりである。ガリレイが月の周りに暗い四角形を配したのは、宇宙を切り取って示したのである。その上辺と下辺には、濃いめに塗り重ねることによって、夜の暗がりをそれらしく図示しようという試みが見られる。そのために外側、下縁と上縁に最も濃い褐色が用いられるという現象が生じる。宇宙に漂う衛星がいわば色の縦軸を視覚上の支点として与えられたかの如くだ。月面では、チゴリが「十字架降下」であらかじめ提示して見せた「第2の光」という現象が（図72）[13]、なんという繊細さで転用されていることか。左に向かって光と影を描く素早い筆さばきが、次々に融合して広がっていく光の領域よりも、心持ち褐色を濃くしているのだ。それは縁になると明るい円の切片へと移行し、再

図112　ガリレイ：月相1、筆による素描、1610, BNCF, Gal. 48, F. 28r

度、夜の深みに接することになる。このように明らめることによって、月の夜の領域では斑点の微妙この上ない構造が示され、濃淡も3段階に展開されるのである。

(13)　上記参照：S. 88f.

2番目の左上に描き込まれた、満ちていくサイクルにある月の場合もまた（図113）、紙の地色が基本色となって、太陽のように輝く明部を表している。こういう基本の上に光と影のゾーンの特別に差異化されたシステムが、しめて七つのグラデーションで構築される。明るく輝く一帯のただ中に、雲のような斑点のうちの一つが——それは「昔」からの、そしてまた望遠鏡なしには認め

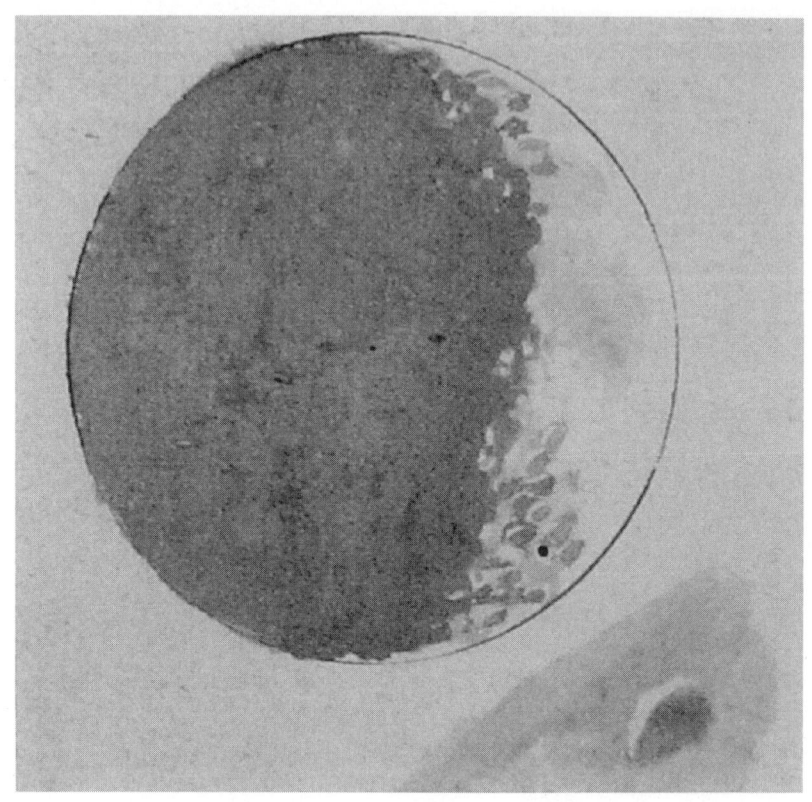

図 113　ガリレイ：月相 2a、筆による素描、1610, BNCF, Gal. 48, F. 28r

がたい斑点のうちの一つなのだが——右に向かってにじり寄ってくる。ガリレイはこのゾーンがいかに深々と区別されるものか、はっきりさせようとするかのように、端に微小な曇りを描き込んでいる（図114）。この構図の中央には左上から右下に向かって小斑点が連なり、それぞれの色の段階を深めていく。陽を受けて輝く上半分において第2膨隆は右を指し、そしてここでも似たような斑点や小斑点が描き込まれている。左に向かっては色は3層に濃くされている。小さな斑点が左から右に斜めに達し、それから左手上方に1段階色濃くされながら水平に横たわる斑点が続き、その間にはさらなる暗部の増大を認めることができる。この斑点は月の暗い側からはただ線細工のように分離されるだけである。

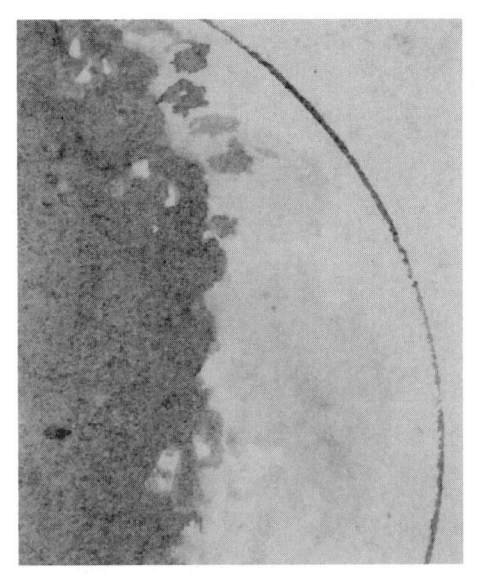

図114　ガリレイ：月相2a、図113の部分

　夜天には第1の月の時と同じ「第2の光」現象を反映する運筆技法が生まれている。第1の月は一方で谷底にまで達する光と、他方でより深くなりまさる投影とを指し示している。右下では小斑点群が、まだ光を受けている隆起と、もう影に沈んだ窪みの斑点絨毯をくっきりと見せており、図115のように円形の外部に付け加えられた個別クレーター研究でも、明・暗対照法による深度効果はことのほか印象深いリハーサルとなっている。遠近法的に短縮された月表

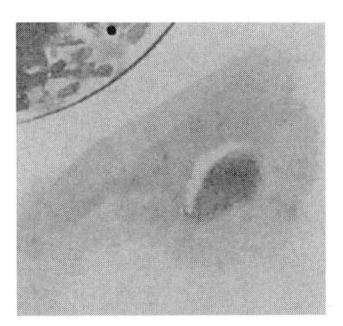

図115　ガリレイ：月のクレーター、
　　　　図113の部分

図116 ガリレイ：月相2b、筆による素描、1610, BNCF, Gal. 48, F. 28r

面の断片図には、陰っていく度合いに応じて鋭いコントラストを描くクレーターが影を落としている。

　輝きを増していく明部が暗部と互いに対照をなすとともに、右側に続く月の鎌形がキアロスクーロ（明暗対照法）のまったき手練の技によって暗い背景から際立ってくる。いっぱいの陽光がさながらここに炸裂したかのようである（図116）。この強く光る鎌形から左手へと境界線が続き、月の夜部と険しいコントラストを形成する。下方域の暗部は、これまで登場していなかった暗化を示している。左に向かって暗部は縞模様のような明るみ、ついには左側全体が暗がりの明るみを見せているが、これこそ例の地球からの反射光なのである。それゆえ月の左縁は、光と影の移行するゾーンよりは黒くなっておらず、その

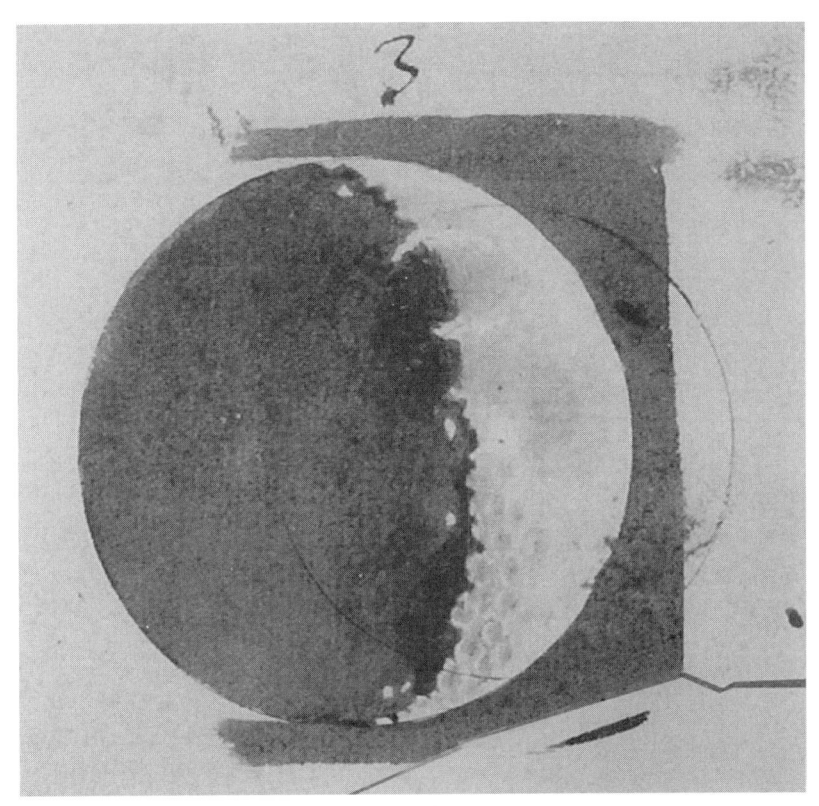

図117　ガリレイ：月相3、筆による素描、1610, BNCF, Gal. 48, F. 28r

ために暗い夜空と区別するためには特に強く引かれた弧線が必要なのである。地球の衛星は明部も暗部もともどもに宇宙空間では煌々と輝くのである。右上隅に、そして暗い月表面の上下2箇所に赤さび色が補助的に使われている。

　右下に続く月（図117）の場合、すでに述べたようにガリレイは描き込む余地の問題に直面していたので、他の月と同じ大きさで円形を描き込むためには、用紙の中央に向かって、つまり左手に中心点をずらさなければならなかった。円形内部では明るい角が左へと押し入り、上半分では鉤爪のような二つの白く輝く光の航跡を夜のゾーンへと送りこんでいる。右下に点々と描き込まれた斑点は、これこそガリレイ素描術の頂点をなすのだが、隆起とクレーターのパノラマとなってドラマチックな表面風景を形成している。それは夜のゾーン

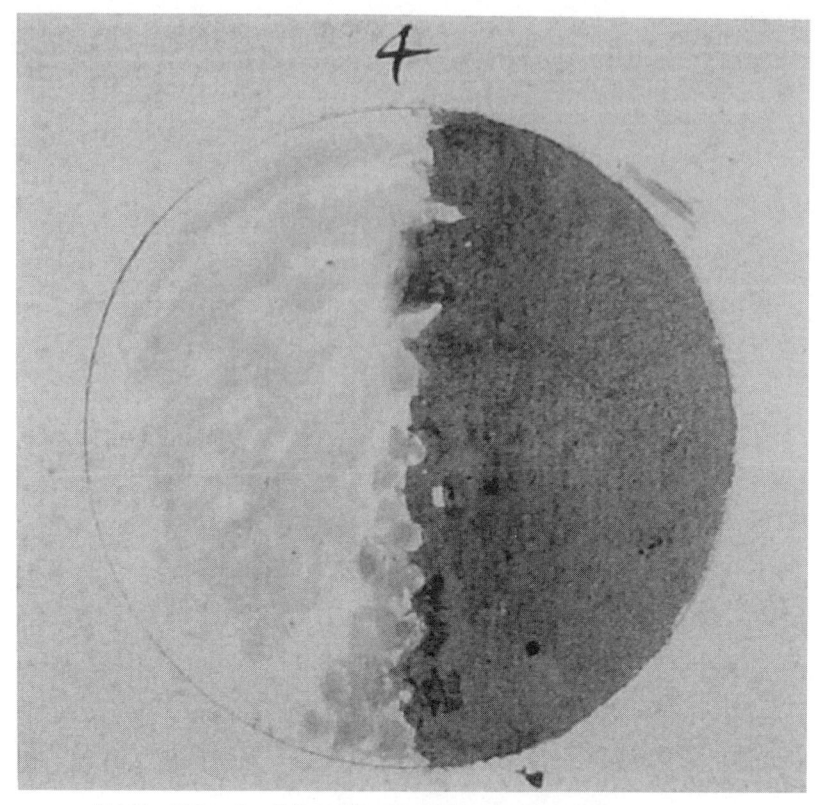

図118　ガリレイ：月相4、筆による素描、1610, BNCF, Gal. 48, F. 28r

　の深い陰りによって輪郭を浮かび上がらせ、その陰りは下方ゾーンの左縁あたりにあらためて「第2の光」の明るみを見せている。
　月4（図118）では、光と影の干渉地帯は、ほかのすべての例よりずっと深く黒塗りを与えられているが、それは夜の側の黒塗りを光に接するコントラスト線でさらに深めていくからである。色の階梯全体は鈍くなっているが、夜の領域の差異はことのほか明瞭で、そのために今度は夜側の明るみは右に向かって進行するのである。
　最後の月相の描写では、明暗の移りゆくゾーンが大いに強調される（図119）。すでに述べた特徴を表しているのは、巨大な山脈である。その斜面は光の当たるゾーンへと半円の影を張り出していく。それに応じてその他のフィー

図119　ガリレイ：月相5、筆による素描、1610, BNCF, Gal. 48, F. 28r

ルドも先駆けとして、あるいはしんがりとして影を落とし、ここで再びガリレイは対称効果を狙うことになる。つまり暗い側では月はホリゾントに向かって明るみを増し、一方、夜の天空は一層褐色を深くするのである。それとは逆に夜の天空の暗さは反対側では弱められ、結果、バランスがとられることになる。

　第7の月が最後に独特な手法で強調しているのは、暗い月面の大きく広がる模様の世界と縁に向かって描き込まれた発光である（図120）。左手上部には明るい地の色と濃いめの褐色によって二つの試し塗りが行われ（図104）、月の右手にはペンにて星影が6 棘形に描き込まれており、それは草稿、および『星界の報告』の木版画において描かれることになる木星衛星と同じである。

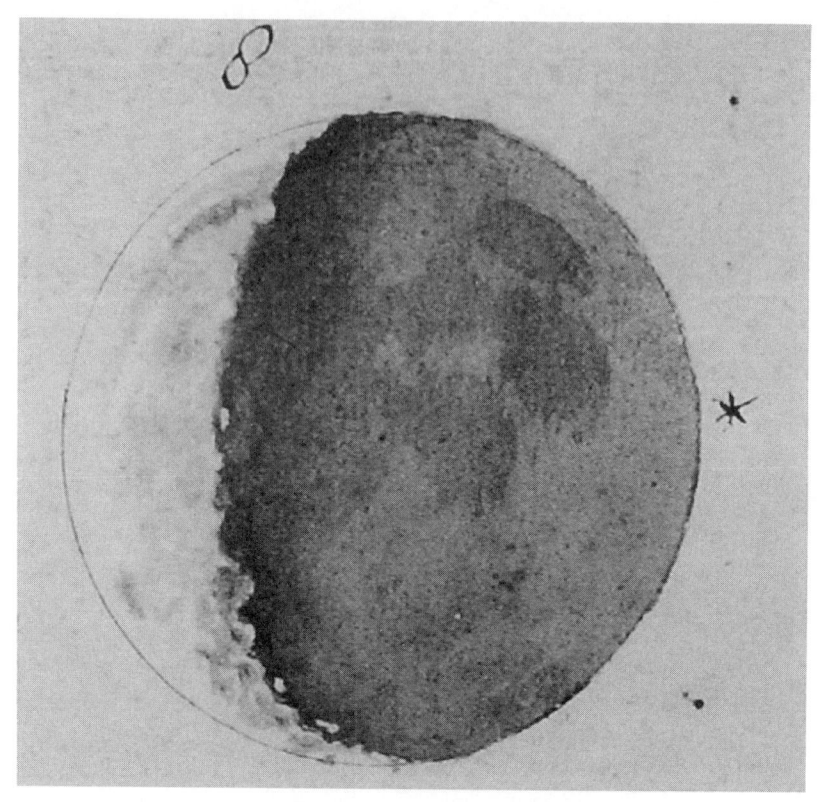

図120　ガリレイ：月相、筆による素描、1610, BNCF, Gal. 48, F. 29v

　総じて、七つの月すべてにおいて繊細に明度を描き分ける手腕は、月の上の光の航跡が表面の山と谷をも決定するような効果をあげる。すべての素描において先ず目に飛び込むのは、ガリレイが月球体に与えた前代未聞の立体性である。光のラインは惑星のでこぼことした表面をスローモーションのように通過する。すると隆起は光をとらえるのだが、谷底の領域はまだ夜の影の只中にあるのだ。光と影の交替するその見事な一刷けは、ジョヴァンニ・バッティスタ・ティエポロやジョン・コンスタブル、その他ウィリアム・ターナーのような光のアーティストたちの係累に連ねてもあながち不当というわけではあるまい[14]。

　(14)　Edgerton, 1984, S. 229f.

3. 素描と銅版画の比較

『星界の報告』の銅版画の元は何かとたずねて、フィレンツェ版素描が類例なくぶっちぎりで表舞台に押し出されたところである。けれどもよくよく観察してみると、筆による素描のただの1枚ですら直接のお手本とするには当たらない。

例えば銅版画 8r（図121）はフィレンツェ版素描のどれにも対応していない。一見して関係ありと思われる1と2a、あるいは2bであれ、分類可能ではない。下半分の夜の領域には小さめの三つの光の島が暗がりから浮かび上がるが、これらと三角形の光斑とを並置してみても、決定打とするには不足である。ただ素描2bのみがせいぜいのところ光斑の三角形ゾーンを示している（図122）。

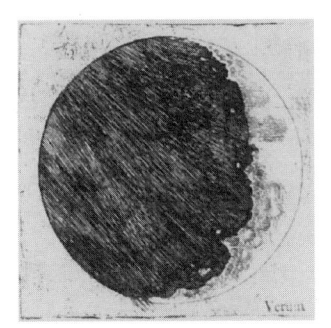

図121　月相、銅版画、Galilei, 1610, Venedig, S. 8r

図122　ガリレイ：月相2b、筆による素描、1610, BNCF, Gal. 48, F. 28r

銅版画9v（図123）はフィレンツェ版素描のなかには同様にいかなるお手本もない。それはすでに検討したように、月図のどれにも、書物の複製図を決定づける例の巨大クレーターを示すものがないからである。すでに月3（図124）は上半分において左へと掴みかかる2本の光の角によって、銅版画に相当する形成物を示しているが、1日、2日早い状態のものである。

銅版画10r（図125）、およびそれの相同物である10v下図（図98）には、月4が比較的近いが（図126）、昼と夜の分離線の南端は素描では、東の方角

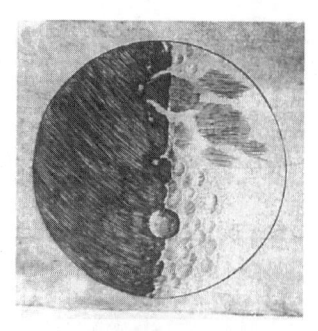

図123　月相、銅版画、Galilei, 1610, Venedig, S. 9v

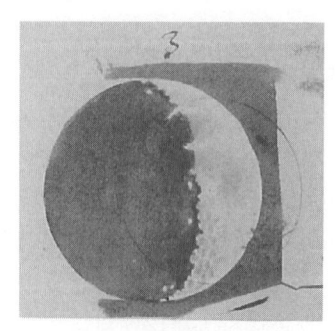

図124　ガリレイ：月相3、筆による素描、1610, BNCF, Gal. 48, F. 28r

図125　月相、銅版画、Galilei, 1610, Venedig, S. 10r

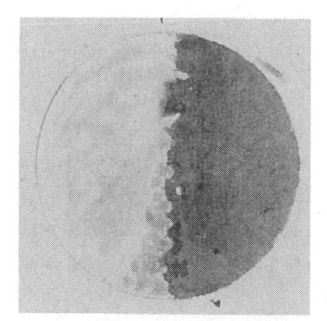

図126　ガリレイ：月相4、筆による素描、1610, BNCF, Gal. 48, F. 28r

に痕跡を残している。とりわけ南端で目立つのは、巨大クレーターについてはつゆほども気配がないことである。

　本書所収のすべての図版のうち、銅版画10v上（図127）だけがフィレンツェ版・素描の一つに似ている。すなわち月5がこれに近い（図128）。とはいえ、銅版画における暗い半分には、九つの孤立した光斑が形成され、一方、月5のフィレンツェ版素描ではたんにそれらは6個認められるのみである。加えて、それらはひとまわり痕跡が小さい。この現象に適合するのは、上方の環状が兆す上部の暗がりに明るい斑点一つ輝いているところであるが、この斑点が素描には認められない。結局、南極上部の膨隆らは別々の方角へ散っていく。輪郭と運筆は同じでも、ディテールは違っていて、そのディテールそのも

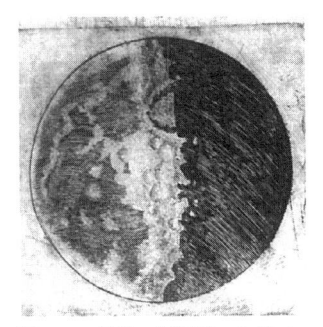

図127　月相、銅版画、Galilei, 1610, Venedig, S. 10v 上段

図128　ガリレイ：月相5、筆による素描、1610, BNCF, Gal. 48, F. 28r（右へ90度回転）

のは幾時間かの時間的違いを明らかにするものである。

　それゆえフィレンツェ版素描のどれ一つとて銅版画の原画であると同定できるものはないのである。自筆草稿に結わえられた証拠物件は印刷用の原版ではなく、自立した素描群なのであって、それらはガリレイが観察を定着し説明するために補助としたものなのである。

VII 『星界の報告』ML の素描

1. 本 と 素 描

扉　絵

　これまで知られていなかった5葉の素描は、旧知の物的証拠のどれ一つとして匹敵しえないほど銅版画と密接な関係を示していて、独自の価値を持っている。それらは『星界の報告』ML[1]のニューヨーク版所収のものである。この版の特色は扉絵を一瞥するだけで了解される（図129）。出版者商標の左側に捺印されるローマのアカデミア・ディ・リンチェイこそは、真先にガリレイを支え奨励してくれた機関であり、1611年4月25日には会員として迎えてくれた（図130）[2]。この「山猫アカデミー」というのは眼の訓練を大事とする綱領の故にこの名前を冠していたのである[3]。山猫の眼は人間よりも鋭いゆえに、自然が人間の感覚能力に重きを置いていない、あるいはそればかりには置いていない、山猫はそういうことの証なのだった。山猫に関してはそれゆえ光学器械用語が含まれていた[4]。

(1) 序文を見よ。S. 10, Abb. 6.
(2) Freedberg, 2002, S. 112.　同じ捺印がページ 8r にもある（図134）。
(3) Herklotz, 1999, S. 30. 総論としては Baldriga, 2002, Freedberg, 2002 の基礎的業績を参照のこと。
(4) 同上 S. 108.

　ガリレイが会員に迎えられたとき、「山猫アカデミー」はただの四人からなっていたが、ガリレイとともに、あるいはガリレイによって、数は恒常的に

SIDEREVS NVNCIVS

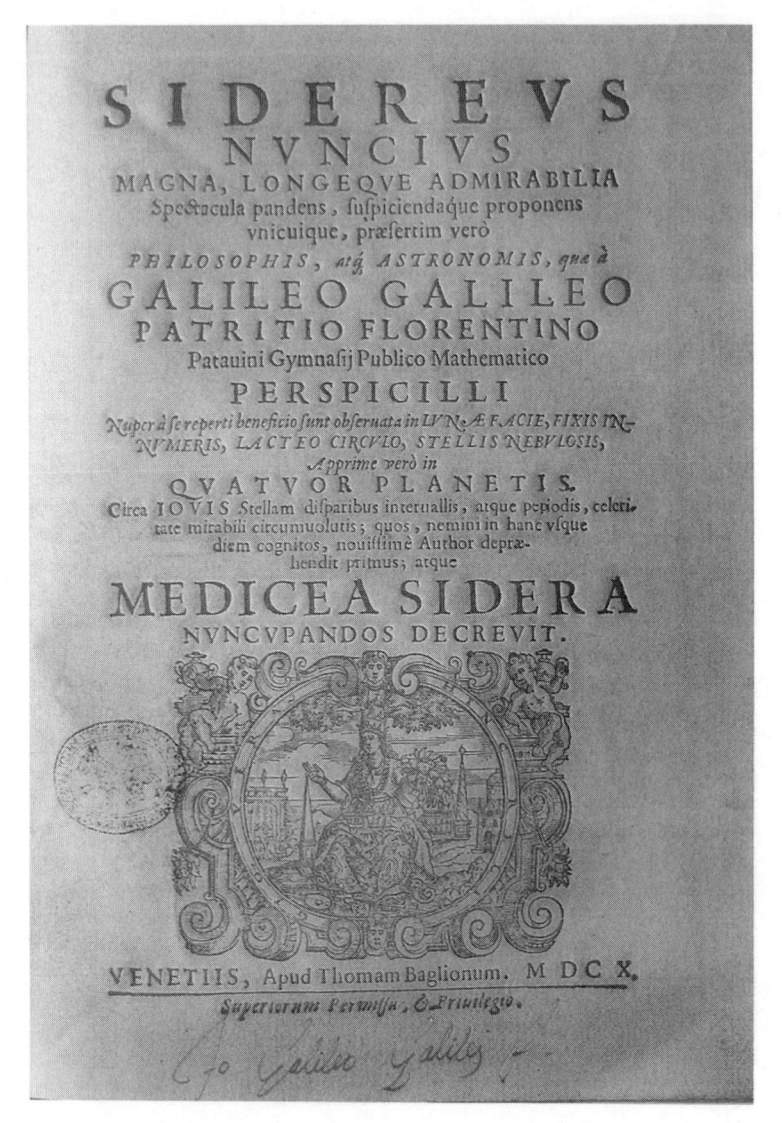

MAGNA, LONGEQVE ADMIRABILIA
Spectacula pandens, suspiciendaque proponens
vnicuique, præsertim verò
PHILOSOPHIS, atq; ASTRONOMIS, quæ à
GALILEO GALILEO
PATRITIO FLORENTINO
Patauini Gymnasij Publico Mathematico
PERSPICILLI
*Nuper à se reperti beneficio sunt observata in LVNÆ FACIE, FIXIS IN-
NVMERIS, LACTEO CIRCVLO, STELLIS NEBVLOSIS,
Apprime verò in*
QVATVOR PLANETIS.
Circa IOVIS Stellam disparibus interuallis, atque periodis, celeri-
tate mirabili circumuolutis; quos, nemini in hanc vsque
diem cognitos, nouissimè Author depræ-
hendit primus; atque
MEDICEA SIDERA
NVNCVPANDOS DECREVIT.

VENETIIS, Apud Thomam Baglionum. M DC X.
Superiorum Permissu, & Priuilegio.

図 129 『星界の報告』ML 扉。Galilei, 1610, Venedig, Sidereus Nuncius ML（本書における撮影は Barbara Herrenkind による）

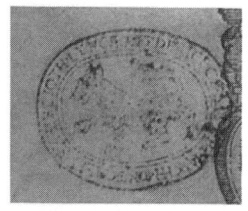

図130　アカデミア・デイ・リンチェイの捺印、図129の部分図

図131　ガリレイの署名、図129の部分図

増えていき、創設者フェデリコ・チェージが物故する1630年には32人に膨れ上がっていた。ガリレイが請け合わない人物は一人としてアカデミア・デイ・リンチェイに迎えられることはなく、アカデミアの方はローマ滞在以来ガリレイに忠節を誓う一致団結した結社を形成していった。

　『星界の報告』MLがリンチェイの所有物であることは捺印から明らかなので、ガリレイがこれを寄贈したのは、彼が「山猫アカデミー」会員に任じられたときであると知れる。その後の本書の消息は伝わっていない。本書の由来はもはや19世紀南アメリカにまで下ってしまうのである[5]。

（5）Richard Lan の手紙による情報。

　本書の第二の特異点は、ガリレイが扉最終行の下に「われ、ガリレオ・ガリレイ f」（図131）と署名していることである。最後の「f」をどう解すればいいのかは、一義的には決定できない。扉にも「ガリレオ・ガリレイ／フィレンツェの貴族」と銘うってあるので、ひとまず「F[lorentinus]」（フィレンツェ人）と思い付く。ガリレイがアカデミア・デイ・リンチェイ入会のおりに「ガリレウス・ガリレウス・リンケウス、ヴィンチェンティ・フィリウス、フロレンティウス（……）」[6]と署名したのにも話が合う。「われ、ガリレオ・ガリレイ f」という略記は、どんなに説明しても、ある尊大さを示しているのかもし

れない。なんにしても問題は、略されているのが大文字群ではなく小文字の f だというところにある。つまりこの略記は通常の短縮規則に従えば、「f [eci]」、すなわち「われ、ガリレオ・ガリレイがこれをなせり」と補うべきだと、そういう説がおのずと浮かび出る。

(6) Opere, Bd. XIX, S. 265.

　時間的に近い書簡の筆跡を参照すれば分かるのだが、インクとペンおよび文字の勢いは、これが真筆であることを示している。例えばトスカナ大公秘書官ベリサリオ・ヴィンタ宛の 1609 年 11 月 20 日の書面（図 132）中、呼称の上に書かれた文字列。「Ill[ustrissi]mo」の頭文字 I が、後続の l から m への移行部によって切断されると、その結果、F に見える文字が生じるのである[7]。同様の特徴が扉の署名 I に現れている。すなわち、I に隣接する小文字 o は真ん中よりに横へと走る擦過線を引き起こすので、結果、I は F のように見える。ガリレイの綴りは、ヴィンタ宛書簡では頭文字 G のおおきく振りかぶられた線が、第 3 文字の l に届いていることも含めて、ぴったり重なる。唯一区別されるのは、扉に記入された G の湾曲の方が、比較的下方へと急に屈折するのに、ヴィンタ宛書簡では緩やかに下方へ弧を描いている点である。

(7) Galilei の Belisario Vinta 宛書簡（1609 年 11 月 20 日付）, in: 同上: Bd. X, S. 268, Z. 1.

　この違いは、のちのヴィンタ宛書簡（1610 年 8 月 20 日付）の署名と比較すると解消される。こちらでは G のふくらみは角張って屈折している（図 133）[8]。扉ページの名前を締めくくる i の文字はこの書簡の署名とは違って最後が右ではなく、左に払ってあるが、この払い方は、書簡ではそれ相応の結果なのだ。

(8) Galilei の Belisario Vinta 宛書簡（1610 年 8 月 20 日付）, in: Opere, Bd. X, S. 425, Z. 29.

　さらに書き込み方が真筆であることを証明している。文字は格別に頑丈なペン先を使って著しい筆圧で書き込まれた。それは深くめり込み、そのペン先ののめり込む重みのままにインクが G の上部の湾曲と末尾の f の外へと膨らむ際に、大半、流れが途切れているだけになおいっそう、まるで浮き彫りではないかとの印象が生ずるほどなのだ。それは書き手というよりも彫り師の技を思わ

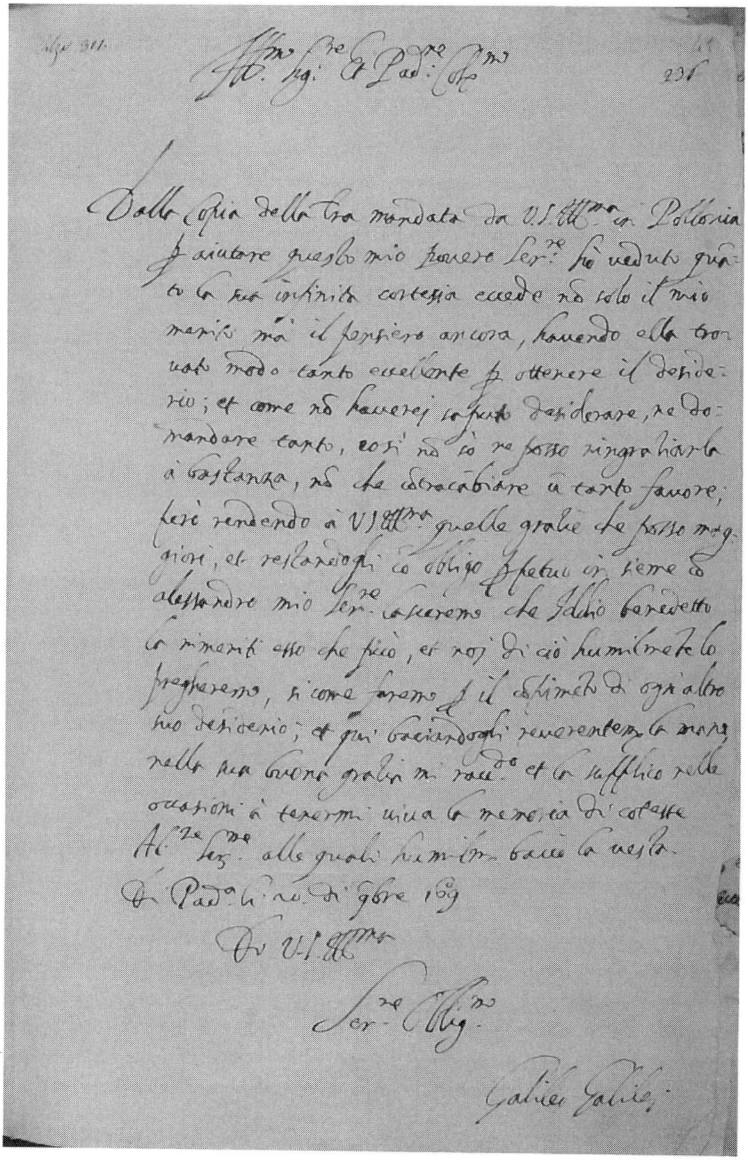

Ill.mo Sig.re et Pad.ne Col.mo

235

Dalla copia della l.ra mandata da V. S. Ill.ma in Pollonia p. aiutare questo mio povero ser.re ho veduto quanto la sua infinita cortesia eccede no solo il mio merito, mà il pensiero ancora, havendo ella trovato modo tanto eccellente p. ottenere il desiderio; et come no haverei saputo desiderare, ne domandare tanto, così no so ne posso ringratiarla à bastanza, no che contracambiare un tanto favore; però rendendo à V. S. Ill.ma quelle gratie che posso maggiori, et restandogli co obligo p.petuo insieme co Alessandro mio ser.re osserveremo che Iddio benedetto la rimeriti esso che può, et noi di ciò humilmente lo pregheremo, sì come faremo p. il adempimento di ogni altro suo desiderio; et qui baciandogli reverentemente la mano, nella sua buona gratia mi racc.do et la supplico nelle occasioni à tenermi viva la memoria di cotesti Ill.mi Sig.ri alle quali humilm.te bacio la veste.

Di Pad.a li 20 di 9bre 1609

Di V. S. Ill.ma

Ser.re Oblig.mo

Galileo Galilei

図132 ガリレイ、ベリサリオ・ヴィンタ宛て書簡、紙にペン、1609年11月20日、BNCF, G. 14, F. 41r

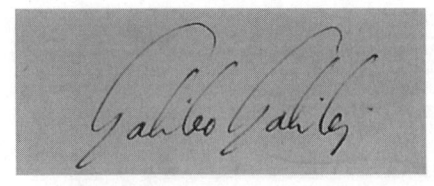

図133　ガリレイの署名、ベリサリオ・ヴィンタ宛て書簡、紙にペン、1610年8月20日、BNCF, G. 14, F. 51v

せる練達の刻みぶりである。筆跡を模倣・偽造しようとも、これほどの独自性に達することなど思いもよらない。

　ガリレイの署名は「f [eci]」に関しては、オープンである。むろん彼は本のテキストを夜空の望遠鏡による探究の確証として「作った」ものであるが、通常の「fecit（作った）」という表記は人文学、自然科学、あるいは文学の創造についてではなく、芸術的な創造について言われるものなので[9]、ガリレイの署名はこの方向でなされたものなのかという問いが立てられる。

（9）　Dietl, 1994.

落　植

　『星界の報告』MLには月の素描は載せてあるのに（図134）、通常の銅版画（図135）は皆無であるという状況は、署名に関わる問いをいっそう重要なものとする。この現象には前提がある。素描が挿入されているのは、文字と木版画のあとに銅版画までも挿入される以前のことだということ。

　『星界の報告』でも銅版画を欠いている一連の版があることは、ガリレイ自身によっても認められている。1610年3月19日のヴィンタ宛ての手紙にはこうある。自分は版元から30部の見本をもらう予定であるが、手元には6部しかない。のこりの24部は銅版画なしの版なので。「印刷された550部は私が受け取るはずの30部をのぞいてすでに出版されております。そのうち私がもらったのは6部を超えません。銅版画が入らない版はヴェネツィアの業者にまかせたので、残部が入手できるのか危ぶんでおります」[10]。2番目の傍注はガリレイの弟ミケランジェロに由来する。この者はミュンヘンから出した1610年4月の手紙で、フライジング大公（エレットーレ）は『星界の報告』をお持ちであるが、それには挿図がないと報告されている[11]。世界中で残っている部数のうち、銅版画のない総計9部の所在が確認されている（図136）[12]。『星界の報告』MLもまたそのうちの一つなのだが、それは空白に素描が挿入され

図134 ページ8r, Galilei, 1610, Venedig, Siderius Nuncius ML

図135 ページ8r, Galilei, 1610, Venedig

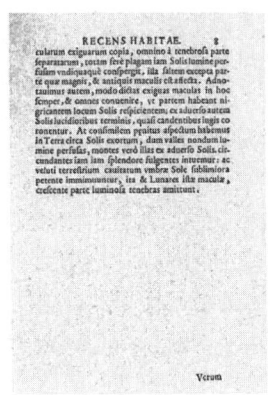

図136 ページ8r, Galilei, 1610, Venedig, Zürich, ETH, Rar 4342

(10) „550, che ne hanno stampati, sono già andati via tutti anzi di 30, che ne dovevo havere, non ne ho hauti altro che 6, nè veggo verso di potere havere il resto, havendogli lasciati in Venezia in mano del libraio, perchè vi mancavano a atampar le figure in rame" (GalileiのBelisario Vinta宛て書簡［1610年3月19日付］, in: Opere, Bd. X, S. 300, Z. 94-97).

(11) „et mi disse haver già hauto un de'vostri libri, ma senza figure" (Michelangelo GalileiのGalilei宛て書簡［1610年4月14日付］, in: Opere, Bd. X, S. 313, Z. 18f.).

(12) Brüssel, Faksimile（印刷1967）; Durham, Palace Green Library (SB 0255); Köln, Staats-und Universitätsbibliothek (N4/612); New York ML, 私有 (Seyla Martayan und Richard Lan); New York, 私有 (Gudesche Bibliothek Rendsburg, Q 282); Paris, Bibliothèque Nationale (Rès. p. V. 743); Paris, Observatoire (20174 (1) [Pantin, 1992, S. XCI]; St. Andrews, University, Department of Special Collections (QB41. G2SA Rare Books); Zürich ETH-Bibliothek (Rar 4342).

一瞥で分かることだが、ぼかしの彩色がなされた素描は、克明なミニチュアではなく、スケッチとして挿入され、厳密さと手抜きの混合という印象を受ける。その弱点とそのクォリティはガリレイのフィレンツェ版素描および『星界の報告』の銅版画との比較によって明らかとなる。

2．誰の手になるものか？

描　法

第1素描はページ8r（図137）に登場する。その背景枠は褐色の四辺形に塗られ、「Verum」とある右下隅は塗られていない。

宇宙を描くタッチは、太く平板、素早い運びで、その筆さばきは隅の三角部では月の円形に沿い、外縁では四角形の境界線を受け入れてこの枠に平行に走っている。この基本形にはぼかしの重ね塗りが施され、まるで宇宙空間が同質の天界ではなく暗化と明化のリズムをとりながら展開する出来事から成るかのようだ。筆の走りはその速さ、ほとんど手抜きのような描法が目覚ましく、それは細部にこだわることなく望む効果をあげるに十分な、ゆるぎない技術である。

おそらく画家は円の縁に直に接する左側の二つの空き隅を、短く用心深いタッチで満たしたことだろう。まず筆は円の丸みと平行に走り、次に角を明確

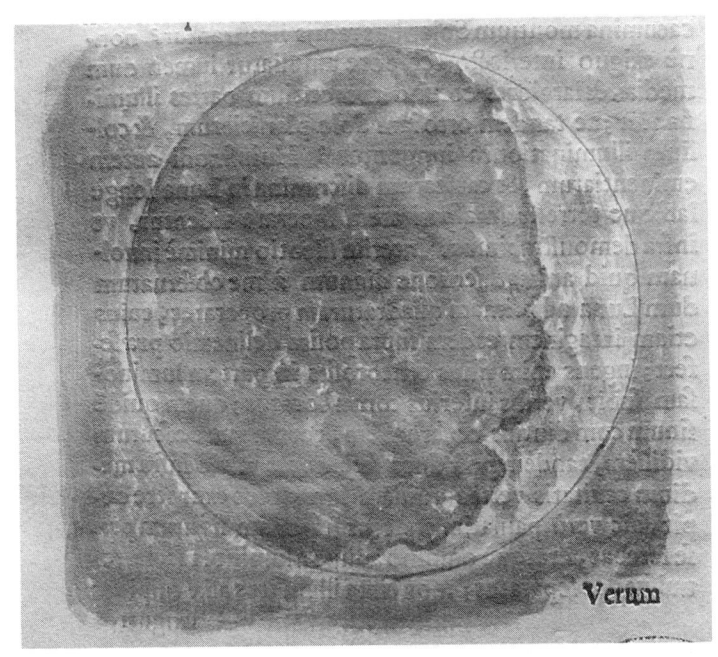

図137　月相、筆の素描、Galilei, 1610, Venedig, Sidereus Nuncius ML, S. 8r

にしたのだろう。それに続いて画家は同じやり方で右反対側でいくらか弱いタッチを試みた。版面は左側では幅広の筆で垂直に運ばれた平たい線が、下の縁まで一気に下りていく。その線の上に繰り返し幅広の斜めに走るタッチが重なり、下の縁まで幾度となく筆が運ばれる。

　円形の内側ではおそらくまず明暗の境界線が引かれた。分割線は鮮やかなタッチで描きこまれており、このように強調することで、絵柄全体を規定する方向性を示す機能を持ったのは明らかである。下方域ではまるで別の個体のような印象を与える線が、上部フィールドでは暗いゾーンへやわらかく媒介する。この夜の区域は曲がりくねった褐色の諧調によって特徴づけられる。画家の腕前は多数の箇所で輝く光斑が示すところである（図138）。光斑は重ね塗られたのではなく、彩色を省くことで形成されている。こういう手法で光斑は紙を内部から輝かせるのである。下方域では幅広の筆による斜め左上から右下へと運ばれるタッチが目にも鮮やかである。それは左手外部平面の平行タッチ

図138　夜のゾーンの光斑、図137の部分　　図139　重ね塗りのヴァリエーション、図137の部分

全体にも及んでいる。鎌形部では右上に、きわめて幅広の筆による細心の注意で運ばれる斜めのタッチという形で、新しい表現方法が登場している（図139）。こういう筆運びはぼかし塗りの第一層を決定づけるものであり、これにはもっと狭い幅の筆によってより濃いセピア色が重ねられていく。

　この月の描法全体は風変わりで魅惑的である。全体に散漫なのは苛立たしいのだが、同時に印象深くスケールの大きい悠然たる側面も持っている。とくに輝く鎌形の突兀としたクレーター、並びに夜のゾーンの底の方から燃え立つ斑点は、この描法の前提である自信を生理的に感じさせてくれる。

　なるほどガリレイは本書に署名しているが、これは必然的に、素描の署名であることを保証するものではない。まずそれゆえ確実なのは、未完と自由の混合する素描スタイルは、写本制作者や偽造者なら手を出さないであろうということにとどまる。けれどもガリレイのものと伝えられる月の素描、および『星界の報告』の銅版画を突き合わせること、並びに材質研究の成果によってようやくこの問いは確信をもって決定されるものである。

フィレンツェ版素描との比較

　比較して見れば明らかなことだが、『星界の報告』MLのページ8rの筆による素描はフィレンツェ版の最初の3葉（図103）とはなるほど雰囲気的に類似

VII 『星界の報告』ML の素描　177

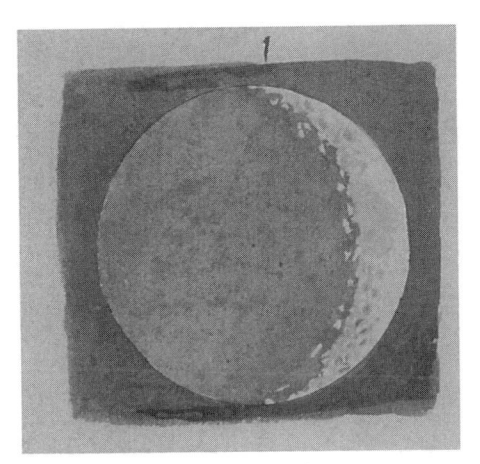

図140　ガリレイ：月相1、水彩画、BNCF, Gal. 48, F. 28r

しているが、どれ一つとして細部の一致が見当たらない。その限りでこれはこれら素描のコピーではなく、独自のシリーズの一部なのだ。

　フィレンツェ版素描については（図140）、違いも一致も目に飛び込んでくる。色遣いの方法にも差があるのである。フィレンツェ版素描における夜空の微妙な色調は、月の夜の側でも宇宙でも、流麗で、流れるような転調を形成しているが、ニューヨーク版『星界の報告』ML の素描の色層はエネルギッシュに互いにぶつかり合うのである。それに加えて、ニューヨーク版『星界の報告』ML のページ 8r における下方の夜のゾーンには幅広の筆によるぼかしの運筆法が見られるが、これがフィレンツェ版には登場しない。同じことは昼と夜の分離線にも当てはまる。ニューヨーク版でははっきり強調されたのに対し、フィレンツェ版ではグラデーションで表れるのである。

　しかしながら一致点もまたそれに劣らず明白なのだ。例えば全体状況が同じである。ペンによる円形で鋭く引かれた月の形は四角形で囲まれ、四角形は背景の宇宙空間を示し、この領域にしてすでにどんな違いを挙げようとも些少の共通性を目にとめることができる。8r の下枠に始まり南極を超えて左手に引かれたタッチは、水彩で同じ鷹揚さで下方右隅から左手へとさばかれたフィレンツェ版1の第二注文に相応するものである。同じことが北極上方の一帯に当てはまる。そこでは縁に並行に引かれた斜線がここでもニューヨーク版 8r の

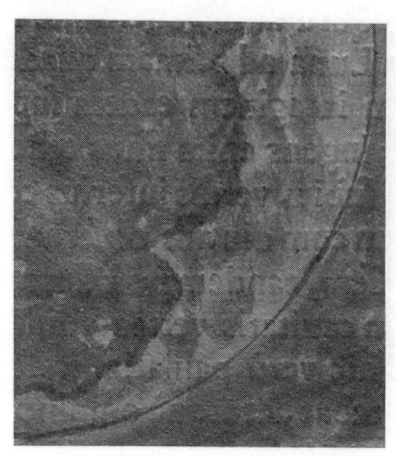

図141 クレーターの造形、筆による素描、Galilei, 1610, Venedig, Sidereus Nuncius ML, S. 8r, 図137の部分

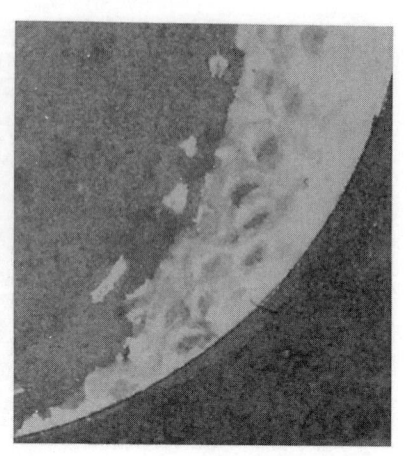

図142 クレーターの造形、月相1、筆による素描、1610, BNCF, Gal. 48, F. 28r, 図140の部分

夜空と描法の細部にわたって対応しているのである。最後に、この印象は四角形の左上隅によって強められる。というのもそこには縁の筆さばきが直線的であるのに、月の近辺では両例とも円形に沿っているからである。

　おおよそのスタイルの一致のうち、とくに右下、幅の狭い手の動きによって曲線的になったクレーターめいた丸い切片の斑点は、孤立して存在したり、暗いゾーンと結びついていたりする（図141）。フィレンツェ版素描1でこれに相当するクレーター群は、輝く鎌形の下半分で、同様のねじ込むような太い筆さばきを見せている（図142）。フィレンツェ版素描の第2においてはさらに類似が著しく、クレーターがちょうど8rとそっくりの大まかな筆使いに特徴がある（図143）。しかしどれよりも筆運びがぴったり一致するのは、フィレンツェ版第3月のクレーター・フィールドであり（図144）、これこそガリレイのもっとも印象深い絵画業績の一つなのである。夜のゾーンで深く陰っていく傍らに描かれる小月は、『星界の報告』MLの図版にすこし大雑把に提供されたのと同じ光と影のごつごつとした鎌形を見せている。

　かてて加えて魅力的なのは、同様に夜のゾーンに光斑が円列をなして取り残されている様子である。一方の素描家は、夜の月の暗がりに突き出た光る先端

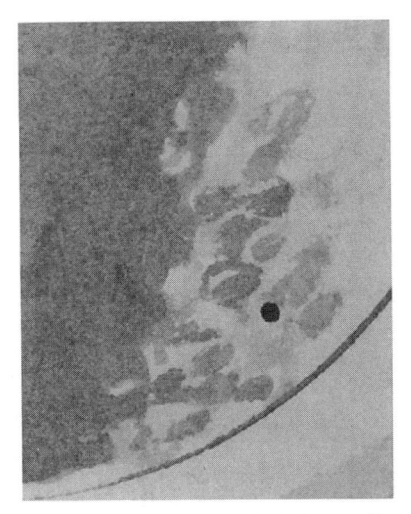

図143　クレーターの造形、月相2a、筆による素描、1610, BNCF, Gal. 48, F. 28r, 図113の部分 28r, 図140の部分

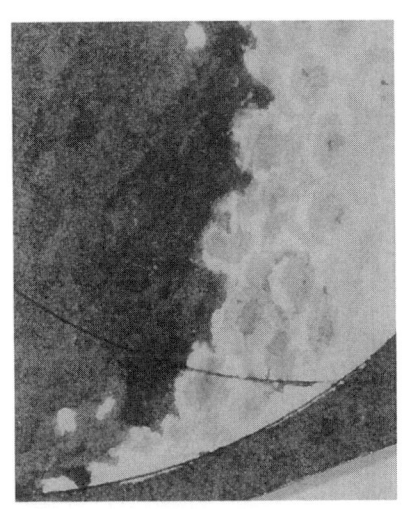

図144　クレーターの造形、月相3、筆による素描、1610, BNCF, Gal. 48, F. 28r, 図117の部分

を描き込むのに、暗く塗りこまれた背景の上に白色を置くやり方をとっている。けれどもここでも決して白く重ねる塗り方をしてはいない。むしろ光斑は闊達な運筆法にもかかわらず、いやそれだからこそいっそうの自信をもって円形に塗り残すことで出来上がっているのだ。8rの一見粗雑な筆使いは、構成上必要とあればいくらでも描写運動を停止する能力といい、フィレンツェ版素描が示しているのと同じ手練の賜物なのだった。

　ニューヨーク版とフィレンツェ版素描の最初の比較は、問題は多々あれど明快な答えを与えている。両シリーズに共通するのは、ガリレイその人の手になる証拠とされるほどの豊かさと繊細さ。弟子や助手の誰それ、それに模倣者が、部分的にはミリメートル単位に及ぶ極小面に登場する筆さばきのレベルに達しようか。

　であればなおのこと苛立たしいのは、描法の違いである。むろんこれには使われた紙質が違うのだという説明は可能だ。ニューヨーク版サンプルの紙面は、軽く閉じられただけの印刷によく使われる、しかし筆の素描には向かない紙の種類で、色がひどく滲んでしまうのだ[13]。この紙質のせいで極度に素早

い筆さばきが必要となった。フィレンツェ版素描と比較して散漫な印象を引き起こしたスタイルは、紙の材質に強いられてのことだった。筆使いによるフィレンツェ版素描がガリレイの月観察を然るべき紙の上に、時間に圧されることもなく定着できたのに対し、『星界の報告』МLでは一息で仕上げることが肝要だったのだ。

(13) ベルリン銅版画キャビネット勤務 Irene Brückle と Teresa Smith によって実験済み。

3．素描の優位

ページ 8r

　紙質に合わせた素早くエネルギッシュなガリレイの描法は、今日の目から見れば、まさに超歴史的に「今」を感じさせるが、さらなる疑問を生む。彼の素描は、銅版画の入らない試し刷りにあとから挿図として配置したものなのか、あるいはそもそも銅版画を予定した版だったのか。

　理論的には素描は銅版画の印刷前ではなく、本が出来上がった後になってようやく制作されたというのは、可能だろう。もしそうなら、ガリレイは銅版画のない版を後から彩色し、特定の人物なり機会なりに贈り物としたということ。例えばアカデミア・デイ・リンチェイに会員として迎えられたときとか。本書はもはや確定しがたい時を経て当アカデミアの所有するところとなった。この問題は『星界の報告』МL の印刷史の枠内で研究すべき事柄だろう。といっても先ず素描と銅版画の形式比較をした上で研究されなければならない。両メディアのうちどちらが優位にあるのか。

　基本構図、および細部の検討によっても納得なのだが、銅版画が素描に答えているのであって、逆に素描が印刷された絵画に応じているのではない。ページ 8r（図 145）に始まる素描が提供している形式は、銅版画によって（図 146）仕事の効率と正確さの混合状態へと置き換えられたものよりはるかに複雑なのだ。すでに宇宙空間の四角形にしてそうなのだ。素描が月の背後に暗い四角い背景を置くのに対し、銅版画はヴォルス Wols（訳者注：現代アンフォルメルの画家）を思わせるひっかき傷や埃状の点描を施している。これらの技法はたしかに素描が駆使する暗さのグラデーションに及ばないが、はっきりした暗度交替の効果をあげている。

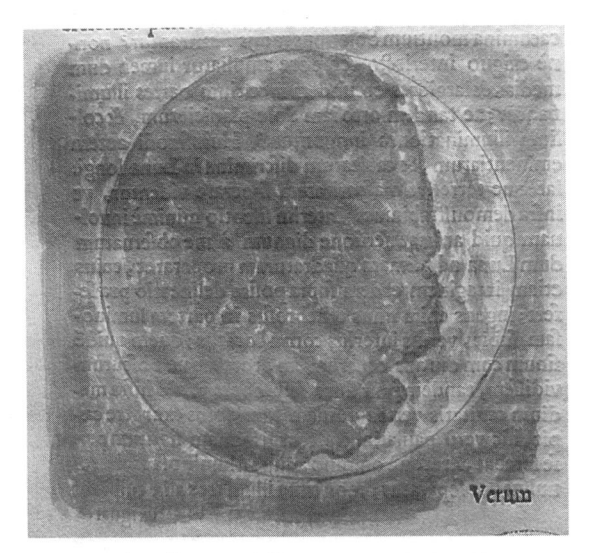

図145 月相、筆による素描、Galilei, 1610, Venedig, Sidereus Nuncius ML, S. 8r

図146 月相、銅版画、Galilei, 1610, Venedig, S. 8r

銅版画は目覚ましい効率を優先させる。ニューヨーク版素描の下方夜のゾーンに斜めに入った線は夜の平面総体の原理となっているが、平行に引かれた線が銅版画と同じ配列を示している。急いで描き込んでいるせいで、下方円形の縁を越えて宇宙空間へとはみ出した線は訂正されないでいる。第二の構成要素は水平線にあり、上部鎌形に現れるぼかしのような表現方法をこれに模倣してみようというのである。第三の様式手段はクレーターのごつごつとした特色化であり、第四の手法は最後に夜のゾーンで光を放つ光斑を彩色省略法で表現していることであり、光斑の中では少なくとも最も目立つ彩色省略が施されている。

　よくよく観察して初めて認識できる、おそらく最も印象深い転換は、南極上部一帯でのこと、下方鎌形の輝部へと膨張する膨隆部において起こっている。1610年1月7日の書簡の中でガリレイがこの現象を詳細に吟味しているのも、格別に印象深い光の劇場がここで演じられているからである。そこで彼の関心を引いた現象はこうだ。満ちていく月相が示す光と影の境界線は一本道ではなく表面を彷徨い、夜のゾーンに島のように浮かぶ光斑は前哨のように姿を現し、そうしていわば光の花が咲き出でるのである。彼の説明は、ほんの略図ふうに残された第2素描に描かれた、右下方にくっきりと見える、光のゾーンへと暗く突き出た膨隆部のことだった（図84）[14]。

　(14) Opere, Bd. X, S. 274, Z. 27-37; S. 105f.

　ガリレイは、巨大膨隆部の何時間にもわたる観測のあとで突然この山の尖端が光を受けて輝きだす様子を、『星界の報告』において一部言葉で描写している。「しばらくこの膨隆部を観測し、すっかり暗くなるのを見てから、およそ2時間後、ついに膨隆部中央のいくらか下方に一つの峰が煌々と際立ち始めた。それは次第に大きくなりながら、はっきりと三角形の姿をとるのだが、光る平原からはなお切り離されているのだった」[15]。これに付けられた銅版画ではこの不規則な三角形は、下方へと尖端を向けた形で描き込まれている（図147）。このトライアングル右上方には一つのいくらか明るい斑点と左わき少し離れたところに二つのさらに明るい斑点が登場するが、それらは決して偶然に紛れ込んでいるのではない。「そこからすぐにその周りには、さらに三つの小さな峰が輝き始めた」[16]。新しい峰のこれら3和音が陽光を浴びるうち、大きな三角

図147　光ゾーンへ入り込む黒い膨隆、
　　　図146の部分

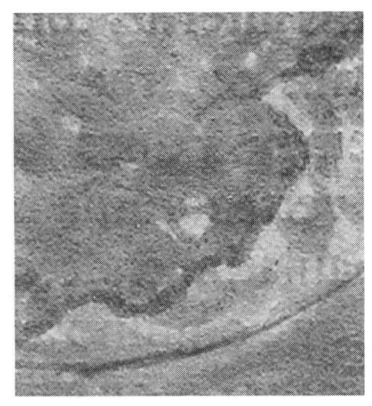

図148　光ゾーンへ入り込む黒い膨隆、
　　　図145の部分

形が拡大する。「月が沈むころにはもう、一つの三角形は拡張拡大し、残りの光る部分と融合して、なお変わらず既述の三つの輝く峰に囲まれながら、一つの巨大な前山となって暗い膨隆部へと侵入していった」[17]。何時間にもわたるこうした連続過程の記述は、銅版画中の当該のフィールドにそっくりそのまま絵に置き換えられている。というのも三角形の周りに三つの光る尖端はすでに描かれながら、しかしまだトライアングルは光の鎌と融合してはいない。テクストと相俟って観察者はこのプロセスを心の内にまざまざと展開することができるのである。

　『星界の報告』MLの素描は巨大膨隆部に輝く三角形を同様に示しており、それにはガリレイが是非にと三つの輝く斑点を描き込んでいる（図148）。銅版画では当該フィールドは、複製技術の性格上、尖端部を単純化して示されているが、それに対し素描の方は、現象の柔らかな特徴化によって変幻していく光の劇場の本質的印象を伝えている。細部も描写身振りも凹版印刷の示唆できる以上のニュアンスを提示している。これによって明らかだろう、銅版画の方が素描の単純化された置き換えであって、筆による素描が銅版画をもとに別版を描きだしたのでは決してないのである。

(15)　„quem quidé sinum cum diutius obseruassem, totumque obscurum vidissem, tandem post duas ferè horas pauló infra medium cauitatis vertex quidam luminosus exurgere cæpit, hic verò paulatim crescens trigonam figuram præ se ferebat, eratquè omnino adhuc à luminosa facie reuulsus, ac separatus" (Galilei, 1610, Venedig, S. 8v; 以下を参照のこと：Opere, Bd. III/1, S.64, Z. 25-29; 独訳は以下による：Galilei, 1980, S. 90).

(16) „mox circa illum tres aliæ cuspides exiguæ lucere cæperunt" (Galilei, 1610, Venedig, S. 8v-9r; 以下を参照のこと：Opere, Bd. III/1, S. 64, Z. 29-30; 独訳は以下による：Galilei, 1980, S. 90).

(17) „donec, Luna iam occasum versus tendente, trigona illa figura extensa, & amplior iam facta cum reliqua luminosa parte nectebatur, ac instar ingentis promontorij, à tribus iam commemoratis lucidis verticibus adhuc obsessa, in tenebrosum sinum erumpebat " (Galilei, 1610, Venedig, S. 9r; 以下を参照のこと：Opere, Bd. III/1, S. 64, Z. 30-34; 独訳は以下による：Galilei, 1980, S. 90).

ページ 9r

ページ 9r の素描が余裕を持って表現されなかったのは、紙幅のせいである（図 149）。宇宙空間は明るい地の色だけで供されており、左上には幅広に引かれた筆跡が瞬時の描法を証言している。それだけいっそう印象深いことに、フィレンツェ版素描 1（図 140）の球体の上下にはほとんどぴったり同じ筆致の線が描き込まれている。あらためて素早さと自由さという二重の性格が、範例的にここに表れていると言えよう。

同じことが、まるで嵐に見舞われているかのような球体内陸部にも当てはまる。陽の当たる上半分では、すでにページ 8r のニューヨーク版素描において水平な縞が描き込まれ、より粘り気のある濃褐色が重ねられる。下半分のゾーンでは曲線で引かれたクレーターの縁が広々と輝く平地一杯により広い余地が使えるゆえになお一層の熱意をもって描かれることになった。

夜の側の下半分からは新たに一刷け、長く斜めに走り、上部ゾーンでは影と光が痙攣的にからまりあっている。特に目を惹くことに、昼夜の分離線界隈では最も深い影が挿入され、一方、より広い夜の領域は少なくとも下方域では左に向かって明るんでいき、そのために「第 2 の光」という現象が再現される[18]。

(18) Reeves, 1997, S. 104-112

独特な姿で目に飛び込んでくるのは、遠目にも広告のようにはっきり見える昼夜の分割線である。その鮮やかさはフィレンツェ版月 3 図を少なくとも暗示

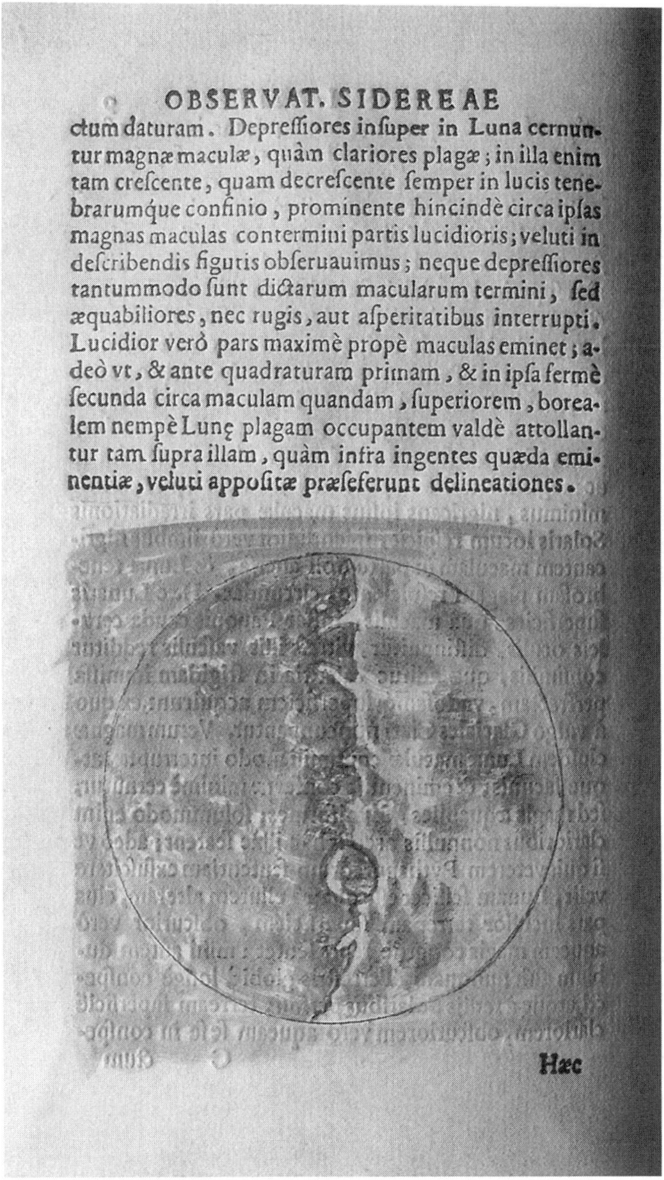

OBSERVAT. SIDEREAE
ctum daturam. Depreffiores infuper in Luna cernuntur magnæ maculæ, quàm clariores plagæ; in illa enim tam crefcente, quam decrefcente femper in lucis tenebrarumque confinio, prominente hincindè circa ipfas magnas maculas contermini partis lucidioris; veluti in defcribendis figutis obferuauimus; neque depreffiores tantummodo funt dictarum macularum termini, fed æquabiliores, nec rugis, aut afperitatibus interrupti. Lucidior verò pars maximè propè maculas eminet; adeò vt, & ante quadraturam primam, & in ipfa fermè fecunda circa maculam quandam, fuperiorem, borealem nempè Lunę plagam occupantem valdè attollantur tam fupra illam, quàm infra ingentes quæda eminentiæ, veluti appofitæ præfeferunt delineationes.

Hæc

図149　ページ9v、ガリレイ、1610, Venedig, Sidereus Nuncius ML

している（図 117）。それは上部極の下方に斜めに右下へと走り、それから色を薄くして、中央から再び姿を現し、下方域で濃褐色のゾーンへと広がりつつ、似たような強調を受け濃縮された分割線が認められるのである。それは『星界の報告』ML の素描 9v に描かれる光の両角が上半分の領域で暗部へと突き出すときの明るさと相補的に同じである。その光の力はとても強いので、見る者はこれを白く上塗りされているものと思う。しかしながらその光る強度は地の色をそのまま残しただけで作りだされているのだ。2 日前に制作されたフィレンツェ版素描において光の切っ先が夜のゾーンへと突出しているのも同様の顕著さである。明るい光斑が塗り重ねではなく省略によって生じているという点に、筆致の速さや入念度において差はあれど同じ手を想わせる、もっとも重要かもしれない形態モチーフがある。

　すでに様々に論究された月球下半分の巨大クレーターについてガリレイが記述しているものの[19]、フィレンツェ版素描（図 103）には描かなかったとはいえ、ニューヨーク版素描の主張に応じる形に、こういう構図は銅版画にどっしりと造形されている（図 150）。陽の当たる側に平行線で性格づけられた陰り、左へと伸びていく光の触手、下方ゾーンのクレーターの平地、ならびに夜の領

図 150　月相、銅版画、ガリレイ、1610, Venedig, s. 9v 参照

域の光斑が、素描をできるかぎり正確に印刷メディアに写そうとした試みを証している。

> (19) „Vnum quoque obliuioni minimè tradam, quod non nisi aliqua cum admiratione adnotaui: medium quasi Lunæ locum à cauitate quadam occupatum esse reliquis omnibus maiori, ac figura perfectæ rotunditatis; hanc prope quadraturas ambas conspexi, eandemque in secundis supra positis figuris quantum licuit imitatus sum" (Galilei, 1610, Venedig, S. 11; 以下を参照のこと；Opere, Bd. III/1, S. 67f.; 独訳は以下に拠る Galilei, 1980, S. 93)。

ページ 8r 銅版画の夜空がすでに示しているように（図95）、ページ 9v 銅版画の陰るゾーンは、高度にニュアンスを表現した素描に隅々まで近似しているわけではない。ここでも平行に走る線が選択されているが、その線は下側の夜のゾーンの幅広い筆の運びを採用し、総じて影となった半球を覆っている。背景の宇宙では、結局、均等に陰らせる目論見が成功している。

ページ 10r

ページ 10r の素描は（図151）、欠けていく月の相反的状況をとどめている。それは運筆をもっと確実にコントロールしたいからなのか、ページ 9r の素描よりも粘るタッチを残している。けれどもそこには彼の熱狂スタイルは失われてはいない。新たな様式要素としては月の縁に沿って円形に動く幅のある地塗りが見られ、それは陽の当たる側でも当たらない側でも均等に描き込まれている。幅広の水平に運ばれた線を特徴とするクレーターの影もまた、そして背景をただ弱い調子でまとめたのも新しい。

フィレンツェ版素描のうち月4は最も初期のこの相に相応している（図118）。両描写が似ているところからするとなおのこと目につくのは、中央に鎮座する巨大クレーターがフィレンツェ版には欠けているのに、ページ 10r の素描にはあらためて特別な注意を払って際立たせてあることである。銅版画もまたこのクレーターを取り上げているが（図152）、その興奮ぶりは、ガリレイがこのクレーターを1610年1月7日の書簡で決定的発見であると顕彰したときの興奮そのままである（図86）。平行に引かれた線によって特徴づけられる銅版画の夜のゾーンは素描版に対応している。このことは、書簡の描写とニューヨーク版素描と銅版画とを一体のものとして理解させてくれる。フィレ

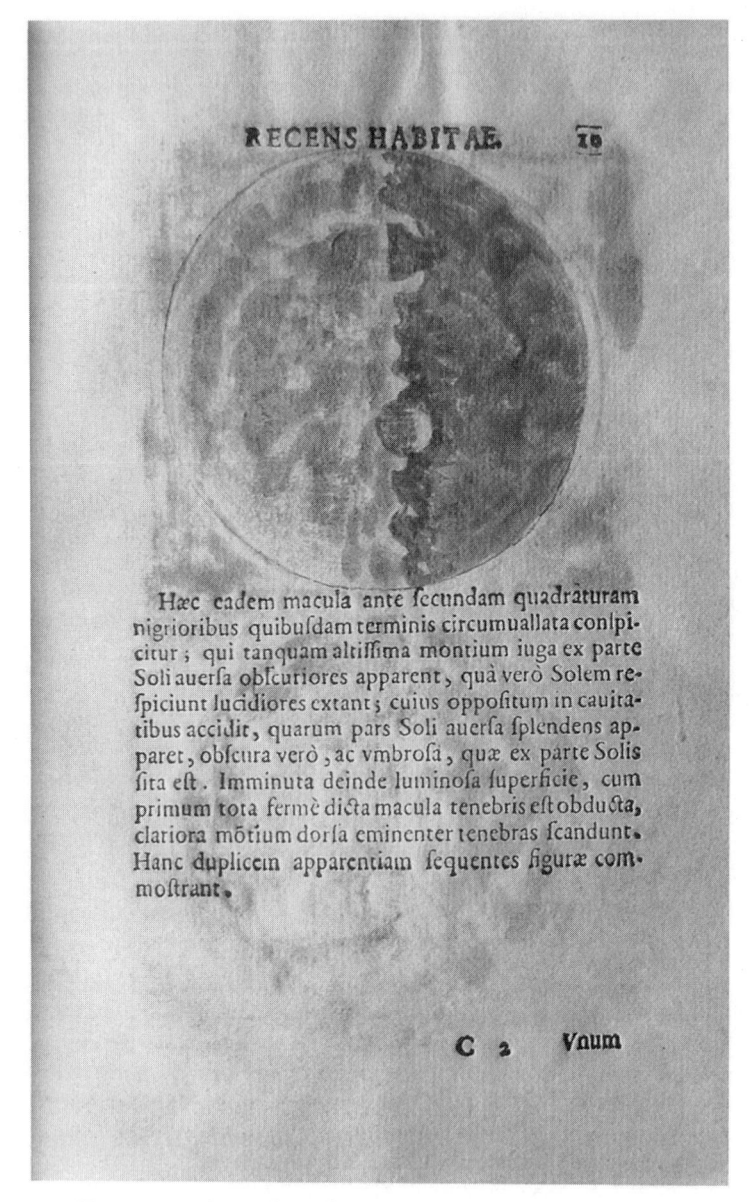

RECENS HABITAE. 10

Hæc eadem macula ante secundam quadraturam nigrioribus quibusdam terminis circumuallata conspicitur; qui tanquam altissima montium iuga ex parte Soli auersa obscuriores apparent, quà verò Solem respiciunt lucidiores extant; cuius oppositum in cauitatibus accidit, quarum pars Soli auersa splendens apparet, obscura verò, ac vmbrosa, quæ ex parte Solis sita est. Imminuta deinde luminosa superficie, cum primum tota fermè dicta macula tenebris est obducta, clariora môtium dorsa eminenter tenebras scandunt. Hanc duplicem apparentiam sequentes figuræ commostrant.

C 2　Vnum

図151　ページ 10r, ガリレイ, 1610, Venedig, Sidereus Nuncius ML

VII 『星界の報告』ML の素描　189

図 152　月相、銅版画、ガリレイ、1610, Venedig, S. 10r

ンツェ版はこれとは別であるが。

　しかし細部は銅版画とニューヨーク版にも違いがある。それは特に素描の不幸な保存状況にも関係があって、その記録に当たってどういう基本構想のもとに生まれたのかも分かっていないからだ。ガリレイの記述によれば巨大クレーターは昼と夜の領域が均等であることを要し、この前提に、影の領域が小さすぎる素描は銅版画と違って満たないのである。銅版画は素描ができないことを正確に実行する。この厳然たる齟齬の理由は移し替えの経過を研究するなかで明らかとなるだろう。

ページ 10v 上段

　その絵画手段においてはもしかすると全くかけ離れているかもしれない素描を提示しているのが、ページ 10v 上段の月である（図 153）。宇宙の暗い四辺形が、脇の線と平行に下方へと走る幅広の素早いタッチで満たされている。四辺形の左上隅は空いたままなので三角形が目立つ。左下は一連の散漫な線が四

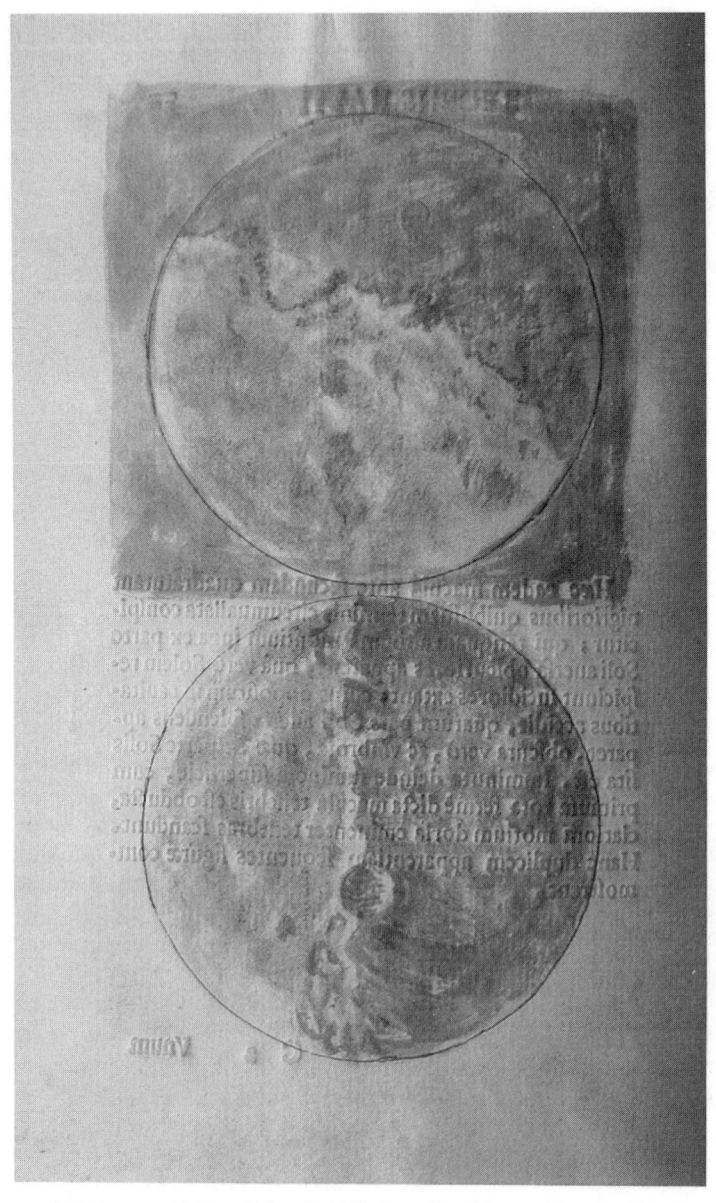

図153 ページ10v, ガリレイ, 1610, Venedig, Sidereus Nuncius ML

辺形のバランスをとり、右上では宇宙の色が暗く維持され、筆運びの構図が見えることもなく、右下では三角縁が月の円形の縁を引き受けている。

月の暗い領域を特徴づけるのは、広く平坦な、左から右へと斜め上方に向かう筆致であり、それは見る者を明るい地面へと解き放つか、迷路めいたラインに暗くするかなのである。より広い明るい領域には、雲のように大きく伸びたものから、細いばらばらの帯を経て、平行な帯によってできた平地に至るまで、あらゆる変種が見られる。総じてより明るい色の選択とより繊細な筆運びとが相俟って夜と昼の分離線はなるほど明瞭になったが、素描に比べれば鋭さのないアクセントといったところ。突出しつつ、軽く堆積したような半円は、それに引き換えくっきりと強調され、暗い湾曲となって光のゾーンへとはるかに食い込んでいる。

フィレンツェ版素描5（図119）は、ちょうど日暮れ時の月がくりひろげるのと同じではないものの似たような軸の傾きを見せている。両者は合同ではないのだが、一方が他方のコピーであると推測されるのである。はっきり違うのは暗い膨隆であり、それはフィレンツェ版水彩画のつぶれた半円から、引き延ばされた楕円へと変化している。暗い領域に浮かび上がる八つの光斑が示唆するように、フィレンツェの月が表しているのは、もはやこの光点がなくなっている『星界の報告』MLの素描の時点よりは前の相なのである。他方、フィレンツェ版の描写の夜の境界は大きな環の領域にすでにずっと食い込んでいるよ

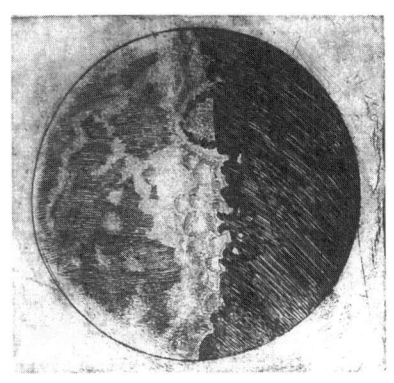

図154　月相、銅版画、ガリレイ、1610, Venedig, S. 10v 上段

図155　月相、銅版画、ガリレイ、1610, Venedig, S. 10v 下段

うに見え、これがこの運動には反するのである。この点は相変わらず不明のまま、すでに触れたようにフィレンツェ版月相4と5の並び方からして問題なのである[20]。

　(20)　上記参照：S. 137, Anm. 10.

　一方、当の銅版画（図154）に対応するのは、『星界の報告』MLのページ10v中、上段の素描である（図153）。比較的明るめの背景もまた同様に『星界の報告』の素描に照応している。つまり、背景にあらためて選ばれたのは、小点と引っかき線に覆われ、ほんの少しだけ粗めにされた宇宙空間描写の変種、すなわち、紙の生地色そのものである。月の軸を傾けるのはとりあえず機械的に受け継がれたものだが、銅版画では垂直に設定され、ページのバランスを取ろうとしたのは明らかである。

ページ10v下段

　これに続くページ10v下段の素描は散漫な特徴を示している（図156）。宇宙空間の背景を画家は省いてしまった。影の側は大きく幅のある筆運びが特徴

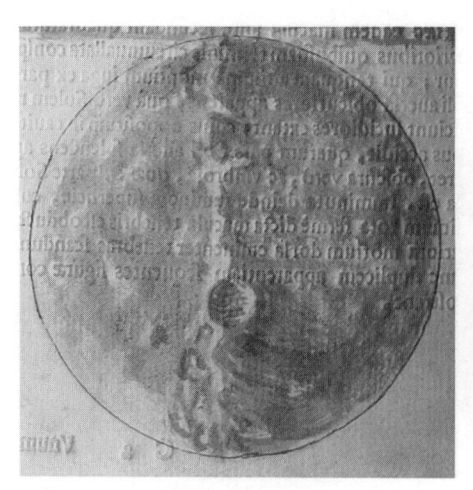

図156　ページ10v、下段の月相、ガリレイ、1610, Venedig, Sidereus Nuncius ML、図153の部分

図157　巨大クレーター。図156の部分。

図158　月相5、影ゾーンの際、筆による素描、ガリレイ、1610, BNCF, Gal. 48, F. 28r, 図119の部分

で、円の縁に向かって平行に動き、縁の真ん中あたりで切り上げられている。夜のゾーンの腹部では、大きな平面が輝いている。太陽側では明るい下塗りの上に、鈍色の様々な層を重ね置き、下の縁に向かってはくねくねと濃い弓線が描き込まれる。

　目を惹くのは、影をくっきりと落とす巨大クレーター中の特に太く描き込まれた平行な筆致である（図157）。最初は奇異な感じがするが、まさにこの平行な筆致こそがフィレンツェ版素描5（図158）では夜の領域の始まりのゾーンを形成するのである。そこではまた太い線が平行に引かれ、深い暗がりの平面へと一致していく。この細部が証明するところでは、最初は不器用に見える筆運びが、ガリレイがより多くの時間と手間をかけたあのフィレンツェ版素描においても核心においては確固として存在するのである。このようなひたすら正確な観察者のみに認識可能な細部は、いかなる模倣者、偽造者といえど、なぞることはできなかっただろう。

　ページ10vの素描と銅版画はあらためて互いに可能な限り忠実に対応している（図155）。その四つの表現原則、すなわち斜めに置かれた線からなる夜のゾーン、太陽側の水平な平行線から展開された暗いゾーン、くねくねと曲がるクレーター、そして省略法で描かれた光斑、これらを描き分けたのは、またもガリレイの練達の手なのである。

全 体 図

　『星界の報告』MLの素描は繰り返し新たな組み立てを試みるたびに、比較的一定してはいるが様々な描法から構成される。基本を提供するのは明るい下塗りであり、その上により濃い色層がそれぞれの強度を持って重ねられた。それにはさらに平行な、幅広の刷毛さばきが加えられ、これによって宇宙、あるいは夜の側の広い平面を充足しようと試み、四角形の縁、あるいは月の円形の環に沿って滑って行く。平行な筆運びはもっぱら輝く鎌形の上部領域では大きな無定形の何かを示している。これとは際立って、くねくねとして指の形めいた平行の筆跡があり、大きなクレーターの影のゾーンが特徴を持つのもこの筆跡による。これに加えて昼夜の分離線は徹底的に鋭く強調される。最後に影のゾーンに浮かぶ光斑には独特の工夫がほどこされる。つまり白色を塗るのではなく色を省くことによって紙の地の色を光斑とするのである。

　ニューヨーク版素描の急いだ表現法は、フィレンツェ版の安定した豪勢な身振りとはまた違った身振りを発展させる。眼差しがより深く描法の構成要素に届くほどに、両者においては同一の手が働いているのだと納得せざるを得ない。『星界の報告』MLの素描は、時間の必要に迫られて生まれた緻密さと荒々しさの混合という印象を与える。複製者や贋作者の意のままにならぬものこそ、まさにこの息をも継がせぬ気合いなのだ。贋作者ならフィレンツェ版の素描とニューヨーク版書籍内素描との間のスタイルの差をないものとしようとしただろう。されば、まさに変則的な手わざこそが、書籍内素描のステイタスをガリレイの真筆であると主張しているのだ。

　全体印象の違いは、異なる素材と目的のなせるわざであった。書籍の場合の浸透性の強い紙質は草稿版の紙質よりも色を透過させたに違いなく、フィレンツェ版素描が自立しているのに比して、『星界の報告』MLの素描は従属的な機能を持っている。フィレンツェ版の月が決して銅版画の元版として要請されたものではないのに比して、ニューヨーク版の筆による素描は、ページ10rを例外として、銅版画の形成に一致する。銅版画に対して素描のより高度な複合性は、素描が銅版画に倣っているのではなく、銅版画が素描に倣って制作されたのだということを明らかにしている。

4．汚れのアウラ

　ガリレイのスタイルの直接証拠として『星界の報告』MLの素描、および銅版画が、彼の思考形式と表現形式の評価しきれぬほどのドキュメントを提供する。それらに格別に真正な性格を与えているのは、それが制作されたスピードである。ニューヨーク版素描の突出してモダンな印象を与える、要を得た光と影の合成物にガリレイ個人の内観を認めるからといって、それは決して投影というには当たらない。

　タイトル・ページの署名（図159）は、その刻まれ方が、まるで素描が描かれた時の明らかな興奮状態の反映であるかのような印象を与える。サインはむろんタイトルとともに『星界の報告』全体に宛てられたものであるが、「f[eci]」と添えられたことにより、署名はあからさまに芸術家としての作品行為となりおおせた。とはいえ素描はガリレイにとって、トスカナ大公に素描完成のおよそ1カ月後に献呈したあの望遠鏡に比べても、おさおさ劣ることのない位を持っていたことだろう（図160）[21]。

(21)　Van Helden, 1999, S. 30f.

　彼が使用感のある汚れをそのままにしておいたのは、アダム以来の最初の男が人間の感覚限界をこえて天を眺めた、かの瞬間のアウラを保持するためだった。『星界の報告』をガリレイは「惑星を発見し、その他のあらゆる観測を行った時のまさにあの望遠鏡とともに」献呈したのであった。「しかもそれを私が使用した時のまま、装飾なしに、掃除をしないままに。それはかくも偉大な発見をなした器械でありますれば、始原状態のままにしておくことこそ望ましかろうと」[22]。

図159　ガリレイの署名、図129の部分

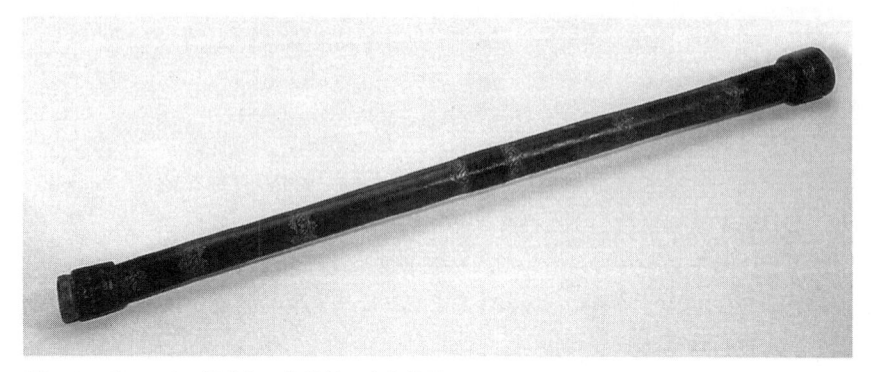

図160　ガリレイの推定初の望遠鏡、木と革製、1609/10, Florenz, Instituto e museo di Storia della Scienza

(22) „insieme con quello stesso occhiale col quale ho ritrovati i pianeti et fatte tutte le altre osservazioni, et lo mando così inornato et mal pulito quale me l'havevo fatto per mio uso; ma da poi che è stato strumento a sì grande scoprimento, desidero che sia lasciato nel suo primo stato" (Galilei の Belisario Vinta 宛て書簡 [1609年3月19日付] in: Opere, Bd. X, S. 297, Z. 4-7).

　こういう原初の状態（primo stato）を素描もまた表している。その表れは不完全で、巨大クレーターの形はほとんどシュルレアルな強調を受けているが、それら素描はなお一層アウラを放って、伝統のコスモス観を揺るがしたガリレイの偉大な発見を開示した。いわば素描の汚れは対象に同化している。描写されるものの内容をおのがスタイルのうちに受け取る者こそ、言葉のまったき意味において芸術家である。月は17世紀を経過するうち、とりわけクロード・メランによって、ほとんど凌駕しがたきまでに精緻に描かれるようになった。とはいえ、いかなる再現といえどガリレイの認識と表象の融合には及ぶべくもないのである。

VIII　『星界の報告』制作

1. 最初の図版と最初の言葉

第 1 草稿

　『星界の報告』ML の素描が作られたのはどの時点か、いつそれらは銅版画の元版として補われるようになったのかという問題は、『星界の報告』ML 制作過程の再構成によって解くことができる[1]。

　(1)　最も詳細な年譜を提供しているのは、Pantin, 1992、および Gingerich&Van Helden, 2003。以下の結論は彼らの年譜に拠っている。

　1月15日に彼の天体観測結果を公表すると決意してから2週間後にはもうガリレイは出版の件でヴェネツィアの出版者のもとにあった。ベリサリオ・ヴィンタ宛て1月30日の手紙に曰く「目下ヴェネツィアに滞在中。わが望遠鏡の一つを使って天体観測をした結果を出版しようがためです」[2]。何世紀にもわたって秘匿されてきた驚異の現象の「最初の観察者」たるを「自分のみに」お許しなされた神への謝辞を述べたあと、章だてを追いながら来たる刊行物に初めて言及した[3]。月についての研究をより詳しく総括してから、恒星の数々、銀河、および木星の名前はあげていないが四つの新しい衛星について観測のおおよそが示された。木星衛星は用心深く隠された秘密だった。このときガリレイを有頂天にさせた興奮がどれほどのものだったことか。すべての哲学者・数学者にとどまらず、トスカナ大公にも献呈を約束し、よくよく「これら真実をあまさず」検証できるように大公には望遠鏡を添えて送るというのだ[4]。

（2）　„Io mi trovo al presente in Venezia per fare stampare alcune osservazioni le quali col mezo di uno mio occhiale ho fatte ne i corpi celesti" (Galilei の Belisario Vinta 宛て書簡［1610 年 1 月 30 日付］in : Opere, Bd. X, S. 280, Z. 9-11).

（3）　„infinitamete rendo grazie a Dio, che si sia compiaciuto di far me solo primo osservatore di cosa ammiranda et tenuta a tutti i secoli occulta" (同上 : Z. 11-13). 内容説明については以下を参照：同上 : Z. 13-26. ガリレイの用心ぶりについては以下を参照のこと : Gingerich,Van Helden, 2003, S. 254, 256.

（4）　Galilei の Belisario Vinta 宛て書簡 (1610 年 1 月 30 日付) in : Opere, Bd. X, S. 280, Z. 2 7-S. 281, Z. 30; „tutte queste verità": Z. 29f.

　しかしながらこの時点でその本は出発すべくまだ脱稿もしていなかった。絶大なる自己評価と使命感に意気込むと同時に、競争相手に出しぬかれる不安に苛まれながら、それでもガリレイはすでに終わっている部分を即座に印刷に付すと決意した。ただしそれに続く各章をどうまとめていくかについては予感があるのみ。出版者に対する彼の要請にしても、大変な軋轢をきたすテクストを、しかもその結論は曖昧なままのテクストを印刷せよというのだ。月研究を超え出る観測自体、すべてまだ何週間もかかるという。

　1 月 30 日の諸テクストの合本は月に関わる最初の部分である。ここですでに新たな四つの木星衛星の発見が告知され、1 月の日誌が確認されている[5]。月テクストが完成できたのは、公刊の決意のうえで 1 月 7 日の書簡を資料として利用したおかげである。草稿の大半はただ単にこの書簡をラテン語に移しただけで、他の章は新たにグループ分けし、結びに至っては大幅に加筆が必要であった。しかし本質的には『星界の報告』中、月に捧げた最初の章は 1610 年 1 月 7 日の書簡を 1 月 15 日から 30 日の間にラテン語へといくらか加筆し翻訳したものだった[6]。

（5）　ファクシミリ版で : Opere, Bd. III/1, S. 17-30. 以下を参照のこと : Pantin, 1992, S. XXVIII, および Gingerich,Van Helden, 2003, S. 254.

（6）　大略、『星界 Sidereus の報告』中、冒頭の但し書きと望遠鏡の記述と月に関する導入文に拠れば、1610 年 1 月 7 日付書簡 (Opere, Bd. X, S. 273-278) には以下のような対応が見られる：

　　Sidereus, S. 62, Z. 30-S. 63, Z.14 = 書簡 S. 273, Z. 10-S. 274, Z. 36; Sidereus, S. 62, Z. 15-S. 64, Z. 3 = 書簡 S. 275, Z. 53-57 (より簡潔な形で。関連は怪しい). Sidereus, S. 64, Z. 4-14 = 書簡 S. 277, Z. 115-121; Sidereus, S. 64, Z. 14-16 = 書簡 S. 276, Z. 88-90; Sidereus, S. 64, Z. 16-34 = 書簡 S. 275, Z. 79-S. 276, Z. 88 (より簡潔な形で). Sidereus, S. 64, Z. 34-S. 65, Z. 13 = 書簡 S. 274, Z. 38-48; Sidereus, S. 65, Z. 13-22 = 書簡 S. 276,

Z. 90-103. 残りは広範にわたって自立している。例外は巨大クレーターへの言及箇所。Sidereus, S. 67, Z. 3-S. 68, Z. 7 = 書簡 S. 275, Z. 59-S. 276, Z. 7.

この最初の章は、すでにふれたように「figure」や「delinerationes」という言葉を使って「図版」に注意を喚起する箇所を含んでいたので、銅版画の元版もガリレイによってともに伝達されたと推される。しかしまた単にページ組み換えによって発生した穴埋めにすぎなかった可能性もある。なぜならガリレイがこれを完成したときまだ公刊の考えがなかったからには、彼にはどのフォーマットで印刷に付されるのかまだ分かっていなかったから。

彼自身が幾度となく強調したことによれば、これら元版はまぎれもなくガリレイ自身によって描かれたのだった。昼夜半々を示す巨大クレーターを目だたさせる折に、彼は草稿にこう言及している。「これを我々はできるだけ第6図でも第2図をなぞるようにした」[7]、印刷されたテクストでは第6図はつけなかったので、第2図へと戻って参照する必要があった。「私は2番目の場所に入れた図版（Figur）の上段にこれをできるだけうまくなぞっておいた」[8]。

(7) „eandemque in 6. et in 2. Figura quantum licuit imitati sumus" (Opere, Bd. III/1, S. 23; S. 130, Anm. 63).

(8) „eandemque in secundis supra positis figuris quantum licuit imitatus sum" (Opere, Bd. III/1, S. 68, Z. 3f.).

素描の日付

1月30日と日付を打たれる元絵は『星界の報告』MLの素描用には拡大されて使われるのだが、それは1610年1月7日付書簡のスケッチとどうやら一致するようである。書簡が示しているのは、満ちていく月の五つの相、および巨大クレーターの四つの景観を示している。月の平坦ならざる表面は、満ちていくサイクルに入った4日あるいは5日目がことのほかよく見分けられる。ガリレイの素描はこの経験にぴったり沿う形でこの期間に始まっている[9]。行間に平静さのうかがえない彼の報告の興奮ぶりからすると、これらの素描は手紙を書き終える前の数日間に受け取ったのではあるまいか。だから1610年1月7日の記述の最初の2葉は1609年12月30日の月に関するものなのだ（図161、図162）。これに続くのが、『星界の報告』ML中ページ8rに挿入された素描の月相である（図163）。この素描が現しているものは、したがって1609

年12月31日の元版に帰せられねばならない。同じことは1610年1月7日の書簡の第3素描にも当てはまる。それは年末のその夜遅くの相を呈している（図164）。かなりの確率で1610年1月1日に生じたと思われる最後の2葉は、内的連続性がどうなっているのかについてはなかなか決定しがたい。ガリレイによって与えられた順序からは、こう推測される、すなわち、最後より一つ手前の月素描（図165）の中心から正確に上半分に示された光の角は、それに続く描写の中で夜のゾーンへと伸びていくことになり、中心から下半分には第二の先端がそれに伴走すると（図166）。

　(9)　同上：Bd. X, S. 273, Z. 18.

　最後に少し小さめのフォーマットに変わって、1月2日から4日までの昼夜の比率の同じ巨大クレーターが登場する（図167）。『星界の報告』MLの素描ではこのイメージが過剰に強調されているので、のちにページ9vに移された素描の巨大クレーターは左外側に配置された再現による1月7日書簡の第4相のことであり、その元版は1月2日のはずであると推測される（図168）。

　ニューヨーク版のページ10rと10vには3葉の素描があるが、その元版は1610年1月15日と16日に生じた欠けていく月の相に相応している。ページ10vの上段の素描が1610年1月15日と確定できるので、それはちょうどガリレイが観測結果を本の形で発表しようと決意した日に当たる（図169）。ページ10r（図170）とページ10v下段（図171）の両素描は、ガリレイによって記述された巨大クレーターの現象がほとんど荒れ狂わんばかりの筆致で強化されているのだが、翌日のことである。

　これでガリレイの月探究の第一活動期は終止符を打つ。欠けていく月相において表面がどうなっているのかという問題は、彼にとってもはや新見解をもたらすとかいうようなレベルの話にとどまらなかった。だからこそ次の週にはもう木星衛星を再現することに集中し、自分の未来の研究生活が、ひとえにそれら衛星にかかっていると自覚していたのである。というのも彼はメディチ家に奉職しようと考えていたので、フィレンツェでの特権的地位を望んでいたからである。

　月素描はいつ描かれたのか。それは月素描に初めて言及のある書簡よりは前の日付だろうし、本を出そうと決めた時点よりも前の日付でもあるだろう。文

図161 ガリレイに基づく模写。1609年12月30日の月相。1610年1月7日付書簡

図162 ガリレイに基づく模写。1609年12月30日の月相。1610年1月7日付書簡

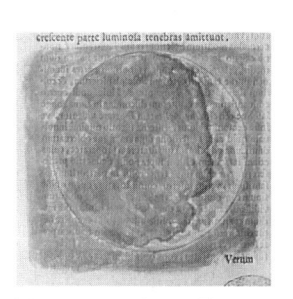

図163 ページ8rの月。1609年12月31日の元版による。Galilei, 1610年, Venedig, Sidereus Nuncius ML

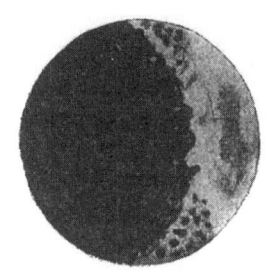

図164 ガリレイに基づく模写。1609年12月31日の月相。1610年1月7日付書簡：Opere, Bd. X, S. 274

図165 ガリレイに基づく模写。1610年1月1日の月相。1610年1月7日付書簡：Opere, Bd. X, S. 274

図166 ガリレイに基づく模写。1610年1月2日-4日の巨大クレーターの4つの相。1610年1月7日付書簡：Opere, Bd. X, S. 274

図167 ガリレイに基づく模写。1609年12月30日の月相。1610年1月7日付書簡：Opere, Bd. X, S. 275

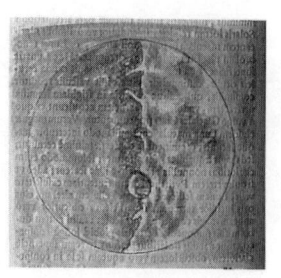

図168 ページ 9v の月、1610 年 1 月 2 日の元版による。Galilei, 1610, Venedig, Sidereus Nuncius ML

図169 ページ 10v の月、1610 年 1 月 15 日の元版による。Galilei, 1610, Venedig, Sidereus Nuncius ML

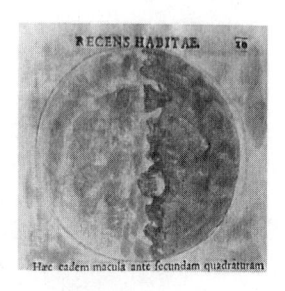

図170 ページ 10r の月、1610 年 1 月 16 日の元版による。Galilei, 1610, Venedig, Sidereus Nuncius ML

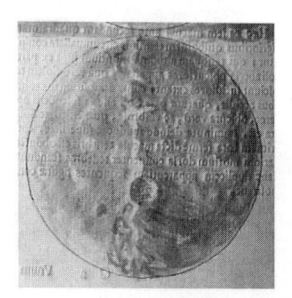

図171 ページ 10v の月、1610 年 1 月 16 日の元版による。Galilei, 1610, Venedig, Sidereus Nuncius ML

書にも素描資料にも拠らずに仮説を立てていたこれまでの研究は、余計なものとなるのだ。

2. 木 版 画

2 週間のヴェネツィア滞在ののち 2 月 12 日に再び去るまでの間、初校用図版の元版をガリレイがここで作らせたことは確実である[10]。この時期、彼は木星衛星の観測を 2 月 5 日に至るまで中断することなく続けており、図版の件についても話に出ていたことだろう。おそらく主要部テクストの冒頭部はこのときに配置されたのかもしれない。この時点ではステロ版の華として木版画も制作されていたにちがいない。まずページ 7r の望遠鏡の断面図（図 172）。ここでは眼（E）がレンズの装着されていない管（ABCD）を通ってより大きく

対象（FG）をとらえるが、レンズを加えるとただ HI の範囲が認められるにとどまる。これに続くのは、視のピラミッドの半分（図173）。これには月（ABC）、蒸気層（DEG）、表面へまっすぐ降りる視線（FA）。最後に第3の木版画は月の上の隆起を計算する（図174）。それは月の断面（CFA）であり、直径（CF）、半径（CE）、北極（C）に接する太陽光（GCD）を示している。太陽光は隆起（D）に当たり、最後に中心点（E）からの線分が隆起（D）に当たる。この隆起は円形の断面をとることで高度（AD）を計測できるのである。

(10) 翌日彼はパドヴァから手紙を一通、フィレンツェの Belisario Vinta に送っている。(Opere, Bd. X, S. 282, Z. 2; 以下を参照のこと：Favaro, 1889, Edizione, S. 81; 同：1889, Licenza)．

バリオーニは自分の作品をもっぱら木版画で飾る経験はあっても、銅版画を使う経験はなかった。各ページがまず銅版画の挿図なしに印刷されたのはこの理由である。のちにフランクフルト版で同じ年に用いられた木版画による試みは（図175）、たぶん、拒絶されたので、このとき、木版画ではなく新しいメ

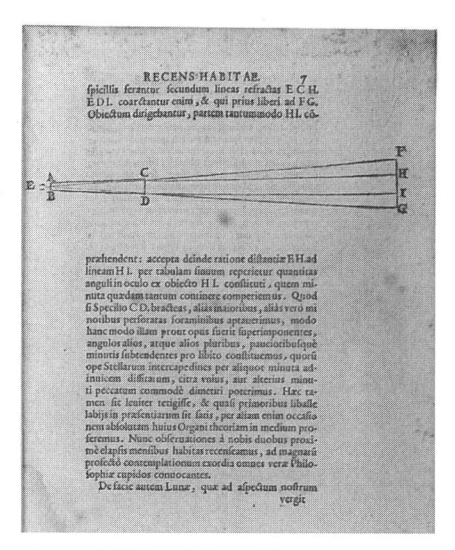

図172　望遠鏡の断面図、木版画、Galilei, 1610, Venedig, S. 7r.

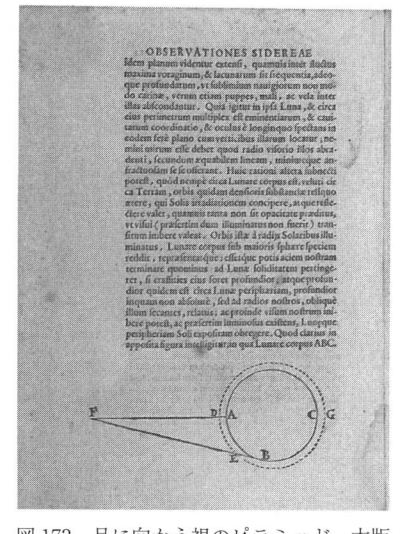

図173　月に向かう視のピラミッド、木版画、Galilei, 1610, Venedig, S. 12v.

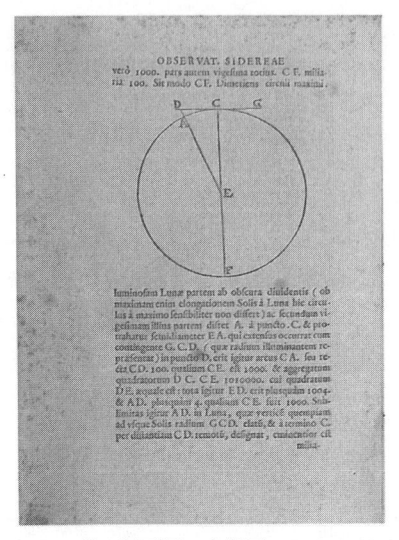

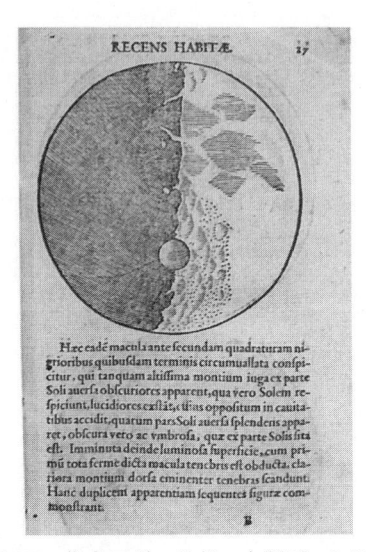

図174 月の断面図、木版画、Galilei, 1610, Venedig, S. 13v.

図175 作者不詳：月相、木版画、Galilei, 1610, Venedig, S. 7r.

ディアを代わりとし、月を銅版画で再現しようと決めたのである。こちらの方が技術的に手がかかり、またはるかに費用がかかる制作であり、十分な準備なしにできるものではなかった。

　ガリレイが2月12日にヴェネツィアをたった時、おそらく『星界の報告』の月に捧げられた最初の部分、および木星観測の第1章は完成していたのだろう[11]。完成した本のページ5において彼はタイトルを「ASTRONOMICVS NUNCIVUS（天文学報告）」（図176）と上書きしている。サブタイトルの頭は「OBERSERVATIONES RECENS HABITAS（最新観測情報）」となっており、目的格 HABITAS を伴っているが、次のページにわたる通しタイトルには取られなかったヴァリエーションである（図99、100）。HABITAS ではなく HABITAE という表記としては「OBSERVAT［IONES］SIDERAE/RECENS HABITAE（星の観測、最新情報）」[12]。タイトルと通しタイトルの違いは、しかし維持されていた。

(11) Pantin, 1992, S. XXVIII. この著者は、しかしながら、木版画と銅版画の区別をしていない。

(12) このタイトルの歴史については：Pantin, 1992, S. XXVIII, XXIX.

図 176 『星界の報告』の主要部冒頭ページ、1610 年 2 月、Venedig, S. 5r.

3. 印刷の終結

当局の扱い

2月15日にはもうガリレイはヴェネツィアに戻り、天候のせいで中断した以外は、2月の14、20、22、23、24日、それから3月2日まで継続して木星研究を試み、これがちょうど10日後にお目見えする書籍の導入部となるのだった。すでに脱稿した部分は印刷に供され、いわば彼の文章を「清書」する植字工と競うかのようにガリレイは作品を完成させていった[13]。

(13) „scritto la maggior parte mentre si stampavanao le cose precedenti" (Galilei の Belisario Vinta 宛て書簡 [1610 年 3 月 19 日付] in : Opere, Bd. X, S. 300, Z. 90f.).

テクストを完成させる傍らガリレイは出版申請書に気を使わねばならず、とくに「10人会」に属する検閲局の役人のところに義務に従って2月26日に出頭した[14]。木星探究はまだ少しも終わっておらず、それに付随するテクストもまだ未決定であったが、審査官はテクスト受領を肯った。はたして彼らは2月26日にはもう、つまりガリレイが天体観測を終えるちょうど1週間前には、

この「占星術師たちに抗する天文学的告発（Astronomica denuntiatio ad astrologos）」というタイトルの論文の印刷許可を通達したのである[15]。このとき検閲官にミスを犯させないよう、ガリレイは2月のうちは「天文学報告 ASTRONOMICUS NUNCIUS」という中立的なタイトルに対し挑戦的にも抹消線を引いたのであったが、それは占星術に対する戦線形成の痕跡であって、もしかすると検閲官が印刷許可を与えやすくするために残したものであった。

(14) 同上：Bd. XIX, S. 227; Pantin, 1992, S. 55, Anm. 28. Favaro, 1889, S. 82f.
(15) Opere, Bd. XIX, S. 227, 1610年2月26日の日付については同書注2を参照のこと。

これにて印刷への道は開かれた。木星観測終結後3月2日に完成した原稿の最後の束は数日のうちに、序言とすでに印刷された部分を一緒に印刷所に回され、550部が作成されたのである。

この最後の数日においてすらタイトルはまたも変更される。占星術に対する戦線が機能したかのように、この挑戦的タイトルは中立的な表記に戻される。主要部冒頭の「ASTRONOMICUS NUNCIUS」ではなく、「SIDEREVS NUNCIVS（星界の報告）」というタイトルにもう明らかなように、扱うのは天文学テーマ一般ではない、あるいは扱ってもせいぜい漠然とである、主要テーマは具体的な星の話なのだ[16]。新しいタイトルに関わって3月1日という日付を持つ出版許可が本に捺印された[17]。そしてタイトル・ページもそれに応じて装丁された（図177）。

(16) 翻訳困難な SIDEREVS という言葉は、「Bote（使者）」が星に結び付けられ、星の性格すら持ったことを遊びに使う。「星からの使者／お告げ Syderischer Bote」という翻訳がガリレイの言葉遊びに最も近い。
(17) Galilei, 1610, Venedig, S. 4v.; Opere, Bd. III/1, S. 58.

第1行の SIDEREVS の活字の大きさに比して MEDICAE SIDERA（メディチ星）は少し小さいだけで強烈に目立つ。これらメディチ家に捧げられた木星衛星はガリレイが最も個人的期待をかけていたのであって、すでに言及した如く、彼はこの一族を讃えることでフィレンツェに特別な地位を用意してくれるよう期待していたからである[18]。いくつかの版で主要部の内タイトルが後から修正されたのも、こういうわけだ。COSMICA の上に MEDICEA と付箋を貼られた結果、この重大な点で両タイトル・ページに整合性が生まれた（図

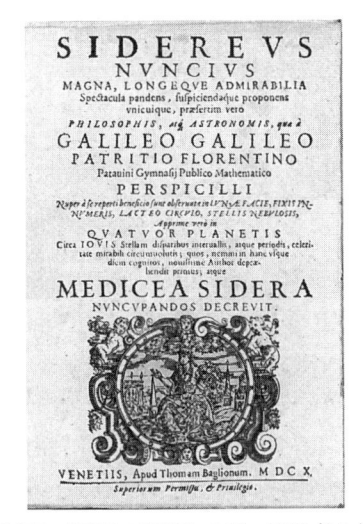

図177 『星界の報告』の扉、1610年3月、Bleisatzと木版画、Galilei, 1610, Venedig, S.1r

図178 『星界の報告』主要部開始ページ、Galilei, 1610, Venedig, S. 5r, 部分（Rom, Biblioteca Nationale, Sign. 69 4C 118）

178）。こういう操作は、気が急いて混乱した結果なのだが、変更はよくよく考えた経過の総括であるのだ。

(18) Opere, Bd. III/1, S. 55-57(Vorrede); Biagioli, 1999, S. 120ff.

誤植の記録

残った問題は、素描が描き込まれた空白のことである。折り丁ＢとＣ（ページ5から12に当たる）は植字工の手を2度わずらわせたにちがいない。というのもそこに添えられた銅版画は特別の処置が必要だったからだ[19]。24部がこうした第2の手順を経過しなかったゆえに、銅版画が欠落しており、ガリレイがニューヨーク版素描を挿入したのも、こうした印刷段階のものの一つだったのである。

(19) Pantin, 1992, S. XXIX, XXX.

銅版画なしに印刷された冊子は、瞬時に売り切れた後、慌てて増刷りした結果なのだと、これまでは推量されてきた[20]。これにはしかし、『星界の報告』

ML が当書の最後の印刷形態ではなく、最初の印刷形態を示しているという事態に反している。この版だけでも二つの明らかな誤植が同一であることを、誤植の系統樹が証明している。それゆえにこの版は、誤植が見つかり、部分的に取り除かれるよりも前、最初から存在していたと推測できるのである。

(20) Patin, 1992, S. XCI.

こうした誤りの一つが、3月2日、すなわち印刷出版許可の2日後に、木星観測シリーズの棹尾を飾る挿図にまつわって登場している（図179）。手稿にガリレイは絵と文字を書き込んだ。その様は、木星の左右に二つの輝く惑星が、左の、つまり東の惑星にはさらに小さい衛星が認められるというものだった。これをガリレイは比較のためにもう一つの恒星と呼んでいる[21]。『星界の報告』ML 版（図180）では木星の二つの外側の衛星と恒星とが木版に彫られたが、しかし二つの東の衛星のうち小さい方のことではない。ガリレイが軍事施設論以来追求してきたお手本に基づいた印刷が、最後になってこの挿図に格別の注意を促しているがゆえに、この間違いはいっそう罪が重い。曰く「添えてある図版の示しているとおり」[22]と言ってしまったのだから。

(21) Opere, Bd. III/1, S. 45［Faksimile］.

(22) „veluti apposita figura demonstrat“（Opere, Bd. III/1, S.26），Richard Lan の教示による。

テクストとそれに相応する図版とが早くとも3月3日には確定されるが、本書はまだ終結していなかったのだから、第1刷りが3月5日よりも前に出たはずはなかっただろう。以下に続く訂正と誤植の排除との間には3月12日の全体発行までに十分時間があった（図181）。

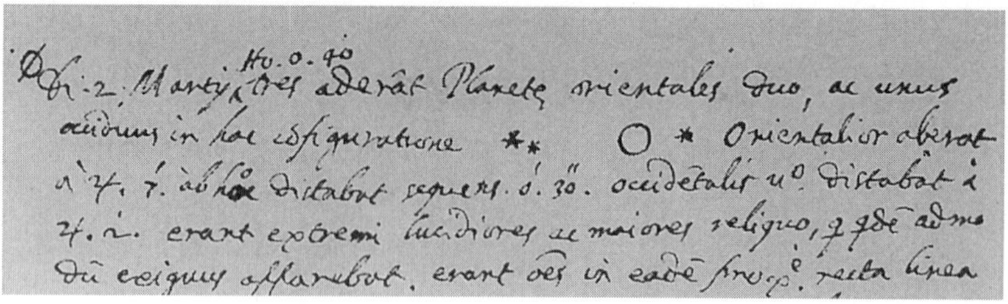
Die 2. Martij Ho. 0. 40 tres aderant Planetae orientales duo, ac unus
occiduus in hac configuratione ** O * Orientalior aberat
a 4. 7. ab hac distabat sequens 0. 30". occidentalis vero distabat a
4. 2. erant extremi lucidiores ac maiores reliquo, qui admo
dum exiguus apparebat. erant omnes in eadem fere recta linea

図179 ガリレイ、木星衛星の配置、1610年3月2日、紙にペン、Opere, Bd. III/1, S. 45

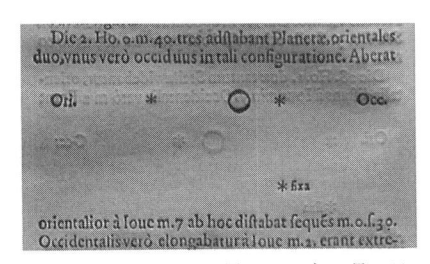

図180 木星衛星の配置、1610年3月2日、木版画、Galilei, Venedig, 『星界の報告』ML, S. 27v

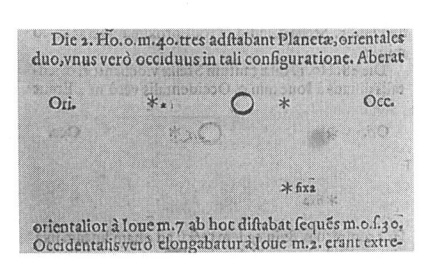

図181 木星衛星の配置、1610年3月2日、木版画、Galilei, 1610, Venedig, S. 27v

　第二の間違いは序言の最終ページ、さらにあとの日付に関わる（図182）。ガリレイによるトスカナ大公への献呈には、結びに古ローマ暦第4イデン (Iden)、すなわち3月12日と日付された。むろんこの献呈状は同日に整えられ、定められ、印刷されたということはありえない。とくにガリレイはこの日までヴェネツィアに滞在したにもかかわらず、パドヴァから署名を送ったのだから。書簡は前もって整えられたのだが、次のページで3月8日とふって、本書の登記の日付を守ったので、少なくともこのことが何かの日付（terminus post quem）なのである[23]。ページ4rの誤謬は、名前に関するかぎり、目だつものである。ガリレイの署名（図183）のアクセント記号に関わるもので、彼の名前には適合しなかったので、直ちに抹消された[24]。が、これをただすのにおよそ2日を要したとはいえ、この訂正にはほとんど費用がかからないので、問題なく遂行された。これは即刻行われた。というのも検査された版のすべてのうち、グラーツのカール・フランツ図書館所蔵のもののみが、なおこの誤りを残しているからである（図184）。

(23)　Opere, Bd. III/1, S. 58, Z. 14.
(24)　Galilei, Sidereus Nuncius ML, S. 4r.

　本書の冒頭と最後の両誤植は、『星界の報告』MLが伝えられる最も初期の印刷物であることの証拠なのだ。こういうわけで、折り丁BとCの素描は一種の訂正として移し入れられたという説が出回ったのだろう。印刷紙面とは違った直径を持つ元版は、3月初めの時点ではガリレイによって規範として受け入れられていたと思われる。

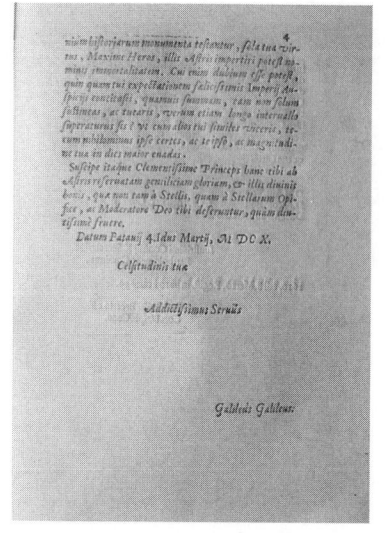

図182　序言の結び。Bleisatz,Galilei, 1610, Venedig,『星界の報告』ML, S. 4r

図183　ガリレイの署名、図182の部分

図184　ガリレイの署名、S. 4r, Bleisatz, GAlilei, 1610, venedig, Karl-Franzens Bibliothek Graz

4. 銅版画家ガリレイ？

ペンを持ち替えて

　最後の幕がまだ欠けていた。すなわち銅版画の作成である。状況が切迫していたので、出版者は銅板画家を一人求めたはずだが、これはうまくいかなかった。それは版画家の手になるものではない[25]。

(25) このことを見て取ったのは Tabarroni, 1984, S. 52, Anm. 5 のみであった。彼は少なくともガリレイのものだと暗示している。この情報は Eileen Reeves のおかげである。

　フィレンツェの国立中央図書館が最上の状態で保管している『星界の報告』について、より詳しく調べてみよう。おそらく型紙を利用して生じたであろうページ8rの円形は（図185）、鋭い線で引かれているが、左上の部分では二重になっている。これが第一の失敗である。南極左手では夜の斜線が円形の線をはみ出しており、訂正すらされていない（図186）。このような失敗はヴェテランの彫り師なら決して犯さないだろう[26]。左下でも夜の平行線の端がひげ

VIII 『星界の報告』制作　211

根のように無数に飛び出ている（図187）。月の夜の側を示す線条は基本的に
平行線が使われ、単純ではあるが印象深くもあるパターンである。

(26)　例えば Jacques Callot なら、何百という半円や円形の銅版画でそのようないい加減
　　　さはありえなかった。(Callot, Bd. 2, S. 898-900, 903-908, 1246-1302, 1423, 1428-1429).

　明るい鎌形ゾーンの上部に描き込まれる平坦な影は、震えがちな平行線であ
る。むろんこの「古い」両斑点の下方には、さらなる暗影化を記す対角線が見
られる。しかしここに個性的な線が斜めに入れられてもほとんど役に立ってい

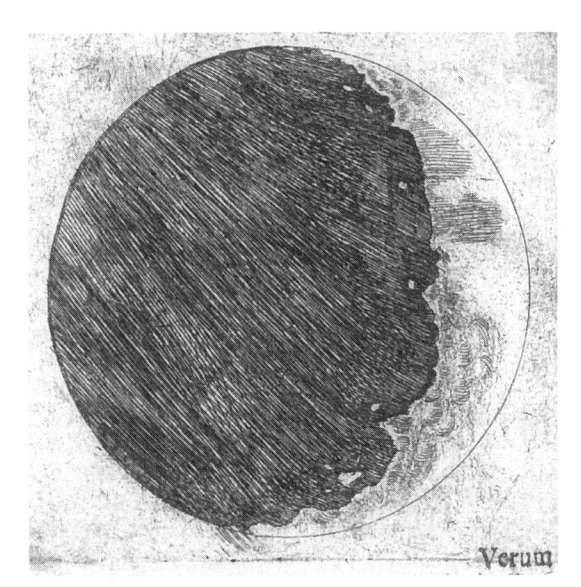

図185　月相、銅版画、　S. 8r, Galilei, 1610, Venedig, BNCF, Post. 110

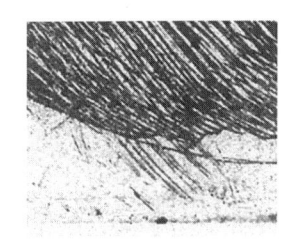

図186　影を作る線のはみだし、　　図187　影を作る線のはみだし、
　　　　図185の部分　　　　　　　　　　　図185の部分

ない（図188）。ばらばらの曲線で描き込まれたクレーターの影は、未熟さと元気いっぱいの自信の入り混じった、ガリレイのあらゆるヴィジュアルな生産物の特殊性格をなすものである。ここから出版の最終段階で時間に極限まで追われたガリレイ自身が、版画家として手を染めることになったという推測が許されよう。

　素描と銅版画に表れる線とを比較するのは大変困難なのだが、注目すべきことに、ガリレイのいくつかの手紙と計算用紙が同様の形態描法を示している。例えばガリレイは光と影の効果について考えながら挿図を描き散らしていた、そのページの左端に五つの異なるペン画が残される（図189）[27]。上段には不細工な円形が描かれる。垂直には昼夜を分かつ境界が図式的に破線で示される（図190）。夜のゾーンは平行な水平線で満たされるが、その全体状況は彫られた夜の線に似ている。その下2番目の円形の集中するテーマは、昼夜の分割線、および巨大な、黒い円形めいたクレーターである。このクレーターは右端を、サンゴ環礁のように黒点の花冠によって囲まれている（図191）。下段の、すでに本書冒頭にも示した三つの素描は、明らかにガリレイの変奏の試みであった（図192）。上のクレーターは長円を斜め上方から、それに対し中段の図はその右縁を拡大してスケッチしたものである。下段はクレーター全体を低

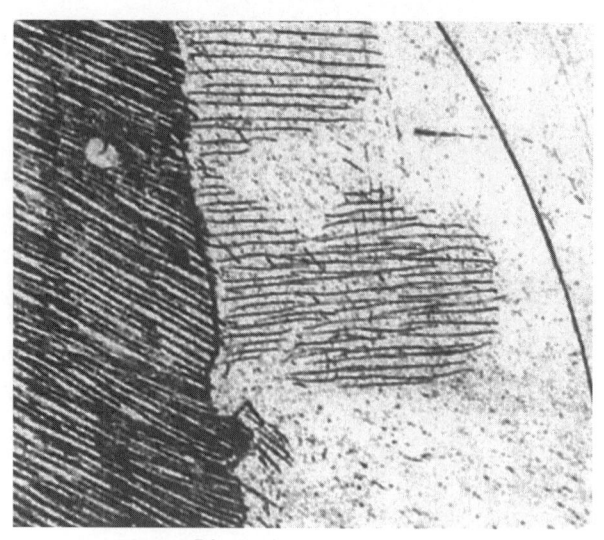

図188　「古い斑点」の線、図185の部分

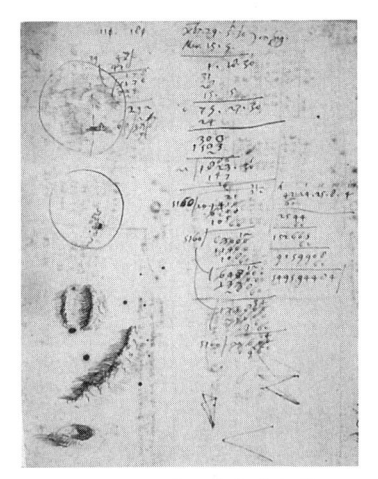

図189 ガリレイ：計算式と月のスケッチ、紙にペン、1611/12, BNCF, Gal. 50, F. 68r

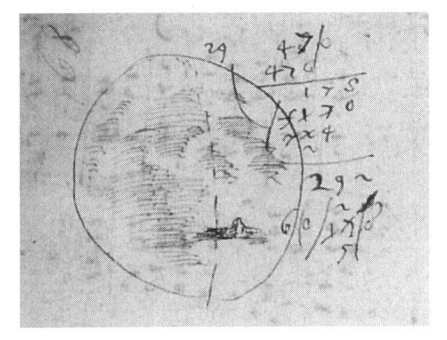

図190 ガリレイ：月のスケッチ、図189の部分

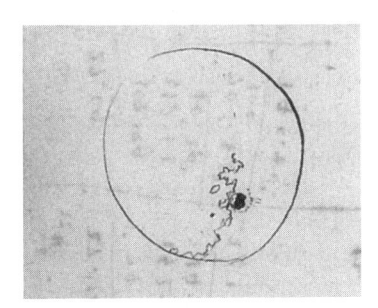

図191 ガリレイ：月のスケッチ、図189の部分

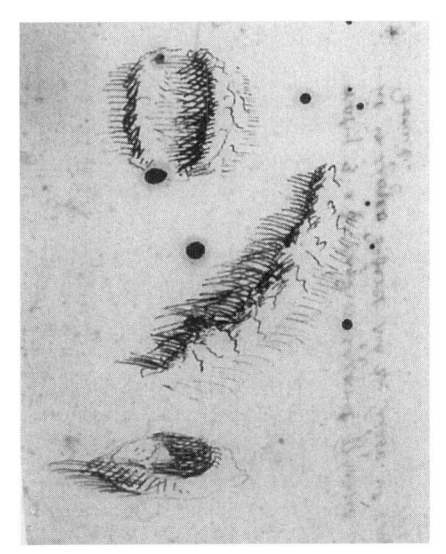

図192 ガリレイ：クレーターのスケッチ、図189の部分

いパースペクティヴから見たもので、そのために長円が強く短縮され円形に見えてしまう。

(27) Opere, Bd. III/2, S. 950.

このペン画の場合でも分かるように、ガリレイは影を作るのに、平行な線条と、部分的に濃くする場合には対角線を重ねている。やはり問題なのは、銅版画の夜のゾーンでもクレーターの特色付けでも使われる手法で、対角線はほんのまばらに使われるだけなのだ。

あらためてはっきりと型紙によって描き込まれたページ9vの円形は（図193）、右上で二重線になってしまうという失敗をまたも示している。夜の領域の平行な線条は、ページ8rよりもなお滑らかで確固とした筆致であるが、曇りの現れるゾーンでは対角線は、鑿ではなくまるで筆を使っているかのような滑らかに動く手によって描き込まれた感がある。明るい半身のうち曇らされた大きな平面は、もっぱら平行に引かれた線条によって表現されるが、下方の巨大クレーターでは斜線が、影の基本となるカーヴした平行線とは対角に走っている。それは木星計算書に描き込まれたクレーター素描に似ている（図192）。

1610年11月のドイツ人批評家ヨーハン・ゲオルク・ブレンガー宛て書簡に描き込まれたペン画が明らかにしてくれるのは、銅版画の版画としての構造である（図194）(28)。左側の陰った部分は手つかずのままに、ガリレイが示すの

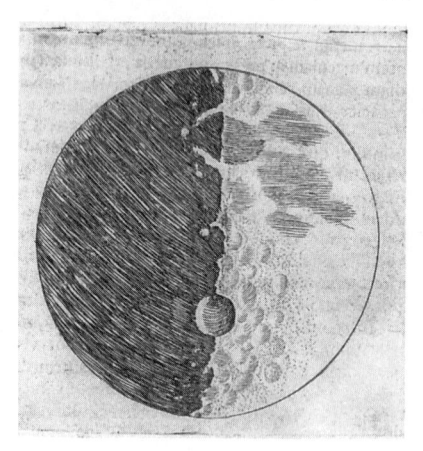

図193　月相。銅版画、Galilei, 1610, Venedig, S. 9v

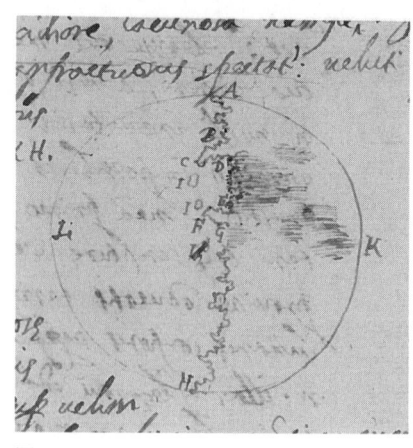

図194　ガリレイ：月のスケッチ。紙にペン、BNCF, Gal. 53, F. 34v

は、右側上部、陽を受けて輝く部分の、暗く陰った平面である。それはまたも不揃いな平行線のみによって表され、ちょうど銅版画に現れた平行線に同じである。両表現はまるでペンと鏨を持ち替えただけで同じ手による筆運びのようではないか。

(28) Opere, Bd. X, S. 468. Brengger については：Reeves, 1997, S. 158.

夜のゾーンの特色は、二つの大きな光点が色を省くことで作られているところにあるが、一方、下方領域の、小さめの光点は輪郭をもって描かれている。この形態の描法がより明快に展開しているのが、ガリレイによって写された文書である。それは 1611 年 5 月にマントヴァで議論された枢機卿フェルディナンド・ゴンザーガ宛てイエズス会士ジュゼッペ・ゴルゾーニの書簡である[29]。そこに描かれた直径 7.55cm、昼夜同大の月は、左側の暗い領域では一連の小円が示されている。それらはすでに輝き始めた鮮やかな先端なのである（図195）[30]。銅版画と比較してみると、あらためて、ガリレイがペンという道具を鏨に持ち替えたのだなという印象を強くするのである。

(29) 作者の同定は以下に拠る：Favaro, 1992, Bd. I, S. 204. Opere, Bd. III/1, S. 13.
(30) 同上、S. 303.

ページ 10r の夜のゾーンでも（図196）、一部このような輪郭を描きながらも内部の色の省略が意図されている。夜のゾーンの平行線は、もっと滑らかな元版を推測させる以前のページよりも長い線条となっている。明るい半分では

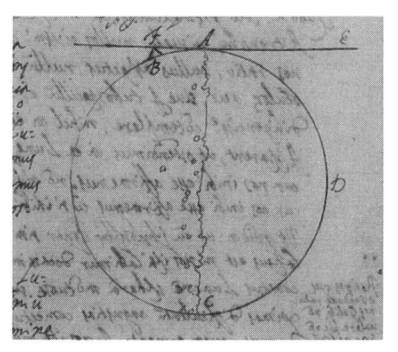

図195　ガリレイ：月のスケッチ。紙にペン、BNCF, Gal. 53, F. 65r

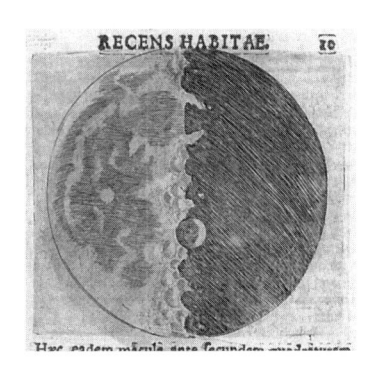

図196　月相、銅版画、Galilei, 1610, Venedig, S. 10r

あらためて暗い平面が平行線によって形成されるが、ほんの希な場合に、つまり例えば左外側にある弓形の下方では、対角線が交差しており、ちょうどペンの素描に見られるとおりである（図192）。

ページ10v上段の宇宙空間は（図197）、点、研磨、引っ掻きによって微妙に形成されているが、きちんと訓練を終えた彫り師ならこんな1枚を世間にさらす気にもなれないような下手さ加減である。ぐっと垂直に愚かな1本線が、円形右の縁をはみ出し暗く広い平面に伸びているが、それは手が滑って円の縁を越えたため、中央からすっと右下の宇宙空間へ突っ込んでしまったのである。

ガリレイが昼夜同大の状態を二つのなぐり描きでとどめたブレンガー宛て書簡の封筒には、大きく引っ張られた影の線が、シュールな解析と見えるまでに走っている（図198）。ここに表れた線の戯れは、今日に至るまで手紙の封筒や紙ナプキンやレシートの上で起こっていることである。すべての月素描のうちでも一番散漫なこのなぐり描きにおいてこそ、彼の手の、いうなれば素早い、遠大な原理が表れる。ガリレイが夜のゾーンを表現する羅線は、ページ10v上段（図197）の暗い平面にごしごしと引いた線条に照応している。とり

図197　月相、銅版画、Galilei, 1610, Venedig, S. 10v 上段

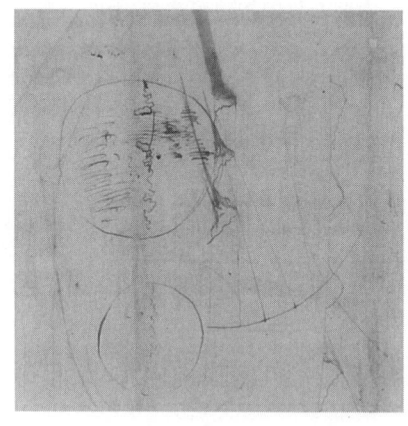

図198　ガリレイ：封筒に描き込まれたスケッチ。BNCF, Gal. 53, F. 37v

VIII 『星界の報告』制作　217

わけ銅版画の円形右の縁に描き込まれた羅線は、その端を虚空へ滑り出させているところなど、同様の特徴を示している。

　明るいゾーンは、つまるところ、あらゆる銅版画の様々な構造をひそませている。上半分に指輪半分の形に左に突き出している影は、平地全体に散らばった点の集合に満たされている。クレーターはいつものようにくねくねと平行線がうねり、暗い大きな平地を絨毯のように見せるのはまっすぐの平行線によるのだが、むろんその間隔はぶれまくっている。この一帯に典型的に見られるのは、銅版画の素人ふうなところ、にもかかわらず、それ自体としては自信にあふれ、形態の特徴を知悉した筆致である。

　ページ 10v の銅版画に見える円形は（図 199）、上の方で二重に、左下で何重かに線が引かれている。こういう処置は、昼夜の分離線が上半分で訂正されている事情が関係している。それゆえ、光の両爪が右に向かって伸びた領域にはすでに曇りが存在しているが、その曇りの中へと究極の分離線が少し上向きに強調されたので、一種の影の効果が生じるのである。

　この銅版画が素人の性格を持っていることから、それが熟練の彫り師によって作られた可能性は排除される。加えて、時間に追われた形跡はまぎれもなく、とくに目立った失敗を取り除くこともままならなかった。訂正がなされなかったゆえに、銅版画は 1610 年 3 月 4 日から 10 日の間——ガリレイが木星観測を終えていた時——にようやく、作成されたのは明らかである。すると銅版画一つひとつについておよそ 1 日半の時間があったわけで、それはぎりぎりであっ

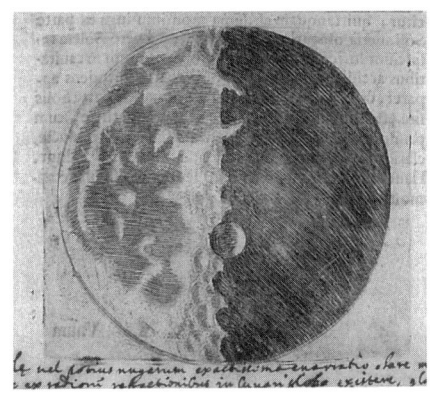

図 199 月相、銅版画、Galilei, 1610, Venedig, S. 10v 下段

たが、じゅうぶん間に合う時間であった。ガリレイが3年前に植字工バリオーニ一族の側から受けた破格の好意は、この経過に有効に働いたかもしれない[31]。

(31) Opere, Bd. XIX, S. 576; 上記参照：S. 116.

バリオーニの印刷所の協働者が銅版画を制作したという仮定は、すでに時間経過の再構成から無理だと分かっている。もしそうならもっと早くに始めていなければならなかったし、したがってしかるべき時に失敗を何とかしていただろう。加えて、その痕跡は皆無であり、バリオーニの書籍生産の再構成から結論を得れば、彼の印刷工房で働いていたのはただ木版画家のみであった。

これに比してガリレイが自ら彫ったという根拠は山ほどある。第一に先ずガリレイは当時の自然科学者すべてのうちでたぶんもっとも達者な手技を持っていた。天体研究において彼が一歩抜きんでたのは、彼が自分で望遠鏡を制作する術を心得ていたからである。彼が30年代に至るまで独占的地位を維持したのも、このおかげなのだ。ガリレイ一人がこの実際的能力を操ったのなら、自然科学の歴史に研究者にして職人にして技師として記録されたことだろう。いうなればニュートンの先駆者ではなく、ロイヤル・アカデミーの天才的技師、ロバート・フックのお手本として。独特の地位を彼に許したものは、卓越した理論能力に合わせてことのほか器用な手の持ち主でもあったおかげである。

彼の熟練ぶりは金属においてもそうだった。90年代以降ガリレイはこの素材にも手を染めていた、もしくは指示を出していた。測量基準・状態定義のための軍事用幾何学コンパス（コンパッソ・ゲオメトリコ・エ・ミリターレ）を工作することで、彼は金属を扱うことに慣れていたのだ。この器械の柄の部分には直線、目盛、数字、それに文字が刻まれねばならなかった。これは銅板に線を彫り込むのと同様の仕事を意味している。のちの論争でガリレイが優先権を主張して言うには、彼は1597年にはもうコンパスを完成していたのだと[32]。それは彼が次の年にパドヴァの自宅に技師マルカントニオ・マツォレッティを使って工房を作らせ、様々な器械、その中には六分儀となかんずくコンパッソの見本があって、これらを制作し販売し、けっこうな利益をあげようとしたときのことだ[33]。しかし特に値の張る器械の場合には、ガリレイは金属板に印を残すことで権利を保有した。だから彼は1605年11月にトスカナ大公妃クリスティーネ・フォン・ロートリンゲンにこう保証したのだ。彼女のためにあつ

らえた銀のコンパスは受領次第「印を施し完璧にして送り返す」ことでありましょう[34]。ガリレイが金属面に文字を刻む術を心得ていたのは、疑いのないところである。

(32) Opere, Bd. II, S. 533, Z. 3-5; 以下を参照：Caffarelli, 1992.
(33) Opere, Bd. XIX, S. 131, Z. 2-4; Camerota, 2004, Galileo, S. 113. William S. Shea からは懇切なる意見を賜った。
(34) „[...] segnare et rimandare perfetti" (Galilei の付 Christine von Lothringen 宛て書簡 [1605 年 11 月 11 日] in: Opere, Bd. X, S. 149, Z. 11). 以下を参照のこと：Valeriani, 2001, S. 285.

とはいえ、ガリレイが銅版画を自分で手掛けたという最大の根拠は、銅版画の様式が、筆使いにも明らかな独特の様式およびペン画とも一致しているところにある。この銅版画には弱点があって、ほんの簡単な手段すら迷いなく闊達に駆使することがまだできないために低い評価と高い評価とがないまぜに登場するが、スタイル原理を確固として持っている。それはいわば震える手で新しいメディアに接した初心者のおぼつかない試みなどではない。そうではなくてここには失敗すら強みに変えるエゴがあるのだ。どのようなメディアであれ、ガリレイの手の得意がこれである。

黒の色素と銅版画

すでに述べたことだが、ガリレイが、例えばアカデミア・デイ・リンチェイ入会式の折に版画師の手のまだ加わっていない折り丁 B および C へ、あとから素描を移したというのは、理論的には可能である。これは簡にして見事な説明であるが、さらなる疑問が残る。

とはいえこの仮定に反する証拠を後押しする現象があるのだ。すなわち謎に満ちているが、正確に観察して初めて目が開かれる現象が。問題は黒色の物質である。この物質は素描の重要な領域で水彩の色層の上にのっている。例えばページ 9v（図 200）を拡大鏡越しに見れば、主要線のすべてを強調しようとした筆跡の上には黒い物質の付着が見られる。この付着物はどの紙面にもまぶされており、前のページの印刷圧による紙面の盛り上がり、つまり裏面から押された活字が鏡文字となって小さく隆起した箇所で、黒が際立っている。それは意図したものではなく、望まざる副次的効果として黒化されたのである。

ざらつく紙面の上の細かく分化した塗装のおかげで、黒の物質は不均一にまぶされているため、どこでも平面あるいは線分を形成しているわけではない。一瞥、印刷インクの黒なのかと見えるものの、検証するうちに曖昧な黒い物質が浮かんだが、下層の干渉を受けてこれまで正確には分析できていない。けれども化学的な非破壊検査は骨の炭とおよび黒鉛を析出させたので、少なくとも紙とインクの色と同じ年代が測定された[35]。

(35) Brückle, Hahn, Simon et al. 転写技術についての以下のテクストは Stephan Simon (Rathgen-Forschungslabor, Berlin) との議論、および Irene Brückle (Kupferstichkabinett, Berlin) との談合によってまとめられたものである。

この黒の重ね塗りこそ、昼夜の分離線がことのほか黒々としている理由である。このことはとくにはっきりと巨大クレーターの環に現れる（図201）。下から昇ってくる昼夜を分かつ線分は、まず円の下方縁を通り抜け、次に縁に沿ってカーヴを描き、鎌形を生み出す。こう線を操りながら巨大クレーターの影の領域が強調され、その環は暗い側ではただぼんやりなぞられるだけだが、光のゾーンでは黒々とかたどられる。

図 200　巨大クレーターのある下半分。Galilei, 1610, Venedig, Sidereus Nuncius ML, S. 9v, 図 149 の部分

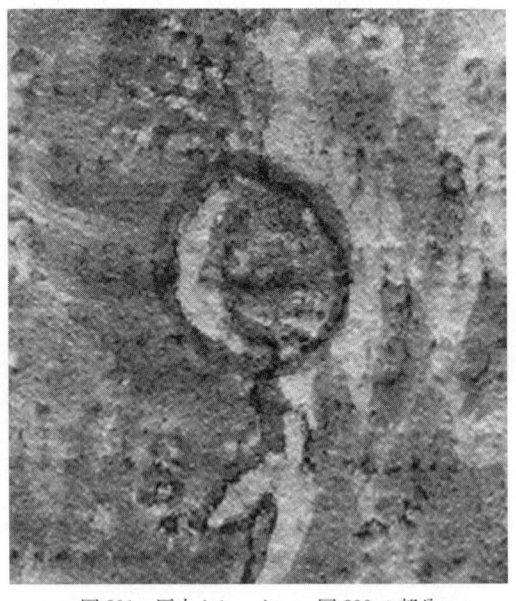

図 201　巨大クレーター、図 200 の部分

この黒の物質は彩色の上に置かれているので、下絵に使われたのでは決してない。他方、その意図的な描き込みの特徴からすれば、この物質は月の主要輪郭のなぞりなのだから、それが転写のメディアとして使われたのは明らかだった。むろん転写の行き先は銅版画である。事態を明らかにしてくれたのは、デジタル映像分析の処置であり、これにて筆跡の上に沈殿した黒い粒子がヴィジュアルに解決され銅版画と重ねあわされる[36]。こうして素描とその上の黒い点々と印刷物の三者間に特定の関係があるのか、という問題は解決可能となる。

(36) デジタル映像解析（DIA）はラートゲン研究室勤務 Sonja Krug が担当した。

ページ 8r の最初の素描を見れば、ミリメーター単位の微小さからなっている付着物は、筆に描かれる形態の独自性と対応していることが分かる（図202）。大事なのは光と影の分離線、および右下に描き込まれたクレーターにある。黒い色層によってできた線は、上から始まって昼夜の分かれ目に従い、いわば最初の影の膨隆部を光の領域と際立つよう強調する（F1：図202中のフィールド1）。さらに目立つのは、大きな暗い斑点が光のゾーンの上半分に

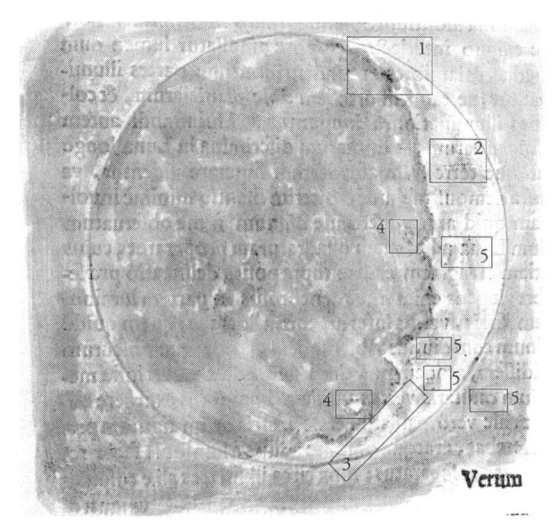

図202 ページ8rの黒い点々の鮮明化。Galilei, 1610, Venedig, Sidereus Nuncius ML, 1から5までマーク付き

おいて黒く点々とマークされていることである（F2）。光の鎌の下部では大規模なクレーターの連鎖が大きな弧を描いており、なおまだ光と影の分離壁の手前である（F3）。夜の領域では二つの孤立した光点が記される（F4）。最後に夜および影のフィールド全体だけでなく外側、宇宙空間でも、裏面の印刷によって隆起した活字の形が黒い物質でおおわれるという現象が見られる（F5）。

　銅版画と比較してみると、どれほど正確に銅版画の線の書き込みが黒い付着物に一致していることか（図203）。南極から上に向かって昼夜の分離線はミニマルな歪みを伴いながら伸びていき、夜のゾーンの明るい斑点（F4）もまた相同の現れ方をする。特に際立っているのが、クレーターの押し出してくる線への照応である（F3）。歪みはただ北極下のゾーンにあるだけで、そこでは彫られた昼夜の分離線が素描の黒い形態に対してあまりに高く位置している。けれども同じことは素描自身にも当てはまっていて、このまちがいもまたちゃんと相応しているのだった。

　ページ9vの破線（図204）を同ページの銅版画（図205）と比較すれば、このような歪みは存在せず、例えば巨大クレーター内側の影のようにミリメーター範囲内の微差があるのみである。目立つのは、円環もまた暗色でアクセン

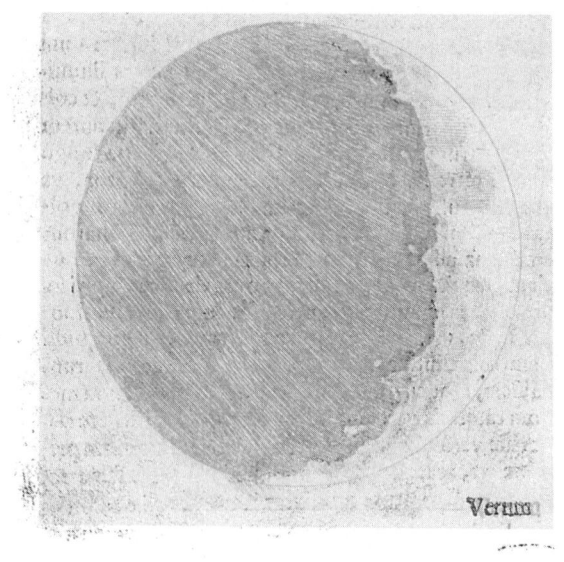

図203　ページ8rの黒い点々を銅版画に移したもの

VIII 『星界の報告』制作　223

図204　ページ9vの黒い点々の鮮明化。Galilei, 1610, Venedig, Sidereus Nuncius ML

トを置かれるのに銅版画はその面積を完全に満たしていないことである。小さめに、こころもち右上へずれながら、黒い物質の痕跡をなぞって円環は銅板へと刻まれた。昼夜の分離線が銅版画の上と下ではみ出して消えているところからすれば、直径は素描のフォーマットを縮小している。銅板から素描へではなく素描から銅板へと道は進んだのである。

　素描とページ10rの銅版画を比較すれば、素描の黒点（図206）が、銅版画のフォーマットと形態に一致しないことがまず分かるだろう。下方の膨隆部が南極を超えて基点となるのならば、巨大クレーターはずれたまま標準となり（図207）、その他の構造とは食い違っていく。素描と銅版画の間には結び付きはない。答えは素描自体にある。巨大クレーターと結び付くのは、昼夜同大の相だった。しかし、これは小さくしすぎた夜の領域のせいで失敗に終わり、これに基づいて制作された銅版画を用いるのを断念したのである。

　これに対して、ページ10v上段の月図（図208）、その上の黒い物質を同ペー

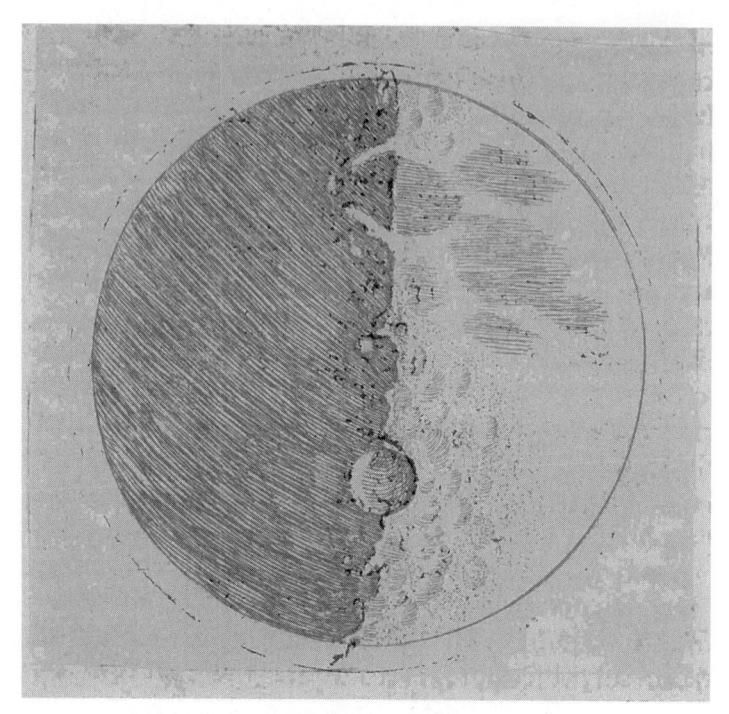

図205　ページ9vの黒い点々を銅版画に移したもの

ジの銅版画（図209）と重ねてみれば、昼夜の分離線の隣で突出する夜の環ばかりか、さらに輪郭だけで暗示された半円もまた黒い点々に相応した位置にあることが明らかである。

　ページ10r素描の不運を補うべく、明らかにページ10vの下方フィールドには同じ月相が新たに試みられている。この素描は固有価値を持つのではなく、ページ10r素描の欠点を取り除くために描き込まれたのだということは、それが宇宙空間の背景なしにすまされた唯一のものだという点からも明らかである。あるフィールドを植え込もうというのではなく、単独の形を訂正しようというのだ。事実、この場合、素描（図210）と銅版画（図211）は一致する。巨大クレーターは正確に中央軸におさまり、偏りは微差にとどまる。

　銅板はページ11v下段用というばかりでなく、ページ10rの欠落図版の補いでもあって、ここではそれは通しタイトルの一致が示すように、供された空間が大きすぎたのである。

VIII 『星界の報告』制作　225

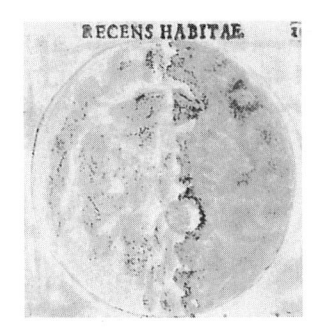

図206　ページ10rの黒い点々の鮮明化。Galilei, 1610, Venedig, Sidereus Nuncius ML

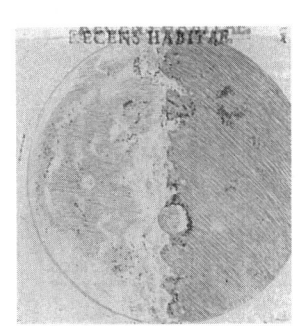

図207　ページ10rの黒い点々を銅版画に移したもの

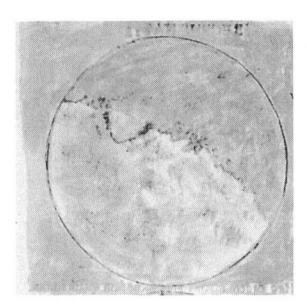

図208　ページ10vの黒い点々の鮮明化。Galilei, 1610, Venedig, Sidereus Nuncius ML

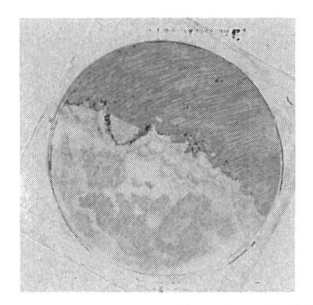

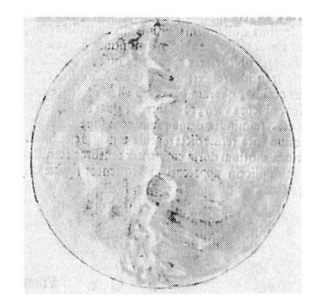

図209　ページ10vの黒い点々を銅版画に移したもの

図210　ページ10vの黒い点々の鮮明化。Galilei, 1610, Venedig, Sidereus Nuncius ML

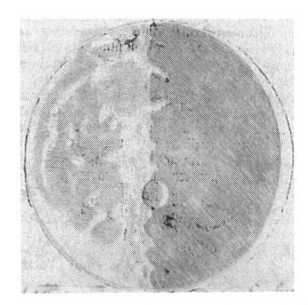

図211　ページ10vの黒い点々を銅版画に移したもの

図212　月相、S. 10v 下段、銅版画、Galilei, 1610, Venedig, BNCF, Post. 110, 図199 の部分

　結局、特例なのは、ガリレイが欄外注を描き込んだ、貴重なフィレンツェの国立中央図書館版である（図212）。印刷の際に左上にU字型に糸が原版に乗ってしまったことを除けば、昼夜の分離線はすでに述べたように、修復されたように見える。例えばフィレンツェ国立図書館の第2版（22B.5.55）といった他の版では、これら線状の影は見当たらない（図155）。もしかするとページ10rの原版が再度用いられたのだろうか、何しろ、間違った箇所が削られ、原版の背後から浮き出し、改めて平らにされ、本来の平面に再び均され、その上に検閲済みの形を彫り込んであるのだから。

転写技術を再構成する

　黒い色素は銅版画制作のための母型として使われたのだという観察がなされたが、転写はどうやったのかという疑問が残っている。再構成するには四つの現象を一致させねばならない。第一に素描、第二に黒い色素の付着、第三にこれらがたんに対象となる線分ばかりか文字の領域でも受動的圧力を受けたという事情、第四に銅版画と素描のページの一致。再構成では絶対的確信を得るの

は無理である。再構成は論理のみに従う。それはこれら四つのエレメントの協働する場合に生まれる論理である。

やり方は付録にスケッチで示した進行を七つの段階に分ける（附録I, 3 参照）。第一に筆で描き込まれた素描から、次に素描の紙面と同じ大きさの1枚の版に最重要部分の写しがとられる。このような写しは、折り丁が窓になぞらえられることからも分かるように、光に透かして瞬時に作成される。このような透かし写しについては、ガリレイが太陽の黒点のコピーについてマルクス・ヴェルザー宛ての第2書簡で述べているところである[37]。第三、この1枚が写し取られると、第四、黒い色料を背面に塗る。第五、その1枚を圧することなしに黒い面の縁を合わせて、素描の面に置く。その上で透写されてできた線を、さらに軽く柔らかな筆でなぞり、第六、黒い薄膜を素描の上へ移す。こうしてレリーフのような浮かび上がった文字までが、色の粒子をわが身に帯びるのである。

(37) ページの裏返りを太陽黒点と相殺するために、彼は紙を光に透かして、描き込みの裏から写すことを勧めている。(„[…] guardando per la trasparenza della carta contro il chiaro" [Opere, Bd. V, S. 137, Z. 18-19]).

第7段階ではまっさらの銅板に素描を当てるか、逆に銅板を素描に押し付けてもよい。このとき黒い色が重ねられて、主要線の裏返しの像が銅板に転写される。素描には銅板に移りきらなかった残留粒子が付着したままになった。銅板に写された線と点は、最後に鑿で彫られたのだろう。これにて器械的な転写の完了。

輪郭内部の細密な仕事は通常の写し作業に従って鏡面を使用したにちがいない[38]。その間接証拠はたぶんガリレイの購入メモの一つにうかがえる。彼はヴェネツィア旅行をひかえて1枚の封筒を利用した。それは1609年11月23日オッターヴィオ・ブレンツォーニがヴェローナからパドヴァへ出した手紙だった（図213）。いつガリレイが必要リストを書き込んだのか明らかにはできないが、彼が鏡とそれの払拭用の布に様々に言及しているは、目立つところである。これらの用具はガリレイのレンズ制作に関わるものであるが、彼の素描を複写グラスを使って銅板に転写する可能性もうかがわせるものである[39]。

(38) Bosse, 1975 [1765], S. 93.
(39) 問題はとりわけ以下のフレーズである：„Vetri todeschi spianati"、„Pezzi di specchio"、

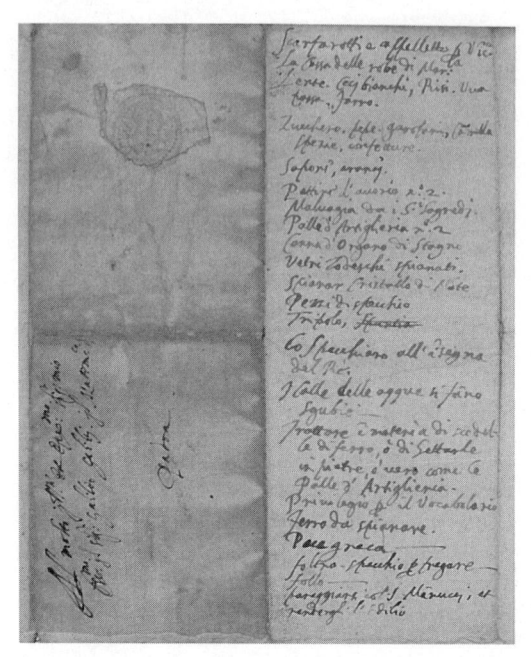

図 213　ガリレイ：ヴェネツィアのための購入メモ、1609 年
11 月よりあと、BNCF, Gal. 88, F. 107v

„Lo spechchiaro all'insegna del Re.", „scodelle di ferro", „Feltro, specchio per fregare" (Opere, Bd. X, S. 270, Anm.1). Eileen Reeves には口頭で情報をもらった。資料分析には：Valleriani, 2007, S. 48-50.

　謎が一つ残っている。なぜガリレイはこの黒色を直接に素描の主要線のうえに使わなかったのか、なぜ拓本を銅板に重ねなかったのか。このやり方を再構成しても、裏から隆起した活字が同様に平面の押し付けによって黒色に覆われているので、解明ができないのだ。こういう事情はもう一つメディアが介在するという仮定を必要とする。たぶんこれは型紙としてずっと使用されたはずだ。いずれにしても、素描は銅版画の元版として使われたと仮定できる。そしてこれは光学的な転写にとどまらず、あるメディアの機械的利用によっているはずなのだ。
　色を移すこういう手段によって転写が再構成できたのだから、絵が裏返るのを回避しながら素描を銅板に移す可能性があることも分かる。このような基本

パターンの転写作業は、全体で30分もかからなかった。そしてガリレイにとって第一に稼がねばならないのは時間だった。時間に追われて制作しながらガリレイがいろいろ試みたのは明らかで、その際転用したやり方は、のちにレーテルの手助けで同様のケースで用いることになる[40]。

(40) Bosse, 1765, S. 86f.

5. 新版の計画

ガリレイの図像製作者としての自意識
　ガリレイが銅版画における自分の素描力について、どんなに変換方法を合理化しようと、自信がなかったという事情は、彼自身が手紙の中で訴えていたことだ。それは3月19日、つまり本の引き渡しから1週間後、フィレンツェのベリサリオ・ヴィンタに宛てたものだった。この文章は草稿の形でも、脱稿し送付された形でも残されており、両者ともにガリレイが素描は自慢に思うのに、いかに銅版画の出来が悪いかを弁明せねばならなかったかを示している。
　文書作成に当たってガリレイはまず、じぶんが急いで印刷させた本の欠点をメディチ家のコジモ2世にご容赦いただけるかと懸念が表明される。「作品が対象の壮大さにふさわしかるべく絢爛たる装飾を持っては印刷されておらないことについて、容赦いただくことがなお必要でしょう」[41]。本の不出来の言い訳は、本の制作中に彼がおかれた状況がどのようであったのかを様々に明らかにしてくれる。「出版を延期したり逡巡したりすることは、ひょっとして他の者が私に先んじるのではないかと、私にとってあまりに危険が大きく、されば、この報告を先ず星の命名の件ともどもお送りして、そののちすぐにその他の数多の特別な観測に関して公刊し、これをさらに観測し続けたいと存じます」[42]。

(41) „Sarà ancora necessario che io sia scusato se l'opera non esce fuori stampata con quella magnificenza che alla grandezza del soggetto si saria richiesto" (Galilei の Belisario Vinta 宛て書簡 [1610年3月19日付] in: Opere, Bd. X, S. 298, Z. 13-15).

(42) „et l'indugiare et differire la publicazione era con mio troppo pericolo et risico che forse qualche altro non mi havesse preoccupato; onde mi sono resoluto mandare innanzi questo avviso, insieme con la denominazion delle stelle, per publicar poi in breve molte altre particolari osservazioni, le quali vo continuando di fare intorno a

queste medesime cose"（同上：Z. 15-21）.

ライヴァルに後れをとるのではないかとパニックになることなどないだろうから、ありていには本書の弱点への申し開きなのであって、同様にこの文書の宛名は、メディチ宮廷での望ましき地位を得るためにはなくてはならない影響力大のヴィンタなのだ。望遠鏡を贈り物とし、さらにこれを広める戦略のために長く努力した後でガリレイは、『星界の報告』を拡大した形で新たに印刷させ、とりわけ新たな装丁をほどこそうという計画に至る。「本作品を近々に新しく印刷させることも必要かと。それには今後とも継続するつもりですが、数多の観測結果を添え、多数の素晴らしく美しい銅版画を添えるのです。このために私はすでに一人の経験豊かな男と契約し、パドヴァへ同道するつもりでおります」[43]。銅版画を完全に専門家に任せるという予告は、すでに印刷された本の図版は再生技術の玄人によるものではないことの自認でもあるのだ。銅版画の欠点もガリレイの側のこの告白によって納得がいく。それだけ一層彼は来たる素描の美しさを強調する。「この素描によって、みごとに提示された月の1サイクルの映像を隅々まで正確に表現させよう、加えて、そこに実際に存在するあらゆる星辰のちりばめられた天体の多数の映像を表現させようと思うのです」[44]。

(43) „Sarà anco necessario tra brevissimo tempo ristampare l'opera, compita con moltissime osservazioni, le quali vo continuando, et con molte bellissime figure tagliate in rame da valente huomo, il quale ho già incaparrato, et lo conduco meco a Padova"（Galilei の Belisario Vinta 宛て書簡［1610年3月19日付］in: Opere, Bd. X, S. 299, Z. 54-57）.
(44) „per li quali disegni si rappresentino a capello le figure di tutta una lunazione, le quali sono cosa mirabile da vedersi, et di più molte imagini celesti con tutte le stelle che veramente vi sono"（同上：Z. 57-61）. ガリレイが新版はトスカナ語で出すと追加の約束をしたとき、それはフィレンツェで出版できるという希望を含んでいた。

この書簡の実際に送られた最終版では、もう一度一般的な申し開きが、全体状況の説明と結びついて現れる[45]。残りの部分は本質的に何も変更はないが、結びはまっすぐ新版のプランへと導かれる。ガリレイは先ずあらためて、他の研究者たちに出し抜かれるのではというパラノイア状態で例の欠点の理由を記述する。本書は然るべき体裁をとっていない、「なぜなら時間がそれを許しま

せんでしたし、誰かが同じことに思い至るのではないかという危惧ゆえ、出版を延期したくなかった、ゆえに報告の体裁でこれを公開したというわけです。その大部分は、まず先行部分を印刷に付しながら書かれたものです。これをできるだけ早く新たにその他の観測結果をたくさん補足して出版するつもりでした」[46]。

(45) S. 300, Z. 84-86.
(46) „perchè l'angustia del tempo non l'ha permesso, nè io ho voluto punto prolungare la publicazione, per non correr risico che qualche altro non havesse incontrato l'istesso et preocupatomi; et per ciò l'ho mandato fuori in forma di avviso, scritto la maggior parte mentre si stampavano le cose precedenti, con proponimento di ristamparlo quanto prima con molte aggiunte di altre osservazioni" (Galilei の Belisario Vinta 宛て書簡 [1610 年 3 月 19 日付] in: Opere, Bd. X, S. 300, Z. 86-92).

月素描の新版

以下のテクストでガリレイは再度、図版も更新させると主張する。特に自分の素描を然るべく描きかえる能力のある専門家に銅版画を制作させる必要性を切実に強調した。「それから私は他の星座について書こうと思っておりますし、全サイクルの月の顔貌を細心の注意を払って図示し、隅々まで正確に再現したい。といいますのもこれこそが最高に素晴らしい見ものなのですから。その上に、私はこれらすべてを有能なる芸術家に銅版画に彫らせようと目論んでおります。この人物についてはすでに私は目星をつけていますし、契約もしていて、殿下のお気に召せば、我が拙速の手によらず、その者の力にふさわしく最大限豪華にすべてをとり行うでありましょう。ここに殿下のご了承ありますことをせつに願うものであります」[47]。

(47) „Io poi vo descrivendo altre constellazioni, et voglio disegnare le faccie della [Mondsichel], di un periodo intero con grandissima diligenza, et imitarle a capello, perchè in vero è una vista di grandissima meraviglia; et il tutto ho pensiero di far tagliare in rame da artefice eccellente, il quale ho di già appostato et incarparato; con speranza però che S.A.S. sia per compiacersi che il tutto sia esequito con quella maggior magnificenza et splendore, che al suo potere, et non più alla mia debolezza, risponda; sopra di che ne starò aspettando un motto da V.S.Ill.ma" (同上：Z. 102-110).

驚くべき自信に満ちてガリレイはフィレンツェ大公の信頼篤き者であるヴィ

ンタに対して己の素描の価値高きを言い募る。これらの素描が月の壮麗な眺めの向こうを張り、一致もするからには、この自己評価は、これ以上ないほど評伝作者ヴィヴィアーニの断言を正当化してくれるものである。すなわち、ガリレイこそは素描のマイスターなのだと。

 3カ月後、1610年6月18日、つまりフィレンツェへ移住する前に、ガリレイは月素描の新たな開始を直前に控えてこう記述している、「私は月に関して申し分のない観測と記述とを、まさに追求しようと思います。その眺めはあらゆる奇跡を凌駕し、とりわけ望遠鏡を目覚ましく改良した今こそ、その麗わしきことこの上ないディテールを納得していただこうと願うのです」[48]。

(48) „et tra tanto andrò seguitando le mirabilissime osservazioni et descrizioni della luna, la qual vista avanza tutte le meraviglie, et massime hora che ho perfezionato maggiormente l'occhiale, sì che scuopro in essa bellissimi particolari" (同：Belisario Vinta 宛て書簡［1610年6月18日付］in: 同上：S. 373, Z. 30-33).

 ガリレイがトスカナ大公の信篤き者に対し自推するときの説明のあとでは、一層驚きなのだが、『星界の報告』の新版は登場しなかった。ガリレイの翻意の理由は伝わっていないので、間接的に推測するほかはない。

巨大クレーターの問題

 手掛かりは、ガリレイが素描と銅版画において熱心に強調していた巨大クレーターにある。ガリレイはこれを1610年1月7日[49]の書簡での熱狂的な言及にふさわしく特別な執拗さで描いた（図86）。銅版画には3度（図96, 97, 98）。『星界の報告』ではすでに引用したことであるが、言葉によっても声高に呼ばわっている。「もう一言、忘れるわけにはいきません。少なからず私自身が驚いています。およそ月の中央に、すべての残りの窪地よりも巨大で、しかも真円に近い形をした窪地が見て取れるのです」[50]。たぶんガリレイが言及しているのはアルバテグニウスのことである。ガリレイのものに匹敵する望遠鏡で初めてこれを観測した者は、誰でも息をのむ感動を得るだろう[51]。

(49) Opere, Bd. X, S. 275, Z. 58-78; 前注参照 S. 107-109.
(50) „Unum quoque oblivioni minime tradam, quod non nisi aliqua cum admiratione adnotavi: medium quasi Lunae locum a cavitate quadam occupatum esse reliquis omnibus maiori, ac figura perfectae rotunditatis" (Opere, Bd. III/1, S. 67, Z. 3-S. 68, Z. 3; 独訳は以下による：Galilei, 1980, S. 93. 以下を参照のこと S. 129, Anm. 62, オリジナ

ル印刷による。
(51) Gingerich, 1975, S. 85. 以下を参照：Casini, 1984, S. 57.

　しかしながらクレーターが真に崇高だといっても、あれほど目立って拡大して描いたのでは、ここにはガリレイの一種の操作があったと推測できよう。天体を地上のものとして理解すべく完全な円形記号を使ったのではないか。あるいは完全な円形を見せることは信心深い人々に納得してもらうための敬虔な「嘘も方便」だったのではないか[52]。底意があってのことではなかろうが、月探査の年のガリレイには重々方法論的目論見があって、クレーターをヴィジュアルな分析方法の練習問題にとどまらず、別格のお手本に格上げしようというのだ[53]。さらにこう文章が続く、クレーターは「これほどに高い山壁に囲まれているので、まだ光と影の境界がその円形の平地の中央線に達しないうちに、最も暗い月の部分と境を接するその一番外側の縁が陽光を浴びるのが見えます。しかし残りの斑点でも影の部分が陽光の側に、光る部分が月の夜の側にあります。ここで注意を喚起するのも３度目ですが、確定しているところを披歴しておきたいと思います。すなわち、より明るい月のゾーンについて、全般に平坦ではないし、均等でもない」[54]。特に印象深いのはガリレイの次のような主張である。夜のゾーンの暗がりに光るクレーターの縁が輝く鎌形を形成するが、それは光線がクレーターの底の中央に達する前であり、月全体の満ち欠け現象と逆転した経過をたどる。それゆえ完璧なクレーターは、月面の高地と低地にガリレイが投影させる光線法則を、特別に扱いやすく見せてくれるのである。ガリレイはこのクレーターを範例として、また教則例として、必要としたのである。

(52) Gingerich, 1975, S. 85.
(53) Shea, 1990, S. 56f.
(54) „In Luna enim adeò elatis iugis vallatur, ut extrema hora tenebrosae Lunae parti contermina Solis lumine perfusa spectetur, priusquàm lucis umbraeque terminus ad mediam ipsius figurae diametrum pertingat. De more autem reliquarum macularum, umbrosa illius pars solem respicit, luminosa verò versus tenebras Lunae constituitur; quod tertio libenter obseruandum admoneo, tanquam firmissimum argumentum, asperitatum, inaequalitatumque per totam Lunae clariorem plagam dispersarum (Galilei, 1610, Venedig, S. 11r; Opere, Bd. III/1, S. 68, Z. 7-15; 独訳は以下による：Galilei, 1980, S. 93).

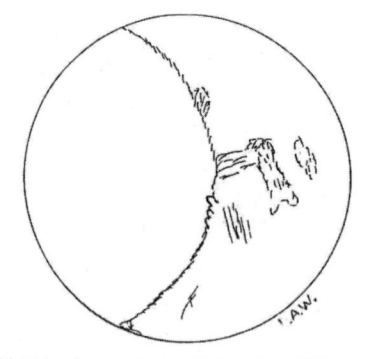

図214 トーマス・ハリオット：月相。紙にペン、1609, Petworth Ms., Leoconfield HMC 241/ ix, F. 26

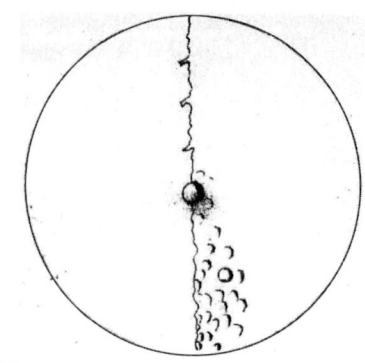

図215 トーマス・ハリオット：月相。紙にペン、1610年7月、Petworth Ms., Leoconfield HMC 241/ ix, F. 20

『星界の報告』の大々的成功が、その規模を仮構された巨大クレーターのおかげだったというのは、皮肉なことだ。イギリスの自然学者ハリオットは、すでにふれたように、ガリレイより早くに望遠鏡で月を観測していたが、その表面が平坦でないという認識を得なかった（図214）。ところが、『星界の報告』読後にハリオットが残した2番目の月スケッチでは、右手下方に特徴的なクレーター群が、山と窪地に覆われた月面の姿を表している（図215）。とはいえガリレイの熱狂的な記述と同じようにハリオットもまた巨大クレーターを受容し、月の中央に近づけて配置している。それゆえハリオットの素描はガリレイの言葉と銅版画の間の隙間を埋めたことによって、ガリレイのクレーター図よりもなお現実から遠ざかってしまった。決して自然観察ではなく自己暗示こそが、目を馴らしていたわけだ[55]。ハリオットは特例ではない。1626年、イエズス会の学者アダム・シャルはガリレイの望遠鏡による図をキリスト教科学の卓越性を中国人に誇示するために利用した。木版画で示されるが元は2葉の銅版画で、左上に逆さまになっている。これには月の昼夜同大の線上に、仮構されたクレーターが置かれているのだ（図216）[56]。

(55) Edgerton, 1984, S. 227.
(56) Schall, 1626, F. 45v; Edgerton, 1991, S. 269f.

ガリレイ自身はこの光景を訂正した。改めての月観測期間中、彼はこのク

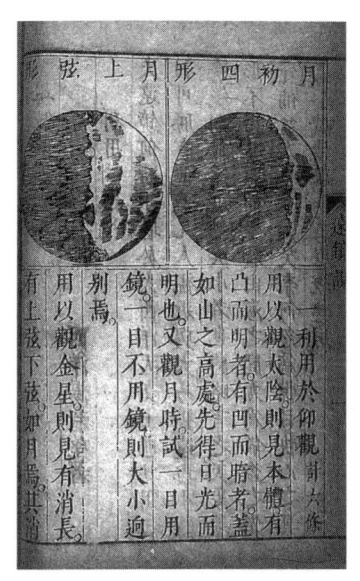

図216　作者不詳：月の2相。木版画、Schall, 1926, F. 45v

レーターが突出した地位にないという苦痛を伴う認識に至ったにちがいない。『星界の報告』の銅版画ヴァージョンはこれを見逃しようもなく顕彰しているが（図155）、フィレンツェ版素描4ではもはや存在もしていないのだ（図217）。『星界の報告』の描写に比べて違いは明白で、すでに述べたようにこの素描は銅版画が用意され置き換えられるような環境では生まれえない。アルバテグニウスのレベル訂正という理由ばかりでなく、テクニックの精巧さにおいてもこの1枚はニューヨーク版『星界の報告』ML（図218）の対応図とは区別されるのである。このことはすべてのフィレンツェ版素描にも当てはまるので、これらはガリレイが本の出版の直後と1610年6月にもう一度約束した例の活動期の明らかな産物である[57]。

(57)　この結論は、横に描き込まれた星のために1610年1月19日という日付が与えられていた F. 29v（図104）月が、その日付を失うという栄誉を担う。その星というのは大いに別解釈の可能性があって（Whitacker, 1978, S. 162）、どんな間接証拠も解明できないからには、ガリレイが新しい素描をただちに1610年6月19日のあと、あるいは——もっとありそうなことだが——次に控えた冬に制作したのかどうか、月の近隣に星が現れる可能性は無数にあって、正確な日付はむりなのだ。このページに描き込まれたホロスコープにしても月とは関係なしにこのページに描き込まれたのだから、

なんの根拠ももたらさない。

　この結論をページ 9v（図 219）の巨大クレーターもまた強化してくれる。1610 年 11 月 8 日の書簡にガリレイは昼夜同大のこの相をスケッチに描きとっているが、そこではこの現象は何の意味ももはやないのだ。遅くともこの時点までにガリレイは自分の錯誤を自覚したに違いない（図 220）。然るべき本文においても素描上の重大事を指示しながら昼夜同大の線に沿って光の劇場について雄弁に語っているのに、以前ならあれほど強烈に強調したクレーターについてはほんの一言もない[58]。

(58) Galilei の Johann Georg Brengger 宛て書簡(1610 年 11 月 8 日付), in: Opere, Bd. X, S. 468, Z. 42-65.

　同じことはさらにゴンザーガ・テクストに由来する素描にも当てはまる（図 221）。そして最後に 1611 年 2 月マルクス・ヴェルザー宛て書簡が登場する。この比較的粗いペン画においてすら、もしもガリレイが巨大な円に確信があったのなら、問題なくこれを描き込んでいただろうに（図 222）。特に彼がここでも月表面から突き出た隆起が起こす光と影の効果、なかんずくクレーターのそれを思いっきり展開していたのだから、なおのこと[59]。

(59) 同：Markus Welser 宛て書簡（1611 年 2 月付）、in: 同上 Bd. XI, S. 39, Z. 33-S. 40, Z. 68.

　それゆえ、フィレンツェ版素描の月 4（図 217）は、どう考えても 1610 年 11 月に初めて記録される認識段階、すなわち、ガリレイが『星界の報告』の中ではあれほど強調しておいた巨大クレーターの存在から別れを告げた認識段階を証言しているのだ。彼の月像の最大の目玉、巨大クレーターがまさに情け容赦もなく抹殺された。大勢の哲学者、自然学者に僧侶たちが望遠鏡による映像を拒否していた段階、あるいはガリレイ側が善意の者たちにさえこの現象を信じさせようとしてもうまくいかなかった段階で[60]、自分は失策の反省を行っていたのだ。

(60) 例えば Giovanni Antonio Magini は 1610 年 5 月 26 日付 Johannes Kepler 宛て書簡でこう記している。ガリレイ殿は「20 名を超す学者たちに木星衛星の存在を納得させ

VIII 『星界の報告』制作 237

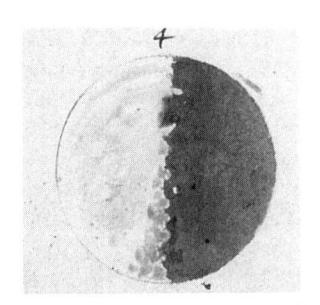

図 217 ガリレイ：月相 4。筆、水彩、1610, BNCF, Gal. 48, F. 28r

図 218 ガリレイ：月相。筆、水彩、1610, Venedig, Sidereus Nuncius ML, ページ 10v 下段

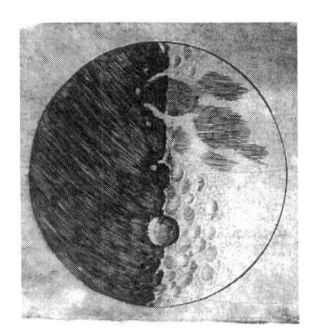

図 219 月相、銅版画、Galilei, 1610, Venedig, ページ 9v

図 220 ガリレイ：月のスケッチ、紙にペン、1610 年 11 月, BNCF, Gal. 53, F. 34v

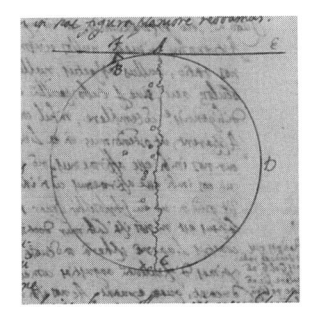

図 221 ガリレイ：月のスケッチ、紙にペン、1611, BNCF, Gal. 53, F. 65r

図 222 ガリレイ：月相、紙にペン、1611 年 2 月、BNCF, Gal. 53, F. 40v

ようと努めておりますが、「しかしながらどなたにもその新しい惑星を理解してもらえないのです」(„magis quam 20 viri doctissimi aderant, nemo tamen planetas novos perfecte vidit" [Bd. X, S. 359, Nr. 316])。

　どんなに求められても、彼がこのシリーズを中断し『星界の報告』の増刷りをさせなかった理由は、ここにあったのだろう。最もスペクタクルな本書を改版したい、いや間違いを開示せねば……といった葛藤の中で、明らかに彼はどうしても公に訂正する決心がつかなかった。1610年1月7日付書簡の素描で、あるいは『星界の報告』MLの素描で、そしてまた『星界の報告』の銅版画で、圧倒的存在感を発揮したクレーターはガリレイにとっては陥穽となってしまったのだが、そこを脱して彼は、新たな素描を一人の専門家によって銅板に彫らせようという計画を放棄した。フィレンツェ版素描は、ある挫折した企ての貴重な残骸である。

IX 太陽黒点の描写スタイル

1. シャイナーの試み

ハリオットとファブリチウス(1610年12月−1611年6月)

　ガリレイが望遠鏡の初期段階で観察した天体には、月と木星のほかに太陽があった。1611年から1613年の間、太陽が最も熱烈に観察された惑星の一つであったわけは、月の表面に亀裂が入ることに劣らず、太陽の見え方もまた、伝統のコスモス・モデルを疑問に付したからだ。学会に謎を掛けたのは太陽の黒点だった。どのようにしてこの太陽像の障害は生じるのか。なるほど黒点は日没や日の出、あるいは古代以来靄のかかった空でもすでに様々に肉眼でも観察されてきたが[1]、それはキリスト教的アリストテレス的宇宙体系の基本的な想定を曇らせることはなかった。太陽は完全な調和体であり、また曇りなき滑面体であり続けた。

(1) North, 1974, S. 119-131; Van Helden, 1996, S. 358-361. Eileen Reeves と Albert van Helden はこのテーマでモノグラフィーを準備している (2008)。

　月に関してと同様、太陽の黒点に関してもまた、この天体現象に初めて望遠鏡を向けた功績はおそらくイギリスの地理学者ハリオットに帰せられるだろう。1610年12月および1611年の1月と12月に彼は望遠鏡を規則的に黒点に向けて、また3枚の素描を製作したが、公刊することはなかった。これに続く彼の450回以上の観測、うちただ写本でのみ伝わる素描が200にのぼるが、しかし彼はこれをシステマチックに考察しなかった。少なくともこの件に関して

いかなる文書もない[2]。

(2) Albert van Helden から教示いただいた。以下を参照のこと：North, 1974; Shirley, 1978; Alexander, 1999; Biagioli, 2002, S. 53.

1611年2月末以来彼が行った観測に基づいて、フリースランド出身の自然学者ヨハンネス・ファブリチウスが、太陽黒点に関する最初の書を著し、ヴィッテンベルクの1611年秋の見本市でお目見えした。ファブリチウスは黒点を惑星内現象ではなく、太陽の表面に起こる、惑星の回転によって惹起される現象と定義した。この説は基本的に有意義とされたのだが、ファブリチウスの仕事は以後の研究界からは無視されてしまう。その理由は、二人の著名な学者による優先権争いが先鋭化したからである。すなわち、シャイナーとガリレイの[3]。

(3) Fabricius, 1611; Berthold, 1894, S. 29-38. 以下を参照のこと：North, 1974, S. 133f.; Van Helden, 1996, S. 369. Fabriciusを新たに評価することは、彼がすでにカメラ・オブスクーラを観測に使用していたのだから、未だ決着がついていない（Berthold, 1894, S. 12）。

シャイナーの方法

太陽の黒点を観測研究しただけでなく模写を公開した最初の研究者は、インゴルシュタットのイエズス会学校の数学とヘブライ語の教師クリストフ・シャイナーであった。1611年春に学生のヨーハン・バプティスト・ツュザトとともに「いくつかの相当に暗い斑点および黒い染みを太陽に」観測した後で、同年10月に探究を再び始め、結果を図版でも残したのであった[4]。

(4) Scheiner, 1612, Epist., S. A 2r; Opere, Bd. V, S. 25, Z. 9-17; 以下を参照のこと：Daxecker, 2004, S. 107.

太陽研究者はこの当時直接観測によって目を傷めるという危険と闘わねばならなかった。加えて、保護なしの眼差しがもたらす幻覚の結果は、繰り返し自己暗示の汚名を着せられることになった。それゆえに太陽光の強烈さは、研究者の健康を害さぬ程度に弱められることが肝要だった。一番簡単な解決法は、日の出の直後、日没の直前を利用すること。気象条件を補助手段とするには、霧や霞、透過性の雲が利用されるが、最終的には必要な鈍化度に応じて色ガラ

スが活用された[5]。これらすべての方法をシャイナーは利用している[6]。天体現象が目の幻惑であれ、天気に左右された障害であれ、また望遠鏡の不正確さであれ、どれが方法的に大丈夫かを確認するためには、シャイナーは繰り返しとヴァリエーションによる検証を原則としている。彼は複数の人間に望遠鏡をのぞかせ、その結果を互いに比較検証したばかりか、とくに試すべき器械を使ってみた。こうやって彼はレンズ装着の管を繰り返し導入して、黒点が姿を変ずるかどうか認識しようとした。しかし、あらゆる実験の結果、「管を覗くに黒点に変化なし。もし管が黒点現象を引き起こす原因であれば、変化は起こるはずなのだが」[7]。反証テストによってシャイナーは確信を得る。証拠は人工的に生産されることはなく、客観的なものである。この現象はリアルなりと[8]。

(5) North, 1974, S. 139f.
(6) Biagioli, 2002, S. 68f.
(7) „praeterea tuborum quilibet circumgyratus, huc illuc commotus, maculas nequaquam secum loco movit; quae tamen accidere debebant, si id phaenomenon tubus efficiebat" (Scheiner, 1612, De Maculis, S. A2v; Opere, Bd.V, S. 26, Z. 4-5).
(8) Biagioli, 2002, S. 55.

シャイナーの最初のシリーズ（1611年10月21日－1611年12月14日）

シャイナーが太陽黒点に関して初めて公刊したのは、11月12日および12月26日、30日、アウグスブルクの高位の貴族マルクス・ヴェルザーに宛てた3通の書簡の形式であった[9]。優先権を防御するために彼は最後の書簡から10日後にはもう彼の分析を12ページという薄い印刷物で公表したが、これには1612年1月5日の図版が付されていた[10]。

(9) Scheiner, 1612, Tres Epistolae, S. A 2r-A 4r (Opere, Bd. V, S. 25-27); Scheiner, 1612, Epist., S. A 4r-4v (Opere, Bd. V, S. 28); Scheiner, 1612, Epist., S. A 4v-B 3v (Opere, Bd. V, S. 28-32); 以下を参照のこと：Daxecker, 2004, S. 105-109.
(10) Scheiner, 1612, De Maculis, S. 26f. (Opere, Bd. V, S. 53, Z. 35-S. 54, Z. 3). 根本的議論は：Shea, 1970, Van Helden, 1996, S. 368ff.; 最後に：Biagioli, 2002, S. 54f.

シャイナーには恐れがあった。彼の教団が彼の観測結果に出版許可を出さないのではないかと。このために彼はApellesという偽名を使って出版したが、それはもしかするとギリシアの最も有名な画家の名声を利用したのかもしれな

い。アペレスは自分の作品を見る者がどういう意見を口にするかとカンヴァスの後ろに身を隠して耳を澄ましたとされている。「絵の後ろに隠れたアペルス Apelles latens post tabulam」とシャイナーは3通の書簡に署名した[11]。

(11) 同：1990, S. 32; 同、2002, S. 61. どんなに謙虚な身振りを見せようとシャイナーは、アペレスと名乗ることによってラファエロの衣鉢を継ごうとしている。なぜなら、ラファエロは「第二のアペレス（年老いたアペレス）として知られていたのだから (Ebert-Schifferer, 2006, S. 5)。

彼は用心するには当たらなかった。こういう現象があるのだと証明した後で、なるほどこれは太陽の前で起こる現象なのだが、太陽とは独立しているのだと、彼は主張したのだ。つまり影のようなものは移動していって二度と戻ってはこないのだから、シャイナーの考えでは、これは太陽の上に固定しているのではない。「その意味するところは、太陽上の現象ではないということである。むしろそれはほんとうに斑点でもなくて、いっそ、太陽が我々から部分的に隠している物体、ゆえに星辰である」[12]。こう斑点を星であると定義してシャイナーはこの最大天体の不変性を守ったのである。

(12) „Quod argumentum est, eas in Sole non inesse. Quin, nec veras maculas esse existimaverim, sed partes Solem nobis eclipsantes, et consequenter stellas" (Scheiner, 1612, De Maculis, S. A3; Opere, Bd. V, S. 26, Z. 26-28; 以下を参照のこと：Biagioli, 2002, S. 56).

見開きにわたる大きさで印刷された図版はこの解釈を説得しようとする（図223）[13]。それは大きな円形と39の小円を提示している。小円のそれぞれには太陽黒点が1611年10月21日から12月14日に至るまで記入されている。左上には10月21日の出発点の見本が拡大される。右隣りには円の切片が、太陽の朝から翌日の10月22日の夜に至るまでの運行が示され、4行の水平な索引には12月14まで1日につき三つの書き込みに至るまで日々がまわっていく[14]。

(13) Scheiner, 1612, Epist., S. B4; Opere, Bd. V, S. 33.
(14) 11月は11, 15-22, 24, 25, 29, 30, 12月は2-7, 9, 12日が欠けている。

1番目の拡大された円が示すように、シャイナーは黒点をアウグスブルクの銅版画家アレクサンダー・マイアを使って、しっかりと濃く表されたコンパクトな塊として描かせている（図224）[15]。お手本のような拡大図には左下から

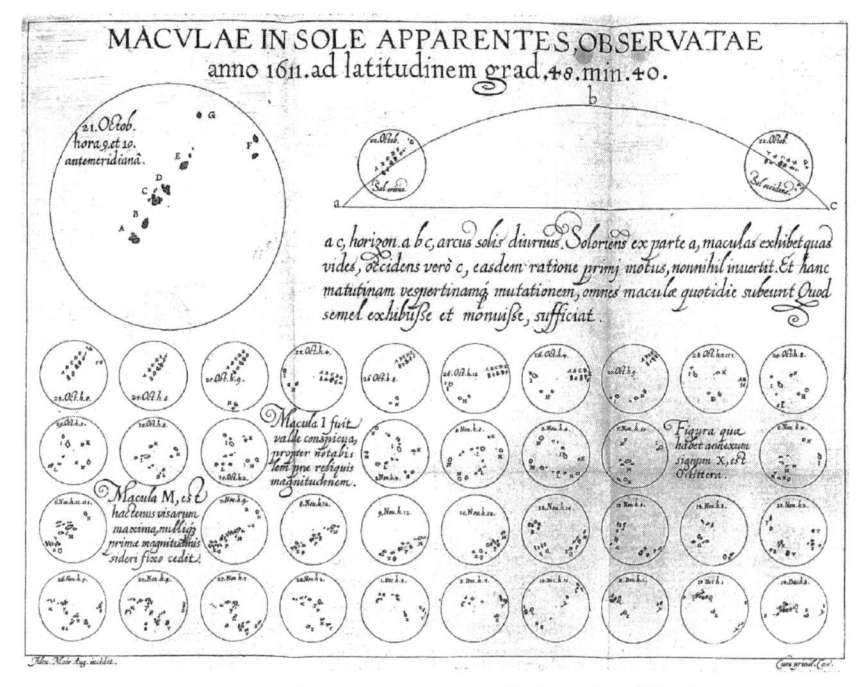

IX 太陽黒点の描写スタイル 243

図223 アレクサンダー・マイア：シャイナーの太陽黒点の図。銅版画、Scheiner, 1612, Epist., S. B4

右上に連なるエレメントが見え、それにはAからEまで最初のアルファベットが与えてあり、これによって個別化が図られている。左下に描かれた二重形成物Aには平行線が描き込まれるが、その上の黒点はコンパクトに黒く描き込まれる。塊Bは内部に点を打つことで他とは違っている。複合体Cは編み合わせのように広いゾーンを占め、3次元の合体を曲線が特徴づけている。Dの形態も同様である。左上から右下へ向いた栓状のものが小部分によって組成され、右上を指す軟骨状のものは識別しにくい。Eはネットの帷子のように交差線によって特徴づけられ、その上方には記号なしの二つの小さくなっていく個体が漂い、コンパクトに黒く形成される。これら連続体の外に登場するのがGとFで、描写法としてはBにならっているので、技術的拡大はない。平行線から交差線に至るまで、くすみのない白から凝縮した黒に至るまで可能性のオン・パレードであり、縁をはみ出して対角線を走らせる連なりはまさに鮮か

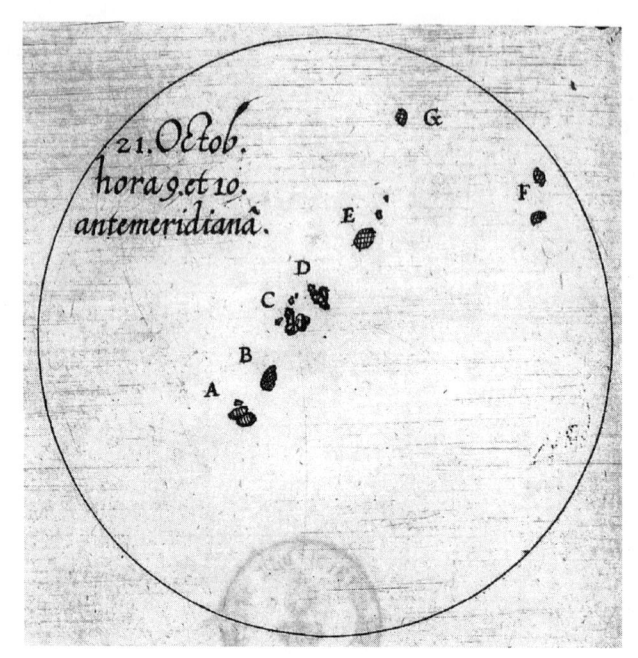

図224　アレクサンダー・マイア：1611年10月12日のシャイナーの黒点、図223の部分

な広告塔のようなものだ。
(15) Van Helden, 1996, S. 372.

　シャイナーとしては彼の理論を証明するのにこれ以上好都合の黒点配置はありえなかったろう。このことは彼が絵を修正し構成し直したのではないかという疑いを引き起こしかねない。けれども彼は太陽黒点の始まる配置を、10月29日に完全消滅するまで8日間を超えて、そして総計11枚の図版として追いかけていた。ということは彼は軌道の始まりを仮構したのなら、シリーズ全体にわたって操作しなければならなかったろう。であるなら、彼は修正を加えていないと考えられる。シリーズの始まりが特別に恵まれて、天が下された範例として彼の解釈を支持してくれた日だったのだ。
　シャイナーは銅版画家と協働して黒点をまさに幻視的正確さで眩しい円盤の前に配置することで、黒点が空間深く漂い太陽からは遠く離れているという印

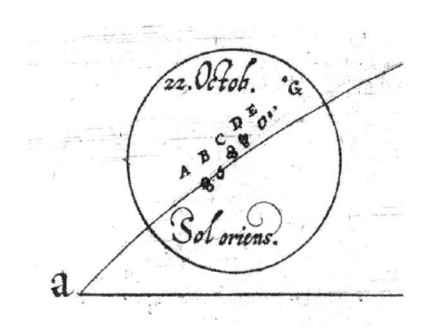

図225　アレクサンダー・マイア：1611年10月22日のシャイナーの黒点、図223の部分

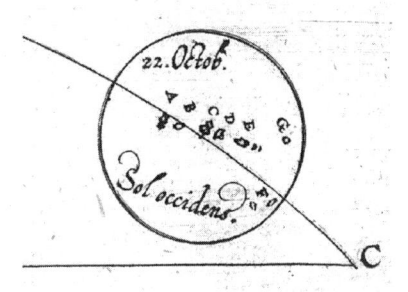

図226　アレクサンダー・マイア：1611年10月22日のシャイナーの黒点、図223の部分

象を引き起こした。けれどもまたこうすることで彼は眼前の現象を線画のスタイルで因習的天体論と宥和させたのである。外部輪郭を使う表現方法こそ、科学テーゼに明証性を与えることができた。

　左上にシャイナーは日付だけでなく時刻も書き込んでいるので、彼の描写に信憑性を効果的に強化したに違いない。「時刻9と10、午前」(hora 9. et 10. Antemeridianam)。この形式を彼は小円の場合にも踏襲した。1611年10月22日の二つの見本は太陽の描く弧の開始と終点を示し、一連の黒点が10月21日の見本のように左から右上へと経過し（図225）、夕刻には右へと傾いていくことによって、太陽の内部運動を明示した（図226）。一目で、どの時刻にこれに続く日々の撮影が企てられたのか、こういう描き方で分かるようになっていた。

　とくに、使える平面がわずかであるために通例として許される黒点表現は、中身の空っぽな白丸のみ（図227）、あるいは囲んだ丸を黒く塗りつぶしたものであるので（図228）、コンパクトなスタイルは以下の四つの水平なシリーズ描写でも維持されている。形成物全体から確信できることは、太陽黒点は地球と太陽の間にある個体であること、その固体内の現れ方が変化するのは、ただ星間の障害に部分的に覆われる場合の現象にすぎないこと。

　こういう解釈はともかく、自己コントロールとシリーズ描写というシャイナーの方法は、一派をなした。その首尾一貫性によって彼は、現象を追求するには枠組みを定義しておくという均一方法の原理を打ちたてた。

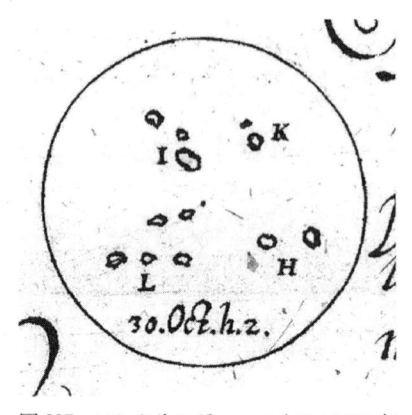

図227 アレクサンダー・マイア：1611年10月30日のシャイナーの黒点、図223の部分

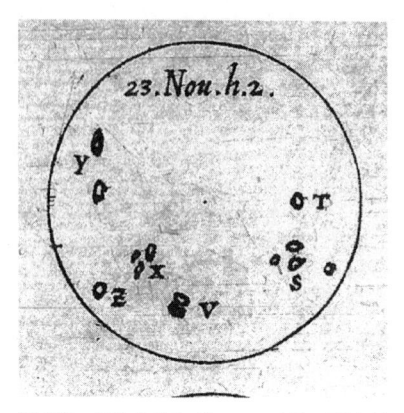

図228 アレクサンダー・マイア：1611年10月23日のシャイナーの黒点、図223の部分

シャイナーの第2シリーズ（1611年12月10日－1612年1月11日）

　第1シリーズ終結4日前、1611年12月10日、シャイナーは第2の観測シリーズを開始していた。それは1612年1月11日に至るまで継続され、1月16日付ヴェルザー宛て書簡の基礎資料となった[16]。続いて4月14日と7月15日付の2通の書簡、および9月の新たな観察シリーズと合わせて出版の運びとなった[17]。

　(16)　Scheiner, 1612, De Maculis, S. 3-27; Opere, Bd. V, S. 39-54.
　(17)　Scheiner, 1612, De Maculis. 以下を参照のこと：Daxecker, 2004, S. 110f.

　第1サイクルと違って第2連続画は、円のそれぞれが正午を示す直径を与えられていることである（図229）[18]。この線分の揺れによって、どの時刻に、それが正午以前であれ以降であれ、写し取りが完了したのかが、一目瞭然となった。線分がより低く左下から始まるほどに、それだけ朝早くに観測はなされ、より高く左上に上がるほどに、それだけ午後遅くに黒点観測はなされたのである。12月10日、11日、13日の円は太陽の前を通過する金星の軌道が付け加えられている。

　(18)　Scheiner, 1612, De Maculis, S. 16.

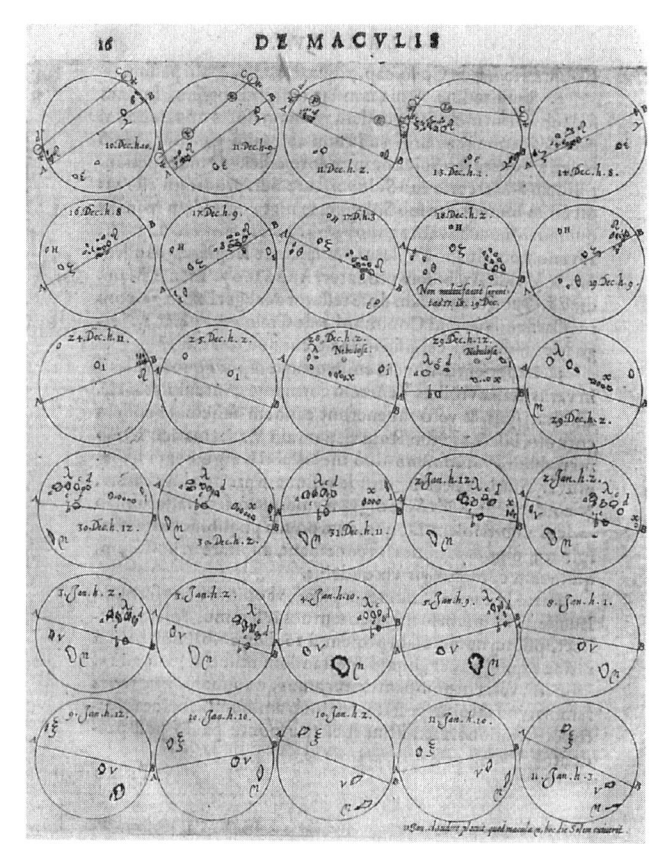

図229 アレクサンダー・マイア：シャイナーの太陽黒点図、銅版画、Scheiner, 1612, De Maculis, S. 16

　円の大きさ、環の太さ、文字の記入、および黒点の確定は第1図のままに残される。違いは銅板上の彫りが少し繊細になっている点である。アレクサンダー・マイアが第2シリーズではより細い針を使ったのは明らかである。さらに違いを数えると、黒点にはラテン文字ではなくギリシア文字が付されている。だから12月29日図の左端にはμと記された線条が登場する（図230）。それは下半球を移動しながら次の数日間膨らみ始め1月4日には大変な大きさになる（図231）。その内部はひたすら明るいが、その黒く不均一な縁は単なる輪郭線の範囲を超え出ている。1月5日には縁は触手状にほつれていき、1

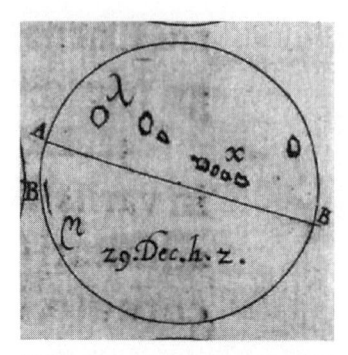

図230 アレクサンダー・マイア：1611年12月29日のシャイナーの太陽黒点、図229の部分

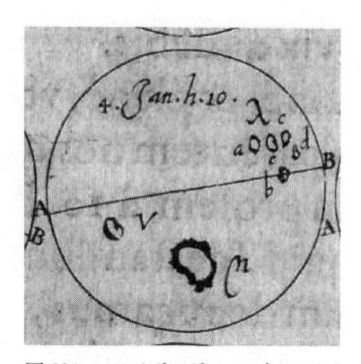

図231 アレクサンダー・マイア：1612年1月4日のシャイナーの太陽黒点、図229の部分

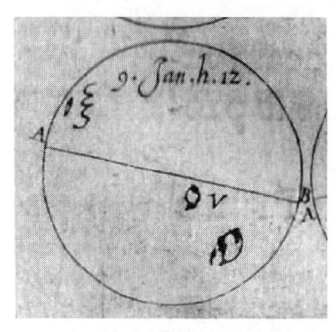

図232 アレクサンダー・マイア：1612年1月9日のシャイナーの太陽黒点、図229の部分

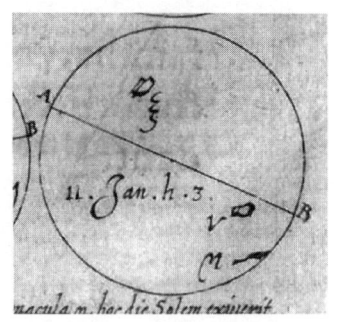

図233 アレクサンダー・マイア：1612年1月11日のシャイナーの太陽黒点、図229の部分

月9日には下方左にかけらが分離してしまう（図232）。こういう巨大黒点が、1月11日、太陽の縁の向こうへ移動していくことでこの連続画全編が終わる（図233）。

シャイナーの第3シリーズ（1612年3月16日－1612年4月4日）

　1612年3月16日から4月4日までシャイナーは第3シリーズを実行し、新たな描写原則を立てる（図234）[19]。時刻や太陽軸の設定とは独立して、まるで黒点観察が正午に行われたかのように、写し取り図を回転させた。こうする

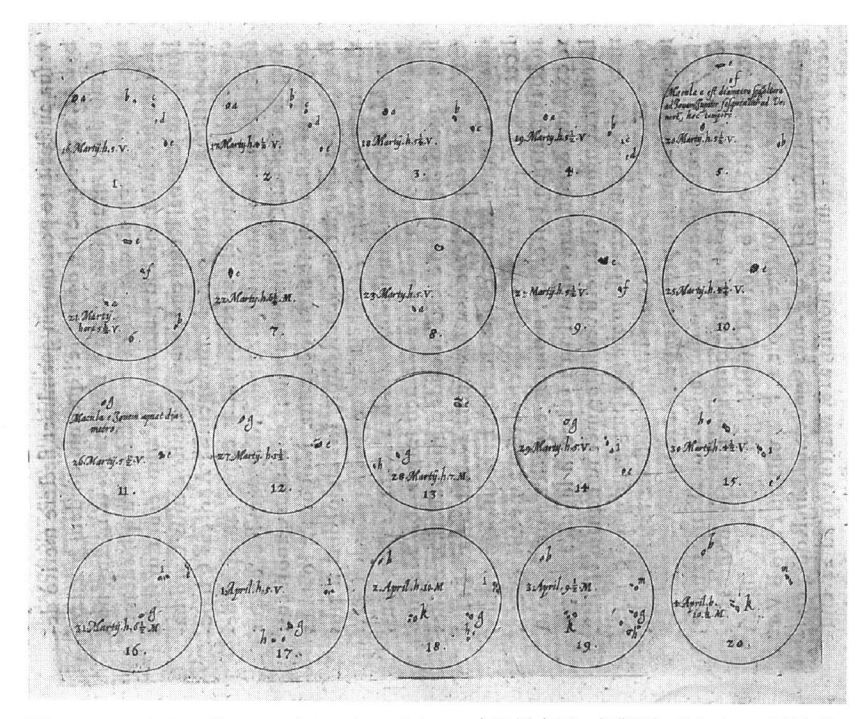

図234 アレクサンダー・マイア：シャイナーの太陽黒点図、銅版画、Scheiner, 1612, De Maculis, S. 42

と太陽黒点の運動は一目で追うことができるのである。シャイナーは天体運行を規準にそって水平に並べた描写の走査線(ラスター)にかけて、イメージ化したのだった。

(19) Scheiner, 1612, De Maculis, S. 42 (以下を参照のこと：1613, S. 47; Opere, Bd. V, S. 63); 同、続き、1612, S. 46 (同、1613, S. 50; Opere, Bd. V, S. 66).

　文字と番号の記入も新たな形式に従う（図235）。日時のデータは、通常、左下の半球に記入され、中央軸には1-20の順番が与えられる。太陽黒点はラテン小文字でa-kでマークされ、結果、この記号の変化だけで黒点の運動を追うことができる。こういう原則によってシャイナーはあらたに自然科学的ヴィジュアル化の歴史に新機軸をもたらした。図像自体、研究の基礎部分であるゆえに分析の積極的部分でもあったからである。1612年4月14日、両シ

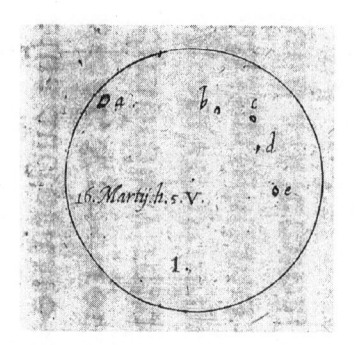

図235　アレクサンダー・マイア：1612年3月16日のシャイナーの黒点、図234の部分

リーズを終えた6日後、シャイナーはこの原則をマルクス・ヴェルザー宛て第5書簡の形で書き留めた[20]。

(20) Scheiner, 1612, De Maculis, S. 27-31; Opere, Bd. V, S. 54-56.

2. ガリレイとチゴリの反応

優先権を争うシャイナー、ガリレイ、パッシニャーノ

　ガリレイとその友人チゴリが太陽黒点の研究を企てたのは、この時点である。ガリレイはシャイナーの優先権を決して認めなかった。年をとればとるほど彼は、黒点研究の時期を古い方へとずらしていき、この領域でも自分に優先権があると主張した。1612年6月付マッフェオ・バルベリーニ宛て書簡では1610年12月を研究開始の時期といい[21]、1613年刊『イストリア』では同11月であるとの言及があり[22]、1632年刊『天文対話（ディアロゴ）』ではすでにパドヴァ時代、つまり遅くとも1610年9月にはもう観測していたという話が出て来る[23]。

(21) Galilei の Maffeo Barberini 宛て書簡（1612年6月2日付), in: Opere, Bd. XI, S. 305, Z. 20f.
(22) 同上: Bd. V, S. 95, Z. 22.
(23) 同上: Bd. VII, S. 372, Z. 29-31; 以下を参照のこと; Biagioli, 2006, S. 162, Anm. 52, 同: 2002, S. 53f., Anm.33; 近年の論争は以下を参照のこと: Daxecker, 2004, S. 42-44, および、同: 2005, S. 9-11.

1631年にヴェネツィア共和国の反ローマ派参事官フルジェンツィオ・ミカンツィオからガリレイがもらった書簡は、つぎのように請け合っている。シャイナーの優先権請求について聞き及び、自分はガリレイがパードレ・サルピに新しい望遠鏡の力によって太陽黒点を示した場所すら言うことができますと。お二人は現象の性格を議論し、公開討議を繰り返した後で、現象の客観的評価と哲学的結論にまで至ったのでありますと[24]。 ここにガリレイがパドヴァ時代にはもう黒点研究に従事していたと証言してくれる者が現れてみれば、ミカンツィオの補足はガリレイを満足させたであろう。「この点についての私の記憶はきわめて鮮やかで、まるで昨日のことのようなのです。しかし何という愚か者どもであろうか！ 真実は勝利するのです」[25]。この書簡によってガリレイは、彼の黒点研究の始まりをパドヴァやヴェネツィア時代に遡ろうと動機を得たのではあるまいか。たしかに出来事と記憶の瞬間の間には20年間が横たわり、おまけにガリレイの1612年5月の自己弁明はこれに矛盾する、しかしミカンツィオの証言が請け合うのであれば、彼の推論も少なくとも可能性としては有効かもしれないではないか。

(24) Fulgenzio Micanzio の Galilei 宛て書簡（1631年9月27日付), in: Opere, Bd. XIV, S. 299, Z. 17-23, 同上：Bd. V, S. 9.

(25) „La memoria di ciò m'è fresca come se fosse hieri. Ma che bestia si trovano! La verità vince" (Fulgenzio Micanzio の Galilei 宛て書簡［1631年9月27日付], in: 同上：Bd. XIV, S. 299, Z. 23-24).

ガリレイが1611年春のローマ旅行中に、つまり言うなればシャイナーが研究を始めたのと同じときに太陽黒点を観測し、友人および著名な司教、科学者たちを前に実際に見せたということは、疑いもないことと請け合われた[26]。ガリレイの努力は反響を呼び、大勢の人士、なかんずくヴィヴィアーニのもとでガリレイの友人として紹介された画家チゴリとパッシニャーノが自分たちで研究を始めたのだった[27]。

(26) Galilei の Maffeo Barberini 宛て書簡（1612年6月2日付）in: 同、Bd. XI, S. 305, Z. 26-28.

(27) Lodovico Cigoli の Galilei 宛て書簡（1611年9月16日付）in: 同、S. 208f. Van Helden, 1996, S. 373.

しかし素描が伝わっているのは、ようやく1611年9月以降のことである。

チゴリがパッシニャーノの観測について報告したとき、観測を確定する2枚の素描（図236、237）が添えられた[28]。9月13日にはパッシニャーノは、チゴリによって下段の素描に描きとめられたごとくに4本の平行する黒点と、これらからは独立して黒々とした点を一つ見つける。これら個体のすべては太陽の領域内で回転し、運動しているもののようである[29]。チゴリが前もって報告していることには、このことはまた上段に描き込まれた黒点にいっそう当てはまるのであると。これをパッシニャーノはおそらく9月16日直前の朝に、AからBに、夕べにはCに向かって移動していくのを目撃した[30]。そのおおよその総括の中でまさにふれていることだが、これら二つのスケッチは、ハリオットの写し取ったものにならって伝えられた太陽黒点の最初の二つの図を描いたものなのだ。シャイナーが自分の大々的研究をまず素描として、次に銅版画に置き換え始めたのは、ようやく翌月のことだった。それだけ一層印象深いことには、チゴリは点とともに平行な線条と文字を用い、すでにのちの記録のグランド・デザインとなるものに手をつけているのだった。

(28) Lodovico Cigoli の Galilei 宛て書簡（1611年9月16日付）in: Opere, Bd. XI, 208, Z. 2-S. 209, Z. 13; 以下を参照のこと：同 Galilei 宛て書簡（1611年9月20日付）in: 同、S. 212, Z. 9-17; Biagioli, 2002, S. 74, Anm 118. Van Helden, 1996, S. 373. in: 同、S. 208f. Van Helden, 1996, S. 373.
(29) Lodovico Cigoli の Galilei 宛て書簡（1611年9月16日付）in: BNCF, Gal. 89, F. 41r (Opere, Bd. XI, S. 209, Z. 13-18) 同、S. 208f. Van Helden, 1996, S. 373.
(30) 同上、Z. 12-13.

同じころ彼自身は1週間を超えて太陽を観測し、同様の現象を認めていた。彼はこれを一連の素描にとどめ、ガリレイが報告を残しているが、現在行方不明である[31]。ガリレイがパッシニャーノの観測について詳しく尋ねているのも、当人の強調によれば、「私の観測と比較するため」であった[32]。この注釈は、ガリレイが当時すでに太陽黒点について自分で素描を使っていたことに何ら疑いを持たせるものではない。しかし、それがシステマチックに整理されていたのか、どれほどの日数にわたっていたのか、については分かっていない。

(31) Lodovico Cigoli の Galilei 宛書簡（1611年9月16日付）, in: Opere, Bd. XI, S. 209, Z. 18-19.
(32) „per confrontarle con le mie" (Galilei の Lodovico Cigoli 宛書簡 [1611年10月1日付] in: 同上, S. 214, Z. 18f.).

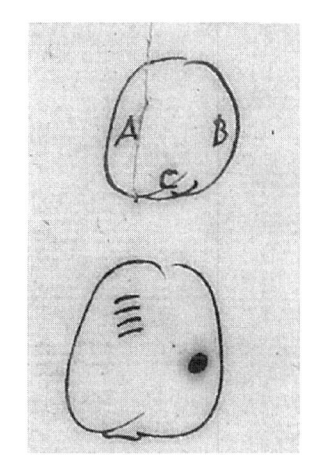

IX 太陽黒点の描写スタイル 253

図 236 ロドヴィコ・チゴリ：ドメニコ・パッシニャーノの太陽黒点、1611 年 9 月 13-16 日、紙にペン、図 237 の部分

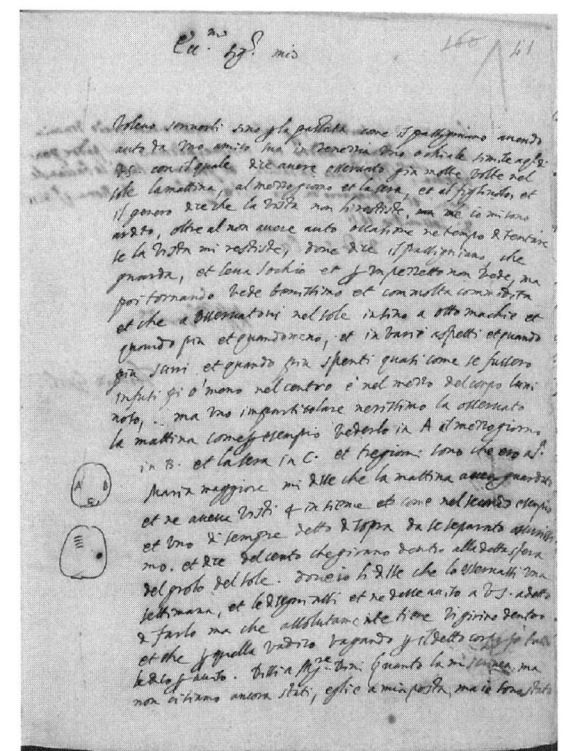

図 237 ロドヴィコ・チゴリのガリレイ宛て書簡、1611 年 9 月 16 日付、BNCF, Gal. 89, F. 41r

その年の終わりにパッシニャーノは、ガリレイに自分の素描を送ったと報告している[33]。ここから第二の優先権争いが生じる。チゴリがガリレイに、1612年2月3日に報告していることには、パッシニャーノが自分の素描を根拠に、この天体現象研究において優先権ありと見なしていると[34]。2月17日、パッシニャーノは自からガリレイに相談し、9月以降続行中の研究に関して黒点が太陽中に存在することを報告している[35]。

(33) Domenico Passignano の Galilei 宛て書簡（1611年12月30日付）in: 同上, S. 253, Z. 8f.; Biagioli, 2002, S. 74, Anm.118, および続きも。素描は伝わっていない。
(34) Lodovico Cigoli の Galilei 宛て書簡（1612年2月3日付）in: Opere, Bd. XI, S. 268, Z. 14f.; Biagioli, 2002, S. 74, Anm.118.
(35) Domenico Passignano の Galilei 宛て書簡（1612年2月17日付）in: Opere, Bd. XI, S. 276f.

ガリレイの第1シリーズ（1612年2月12日－1612年5月3日）

ガリレイが自分の研究をシステマチックな理解を目的として始めたのは、おそらくパッシニャーノの優先権要求についてチゴリから手紙をもらった日だったろうと思われる。しかし、彼を促した付加的な理由、いや、もう少し強い動機としては、シャイナーの初めての発表があったのだろう。それは彼の元へは1612年1月5日の発表以後ヴェルザーを介して送られていた[36]。ガリレイをして1612年2月12日に新たなシリーズを始めるよう挑発したのは、パッシニャーノに対する、とりわけシャイナーに対する競争関係だった。

(36) Galilei の Maffeo Barberini 宛て書簡（1612年6月2日付), in: 同上, S. 305, Z. 32f.

1612年5月3日までにガリレイは23の太陽環を4葉の細長い紙片に描き込んでいる（図238、239）[37]。彼はシャイナーの書を実見していたにもかかわらず、システマチックなスタイルについてシャイナーの描き方に追随していない。むしろ彼のスケッチのいくつかは円形をフリーハンドで描いており、コンパスあるいは型を使った場合でも直径は3.6から5.9cmの間を揺れている。驚きなのだが、最初の8個の円形は5.0－5.1cmの大きさで記入されているのに、それに続く7個の円形はフリーハンドで描かれ、その大きさは適用されていない。その最後の7個にはあらためて一定の大きさが使われているが、それは直径3.6cmで、彼の最初のスタンダードにも従っておらず、シャイナーの

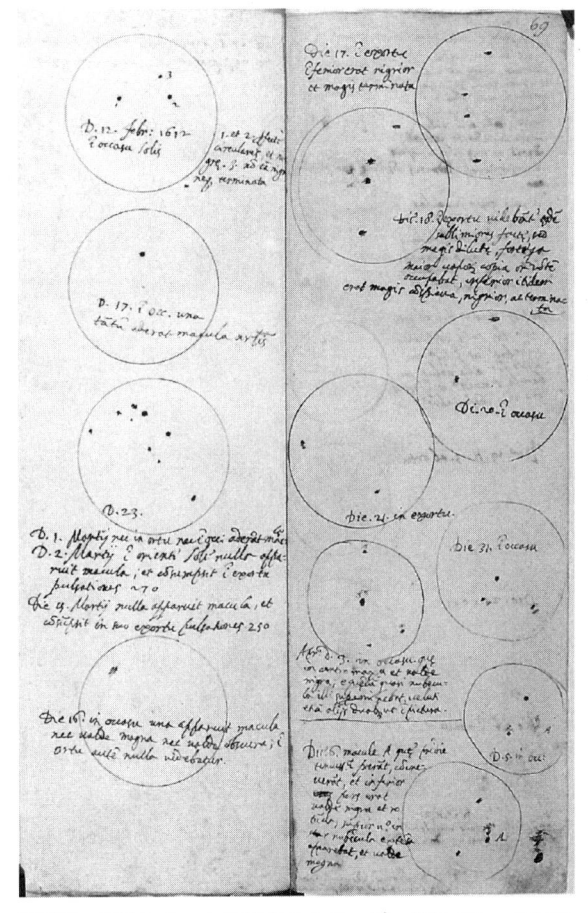

図 238　ガリレイ：太陽黒点のシリーズ、紙にペン、BNCF, Gal. 57, F. 68v-69r

太陽と一致する 2.5 cm レベルにも追随してはいない。

(37)　BNCF, Gal. 57, F. 68-70 (Opere, Bd. V, S. 253f.).

　こういう実験的やり方を太陽黒点自体も証言している。2 月 12 日の第 1 円形（図 240）は書き込みも含めてシャイナーの太陽をお手本にしている。円形内部の空いているゾーンに日、月、および年号を加え、日没の時間を添えているのが、それである。たしかにガリレイは黒点の表記に関してはシャイナーの

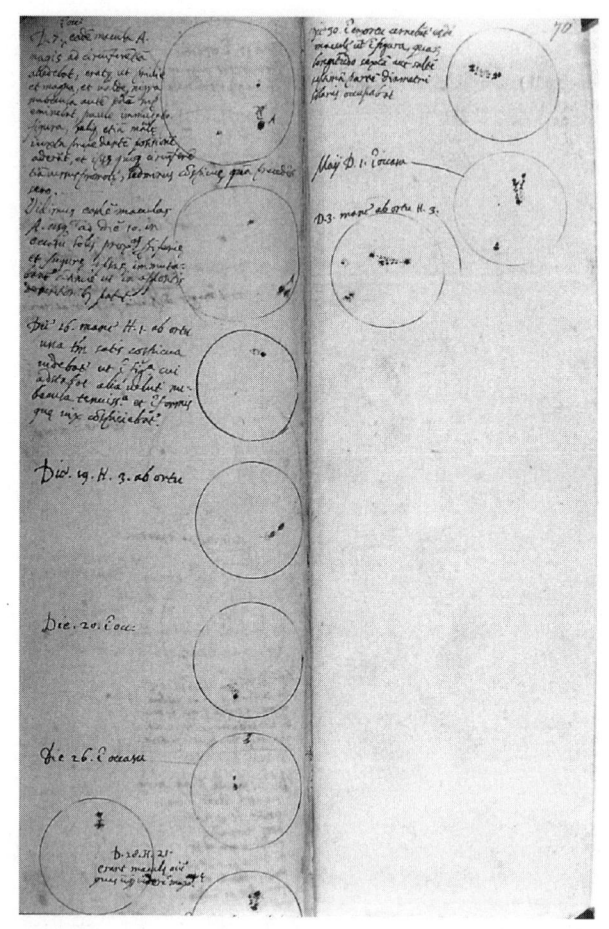

図239　ガリレイ：太陽黒点のシリーズ、紙にペン、BNCF,
　　　　Gal. 57, F. 69v-70r

　図版を先達としているが、記入に使ったのは文字ではなく数字である。
　ガリレイは円形の右隣につけたメモでは、観測された三つの太陽黒点を濃い黒の真円と捉えており、そのうち3番目は明らかに完全に円形ではなく、より淡く描かれている[38]。ペンで描き移された絵においては、第1黒点が円形ではなく軽く楕円形をしており第2黒点が左側面をへこませているという点で、正確を期することにガリレイは失敗した。記述に従えば、円形3はぎざぎざし

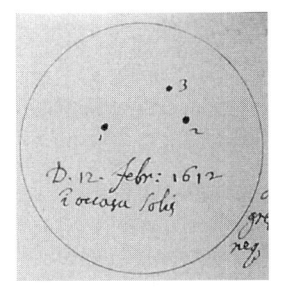

図240　ガリレイ：太陽黒点、1612年2月12日、図238の部分
図241　ガリレイ：太陽黒点、1612年2月17日、図238の部分 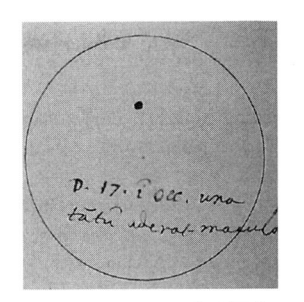
図242　ガリレイ：太陽黒点、1612年2月23日、図238の部分 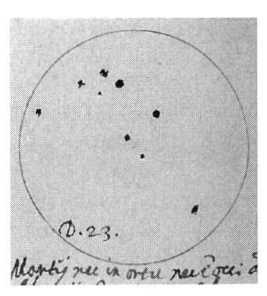

ており、心持ち淡い。しかしながら、すでにこうした微細な差異化が、いかにガリレイの色彩感覚が簡にして要を得ているかを示すものなのだ。

(38)　„1. Et 2. Perfecte circulares, et nigres. 3. non tantum nigra neque terminata"（BNCF, Gal. 57, F. 68v［図238］）.

　2月17日（図241）に黒々とした黒点が現れる。これに対し2月23日の9個の黒点にはコンパクトな個体があるかと思えば、内部状態のさらに強烈に違ったほつれのようなものもある（図242）。次の数日間は天気のせいで観測が取りやめになっており、そのあと3月16日に輪郭の明快な蛇状に走る線によって新しい表現スタイルが生まれる（図243）。翌3月17日、新たな1ページが始まる。ガリレイのさらなる革新ぶりは、四つの明るい水平線に位置する黒点がまるで筆で描かれたようで、内部構造を初めて指摘している点にあり、これはシャイナーが均質なものとした定義とはそもそも範疇が違っている（図244）。3月20日、ガリレイは中央左に、上に向かってカーヴした線が2本伸びてできたものとともに、上部円の縁に2本の平行な、線としては水平な斑点が連動したもう一つの形成物を展開している（図245）。3月31日、ガリレイは三つのコンパクトな褐色の黒点を二つの細かく線を引いた明るい造形と結びつける（図246）。4月3日に続くのは、まさにヴァリエーションの見本のようにデータ化された円環である（図247）。点の群体や二重点のように点から線条、曲線のなぞりに至りつつ淡い「かげり」を伴いながら、すべてそれほどに展開した形態が一つとなって、内部に運動を起こしている。それはシャイナー

ふうの刻印を持ったコンパクトな個体とはまるっきり違う。

これに続く数日、こういう写し取り技術の常に新しい組み合わせが変奏され、研究最後の3日間、4月30日、5月1日、3日には、またもあらたな地平が開かれる。4月30日の提示は、二つの黒い互いに深く異なる帯の両端を決定し、その間に介在する形成物はその色調と形を様々に変化させている（図248）。

この原理の絶頂はこれに続く5月1日の円である（図249）。ガリレイは上へ伸びる2本の枝のようなものを指し示す。その左側の綱状のものは黒い外殻を持っており、一方、中央の両エレメントは明るめの色で描き込まれている。もちろん下方の個体もより明るい点の集合の花冠を下方へ指差している。右の枝は始まりはまず水平に緩く破線で描き込まれ、上に向かって凝縮し、それに応じて深く褐色になっていく。ずば抜けて繊細な明暗のニュアンスと透明塗料の仕上げは、ガリレイがここでペンを用い、様々な明度のインクをぼかして使ったのかどうか、あるいは羽根ペンではなく細い絵筆に持ち替えたのかどうか、もはやほとんど決定できない。繊細なグラデーションがきっぱりと明言しているのだ。ガリレイの投入した技術は、シャイナーの黒点理論には真っ向から反するテクニックであった。

1612年5月3日の最後の像もまた、この様式の華である（図250）。縁には三つ認められ、そのまわりに点々の花冠があるが、それと並んでフォーク状の大きな黒点が、再度変形した形で示される。この集合体にしても以前のものにしても細かい色ニュアンスによるグラデーションをつけられた黒点内模様を見せている。

23個の円形すべてが、始めはためらいがあるものの最後はペンによるニュアンスの技術を乗り越えるべくガリレイのペンがいかに微に入って表現できるようになったかを示すものである。点と線によって黒点内をいっぱいにしようという最初の試みでは、内部構造を様々な褐色でニュアンスを出すことに成功した。黒点の変形性格を強調すべく彼は、内部変化をペン使いの変奏によって決定できた。コンパクトな諸点が内部を差異化させ形成しはじめたあとでは、破線で示された蛇状曲線、水平平面、破線や点々で描かれる暈（かさ）、点状の雲気、大きく枝分かれしたコンパクトな線条のもの、そしてあらゆる可能性が一つの形成物へと統合されていく。

ガリレイが考えたように、もし太陽黒点が天地の間に漂うのではなく、雲の

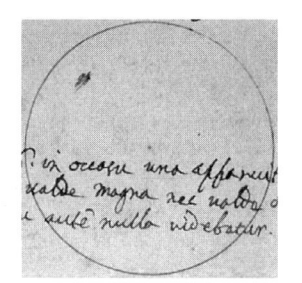

IX 太陽黒点の描写スタイル 259

図243 ガリレイ：太陽黒点、1612年3月16日、図238の部分

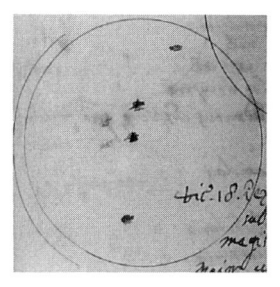

図244 ガリレイ：太陽黒点、1612年3月17日、図238の部分

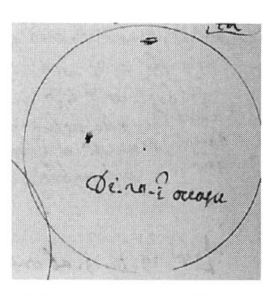

図245 ガリレイ：太陽黒点、1612年3月20日、図238の部分

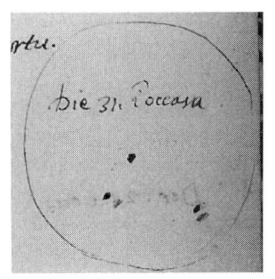

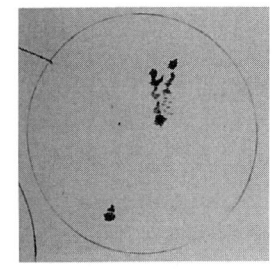

図246 ガリレイ：太陽黒点、1612年3月31日、図238の部分

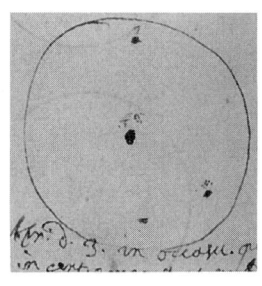

図247 ガリレイ：太陽黒点、1612年4月3日、図238の部分

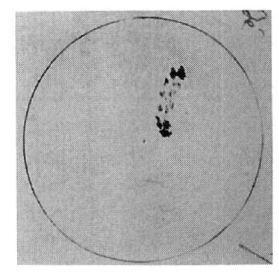

図248 ガリレイ：太陽黒点、1612年4月30日、図238の部分（90度右へ回転）

図249 ガリレイ：太陽黒点、1612年5月1日、図238の部分

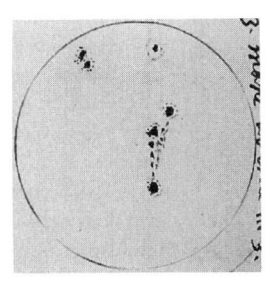

図250 ガリレイ：太陽黒点、1612年5月3日、図238の部分（90度右へ回転）

ように太陽表面を移動するのなら[39]、その変容構造は再製技術に見て取れるにちがいなかろう。だからこそガリレイのペン運びの調整ぶりを見るときには、彼がどのような描法によって確実性を見出していくのか、入念に観察すべきなのだ。描法のスタイルの条件となる手さばきは、把捉したものの理解のために直接的究極的なものを掌握している。思考スタイルと描法は互いを規定する。描写スタイルはシャイナー理論に対する対案だった。

(39) Opere, Bd. V, S. 106.

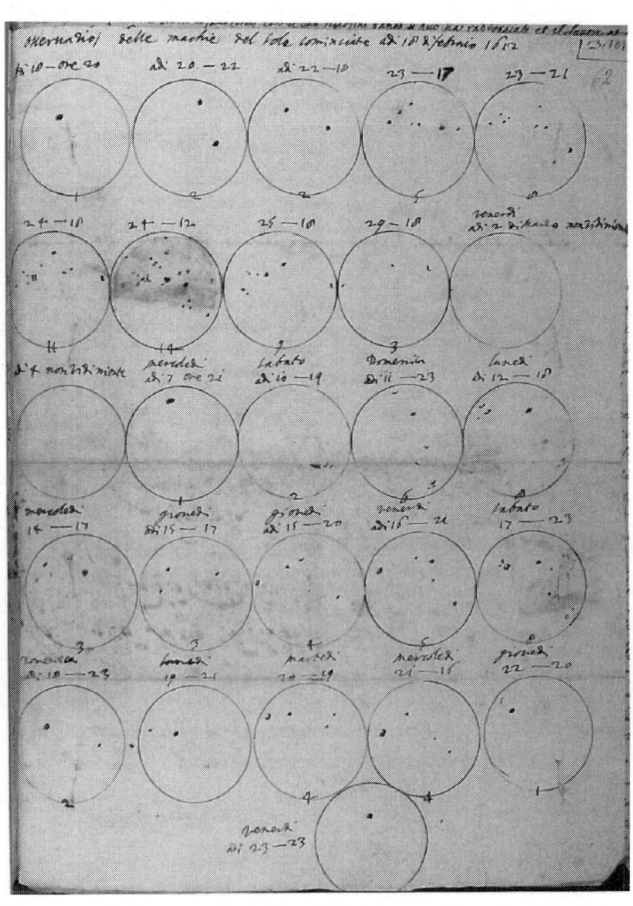

図251　ロドヴィコ・チゴリ：太陽黒点のシリーズ、紙にペン、BNCF, Gal. 57, F. 62r

チゴリの最初のシリーズ（1612年2月18日－1612年3月23日）

　1612年2月18日、ガリレイが最初の太陽黒点観測をスケッチし始めてから6日後、チゴリは最初のシリーズに手をつけた。彼は1612年3月23日まで続く研究を、1枚の用紙に26個のスケッチを描き込んだ（図251）[40]。このとき彼が使用したのは、ペンだけである。

(40)　BNCF, Gal. 57, F. 62r; Opere, Bd. XI, S. 288.

　ガリレイとは対照的に彼は直径を3.5cmに固定し、文字と数字の書き込みを定式化することでよりシステマチックに処理した。太陽の縁を日時の表記から解放するという新しい書き込み方法を採用することになったのは、円面積を均等にすることへの配慮だったのだろう。日時はダッシュ記号で結ばれながら円の外上に、円の外下には目に入る太陽黒点の数が記入される。光学的印象はこうやって数字の記入によってコントロールされることになっていた。

　ガリレイ同様チゴリも太陽黒点の素描に転調を施すすべを心得ていた。転調あればこそ、褐色のグラデーションや斑点（macchie）の内部のニュアンスが表現可能なのだった。そこで2月18日の最初の分かれ道がすでに濃褐色の黒点を示し、それは決して完全な丸を描いておらず、三つの凹凸を持った形をしていた（図252）。翌日にはこの黒点は二つになり、さらには急速に動く点の群れ、あるいはコンパクトな個々の個体にほぐれていく。

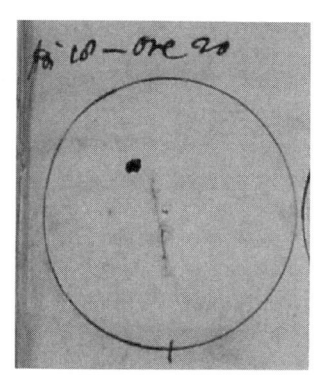

図252　ロドヴィコ・チゴリ：太陽黒点のシリーズ、1612年2月18日、図251の部分

チゴリはこのシリーズを終結の日に早くもガリレイに送り、その添え付け文書に望遠鏡を使用した時のきわめて印象深い証言を報告している。自分は望遠鏡に習熟したがガリレイには及ぶべくもないと先ず認め、「私がかなり上等の望遠鏡を所持していると、閣下に書いた覚えはございません。私の望遠鏡はせいぜい、サンタ・マリア・マッジョーレから聖ピエトロの時計および時計の針を見ても、閣下のものを使用した時のようには時間を読み取ることができないしろものです。もしさらなる機微をご教示いただけるなら、どうぞおっしゃって下さいますようお願いします」[41]。

(41) „Non credo avere scritto a V.S. come io ò uno ochiale, et è assai buono, tanto che veggo da Santa Maria Maggiore l' orivolo di S. 0Pietro, la lancetta dello orivolo, ma i numeri del' ore non così distinte et intelligibile come vedevo con il suo; però se mi à da dare qualche avertenza di più squisitezza, me ne avisi" (Lodovico Cigoli の Galilei 宛て書簡 [1612年3月23日付] in: Opere, Bd. XI, S. 287, Z. 8-12).

パンしたかのように眼差しは天空を越えローマの外の風景へ向かう。「もっともよく見えるのは月です。その月面上では特に輝く部分の近くにいくつかの不均一なところです。木星衛星がもっともよく見えます。土星はまだ知らず、金星はまだ試みておりません。ここから10もしくは12マイル離れたフラスカーティのような所領地を観測する場合には、フラスカーティの扉や窓ばかりか市門に人々が見えます。ぼやけてはいますが。ここから16乃至18マイル離れたティゴーリでは扉も彫刻を施した窓も近々と見え、きわめて良好でありましょう」[42]。

(42) „La luna la veggo benissimo, e nel dintorno, pur di verso la parte luminosa, qualche inegualità: le stelle di Giove me le mostra benissimo; Saturno non lo conoscho, nè Venere non l' ò provata. Del vedere de' paesi come Fraschati, che ci è 10 miglia o 12, si vede non solo le porte e le finstre, ma in sulla porta di Fraschati gli huomini, ma confusi; et Tigoli, che ci è da 16 o diciotto miglia, le porte e finestre sculpite, attale che mi par sia assai buono" (Lodovico Cigoli の Galilei 宛て書簡 [1612年3月23日付] in: Opere, Bd. XI, S. 287, Z. 12-17).

こうして地上での遠望について短い報告をしたのちにチゴリはガリレイに太陽黒点の研究を知らせる。話題は先ず目の損傷をぎりぎり防ぎ、最後には完全に避ける方法である。「小さな白いガラスを使用しますが、太陽に目を向けることはできませんでした。涙のゆえです。白いのと同じように凹面に削りその

上にもう1枚平面の同様の緑を重ねるのですが、その分厚い緑のガラスでは、いささかも中断することなく何時間も観測できます。サンタ・マリア・マッジョーレ教会の居心地の良さのおかげで、私は別添えにしましたが26の観測を成し遂げました」[43]。

 (43) „Le machie del sole, con il vetro biancho piccolo non potevo fissar l'ochio, che mi lagrimava; ma poi cor un vetro verde grosso, et perchè è incavato, come il biancho, ve ne pongo sopra uno altro piano, similmente verde, di maniera che non mi dà fastidio niente attutte l'ore il guardarlo: et per la commodità a Santa Maria Maggiore ò fatto queste 26 osservazioni incluse" (同上：Z. 17-22).

ことのほか重要なのは、以下の注釈である。望遠鏡による企てが無数の芸術家たちによって果たされ専門家の判断を仰いだというのである。チゴリの短い指摘が印象深く明らかにしてくれることには、眼の訓練をそもそも特別の義務と心得ていた芸術家たちが、望遠鏡の黎明期には参加していたという事実である。「その他の有名無名の画家たちが（黒点について）意見を述べた後ですので、私にも言わせてもらえば、それは日向の水差し中の小さな穀粒のようなもので、太陽の中をあちこち遊動しながら、周縁に近づき姿を現したかと思えば、中央に移動し姿を消したりするのです」[44]。

 (44) „Sopra le quali poi che gli altri pittori incogniti e cogniti ànno detto il loro parere, mi fia lecito ancora a me il dirlo, che siano nel sole, come bruscholi dentro una caraffa, che vagando per quella si acostino ora alla circunferenza et si faccino visibili, et ora si incentrino et così si vadino spegniendo" (Lodovico Cigoli の Galilei 宛て書簡 [1612年3月23日付] in: Opere, Bd. XI, S. 287, Z. 22-26).

この簡潔な報告の驚嘆すべき点は、チゴリが交流していた芸術家たちがシャイナーの意見をオウム返ししているのではなく、むしろこの時点で観測されスケッチに残されたガリレイの理論の方に傾いているというところにある。それに引き換え、チゴリが逡巡しながら提出した解釈はシャイナーの見解を強化しているのだ。「私には分からないのですが、我々と太陽の間に通過して行くものは惑星であると言った方が、私にはありそうなことに思えるのです。むろん、この点いくつか疑問もあるのですが」[45]。

 (45) „Non lo conoscho, ma mi pare più verisimile che siano stelle che passando si interponghino fra noi e 'l sole, se bene ancho in questo ci ò qualche dubbio" (同上：Z. 26-28).

チゴリの自信のなさは以下に続く個別観測の場合にも一貫している。「正確には見えていないのですが周縁部にかなり接近していく黒点は、常に（前を横切るときには）東から（やって来て）、そして西へ行く、そして多くは消えていきます。決して一つとして円形の範囲の最外点にまで至らないのです」[46]。チゴリの観測はすでに2月23日と24日の太陽4-6においては追査されている。三つの太陽描写すべてがたしかに一杯の黒点を示しているが、それは縁に行くほどに距離による暈を保持しているように見える。加えて明らかなのは、チゴリにとって黒点は右から左に移動するのだ。2月23日の日没後17時間、つまり今日の時間の勘定の仕方に従えば、およそ朝の10時頃に観測された太陽黒点の配置は、総じて7個の黒点から成る一帯を示している（図253）[47]。4時間後、この集合は左の山では4個以上の黒点の形をして、左へ移動し、二つの右の黒点は同様に左へと押しやられながら、右下では二つの新しい形成物が姿を表している（図254）。翌2月24日、これらの黒点群は左へ押しやられ、増大し、そして中央右手ではより大きな点が加わっている（図255）。

(46) „L'una, che io non ò mai vedute in sulla circonferenza apunto, ma ben vicine, e sempre entrare（se però passano）di verso oriente et andare verso occidente, et molte spegniersi, nè mai nissuna condursi al fine della estremità della circonferenza"（同上：Z. 28-31）.

(47) チゴリは明らかに自信がなかったので、確かに七つの黒点を、濃い茶色の様々な濃淡で、ほとんど明色と見える生地の色まで使って描いているものの、説明はただ五つの現象についてだけだった。

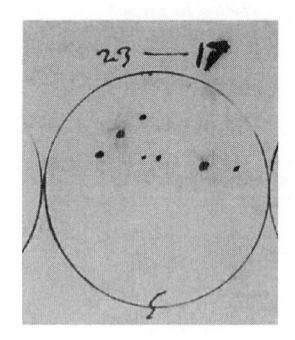

図253　チゴリ：1612年2月23日の太陽黒点、図251の部分

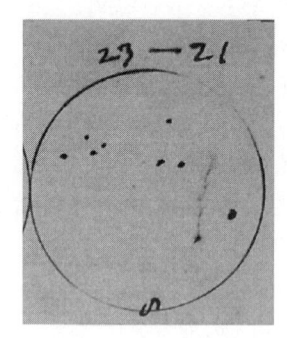

図254　チゴリ：1612年2月23日の太陽黒点、図251の部分

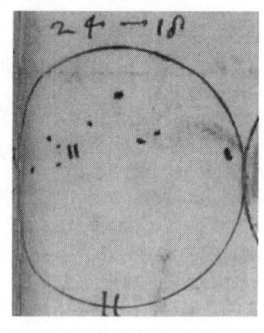

図255　チゴリ：1612年2月24日の太陽黒点、図251の部分

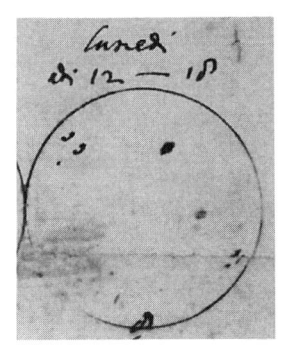

IX　太陽黒点の描写スタイル　265

図 256　チゴリ：1612 年 3 月 12 日の太陽黒点、図 251 の部分

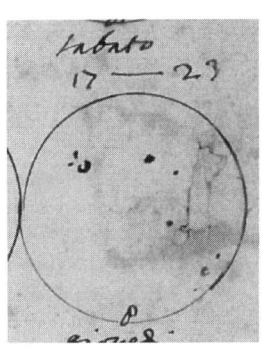

図 257　チゴリ：1612 年 3 月 17 日の太陽黒点、図 251 の部分

　チゴリの解釈の試みを躓かせる現象は、よく観測して初めてその破壊性が理解できる。それは 3 月 12 日、左上に記入された、横になった柱頭飾りの形で初めて姿を見せ（図 256）、これが右下では短い 1 本線と一つの点によってアンサンブルとなり出発点を指示している。この形は単独の像として次の数日にわたって、例えば 3 月 17 日のように、さらに様々に姿を変えて見せている（図 257）。

　チゴリはちょうどこの形成物の問題を長い連続性として捉え分析しており、書簡の中ではこれを個別形態としても様々に描写している（図 258）。チゴリ

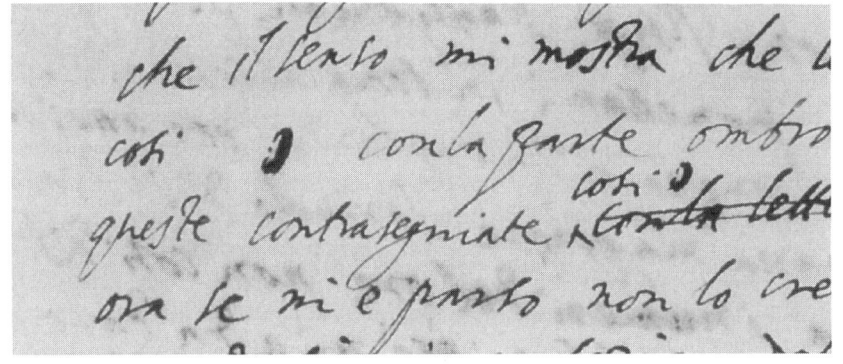

図 258　チゴリ：ガリレイ宛書簡（1612 年 2 月 23 日付）BNCF, Gal. 57, F. 61v

の説明によれば、むしろ周縁に位置し大方は楕円の形をしているものが自分の眼を惹いたのは、その暗い圏域が太陽の中心に向いていたからである。望遠鏡はいかなるいたずらも働かないのは自明のことなので、他の観測者にしても観測結果は同じのはず[48]。自分とて、これが惑星の集まりであるとは思っていないが[49]、ある不安が残っている。「私に厄介な気を起こさせているのは、最も強烈に黒い負荷のかかった部分がつねに太陽球の中心に向かっていること。しかしこれはわが歯には合わぬ食物なれば、これを考察するのは、貴下にお任せする次第です」[50]。

(48) Lodovico Cigoli の Galilei 宛て書簡（1612 年 3 月 23 日付）, in: Opere, Bd. XI, S. 287, Z. 31-38.
(49) 同上: Z. 38-40.
(50) „mi dà noia quel sempre esser la parte più carica di scuro verso il centro del corpo solare: però non essendo pasto da mia denti, ci lascierò pensare a voi" (同上: Z. 40-42).

到達点についてチゴリが抱いた疑念は、その締めのコメントにも明らかであるが、そこでも彼はもう一度論の弱いところをはっきりさせている。「ここにお送りするささやかな観測結果は、それが事態に即して構成されているかどうか私には分からないのですが、というのもひとめでこれを見てとることができないということが、もしかすると私の錯誤を表しているのかもしれず、それゆえそこからは良き意思を取り出し、お約束の書簡のことをおぼえていて下さいますよう」[51]。

(51) „Li mando queste poce osservazioni: non so se saranno bene agiustate, perchè il non le vedere tutte in una ochiata mi arà fatto forse male agiustare: però pigliate la buona voluntà, et ricordatevi della promessa della lettera" (同上: Z. 43-45).

相互刺激

チゴリは悔やしく思う必要はなかった。然るべき理論にまだ至ってもいないのに、明証性を確かめるには早まった考えを抱いてしまった[52]。彼の控えめの解釈は断じて理論の欠如を示しているのではなく、＜説明は現象の後を追わねばならない＞という決して自明でない、理論的根拠もない、思い込みのせいだった。この前提はチゴリを不安にさせたが、ガリレイには自信を深めてくれる方法的前提そのものであって、これによってこそガリレイは出来事の性格と、表現されたものには何が表れているのかという省察を、推し進めたのである。

(52) Lodovico Cigoli の Galilei 宛て書簡（1612 年 3 月 23 日付）, in: Opere, Bd. XI, S. 287, Z. 33-34.

　両者を直接的に並べると、一致点も相違点も出てくる。両者が認識できている黒点はただ一つのはずという条件に限ってみれば、ガリレイの 2 月 17 日に観測された黒点と（図 259）、翌日チゴリに確認された黒点（図 260）との間には広範にわたる一致点が見られる。2 月 23 日のガリレイの集合体は（図 261）、同日のチゴリの 21 時頃に試みられた 2 番目の記入事項（図 262）と目を見張るほど似ている。こう並べただけでもガリレイには高揚感がもたらされたにちがいない。何しろ目隠しテストで自分の観測が確証されたようなものだから。しかしながら 3 月 16 日のスケッチ（図 263）を見るならば、チゴリの記録（図 264）と比べるだけで左上に位置する黒点は認識できていることが明らかとなったに違いない。3 月 17 日の記録（図 265）と比べても共通点は少なく、チゴリの円形の底にある数字 8 をみればもう、友人が自分よりはるかに多くの現象を把握できていることが分かったに違いない（図 266）。それに対し 3 月 18 日（図 267）では 2 個ではなく 4 個の黒点を観測し、チゴリ（図 268）よりも多い記録となっている。けれどもこの関係は 3 月 21 日にはあらためてひっくり返る。ガリレイの太陽は 2 個の黒点を示しているのに（図 269）、チゴリの円形には 4 個登場するのだ（図 270）。

　ガリレイが体系を追求するようになったのが 3 月 23 日付自分宛に太陽書簡を受け取ったあとなのだから、どれほど深くチゴリの記録に感銘を受けたことか、明白である。このタイミングは 4 月の 10 日から 19 日の間に当たるはずである。というのも 4 月 10 日の彼の記録が、それ以前の円形に応じて、約 4.2cm という散漫に記入された直径を示しているのに（図 271）、これに続く同様にフリーハンドで描かれた 4 月 16 日の円は直径 3.4cm で、チゴリによって用いられた直径に近似するのだ（図 272）。4 月 19 日からは例外なしにコンパスを使って線が引かれ、それぞれ 3.6 乃至 3.7cm で、チゴリの 3.7cm のカットに重なるのである（図 273）。つねに同じ尺度を使うこのチゴリ・システムへの転向は、友人同士ふたりして自己鍛錬をやっていたのだとは、言わずもがな。シャイナーの例がチゴリに与えた印象はそれはそれで、4 月 19 日以来コンパスで引かれ一定化された直径の円形を用いるようガリレイを促したのである（図 239）。

図259 ガリレイ：1612年2月17日の太陽黒点、図238の部分

図260 チゴリ：1612年2月18日の太陽黒点、図251の部分

図261 ガリレイ：1612年2月23日の太陽黒点、図238の部分（約45度左へ回転）

図262 チゴリ：1612年2月23日の太陽黒点、図251の部分

図263 ガリレイ：1612年3月17日の太陽黒点、図238の部分

図264 チゴリ：1612年3月16日の太陽黒点、図251の部分

図265 ガリレイ：1612年3月17日の太陽黒点、図238の部分（約45度左へ回転）

図266 チゴリ：1612年3月17日の太陽黒点、図251の部分

図267 ガリレイ：1612年3月18日の太陽黒点、図238の部分（約70度左へ回転）

図268 チゴリ：1612年3月18日の太陽黒点、図251の部分（約45度右へ回転）

図269 ガリレイ：1612年3月21日の太陽黒点、図238の部分

図270 チゴリ：1612年3月21日の太陽黒点、図251の部分

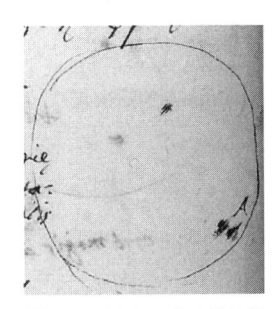

IX 太陽黒点の描写スタイル 269

図271 ガリレイ：1612年 4月10日の太陽黒点、図239の部分

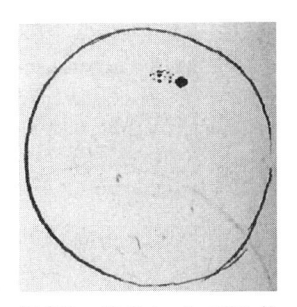

図272 ガリレイ：1612年 4月16日の太陽黒点、図239の部分

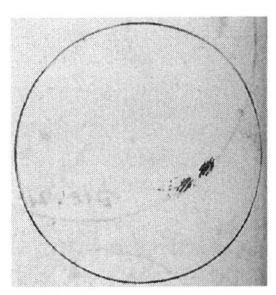

図273 ガリレイ：1612年 4月19日の太陽黒点、図239の部分

ガリレイの仮定（1612年2月／3月）

競争相手シャイナーの攻勢にあってガリレイはまだ最初の連続観測の最中に、太陽黒点の理論をとりあえず出版せざるを得なくなった。のちのち優先権請求の声を上げることが可能なようにである。水中の個体の性状に関する出版を利用して手近な手段を講じたわけだ。1612年の3月末と4月初め、つまり太陽黒点観測中に、ガリレイは「水中にある物体に関する論考 Discorso intorno alle cose che stanno in su l'acqua」の出版許可を検閲局からもらう[53]。水中における個体の状態に関する論文の序文にガリレイは太陽黒点について初めて仮定の形で意見をまとめた。

(53) Opere, Bd. IV, S. 141.

心を惑わせたものが何かシャイナーに指摘することなく、ガリレイは率直な眼差しを現象に向けることから始める。「私はこのことの他に、太陽個体に現れる幾つかの暗い斑点の観測について補足しておきたい」[54]。以下の仮定は、これらの斑点は太陽の自転によるものなのか、あるいは地球と太陽の間の惑星によるものなのか、二者の間に解釈を打ち立てる試みである。これら斑点が太陽の中を動くことが、ガリレイによれば喧々諤々の議論を呼ぶのだ。「太陽はそれ自体で回転しているのか、あるいはもしかすると別の星が金星や水星のように間に介在しているのか（……）という大議論は、それが太陽と我々の目の間に押し入ってくるときにのみ、視界に入ってくるのである」[55]。

(54) „Aggiungo a queste cose l'osservazione d'alcune macchiette oscure, che si scorgono

nel corpo solare" (同上, S. 64, Z. 20-21).
(55) „le quali, mutando positura in quello, porgono grand'argomento, o che 'l Sole si rivolga in sè stesso, o che forse altre stelle, nella guisa di Venere e di Mercurio [...], solo visibili quando s'interpongono tra 'l Sole e l'occhio nostro" (Opere, Bd. IV, S. 64, Z. 21-24, 25-26).

太陽は自転しているかもしれないというガリレイの最初の仮定は、不動で完結したアリストテレスの天体観と衝突するものとなっているが、二者択一のもう一方の可能性としてシャイナーのテーゼをまとめてみせてもいるのだ。ガリレイが両仮定のうち最初の方を優先するのにどれほどの注意を払ったか、彼の論述の最後に明らかである。黒点を解釈のオープンな記号であると語っているのである[56]。現象そのものは疑うことも過小に評価することもならないという結語は、シャイナーの出版の後ではいかなる危険ももたらすことはなかった[57]。とはいえいずれにせよガリレイは、仮定の形で己の確信を初めて可能態で公開したのだ。

(56) „o pur danno segno che sia vero e questo e quello" (同上, Z. 26-27).
(57) „la certezza delle quali cose non debbe disprezzarsi o trascurarsi" (同上, Z. 27-28). 以下を参照のこと：Biagioli, 2002, S. 62f.

1612年5月4日、彼の著書が現れるが、ガリレイはヴェルザー宛ての手紙の中で、なぜ自分が太陽黒点に関する自分の意見を仮定話で隠したのか、理由を述べている。「新しいことを発言するときには、その他多くの（……）著書を著すときよりも用心深く慎重になさねばなりません。新しい観測による、従来の意見とは遠く隔たった事柄が拒絶され争われるときの喧騒ときたら、どんな新しい見解も隠し沈黙するに如くはないのです。確実で具体的な証拠が一つ以上提出できない限りは。いかに許容できるものであれミスがあると、新しさへの無数の敵がこれを万死に値する犯罪と見なすのです」[58]。ガリレイの敵がちょっとしたミスを「万死に値する犯罪」と非難するチャンスだと見なすという最終行の告白には、ジョルダーノ・ブルーノの運命が初めて響いている。1597年のガリレイによるケプラー拒否、コペルニクス的世界像を公に代表することへの拒否は[59]、やがて自分が弾劾される身となる予兆なのである。

(58) „ed a me conviene andare tanto più cauto e circospetto, nel pronunziare novità alcuna, che a molti altri, quanto che le cose osservate di nuovo e lontane da i comuni

e popolari pareri, le quali, come ben sa V.S., sono state tumultuosamente negate ed impugnate, mi mettono in necessità di dovere ascondere e tacere qual si voglia nuovo concetto, sin che io non ne abbia dimostrazione più che certa e palpabile; perchè da gl'inimici delle novità, il numero de i quali è infinito, ogni errore, ancor che veniale, mi sarebbe ascritto a fallo capitalissimo" (Opere, Bd.V, S. 94, Z. 19-S. 95, Z. 4: 独訳は以下による：Wohlwill, 1909, Bd. I, S. 455).

(59) „Auderem profecto meas cogitationes promere, si plures, qualis tu es, exstarent: at cum non sint, huiusmodi negotio supersedebo" (Galilei の Kepler 宛て書簡［1597年8月4日付］, in: Opere, Bd. X, S. 68, Z. 25-27).

ガリレイのマルクス・ヴェルザー宛て最初の書簡（1612年5月4日）

　ライヴァル、シャイナーが自分の観測結果を受け取る通信相手として利用したのがヴェルザーであったが、ガリレイが同じ人物を通信相手に選んだのは、ことのほか老獪であった。すなわち、このやり方によってアルプスの向こうとこちらとで、直接的対決を辞さずという態度を表明できたからである。さらに彼はヴェルザーが同1612年9月にアカデミア・デイ・リンチェイ会員に任じられた人物であり、味方ではなくとも中立的な証人、可能なら審査員ともなってくれようと、当てにすることもできた。太陽黒点について最初に出版し検討してみせたのがシャイナーであるのは、いささかも疑うことはできない。しかしガリレイはイメージの再現と発見とはまだ一致していないと公言した。むしろ対象の発見とは、それが然るべく定義されて初めてなされたことになるのだ。発見を現象の然るべき説明と等値する際どいやり方でガリレイはあらたに優先権請求を彼なりに貫徹しようとした。事実、太陽黒点の知識そのものはキリスト教以前の時代に遡り、近年でもハリオットやシャイナー以前にケプラーが事象の定義を試みてきた。問題はそれゆえ特にシャイナーに対して先鋭化したのである[60]。

(60) Biagioli, 2006, S. 16.

　ガリレイはヴェルザー宛て書簡で、1612年4月5、6、7、26、28、29、30日および5月1、3日の顕著な太陽黒点を個別に抽出して、最初の観測シリーズの知見を要約して見せた。これには3通の写しが残され、ガリレイ手ずから全般にわたって校正しているので権威ある版と認められているのだが、これによりアカデミア・デイ・リンチェイ所蔵の初版の素描が疑問の余地なくガリレ

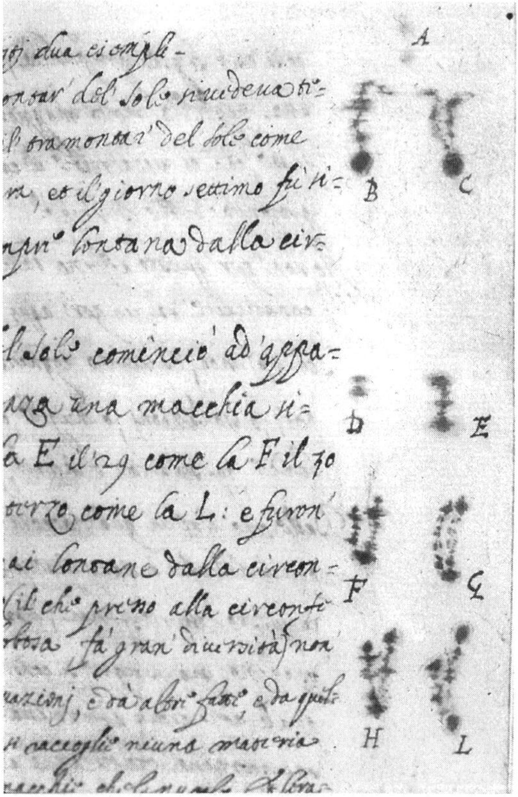

図274　ガリレイ：1612年4月と5月の9つの太陽黒点、紙にペンと筆，BANL, Arch. Linceo, Vol. 1, F. 48

イの手によるものとなった（図274）[61]。褐色のインクは、一部、書体も含めて、写本の文字とは異なっている。素描の褐色の濃淡が見せる全体の様子と細かな調整には、1612年4月末と5月初めの最初のシリーズのうち最後の四つの太陽黒点を描いたときの紛れもないスタイルが刻印されている（図248－250）。

(61) 版1: Accademia Nazionale dei Lincei, Ms. Arch., Nr. 1. 版2: Accademia Nazionale dei Lincei, Ms. Arch., Nr.2（以下を参照のこと：Galilei, 1613, S. 22; Opere, Bd. V, S. 107）. 版3: Galilei, London, Ms. Egerton 48, F. 16（1829年に購入の件について：Madden, 1849, S. 190）. 三つの版すべてについては：Levi, 1968, S. 13.

ガリレイの最初の形態は4月5日のAと記された黒点である（図275）。これについてはヴェルザー宛ての書簡でもAと付されているものである（図276）。そのくびれたような比較的単純な形態とは違って4月6日の黒点Aは下方領域では球体からなっており、それは上に向かって様々に捩れながら上端では旗のような何かを右へとたなびかせているように見える（図277）。ヴェルザー宛て書簡ではこれを怪異に組み立てられたものとして写してあり、より分かりやすくなった連続体としてBと記されている（図278）。

早くもこの変容過程を見るだけで、太陽の黒点が自立した星辰のことだとするシャイナーの考え方は信用を失う。もっとこのことがはっきりするのは、4月7日の形成物の変身である。それは再度Aと記されているが、球体のような台座両脇に翼をはやしているように見える（図279）。ガリレイはこれらの形態をヴェルザー宛て書簡では図像Cとして移している（図280）。

もう一つの例は4月26日の激しく変化していく黒点を表している（図281）。ガリレイはヴェルザー宛て書簡ではこれをDと記して個別化し、上部両脇膨張部を心持ち強調した（図282）。4月28日の黒点も（図283）、付属肢を持った姿でEと特記されている（図284）。4月29日には形を変えたこの奇怪な造形は（図285）、ガリレイによって特別念入りに多孔質な内部を持ち棘々の二重樹の姿をし、根元にはハート型の台座があって、形態Fと写し取られている（図286）。これら黒点が星ではなく雲状の現象であるという証拠となりえたのは、それはガリレイが1612年4月30日に、そそり立つ幹のその尖端を右へと曲げていく黒点にその証拠を認めたからだろう（図287）。ヴェルザー宛て書簡においてガリレイはこれを忠実に形態Gと採用している（図288）。この形成物は5月1日にその両腕をまっすぐに戻したがゆえになおのこと注目に値した（図289）。そしてその形態には母型Hが与えてあるが（図290）、5月3日には上端に同時に育つものがあり、あらためて右に向かいながら（図291）最後の例Lへと受け渡されていく（図292）

シャイナーの解釈には従えないという確信をガリレイに与えたのは、こうした現象の揺らぎであった。あらためて黒点の形態が、その最初の発見者はガリレイであり、内容の意味の発見者であるという証拠となった。基本型の華麗な変容ぶりは、ガリレイが観測を素描に移す時の徹底した姿勢の生々しい証言なのである。

図275　ガリレイ：1612年4月5日の太陽黒点、図238の部分

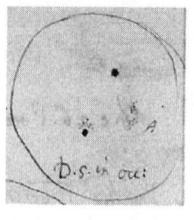

図276　ガリレイ：1612年4月5日の太陽黒点A、図274の部分

図277　ガリレイ：1612年4月6日の太陽黒点、図238の部分

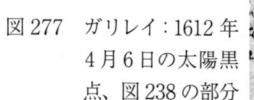

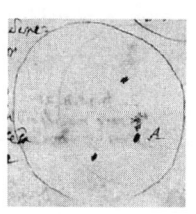

図278　ガリレイ：1612年4月5日の太陽黒点B、図274の部分

図279　ガリレイ：1612年4月7日の太陽黒点、図239の部分

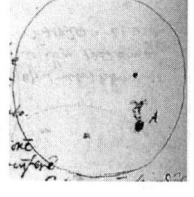

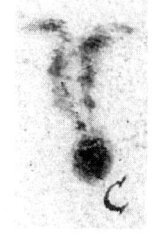

図280　ガリレイ：1612年4月7日の太陽黒点C、図274の部分

図281　ガリレイ：1612年4月26日の太陽黒点、図239の部分

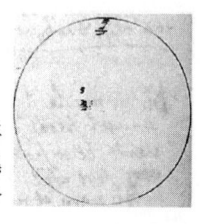

図282　ガリレイ：1612年4月26日の太陽黒点D、図274の部分

図283　ガリレイ：1612年4月28日の太陽黒点、図239の部分

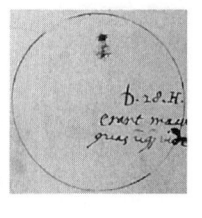

図284　ガリレイ：1612年4月28日の太陽黒点E、図274の部分

IX 太陽黒点の描写スタイル 275

図285 ガリレイ：1612年4月29日の太陽黒点、図239の部分

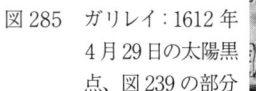

図286 ガリレイ：1612年4月29日の太陽黒点F、図274の部分

図287 ガリレイ：1612年4月30日の太陽黒点、図239の部分（約35度右へ回転）

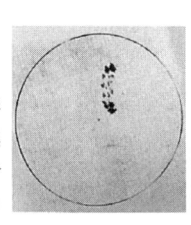

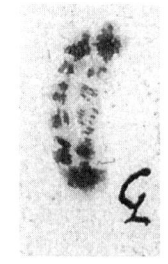

図288 ガリレイ：1612年4月30日の太陽黒点G、図274の部分

図289 ガリレイ：1612年5月1日の太陽黒点、図239の部分

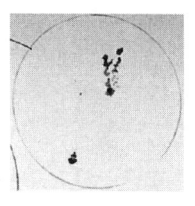

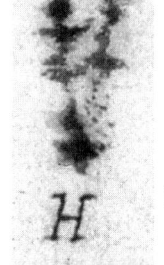

図290 ガリレイ：1612年5月1日の太陽黒点H、図274の部分

図291 ガリレイ：1612年5月3日の太陽黒点、図239の部分

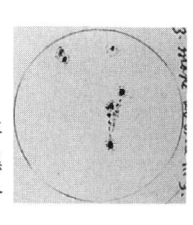

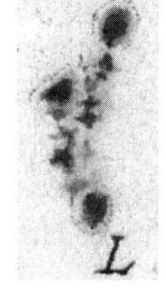

図292 ガリレイ：1612年5月3日の太陽黒点L、図274の部分

シャイナーの返答

　ガリレイの攻撃に対するシャイナーの反撃はこうである。1612年4月5、6、7日の自分の探究を同日のガリレイ作成の図と突き合わせて、1612年9月に銅版画にして公刊したのである（図293）。ここで彼は決して三つのペアを作ったのではなく、左の列に配したのはガリレイの黒点であり、自分の三つの円形は水平に並べたのである[62]。こう対置することで彼は、ガリレイが天体を観測したのではなく、自分の解釈を天体へ投影したのだと示そうとしたのだ[63]。

(62) Scheiner, 1612, De Maculis, S. 46; Scheiner, 1613, S. 50; Opere, Bd. V, S. 66.
(63) Scheiner, 1612, De Maculis, S. 46f.; Scheiner, 1613, S. 50f.; Opere, Bd. V, S. 65, Z. 29 - S. 66, Z. 11.

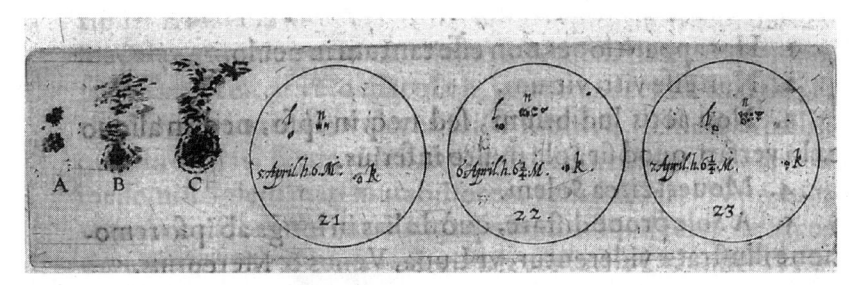

図293　アレクサンダー・マイア：ガリレイとシャイナーの太陽黒点の対照表、銅版画、Scheiner, 1612, De Maculis, S. 46

　シャイナーはこう対照しながら比較視の原理を応用することで、提示の仕方の方法もまた試金石の上に置いたのだ。練習黒板でのようにシャイナーはガリレイの基本図を自分の製図とぶつけることによって観測結果ばかりか図解法まで議論の的にした。点でも描き破線でも描く、明るませたり曇らせたり、輪郭をはっきりさせたり何本も線を重ねたり、くっきりもしているが朦朧ともしている、変幻自在なガリレイの描法が実際と一致しようとするのなら、伝統のコスモス観はいわば画竜点睛を失うのだ。なぜなら太陽もまたもはや汚点なしではありえないからだ。だからこそシャイナーの太陽黒点の途切れることのない線の運びと輪郭の単一な枠線は、太陽は調和に満ちた個体であり、変幻する黒点という現象には冒されないのだという伝統の教説の強化に、断固つとめねばならないのだ。コスモス・スケールの認識を担ったのは、まさに描写スタイルだったのである。

チゴリの第 2 シリーズ（1612 年 4 月 29 日－1612 年 5 月 6 日）

ガリレイがヴェルザーに基本図を送っている頃、ローマのチゴリは 1612 年 4 月 30 日から 5 月 6 日までの第 2 シリーズのうち、太陽黒点の五つの素描を作成した。これをガリレイに送ったのはようやく 6 月 30 日、なぜならチゴリはこれらに、助手コシミニ・カルディ・ダ・チゴリが作成したさらなる黒点素描を足していたからである[64]。チゴリの素描は全体に 3.95 cm の直径で、時期的にはガリレイの基本図 F、G、H および L に重なる（図 294）。

[64] Lodovico Cigoli の Galilei 宛て書簡（1612 年 6 月 30 日付), in: Opere, Bd. XI, S. 349, Z. 37f. 以下を参照のこと：Biagioli, 2002, S. 74, Anm. 118.

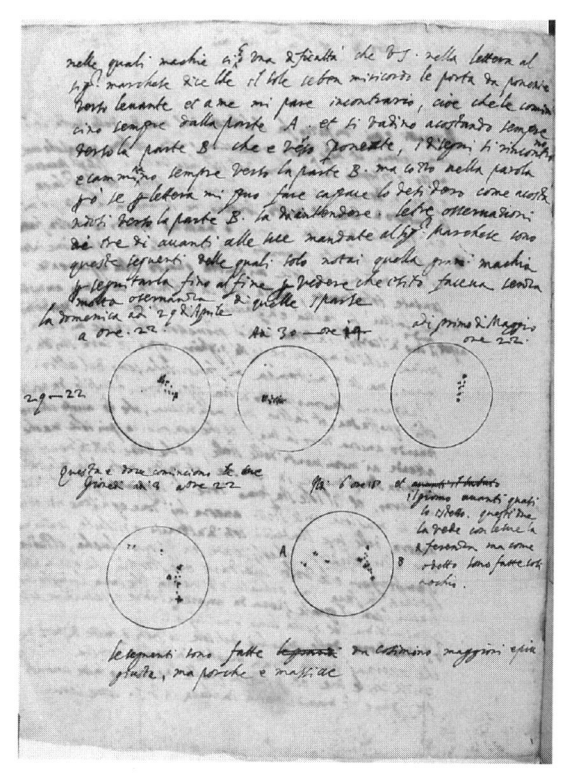

図 294　ロドヴィコ・チゴリ：1612 年 4 月と 5 月の太陽黒点図、紙にペン、BNCF, Gal. 89, F. 117v

ガリレイはチゴリに太陽黒点の理論を説明し、自分の素描を添えつつ、チゴリの新しい写生を見せてくれるよう要請している[65]。その文章へのチゴリの反応はこうだった。チゴリはガリレイの理論を正しいと確信したものの、1612年6月30日の返書では解決さるべき不一致点が指摘されている。ガリレイの書いているのとは違って、チゴリの意見では、黒点は常に右から左へ動くのであって、左から右ではない。ちょうど最後の素描が文字AとBで示している如くに。

(65) Lodvico Cigoli の Galilei 宛て書簡（1612年6月30日付), in: Opere, Bd. XI, S. 347, Z. 2-3; S. 348, Z. 25.

同日制作されたガリレイの太陽黒点に対しては、あまり一致してないところもあり、きわめて正確に一致しているところもあり、それは地域を越えて作業され同時に時間的にも測定データからも同調した最初の研究計画が証言しているとおりである。記入の仕方にしてすでに違いが生じた。4月29日のガリレイの黒点は点と線と平面によって形成されているが（図295）、チゴリは褐色インクを使ったペンを頼りに15の点によって斑点(マキエ)を形成した（図296）。4月30日、チゴリの黒点は（図297）、ガリレイによって記された湾曲（図287）を示しておらず、5月1日にチゴリが示すことができたのは、二つの糸くずの束のような形成物（図289）——ガリレイがヴェルザー宛ての書簡でHと銘記したもの（図290）——の概略にすぎなかった（図298）。

円形の諸方に散らばった5月3日の黒点群は（図299）、左上に彗星の尾を持った1対、中央軸のすぐ右に垂直に1対、および右半分に縦に並んで上に向かってばらばらになっていく、およそ22個の点からなり、一部線状に連なっている形成物である。チゴリはこの集合体に傾聴に値する注釈を付けている。「これは、閣下が開始する例のもの（円形）です」[66]。この記入によって再度、いかにチゴリとガリレイが緊密に打ち合わせをしておいたかが分かろうというものである。

(66) „Questo è dove cominciano le sue" (Opere, Bd. XI, S. 349, 左説明文).

5月6日、チゴリ制作シリーズ最後の円形図には（図300）、左半分中央軸辺りに三つの小さな点集合があり、右半分には大きな形成物が右上に向かって移

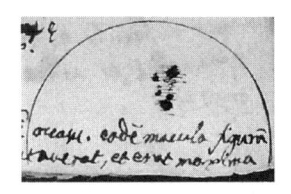

IX 太陽黒点の描写スタイル 279

図 295 ガリレイ: 1612 年 4 月 29 日の太陽黒点、図 239 の部分

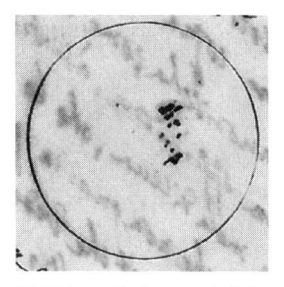

図 296 ロドヴィコ・チゴリ: 1612 年 4 月 29 日の太陽黒点図。図 294 の部分 (約 35 度右へ回転)

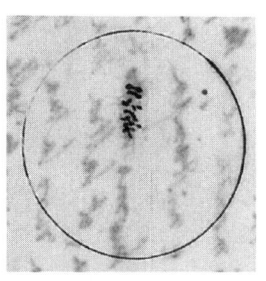

図 297 ロドヴィコ・チゴリ: 1612 年 4 月 30 日の太陽黒点図。図 294 の部分 (約 90 度右へ回転)

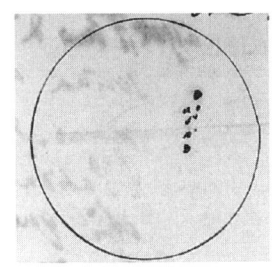

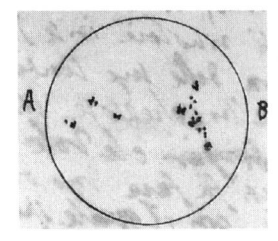

図 298 ロドヴィコ・チゴリ: 1612 年 5 月 1 日の太陽黒点図。図 294 の部分

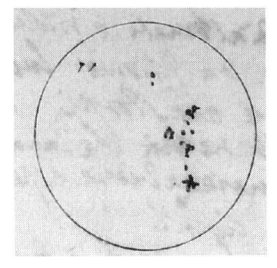

図 299 ロドヴィコ・チゴリ: 1612 年 5 月 3 日の太陽黒点図。図 294 の部分

図 300 ロドヴィコ・チゴリ: 1612 年 5 月 6 日の太陽黒点図。図 294 の部分

動して行き、その中央は水平軸にある。添え書きがチゴリの確信するところを明らかにしているのだが、同日のガリレイの黒点は別の姿を示していて、この形成物が自分にはこうであって別なふうではなかったと、ほとんど諦め気味に主張する。「この二つにおいては閣下にあらせられてもご自分の観測と比較の上、違いが目に着きましょうが、すでに申し上げました通り、これらは我が目に従ったものであります」[67]。

(67) „questi due la vede con le sue la differenza ma come o detto sono fatte cosi a occhio" (Opere, Bd. XI, S. 349, 右説明文).

3. 太陽研究のネット

ガリレイの第2シリーズ（1612年5月3日－1612年5月11日）
　チゴリの陳述はガリレイの九つの素描のことである。それらはこれまでの記録画とは違って様々な直径で描かれていることからしてもう記念碑的フォーマットで表現されていたのである。このような基準変更は、ガリレイが弟子ベネデット・カステリの発明によって、目に優しい、はるかに正確に作動するカメラ・ヘリオスコピア（太陽鏡）を自由に扱えるようになったおかげであった。5月4日付ヴェルザー宛て書簡にすでにこの器械を使用していると記されているが、それが何日に当たるのかは示されていない[68]。すでにふれたようなスタイルの問題からすれば、4月28日が候補として挙がる。これは、ガリレイが雲めいた黒点の安定物質を相当な精度で描くことに成功した日付である。

[68]　Opere, Bd. V, S. 113, Z. 12-17; 以下を参照のこと：1612年8月15日付の書簡, in: 同上、S. 136, Z. 2-17. Van Helden, 1996, S. 375f.

　カステリの器械は模型としても残っていない。けれど、もしかするとチゴリの残したスケッチはこのカメラ・ヘリオスコピア、あるいは少なくともそれに類する物だったのかもしれない。それは望遠鏡および紙に投影された太陽環の図である（図301）。チゴリは単にそれが倒立像であると説明する。「申し上げるのを忘れるところでしたが、望遠鏡を介した黒点は部屋の中へと投射されますが、すべて倒立像だと思うのです」[69]。

[69]　„Mi ero scordato di dire che le machie sono cavate dal'ochiale cosi dentro la stanza: però credo tutte venghino da rovescio" (Lodovico Cigoli の Galilei 宛て書簡［1612年7月14日付］in: Opere, Bd. XI, S. 362, Z. 28-31).

　カステリの器械による反射像については、シャイナーの投影器械が提供してくれる。シャイナーはこれにいろいろ手を加え、組み立て式でも公表していた（図302）[70]。個々の部分のカットや描写が銅版画の上半分を占め、その下半分には完成図が描かれている。測量角度は前方のコンパス型スタンドによって変えることができ、後方の分度器によって度数をコントロールできた。複数の

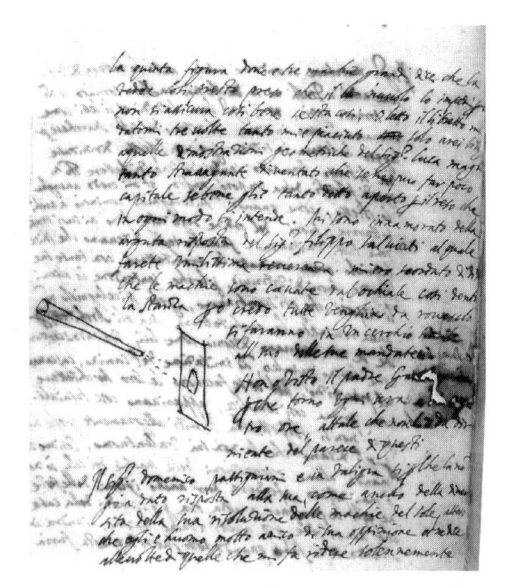

IX 太陽黒点の描写スタイル　281

図 301　ロドヴィコ・チゴリ：カメラ・ヘリオス
　　　　コピア、紙にペン、1612 年 7 月 14 日、
　　　　BNCF, Gal. 89, F. 128v

レンズを備えた望遠鏡を介して太陽光は最後には後部の受光壁に固定された 1 枚の用紙の上に写された。もう 1 枚の図版では（図 303）[71]、一人の助手がコンパスを使って黒点の姿を捉え、そのデータを机そばの研究者に伝えているが、シャイナーはこの器械の使用法を研究しているのである。フォックス・タルボットがのちに写真に関して言うであろうこと、「写真とは自然の鉛筆なり」が、自然を映像として利用することとして、ここに予告されているのだった。すなわち、外的影響を排して太陽の光と器械の協働作業で諸形態を生み出すのである[72]。

(70)　Scheiner, 1630, S. 138. 1615 年の描写については以下を参照のこと：Daxecker, 2004, S. 100.
(71)　Scheiner, 1630, S. 150.
(72)　Fox Talbot, 1844; Mann, 1992, S. 131; Biagioli, 2002, S. 74.

チゴリの言うカステリの器械を使って生み出された素描を、ガリレイは友人フィリッポ・サルヴィアーティの別荘セルヴェ邸で制作した[73]。ちょうど 1

LIBER II. Cap. XXXIV.

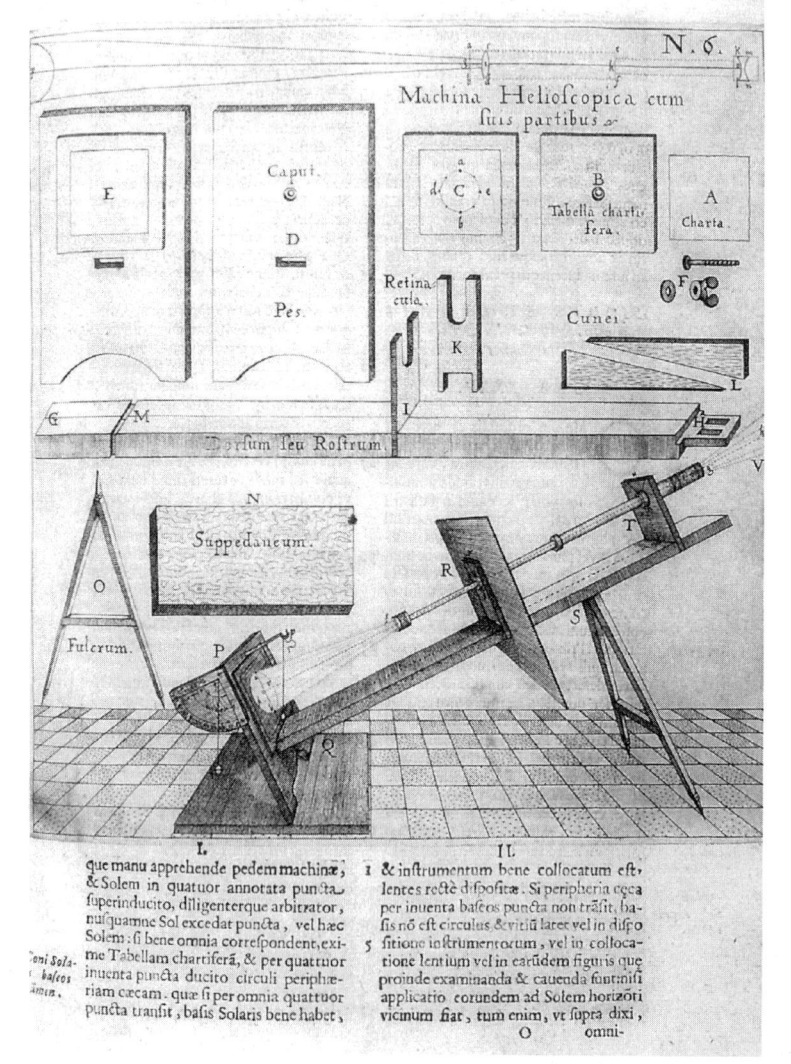

N. 6.
Machina Helioscopica cum suis partibus.

Caput.	
D	
Pes.	Tabella chartifera. Charta.
	Retinacula. K Cunei. L
Dorsum seu Rostrum	

Suppedaneum.
Fulcrum.

que manu apprehende pedem machinæ, & Solem in quatuor annotata puncta superinducito, diligenterque arbitrator, nusquamne Sol excedat puncta, vel hæc Solem: si bene omnia correspondent, exime Tabellam chartiferā, & per quatuor inuenta puncta ducito circuli periphæriam cæcam. quæ si per omnia quatuor puncta transit, basis Solaris bene habet;

& instrumentum bene collocatum est, lentes recte dispositæ. Si peripheria cæca per inuenta baseos puncta non trāsit, basis nō est circulus, & vitiū latet vel in dispo sitione instrumentorum, vel in collocatione lentium vel in earūdem figuris quę proinde examinanda & cauenda sunt: nisi applicatio eorundem ad Solem horizōti vicinum fiat, tum enim, vt supra dixi,
O omni-

図302 （推定）ダニエル・ヴィドマン：カメラ・ヘリオスコピアの設計図、銅版画、Scheiner, 1630, S. 138

図303 ダニエル・ヴィドマン：カメラ・ヘリオスコピアの設計図、銅版画、Scheiner, 1630, S. 150

月後、1612年6月2日、彼はこれらを親しくなったマッフェオ・バルベリーニに送った。ここに集った誰一人この時点では、このバルベリーニの子息がのちにウルバヌス8世としてガリレイの敵となろうとは夢にも思っていない。ヴァティカン図書館に所蔵されるバルベリーニ蔵書中の書簡は、ガリレイではなくある書記によって清書されたものだが、ガリレイの自署が添えられている[74]。

(73) Van Helden, 1996, S. 372f., 386.
(74) 両ページにわたって挿画は向こうの透けたガーゼが貼られ、陽光に当てると銀の光をちらちら発する。挿画は大きな褐色平面を形成するので、褐色化も様々であるが、文字の読み取りには関係がない。透かし模様（文字がないF.3ではとくに顕著である）はシルエット化した白鳥が円形に示され、その上には六角形の星が輝いている。

どのページにも、そしてむろん1612年5月3日（図304）に直径16.6cmで示された太陽の最初の素描の上にも、19世紀、補修の意味でガーゼが置かれた。繊細な網目の格子はほとんど見分けられないが、素描の見え方にのちのちまで甚大な影響を残し、これまであらゆる研究者にその質感を見誤らせることとなった。貼り付けられたガーゼの細かなネットは色素に浸み込んで、そのため素描は現在に至るまでペンの点描によるものと思われてきた[75]。ガーゼの格子を通ったためにペンの点描画と見えたものが、実は巧みに操られた筆さばきの産物であり、これが黒点を構成するのに微妙に濃淡を調整したのである[76]。

(75) Opere, Bd. XI, S. 307–311.

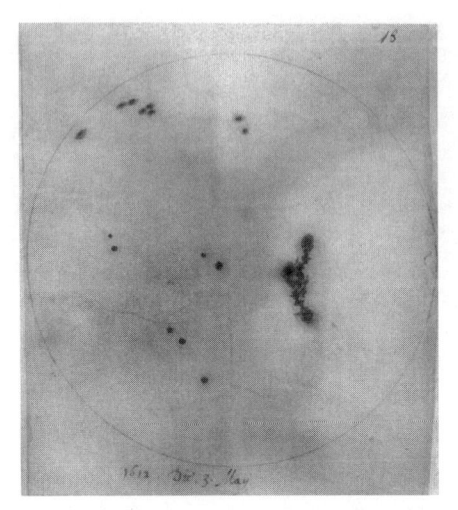

図304　ガリレイ：1612年5月3日の太陽黒点、紙に筆、Rom, Barb. Lat. 6479, F. 18r

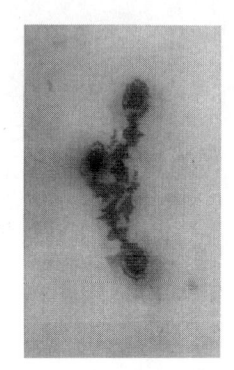

図305　ガリレイ：1612年5月3日の太陽黒点、図304の部分

(76)　大きな霧のかかったような濁りは水の染みである。それは真ん中を垂直軸で折り込まれたときに、集中的に現れたのであり、外へと向かって拡散している。これがどうして太陽の端が外へ出てしまうのかの説明である。もっと濃い染みはそれぞれ明るい量に囲まれている。

　左上には2, 3の黒点が集まり、中央軸右、上部領域には二つの黒点がほとんど隣り合っているが、接してはいない。同じことは左半分に位置する中央ゾーンの二つのペアにも当てはまる。左下半分ではばらばらの黒点が弧線となって並んでいる。

　中央右にある大きな、フラクタル図形の先駆者のような組み合わせをした形成物は、高さは2.85 cmに及び、三つの色層を揺れるはかなげな遊戯を見せる（図305）。支配色は、個体の実態を強調する濃い褐色である。こういう色調でガリレイもまた繊細きわまりない線を使って、左上に内部へと屈折しながら、きれいな球体の周り下方に4分の1円形の形でわずかに離れたところに描いていく[(77)]。

(77)　下よりの丸い個体から左へと膨張している薄い褐色はミスである。この3.5 mmの小片は貼られたものである。

19世紀の天文学者ユリウス・シュミットによる高精度のスケッチ（図306）と比べてみるなら明らかである。どれほどの細心をもってガリレイが太陽黒点の形態と変幻する色調とを捉える事ができているか[78]。同様に長く伸びた上の方では膨張した形成物の黒鉛スケッチが、著しく改良された望遠鏡を使って似たような切れ目のある、また比較可能な色調の微妙なグラデーションばかりか、真珠の連鎖を思い出させる外側の輪郭線を見せている。左上に大きな黒点に沿って、あるいはちょうどくびれた中央の下側、右外にすでに解消した小さな黒点の上部に、シュミットは同じ細密構造を描き込んでいる。

(78) 太陽への眼差し、2005, S. 57.

観察と再現におけるガリレイの正確さは、これに続く日々にもゆるがせにされていない。1612年5月4日（図307）、左上に新しい点が現れており、前日の黒点と群体は右下へと動いて行った。高さ2.4cmの黒点はより小さくより繊細になってしまい、個々の斑点状態を経由した細かな点線は外部輪郭の周りを動く（図308）。下方の点線はきれいな丸型の3分の2を囲み、上の縁には

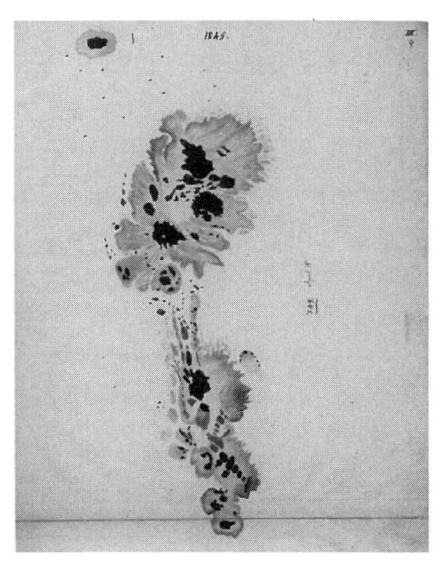

図306 ユリウス・シュミット：太陽黒点 Nr. 749、黒鉛素描、1845, シュミット遺稿、ベルリン、Berlin-Brandenburgische Akademie der Wissenschaften

同様に細かく点線が記入されている。

　5月5日（図309）には右上のペアに向かって点が一つ接近して行き、それと左上塊となった3点集合との間にはほんの弱く形成された黒点の兆しが見える。この3点の上には名残のペアが残っているが、その左上に滞留するのは黒点がただ一つ、これは新たに登場した形成物かもしれない。下のゾーンでも黒点が解消している。例えば水平の中央軸のペアは塊へと成長し、垂直に立つペアはよりはっきり分かれていき、その真左には小さな黒点が生まれ、一方、左下にあるペアは一つの点に収縮し、下方の黒点は姿を消した。ほんの高さ2.1 cmの形成物は全体的に再びコンパクトになってしまうが（図310）、随伴する点線は逆に増大した。中央線の上方左にある黒点はこうした斑点群を包む殻を持ち、その中には微小な黒点が解消された。

　5月6日（図311）、かぶせられたガーゼが、あたかも巨大な指紋を紙上に押したかのように、もともとの素早い波状のメッセージを保持してくれた。左上の点は小さな黒点と太い黒点に分かれ、右隣りに位置するペアのそれぞれは大きさを激変させるが、その右下に現れた三つの黒点は比較的安定している。下方域にあるのは、たださらに二つの力強い個別黒点と2.0 cmほどの大きな形成物である（図312）。点線は少しだけ塊になっており、コンパクトな平面に接近している。

　5月7日の素描では（図313）、紙面全体が性格を変えているが、それは球体の上半分が広範にわたって黒点を持たないからである。再び2.8 cmに巨大化した形成物（図314）は、右下の縁に接近しており、その膨隆部はほぼまっすぐな線あたりに構えている。コンパクトな個体それ自体は淡い色合いでできているが、すべての中央付近の構成要素もこの色合いである。より外側の上下左に離れた三つの丸い個体は、もっと濃い色である。

　5月8日（図315）、円形は空隙が多く、整ってもいる。小さな黒点と少し大きめの黒点が左上にやって来る。両者はより広く、中央軸に達するほどの黒点といっしょになって軽く揺れる1本の線になる。前日に中央軸右に新しく登場した三つ組がずっと右へと向かい袋状になり、1対の黒点に戻っていき、以前に大きな形成物であったものが、短縮されて平たい帯に変じ、1.7 cmに拡大しながら円形の線に接していく（図316）。しわが刻まれ、点線はもはや識別されない。外に向かって色彩は明るみ、左下にも右上にも向かっていく尖端は紙

IX 太陽黒点の描写スタイル 287

図307 ガリレイ：1612年5月4日の太陽黒点、紙に筆、Rom, Barb. Lat. 6479, F. 19r

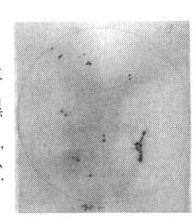

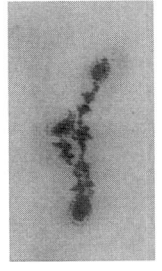

図308 ガリレイ：1612年5月4日の太陽黒点、図307の部分

図309 ガリレイ：1612年5月5日の太陽黒点、紙に筆、Rom, Barb. Lat. 6479, F. 20r

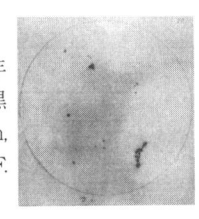

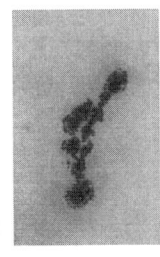

図310 ガリレイ：1612年5月5日の太陽黒点、図309の部分

図311 ガリレイ：1612年5月6日の太陽黒点、紙に筆、Rom, Barb. Lat. 6479, F. 21r

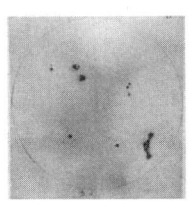

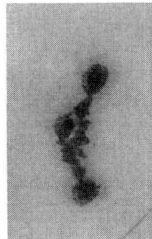

図312 ガリレイ：1612年5月6日の太陽黒点、図311の部分

図313 ガリレイ：1612年5月7日の太陽黒点、紙に筆、Rom, Barb. Lat. 6479, F. 22r

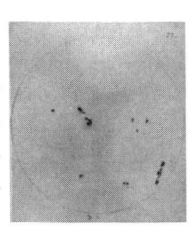

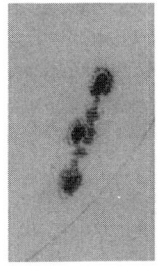

図314 ガリレイ：1612年5月7日の太陽黒点、図313の部分

の色と同じになっていく。

　5月9日の円形（図317）は空隙がずっと広がり、とりわけ単独の黒点があるだけである。この1葉の特別なところは、ぼやけた背景も曇らされ、水彩の技巧が陰影表現に鮮やかに見て取れることである。下側の大きい太陽黒点は左上に向かって一種の殻のようなものを持ち、その上方に位置する小さめの形成物も同じである（図318）。その上方左上の斑点からは三つの角が下へと向かってほどけるが、明度が変わることはない。ガリレイの筆さばきはここではいや増しに緻密になっていく。

　左上に見える黒点は翌5月10日には回転方向に対して軽く左下方向に向かい、下方の三つの形成物はいっしょに一方向、右下へ動いて行った（図319）。右の黒点は二つともそれぞれ双子に分かれた（図320）。左上に姿を現した新しい黒点は、ガリレイがすべての個性に応じて褐色の調整に大いに神経を使ったことを示している。ガリレイが広い平面の暗いゾーンから濃い霧のように湧

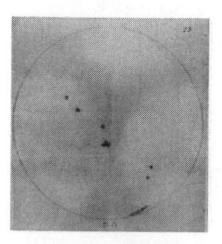

図315　ガリレイ：1612年5月8日の太陽黒点、紙に筆、Rom, Barb. Lat. 6479, F. 23r

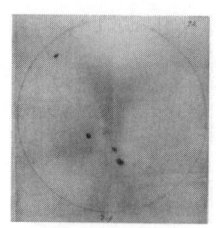

図316　ガリレイ：1612年5月8日の太陽黒点、図315の部分

図317　ガリレイ：1612年5月9日の太陽黒点、紙に筆、Rom, Barb. Lat. 6479, F. 24r

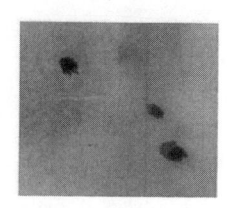

図318　ガリレイ：1612年5月9日の太陽黒点、図317の部分

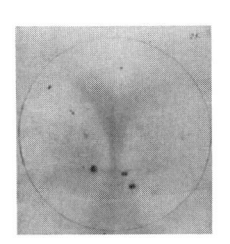

図319　ガリレイ：1612年5月10日の太陽黒点、紙に筆、Rom, Barb. Lat. 6479, F. 25r

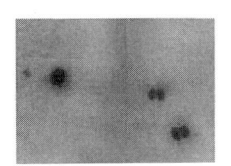

図320　ガリレイ：1612年5月10日の太陽黒点、図319の部分

きあがった淡色のゾーンに手を入れていたのは、めずらしい。このような形成物は左上の二重黒点と下方ゾーンの大きな黒点との間の線上にあり、もう一つの黒点はこのコンパクトな黒点の上方左にあって、図像下半分の右の二重黒点下右側にはこの種のさらに薄い霧が見える。これを描き込んでいる最中にガリレイは筆を5段階で使い分ける腕を見せた。

シリーズは5月11日で終わる（図321）。右の双子黒点は右下に向かって移動し続け、その上の黒点は一つに合体し、左にあった前日の強い黒点はそのエネルギーを失っている。その代わり上半球の全体が色を得、上部、垂直な中央軸の左と右には、ほんの少し茶色がかった黒点が二つ付け加えられている。

前段階の連続画と比較すればモニュメンタルなこのシリーズは映画的効果を発揮して、描法の洗練とも相俟って、圧倒的である。2年前に筆で描かれたフィレンツェ版の月素描さながらに、同様のしっかりとした情報を紙上に示す

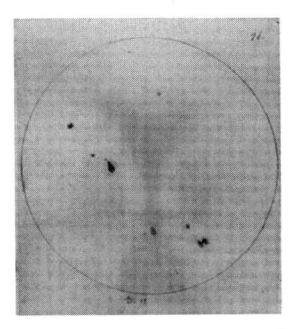

図321　ガリレイ：1612年5月11日の太陽黒点、紙に筆、Rom, Barb. Lat. 6479, F. 26r

ことで、ガリレイはあらためて己の絵画テクニックを用いる能力を誇示したのだった。すなわち己の描法は分析道具なのだと。様々に色調を変え、永遠に姿を変えて行く黒点を細部にわたって正確に、その大々的な変化を確実に捉えることで、質的飛躍が開示されもする。それこそが科学史と文化史の崇高な瞬間である。

それがこれまで感得されずに来たのは、複製画では黒点がペンで描き込まれ点状に小さな筆で描き込まれたという印象を引き起こしていたからである。いずれにせよ複製画は全集の中でそのような効果を発揮している[79]。けれどもこれでは少しも新しい展開にならなかった。ガリレイが実に微妙な筆さばきを紙上にもたらしたという認識あって初めて、描写においても分析においても並みならぬ質的飛躍を知ることができるのである。

(79) Opere, Bd. XI, S. 307-311.

ガリレイが明らかに筆に持ち替えたと思われる最初のシリーズの最後の素描（図322）の中には、5月3日に登場した魁偉な黒点（図291）があって、それはガリレイが翌日にヴェルザー宛て書簡においては形態Lとして写しておい

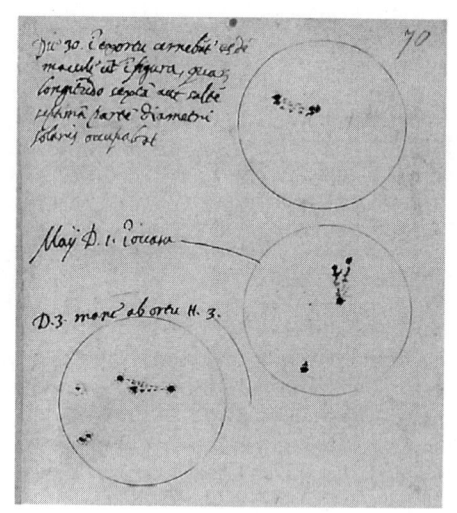

図322　ガリレイ：1612年4月30日－5月3日の太陽黒点、紙に筆、BNCF, Gal. 57, F. 70r. 図239の部分

たものである（図292）。記念碑的数葉を含む第2シリーズがまさにこの日に始まるので（図304）、この黒点は、さながら二つの最初の太陽運動の蝶番のように差し込まれているのだ。この黒点を3度繰り返すことのうちには、新しいスタイルの描写および思考のテクニックが見て取れる。

ガリレイの第3シリーズ（1612年6月2日－7月8日）と本の出版

　自身の考えの衝撃力にひるんだガリレイは友人の枢機卿カルロ・コンティにこう尋ねた、筆頭星がいわば汚れを帯び、目に見えるゴミにまみれ、かつ不安定だという自分のテーゼは問題を投げかけることになろうかと。しかし枢機卿は否定して曰く、むしろアリストテレスの宇宙像が聖書に矛盾するのではと[80]。ガリレイはこの判定を大いに喜んだに違いない。というのもこの文書は、6月2日から7月8日まで企てた第3研究シリーズが終わるタイミングだったからである。

(80) Carlo Conti のガリレイ宛て書簡（1612年7月7日付）in: Opere, Bd. XI, S. 354, Z. 9-11. 以下も参照のこと：Biagioli, 2002, S. 64f., Anm. 92.

　かくの如く用心してガリレイは、1612年8月14日、ヴェルザー宛て第2書簡で新しい器械を使って正確を期した研究方法を説明し[81]、その上で結果をこう報告した。シャイナーの主張とは違って太陽黒点は星ではなく、物質的には太陽のものである雲状の形成物ですと[82]。1612年6月と7月の第3シリーズの銅版画、同年12月1日付ヴェルザー宛ての第3書簡、およびヴェルザーの返書をガリレイはチェージ他の共闘者に強く促されて翌年1冊の本にまとめた。それはすでにタイトルにこうプログラムされていた。「太陽黒点とその変形に関する歴史と提示 Istoria e Dimostrazioni intorno alle Macchie Solari e loro Accidenti」[83]。ガリレイは1612年のシャイナーの出版物も別冊として付録に付けておいたので、ヴェルザーに送付した見本黒点（図274）は、シャイナーが最初の三つの見本A、B、Cを馬鹿げたものとするために作成した対照表の形（図323））で、今や新たに投げ返されることになった。チェージはドイツ人銅版家マテウス・グロイターを使って——ローマ版を作製したのは彼なのだが[84]——シャイナーのその他の作画とともにガリレイの見本画への反証画までも銅板に彫らせた（図324）。そのため彼の最初の三つの見本画がシャ

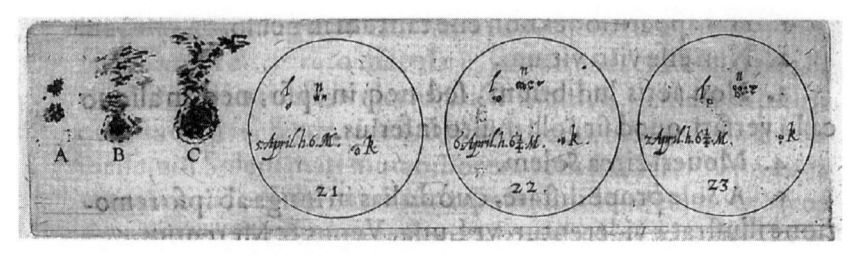

図323　アレクサンダー・マイア：ガリレイとシャイナーの太陽黒点対比表、銅版画、Scheiner, 1612, De Maculis, S. 46

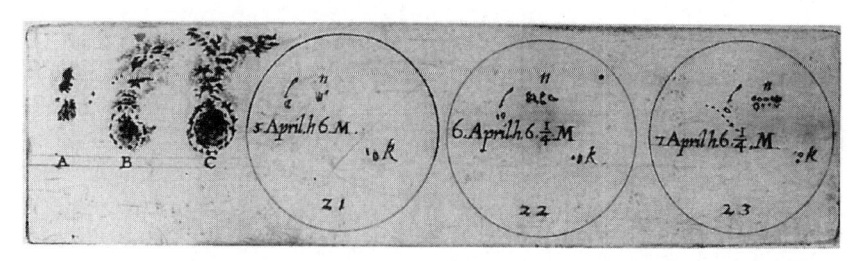

図324　マテウス・グロイター：　ガリレイとシャイナーの太陽黒点対比表、銅版画、Scheiner, 1613, De Maculis, S. 50

イナーの1612年出版の反論復刻という形で登場した。こうして彼の太陽黒点論文は、太陽黒点の絵を使った、アルプスをはさんだパンチの応酬に終止符を打つものとなった。ガリレイの手紙中の見本図に対してはシャイナーはアレクサンダー・マイアに制作させた銅版画によって反撃したのだが、ガリレイはこれを同様に返す刀でマテウス・グロイターに、まるで彼のオリジナルの素描であるかのようにコピーさせたのである。

(81)　太陽黒点をより正確に再現するために円を描いた紙片に望遠鏡を設置せよ。この円は望遠鏡から落ちる光の円錐の作る円形と直径を同じにしなければならない。左右逆の投影像をただすために、透けた用紙を裏から眺め、倒立させよ。それを写し取ればよい（Galilei, 1613, S. 52f.; 以下を参照のこと：Opere, Bd.V, S. 136, Z. 7-S. 137, Z. 21）。
(82)　同上、S. 106.
(83)　Galilei, 1613.
(84)　Federico Cesi の Galilei 宛て書簡（1612年10月28日付）, in: Opere, Bd. XI, S. 420, Z. 29ff. Van Helden, 1996, S. 379ff.

描写のうちに認識したものをヴィジュアルに伝えるためには、いかに地域に

偏らずスピーディに意見交換をできるか、これが研究前提として大事だということが、ここに見て取れるのである。書物の全体が数週間のうちにまとめられ出版されたという研究段階にあって、ものごとを推し進める力を象徴するものがあるとすれば、アルプスを越えて飛び交った太陽黒点の図こそ、それである。

　太陽黒点 Macchie Solari に関するガリレイの刊行物の一番大きな部分は、6月2日から実行された研究の銅版画が占めている（図325）。それらは直径12.2-12.6cm というガリレイが5月3日以来設定した基準を保っている。シリーズのタイトル・ページがすでに自分の本の始まりのような効果を持ち、サブタイトルは方法論的創造行為の印章であって、パトスを抑制して曰く、「1612年6月および7月の一部の連日、ガリレオ・ガリレイ氏の眼にて観測せしもの」[85]。ガリレイは自分の写し取る技術を誇りにしており、第2書簡の導入の注釈にもそれは明らかで、ここでヴェルザーに説明することには、自分は添付した素描を「正確に」仕上げ、素描の説明も加えておいた[86]。主要黒点は文字によって記しづけるやり方でガリレイはシャイナーの方法をもらったのだが（図223）、違いは天と地の差がある。ガリレイでは諸形態自身銅版画による再現では柔らかく朦朧として糸がほどけたようでもある。細かな小斑点と

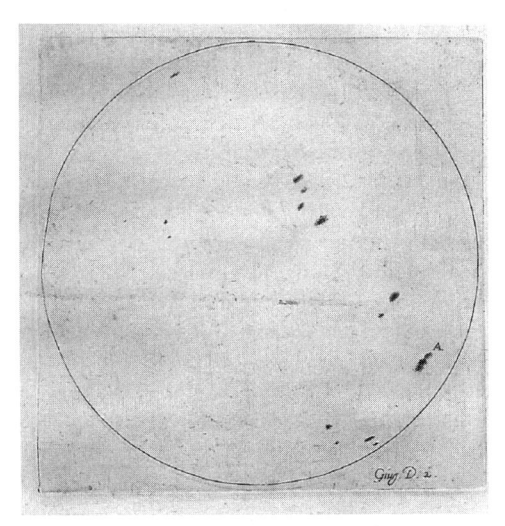

図325　マテウス・グロイター：1612年6月2日の
　　　太陽黒点、銅版画、Galilei, 1613, S. 59

格子線が縁から黒点を濃縮しているが、これはシャイナーの重く輪郭線を引いてこれが星だという印象を呼び起こそうとした描法とはまったく異なっている。1613年の銅版画が1612年夏の素描見本を正しく写したものであるからには、描写スタイルの持つ根本的意味があらためて分かるのである。

(85)　Galilei, 1613, S. 57; Opere, Bd. V, S. 143.
(86)　„[...] con l'occasione del mandargli alcune figure di esse macchie con giustezza disegnate, & anco il modello del disegnare" (Galilei, 1613, S. 31; 以下を参照のこと：Opere, Bd. V, S. 116, Z. 14-16).

移し替えるこの過程は、チェージが1612年9月と1613年2月の間にガリレイと交わした書簡の山に記録されている。9月末にチェージはこう報告している。「黒点の姿はすべて銅版画におさめてあります。アペレスのものもあらためて含めてあります。これは手がかかり簡単ではありませんでしたが。このために今日チゴリ氏の立会いの下三人の銅版画家を呼び、一人のドイツ人を選んでおきました。この者は申し分なく、すでに仕事に取り掛かっております」[87]。彫り師のマッテウス・グロイターの選考過程が念の入ったものであったことは、チェージがガリレイにグロイターの二つの完成した銅版画、および契約されなかった彫り師のもう1枚を確認のためフィレンツェに送ったことからもうかがえる。とりわけ強い色、あるいはより力を抜いた色のどちらを用いるべきか、あなたに決定していただきたいのであると[88]。あらためて1週間後、さらに2葉の、総計10葉、これまでにグロイターが完成した銅版画を鑑定してもらうべくフィレンツェに送られた[89]。

(87)　„e le figure delle macchie si faranno tutte in rame, anco di nuovo quelle di Apelle, chè non è breve nè facile il farle venire; e perciò con la presenza del S.r Cigoli hoggi ho convocato tre intagliatori di rame, et scelto un todesco, che sarà il meglio, e già comincia" (Federico Cesi の Galilei 宛て書簡 (1612年9月29日付), in: Opere, Bd. XI, S. 404, Z. 37-41).
(88)　同、Galilei 宛て書簡 (1612年10月6日付), in：同上, S. 409, Z. 21-25.
(89)　Federico Cesi の Galilei 宛て書簡 (1612年10月13日付), in: Opere, Bd. XI, S. 416, Z. 8f.

これに続く10月末と11月初めの2通の書簡でのチェージの報告はこうである。グロイターはガリレイおよびシャイナーの描写するものに全力を挙げて取り組んだと。それは仕上がったのであるが、先に存在したものの完成度に到達

IX 太陽黒点の描写スタイル　295

すべくチゴリと相談したり自分で修正したりということはなかった[90]。そこでガリレイには新しい数枚を検証していただきたい[91]。チゴリはこのことを簡潔に強調して、チェージはもう一度1週間後に修正した試し刷りをガリレイに送ったと言っている[92]。続いて1613年1月末にテクニックについての違いをチェージが報告している。グロイターは木星計算の図版を銅版画に彫る用意ができているが、シャイナーの第2書簡に関しては、「例の図版は木版で縮小してできるので、そのようにしました」[93]。事実、木星の予測位置を再現した、付録に印刷されたグロイターの銅版画の繊細さと（図 326）[94]、シャイナーの然るべき描写にも見られるような比較的つたない木版画とでは違いは明白である（図 327）[95]。とはいえ、シャイナーの第3シリーズが再現するような太陽黒点の図版全般は、銅版画で表現されているのだから（図328）、チェージがのちの手紙で強調しているようなことは、ここでは認められない[96]。

(90) Federico Cesi の Galilei 宛て書簡（1612年10月28日付), in: 同上, S. 420, Z. 29ff.
(91) Federico Cesi の Galilei 宛て書簡（1612年11月3日付), in: 同上, S. 422, Z. 2-7.
(92) Lodovico Cardi の Galilei 宛て書簡（1612年11月3日付)、in: 同上, S. 424, Z. 4f.; Federico Cesi の Galilei 宛て書簡（1612年11月10日付), in: 同上、Opere, Bd. XI, S. 428, Z. 6f. ゆうに1カ月もたった1612年12月中旬、印刷側が十分なスピードで仕事していなかったことが明らかとなる。チェージによれば、シャイナーのテクストの最初の部分は印刷されたが、ガリレイに示唆されて、最初からでなく結びの方から始めるようにと（同、ガリレイ宛て書簡（1612年12月14日, in: 同上、S. 446, Z. 15-21)。12月末、チェージは木星衛星の図版中にミスを数え上げている。2度、3度と校正し直していたにもかかわらずである（同、Galilei 宛て書簡 [1612年12月28日付, in: 同上、S. 450, Z. 6-9])、が、しかし、1月半ば、チェージは、銅版画の一部がシャイナーの手紙同様印刷中であると告げている（同、Galilei 宛て書簡 [1613年1月18日付]、同上 in: S. 464, Z. 23f.)。
(93) „et quelle figure che si sono potute far in legno e più piccole, si son fatte"（同、Galilei 宛て書簡 [1613年1月28日付]、同上 in: S. 472, Z. 11f.)。
(94) Galilei, 1613, S. 151 (Anhang, S. 1); Opere, Bd. V, S. 241.
(95) Scheiner, 1613, De Maculis, S. 36 (Opere, Bd. V, S. 55 [日付は円環内部に示される])。その他の木版画は以下のページにある：18, 20, 21, 23, 31, 33, 39, 43（1612年オリジナル版では Opere, Bd. V.: S. 40, 41, 42, 44, 50, 52, 57, 60)。
(96) Federico Cesi の Galilei 宛て書簡（1613年2月15日付), in: Opere, Bd. XI, S. 482, Z. 35f.

2月1日にはチェージは、シャイナーの論文が銅版画付きでこの2週間以内に印刷されるもようだと知らせ[97]、続いてその手紙の追伸に、印刷するにし

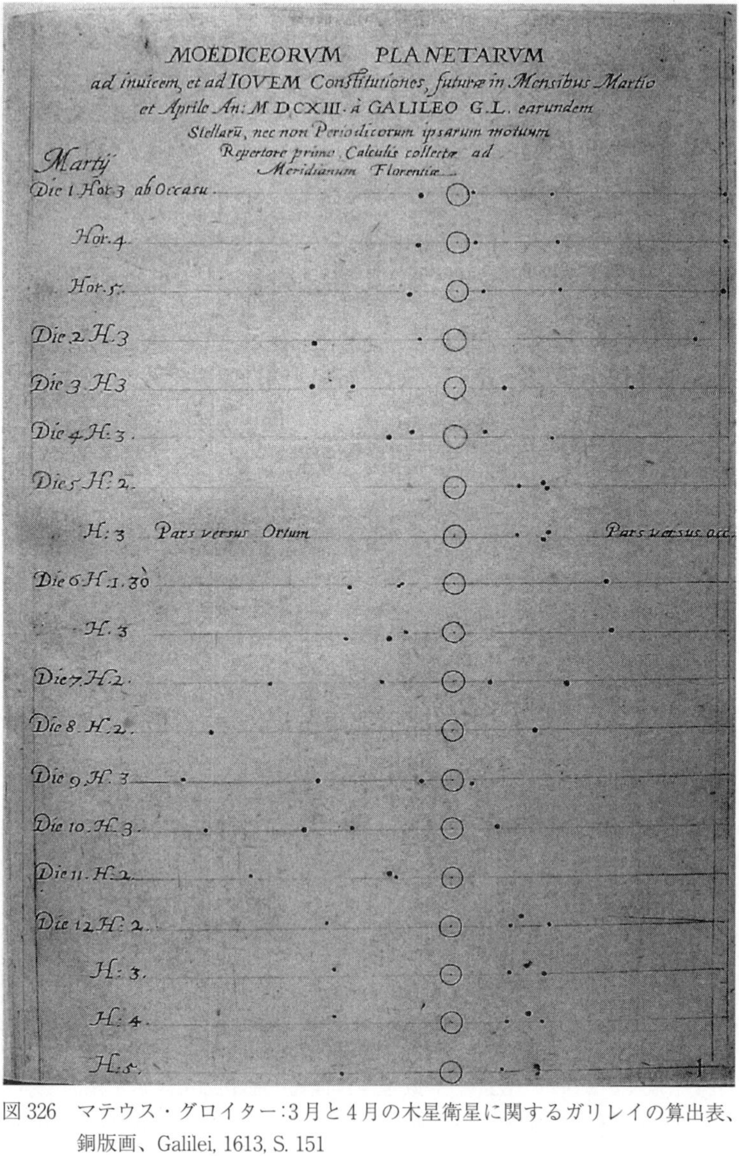

図 326　マテウス・グロイター：3月と4月の木星衛星に関するガリレイの算出表、銅版画、Galilei, 1613, S. 151

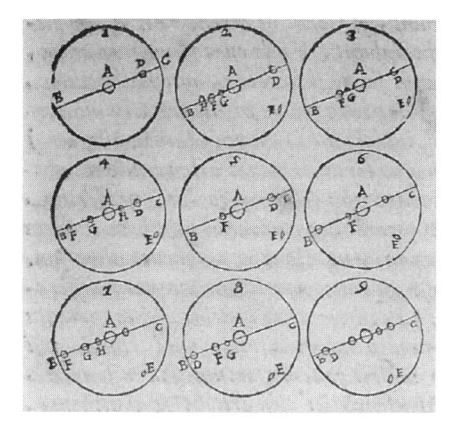

IX 太陽黒点の描写スタイル 297

図327 マテウス・グロイター：クリストフ・シャイナーの木星衛星図版、木版画、Scheiner, 1613, De Maculis, S. 36

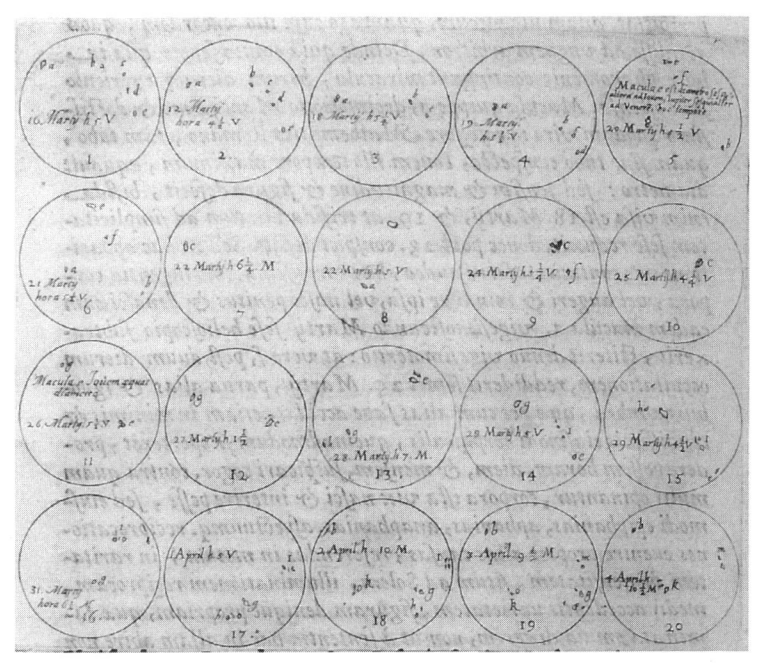

図328 マテウス・グロイター：クリストフ・シャイナーの太陽黒点図版、1612年3月と4月、銅版画、Scheiner, 1613, De Maculis, S. 47

てもどれほどの正確さと経済の複合問題が紙質について発生しているかを示している。銅版画にとっての紙面は通常の材質でいいのだが、大量の銅版画は贈呈用サンプルを確保するためには紙上に2倍の圧力が必要で、ページが「汗をかく」ことがないよう注意が必要である[98]。

(97) Federico Cesi の Galilei 宛て書簡（1613年2月1日付), in: 同上、S. 474, Z. 2f.
(98) „I fogli di rami sono di carta ordinaria; ma se ne fanno molti, che serviranno per donare, di carta doppia, acciò non traspaiano" (Federico Cesi の Galilei 宛て書簡[1613年2月1日付], in: Opere, Bd. XI, S. 475, Z. 29-31).

2月8日にチェージはこの1週間以内に印刷を完了すると告げるが[99]、数日後になってようやく彼のところに木星図版の最終版が届き、これをただちにグロイターに渡して銅板に彫らせる[100]。衛星は丸く、星型には描かぬよう注文を付けて（図326)[101]。最終的に、この本を急いで広めたいという段になって、チェージはミラノの三人の彫り師を仕上げと正誤表を作成させるために速達で召集し[102]、1613年3月22日、ついにフランチェスコ・ステルーティとチゴリの同席の上、本書の完成を祝うのである[103]。

(99) 同：Galilei 宛て書簡［1613年2月8日付], in: 同上、S. 480, Z. 4f.
(100) 同：Galilei 宛て書簡［1613年2月15日付], in: 同上、S. 481, Z. 2-5.
(101) 同：Galilei 宛て書簡［1613年2月22日付], in: 同上、S. 484, Z. 28f.
(102) 同：Galilei 宛て書簡［1613年3月2日付], in: 同上、S. 487, Z. 15-17.
(103) 同：Galilei 宛て書簡［1613年3月22日付], in: 同上、S. 489f.

これら細心の準備はすべて太陽の大型銅版画のためである。密偵のようにグロイターは、繰り返し監査するガリレイと少なくとも間接的に情報交換をし、チェージとチゴリには恒常的に接触し、この二人にとっても重要だったのだが、黒点の移動を検証しその本質を示す能力を発揮した。

1612年6月18日（図329）のうちMと記された黒点は、左上に二つの透過性の点によって特徴づけられ、新しい天体劇場のエレメントとしてこの黒点には内的外的動因をはっきりとつぶさに追うことができる（図330)[104]。次の日、右へ移動して一つの集積となり（図331)、6月20日には中央軸まで動き、より大きくなりそして散開していく（図332）。次にそれは横になったEのような形を結び（図333)、6月22日、すでに中央軸のずっと右に移って姿を見せる。点描風の、あるいは飛散させる技術を使ってグロイターは、この形成物

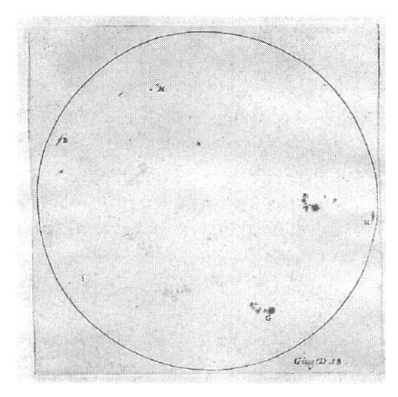

IX　太陽黒点の描写スタイル　299

図329　マテウス・グロイター：1612年6月18日の太陽黒点、銅版画、Galilei, 1613, S. 74

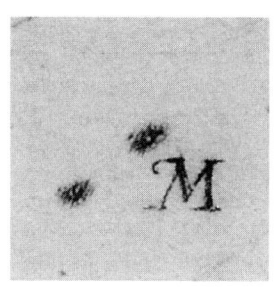

図330　マテウス・グロイター：1612年6月18日の太陽黒点、銅版画、Galilei, 1613, S. 74、図329の部分

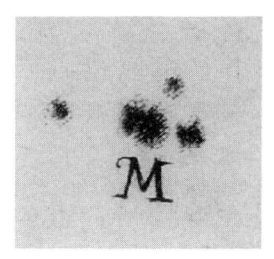

図331　マテウス・グロイター：1612年6月19日の太陽黒点、銅版画、Galilei, 1613, S. 75、図694の部分

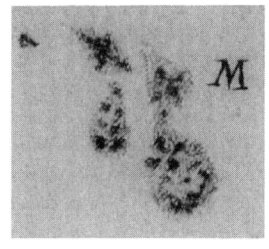

図332　マテウス・グロイター：1612年6月20日の太陽黒点、銅版画、Galilei, 1613, S. 76、図695の部分

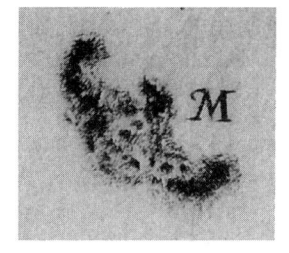

図333　マテウス・グロイター：1612年6月21日の太陽黒点、銅版画、Galilei, 1613, S. 77、図696の部分

の朦朧とした性格を明らかにさせることができた（図334）。

(104)　以下を参照のこと, Bd. V, S. 160.

翌日、黒点は右下へと移動して行き（図335）、6月24日、またもやコンパクトな姿になる（図336）。そのあと縮小するときには、右に向かって航路をとったらしく、連携して動いていたものが、6月25日には円環の際に近づくとともに形を失っていく（図337）。6月26日、再び黒点はよりコンパクトな、

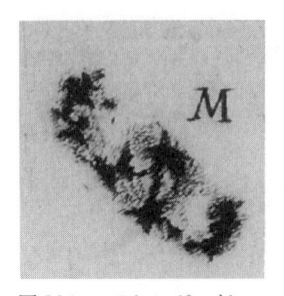

図334 マテウス・グロイター：
1612年6月22日の
太陽黒点、銅版画、
Galilei, 1613, S. 78、
図697の部分

図335 マテウス・グロイター：
1612年6月23日の
太陽黒点、銅版画、
Galilei, 1613, S. 79、
図698の部分

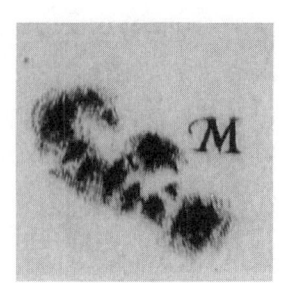

図336 マテウス・グロイター：
1612年6月24日の
太陽黒点、銅版画、
Galilei, 1613, S. 80、
図699の部分

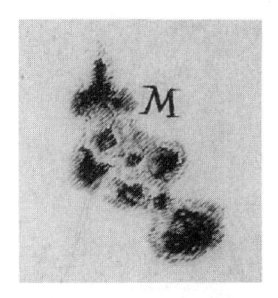

図337 マテウス・グロイター：
1612年6月25日の
太陽黒点、銅版画、
Galilei, 1613, S. 81、
図700の部分

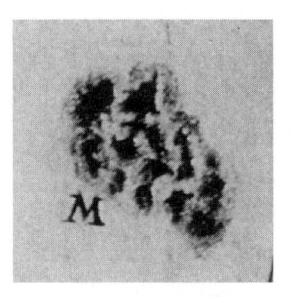

図338 マテウス・グロイター：
1612年6月26日の
太陽黒点、銅版画、
Galilei, 1613, S. 82、
図701の部分

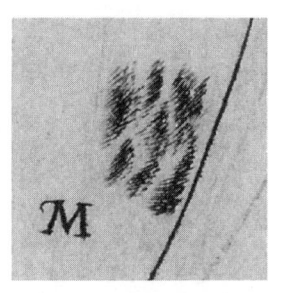

図339 マテウス・グロイター：
1612年6月27日の
太陽黒点、銅版画、
Galilei, 1613, S. 83、
図702の部分

たとえ何もない平面を突っ切るにせよ集積物へと突然変異し（図338）、その後で縁に達する（図339）。遠近法的に短縮すると、それは平べったくなるゆえに、黒点が太陽に直接接していることの証拠となる。6月28日、それは地平線を越え（図340）、1612年6月29日、消滅した（図341）。

ガリレイの第4シリーズ（1612年8月19日−21日）

1612年7月8日、このシリーズの終結後に、ガリレイはもう一度8月19日−21日に3葉のミニ・シリーズを開始し、これを8月19日の第1素描で眼を

IX 太陽黒点の描写スタイル 301

図340 マテウス・グロイター：1612年6月28日の太陽黒点、銅版画、Galilei, 1613, S. 84、図703の部分

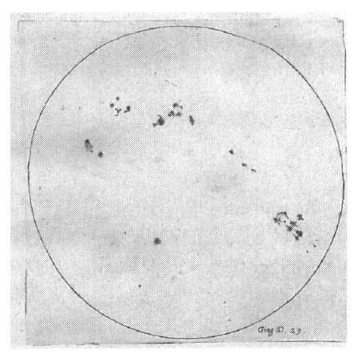

図341 マテウス・グロイター：1612年6月29日の太陽黒点、銅版画、Galilei, 1613, S. 85

みはるほど誇らしげに、あらためてこうタイトルをつけている（図342）。「大いなる太陽の黒点の素描。ガリレイ氏の裸眼をもって（semplice vista）数多お見せします（Disegni della Macchia grande Solare, veduta con la semplice vista dal Sig. Galilei, e similmente monstrata a molti）」[105]。「裸眼にて semplice vista」という表記についてはこれをガリレイは、太陽が生み出す黒点は大きく濃いので、多くの人にも望遠鏡なしで見ることができる、と言いたかったのである[106]。こうして太陽自体が、望遠鏡が見せるのは虚構だという望遠鏡に対する嫌疑を晴らしてくれるというのである。

(105) Opere, Bd. V, S. 180.
(106) „Ma più dirò esser la medesima natura stata così beningna, che per nostro insegnamento hà tal'ora macchiato il Sole di macchia così grande, & oscura, che è stata veduta da infiniti con la sola vista naturale" (Galilei, 1613, S. 54; 以下を参照のこと：Opere, Bd. V, S. 137, Z. 32-S. 138, Z. 1).

これに付された銅版画およびタイトル・ページもまた、太陽黒点の変容を印刷術に写し取ったガリレイの才能を祝福している。それは銅版画の先達ですら、印刷ではなく筆による素描だと思わせるほどのできなのだ。望遠鏡によってなされた発見の瞬間にガリレイが獲得した彫り師グロイターは、何のために版画という複製技術を使うのかをよく心得ていた。すなわち目に見えるものに瞬間的にそなわった証明力を天体現象に与えるためなのだ。複製が提供する現

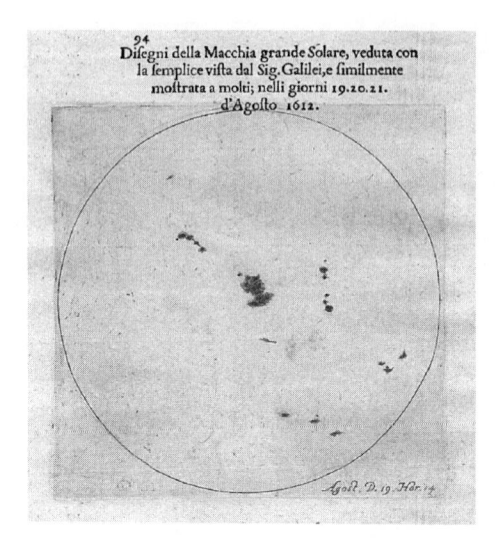

図 342　マテウス・グロイター：1612 年 8 月 19 日の太陽黒点、銅版画、Galilei, 1613, S. 94

実とは——1612 年 8 月 19 日 – 21 日にはうまくいったような例外的な機会は別にして——人間の感官という通常の装置では捉えられないものを提供する。特別な贈り物として天体が媒介してくれたもの、すなわちこれまでただ補助装置を使う場合のみ認めることのできた現象、これを銅版画なら裸眼で見ることを可能にした。望遠鏡なんぞ自然の中には存在しないものを見せているのだろうという非難は、こうして打ち消されていった。巨大太陽黒点に向けられた装備なしの眼差しこそが、裸眼を越えさせてくれる器械に秘蹟のオーラを与えていた。こうして器械観測が許され、その観測をガリレイがまず素描に捉え、それをまた銅版画に写しかえるのである。素描はなるほど複製だが、その誕生史とそのスタイルは、いかに執拗にガリレイとプロデューサーたるチェージが素描のスタイルを適切に選んでいたかを証するものである。こういうことを可能としているという意味で、グロイターの銅版画は素描(ディセーニ)の真正な印象を媒介しているのだ。

地域を越えた申し合わせ

　太陽黒点論出版の背景には地域を越えて作動した研究ネットが存在してお

り、それが闘士たちを刺激して本書を全力で公のものとするよう促した。

それをうかがわせるスペクタクルな例が 1612 年 5 月 4 日のガリレイの書簡である。これはアウグスブルクのヴェルザー宛てに黒点の見本のコピーを送ったものである。チェージの 1612 年 5 月 17 日の手紙からは、太陽黒点の素描をローマにも送ったことがうかがわれる[107]。アカデミア・ナツィオナーレ・デイ・リンチェイの書庫にあるガリレイのヴェルザー宛て書簡のコピーが作成されたのは、おそらくチェージの手紙を、あるいはもう一通出したあとのことだったのだろう（図 274）。チェージ経由でこれらは伝搬したのであって、たとえそれが自己鍛錬と比較材料を入手するためであろうと、あるいはガリレイが素描を手元に戻したいと思ったからであろうと、チゴリはこれをコピーできたのだった[108]。

[107] Federico Cesi の Galilei 宛て書簡（1612 年 5 月 17 日付）in: Opere, Bd. XI, S. 297, Z. 16-S. 298, Z. 17.
[108] 同上, S. 298, Z. 17f.; Biagioli, 2002, S. 75.

1612 年 6 月、ガリレイはマッフェオ・バルベリーニに、自分が様々な研究者の素描(ディセーニ)を保持していると言及している[109]。その中には、1612 年 5 月 8 日にはすでに送られていた今では行方不明のカステリの素描が混じっていたことは間違いない。カステリの誇らしげな注釈によれば、これらの素描を自分の器械の最上の知識と光学的成果とをもって完成したのだった[110]。

[109] Galilei の Maffeo Barberini 宛て書簡（1612 年 6 月 2 日付）in: Opere, Bd. XI, S. 305, Z. 28-32.
[110] Benedetto Castelli の Galilei 宛て書簡（1612 年 5 月 8 日付）in: 同上、S. 294, Z. 8f.

1612 年 7 月 28 日、太陽黒点の図がさらにガリレイに送られたが、これらはチゴリ自身とその助手コシミーニの手になるものだった[111]。これに関連してガリレイはブリュッセルから一連の太陽黒点の素描を受け取ったが、それは彼のかつてのパドヴァ時代の弟子ダニエロ・アントニーニが 1612 年 7 月に彼に促されて制作したものだった[112]。ガリレイはこれをローマのチゴリから受け取った素描、およびいくつかの写し取りと比較した[113]。10 月 1 日、アントニーニはウディーネからの返信で、太陽黒点図添付のガリレイの手紙を受け取った、それは自分の素描(ディセーニ)と一致するようであると報告している[114]。

[111] Lodovico Cigoli の Galilei 宛て書簡（1612 年 7 月 28 日付）in: 同上、S. 369, Z. 1-7.

(112) Daniello Antonini の Galilei 宛て書簡（1612 年 7 月 21 日付）in: 同上、S. 363, Z. 9-16.
(113) Opere, Bd. V, S. 140, Z. 21-26.
(114) Daniello Antonini の Galilei 宛て書簡（1612 年 10 月 1 日付）in: 同上、Bd. XI, S. 406, Z. 1-7.

仲介者ガリレイを介さずとも研究者たちは彼の例に追随し、素描を交換しあったので、シジスモンド・ディ・コローニャは 1612 年 10 月 10 日に 20 個の円環シリーズをモンレアレからカステリ宛てに送った（図 343）。彼の素描は 20 個の円環という形式でシャイナーの見本の反復である（図 344）。小円の隙間にシジスモンドはそれぞれ日時を書き込み、目立つ黒点については文字で印をつけた。期間は 1612 年 9 月 6 日から 10 月 8 日にわたる。後から来た者としてシジスモンドは 10 月 9 日の円を前ページの告知文の横にモットーのように配置した（図 345）(115)。この研究に要した労苦の見返りとしてシジスモンドはアペレの文書、すなわちシャイナーの初めての出版物へのガリレイの返書を一部、あるいはせめて抜粋を書簡の形でいただけないかと請うた(116)。ガリレイ

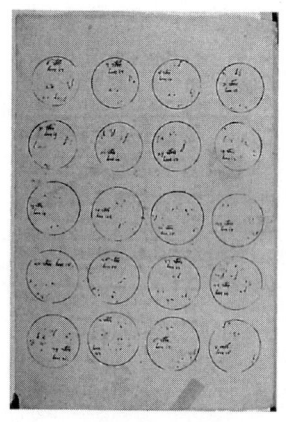

図 343 シジスモンド・ディ・コローニャ：20 個の円環シリーズ、ベネデット・カステリ宛て書簡（1612 年 10 月 10 日付け）、紙にペン、BNCF, Gal. 95, F. 35v

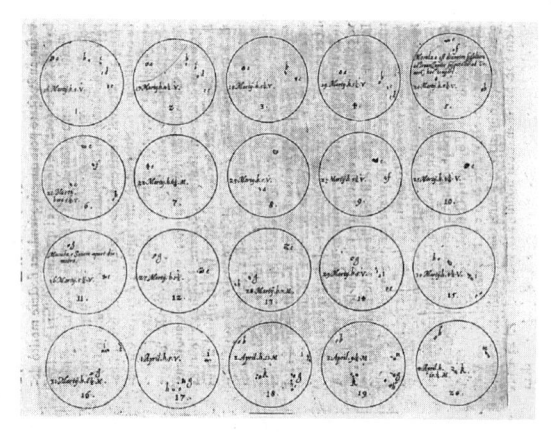

図 344 アレクサンダー・マイア：クリストフ・シャイナーの太陽黒点、銅版画、Scheiner 1612, De Maculis, S. 42

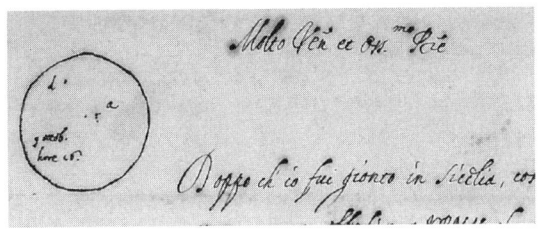

図345 シジスモンド・ディ・コローニャ：10月9日の円環、ベネデット・カステリ宛て書簡 (1612年10月10日付け)、紙にペン、BNCF, Gal. 95, F. 35r

のシャイナーへの返書はまだ公刊されておらず、ヴェルザー宛て書簡の形でまとめられたものにすぎないということが、明らかに彼には分かっていなかった。

(115) 同上、S. 413、にはこの選ばれた落伍者が一連の配置の最後に置かれ、そのためにそのウィットが殺がれている。
(116) Sigismondo di Cologna の Benedetto Castelli 宛て書簡 (1612年10月10日付)、in: 同上、S. 413, Z. 5-8.

これらはむろん実際に回し見された。だからガリレイの友人ジョヴァンフランチェスコ・サグレドは1612年9月22日、つまりシジスモンドがシチリアで太陽黒点研究を企てているときのこと、ヴェンツィアからフィレンツェのガリレイの元へ、ヴェルザーへの第2書簡を素描ともども写し取ったと手紙に書いたのだった。[117] おそらくこれにはシャイナーのヴェルザー宛て書簡にも関係していて、「私は書簡を一通、ガリレイの観測付きのものを持っております。それが私のものと、いや、私のものが彼のと隅々まで一致するのを見ていますと、無上の喜びなのです。あなたは驚くことでしょう、ためつすがめつ、讃嘆し、喜びとすることでしょう。住むところがこれほど違っておりますのに、一方の黒点が他方と、数字・序列・大きさ、形においてかくも心地よく一致するのを目にするのですから。私とガリレイの間、あるいは彼と私の間にかくも順調にかの個体の性状について一致するとすれば、これ以上の結びつきは考えられないのではないでしょうか。さしあたり私たちが意見の不一致を見たとしても、深い精神的絆で結ばれているのです！ とりわけ私たち二人は一つの目標に向かって努力しているのですから、このことは真実です。私たちは真実を白

日にもたらすことに何の疑いもはさみはしないのです」[118]。手紙の示すところは、ガリレイの太陽黒点解釈に違和感を持っていようと、絵として残したものの類似性を前にすれば、いかにシャイナーといえど一つの了解に達するのではないかという期待感である。

(117) Opere, Bd. XI, S. 398, Z. 6f.; Biagioli, 2002, S. 75.
(118) „Epistolam, una cum Galilaei observationibus, accepi. Oblector incredibiliter, quando video eas cum meis, meas cum ipsius, ad unguem convenire. Intueberis, conferes, miraberis, delectaberis, cum animadvertes, in tanta locorum distantia, alterum cum altero tam belle concordare, quoad numerum, ordinem, situm, magnitudinem et figuram macularum. Quod si tam bene mihi cum Galilaeo, vel ipsi mecum, conveniret de corporum istorum substantia, pulchrior coniunctio excogitari non posset. Interim, dum discrepamus sententiis, amicitia conglutinemur animorum, praesertim cum ad unum scopum tendamus utrique, qui est Veritas; quam nos eruturos, nequaquam diffido" (Markus Welser の Giovanni Faber 宛て書簡（1612年11月9日付), in: Opere, Bd. XI, S. 428, Z. 11-19).

シャイナーとガリレイがこのような和平に決して至らなかったのは、データの客観性をつきつめる意志が欠けていたからではない。すでに8月14日付のガリレイのヴェルザー宛て第2書簡には、天候不順に遭遇した研究者にその日の素描を、天候を害されなかった別の地方から提供できないものかという提案がなされていた[119]。そのためには同一の範型を用いることが必要だった。シャイナーがすでに第1シリーズで実践したこと、それを先ずチゴリが、次にガリレイもそれぞれの第1シリーズで受け継いだこと、すなわち同一基準を適用するシャイナーの原理は、地域を越えて妥当する一般服務原理となるはずだった。

(119) Opere, Bd. V, S. 140, Z. 18-26.

4. アリストテレス派に下る「最後の審判」

1613年5月3日、チゴリは振り返ってこう強調している。ガリレイが新たな太陽黒点観測に際して円環の大きさを指示した通りの基準に従うよう要求したのだと[120]。ガリレイとチゴリの協働作業は、現代に伝わる最初の、地域を越えて見事に一致した研究プロジェクトを意味した。

(120) „[...] me le haveva fatte osservare di quella stessa sua grandezza, et dettomi il modo da farlo" (Lodovico Cigoli の Galilei 宛て書簡 (1613 年 5 月 3 日付), in: 同上、Bd. XI, S. 501, Z. 12-S. 502, Z. 1).

こういう作業の証が、1612 年 8 月 18 日から 25 日に作成された素描であり、これらはフィレンツェ国立中央図書館のガリレイ文書の中にある。明らかにこの 7 葉の素描は、チゴリが 1612 年 8 月 31 日にガリレイに送った 12 の太陽黒点図の一部である（図 346）[121]。

(121) 同上、S. 386, Z. 1-3. これまでは喪失したものと思われていた（Biagioli, 2002, S. 74, Anm. 118）。

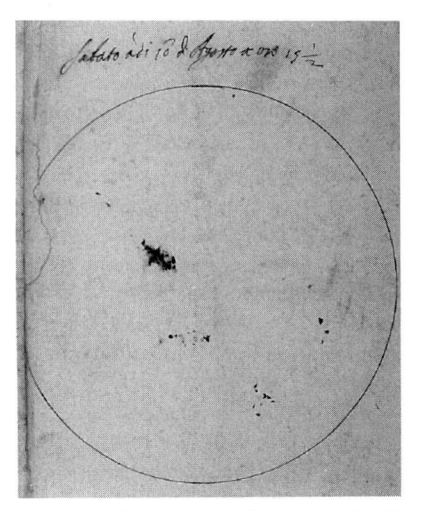

図 346 ロドヴィコ・チゴリ：1612 年 8 月 18 日の太陽黒点、紙に筆、BNCF, Gal. 57, F. 14

著作集中チゴリに帰せられるものは[122]、筆跡鑑定によってすでに確証されている。このシリーズの昼と夜の指定は、チゴリの第 1 シリーズへの書き込みと比較可能である（図 347）。文字の多くは共通性を示しているが、手書きの場合には違いも避けがたく頻出する。しかし、日付を記入する際の di の筆跡は間違いようもなくチゴリのものである。例えば 8 月 18 日の綴り di Agosto におい

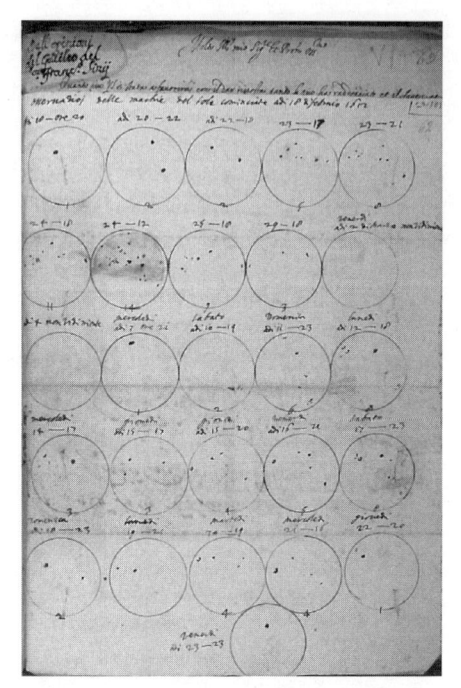

図 347　ロドヴィコ・チゴリ：太陽黒点シリーズ、紙にペン、BNCF, Gal. 57, F. 62

て（図 346）ｉはたんに d の背にくっついた点で印されている。チゴリの第 1 シリーズにおいて di で終わる曜日名のすべてが、この特徴を示している。

(122)　Pietro Pagnini, Avvertimento, in : Opere, Bd. V, S. 435.

なお一層強く目立つことに、それ以上はそれまでのチゴリのシリーズ——6 月 30 日に自ら不満ありと告げていたのだが——を思い出させるものは何もない（図 347）[123]。異同の原因には特に三つある。第一、チゴリはガリレイの新しい成果をよく知る立場にあったこと。すでにふれたように、チゴリにはガリレイがチェージに 5 月に送った素描シリーズを写すよう提供されていた。チゴリの発言はこのことに関係している。投影された太陽黒点が「円環に接近しますが、その円環が閣下の我々に送って下さったものに似ているのです」[124]。第二の理由はチゴリの観測器械の改良にある。少し憤慨しながらの報告によれ

ば、新しい器械が、ガリレイによってではなく弟子のシジスモンド・コッカパーニによって用意された。チゴリはそれが最高の性能を持っていないとしても最善を尽くそうという。おそらくここで言われているのは、カステリ式器械の新しいヴァージョンのことであって、チゴリはこれを技術上できる限りガリレイの手段に近付けていった。そして最後にはガリレイが諸研究を伝達し、これをチゴリが利用できたのである[125]。

(123) Opere, Bd. XI, S. 349, Z. 36; 上記参照：S. 254.
(124) „Si faranno in un cerchio simile al suo, delle sue mandateci" (Lodovico Cigoli の Galilei 宛て書簡［1612 年 7 月 14 日付］, in: 同上、Bd. XI, S. 362, Z. 29-31). 以下を参照のこと：Federico Cesi の Galilei 宛て書簡（1612 年 5 月 17 日付）, in: 同上：S. 298, Z. 17f.（上記参照：S. 275）.
(125) Lodovico Cigoli の Galilei 宛て書簡（1612 年 7 月 14 日付）, in: Opere, Bd. XI, S. 362, Z. 40-43. Coccapani については Chappel, 1994, S. 34-37.

いかに緊密にチゴリとガリレイが連携していたか、チゴリの観測日がガリレイの4番目のチクルスに一致していたところに、またも見て取れる。その上、12.7-8cm 直径の円形素描はガリレイによってマッフェオ・バルベリーニに送られた素描(ディセーニ)と全く同じ寸法を示している。それはのちのシリーズでも使われた寸法である。

　1612 年 8 月 18 日、土曜日の素描（図 346）では、チゴリは左上に二つの黒点をともなった鎖状のものを指示しているが、これは翌 19 日ガリレイでは少し右へ移動している。三つのゆるく連携した小黒点の集積がすでに現れていて、自分を中心に右下へと回転しているようである。しかし特に印象的なのは、ガリレイが「裸眼で」見えると書いた例の巨大黒点である。それはあまりの巨大さに望遠鏡を当てていない眼でも見えるがゆえに、天体からの方法論的贈りものと彼が評したのだった（図 342）。これによってガリレイは器械をもって企てた研究を、自然自身によって強化させたのだった。

　とくに重要なのは、チゴリがこの黒点のために初めて、ガリレイの用いた筆による技術を導入したことである。実質的に彼は二つの色層を用いた。地塗りに鈍い褐色を、そこにまだ乾かないうちに、濃い、黒に近い色を重ねるのである。8 月 20 日（図 348）にはガリレイが 2 時間前に行った写し取り（付録 II, 2 を参照のこと）に対してずれがいくらか生じている。下方の三つの黒点群は右

へ向かっている。同様の動きをしている大きい黒点の基本色はより濃いのだが、そのためその縁が明るい周囲に際立つのである。黒い一種の環礁が火の海から島のように浮かんでいる。問題はディテールなのであって、すでにガリレイによって展開された観測の鋭さと描写力の高さをもってチゴリはそのディテールを描きたかったのである。

ガリレイの8月21日の印刷版（図696）は、チゴリの素描（図349）よりあらたに2時間だけ先へ進めている。左上に記入された点の集積は両者の版で一致しており、その斜め下にある二つの点も同様である。細かな小点が作るラインは同一軸で連動しており、右手同じ高さに置かれている四つの点からは二つが縁を越えて移動して行き、大きな黒点の下の点の群れからは下の縁にまだ4つ残っている。その内的変移を描くチゴリの技術では、ガリレイが刊行した銅版画より繊細にできているが、それだけいっそう、両者の絵が、腰のような中央部の明るくなった箇所に至るまで一致しているその正確さには、あきれてしまうのである。

8月22日からガリレイの相当図が欠けているが、スタイルは変わらず継続される（図350）。それはとりわけ巨大黒点が地平線に接近して行く様子を短縮した幾何学的天体劇場に当てはまる。すなわち黒点Ｍ（マキア）がガリレイのシリーズ1612年6月25日−28日に演じて見せた劇場のことである。8月23日に巨大黒

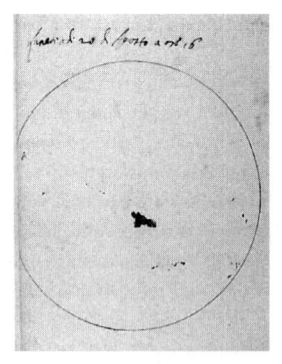

図348　チゴリ：1612年8月20日の太陽黒点、紙に筆、BNCF, Gal. 57, F. 105

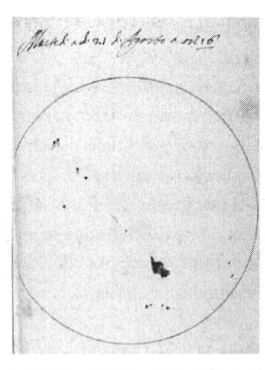

図349　チゴリ：1612年8月21日の太陽黒点、紙に筆、BNCF, Gal. 57, F. 106

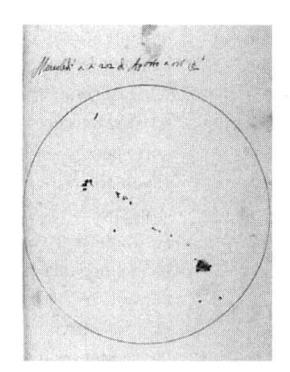

図350　チゴリ：1612年8月22日の太陽黒点、紙に筆、BNCF, Gal. 57, F. 107

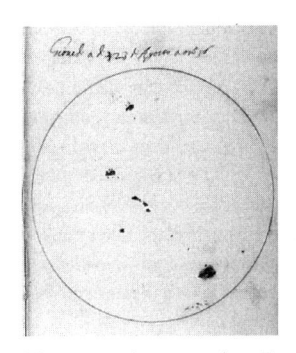

図 351　チゴリ：1612 年 8 月 23 日の太陽黒点、紙に筆、BNCF, Gal. 57, F. 108

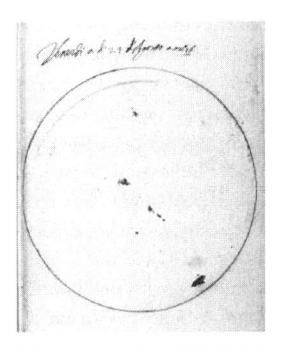

図 352　チゴリ：1612 年 8 月 24 日の太陽黒点、紙に筆、BNCF, Gal. 57, F. 109

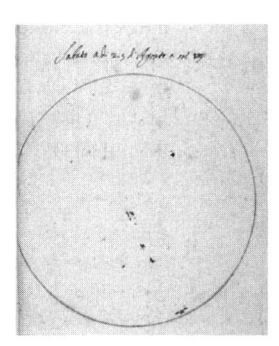

図 353　チゴリ：1612 年 8 月 25 日の太陽黒点、紙に筆、BNCF, Gal. 57, F. 110

点がチゴリのシリーズでその形を凝縮し始める（図 351）。翌日それはもはやその大きさを半分以下に減じており（図 352）、連続画の最後の日 8 月 25 日、それは目覚ましく凝縮して、平べったい T 型に姿を変えた（図 353）。

　全体として、チゴリの素描スタイルはガリレイのそれに似ているということが分かる。少しも驚くべきことではないが、両者はフィレンツェでいっしょに学んだあと、いわばブラインドで理解し合えた。ガリレイが友人チゴリに先んじて早くに投影器械を用いたおかげで可能になった点・斑点の変容テクニックによる高度化した複雑さをもって体現したものを、チゴリの方は 1612 年の 8 月後半の素描で取り返す。ガリレイとチゴリの互いに重なり合うシリーズは、自然科学者と芸術家による研究共同体のおいそれとは凌駕しがたい成果を産んだ。

　1612 年 5 月に、チゴリの 8 月の素描をもって閉じる連続画の最初の大範型シリーズのあとにはもうガリレイは確信を得るが、それは自意識と闘争心ではち切れそうな書簡となってマッフェオ・バルベリーニに向かって発された。「太陽黒点の素描を数葉、閣下にお送りします。これはきわめて精密に描かれ、その数、大きさ、形状、位置を太陽盤の上に日毎に記してございます。閣下が当市の学者たちと我が解答につきまして検討いただくようなことがありますれば、いささかなりと諸意見を、とりわけアリストテレス学派の哲学者たちの意見をお聞かせいただければ感謝に堪えません。この発見が彼らの哲学の最後の

審判となりますからには」⁽¹²⁶⁾。この「最後の審判」の武器は素描スタイルであった。なぜならこのスタイルこそガリレイの確信を担ったからである。黒点は星にあらず、太陽自身の生み出せし雲のごとき形成物なりと。ガリレイがチゴリと共同で磨いたこのスタイルは、メディアとなって共同体に発見とその拡大をもたらした⁽¹²⁷⁾。宇宙論の歴史のもっとも目覚ましい一章、それが彼なのだ。

(126) „Intanto gli mando alcuni disegni delle Macchie Solari, fatti con somma giustezza tanto circa al numero quanto alla grandezza, figura e situazione di esse di giorno i giorno nel disco solare. Se occorrerà a V. S. Illma trattare di questa mia resoluzione con i litterati di cotesta città, haverò per grazia il sentire alcuna cosa de i loro pareri, et in particolare de i filosofi Peripatetici, poi che questa novità pare il giudizio finale della loro Filosofia" (Galileiの Maffeo Barberini 宛て書簡 [1612年6月2日付], Rom, Barb. Lat. 6479, F. 2v; Opere, Bd. XI, S. 306, Z. 74f. および S. 311, Z. 76-81).

(127) この点については：Büttner, Damerow および Renn, 2001, S. 199f.

X 反省、そして絵画の奨励

1. ガリレイのパラゴーネ（絵画優位論）

　ガリレイがアカデミア・デル・ディセーニョの会員となったのは、1613年10月18日だが、彼の研究は四半世紀前から素描文化の中で培われていたのだ。「ヴィンチェンツォ・ガリレイの［息子］ガリレオは1613年10月18日アカデミア入会をもって10ソルディを与えられるものとす。上記の者はアカデミー会員資格を獲得すればなり」[1]。有名であるが問題も多いフィレンツェ人の名声をアカデミアは栄養とするものである、とはいえ、入会に与って力があったのは、ガリレイの友人チゴリだった[2]、あるいはガリレイの素描家としての能力、精通ぶり、判断力および同時代芸術家たちへの近しさだっただろう。ガリレイがその直前にまとめた絵画理論がアカデミア入会に顧慮されたということも、最終的にはありうる。

(1) „Galileo di Vinc: o Galilei de dare addi 18 di ottobre 1613 soldi 10 per sua ent [ra] ta nel Achedemia che detto disu vinto Achademico" (Florenz, Archivio di Stato, Mss, Accademia del Disegno No. 124, „Libro dell'Entrata e Uscita", F. 52v[引用はChappell, 1975, S. 91, Anm. 4による])。

(2) 例えばチゴリの解剖学的モデルはこのアカデミアの一種の寓意紋章となった（Wazbinski, 1987, S. 179-196; チゴリの在り方については、同上：索引参照）。

　その絵画理論のきっかけとなったのは、チゴリをめぐる論争だった。彼はローマで攻撃を浴びるさなか、諸芸術の優劣論争（パラゴーネ）に対して芸術理論による判定をガリレイに請うたのだ[3]。ガリレイは1612年6月21日に返書を与えてい

る$^{(4)}$。集中的に論じる形式をとったこの書簡は芸術理論の古典の一つに数えられる。1627年よりあとのヴィンチェンツォ・ジュスティニアーニの類似した論文もそうなのだが、個々の点でガリレイの演じる役割は、当然ながら後から来た者のそれである$^{(5)}$。なぜなら論争はすでに1546年に頂点に達したのであり、この年、ベネデット・ヴァルキは彫刻と絵画の優劣論争(パラゴーネ)に発言を求められていた$^{(6)}$。絵画の至上権を主張する際に、例えばチゴリは、絵画は「ただ一つの視点からなる」と答えていた。これに対し彫刻は一つの側面から始まり、そこから巡っていくので、絶えず新たな立場が生まれる。絵画は見る者の立ち位置一つを頼りとするが、彫刻は八つの立ち位置を必要とする$^{(7)}$。平面に現れる似姿、それは泉に映る木影以外の何ものでもないが、その静止状態に対して、彫刻は回り、それのために見る者にも捻転(トルジオン)を要求するのである。静かな水面にかがんで己の顔に見入るチェッリーニのナルチス像は、彫刻の空間運動が画面の平板な硬直に優越するという確信をプログラムした像なのだった（図354）$^{(8)}$。

図354　ベンヴェヌート・チェリーニ：ナルチス。石と大理石、ca. 1548, Florenz, Bargello

X 反省、そして絵画の奨励   315

(3) Cropper, 2005, S. 134-135.
(4) Galilei の Lodovico Cigoli 宛て書簡（1612 年 6 月 26 日付）, in : Opere, Bd. XI, S. 340-343; in: Panofsky, 1954, S. 32-34.
(5) Preimesberger, 2001. Berninni の初期作品を視野に入れながら一般論としては、同：1985 も参照のこと。
(6) Prochno, 2006, S. 104、その他多数箇所。
(7) Nova, 2003, S. 183.
(8) 同上：Morét, 2003.

　ガリレイの論文はそれに対し、絵画至上主義を代弁する。なんとなれば、それは他の助けなしに空間の深さと広がりを作り出すことができるからである。彫刻は外光を頼りにするが、明・暗・深さ・広さを自律的に意のままにできることは絵画優位の根拠となろう。「彫刻は凹凸を持っているが、絵画はそうではない、ゆえに彫刻の方が讃嘆に値するという仮定は、完璧に間違いである。すなわち、同じ理由をもって絵画は先んじるのであって、彫刻を壮麗さの点で凌駕するのである。すなわち、ひとが彫刻に認める凹凸は、彫刻としてではなく絵画として登場するものなのだ」[9]。

(9) „Ô tanto falso che la scultura sia più mirabile della pittura, per la ragione che quella abbia il rilevo e questa no, che per questa medesima ragione viene la pittura a superar di maraviglia la scultura: imperciocchè quel rilevo che si scorge nella scultura, non lo mostra come scultura, ma come pittura " (Galilei の Lodovico Cigoli 宛て書簡［1612 年 6 月 26 日付］, in : Opere, Bd. XI, S. 340, Z. 4-8).

　高さや深さそしてそのすべての空間的要素は、ガリレイによれば、彫刻の、自然な、材料に準じた 3 次元性から生まれるのではなくて、光と色の人工的転用から生まれるのであって、これこそ絵画が育んだものなのだ。「説明してみよう。＜絵画＞とは光と影という手段によって自然を模倣する能力のことをいう。彫刻には一方には明るく他方には暗く彩色された浮き彫りがいくらでもある。それが本当であることは経験の教えてくれるところである。つまり我々が浮き彫りに光を当てて、明るい所に暗い色を施し、色が完全に統一されるように塗ってみよう。そのときこの像は浮き彫りではまったくなくなるだろう」[10]。

(10) „Mi dichiaro. Intendesi per pittura quella facoltà che col chiaro e con lo scuro imita la natura. Ora le sculture tanto avranno rilevo, quanto saranno in una parte colorate di chiaro et in un'altra di scuro. E che ciò sia il vero, l'esperienza stessa ce lo

dimostra; perchè se esporremo ad un lume una figura di rilevo, et anderemola in modo colorendo, col dar di scuro dove sia chiaro, sinchè il colore sia tutto unito, questa rimarrà in tutto priva di rilevo" (同上, Z. 8-14).

空間の印象は影の形成から生まれる、これがガリレイの出発点である。光りなき浮き彫りは平面となり、それに対し絵画は照明を足さなくても深さの表象を作ることができる。「それに引き換え絵画はそれ自体いかなる起伏もないが、彫刻さながらに起伏を見せてくれる絵画が、どれほどより多く評価されることか！ しかし彫刻さながらにとは、何を私は言い出すのか？ いやその例はごまんとあるのだ」[11]。

(11) „Anzi quanto è da stimarsi più mirabile la pittura, se, non avendo ella rilevo alcuno, ci mostra rilevare quanto la scultura! Ma che dico io quanto la scultura? Mille volte più" (Galilei の Lodovico Cigoli 宛て書簡 [1612 年 6 月 26 日付], in: Opere, Bd. XI, S. 340, Z. 14-16).

ガリレイは、彫刻が触覚に馴染むことを認めている。「したがって、触覚に訴える浮き彫りの領域では、彫刻が絵画に優越する」[12]。とはいえこう限定をつけるのだ。「しかし、彫刻が絵画より大々的に触覚を瞞着できると考える人は、単純である。＜瞞着＞とはどういうことか。感覚が瞞着されて、あるものを、まったく別物として見てしまうというより、うまく模倣されたものと見なしてしまうことを言う。彫像を触って、これは生身の人間であると思う者がいると、誰が信じよう？ 絶対に誰も」[13]。

(12) „Resta dunque che la scultura superi la pittura in quella parte di rilevo che è sottoposta al tatto" (同上, S. 341, Z. 28-29).
(13) „Ma semplici quelli che pensano che la scultura abbia ad ingannare il tatto più che la pittura, intendendo noi per ingannare l'operar sì che il senso da ingannarsi reputi quella cosa non quale ell'è, ma quella che imitar si volle! Ora chi crederà che uno, toccando una statua, si creda che quella sia un uomo vivo? Certo nessuno" (Galilei の Lodovico Cigoli 宛て書簡 [1612 年 6 月 26 日付], in: Opere, Bd. XI, S. 341, Z. 29-34).

彫刻は自然をただ模倣することができるのみ、新たに創造することはできない、というのがガリレイの考えである。「彫刻は光と影を自然そのものから得るのであるが、絵画は人間の技（芸術）によってそれを得る。ゆえに、この理由からしても、優れた絵画こそ優れた彫刻よりも讃嘆に値する」[14]。芸術の序列は、したがって、模倣対象の自然に対する距離の度合いで決定されるのだ。「模

倣手段が模倣対象から距離をとればとるほど、いっそう模倣は讃嘆される」[15]。

(14) „ma alla scultura il chiaro e lo scuro lo dà da per sè la natura, ed alla pittura lo dà l'arte: adunque anche per questa ragione si rende più ammirabile un'eccellente pittura di una eccellente scultura" (同上、Z. 55-57).

(15) „perciocchè quanto più i mezzi, co'quali si imita, son lontani dalle cose da imitarsi, tanto più l'imitazione è maravigliosa" (同上、Z. 61-63; この点については以下を参照：Körner, 2003, S. 222, および Preimesberger, 2003, S. 309).

彫刻は絵画よりも長持ちするという彫刻家の言い方に対してレオナルドはこう答えている、それは素材の効果であって芸術のそれではないと[16]。レオナルドと一致してガリレイが強調する、「ちなみに永遠性の議論はつまりません。というのは大理石を永遠化するのは彫刻ではなくて、大理石が彫刻を永遠化するという話なのですから。されば、この特権は彫刻のものでなく、粗い石くれの功績ということになる。もろくはかないことにかけては、彫刻も絵画もおそらく同等です」[17]。

(16) Leonardo da Vinci, 1995, S. 21v; 以下を参照、同：1990, S. 150.

(17) „L'argomento poi dell'eternità non val niente, perchè non è la scultura che faccia eterni i marmi, ma i marmi fanno eterne le sculture; ma questo privilegio non è più suo, che d'un ruvido sasso: benchè e le sculture e le pitture sieno forse egualmente soggette a perire" (Galilei の Lodovico Cigoli 宛て書簡 [1612年6月26日付], in: Opere, Bd. XI, S. 342, Z. 80-83).

この優劣論(パラゴーネ)は、手と目、触覚と視覚の争いでもある。「付言させていただきます。彫刻は手で触れる自然をより多く模倣し、絵画は目に見える物をより多く模倣する。つまり、彫刻と絵画に共通する形式として、絵画の側からは眼にとっての特殊な対象たる色が付け加わるのです」[18]。ガリレイが画家友達チゴリにここで直接語りかけるのは、偶然ではない。「今朝、我らがアンドレア氏からのご指示にて承りました彫刻擁護論に対して、もしやの返答になるものとしてこの時考えましたものが、これです。しかし、これ以上論争をお続けにならないよう忠告します。当論争は、それぞれの実作者ではない者たちの間で戦わされる論争ではないので、両派ともに理性と鋭利な感覚の演習として有益でありましょうが、彼らとて名人の技を発揮するなら、両者ともに讃嘆に値するのです。あなたもまた己がキャンヴァスを使った己が技にて名声を得た如く、

大理石にて仕事をした我らが神のごときミケランジェロもまた然り」[19]。

(18) „Soggiungo che la scultura imita più il naturale tangibile, e la pittura più il visibile; perocchè, oltre alla figura, che è comune con la scultura, la pittura aggiugne i colori, proprio oggetto della vista" (同上、S. 342, Z. 84-86).

(19) „Tanto per ora mi sovviene poter ella rispondere alle ragioni di cotesti fautori della scultura, partecipatemi questa mattina di ordine di V. S. dal S. re Andrea nostro. Ma io però la consiglierei a non s'inoltrar più con essi in questa contesa, parendomi ch'ella stia meglio per esercizio di spirito e d'ingegno fra quei che non professino nè l'una nè l'altra di queste due veramente ammirabili arti, quando in eccellenza sono praticate; poichè oramai V. S. nella propria s'è resa così degna di gloria con le sue tele, quanto il nostro divino Michelagnolo co'suoi marmi" (Galilei の Lodovico Cigoli 宛て書簡 [1612年6月26日付], in: Opere, Bd. XI, S. 342, Z. 92-99).

ガリレイの絵画理論は、明らかにたんに友人に加勢したという以上のものである。彼の発言のすべては、自分の水彩素描に関係している。素描は月面の光の劇場を表象することによって、月それ自体では不可能だったものを実行したのだ。ガリレイの彫刻定義は月の記述に向けられているように感じられる。「さて、ある部分では光に染められ他の部分では陰っていく、その度合いに応じて彫刻は起伏を持つのである」[20]。こういう言い方で月は自然の彫刻であると定義されていたのである。それは太陽の光と影の働きによって初めて輪郭や深みを獲得できたのだ[21]。

(20) „Ora le sculture tanto avranno rilevo, quanto saranno in una parte colorate di chiaro et in un'altra di scuro" (Z. 9f.).

(21) Mann, 1987, S. 56f.

月面いっぱいに走る光の線は、この読み方では、月の彫刻をしかるべく光らせる目的で創造主によって導入されたものである。ガリレイの素描の光と影の作用は月の可塑性をあらゆる補助手段なしに想像させてくれるが、一方、月を浮き彫りとして再現したものは、2次的光を頼りとするだろう。その意味では、学者貴族ヴィルジニオ・チェザリーニがそのような月の彫塑を所望したというのは、大いなる皮肉だった。ちなみにこの学者貴族はアカデミア・デイ・リンチェイ会員の一人であって、のちにガリレイは共闘者としての彼に『贋金鑑識官』を献呈することになるだろう。1613年5月3日にチゴリはチェザリーニの所望を報告している。月を「浮き彫りのように描くよう、そうすれば無知の

者、単純な者もよく理解できるでしょう。それに閣下は今生の最高の数学者なのですから」[22]。ガリレイはこの前の年にチゴリに宛てた論文の中ですでに述べていたことだが、この種の教育法は然るべき可能性を駄目にするものと決まっていた。「自然という女彫刻家を、自然という彫刻を使って模倣する、そして浮き彫りになっているものを浮き彫りで表現する、これはいかなる奇蹟であろうや？　必ずや、無、あるいは取るに足らないもの。最高の芸術的模倣とは浮き彫りをその反対のもの、すなわち平面に写し取る模倣のことである」[23]。この価値判断が彫刻の浮き彫りに対して彼自身の素描を一段高貴なものとした。

(22) „Mi disse che lui aveva detto a V. S. che la facesse di rilievo, acciò gli ignioranti o i semplici ne restassino più facilmente capaci, et che V. S. era il primo matematicho che viva" (Galilei の Lodovico Cigoli 宛て書簡[1613年5月3日付], in: Opere, Bd. XI, S. 502, Z. 16-18).

(23) „di qual maraviglia sarà l'imitare la natura scultrice coll'istessa scultura, e rappresentare il rilevato coll'istesso rilevo? Di niuna certo, o di poca; et artificiosissima imitazione sarà quella che rappresenta il rilievo nel suo contrario, che è il piano" (Galilei の Lodovico Cigoli 宛て書簡［1612年6月26日付］, in: Opere, Bd. XI, S. 342, Z. 75-78; Panofsky, 1954, S. 34).

2．チゴリの絵画理論

自分の月素描についてあからさまに自己正当化するガリレイとは対照的に、チゴリは生涯の終わりにかけて遠近法論を起草したが、それは決定的な点で太陽黒点研究の理論的注釈と見なされるものだった。公刊されることがなかったにもかかわらず、フランソワ・ニスロンやアブラハム・ボスといった17世紀遠近法にまで著しい影響力を持った[24]。ヴィヴィアーニはこの草稿を知っており、手を加え、ガリレイの伝記においてはガリレイとチゴリとの密接な関係、とくに遠近法の問題ではともに仕事をしたことに注意を向けるとき、この草稿の知識があったことは疑いもないことだった[25]。

(24) 重要部分は Kemp, 1991 によって初めて公開された。以下を参照のこと：Chappell, 2003. 最後に Camerota, 2006, S. 218-219, 225-228.

(25) F. 1 について Viviani は短い解説を加えている。この草稿はいつでも眼にすることができたし、Cosimo III デ・メディチ様に写しも作らせたと (Matteoli, 1980, S. 318)。この発言は1676年9月10日のものだが、過去に関係しているので、ヴィヴィアーニ

がこの草稿を長いこと管理していたことはまちがいない。チゴリの草稿を写すよう彼が要請していたおかげで、Eligio Bizelli によって制作された第2版が存在している；それは現在 BNCF, Gal. 107（kemp, 1991, Anm. 9）に収蔵される。Viviani, 1968, S. 602, Z. 82f.

チゴリの論文は、バルディヌッチによればチゴリの弟であるセバスティアーノ・カルディによって制作された木版画が貼り付けてあった[26]。眼と視光線を解明すべく、上図にはカメラ・オブスクーラの断面図が示される（図355）。対象 RS から光の三角形が開口部 NO を通って XV の大きさで投影面に差し込む（図356）。T は光線の交差点である。下図には眼が描かれ、対象 RS が同様に光線を送り、相称的に網膜に当たる。カメラ・オブスクーラの投影面と眼の網膜はまるで対応しているかのように、線が1本、器械の投影面から眼の中を通っていき、網膜の縁にまっすぐつながる。この線は両要素を関連付けているように見える。それはまるで頭蓋骨の断面さながらに、左目が人間の視器官で、右目がカメラ・オブスクーラで形成されている。器官と器械のこのような関係は繰り返しレオナルド・ダ・ヴィンチやジョヴァン・バッティスタ・デラ・ポルタによって展開され、ケプラーに至って1604年の『ヴィテロへの補

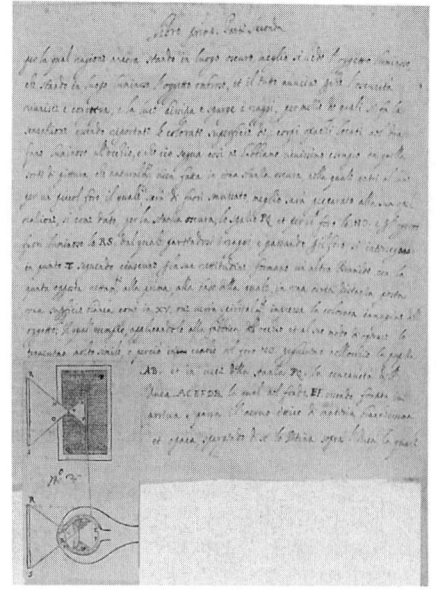

図355　ロドヴィコ・チゴリ：遠近法論、Florenz, Uffizien, GDSU, Ms. 2660A, F. 14v

Ⅹ　反省、そして絵画の奨励　321

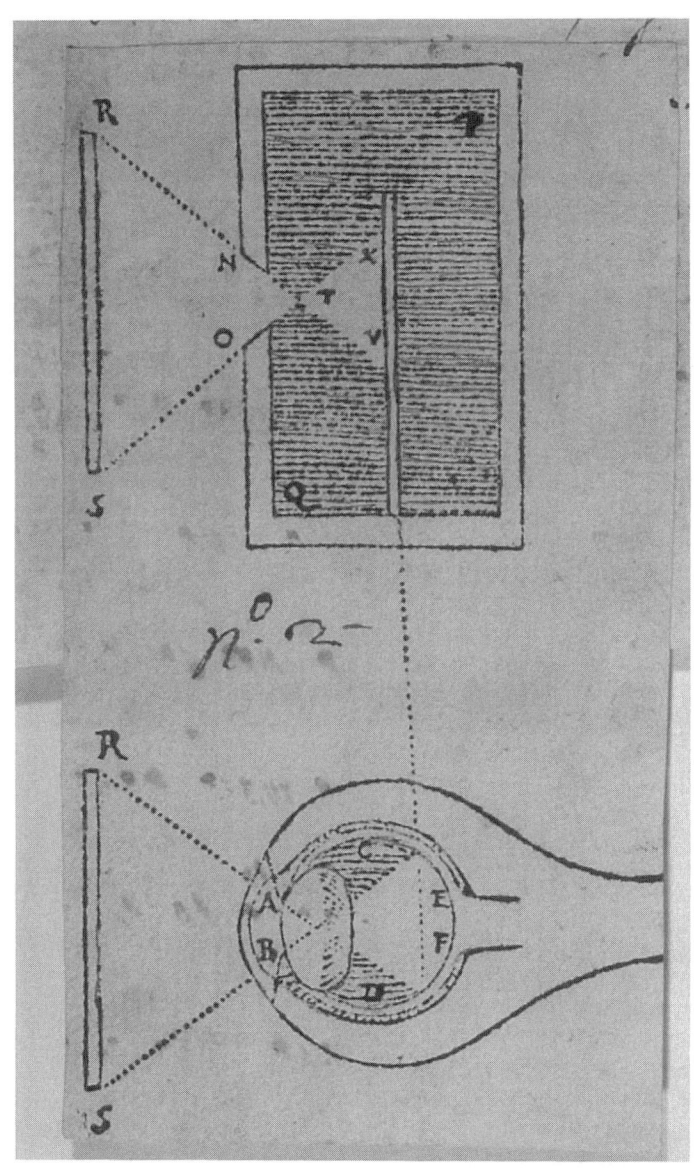

図356　セバスティアーノ・カルディ（ロドヴィコ・チゴリに基づく？）：
　　　　木版画、カメラ・オブスクーラと眼の断面図、図355の部分

遺 Ad Witelionem Paralipomena』で主流となる形式が与えられた[27]。とはいえ、眼とモデルのまさに身体的結合によってチゴリは独特のポジションを占めるのである。

(26) Baldinucci, 1846, S. 278; Kemp, 1991, Anm. 7. Reeves, 1997, S. 121-123, 以下についても同様。

(27) Lindberg, 1987, S. 312-359.

カメラ・オブスクーラを眼になぞらえる議論をさらに絵画起源論で処理することによってチゴリの独自性は強調されることになる。この絵画起源論は、あらゆる芸術神話に反するのである。チゴリによれば、絵画は第１創造の産物であり、それは光の創造の後、諸対象は静かな水面に映し出されたからであり、これが絵画の自然的あり方なのである。カメラ・オブスクーラの自然的あり方もまたこうした芸術ジャンルのモデルであって、「自然はそのことを、その他のふさわしいやり方で閉じた場所で示している。そこでは小さな開口部から光が通過し、その穴の向かいには然るべき距離をおいて白いスクリーンがある。そこに外部にある対象のあらゆる仮像が描かれるのであり、光が多く当たれば、それだけ色彩は生彩を帯びるのである」[28]。

(28) „e con altro modo piu proprio la Natura lo mostra in que luoghi serrati, dover per un piccol'foro trapassi il lume, a cui in debita distanza dentro sia opposta una superficie bianca, in essa tutti i Simulacri che di fuori gli saranno opposti verranno dipinti, e di tanto piu vivace colore quanto da maggior' lume saranno percossi" (引用は以下による: Kemp, 1991, S. 140).

チゴリはこの偶然に作用した自然のカメラ・オブスクーラのことを研究はしない。理由は、カメラ・オブスクーラは例えば１本の虚ろな樹木の姿をしてその多孔質な樹皮には穴が開いていると想像するのは手易かったからだろう。その小さな穴からは光線が一筋虚ろな内部の暗がりに差し込んで、対面に映像を投射することができた。

自然に起こる投影現象は、チゴリによれば、すでに人類文化のかなり初期の段階でこれを描き留めようと促す力を持っていて、「しかしながらその地となる平面が取り除かれると、投影されたものは逃げ去り消滅するゆえに、私は思うのである、誰かが色を使ってこの表面に、この現象の輪郭をなぞり描いて、これを残すようになったのだと」[29]。絵画は、偶然に生じたカメラ・オブス

クーラの映像が定着された瞬間に誕生した、とチゴリは言う。

(29) „ma perche tolto via tal mezzo se ne fuggono, e spariscono, perciò mi credo in mente altrui cadesse, per ritenerli, andar con colori sopra tal superficie secondando e lineando, e dipingendo tali apparenze" (引用は同上)。

ここには伝統の絵画誕生論とは別の話が展開されている。クィンティリアヌスとプリニウスによって定式化された伝統の理論では、はかない人間のシルエットを定着することによってその人間の表象を残したいという願望をかきたてたのは影絵だと言う[30]。チゴリはこの理論も近年の修正版も評価しない。カメラ・オブスクーラが絵画の幕を切って落としたということは、「プリニウスが身体の影と投影について語ることより蓋然性が高い、というのも影は輪郭しか示さないではないか」[31]、こうチゴリは確信するのである。

(30) Quintilian, Institutio oratoria X, II, 7, in: ,1974, S. 70/71; Plinius, XXXV, XLIII, 151 (S.108/109); 以下を参照のこと：Stoichita, 1999, S. 125f., 及び Preimesberger, 1999, S. 120ff.

(31) „il che ha piu del verosimile di quello, che da Plinio vien referto, sopra le ombre e sbattimenti de corpi, poi che l'ombra i termini estremi solo dimostra" (引用は以下による：Kemp, 1991, S. 140).

チゴリの議論はとりわけヴァザーリの絵画起源論との断絶を意味する。ヴァザーリは典拠があるわけではないが、紀元前7世紀に生きていたリュディアの王ギュゲスを輪郭芸術としての絵画を発明した者とした。炉端に座りながらこの者は自分の輪郭を壁に見て炭でこれを書き留めたのだと。ヴァザーリは絵画創設神話の変種を自分の邸宅のフレスコに描かせたが、濃く強調された輪郭線がとくに上半身の彩色のない影と対照をなしているのだった（図357）[32]。

(32) Vasari, 1906, Bd. II, S. 218; 同、2004, S.49f. 以下を参照のこと：Kruse, 2003, S. 429-432. フレスコについては：Jacobs, 1984, S. 404-407.

色なしの輪郭に対して彩色された内部領域を対比させることによってチゴリは、絵画の基本条件を身体の外形の固定ではなく、カメラ・オブスクーラが可能にしてくれるような彩色の多変性であると定義した。というのはこれが「縁ばかりではなく、真ん中の部分も、芸術性豊かな絵画に望みうるあらゆるきらびやかな特性を備えたままに」表象するからである[33]。

図357　ジョルジョ・ヴァザーリ：ギュゲス王の絵画発明、フレスコ、1561年より後、Florenz, Casa Vasari

(33) „e questa non solo gl'estremi ma le parti di mezzo, con ogni maggior proprietà, che in artifiziosa pittura si possa desiderare"（引用は以下による：Kemp, 1991, S. 140).

　カメラ・オブスクーラが生み出す投影は内部の色彩ニュアンスを余さず捉えるゆえ、これへのチゴリの信頼は限りなく、太陽黒点の研究時代にまで及んで黒点を描くのにこのスタイルを貫徹したのであった。シャイナーにとってはコンパクトな個体の外形線が重要だったのだが、これとは対照的にチゴリにとってもガリレイにとっても、形成物の内部構造が見えるようになることが決定的に重要だった。絵画の起源とカメラ・オブスクーラを結びつけることによってチゴリは、太陽黒点の認識を担ったあの能力を的確に顕彰したのだった。彼のサブテクストにいわく、カメラ・オブスクーラは自然自身から贈られた絵画器械であり、身体の内部構造を介して太陽黒点をも真の姿で認識できるようにしてくれるのであると。ガリレイとチゴリの月と太陽研究において素描がどれほどの認識力をもたらしたか、このことによって絵画のジャンルとしての特性と様式力が前面に押し出されたのである。

3．サグレドとの交換

サグレドの肖像とガリレイの返礼

　ガリレイはチゴリと同盟して明快に芸術理論を展開していくと同時に、絵画と積極的に関わっていった。ヴィヴィアーニの報告では、芸術批評家としてのガリレイはひっぱりだこだったとしているが、それは彼の人生の全般にわたって検証できることなので、一連の人物たちのサークルからほんの少しの例を挙げるにとどめよう(34)。

(34) 上記参照、S. 22-24.

　ガリレイのヴェネツィアの友人ジョヴァンフランチェスコ・サグレドとの交流はことのほか重要である。ガリレイは省みてこの素封家のことをわが「憧れの人(イドール)」と呼ぶ(35)。二人はとても親交深く日頃から贈り物を交わす仲だった。例えばサグレドはガリレイから犬の「アルノ」とか、またワインの温度を測るための温度ガラスをもらうのだが、自由思想家サグレドが、なかでもヴェ

ネツィアの愛妾との同棲について打ち明けているのは、彼のざっくばらんさのなせるところにしても、とくに両者の親密度をうかがわせるものとなっている[36]。

(35) Galilei の Fulgenzio Micanzio 宛て書簡（1636年4月12日付）in: Opere, Bd. XVI, S. 414, Z. 12.
(36) Wilding, 2006, S. 243, 他多数箇所。

サグレドが亡くなる前の1617年から1619年にかけて、同時代の芸術について熱く語り合った。サグレドの宮殿で交わした『対話 Dialogo』の中でガリレイはこうした研究を顕彰すべく、この友人に次のような信条を吐露させている。「私は人間の数多の素晴らしい発見を芸術と科学において験し、その時に我が知見では何ら新しい発見をなせずに、ただ見出されたものを理解するばかりで、驚嘆しては混乱し、絶望のあまり打ちのめされ、不幸な自分を見出す有り様です。優れた彫刻を眺めるとき、私はこう言うのです。いつおまえは、大理石の塊からこのような核を割り出すことを学ぶのだ、それが秘めた素晴らしい姿を発見するのだ？　あるいは様々な色を混ぜ、カンヴァスや壁面に塗り広げ、ミケランジェロやラファエロやティツィアーノのように眼に見える世界のすべてを、いつ描くのか？」[37]

(37) „e mentre io discorro per tante e tanto maravigliose invenzioni trovate da gli uomini, sì nelle arti come nelle lettere, e poi fo reflessione sopra il saper mio, tanto lontano dal potersi promettere non solo di ritrovarne alcuna di nuovo, ma anco di appendere delle già ritrovate, confuso dallo stupore ed afflitto dalla disperazione, mi reputo poco meno che infelice. S'io guardo alcuna statua delle eccellenti, dico a me medesimo: ‚E quando sapresti levare il soverchio da un pezzo di marmo, e scoprire sì bella figura che vi era nascosa? Quando mescolare e distendere sopra una tela o parete colori diversi, e con essi rappresentare tutti gli ogetti visibili, come un Michelagnolo, un Raffaello, un Tiziano?" (Opere, Bd. VII, S. 130, Z. 14-24; 独訳は以下による: Galilei, 1982, S. 110).

自分も創造者でありたいという憧憬はただサグレドの書簡の形にのみ現れるのだが、こういう間接的形にもガリレイの見識と叡智は、共に働いている。とりわけサグレドがご執心なのが、ヴェネツィアの画家レアンドロ・バッサーノである[38]。翌1618年10月からサグレドの報告では、この栄えある芸術家に自分の肖像画を描いてもらい、その模写をガリレイのためにその弟ジェローラモに制作させよう。二つともフィレンツェに送付して、できるだけさらなる模

X　反省、そして絵画の奨励　327

写ができるよう、原画を提供し、送り返すのはそれからでよしとしよう(39)。1619年3月、しかしながら一つ完成したのでサグレドは、こちらをジェローラモ・バッサーノの肖像制作に供しようと思いつく(40)。6月、その絵はじっさい完成する。サグレドはまだ生乾きのまま――懸念はあったのだが――これをガリレイに送る(41)。ガリレイは折り返し送付の礼状をだす(42)。サグレドが市街風景を後ろに外交官の正装で描かれているその油彩画はオックスフォードのアシュモーリアン・ミュージアムにあるものと同定されている。この街はヴェネツィアであり、古代アレクサンドリアの再来として描かれている(図358)(43)。

(38)　1617年8月、Sagredo は、ガリレイが Bassano の作品とされた4点の絵画についてほんとうに真筆なのか、絶対に模写ではないかについてつまびらかにしてくれることを期待した（Giovanfrancesco Sagredo の Galilei 宛て書簡［1617年8月12日付］, in: Opere, Bd. XII, S. 339, Z. 31-37）.
(39)　Wilding, 2006, S. 237f.

図358　レアンドロ／ジェローラモ・バッサーノ：ジョヴァンフランチェスコ・サグレド、カンヴァスに油彩、1618/19(?), Oxford, Ashmolean Museum of Art and Architecture

(40) Giovanfarancesco Sagredo の Galilei 宛て書簡（1619年5月11日付), in: Opere, Bd. XII, S. 452, Z. 6-10.
(41) 同、Galilei 宛て書簡（1619年6月7日付), in: Opere, Bd. XII, S. 459, Z. 33-34.
(42) 同、Galilei 宛て書簡（1619年7月6日付), in: Opere, Bd. XII, S. 464, Z. 7-10.
(43) Wilding, 2006, S. 239ff. 同定は証書を根拠としている。なぜサグレドが友人に自分を一種の国家要人として、個人の装いでは決してなく描かせたのかは説明しがたい。加えてその日付はきわめて遅い。とはいえ肖像の同定に疑問の余地はないのだが。

　ガリレイに肖像画を喜んでもらおうというサグレドの急ぎようは、友人の肖像画を得たいというガリレイ側の期待に応じたものでもあった。1618年10月、肖像画の話を出したときにはもう、お返しにガリレイの肖像画を所望しているのだった。「あなたのきわめて高名な画家たちのうちの一人に手助けしていただきたい。あなたの姿を眼にすれば得られる喜びは、私が絵画の美に感じるものと同じなのです」[44]。1618年11月にサグレドは、ガリレイがご自身の肖像画をクリストファーノ・アッローリほどに高名な芸術家に制作させては、と希望を口にした[45]。ジェローラモ・バッサーノがサグレドの肖像画を完成した瞬間に、サグレドはガリレイの対となる絵を思い出し[46]、1619年6月に実際に彼らの友情の印として実現する[47]。

(44) „[...] il suo ritratto, fatto per mano di alcuno de'suoi più famosi pittori, sichè al gusto che riceverò vedendo la sua imagine s'aggiongi anco quello che sentirò per la belezza della pittura" (Giovanfrancesco Sagredo の Galilei 宛て書簡 [1618年10月27日付], in: Opere, Bd. XII, S. 418, Z. 22-25).
(45) 同、Galilei 宛て書簡（1618年11月3日付), in: 同上 S. 419, Z. 20-22.
(46) 同、Galilei 宛て書簡（1619年3月30日付), in: 同上 S. 448, Z. 98-S. 449, Z. 103.
(47) 同、Galilei 宛て書簡（1619年7月6日付), in: 同上 S. 464, Z. 4-6; Wilding, 2006, S. 232, Anm. 11.

クリストファーノ・アッローリ
　サグレドがクリストファーノ・アッローリの名前を挙げたところをみると、ガリレイの同時代芸術家たちへの親しさをいかにもサグレドはよく知っていたようだ。クリストファーノは父のアレッサンドロと同じように芸術家としてはブロンズィーノという名前で知られていた[48]。彼はガリレイにとってはすでにチゴリの弟子として、既知の概念となっていたに違いないので、ヴィヴィアーニが二人の名前を一口にきわめて親しい友人として挙げたのもむべなるか

な⁽⁴⁹⁾。アッローリの自画像は、もじゃもじゃの髪と髭をして、身体は描かず、頭だけがぽつんと、まるでメドゥーサとホルフェルネスの混合さながら。その絶望の鋭い眼差しがこういう連想を掻き立てずにはいないのである（図359）。ユーディットの絵と言えば、ホルフェルネスには自分の顔、ユーディットにはマッツァフィラという、彼とは不幸な恋で結びついた美女の名が人の口の端に上ったゆえに、それだけでもう有名を馳せたあの傑作（カポラヴォロ）なのだった（図360）⁽⁵⁰⁾。見る者にホルフェルネスの首を差し出すとその背景はハレーションを起こす衣装なのだ。ユーディットはこちらに顔を向ける、その冷たさのなんという棘。ユーディットがじっと興奮を抑制すると、それは絹の材質をまさに写真リアリズムで克明に再現したことと相乗するのだ。ここに創造されたのは、ガリレイ好みのスタイルの初期形態である⁽⁵¹⁾。

図359　クリストファーノ・アッローリ：自画像、紙に素描、ca. 1616-1618, Florenz, GDSU, 910

図360　クリストファーノ・アッローリ：ホロフェルネスの首を持つユーディット、カンバスに油彩、1616-1618, Florenz, Palazzo Pitti

(48) Saur, 1992, Bd. 2, S. 556-561.
(49) Viviani, 1968, S. 602, Z. 73；上記参照：S. 22. Cigoli と Allori については：Pizzorusso, 1982, S. 62-64.
(50) Shearman, 1979; Uppenkamp, 2004, S. 138-145.
(51) Pizzorusso, 1982, S. 60f., ガリレイのタッソ批判への指摘あり。

サグレドの期待の仕方は、ガリレイのマニエリスム嫌いを共有しているのをうかがわせる。マニーア（手練）といい熟練といい何ら実質のあるクォリティを持たない、とサグレドは言う。しかしアッローリの名声は自然に近いというところから来ているのであって、この画家の何たるかを知りたいと思うのは、この画家が画家一族バッサーノの近縁であるのかどうか確かめたいがゆえなのだと(52)。続く数カ月にサグレドは実際、アッローリの作品を実地に見分する機会を得た。1619年3月大いに感動して、クリストファーノの絵を手に入れたい、もしくは少なくとも模写を得たいものだが……と言っている(53)。6月、同じように興奮して、この画家は現代の、いや古代の画家をもはるかに凌いでおり、この画家の絵を一つぜひ欲しいのだがと告げている。小さいものより等身大の絵の方がもっと気に入るだろうことは疑いもなかったが(54)、ここにはガリレイの＜歪み＞批判が共鳴していたのだ。「というのも私が絵画において評価しますのは、自然らしさです。絵がその対象と等しくあるとき、それが比率よく描かれているよりもずっと大きな満足を与えてくれるのです」(55) そういう絵のためなら自分は金に糸目をつけないだろう。オリジナルが無理なら、模写でもけっこうである(56)。

(52) „Se il suo valore consiste nella diligenza, io ne sono poco curioso; ma se nella naturalità et similitudine, ne vederei alcuna molto volentieri, per chiarirmi se arrivi a questi del Cavaliere et degl'altri Bassani" (Giovanfrancesco Sagredo の Galilei 宛て書簡［1618年11月3日付］, in: Opere, Bd. XII, S. 419, Z. 22-25).
(53) 同、Galilei 宛て書簡（1619年3月8日付）, in: 同上、S. 445, Z. 23-29. 聖フランチェスコ像の可能性あり：Cristofano Allori, 1984, S. 50-55.
(54) „Ho veduta una testa fatta di mano di cotesto Bronzino, la quale parmi che trappassi di gran lunga li moderni et antiqui pittori; onde sono venuto in un estremo desiderio di havere alcuna cosa del suo, et più volentieri un ritrato od altra cosa alla grandezza naturale che in forma picciola" (Giovanfrancesco Sagredo の Galilei 宛て書簡［1619年6月22日付］, in: Opere, Bd. XII, S. 461, Z. 15-18).
(55) „poichè io apprezzo nella pittura la naturalità, la quale mi dà anco sodisfattione

maggiore quando sia uguale più tosto che di misura proportionata alla cosa dipinta" (同上、Z. 18-20).
(56) 同上、Z. 20-22, S. 465, Z. 27-31. Pizzorusso, 1982, S. 15f.

同年11月、サグレドは最後にこう付け加えている。自分はアッローリの「小さな僧侶」をアレッサンドロ・ヴァロターリに模写させた。それはしかし原画とは大きく隔たってしまったので、レオナルド・バッサーノに修正させたところである[57]。ローマからさらなる模写を求め、ヴェネツィアでもっと優良な模写家がいるとなれば、自分はためらうことなく50スクーディを費やすだろう、そこで「美しい絵画が私の唯一気にいるもの」であって、「美しい絵画とは、新鮮でモダンで気品があり自然なものと思うので、それは眼を惑わすかもしれない。煤けて古びて人工的で憂鬱で奇妙なものは、私とは違うもっと麗しい方々に残しておいてあげようと思うのです」[58]と結ばれた。皮肉な結語は、サグレドの趣味が自然性と明証性を目指すガリレイの趣味とまたも一致をみていることを示している。

(57) Giovanfrancesco Sagredo の Galilei 宛て書簡（1619年11月15日付), in: Opere, Bd. XII, S. 497, Z. 20-28.
(58) „cavando io un singolarissimo gusto dalle belle pitture: et belle intendo quelle che son fresche, moderne, vaghe et naturali, sì che ingannino l'occhio, lasciando le affumicate, antiche, artificiose, malinconiche et originali a gli altri più belli ingegni di me" (同上、Z. 31-35).

様々な交換

サグレドの報告に劣らず情報豊かなのは、同じころにガリレイから受け取った、あるいは少なくともガリレイに期待した贈り物の数々である。1619年5月にサグレドは彼の兄弟の構成スケッチによる一族肖像画を、ガリレイ周辺の画家たちに請い、注文を受けるはずのバッサーノにはプランを伝えようと思った。バッサーノは確かに優れた肖像画家であったが、その構図と身振りは若干粗さがある[59]。翌月にはもうサルガドが言ってよこすのだが、ガリレイも折り返し答える、然るべきスケッチだけでなく、石板に描いた図版をお送りしましょうと[60]。プランの最初のものが実現するのにさほど時間はかからなかった[61]。1619年7月初め、サグレドは第2スケッチを手に入れる[62]。そのすぐ後にようやく手に入ったガリレイの肖像画は、ガリレイの予告がいやがうえに

も募らせた期待にことごとく答えるもので、目利きたちはこれまで眼にしたものの中で最も立派なものだと讃えるほどだった[63]。

(59) 同、Galilei 宛て書簡（1617年8月12日付), in: 同上、S. 454, Z. 28-29.
(60) Giovanfrancesco Sagredo の Galilei 宛て書簡（1619年6月7日付), in: Opere, Bd. XII, S. 459, Z. 47-49.
(61) 同、Galilei 宛て書簡（1619年6月22日付), in: 同上、S. 461, Z. 23-25.
(62) 同、Galilei 宛て書簡（1619年7月16日付), in: 同上、S. 465, Z. 25-26.
(63) 同上、S.467, Z. 3-5.

ガリレイはついでに色絵具や石板を贈っていたが、これらをどの画家に使わせたものか確信がなかったので、サグレドを戸惑わせることになった[64]。中でもローマ、フィレンツェ、ヴェローナで16世紀に流行った絵画法は、滑らかにした石板に油彩を使用するもので、この絵具は鉱物成分と緊密に結合するため大理石と同化して永久に存続を約束されていた。加えて、この種の絵画は、どこが女芸術家としての自然によるものか、どこから自然の使者たる画家の手によるものか、惑わせる遊びをもたらした[65]。石板に描くこの技術はコジモ2世のフィレンツェで特に奨励されたもので、ガリレイの画家仲間ではチゴリとその弟子パッシニャーノの二人が抜きん出ていた[66]。レアンドロ・バッサーノもまたサグレドのために二つの夜景図を石板に描いている[67]。これには第2のティツィアーノと自称した画家ヴァロターリですら深く感動したとサグレドは伝えている。夜空のどこが石板そのものの色彩で、どこから手技による彩色が始まっているのか、ヴァロターリは言うことができなかったのであると[68]。

(64) 同上、Z. 8-16; 以下を参照のこと：書簡（1619年8月10日付), in: 同上、S. 479, Z. 2-5, および、書簡（1619年11月15日付) in：同上、S. 497, Z. 16-20.
(65) Bona Castellotti, 2000, S. 24 および多数箇所；以下を参照のこと：Chiarini, 2000, および Giusti, 2002.
(66) Bona Castellotti, 2000, S. 23 および多数箇所。以下を参照のこと；Chiarini, 2000, S. 14. この絵は, San Pietro guarisce lo storpio" のことで、ヴァティカン・コレクションの倉庫に断片の形で残っている（Faranda, 1986, Nr. 75, S. 160f.）.
(67) Giovanfrancesco Sagredo の Galilei 宛て書簡（1619年5月11日付), in: Opere, Bd. XII, S. 452, Z. 3-5.
(68) 同、Galilei 宛て書簡（1619年6月7日付), in: 同上、S. 459, Z. 39-45.

こういう発言のあと1年後、フランチェスコ・リゴッツィはコジモ2世の「衣裳部屋付き（グァルダローバ）」からこのような石板の絵画の報償を得た。図361はこの技術のなにがしかを伝えているだろう(69)。そこには画家がどのように石の元の色と肌理とを利用し、ヴェルギリウスとダンテの地獄巡りの様子を材質的に支えたかが分かる。特に印象深いのは、上部地獄の縁の灰青色、絵の左縁の樹木が枝分かれするところ、そして二人の主要人物の右手前に威嚇するような溜まりの黒色、および全体的に石のひび割れを地獄の高く聳える壁に応用しているところ。

(69) The Medici, 2002, S. 160, Nr. 24.

　彼の友人がこの技巧を偏愛したのはともかく、ガリレイがこの種の絵画に興

図361　フランチェスコ・リゴッツィ：地獄のダンテとウェルギリウス、ピエトラ・パエジーナに油彩、1620, Florenz, Museo dell'Opeficio delle Pietre Dure

味を持ちえたというのは驚きである。タッソ批判であれほど激しくインタルジア（嵌め木細工）芸術をけなしていたガリレイが？[70]。石絵など児戯に等しいと拒絶するのが当たり前だろうに、特に芸術のなすところは模倣から遠く隔たるほど偉大なのだという彼の奨励に反するだろうに[71]。彼自身に趣味の変化が起こったほかに、石絵がまさにその構成的構図においてガリレイが絵画に要求した＜画法の流動性＞を推進するものだということが一役買っていたろうか。

(70) 上記参照：S. 47ff. 墓碑のピエトレ・ドゥーレに対するガリレイの批判をも参照：Reeves, 1997, S. 43.
(71) 上記参照：S. 286, Anm.15; Preimesberger, 2003, S. 309.

サグレドは意見を仰ぐというだけではなく、芸術作品の様々な注文や相互の贈答によって関係を深めており、いずれにせよ、サグレドとのかくも緊密で多様な交換は、あらためて、ガリレイが同時代芸術の問題に関わるときの見識と広さを証言するものとなっている。

4．アルテミジア・ジェンティレスキのための尽力

翌1620年、ガリレイは女画家アルテミジア・ジェンティレスキをバックアップしようと努力している。彼女はクリストファーノ・アッローリとの密接な関係が支えだった[72]。同時期に描かれた彼女の「ユーディット、ホロフェルネスを刎頸する」（図362）はあらゆる形式手段を講じて殺しの瞬間、すなわち外に向かった身体構図、衣装の赤とそれに対応した吹き出る血の噴水に集中している[73]。このユーディット図の伝統の中ではたぶん最も容赦ない、堂々たるヴァージョンであり、ガリレイにはことのほか評価してもらえたに違いない。というのも大公コジモ2世の死後、ジェンティレスキに報酬を受け取る困難が発生した時、たっぷり支払われるよう手配したのは彼だった。ある手紙の中で彼女が15年もたってこの件につき感謝に満ちて振り返るとき、ジェンティレスキの思い出しているのはユーディットの絵であり、「大公コジモ陛下に名誉にも記憶にとどめていただいた絵でありましたが、もはやその記憶は失われ、もしもあなた様の思し召しによって記憶がよみがえることがなければ、これにて思いがけぬ高い報酬に与ることもなかったでしょう」[74]。

図362　アルテミジア・ジェンティレスキ：ユーディット、ホロフェルネスを刎頸す。カンバスに油彩, ca. 1620, Florenz, Uffizien

(72) Uppenkamp, 2004, S.167.
(73) 同上、S. 179.
(74) „[...] quel quadro di quella Giudith ch'io diedi al ser.mo Gran Duca Cosimo gloriosa memoria, del quale se n'era persa la memoria, se non era ravvivata dalla protettione di V.S., in virtù della quale n'ottenni buonissima ricompensa" (Artemisia Gentileschi の Galilei 宛て書簡［1635 年 10 月 9 日付］in: Opere, Bd. XVI, S. 318, Z. 10-13). 以下を参照のこと：Garrard, 1989, S.51f., Stolzenwald, 1991, S. 116（全書簡の翻訳), Bissel, 1999, S. 148f., 215, および Spear, 2005, S. 148f.

　ガリレイが高く評価したのは、描き方の呵責なさである。女画家は、カラヴァッジオふうに光線を斬首に当てることによって、そのヒロイックな殺戮行為をまざまざと描いた。もしかすると科学的な非情さとしてガリレイに共鳴があったろうか。ちょうど母神にひび割れた月を添えた科学的眼差しが、ガリレイへのチゴリの共鳴でもあったように。というのも、右へ高々と吹き出るホロフェ

ルネスの血は、あきれるほどガリレイの砲弾が描く放物線そのものなのだ⁽⁷⁵⁾。

(75) Topper および Gilles, 1996.

　同じく示唆的で、しかし証明はできないのだが、デトロイト美術館所蔵のユーディトの顔にかかる影は、光るゾーンは鎌形に、頭は暗い縁をなして、まるでガリレイの月図を仄めかしていると思えるのだ（図363）。こういう引用は、ガリレイの光学に忠誠心を示すものであるとともに、ユーディットを月の女神アルテミスと結びつける図像学的意味を持たせたのかもしれない⁽⁷⁶⁾。

(76) Garrard, 1989, S.334; Uppenkamp, 2004, S. 179.

　いずれにしてもジェンティレスキの1635年10月のガリレイ宛書簡は、女画家と学者の間に並ならぬ信頼関係があったことを証言している。またも彼女の

図363　アルテミジア・ジェンティレスキ：ユーディットと侍女。カンバスに油彩、ca. 1625, Detroit, Institute of Arts

二つの作品がふさわしい報酬を得られないのではという事態に直面して、ジェンティレスキは新たな助勢を切に請うた。「最近、私の兄弟のうちの一人を介して陛下に二つの大作をお送りしました。一体、それらがお気に召したのかどうかも分からずにいたのですが、今ようやく私にも分かりました、もうこれらには知らんふりでいようというのです。これには一方ならず落胆しております。私の作品をお送りしたヨーロッパ中の王とお歴々には評価をいただき、些少の贈り物ばかりではなくきわめて好意的な手紙もいただいているのですが。それらは手元にございます」[77]。

(77) „già che vedo non parlarsi più di dui quadri grandi ch'ho mandato ultimamente a S. A. S. per via d'un mio fratello, quali non so se habbino gradito: solo so, per terza persona, haverli il Gran Duca ricevuti, et non altro; che ciò mi rende non poca mortificatione, vistomi honorata da tutti li re et potentati dell'Europa alli quali ho mandato l'opere mie, non solo di regali grandissimi, ma etiandio di lettere favoritissime, che tengo appresso di me" (Artemisia Gentileschi の Galilei 宛て書簡 [1635 年 10 月 9 日付] in: Opere, Bd. XVI, S.318, Z. 14-S.319, Z. 2).

手紙の最後は、アルチェトリの家に軟禁状態の学者に対して、印象深い丁重さで結ばれている。「千ものキスをあなたのお手に。私はあなたへの感謝に満ちた僕として生きます。ここに深くあなたの御前に頭を垂れます」[78]。

(78) „alla quale bacio mille volte le mani et gli vivo quell'obligata servitrice di sempre. Et qui li faccio profonda riverenza" (同上、S.319, Z. 38-39).

5. アンナ・マリア・ヴァイアーニの育成

ジェンティレスキとは違って今日ではすっかり忘れられてしまった女芸術家の二人目はアンナ・マリア・ヴァイアーニ、似たようなニュアンスでガリレイにつてを求めている。彼女としばしば共同制作したクロード・メランが、1枚のひらめきに満ちた肖像画によって彼女の性格を描き出している（図364）。推定1626/27年に描かれたらしい小さな素描は上品な着付けの若い女性の上半身を示しており、細かくカールした髪は揚げてあるのでイヤリングが強調されている。均整のとれた卵型の顔には上唇がくっきりと波打って、鼻は少し広め、眉毛は濃く、けれどもとくに心もち離れた大きく明るい両の眼、それには涙袋もはっきり見える。これらの特徴は個性を際立たせてあるが、醜く見せな

図364　クロード・メラン：アンア・マリア・ヴァイアーニ。紙に黒鉛、ca. 1626/27, 所蔵不明

い程をわきまえている。真っすぐの姿勢と揺るぎない眼差しで人を見抜く真面目さが、この肖像画を人となりの鏡となしている[79]。

(79) Claude Mellan, 1999, S. 259.

この肖像画の推定時期と同じ頃に聖マグダレーナの銅版画もまた制作されたとおぼしい（図365）。ふくらんだ衣装の弧を描いた襞と装飾は、個別の小さな部分で仕上げたものではなく、大きな運動を見せながらコントラストを産みだしている点で印象深いものがある。それに引き換え別の身体のように拡大された左手、および影の線の方は弱い。その線は顔をまるで仮面のように無表情に浮かび上がらせる[80]。

(80) The Illustrated Bartsch, 1983, Bd.44, S. 336.

これに続く時期にヴァイアーニは画家兼銅版画家として頭角を現し、1630

図365　アンナ・マリア・ヴァイアーニ：聖マグ
ダレーナ。銅版画、1627

年頃にはローマの芸術家協会アカデミア・ディ・サン・ルカの会員となった。けれども彼女の足跡は失われる。バルディヌッチはほんの少ししか言及しておらず、それも彼の強調することと言えば、彼女は「大変な美人できわめて徳高い若い女性」であり、画家ヴァイアーニの娘にしてヴァティカンで仕事をしていた、というのだ[81]。

(81)　„una bellissima e molto onesta fanciulla, [...] figliuola di un tal Vajani pittor fiorentino, che ha operato in Roma nel Vaticano" (Baldinucci, 1845-1847, Bd. V, S. 210). しかし彼女の名前をバルディヌッチは「マリア」と縮めている。彼女が芸術家ヤコポ・コルテージと結婚したという彼の申告はありうるが、これが1621年生まれの画家であり彫り師であって著しく年下である点で、疑わしい。おそらくマリアという名の第2のヴァイアーニがいて、それをアンナ・マリアと結び付けてしまったのではないか。彼女の作品に関する乏しい資料としては：Albricci, 1973, S. 20; Naturalia, 1992, S.194-197; I Giustiniani, 2001, S. 181, および Cottino, 2005, S. CCXII-CCXIII.

1630年の初夏、ガリレイが『天文対話』の印刷許可願のためにローマにあっ

たとき、フィレンツェ出身の女芸術家は彼に途方もない印象を与えたに違いない。すでにふれたように、ガリレイはミケランジェロ・ブオナローティ・イル・ジョヴァーネと大変親しかったので、この男を介して彼は彼女のためにとりなそうと試みた(82)。ブオナローティはウルバヌス8世の大事な話し相手だったので(83)、彼が願い出ることの効き目をガリレイは当てにしたのだ。ブオナローティがすでにアルテミジア・ジェンティレスキを育成し注文をとってやったことをガリレイは知っていたので、ヴァイアーニの件でも同じことを期待したのだった。6月3日の朝、ブオナローティと彼女について話したあとで、ガリレイは同じ日に手紙を1通したため、このうら若い女性のために教皇に口をきいてくれるよう、彼女にふさわしい評価を得られるように、と請うているのだった。ブオナローティが来てくれるなら、お見せできる「絵がいくつか」あります。「それらは私の眼の前でこの女性が描いたものです」(84)。このコメントで分かるのだが、フィレンツェ出身のヴァイアーニはガリレイと同じくメディチ家ヴィラに住んでいたのであり、フィレンツェ大使館であるこのヴィラは特別な場合には宿舎を提供することになっていた。これはまた、大使館員フランチェスコ・ニコリーニの妻カテリーナ・リカルディ・ニコリーニが、夫同様、ガリレイと終生友誼を交わした仲で、同じくこの若い女芸術家のために尽力してくれたことの証拠でもあった(85)。

(82) ブオナローティはメディチ家宮廷の詩人兼祝祭差配として重要な役割を果たしたが、その彼との格別の友好状態は、1610年10月の書簡に明白である。この時ガリレイはパドヴァからフィレンツェへ移住し、この友人との交流に憧れていたし、この仲間にはチゴリも入っていた。「私はフィレンツェで幸福であるとは申しがたいのです。主なる人と友人、つまりもっとも重要な二人がおられないのですから。私は閣下とチゴリ氏のことを申しておるのです」(„Io non posso dire di star contento in Firenze, sendo restato defraudato della presenza di 2 padroni et amici tanto primarii: dico di V. S. et del S. Cigoli" [Galilei の Michelangelo Buonarroti il Giovane 宛て書簡, in: Opere, Bd. X, S. 447, Z. 19-21])。ガリレイとブオナローティとの長く続いた友好関係の判断については：Masera, 1941, S. 15f.

(83) 書簡交換の背景について同上、S. 20; S. 21. ブオナローティの役割については：Schütze, 2007, S. 228-230.

(84) „vedrà alcune pitture fatte dalla fanciulla in mia presenza" (Galilei の Michelangelo Buonarroti il Giovane 宛て書簡 [1630年6月3日付], in: Opere, Bd. XIV, S. 110, Z. 11-12; Solinas, 2000, S. 37f.).

(85) Galilei の Michelangelo Buonarroti il Giovane 宛て書簡(1630年6月3日付), in: Opere,

Bd. XIV, S. 110, Z. 14-16. Niccolini については：Camerota, 2004, Galileo Galilei, S. 423.

また同じ日にブオナローティは、教皇ウルバヌス8世の影響力大な枢機卿の親族であるフランチェスコ・バルベリーニと詳しくこの女芸術家について話したと、手紙をもらっている。枢機卿殿に彼女の能力の興味深いテスト結果が提示できるなら、道は開かれたも同然です[86]。ガリレイはこの手紙をすぐに受け取ったに違いない、というのも同日の第2通信には「花瓶」その他の作品を見せると約束したのだから[87]。2日後ガリレイはブオナローティにこう頼んでいる。花瓶の絵、および一連の素描を受け取ってくれるよう、でも、許可を得ていないので、すぐに戻してくれるよう[88]。

(86) Galilei の Michelangelo Buonarroti il Giovane 宛て書簡（1630年6月3日付）, in: Opere, Bd. XIV, S. 111, Z. 1-12. Francesco Barberini の芸術保護姿勢については：Karsten, 2003, S.83ff., 123ff.
(87) Galilei の Michelangelo Buonarroti il Giovane 宛て書簡（1630年6月3日付）, in: Opere, Bd. XIV, S. 112, Z. 7-S.113, Z. 11.
(88) 同上、S. 114, Z. 1-S. 115, Z. 8.

以下のような注文は、こうした根回しのおかげだったのだろう、これにはフランチェスコ・バルベリーニが加わっていたに違いないのだ。1632年7月3日にヴァイアーニは、ヴァティカン宮「火災の間（スタンザ・デル・インチェンディオ）」横の教皇用カペラ・セグレタの絵画に、384スクーディという法外な額を受け取った。それはキリスト受難の天井のフレスコ画と祭壇のための油彩画一幅を仕上げた報酬だったのだが、これらは彼女の父親アレッサンドロ・ヴァイアーニが1631年6月に手を付け、1632年5月に物故するまでには完成しなかったものだった。祭壇画とフレスコ画の報酬の査定はジョヴァンニ・ロレンツォ・ベルニーニによるものだった[89]。

(89) Thieme と Becker, 1992, Bd. 34, S. 40; Merz, 1991, S. 202.

この枢機卿縁者とさらに密接な関係にあったのは、1633年に登場したジョヴァン・バティスタ・フェラーリ著『植物栽培論 De florum cultura』で、これはバルベリーニに金銭的支援を受けていた。ヴァイアーニが科学図版のための素描に加わったことは、並みならぬ栄誉を意味した。この仕事には彼女の他

にはグロイターや彼女の肖像画家メランのような人気のあった彫り師が連らなっていた[90]。1638 年にイタリア語でも出版された本書では、スペース一杯の彼女の花瓶が銅版画に彫られている（図 366)[91]。広く挿された花卉は、6 年前に描かれた聖マグダレーナが見せたのと同じような動きのあるスタイルを開花させる可能性があった。しかし、こういう科学のための出版物に提供される挿図として、あらゆる散漫で抑制的な特徴は避けられている。まるで金属棒のように穴からそそり立つ花卉に応じて、葉形も正確に特徴の強調がなされ、大ぶりの花瓶も厳密に層をなし、耳は硬直した蛇の体で形成される。聖マグダレーナはヴァイアーニの手になる銅版画であるが、署名の「sculp[sit]」が明かすように自分の構図によるものではなかったのに対し、花瓶の銅版画では自分の構想が絵となったもので、署名もまた「アンナ・マリア・ヴァイアーニがこれを描き、手ずから彫りしものなり Anna M [ari] a Vaiani delin [eavit] et p [ropria] m [anu] incid [it]」となっている。おそらくそれは、ガリレイが 1630 年 3 月に彼女に敬意を注がせようとした絵が、このようなものだったろうと思うのだ。

(90) Ferrari, 1633; ヴァイアーニの素描の同定については以下を参照：Merz, 1991, S. 326 と 328; Herklotz, 1999, S. 59.
(91) Tomasi, 2001, S. XVII. 注文関係については：Solinas, 1994, S. 509.

図 366　アンア・マリア・ヴァイアーニ：花瓶。銅版画、1633, Ferrari, 1638[2001], S. 421

ヴァイアーニは最後にはフレスコ画と銅版画ばかりでなく油彩画においても名をあげる[92]。私蔵作品には花瓶画は二つあって、それらには AV という署名があり、彼女の自筆であると分かる[93]。この絵のうちの一つは、花卉を華麗に花弁で覆い、正面に、バケットの粋を描いたヤン・ブリューゲル父以来の伝統にのっとって[94]スペース一杯に花々が活けられている、この様は銅版画に相似するものである（図367）。右手、テーブルに向かって垂れ下がったチューリップは銅版画の花瓶の右耳の形をなぞっている。他方、描法がおおらかで自由なところは、銅版画のメタリックな硬質さとは違う。花瓶画のジャンルはフランドル地方バケットの刻銘さに規定されているので、ヴァイアーニのスタイルは例外であり、試し画のように見える、まさにその点で、例えばカルロ・ドルチの凝縮ぶりとはいささかの違いを認められる[95]。なかでも赤い花々は、その色使いからして肉感的且つ彫刻的な存在感が心に残る。聖マグダレーナと銅版画の花の間に築かれた様式差は、この絵によってすっかり消滅させられている。

(92) Orbaan, 1920, S. 511 はヴァイアーニの花と動物の絵画をバルベリーニのコレクションに証言している。以下も参照のこと：Olmi, 1989, S. 89, Anm. 31.
(93) Naturalia, 1992, S. 194-197.
(94) Stilleben in Europa, 1979, S.324-328; Ebert-Schifferer, 1998, S. 84/85; Still-Life Paintings, 1999, S. 110-113.
(95) Il Seicento Fiorentino, 1986, S. 450/451.

ヴァイアーニは花の書の著者であるフェラーリを介してアカデミア・デイ・リンチェイと結びついていたので、カッシアーノ・ダル・ポッツォの「紙の博物館」と銘打った最初の絵入り百科においても共同制作に当たったのは不思議ではない[96]。1629年から計画され、1635年と1636年に2巻で印刷された、ヴィンチェンツォ・ジュスティニアーニの古代コレクション・カタログに、なお彼女の参加が明らかである[97]。先ず第一にあがるのは古代ミネルヴァの姿であって、その提示によって彼女は顕彰されることになった（図368）[98]。この像もまた女芸術家が描き彫ったものであり（del [ineavit] et sculp [sit]）、花の絵と同じように、聖マグダレーナのスタイルに対してミネルヴァ像のスタイルはあらためて冷静で距離をとった特徴を刻まれており、それは像の身長に強調されている。

図367 アンナ・マリア・ヴァイアーニ：花瓶。カンバスに油彩、ca. 1635-40, 私有

図368　アンナ・マリア・ヴァイアーニ：ミネルヴァ像。銅版画、Galleria Giustiniana, Bd.I, Taf. 3

(96)　I segreti, 2000/2001, Nrn. 134, 136, S. 225f.（伝承）.
(97)　Vaiani 由来の三つの図版：Bd.I/3（ミネルヴァ）, Bd. II/33（ホメロス胸像 in: Caravaggio in Preußen, 2001, S. 362, Abb. 1) Bd. II/52（女性胸像）; Algeri, S. 72, 90, Anm. 32, D. 96f. ホメロス胸像の素描と銅版画の報酬をヴァイアーニは1632年6月に受け取っている（Ebert Schifferer, in: Caravaggio in Preußen, 2001, S. 372, 図版は、同上、S. 362, Abb. 1; ガレリア全体については：同上、S. 362-365）.
(98)　Strunck, 2001, S. 106f. 出版については: Baldriga, in: Caravaggio in Preußen, 2001, S. 362-364.

　さらに二つの女性鏡像が同じスタイルのもとにあり、これをヴァイアーニは同じく「ガレリア・ジュスティニアーニ」に提供した（図369）[(99)]。女性頭部の彫塑性が際立ち、空白の眼にもかかわらず両像は呼吸しているかのような生彩を持ち、それは影の部分が明らかに器械の力——メランがこれを完成した——を借りて制作されていることによって殊のほか印象深い[(100)]。こうした特性はガリレイに見てもらおうと意図したものかもしれない。

図369　アンナ・マリア・ヴァイアーニ：女性胸像2体。銅版画、Galleria Giustiniana, Bd. II, Taf. 52

(99) 以下を参照：The Illustrated Bartsch, 1983, Bd. 44, S. 339.
(100) Frieß, 1993, S. 150f.

ヴァイアーニはガリレイの視界に留まっていた。きたる裁判のために1633年3月ローマに滞在したおり、娘のマリア・チェレステがヴァイアーニへの一杯の愛情を口にしている(101)。そして3年後、ジョヴァンニ・バティスタという高名な隠者が彼に告げていうには、この女芸術家は絵と素描をなすだけでなく素晴らしい歌い手でもあって、どれをとっても神に愛でられた人物であり、フィレンツェへ戻ることを願っておられると。このことはしかしガリレイ殿が宮廷にて彼女のためにとりなしてくれて初めて実現できるであろう(102)。

(101) Maria Celeste Galilei の Galilei 宛て書簡（1633年3月12日付）, in: Opere, Bd. XV, S. 66, Z. 21-23.
(102) Giovanni Battista [...] の Galilei 宛て書簡（1636年12月22日付）in: 同上、Bd. XVI, Nr. 3405, S. 529f.

1638年6月、最終的にヴァイアーニ自身から手紙が来る。まさに同情を呼ぶ感動的な手紙である。彼女はアンドレア・アリエッティの勧めに応じたのだった。アリエッティとは、ガリレイの弟子カステリの教え子としてガリレイのそばに仕えていた(103)。アリエッティを介してもたらされた手紙は、こう始まっている。自分が筆をとりましたのは、「これら2編の献詩をもちまして閣下に敬意をお見せしたいのでございます、私がどれほどの敬意を常日頃から持ち続け、これからも命の限り持ち続けることでありましょうか、どれほど私が、あなた様にこれからも健康に恵まれますことを願っておりますことか」(104)。

(103) Anna Maria Vaiani の Galilei 宛て書簡（1638年1月3日付）in: 同上、Bd. XVII, S. 250, Z. 2-3. 以下を参照のこと：Andrea Arrighetti の Galilei 宛て書簡（1638年1月13日付）in: 同上、S. 258, Nr. 3648.
(104) „di riverire V.S. con questi doi versi, sì per significargli come l'affetto grande, che havevo verso di lei, si è sempre conservato e cnserverà fin ch' Iddio mi darà vita, come anco per rallegrarmi del suo bene stare, il che tanto desidero e bramo molti anni" (Anna Maria Vaiani の Galilei 宛て書簡（1638年1月3日付）in: Opere, Bd. XVII, S. 250, Z. 3-6).

ヴァイアーニの感謝の理由は、ガリレイが隠者ジョヴァンニ・バティスタの請願を受けてしたためた推薦状だった(105)。折り返しヴァイアーニははっきり名乗りを上げて、ガリレイに礼をつくしたのである。「恩寵を賜り感謝に堪え

ません。不相応とは心得ておりますが、これを私めの宝と思っております。あなた様のご厚意を良いことに、お願いいたします、あなた様は私をよくご存じで、何か私にご命令がありますればお気に召すままに仰せつけ下さりませ。それを果たすのは、私めの大いなる喜びでございます」[106]。ガリレイの手紙がまるで聖なる薬のごとくに崇められた次の挨拶状は、異端審問によって自宅軟禁を宣告された者に対しては格別の表敬を意味した。「あまりに厚かましいお願いでなければ、あなた様の手ずからなる2編の詩を［賜りますよう］、まるで聖遺物のように大事にいたします」[107]。以下の結びからも、女芸術家とガリレイがどれほど親密に結ばれていたか、うかがうことができる「もうこれ以上は頭に浮かぶことがありません。退屈させてしまうのが心配ですので、これにて筆をおきます。主なる神からすべての善きことに恵まれますように。あなた様の並外れたご奉仕はそれに値しますれば。同様、私の母と一族郎党みなの願いであります」[108]。

(105) 同上、Z. 6-8.
(106) „La prego di conservarmi nella sua buona gratia, quale stimo più di qual si voglia cosa, a bene ch'io ne sii del tutto inmeritevole. Nondimeno, confidata mella sua benignità, spero che la mi farà questo favore, supplicandola insieme, dove la mi conosce buona, di honorarmi de' suoi comandi, chè haverò grandissima ambitione di poterla servire" (同上、Z. 9-13).
(107) „come anco, se la dimandita non è tropo inpertinente, doi versi di sua mano, quali conserverò come una reliquia" (同上、Z. 13-15).
(108) „Non occorendomi altro, per paura di venirgli a noia, finirò con pregargli dal nostro Signore Iddio tutto il bene che meritano li suoi rari meriti. L'istesso fanno mia madre con tutti di casa" (同上、Z. 15-17).

女芸術家によるガリレイの評価、その書きぶりの親密さには挨拶やどんなレトリックも越えた絆の深さが現れている。二人の交流が始まったのは、1630年6月、ガリレイがブオナローティ経由で有力な枢機卿縁者バルベリーニに女芸術家への気配りを求めたときからであった。少なくともヴァティカン宮でのフレスコ画作成の仕事はこのコネクションに基づくものだったし、同じことはアカデミア・デイ・リンチェイ界隈での銅版画注文でも想定される。すべての間接証拠が、ヴァイアーニが30年代ローマで目覚ましい活躍をしたという印象を支持してくれる。もしかするといつの日か、無名の静物画に花や古代の絵

X 反省、そして絵画の奨励 349

画といった一大沃野から、振れ幅の大きいスタイルながらフレスコに油彩画に銅版画といった異なるメディアに渡る彼女の全作品が再構成される時が来るかもしれないと思うのである。

　8年を越えて続いた文通は、ガリレイがヴァイアーニのキャリアの決定的動因となったことを推測させる。この経過は、ジェンティレスキのために時宜を得た介入をしたのとは違って、ガリレイに芸術パトロンの一面があったことを知らせてくれる。この側面には世俗と教会の権勢家たちの間では派閥姿勢が混じるのだが、ガリレイの場合は絵画への純然たる傾倒に導かれていたのは当然としても、フィレンツェ郷党主義とは結びついていたのだ。サグレド、クリストファーノ・アッローリ、ミケランジェロ・ブオナローティ・イル・ジョヴァーネ、アルテミジア・ジェンティレスキは、ガリレイとのみ友好関係にあったのではなく、お互い同士がそうだったのであり、これにアンナ・マリア・ヴァイアーニが編入されることによって最終的には印象深い友好ネット、圧力団体が誕生する。ガリレイはフィレンツェ芸術家の上流社会に馴染んでおり、自分の影響力をふるうのにも自分の審美眼に依ったのである。

6．画家サルヴァトゥスへの批評

　ガリレイが芸術家のためによく尽力するとしても、質が劣るときには無慈悲にもなれた。このことは、1637年の例が示す通り、とりわけ天体のヴィジュアル化について当てはまった。この年の2月24日、友人ニコロ・ファブリ・ド・ペーレスクがこう告げて来る、「私どもは閣下がガッセンディ氏に送っておかれました望遠鏡を使って月球を観測し、必要な範型にこれを描かせました」[109]。これまで同定できなかった画家の名前は、ピエル・ガッセンディによればクラウディウス・サルヴァトゥスであって[110]、クロード・メランでは決してない。メランの方はのちにペーレスクのために制作された月図の銅版画家にとどまらず、画家としても登場する。しかしペーレスクはガリレイ宛の手紙の中でメランを銅版画家としてしか称していないのだが。「当家にてはメラン氏はそれ［月］を銅版に彫ります。彼は10年以上ローマに滞在しており、我が特別の友人にて、6カ月を費やして、［太陽の］黒点をきわめて正確に観測しましたが、それもこの作品が科学者の眼にかない、閣下の栄誉ともなるよう

にと期待してのことであります」[111]。メランはローマから新たな望遠鏡を携行していたが、それは月を「自分が彫った姿で、すなわち満月を見るためです。ここからさらに別の相を、あらゆる山や岬の影を観測して銅版画としてのです。これまでに彫られたどれよりも正確に」[112]。1637年に彫られた月図は、事実、今なお前代未聞の正確さで人に深い感銘を与えている（図370）[113]。

(109) „Habbiamo fatto dissegnare il corpo lunare di grandezza competente, visto con gli occhiali già inviati da V.S. molto Ill.ʳᵉal S.ʳ Gassendo nostro" (Nicolas claude Fabri de Peiresc の Galilei 宛て書簡（1637年2月24日付) in: Opere, Bd.XVII, S. 35, Z. 54f.; この問題およびそれに続く事柄については以下を参照のこと：Ashworth, 1994; Reeves, 1997, S.12）。

(110) Jaffè, 1990, S. 171, Anm. 16; S. 173, 以下の事柄についても。

(111) „et l'intaglia in rame qui in casa nostra il S. r Melano, che è stato in Roma più di X anni, mio amico singolare, che vi a speso sei mesi di tempo et osservato le macchie con grand'essattezza, con speranza che doverà riuscire l'opera a gran gusto delli curiosi et onore di V. S., che ci ha impartito lo stromento da vederla nella forma che s'è intagliata, tutta piena" (Niccolò Fabri de Peiresc の Galilei 宛て書簡（1637年2月24日付け) in: Opere, Bd. XVII, S. 35, Z. 55-60; Reeves, 1997, S. 12）。

(112) „che ci ha impartito lo stromento da vederla nella forma che s'è intagliata, tutta piena; sopra la quale s'anderanno intagliando poi altre phasi, con osservation

図370 クロード・メラン：下弦の月図。銅版画、1636/37

dell'ombre di tutti li monti o promontorii, più essattamente che non si fosse ancora pratticato" (Nicolas claude Fabri de Peiresc の Galilei 宛て書簡［1637 年 2 月 24 日付］, in: Opere, Bd.XVII, S. 35, Z. 59-62).
(113)　L'oeil d'or, 1988, S. 115-119; Jaffé, 1990, S. 168.　図版の上端にある線条については、手描きの問題、切れ目のない 1 本線という問題の考察は、以下を参照：Leonhard, Felfe, 2005, S. 115.

　しかしながら、1637 年 9 月、カステリが告げているこれらの銅版画はまだローマに到着していない。画家サルヴァトゥスについては、けれども、カステリは好印象を得ていた。願わくは、ガリレイがこの者をよしとしていただき、フィレンツェ大公のもとで宮廷芸術家の地位に就けるよう、取り成していただきたい[114]。ガリレイの反応は容赦なかった。カステリによって同じときに送付された試し絵についてはまだガリレイは認めていた。「私が見たのは、月の相貌の素描です。なかでも鉛筆とチョークで制作されたものは理にかなったものです。ただし、なにはさておき私が一番評価する部分描写がまだ足りません。それは大変長い急峻な山々があるかと思えば、別のグループは断崖絶壁だったりするのですが、全然見当たらないのです。全体の眺望はあるのですが、月の相貌の中にはっきり認め識別できるような山や断崖がないのです」[115]。しかし、送られてきた 2 葉の銅版画についての彼の判定は壊滅的で、「もう二つの印刷された素描はほんとうにまったく救いようがありません。これを描いた者は、月の相貌をまだ一度も見たことがなく、何人かの無能な者たちの報告に頼ってしまったのです」[116]。むろん彼の心眼には自身の素描の力が湧きたっていたはずである。何しろ自分の素描のクレーターは、強調するのにまさに表現主義的スタイルをもってなしたのだから。

(114)　Benedetto Castelli の Galilei 宛て書簡（1637 年 9 月 26 日付）in: Opere, Bd. XVII, S. 186, Z. 17-24. Jaffé, 1990, S. 175, Anm. 31.
(115)　„Ho veduto i disegni della faccia lunare, dei quali quelli fatti con lapis e gesso sono ragionevoli, ma vi manca però il rappresentare una parte che io stimo principalissima sopra tutte le altre, e questa è quelle tirate lunghissime di monti scoscesi et altri gruppi di scogli dirupati, dei quali non ve ne veggo nissuno, come nè anco quelli che sono di perfetta vista e che gli sanno scorgere e distinguere chiarissimamente nella faccia della luna" (Galilei の Benedetto Castelli 宛て書簡［1637 年 10 月 24 日付］in: Opere, Bd.XVII, S. 204, Z. 28-34.)
(116)　„Gli altri due disegni stampati sono veramente goffi oltre modo, e disegnati da chi

non abbia veduto mai la faccia della luna, ma si sia regolato su la relazione di qualche persona molto grossolana"（同上、Z. 34-37）.

　生涯の終わりまでガリレイは、造形芸術の一番広い意味での領域で、途方もない目利きであったが、決して観測者の役割に自分を限定していなかった。これには彼が芸術家たちと特に密接に結ばれていたことが、与って力があった。彼の肖像画が比較的多いのはこういう特別な関係のおかげである[117]。例えばオッターヴィオ・レオーニの手になる60才のときの肖像画は失われているが、ルーヴルのデッサンは、この肖像画のものであると推定されてきたもので、頭部のほとんど身体的感触まで秘めている（図370a）[118]。あごひげに覆われた口蓋、小さいが力のある鼻、秀でた額、右のこめかみは光を受けている。比較的短く刈られた、硬い髪は、額に立つ前髪ともどもアレクサンドル人ふうのエネルギーの印となっている[119]。

(117) 多数の絵が失われてしまったが文書では確認できている（Fahie, 1929）。
(118) Leoniの肖像芸術について最新研究は：Solinas, 2002, Tordella, 2004. ガリレイ素描研究は：Claude Mellan, 1999, S. 150; Sani. 2005, S. 178.
(119) このような細部の象徴学については：Meller, 1963. 肖像画については：Fahie, 1929, S. 19f.

　しかしとくに眼の部分は、数多あるガリレイ肖像画の中でもレオーニの素描が優れているところである。左目はひたとこちらを見据えているのに対し、基本的配置がばらばらであるので、右眼は独立しているように見える。眉毛は広く上へと弾み、大きくなった眼窩の上まぶたは下方へと下がるので、虹彩を描き込まれた瞳は外にずれているように見える。とはいえこうした欠点が強張されてこそ、芸術家の画竜点睛の気合いの入れ方がここにはあるのである。

X 反省、そして絵画の奨励 353

図370a オッタヴィオ・レオーニ：ガリレイ。紙にチョーク、1624,
Florenz, Biblioteca Marucelliana

XI 真の哲学としての芸術

1. チゴリの嘲笑

　眼で見たものを素描で分かりやすくする能力もなければ訓練された眼もない学者たち、そんな者たちよりは、遠近法の見識からしても、芸術畑の専門家の方が、望遠鏡と顕微鏡を採用し利用する用意がはるかにできていた。ガリレイがアリストレス派への「最後の審判」と考えた太陽黒点の分析キャンペーンを、もっぱら芸術家たちと実行した理由も、ここにあった。チェザーレ・クレモニーニはパドヴァ大学首席正教授として当時最高給を受けていたが、純アリストテレス派として望遠鏡を覗き込むことすら拒否するものだから[1]、そのような著名人は戦友とは考えられないのであった。

(1) Kuhn, 1993, S. 5-7. Cremonini 界隈については Schea, 2006, S. 741f. の多彩な描写を参照のこと。

　クリストフ・クラーヴィウスのような大立者の場合には事態はもっと難しかった。このイエズス会の大数学者とはガリレイは若い時分から交流があって、1611年のローマ訪問の折にはクラーヴィウスは「哲学の救済」のための声明を出しており、これは論旨を辿っていけば、カトリック教会と当代科学との葛藤から議論基盤を奪ってしまう体のものだった[2]。けれども彼は月面が平坦でないことを無条件に受け入れるには自信がなかったし、ガリレイの方も彼の宗旨替えをさせようとは思わなかった。「年齢からも、教養と人柄の良さからしても敬愛に値するご老人を疲れさせ煩わせる」[3]のは、不適当と彼には

思われたのだ。
- (2) 引用は以下による：Freedberg, 2002, S. 107. 以下も参照のこと：Clavius 評価を先取りした Lattis, 1994, S. 180-211、および Remmert, 2001, S. 571f.
- (3) „ma saria stato poco meno che sacrilegio l'affaticare et molestare con discorsi et osservazioni un vecchio, per età, per dottrina et per bontà così venerando" (Galilei の Gallanzone Gallanzoni 宛て書簡［1611 年 7 月 16 日付］in: Opere, Bd. XI, S. 151, Z. 345-347; 独訳は Wohlwill, 1909, Bd. I, S. 377).

ガリレイの友人チゴリはとなると、こういう態度は寛容に過ぎた。自分は新自然学のためのヴィジュアルな訓練によって生き方を定められたアヴァンギャルドなのだ、という高揚感から、チゴリは1611年8月のガリレイ宛書簡ではクラーヴィウスのことを次のような言葉で嘲るのだった。「私はあれこれ考えた挙句、彼を弁護するにはこう言うしかあるまいと思いました。数学者というものは、どんなに自分を偉大だと言いたがろうとも、素描能力がないのなら、数学者としては半人前どころか、眼のない人間に等しいと」[4]。数学者を容赦するチゴリの皮肉っぽさは、認識理論の毒を含んでいる。学者は素描能力なしには見ることができず、視器官がなければ、完璧な数学者ではありえないとするなら、認識法の伝統的ヒエラルキーが逆さまになってしまった。

- (4) „Ora io ci ò pensato et ripensato, nè ci trovo altro ripieghjo in sua difesa, se non che un matematico, sia grande quanto si vole, trovandosi senza disegnio, sia non solo un mezzo matematico, ma ancho uno huomo senza ochi (Lodovico Cigoli の Galilei 宛て書簡［1611 年 8 月 11 日付］in: Opere, Bd. XI, S. 168, Z. 35-38). Hallyn, 1994, S. 34.

チゴリが素描と言う時、それは新科学の内容ばかりかダイナミズムと結びついていた。彼に言わせればガリレイは、自ら動き、その身軽さから真理の玉座を獲得してきたという点で、クラーヴィウスをリードしている。かく運動しているうちにガリレイは衣装を失い、裸で敵の前に立ち、敵対されることこそ彼の本望となるのであると。「私は学びましたよ、ガリレイ殿、真理というものをあなたの御元で。動くこと多ければ多いほど、人は赤裸となっていくのだと。されば、迫害を喜ばれよ」[5]。自己露出のモチーフでチゴリが暗示したのは「裸の真理」というメタファである。サンドロ・ボッティチェリは、ミダス王子の前で侮られたギリシアの画家アペレスという話を絵にして、「真理」に規範的様式を与えた（図371）。ウフィツィ美術館のこの絵に描かれる画家は、

図 371　サンドロ・ボッティチェリ：誹謗。板にテンペラ、1495 年頃、Florenz, Uffizien

ロバのような長い耳をした王子の玉座の前で悪意、狂暴、妬み、誹謗の化身たちに床の上を引きずられている。襤褸を被った年寄りの姿をとった「嘘」とコントラストをなすのが、間をおいて左に立つ「真理」であり、隠すものはなにもないので、裸で啓蒙の明るい光を身に浴びている[6]。

(5)　„Imperò, Sig.r Galileo, La verità à per suo proprio, quanto più si rimesta, più presto si squopre: sì che rallegratevi delle perseguzioni" (Lodovico Cigoli の Galilei 宛て書簡 [1611 年 8 月 11 日付] in: Opere, Bd. XI, S. 168, Z. 38-40).
(6)　この問題の最新研究は：Zöllner, 2005, S. 250-253; Körner, 2006, S. 347f. 1658 年版 Federico Zuccari を参照のこと：Winner, 1999, S. 144, Abb. 15.

チゴリが裸の女性を描くときには、「妬み(インヴィディア)」に打ち克つ「徳の化身」として描いている（図372）。この「妬み」は左手の岩かげに老婆の姿で描かれ、頭に蛇を生やしているが、それに対し「徳」は図版の中央に若い女として勝利を収め、「誘惑」のアザミのただ中に高々と体を伸ばし、その腕は名誉の月桂樹を繁らせる。チゴリのこの図版は長いことガリレイの対決姿勢のアリュージョンと解され[7]、確かに詩人ジョヴァンニ・バティスタ・マリノの誹謗・拘禁への意見表明として制作されたのであるが[8]、それをまたチゴリが自己

図372　ロドヴィコ・チゴリ：「妬み」のアレゴリー。
紙にペンと筆、1612, GDSU, Nr. 1018

を赤裸々にするモチーフとしてガリレイに印象付けたのである。

（7）　Chappell, 1975; Reeves, 1997, S. 172-180. これにはチゴリとガリレイがおかれた競合関係の卓抜な分析がなされている。
（8）　Juren, 2002; Marino は Cigoli にも Galilei にも親しく、ガリレイには優れた讃歌を捧げている（Camerota, 2004, Galileo Galilei, S. 150f.）。

探究のダイナミズムによって＜真理に至る＞、つまり葉を落として裸の枝になる、これをガリレイに見せよう。このようにチゴリはクラーヴィウスを片づけた。「人生はもう短いものですから、どんなものよりも心にかかるのは、あなたの研究です。その針路が見失われないためには、十分です、あなたには眼がおありなので。」[9]。見る眼と描く手が、敵を追撃するための一本道をチゴリに開いた。当代の科学革命の誕生とダイナミズムに必要な視と図の前提は何か、チゴリは舌鋒鋭く数行で圧縮して見せたのである。

（9）　„basta che abbiate l'ochio che non vi impedischino il corso dei vostri studi, il che vi si[a] sopra tutte le cose a quore, poi che la vita è breve" (Lodovico Cigoli の Galilei 宛て書簡［1611年8月11日付］in: Opere, Bd. XI, S. 168, Z. 40-S. 169, Z. 41)。

2. 芸術というモデル

　老人クラーヴィウスについて二人の評価は分かれたものの、＜訓練された手＞の評価においてガリレイほど徹底した人物はいなかった。1612年の、ただ手稿でのみ伝わっているテクストの中で、芸術は哲学のモデルであるという確信をマニフェストにも等しい原則にまで展開している。

　そのきっかけとなったのは、ジュリオ・チェーザレ・ラ・ガラが『星界の報告』に挑んだことだった。ローマ・サピエンツァ大学の哲学教授ラ・ガラは1612年の自著『新望遠鏡による月の影現象 De Phoenomenis in Orbe Lvnae Novi Telescopii Vsv』において新理論を展開している。それがオリジナルでもあれば馬鹿げてもいる論法で、従来の月の光景を、染み一つない、いわばマリアの身体として新たに説得しようというのだ。本書がバリオーニのところから出版されたからといって（図373）、ガリレイへの侮辱を意味したのではない。ラ・ガラは自覚的なアリストテレス派であったが、自由不羈の人間としてガリレイの忠実な友人であったのだから。『星界の報告』と批判的に対決したからといって彼は繰り返し新たにガリレイに言及し賞賛してもいたのだ。

　本書の珍品たる所以は、『星界の報告』の銅版画が内容に則さず転載されて

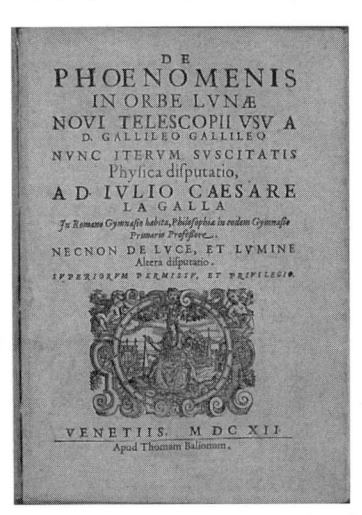

図373　ラ・ガラ：デ・フェノメニス（1612）の扉

いたところにある。ラ・ガラのページ 8v にはガリレイのページ 11v（図 374）が変更なしに掲載されているが、見開きページ 9r にはガリレイのページ 8r と 9v の図版が組み合わせてある。こうしてページ 8r の銅版画が逆さまに置かれるというとんでもない間違いが起こった（図 375）[(10)]。

(10) このことは、この出版者が印刷術における権限を持たなかったことを際立たせる。

本文でラ・ガラは、月が水晶のようなガラス体でできていると説明しようとする。ラ・ガラは言うのである、ガリレイによって観測された山とクレーターは、イリュージョンであって、画家なら錯視技法でカンヴァスに展開できるはずであると[(11)]。しかしこの造形は錯覚であり、雲の作る像のように実態のないもので、突然太陽の光で浮かび上がるだけなのだと[(12)]。このたとえによって画家は自然の同伴者と定義されるが、その自然はいつも新たに雲の像を生み出すプロテウスふう自然なのだ。ルクレティウス曰く、自然の生み出すもの

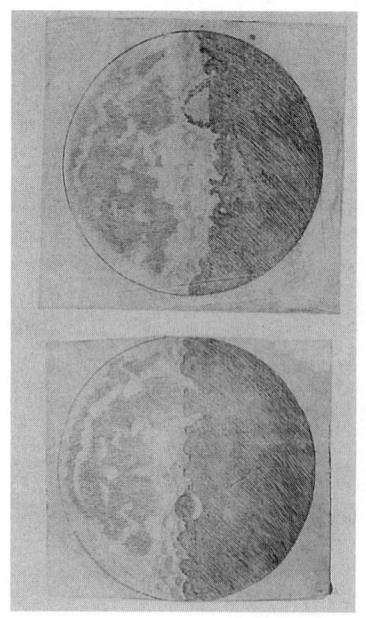

図 374　二つの月相、ガリレイ（1610, S. 10v）の転用、銅版画、La Galla, 1612, S. 8v

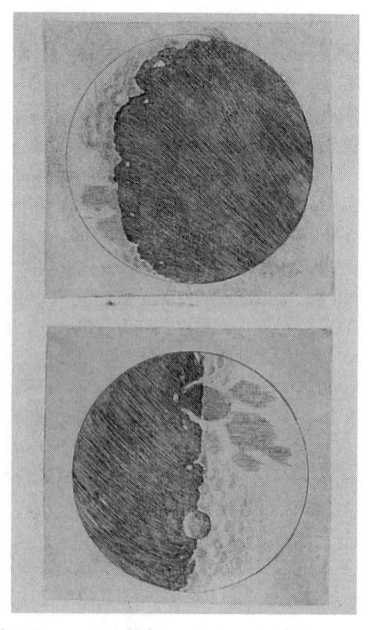

図 375　二つの月相、ガリレイ（1610, S. 8r, 9v）の転用、銅版画、La Galla, 1612, S. 9r

は、偶然に作られるイメージの永遠の劇場である。アンドレア・マンテーニャやその他の画家たちにとって雲の象形力は、彼らとしては立派な画題だった[13]。このような偶然の像は、ルクレティウスと違ってラ・ガラにとっては画像批判の対象なのだった。いかに眼に能力があり、望遠鏡が有効であろうと、自然の像自体が彼にとっては絵画同様いかがわしいのであり、山も谷もイリュージョンなのだ。

(11) La Galla, 1612, in: Opere, Bd. III/1, S. 380, Z. 17-23; S. 386, Z. 36-S. 387, Z. 7. Reeves, 1997, S. 160; 基本的議論は以下にも：S. 160-167; Damianaki, 2000, S. 33f.
(12) La Galla, 1612, in: Opere, Bd. III/1, S. 380, Z. 23-25.
(13) Lucretius Carus, 1977, IV, S. 129ff.; Janson, 1961; エピクロスとルクレティウスの絵画概念については：Deleuze, 1993, S. 334-336.

ラ・ガラの本は1611年11月に印刷許可を受けたので、翌年には出たのだと思われる[14]。それゆえ、1612年6月のガリレイのチゴリ宛て絵画優位論書簡(パラゴーネ)はラ・ガラの出版物への密かな拒絶だった可能性は、年代的にはある。しかし直接的な立場表明は、ラ・ガラの本を自分用に製本し直したものに書き込まれた注釈の形で伝わっている。表紙裏に貼りつけられたテクスト第1ページのうち、ただ上の部分のみが残っているが、まだ解読できる最初の言葉からは、ガリレイがラ・ガラの絵画イリュージョン説に反論していることが分かる（図376）[15]。彼の反撃は、判断の根拠が読書のみにあるような哲学者のすべてに拡大されている（図377）。

(14) La Galla, 1612, in: Opere, Bd. III/1, S. 319.
(15) „Il senso ne i sensibili comuni s'inganna etc" (Opere, Bd. III/1, S. 393, Z. 20). ガリレイによれば画家は決して瞞着しなかった。これはとくに——ここにはパラゴーネ書簡への橋渡しがはっきりしている——ラ・ガラによってカンヴァスになぞらえられた月の表面に当てはまる。月の表面の場合は見る角度に変化はないのだから、どのような瞞着も不可能であろう。„l'occhio nostro non muta mai aspetto, ma sempre la riguarda sotto i medesimi angoli"（同上、S. 394, Z. 19-21）。ここではもう一度アナモルフォーズへの否定が公言されている。アナモルフォーズ否定はタッソの文学を例にすでに先取りされたものだった。ラ・ガラが絵画一般に投げかける非難を、ガリレイはただマニエリスム芸術にのみ当てはめるのである。

芸術はモデルとして役立った。彼は自然の模写と素描とを分けたように、哲学を哲学史と区別する。「哲学と哲学研究の間には自然の素描と素描の模写の

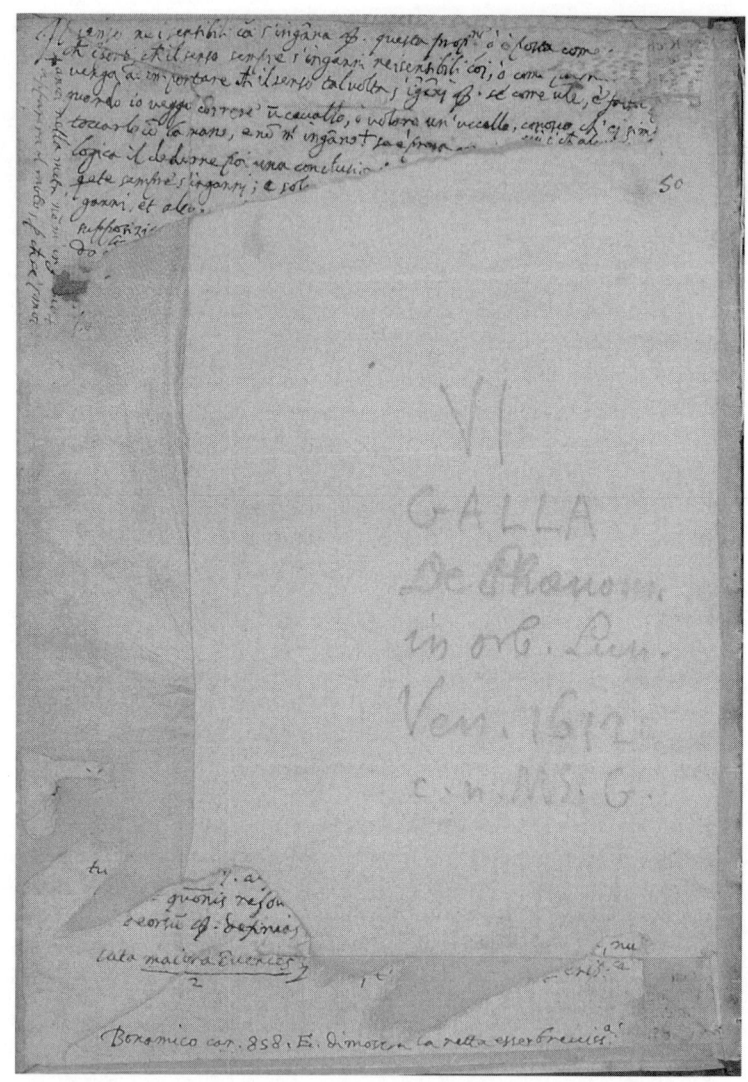

図376　ガリレイ：ラ・ガラへの注釈、1612, BNCF, Gal. 55, 表紙内側

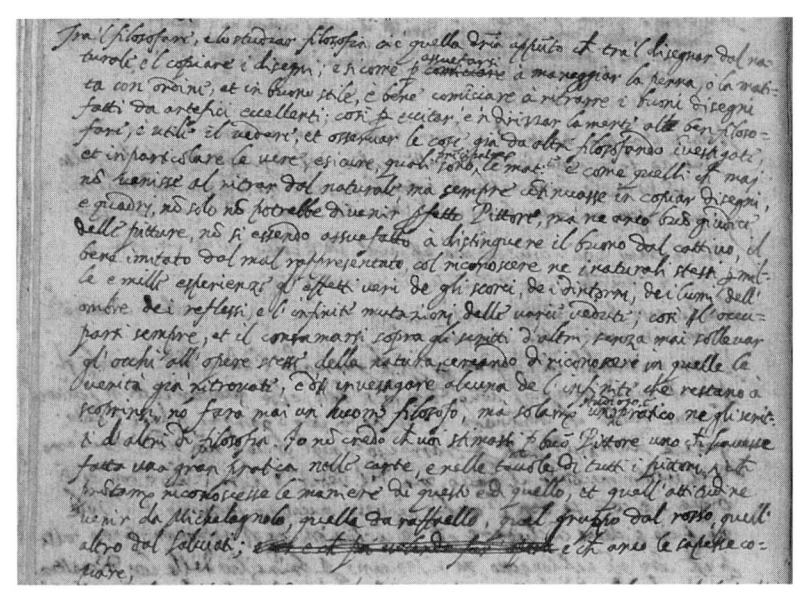

図377　ガリレイ：ラ・ガラへの注釈における哲学理論、1612, BNCF, Gal. 55, F. 46v

間と同じ区別がある」[16]。とはいえ、最初の段階では、芸術を模倣することをガリレイはよしとする。「最も秀でた芸術家によって制作された優れた素描を模写することから始めるのは、ペン、あるいは鉛筆に習熟する上で順序だったやり方であり、よいスタイルに適ったことなので、精神を善き哲学へと勇気づけ導くためには、すでに他の哲学者たちによって研究されたことを、とくに基本的には数学的な問題で確かめられ真理とされている事柄を見つめ観察することは有用である」[17]。初めに確実な能力と知見を我がものとすることを学ぶのは有用であるとすれば、とガリレイは続けるのだが、その芸術上の法則は道具の習熟にかかっているのだし、哲学ではそれが数学にあたるのだ。こういう、着実に像を作る技術と思考する技術に関わる但し書きつきで、芸術を模倣することは許されていた。

(16) „Tra 'l filosofare e lo studiar filosofia ci è quella differenzia appunto che tra 'l disegnar dal naturale e 'l copiare i disegni" (Opere, Bd. III/1, S. 395, Z. 29-30).
(17) „e sì come per assuefarsi a maneggiar la penna o la matita con ordine ed in buono stile, è bene cominciare a ritrarre i buoni disegni fatti da artefici eccellenti; così, per eccitar e 'ndirizzar la mente al ben filosofare, è utile il vedere ed osservar le cose già

da altri filosofando investigate, ed in particolare le vere e sicure, quali sono principalmente le matematiche" (同上、Z. 30-S. 396, Z. 4).

　しかし像を作り思考する形式全体をコピーするなら、この種のミメーシスは非難される。「自然を描くために一度も外へ出たことがなく、いつも素描や絵画を模写してきた者は、完全な画家にはなれないばかりか、絵画の善き評者になることもできない。なぜなら善悪を分けられず、よく模倣されたものと悪く表現されたものを分けられないからである。では善きことはどこにあるのか。自然の対象物のただ中で自から千回も何千回も経験を繰り返し、短縮や輪郭、光線、陰影、鏡像、そして異なる視角からの無限の多様性、こういったものの効果を認識することにあるのだ」[18]。同様に哲学者もまたひたすら書物の虫であるならば躓くことになるだろう。「もしも熟慮を重ね他人の書いたものに一心不乱になろうとも、一度も眼を自然そのものの生み出すものに向けもせず、自然の中ですでに他人によって発見された真理を認識しようともせず、まだ発見さるべくある無限に多くの真理のわずかでも探究しようとしないなら、一人の善き哲学者も生み出さず、他人の哲学文書に携わる研究者やマニアを生み出すばかりだろう」[19]。

(18)　„quelli che mai non venisse al ritrar dal naturale, ma sempre continuasse in copiar disegni e quadri, non solo non potrebbe divenir perfetto pittore, ma né anco buon giudice delle pitture, non si essendo assuefatto a distinguere il buono dal cattivo, il bene imitato dal mal rappresentato, col riconoscere ne i naturali stessi per mille e mille esperienze gli effetti veri de gli scorci, de i dintorni, dei lumi, dll'ombre, dei riflessi, e l'infinite mutazioni delle varie vedute" (Opere, Bd. III/1, S. 396, Z. 5-11).

(19)　„così l'occuparsi sempre ed il consumarsi sopra gli scritti d'altri senza mai sollevar gli occhi all'opere stesse della natura, cercando di riconoscere in quelle le verità già ritrovate e d'investigare alcuna de l'infinite che restano a scoprirsi, non farà mai un uomo filosofo, ma solamente uno studioso e pratico ne gli scritti d'altri di filosofia" (同上、Z. 11-16).

　<素描し絵を描きつつ自然そのものを解明する芸術家>というモデルに従って、ガリレイにとっての思想家とは書物の知識の研究によるのではなく、自然を探究する眼を用いることによって哲学者となるのだ。それゆえ紙上研究者が哲学者を自称するのなら、それはちょうど芸術史学の教養を積んだコピイスト

が芸術家を自称するのと同じに不遜なことなのだ。「あらゆる芸術家たちの版画や絵画に精通しており、たちどころにこれやあれやの特徴を見分け、このポーズはミケランジェロ、あちらはラファエロ、このグループはロッソ、あちらはサルヴィアーティといった具合に、たとえこれらの芸術家を模写することができたとしても、それほどの見識を示したからといって、そういう者を善き画家と評価するなど、私には考えられません」[20]。

(20) „Io non credo che voi stimassi per buon pittore uno che avesse fatta una gran pratica nelle carte e nelle tavole di tutti i pittori, sì che prontamente riconoscesse le maniere di questo e di quello, e quell'attitudine venir da Michelagnolo, qulla da Raffaello, quel gruppo dal Rosso, quell'altro dal Salviati, e che anco le sapesse copiare" (同上、Z. 16-21).

　画家でも哲学者でもその序列は、自然を探究する眼を備えているかどうかに拠っている。書いたものに支配された学者は逆に批判対象となり、それは芸術においてはマニエリスムとされるのだ。その「過剰の手技（マニーア）」——という言葉が用いられている——は、たしかにマニエリストたちに模倣による輝きを開花させたが、何ら真に正しい業績をもたらさなかった。ロドヴィコ・ドルチェは1557年の『絵画についての対話』でこういう批評に鍵となる用語を提供している[21]。自然を禁じるマニエリスムへの拒絶は、ガリレイにあっては、活動範囲を書物に限る哲学者たちの拒否へと拡大された。

(21) Dolce, 1960-62, Bd. I, S. 196; 以下を参照：Bredekamp, 2000, S. 111.

3.「哲学の書」

『贋金鑑識官』の書物メタファ

　観察と素描の相互作用を讃える言葉が、紙の上をぐるぐる駆け巡っているというのではガリレイにとって悪魔の循環である。ヴィヴィアーニがのちに文学論争を視野に入れながら、言葉をめぐるガリレイの軽蔑を的確に以下のようにまとめて言うには、タッソは「言葉（パローレ）」を、アリオストは「事態（コーゼ）」を表現するのだと[22]。こういう対比によって、より深いあらゆる認識が追求するのは書物ではなく自然なのだ、というガリレイの確信が公式として簡潔にまとめられる。それは大学と芸術アカデミーの間の葛藤まで含んでいる。ヴィヴィアーニ

は、ケプラーの諸発言を引き合いに出しているが、なかでもケプラーは、1611年、ガリレイの敵アリストテレス派に自分の無罪を弁明する際に、私は「紙上の世界」をうろついているだけですから、という弁明をした[23]。太陽黒点の論文ではガリレイは翌年にこう強調している——事態が概念に従うのではなく、概念が事態に従わなければならない、というのも「まず事態が先で、概念が後だから」[24]。

(22)　Viviani, 1968, S. 627.
(23)　„repudiato mundo sensibili, quem nec ipse vidit nec expertis credit, ratiunculis puerilibus spaciatur Peripateticus in mundo chartaceo" (Johannes Kpler の Galilei 宛て書簡［1611年3月28日］in: Opere, Bd. XI, S. 77, Z. 14-16).
(24)　„prima furon le cose e poi i nomi" (同上、Bd. V, S. 97, Z. 12).

1610年8月すでにガリレイはケプラー宛ての手紙で、特別雄弁な言い方でこう主張した。古いテクストに固執した自然学者たちは、「哲学とはアエネーイスとかオデュッセウスとかいった何かの本だと思っております。ならば哲学は世界の中にも自然の中にもなく、テクストの比較の中で（自身の言葉にふさわしく）探究するだけのことです」[25]。この箇所に、もしかするとガリレイの最も引用される『贋金鑑識官』中に定式化されたメタファの根っこがある。「哲学はかの壮大なる書物に書かれております。それは常に眼前に開かれてあります（私は宇宙／普遍世界 universum のことを言っているのです）。それはしかしそこに書かれた言語と記号を前もって学んでおかなければ理解できません。書かれているのは、数学の言語であり、記号は三角、円など幾何学記号であります。これなくしては人間に可能な方法でただの一言も理解することはできない。これなくしては暗い迷路をあてもなくうろつくことになるのです」[26]。

(25)　„[...] philosophiam esse librum quendam velut Eneida et Odissea; vera autem non in mundo aut in natura, sed in confrontatione textuum (utor illorum verbum), esse quaerenda" (Johannes Kpler の Galilei 宛て書簡[1611年8月19日付]in: Opere, Bd. X, S. 423, Z. 59-62).
(26)　„La filosofia è scritta in questo grandissimo libro che continuamente ci sta aperto innanzi a gli occhi (io dico l'universo), ma non si può intendere se prima non s'impara a intender la lingua, e conoscer i caratteri, ne'quali è scritto. Egli è scritto in lingua matematica, e i caratteri son tirangoli, cerchi, ed altre figure geometriche, senza i quali mezi è impossibile a intenderne umanamente parola; senza questi è un aggirarsi vanamente per un oscuro laberinto" (Opere, Bd. VI, S. 232, Z. 11-18). 以下を参照の

こと：Galilei, 2005, S. 119f. および Kommentar S. 487f.

　ステレオタイプな研究では、ここでガリレイが言う「自然の書物」は、感覚に対置された、コスモスの数学的エッセンスを明らかにするために呼び出されているのだと言うが、一見分かりやすいこの説明では事態はいっそう暗くなる[27]。ガリレイの言語像は「自然の書物」ではなく、「哲学の書物」のことを言う。大事なのは自然の定義ではなく、自然にふさわしい観察法と対象とを定義することなのである。

(27) 書物メタファを一瞥すると例えば Crombie が次のような考えを代表している。「現実の物理的世界は実際に数学的本質と法則から成っており、この法則は個別的に絶対的確信を持って認識可能である」(Crombie, 1959, S. 374f.)。全体の展望を与えてくれるのは Mittelstraß, 2005, および Bucciantini, 2007, S. 314, Anm. 89.

永遠に可視的なる宇宙

　「常に眼前に開かれた sta aperto innanzi a gli occhi」という定式で書物メタファをガリレイが始めるとき、ラ・ガラとの対決が念頭にあった。そこで彼は哲学の第1課題として、芸術、および芸術がペンと鉛筆を使うことに対応して、数学の基本を「見つめ、観察する vedere ed osservar」ことと定義した。osservar はまた「観測する」ことであり、幾何学的天文学用の単語であって、彼の念頭にはラ・ガラへの返答があったのである。

　複合遠近法のアナモルフォーズおよび多義的曖昧さから身を護るためにガリレイは、可視であることが絶対でなければならないと『贋金鑑識官』の中で付け加えている。友人チゴリがサンタ・マリア・マッジョーレの教皇用礼拝堂天井フレスコ画の主要目標として、密集した天上人を一人ひとり見えるようにすることと定義したのは[28]、それは認識を得るのに、覆われているものの中へ浸透（ドゥルヒドリンゲン）するのではなく、可視のものによって瞑想することから得ようとする同じ身振りに応じているのである。

(28) Lodovico Cigoli の Galilei 宛て書簡 (1612年4月13日付) in: Opere, Bd. XI, S. 291, Z. 26-28.

　こうした遮るものがなく永遠に観照することができる場所としてガリレイが挙げるのは、「自然（ナトゥラ）」全体ではなく、この世のしがらみと夜の暗さを内包して

しまった「世界mondo」でもなく、「宇宙〔ウニヴェルソ〕」という言葉でいうところの全世界、天である。これのみが、昼夜を問わず継続して「見ること〔アンシャウリヒカイト〕」を保証するのであり、これを「哲学の書」と前もって定めるのが「見ること」なのだ。導入の定義によれば、哲学が己の書物を持つのは、昼も夜も、つまり「絶えず〔コンティヌアメンテ〕」眼前に「宇宙／普遍世界〔ウニヴェルスム〕」として供されている圧倒的な形成物の中においてなのである。天を見ずして哲学はない。ここにガリレイの書物メタファの出発点がある[29]。

(29) この結論にはそれ以前の解釈とは相違するものがある。なかでもRemmert, 1998, S. 113-129のアクロバチックな分析が頭抜けている（参照：Remmert, 2005, Galileo）。ガリレイにとって問題だったのは（常に翻訳可能な）自然記述ではなくて、確たる内容の然るべき解読であるというのが、Remmertの結論であるとすれば、それは私の考えでは書物メタファの妥当領域が天界に限られることを意味する。数学の妥当領域の問題を構造的に考えるPitt, 1992, S. 76f.との相違もこの点にある。数学は自然のすべてのレベルに妥当するわけではないという彼の水平的な境界設定は、垂直軸へと作り変えられるべきである。幾何学は深く妥当するが、自然のあらゆる領域には妥当せず、「哲学の書」として語られる場に限定される。

　このように哲学の書を天の可視性に限定することは、「哲学の書」を読む条件を整えようというのであって、能力を提供しているわけではまだない。1ページの字母を眺めても書字の知識なければ理解することができないように、ガリレイにとって星々は幾何学の知識なくば把握かなわぬパノラマを展開した。星々の描く三角形、円、その他の幾何学模様などの記号によって、書物の文字もまた可視性と結びついていたのだった。ガリレイによれば「哲学の書」は「見ること」の二つの形式を基盤としている。すなわち天を目によって捉えることと内部へ＜浸透する〔ドゥルヒドリンゲン〕＞幾何学。この可視性の向こう側では迷路の暗闇が支配している。
　天に向かう眼差しを可視のものについての厳密哲学へと受け渡していく、そして「見ること」がその哲学を紙上に形作られる幾何学図像に結び付ける、こういうコンセプトは、遠近法を数学の中心に格上げする働きをした[30]。遠近法が教えてきたこととは、アルベルティの窓、あるいはデューラーの格子の助けを借りて平面に計算によって描くためには、いかに現象するコスモスは把握されうるか。遠近法は、ガリレイが総じて「哲学の書」として理解した[31]三つのレベル、すなわち実見と幾何学的浸透と哲学的反省を提供する。それは感

覚世界の克服ではなく、幾何学の遠近法則を使った現象との緊張に満ちた合作なのである。それはまた「哲学の書」として研究者に「絶えず眼前にひらかれてある」のだった。

　(30) Camerota, 2004, Galileo's Eye, S. 145.
　(31) Shea, 1970, S. 507. 概論的には：Camerota, 2004, Galileo's Eye, S. 169.

書物メタファ 1641

　3カ月前、ガリレイは書物メタファを再度とりあげている。敵アリストテレス派の一人、百科全書派フォルトゥニオ・リチェティに対して彼は1641年1月、こう告げた。「アリストテレスの文書はなるほど山のような認識を提供してくれますが、別方向を持ち出すことも可能です。哲学の書とはわれわれの眼前に常にあるもののことです。けれどわれわれのアルファベットとは異なる記号で書かれておりますので、誰でもが読めるものとはなっておりません。この書物の記号は三角、四角、円形、球、円錐、ピラミッドなど、このような読書にぴったりのその他の数学図形でできております」[32]。

　(32) „Ma io veramente stimo, il libro della filosofia esser quello che perpetuamente ci sta aperto innanzi a gli occhi; ma perchè è scritto in caratteri diversi da quelli del nostro alfabeto, non può esser da tutti letto: e sono i caratteri di tal libro triangoli, quadrati, cerchi, sfere, coni, piramidi et altre figure matematiche, attissime per tal lettura" (Galilei の Fortunio Liceti 宛て書簡［1641年1月付］, in: Opere, Bd. XVIII, S. 295, Z. 77-82).

　『贋金鑑識官』にまとめられた定式に比べると、哲学の書が示される「宇宙／普遍世界」の参照指示が落ちているところが目立つ。持続的に見ることができるすべてものという一般化は、真の哲学が拠って立つのは書いたものではなく、暗く曖昧でカテゴリー的に眼の利かない自然の領域でもない、という思想と結びついていた。むしろ、「見ること」が持続的に与えられる場所ならどこでも哲学は見つかる。この基本的考え方を満たしたのは天体のみであったが、ガリレイが「宇宙／普遍世界」の概念を避けたということによって、自然の1セクターではなく一つの原理が訴えられていたのだ。

　「哲学の書」の幾何学的図像的定義によってガリレイが狙ったのは、永遠に「見ること」の領域を明らかにすることだった。この領域の観測によって思考

の方法論的確実さが獲得されうるのである。これは同時に自然理解のためのシンボル体系(コスモス)と自然そのものとは取り替えることができないということを意味する。書物メタファにおいてテーマとなったのは、自然とは何かではない。どのセクターなら厳密科学がスタンダードな哲学となれるのかだったのだ。それは厳密科学の領する見ることの二つの領域である。すなわち現象と幾何学である⁽³³⁾。

(33) 根本議論としては：Mittelstraß, 1995, 2005.

幾何学の限界

この定義がかくも自信に満ちているからには、その限界も明快に定式化されていた。それはガリレイが1641年に『贋金鑑識官』の書物メタファに対して企てた第二の変更に間接的に見てとれる。そこでは彼は単に三角形と四角形を「哲学の書」の字母として呼び出したとすれば、それは彼が「球体、円錐、ピラミッド、その他の数学図形」を補足したからだった。この拡大に直面すると、数字が何の役割も果たしていないことが、なおいっそう驚きである。求積法を装備した幾何学は代数学に対して断固たるバリヤのように働く。厳密科学の基盤は、ひたすら見ること、そして単純立体を介した見ることの浸透の上にあるべきである、そうガリレイは確信していたので、ガリレイにはケプラーの数字による仕事が、そこから生まれた「ケプラーの楕円形」同様、不気味に思われたのだった[34]。それらは避けるべき迷路だった。あらゆる自然の秘密は数学的に解明できるというケプラーの確信もまたガリレイにはいかがしいものに見えざるをえなかった[35]。

(34) Panofsky, 1954; Shea, 1972, S. 105; Blumenberg, 1983, S. 75, Bucciantini, 2007, S. 311（カステリの負数代数学に携わるのをガリレイは厭がっていることについて）.
(35) 同上、S. 298.

ケプラーのような考えがいかに見込みがない不遜なものであるか、ガリレイとしては先刻承知。幾何学すらコスモスの無矛盾解釈には程遠かった。なぜ天体は太初から円形軌道を動かなかったのかというサグレドの疑問に対しては、サルヴァティコが『対話』の初日に解答を与えている。それは数学的でも物理学的でもなく神話に基づく解説である。神が太初のカオスから星々を一直線にそろえ、自立させたあとで、然るべき時を経て、もう一度世界創造者として登

場した神は、天体を直線の無限軌道から丸い円形軌道の常数へと曲げたのである。神が直線を円形へと曲げたもうたのは、こういうわけだ[36]。星々の円運動の背後には、無限に続く直線が阻害されたのだという話を認めてしまえば、コスモスの自然法則を定める創造者の修正行為という決まりも理解できようというものだ。これら自然法則はいつでも眼に見える。ここになぜ「哲学の書」が天体において「いつも眼前に開かれて」いるのか、の理由があるのだ。星々の円運動には創造の修正行為が白日の下に見てとれる。直線を円形に変えること。ここから全天体運動、昼夜の交替、したがってあらゆる生命も説明できるのであった。

(36) Opere, Bd. VII, S. 45, Z. 6-10.

コスモスの自然が幾何学的であるのは、神の気まぐれの残響だった。ここにプラトンに導かれたガリレイの考え方の内部矛盾がある。それは散々弾圧されたジョルダーノ・ブルーノの提起した最も大胆なイメージを想起させるほど壮大な考え方なのだ[37]。ガリレイの幾何学的数学的世界観は自立的に説明できるものとなっていない。この基本矛盾はガリレイの自然概念を無意識に、暗示的にあるいは表だって全体に貫いて作用しているのだ。

(37) Bucciantini, 2007, S. 302-303.

『対話』においてガリレイは自然を理解する前提として数学的抽象を強烈に主張したが、材料のいい加減さ、材料の個別性と数学的通則との間には緊張関係があって、それはそれで数学の対象とせざるを得ないのだが、基本的違いを前にしては解決は困難なのだった[38]。

(38) Opere, Bd. VIII, S. 154, Z. 14-20. この問題の全体議論は：Camerota, 2004, Galileo, S. 554-557. 今日の視点からこの問題を見ると：Mathematisierung der Natur, 2006（なかんずく Klaus Lucas, S. 23-28, および Stefan Müller, S. 79-82）．

ガリレイの顕微鏡に対する懐疑も同じレベルのものだ。あれほど望遠鏡を寵愛したガリレイが、深く分け入る道具にはとても抑制的だった。例えばキノコの変性能力を眼にするとこれをシステマティックに描き出す可能性を見つけられるか、というガリレイの疑問は、明らかに無関心へと至った[39]。同じ懐疑の領域に属する例がまだある。ガリレイの確信するところによれば、匂い、

色、その他の質は、感覚受容からは遠い原子物質を主観的に感じ取った特性であるというのだ[40]。アカデミア・デイ・リンチェイは鉱物・植物・動物の観察によって分類に達しようと問題をたてていたが、明らかにガリレイはその問題を、世界を二つに分割することで片づけてしまった。つまり幾何学的に追求できる自然とできない自然と[41]。

(39) Freedberg, 2002, S. 41f.; 同、2005, S. 40. ガリレイは1624年9月に顕微鏡をFederico Cesiに送り、高い調子で讃える添え書きがあった（1624年9月23日付, in: Opere, Bd. VIII, S.208f.; 以下を参照：Valleriani, 2007 , S. 63f.）、とはいえ、この発言はここ止まりである。ガリレイの望遠鏡に対する関心と顕微鏡に対するそれでは比較にならない。

(40) Opere, VI, S. 232, Z. 11ff.; 以下を参照：Shea, 1972, S. 104; 同、2001, Atomismo, S. 263-267.

(41) この問題については：Freedberg, 2002, S. 379f.

ヴィヴィアーニの書物メタファ

ヴィヴィアーニは書物メタファを自分なりに変奏して、以下のようにガリレイ哲学のエッセンスを讃えている。すなわち、ガリレイには2極の確信がある。天の星は「自然という書物」のための解読法を用意するものだが、自然総体は外観から幾何学に至る可能性を決して提供してはいないのだ。なるほどヴィヴィアーニは、ガリレイが言語像によって考えていたことは「自然の書物」だという誤解を生みだしたが、にもかかわらず、ガリレイに響く確信と懐疑の調べを、上手に書き換えることに成功している。都会が瞑想に誘うのに対して、田舎の生活は「自然の書物」を眼前に見せてくれるものとして、こちらをガリレイは優先したとヴィヴィアーニは伝えている。この書物の幾何学的文字群のおかげで、「自然の無限の秘密のうちのいくつかに分け入る」ことができるのだ[42]。外界から幾何学へ移行することによって「自然の書物」は理解された。これは自然のエッセンスに近づく道を提供するが、だからといって謎の山に到達できると自惚れているのではない。ヴィヴィアーニはガリレイにまつわってこういう二重の縛りを指摘し、感覚を自然認識の「鍵」であると定義した[43]。

(42) „penetrare alcuno delli infiniti misterii dell'istessa natura" (Viviani, 1968, S. 625, Z.834-835)。

(43) „chiavi de'sensi" (同上、Z. 840).

4. 眼の帝国

　ガリレイの晩年の作はこういう両義性の旗印のもとにある。1637 年、視力がすっかり衰えてしまっても、なおこの年に適切な月観測活動をこれを最後に実行した。その間、『対話』で予示しておいた地球衛星の秤動を実測した。11月初め、複数の手紙でこの発見を報告しているが[44]、翌 1638 年の初めには、月が顔をいわば秤動させる現象を記述するうちに、『星界の報告』を書き上げたときに内部にたぎった、あの語る言語力にもう一度火がついた[45]。この関係で言えばガリレイはまだまだ天文学的研究の夢を見続け、さらに改良された望遠鏡を使って継続を志すだろう[46]。それは失明のためにもはやかなわないにもかかわらず、初期月観測を最終的に公刊しようと振り返る。すでにふれたアリストテレス派リチェティは「第 2 の光」というガリレイの概念化を攻撃したのだが、そのときの彼の理論によれば、月の暗い領域に明るみがあるのは、地球からの照り返しではなく、地球衛星自身の内部に貯められた光によるというのだ。ちょうど燐の混在する重晶石、いわゆるボローニャ石のように[47]。

(44) Galilei の Fulgenzio Micanzio 宛て書簡(1637 年 11 月 5 日付), in: Opere, Bd. XVII, S. 212, Z. 19-S. 213, Z. 41; 同、Fulgenzio Micanzio 宛て書簡 (1637 年 11 月 7 日付), in: 同上、S. 214, Z. 24-32.
(45) 同、Alfonso Antonini 宛て書簡 (1638 年 2 月 20 日付), in: 同上、S. 294, Z. 103-S111; Reeves, 1997, S. 13.
(46) Galilei の Elia Diodati 宛て書簡(1638 年 1 月 23 日付), in: Opere, Bd. XVII, S. 262, Z. 14-18; Camerota, 2004, Galileo, S. 561.
(47) Opere, Bd.VIII, S. 483-486.

　ガリレイは月の自然、月光の自然の最終的な研究をもって、これに答えた[48]。これが注目に値するのは、ガリレイの最後の公刊で遺言のようなものだからというより、このテクストには、現象界の豊かさを弁護すべく、あまりに「抽象」の狭隘であることが攻撃されている点である。自分は、とガリレイは言う、こんな人間ではない、すなわち「考えうる最も狭い型に哲学教説を嵌めこんでみたいとか、その結果、気品と装飾を削ぎ落とした、硬直して余裕のない書きぶりを常に善しとするとか。そういう書き方はきわめつけの幾何学者ならお得意

で、彼らの発言ときたら、［ひたすら］絶対的必要性ばかりを唱えているのだ」[49]。

(48) 同上、S. 487-566; 以下を参照のこと：Olschki, 1975, Bd. III, S. 453-466, および Camerota, 2004, Galileo Galilei, S. 563f.
(49) „quelli, che troppo laconicamente vorrebbero vedere, ne i più angusti spazii che possibil fusse, ristretti i filosofici insegnamenti, sì che sempre si usasse quella rigida e concisa maniera, spogliata di qualsivoglia vaghezza ed ornamento, che è propria de i puri geometri, i quali nè pure una parola proferiscono che dalla assoluta necessità non li sia suggerita" (Opere, Bd. VIII, S. 543, S. 27-S. 544, Z. 5: 以下を参照：S. 491, Z. 16-21).

ガリレイの反対モデルは目的への距離から展開される。目的へはたしかに近道してはならないが、また奴隷みたいにすべてたどっていけばいいわけではない。「逆に私は思うのです、われらの行動・企てを素晴らしく秀でたものにしてくれる優秀、偉大、崇高は、必要性の上に成り立っているのではない（必要性に縛られる過ちが犯しうる最大の過ちなのだろうけど）。それらは不要性の上に成り立っているのです。不要といっても、目的がないのではなく、大きな目的とならまだ何らかの関係をわずかでも残していればいいのです。」[50]。例としてガリレイがあげるのは、豪華な装飾と祝宴のときの芸術家による余興プログラムの美、および古代の詩人ピンダロスの文学。逃避的豊かさの中で、大筋とは、か細い糸で結ばれるのみ[51]。

(50) „anzi stimo che la nobiltà, la grandezza e la magnificenzia, che fa le azioni ed imprese nostre meravigliose ed eccellenti, non consista nelle cose necessarie (ancorchè il mancarvi queste sia il maggior difetto che commetter si possa), ma nelle non necessarie, purchè non siano poste del tutto fuori di proposito, ma abbiano qualche relazione, ancorchè piccola, al principale intento" (同上、S. 544, Z. 9-14: 以下を参照のこと：S. 491, Z. 25-30).
(51) 同上、Z. 17-29; 以下を参照のこと： S. 492, Z. 2-16.

ガリレイの 横 溢(ユーバシュヴァング) 礼賛は 1611 年のローマ凱旋旅行の記憶から生じたものかもしれない。当時、彼は枢機卿や諸侯の宮殿で祝福を受けた。その様子を 1611 年 4 月にこう書き残している。「立像、絵画、装飾列柱、宮殿、庭園といった奇跡の数々を見るだけで」楽しいことといったら[52]。しかしながら、わが身は失明の牢獄に繋がれた視覚人間が 充 溢(アブンダンツ) 弁護にまわることには、方法

論的側面があった。真の哲学へと確実に導かれるためには、変更なしに眼でとらえられるゾーンに視野を限定されてしまう。世界の豊かさは方法論的には排除されるが、それを再び取り戻すには、目的に縛られないこと、溢れ出ること(ユーバーフルス)礼賛を経なければならない。しかし、そうするとガリレイは人生の暮れ方に、かつて自分自身が推し進めた方法の数学化に対して対極を定式化したことになる。豊饒(ライヒトゥム)の自由に肩入れすることは、人間の理解力を越えた複合性を救助することだった。方法としての幾何学はコスモス用には有効だが、哲学のために書物を用意する自然とは、ぴったり一致するわけではない。

(52) Filippo Salviati 宛て Galilei の書簡（1611年4月22日付）in: 同上、Bd. XI, S. 89, Z. 4-8; 上記参照 S. 98. この発言によって以下の推測も生まれる。ガリレイが過剰礼賛において本質として記述したものは、敵への攻撃ポイントだったというものだ。そうだというのならば、ピンダロス賛は百科全書家リチェティへの批判のアイロニカルな先取りということになってしまうだろう（Olschki, 1965, Bd. 3, S. 458）。

幾何学と現象の両領域に橋をかけるのが素描であり、これこそが素描をガリレイが絶対に手放さなかった究極の理由である。プッチーニとヴァザーリの間に広がった陥穽には、ガリレイ自身も軍事論文では陥っているが、そのとき彼は平面図に対して鳥瞰的遠近法をコラージュしておいた（図68）。彼の最後の論文は正確さの快楽と多様性の喜びを相互に宥和させ、その懸隔を受け入れ、これを豊かさ(ライヒトゥム)そのものと評価した。

1638年7月、フランチェスコ・フォンタナの巨大望遠鏡について意見を求められたガリレイは、カステリ宛ての手紙で、次のような理由を述べて断っている。「ほとんど説明不能な、とくに言葉ではとてもむり、といった構造を備えた相当に巨大な器械であるからには、そして盲目の者として 図(フィゲーラ) に描くこともできないのであれば、私に言うべき本質的なことは何もない、ただ我が器械はユークリッドの命題にのっとっているとのみ」[53]。自分はユークリッドによる望遠鏡法則なら心得ているが、素描の能力を欠いてはこれを然るべく究明することはかなわないというガリレイの諦めは、＜素描 Disegno ＞という絶対的通用力のある包括的な概念を一つの命題のように証言しているのである。

(53) „Ma perchè è una macchinazione e struttura assai grande e difficile a spiegarsi, e massime con nude parole senza poterne un cieco disegnare la figura, non posso per ora dir cosa essenziale, se non che il mio artifizio depende da una proposizione di

Euclide" Benedetto Castelli 宛て Galilei の書簡（1638 年 7 月 25 日付）in: Opere, Bd. XVII, S. 360, Z. 36-40.　関連書として Reeves, 1997, S. 12f.

　リチェティに答えて曰く、我が書は盲人の芝居のごとし、なんとなれば己の眼も手ももはや役立たずゆえと[54]。それは単に自分の弱ってしまったことへの無念ばかりではなく、「哲学の書物」を読む道具を失ったことの嘆きである。盲人となったガリレイのこうした晩年の発言は次のようなことの状況証拠を整えてくれる。すなわち、天文学が強化されていった年月からいろいろ省察されたことは、決してエピソードなのではなく、例外状況の諸定義だったのだということ。そして例外からこそ規則は生まれたのだと。

(54)　Opere, Bd. VIII, S. 490, Z. 9-13.

XII　結び：認識のスタイル

---

1. スピードと形態

一望する眼差し

　ガリレイの天体現象の研究と構築には提示法のスタイルに特徴があった。形を産みつつ考える手の能力について、彼の貢献はどこにあるか。紙上に描かれる距離思考にはメディア的側面があると理解しただけではない。様々なメディアに役立つ形式をも本質的に把握したのである。自分に勝利を恵んだものが何であるのか、彼には分かっていた。光学器械と訓練された眼および手の洗練の三つの結合。そして自分こそ、あるがままの天体をアダム以来初めての人間として眺めたのであると。

　しかし望遠鏡が視の在り方に作用すると、視の在り方そのものの視覚化が科学の近代的定義の先駆けとなる。それは近年の息をも継がせぬテンポの中で、新たな研究の在り方と結びついて今日まで効力を持ち続けている。すなわち比較手法のスピード、正確さ、シリーズ形成、先鋭化、そして国際化。1610年と1613年の間の決定的な相の特異さは、最初の二つの要素、スピードと正確さが互いに競い合ったことである。これもまたそれ以来の研究にとりついた現象なのだ。

　これらの経過はすべて、これまで知られなかったスピード形態が望遠鏡によってこの世に登場したことから始まっている。それまでの視線が飛翔運動や波動に向けられていた時ですら、観察対象の運動のテンポを追って、長期間にわたる観測を介して一定の認識状態を勝ち得たのだ。例えばレオナルドの鳥の

飛翔と流れの様態研究が良い例である[1]。いかに強固に自然研究が連続的読み取りの実践と結びついていたか、自然学の豪華な図解百科の証明するところである。図解百科とは、ちょうど望遠鏡初登場の数年間に例えばミヒャエル・レーテンベックによる『自然劇場 Theatrum Naturae』が――アカデミア・デイ・リンチェイによるヴィジュアル化キャンペーンの開始以前に――開花させたような百科全書のことである[2]。既知のものの目録をたんに増やすだけの新事物には、何も目覚ましいものはくっついていないのであって、ガリレイもまだ 1607 年にはカプラへの返書で、新たな惑星の発見者に特別の栄誉を付与するのを馬鹿げたこととしている[3]。

(1) Leonardo da Vinci, 1995; ders., 2000.
(2) Rötenbeck については : Bredekamp, 2004, S. 36-38 ; リンチェイについては Freedberg, 2002.
(3) Opere, Bd. II, S. 520, Z. 24-29; 以下も参照のこと : Cropper, 2005, S. 129.

けれども望遠鏡はヨーロッパ中で、やがてアジアでも出回るが[4]、これによって雷鳴が次から次へと轟いていった。一望する眼差しが基準となる。訓練された眼なら、遠くの対象や状況をくっきりと認識できた。月の平坦でないこと、木星の惑星軌道と太陽の純ならざることを理解するためには、最大 3 日間の観測で足りた。訓練した眼を備えた者にとって伝統の宇宙観は時を経ずして部分的に崩壊していった。

(4) Weigl, 1990, S. 26.

しかしながらこのことは、望遠鏡を使用したあらゆる研究者に、時間レベルの未曾有の競争状態に突入するよう促した。自分の発見を今にも別の天文学者が追証し、そこから得た認識をより早く公刊しはしないか……。器械による光学がもたらした加速状況は、見る行為をも競争状態に陥れた。シャイナーとガリレイの間の非難合戦で明らかなように、望遠鏡を介して見た研究者にとって、嫉妬は第二の習い性となる可能性があった[5]。

(5) この件を追うのは Biagioli, 2006. ガリレイとチゴリの共同作業をも考慮しながら造形芸術における競争の激化現象については : Cropper, 2005, S. 129ff.

ガリレイが『星界の報告』をいわば光速で印刷するよう努めたのも、こうい

う事情のせいだ。自分のテクストの起草だけでなく公刊のために2カ月もかからないということからすれば、ガリレイはこの目標のために著しく自己矯正したのである。シャイナーは太陽黒点についての研究が終わってまとめた考えと図版を書物の形で市場に放り込むまでに、きっちり2年間には2週間少ないもののそれだけの時間を要したのだ。

　ガリレイ、および同時代の者たちの書簡は、あらゆる種類の素描、構想、グラフィックな研究満載であり、絶えず更新される返書の山とペアになっているが、それらは加速する時間強迫のドキュメントである。これをわれらは、生活テンポの速い現代なのだから、われらの徴候そのものだと思う[6]。まさに彼らの書簡は、器械を装着した眼差しに拠る研究領域の、息をも継がせぬ緊張を、生々しく体現しているのである。

（6）　Rosa, 2005.

正確さ

　しかしながら、スピードの最高形態は然るべき舞台を求める。『星界の報告』のドラマは、スピードと正確さが印刷過程でうまくバランスがとれなかったところにあった。

　自然現象はヴィジュアル化なくとも自分のプレゼンスを主張するが、これまでのすべての描写は、そういう自然現象の構成的再現だった。このことは望遠鏡によって得られた素描と銅版画にも原則的に当てはまったが、なにしろそのステイタスが比較にならないほど高い。その第一の理由は、ガリレイの望遠鏡の倍率が月の断片的観測しか許さなかったという点。つまり、月の全体を問うのは、望遠鏡ではなく紙の上でしか可能ではなかった。素描は分析の成立条件であって、決して添えものではなかったのだ。

　模写によってイメージを作るからには正確さが最高度に要求された。この理由からガリレイは銅版画の弱さを克服するために、より正確な素描と銅版画のシリーズを使おうと計画を練った。それがうまくいかなくなると、それでも素描の現前力と結びついた正確さだけは残そうと試みた。

　同じことは太陽黒点でも当てはまる。月は秤動以外は変わることがなくレンズを通して、ただ断片のみとはいえ、認識できるものだが、その月とは違って太陽は、望遠鏡によってなるほど全体を提示できるものの、絶えず変わってい

く現象を顕す。黒点は過ぎゆくものなので、太陽の素描は第1質料の性格を帯びたが、この質料こそ眼前に展開する現象の客観性を証明した。このことは素描として生産されたものの再生産にもまた当てはまった。彫り師グロイターと出版者チェージの共同制作のおかげでガリレイは、細部を一つひとつ検証し、銅版画の表現スタイルにコスモスの新たな視角を客観的に眼の前に据えることができた。

シリーズ性、比較、ネット化

　素描と銅版画に表象される太陽黒点のはかなさは、天体研究にも影響を及ぼし、活動期を追うのに連続的な表現が必要となっていった。一度だけ姿を見せる彗星なら、同じほどの切迫度をもって連続表現を求める必要はなかった。しかし太陽黒点に登場したのは、絶えざる変化の連続する現象だった。この点、シリーズ再現は、映画の、いや少なくとも連続写真の前身として、この現象を分析するための必要不可欠の条件(コンディティオ・シネ・カノン)になったのである。

　比較という手法は、シリーズを使うことで、微量の変化をも特定できる手段になった。大量にスケッチされた観測データの交換は、定着させたものをいわば形態素的に追査することも可能にしたので、ガリレイとチゴリ、およびその他の参加者の間に交わされたシステマティックな観測の第1段階では、確定情報の交換システムが導入されたわけで、これが情報対置を可能にし活気をもたらしてくれた。ここから最後的には、地域を越えた研究者の連合によって真の発明が生まれた。1610年から1613年に至る間、フィレンツェとローマにおいて活動していたガリレイは、外部コンタクトのネット、研究領域形成のネットを編み出す、さながら蜘蛛のような働きをした。3年経過するうちに地域を越えた交換は研究スタンダードとなり、ベルギーからシチリアにまで及んでいった。

手による思考

　器械を使う研究に基本的に必要なことは、二つ、スピードと正確さである。ここで生じた矛盾は止揚されるか、少なくとも緩和されねばならなかった。素描芸術で鍛え上げた芸術家あるいは自然科学者たちが特権を得るのは、この事情のおかげである。ガリレイ、チゴリ、マイア、グロイター。こういう特徴を

持った者が、様式を確立した芸術家たちであるのは、理由がないことではなかったのである。

　世界を自然学的に見たとしても、それはすでに「思考様式」の刻印を受けているという認識は、科学史上最も印象深い業績である[7]。しかしながら、望遠鏡元年が示すごとく、「手による思考」というスタイルはより深くに達するのである。表現がどんな姿をとろうと手の運動にまで及ぶのであれば、研究のテクニカルな部分と心的条件とが綯い交ぜになってしまうことは、手による思考が証明するところである。素描にできること、すなわち研究成果を構成する・言語的正確さに基盤を用意する・シリーズを作る・比較を可能にする・国を越えた追査を行う、こういう特性に対して、形式は一度もニュートラルだったことはない。

(7) Fleck, 1980 [1935]．視の様式を蒸留しようとする Fleck の試みは (S. 165ff.)、彼としてはある思考様式の産物であり、パノフスキーによって数年前に定義されたイコノロジーに基本的には応じている (Panofsky, 1932; 以下も参照のこと。同：1984, S. 185-206)。Fleck の様式観についてその他の芸術史関係としては Wessely, 1991, S. 273f. を、近年の精緻な論文としては以下を参照のこと： Latour, 1986; Hacking, 1992.; 2005,; Hentschel, 2000.

　プラトンが太陽黒点の問題を知っていたら、あの洞窟比喩を図像への貶称（ペジョラティヴ）として使うことはなかったろう。プラトンによれば人間が真理の陽光に自分をさらすために必要とする「慣習」は[8]、陽光の起源を直視するためには十分でない。太陽の真理──あらゆる自然研究の奥義──は、補助手段を頼りにしているが、どのような表現スタイルをとるのかによって、まず認識の実質が決定される。ここに今日まで常に新しい変種に妥当する教えがある。たとえそれがはるか遠い天体のことだろうが、最小の、ただ仮定としてのみ存在する分子への一瞥であろうが。

(8) Platon, 1958, Politeia, 7, 2, 516a.

2. スケッチの絶対性

　ガリレイの木星計算所収の草稿巻には、本書冒頭で眺めておいた都市風景の素描が載っている（図3）。描き込むペンとインクの力強さは、2ページを貫く

ほどである。フォリオ版53vはひろびろと広がる形態の陰影をつけた模写、フォリオ54rは逆さまのシーンの帯状の連続画、フォリオ54vは2種類の川の流れのある風景を示しているオリジナル画である(図378)。描き込みはページの両面から互いにインクが浸透しているところからして、これらが計算式と同じときに同じインクで生まれていることは、疑いようもない。さらに線描と表計算の運筆を一瞥するだけで、これもそれも同じ手が働いたことは明らかである。

　上側の帯、左上には頂塔を載せた教会の天頂閣がそびえている。そこから階段状に低くなっていく建築群、低地、背の高い急峻な木々および整列した岩塊が連続する。これに短い棒線を経て木々のてっぺんを思わせるようなものが続き、図の右端は引っ張られた線が河岸を印し、右上ではすでにふれた地平線が暗示される。川の中央には3艘の帆船が走り、そのうちの最初の一艘には船体とおぼしきものが棒線で与えてある。その下の帯状風景には4艘の帆船が水景中央に走り、これが別の箇所の河川と同じものの継続だということは明らかである。川の流れにさらに強いアクセントを与えるのは、此岸も描き込まれているところ、加えて、地上のうねり、植生および対岸の小さな町並みがくっきり際立たせてある。

図378　ガリレイ、河川2景、紙にペン、1610/11, BNCF, Gal. 50, F. 54v

木星衛星観測のかたわら、ガリレイの手が逸れて描き込んだものが、都市景観（ヴェドゥーテ）なのか、幻想の産物なのか、明らかにすることはできない。アルノー川、あるいはポー川も思い浮かぶが、一致する景観は見つからない。いずれにせよこのスケッチは、揺るぎがなく、近代的な特徴を持ち、自然で無駄のない、エレガントにして着実な画風を見せている。なかんずく上側河川の帆船は（図379）、ざっくり走る線の、単純化する専制ぶりには呆然とする。極小のものに極大が現れる。謎に満ちた能力ではあるまいか。手の動きによって外部を絵に捉える、すると外部は厳格な主体において時代の思考モード、表現モードをぱっと煌めかせる。自然科学者にして哲学者としての彼の玉座を飾るのは、この画風である。

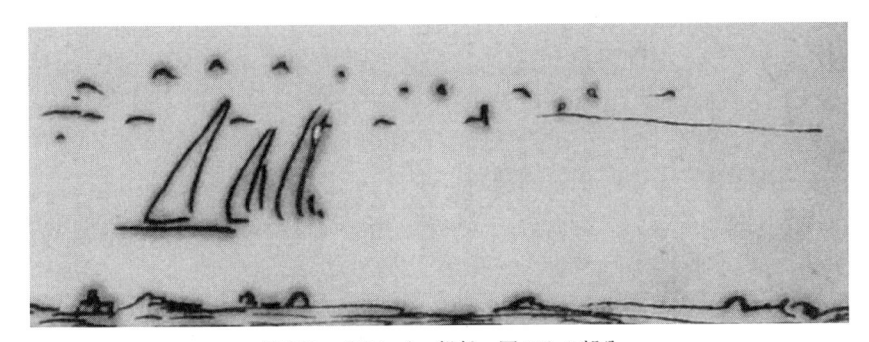

図379　ガリレイ、帆船、図378の部分

付　録

I　ガリレイの月を原図大で再現

　本文に挿入しておいた月図をここでもう一度整理して、制作年代を推理しながらそれに従って図の年表を追っていけるようにした。
　フィレンツェ版素描が前々から有名で出発点にふさわしかったので、本文ではまずこれを最初に研究の対象とした。ところが校正しているうちに、それらは年代的には月シリーズの最初ではなく最後に位置することがはっきりする。1610年1月7日付け書簡の小シリーズを、ニューヨーク版素描でも銅版画でも強調されていた巨大クレーターの描写として解決することで、1609年末から1610年1月に生まれた描写群の閉じたコーパスが生じた。フィレンツェ版素描はそれらとは別系統である。その入念なスタイルからすれば、フィレンツェ版はガリレイが1610年3月以来ことあるたびに告げている新しい観測活動を表わしているのだ。
　原典となった書物などの刊行物から原図の大きさをそのまま再現しておくのは、直径の大きさによって同じシリーズを形成する図版が分かるからである※。1610年1月7日付け書簡の写しの素描については、著作集における大きさをそのまま採録する。それがそもそも原図の大きさを再現しているのかどうかは確定できない。

　※訳者注：本訳書においても、以下付録の図版はすべて原図大であることを守っている。

1．1610年1月7日付書簡の写し

図380
ガリレイからの模写：月相。
1610年1月7日付書簡：
Opere, Bd. X, S. 274

図381
ガリレイからの模写：月相。
1610年1月7日付書簡：
Opere, Bd. X, S. 274

図382
ガリレイからの模写：月相、
1610年1月7日付書簡：
Opere, Bd. X, S. 274

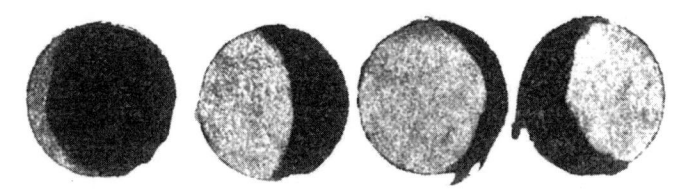

付録 I　ガリレイの月を原図大で再現　389

図 383　ガリレイからの模写：巨大クレーターの 4 相。
1610 年 1 月 7 日付書簡：Opere, Bd. X, S. 275

図 384
ガリレイからの模写：月相。
1610 年 1 月 7 日付書簡：
Opere, Bd. X, S. 275

図 385
ガリレイからの模写：月相。
1610 年 1 月 7 日付書簡：
Opere, Bd. X, S. 276

2.『星界の報告』(Sidereus Nuncius) ML の素描

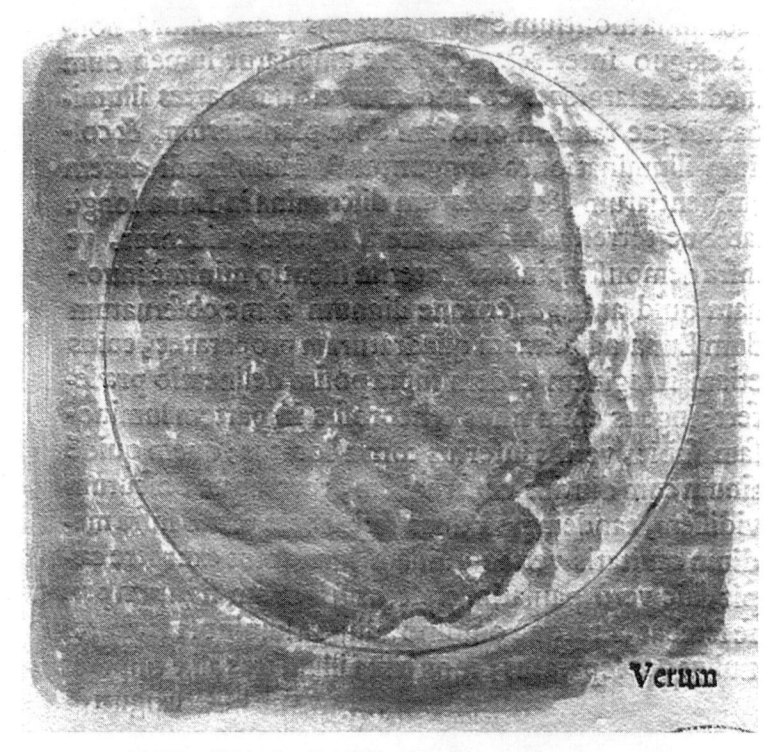

図 386　ガリレイ：月の素描、紙に筆、
　　　　Galilei, 1610, Venedig, Sidereus Nuncius ML, S. 8r

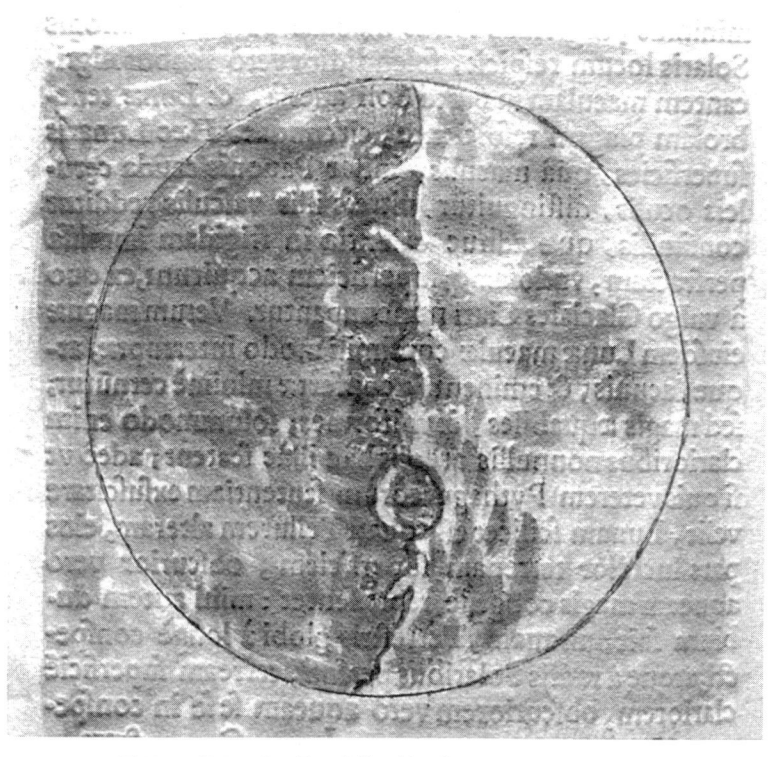

付録I　ガリレイの月を原図大で再現　391

図387　ガリレイ：月の素描、紙に筆、
　　　　Galilei, 1610, Venedig, Sidereus Nuncius ML, S. 9v

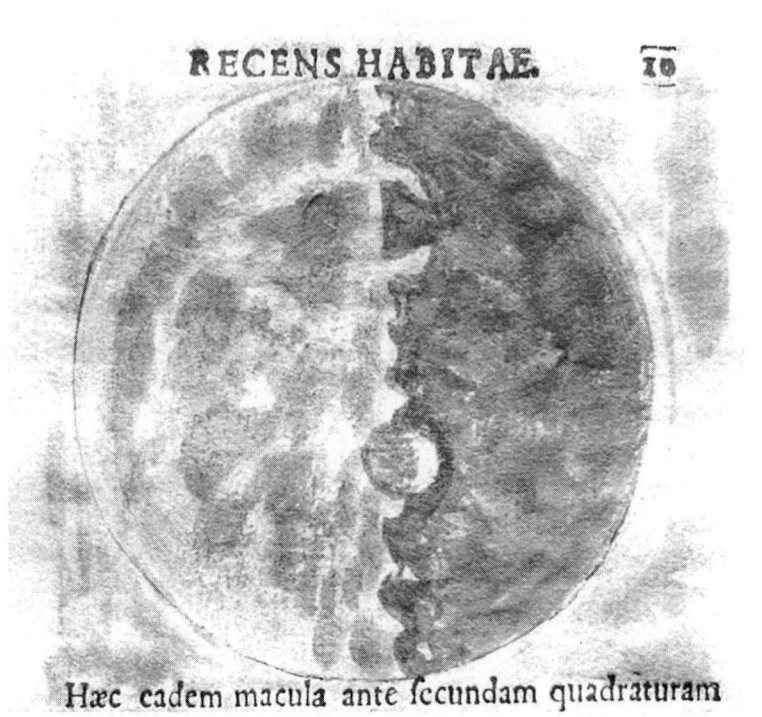

RECENS HABITAE. 10

Hæc eadem macula ante secundam quadraturam

図388 ガリレイ：月の素描、紙に筆、
Galilei, 1610, Venedig, Sidereus Nuncius ML, S. 10r

付録 I　ガリレイの月を原図大で再現　393

図 389　ガリレイ：月の素描、紙に筆、
　　　　Galilei, 1610, Venedig, Sidereus Nuncius ML, S. 10v 上図

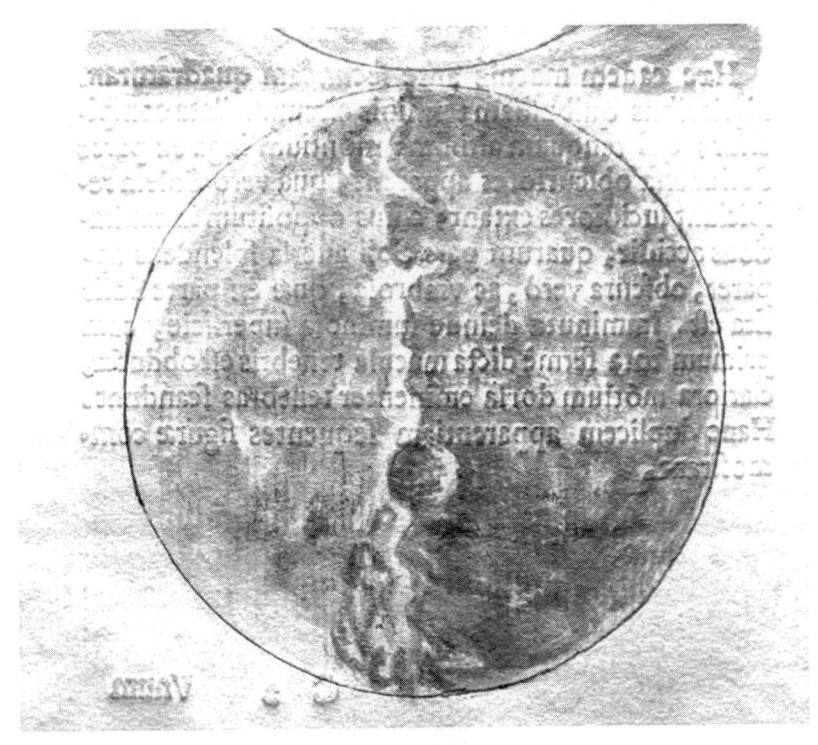

図390　ガリレイ：月の素描、紙に筆、
　　　　Galilei, 1610, Venedig, Sidereus Nuncius ML, S. 10v 下図

3．転写の工程図解

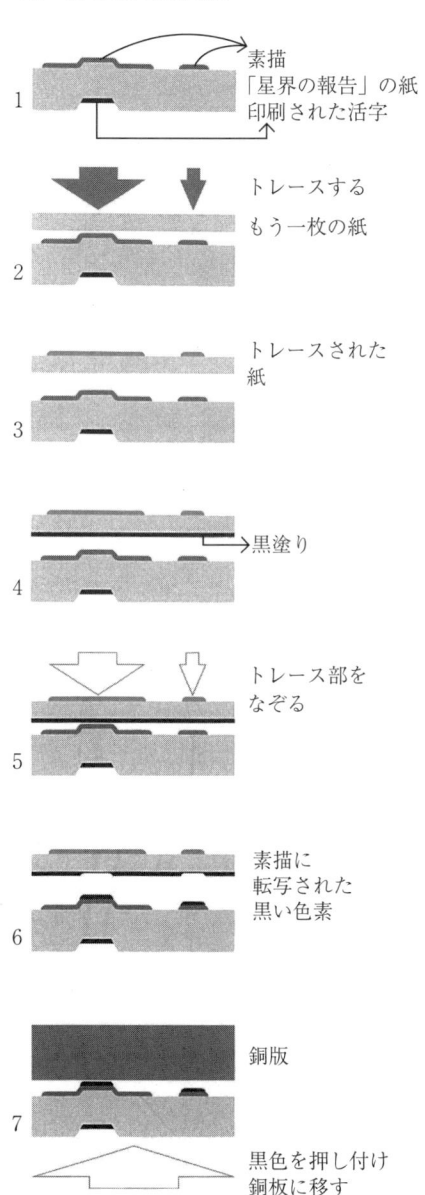

1　素描
　「星界の報告」の紙
　印刷された活字

2　トレースする
　もう一枚の紙

3　トレースされた紙

4　黒塗り

5　トレース部をなぞる

6　素描に転写された黒い色素

7　銅版
　黒色を押し付け銅板に移す

　左に示した断面図によって224ページから227ページにかけて論じられた付着物の起源と目的を推測してみたい。これは試論に過ぎないが、物質的に確定された以下の含有物から出発したい。黒い質料が素描の上に付着している。それは何らかの筆類で直に塗られたのではない。どんな道具であれ使えばタッチが残るのだが、このケースではない。付着物と素描と銅版画の間には図の一致が存在するので、(1)褐色部は月の素描を示し、(2)その上に別の紙面が押しつけられ、トレースされると(3)そのまま同一方向の面にコピーがとられる。(4)このコピーは裏面に黒い色素を塗られ、(5)元々の素描にぴったり重ねられる。そのコピーをなぞると黒い色素が素描の表面と所々接触することになる。(6)その結果、黒がコピーから元々の素描に転写される。その平たく彫られた領域は、押しつけられた紙質のせいもあって、部分のみが黒くなり、月の中央で光と影を分割する線が連続して正確に痕跡に従って黒色を残していく。(7)そのあとで、黒い色素の乗った元々の素描が銅版におしつけられる。黒い質量、つまり銅版にあらためて付着した転写物を介して、素描の一番重要な特徴が銅版に裏返しで転写される。こうして銅版の線刻が簡単になる。

　　　　　　　　　　イレーネ・ブリュックレ記

4.『星界の報告』Venedig, 1610 の銅版画

図391　月相、銅版画
Galilei, 1610, Venedig, S. 8r

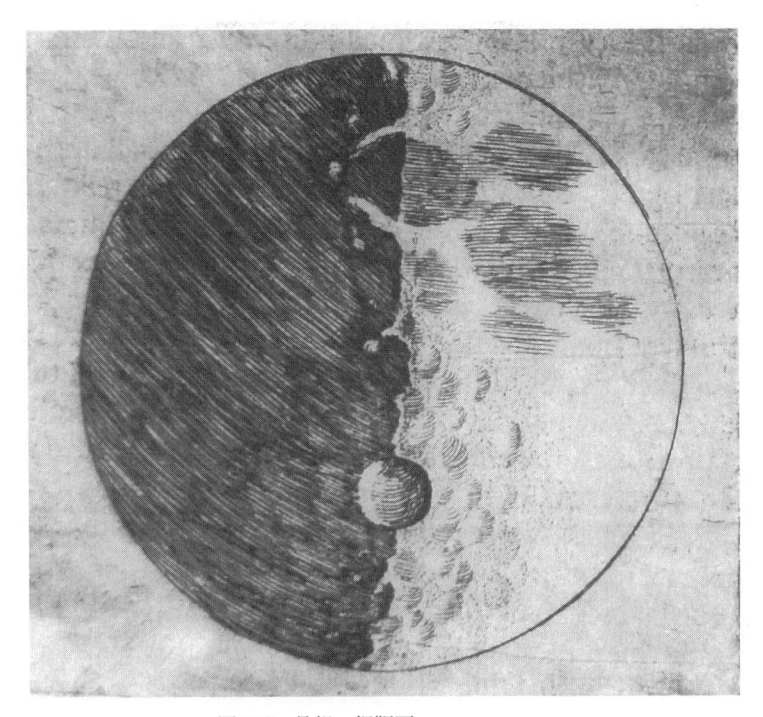

付録I　ガリレイの月を原図大で再現　397

図 392　月相、銅版画
Galilei, 1610, Venedig, S. 9v

図393　月相、銅版画
Galilei, 1610, Venedig, S. 10r

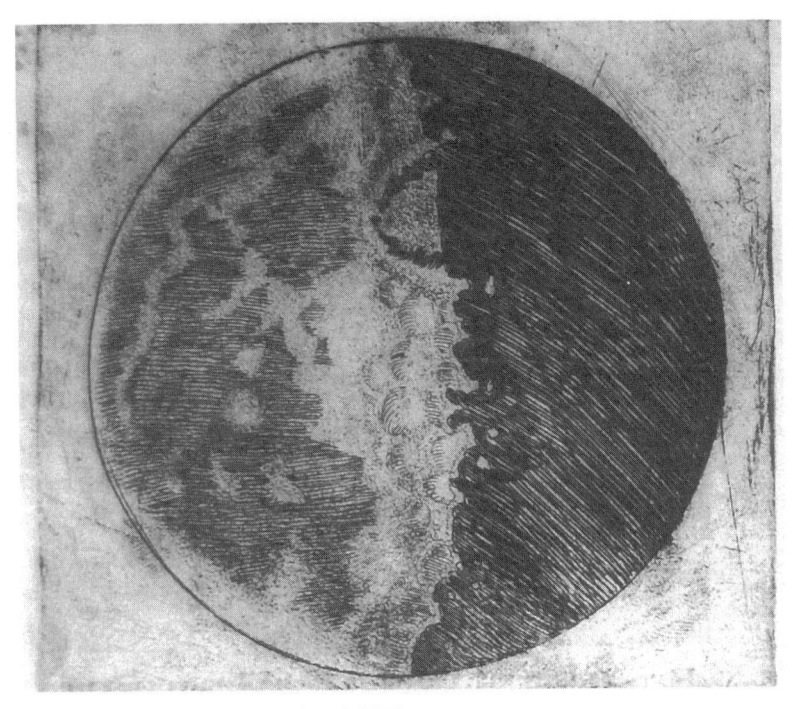

付録I　ガリレイの月を原図大で再現　399

図 394　月相、銅版画
Galilei, 1610, Venedig, S. 10v 上段

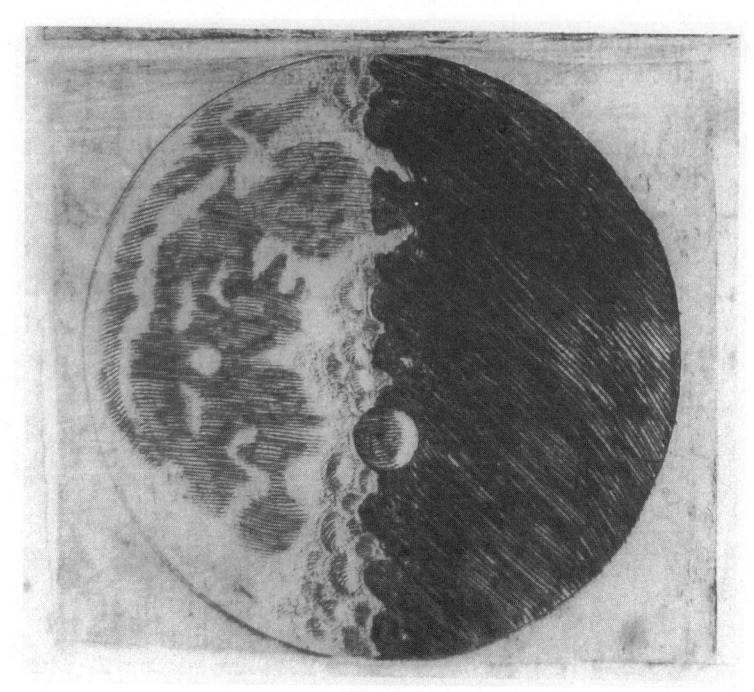

図 395　月相、銅版画
Galilei, 1610, Venedig, S. 10v 下段

付録I　ガリレイの月を原図大で再現　401

5．中央図書館蔵（BNFC, Gal. 48）フイレンツェ版の素描

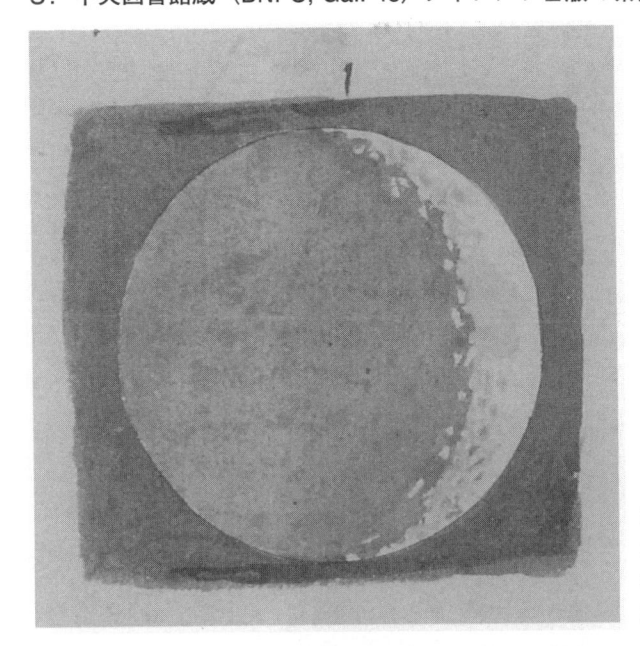

図 396
ガリレイ：月相1
筆による素描、1610
BNCF, Gal. 48, F. 28r

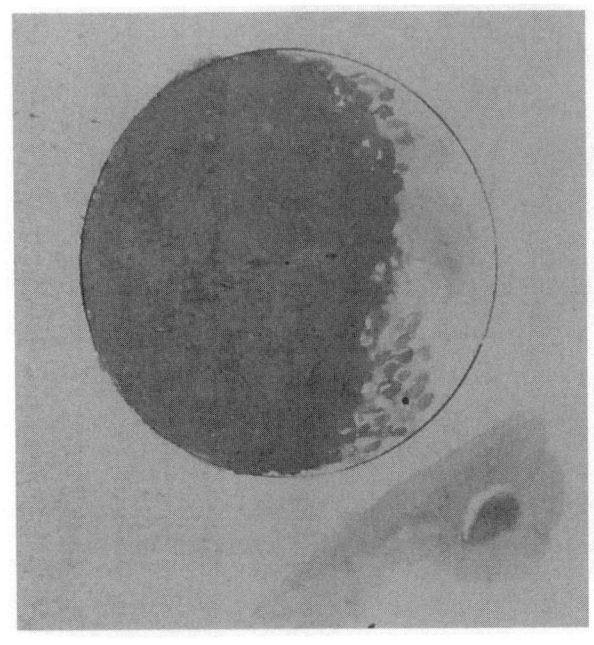

図 397
ガリレイ：月相2a
筆による素描、1610
BNCF, Gal. 48, F. 28r

図 398
ガリレイ：月相 2b
筆による素描、1610
BNCF, Gal. 48, F. 28r

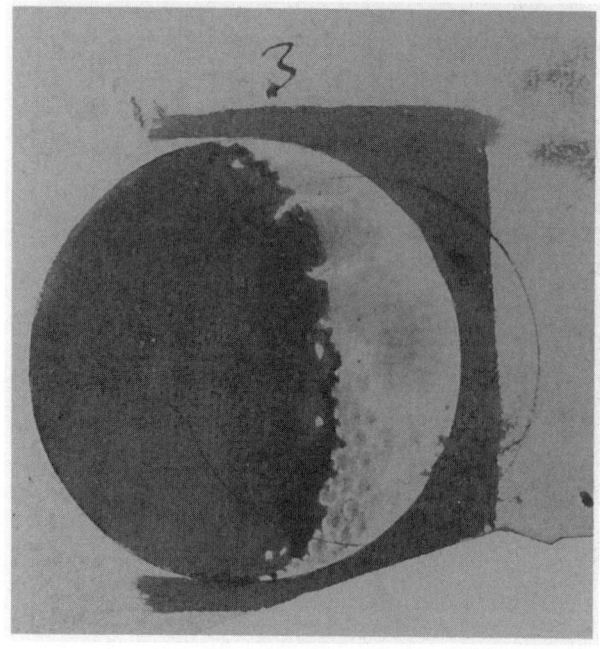

図 399
ガリレイ：月相 3
筆による素描、1610
BNCF, Gal. 48, F. 28r

付録I　ガリレイの月を原図大で再現　403

図 400
ガリレイ：月相 4
筆による素描、1610
BNCF, Gal. 48, F. 28r

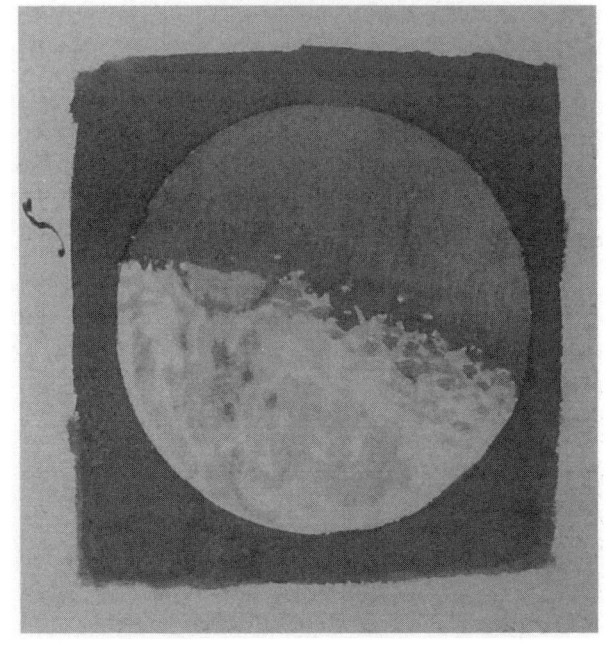

図 401
ガリレイ：月相 5
筆による素描、1610
BNCF, Gal. 48, F. 28r

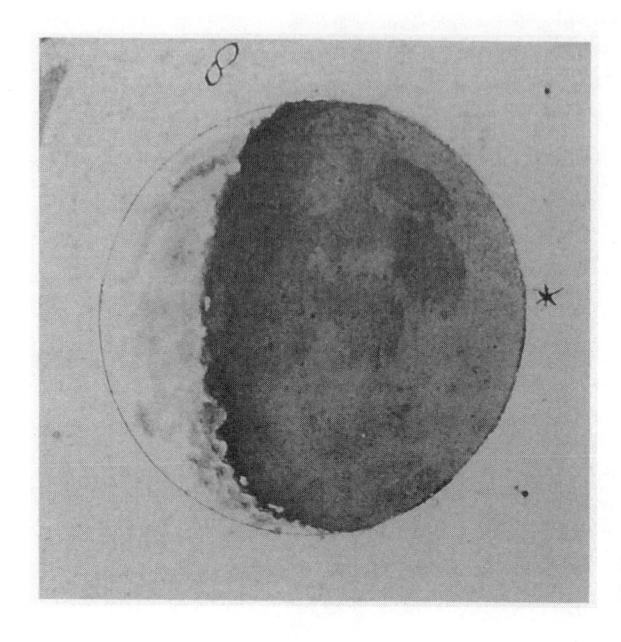

図 402
ガリレイ：月相 1
筆による素描、1610
BNCF, Gal. 48, F. 29v

II 原図大の太陽黒点
　　1611年9月–1612年8月

---

1. 原図大による年表

　本文ではただ個別例しか論じることのできなかったが、太陽黒点を並べていくと、太陽黒点研究にとって決定的な1年のドラマを日毎に追うことができる。これにより例えばガリレイの太陽黒点の書（1613）において形成物「M」の変容過程を追うことができるばかりか、その他の現象まで幾日、幾週にもわたって追体験することが可能になる。

　図をシリーズとすることによって、様々な手法が競合し、互いに意見を交換し討議するうちに同等に刺激し合う様が浮かび上がるだろう。

　日毎に並べることによって、ヨーロッパの異なる地域での同日に行われる観測の様子と、このようにして太陽黒点観測の地域を越えたネットの展開をも、一望のもとに追査することができる。

　月の描写と同じく、複製もまた元絵の大きさを移してある。これによって明らかになるのは、フォーマットが交換される様子であり、あげくにガリレイとチゴリの記念碑的形式が獲得され小絵画芸術の域にまで達するのである。

図版に付された説明書きのシステム

1行目　研究者名（ゴシック字体）
2行目　草稿、乃至公刊物などの所在
　　　　例えば BNCF Gal. 89 41r ＝ Biblioteca Nationale Centrale Firenze,
　　　　（フィレンツェ国立中央図書館）
　　　　Manoscritti Galileiani（ガリレイ文書）, 89巻, フォリオ番号 41
3行目　著作集中の出典箇所
　　　　例えば Opere V 32f.＝著作集, V巻, S. 32f.
4行目　作図家名
（略記号については記号説明箇所を参照のこと）

1611 年 9 月

1611 年 9 月 13 日

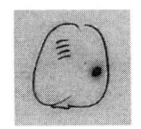

図 403
パッシニャーノ
BNCF Gal. 89 41r
Opere XI 212
チゴリ

1611 年 9 月 14 もしくは 15 日

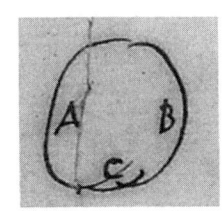

図 404
パッシニャーノ
BNCF Gal. 89 41r
Opere XI 212
チゴリ

1611年10月

1611年10月21日

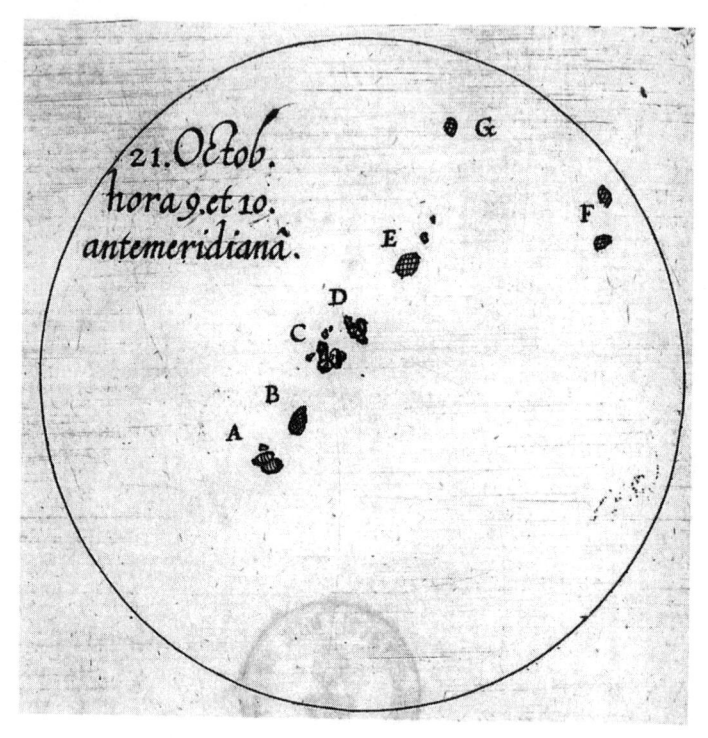

図405 シャイナー
1612 書簡 B4
Opere V 32f.
マイアー

付録Ⅱ　原図大の太陽黒点　1611 年 9 月 – 1612 年 8 月　409

1611 年 10 月 21 日

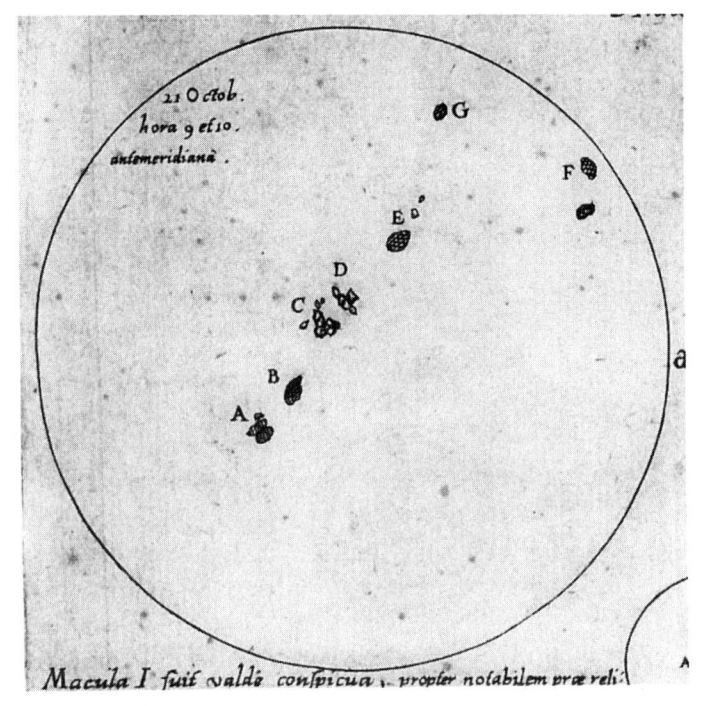

図 406　シャイナー
　　　　1612 書簡 B4
　　　　—
　　　　グロイター

1611 年 10 月 22 日

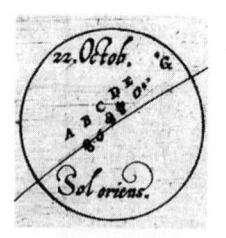

図 407
シャイナー
1612 書簡　B4
Opere　V 32f.
マイアー

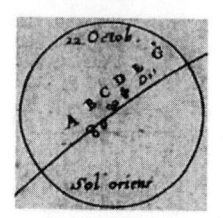

図 408
シャイナー
1613 書簡　13
—
グロイター

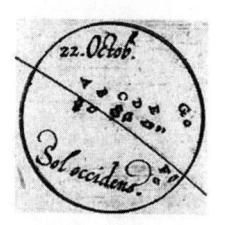

図 409
シャイナー
1612 書簡　B4
Opere　V 32f.
マイアー

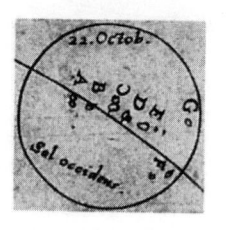

図 410
シャイナー
1612 書簡　13
—
グロイター

1611 年 10 月 23 日

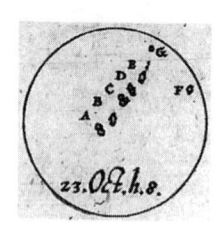

図 411
シャイナー
1612 年書簡 B4
Opere　V 32f.
マイアー

1611年10月24日

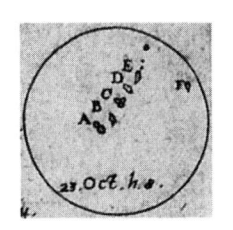

図412
シャイナー
1613書簡　13
—
グロイター

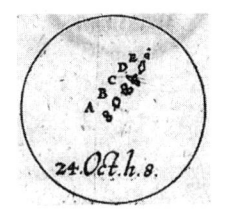

図413
シャイナー
1612書簡　B4
Opere　V 32f.
マイアー

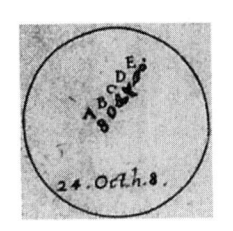

図414
シャイナー
1613書簡　13
—
グロイター

1611年10月25日

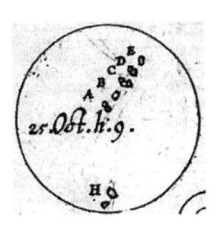

図415
シャイナー
1612書簡　B4
Opere　V 32f.
マイアー

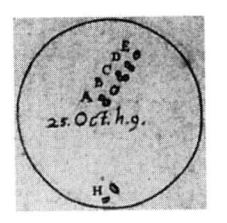

図416
シャイナー
1613書簡　13
—
グロイター

1611年10月25日

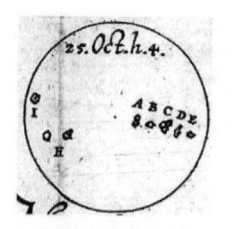

図417
シャイナー
1612書簡 B4
Opere V 32f.
マイアー

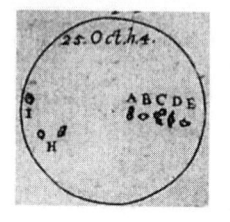

図418
シャイナー
1613書簡 13
—
グロイター

1611年10月26日

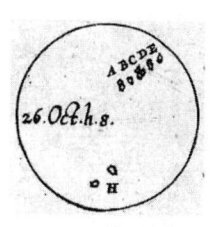

図419
シャイナー
1612書簡 B4
Opere V 32f.
マイアー

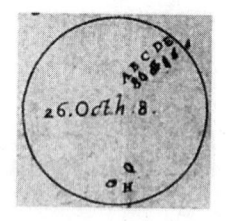

図420
シャイナー
1613書簡 13
—
グロイター

図421
シャイナー
1612書簡 B4
Opere V 32f.
マイアー

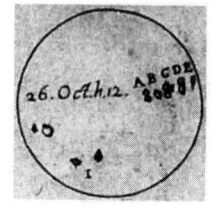

図422
シャイナー
1613書簡 13
—
グロイター

付録Ⅱ　原図大の太陽黒点　1611年9月−1612年8月　413

1611年10月26日

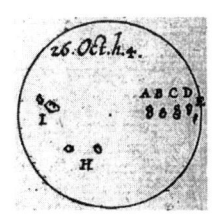

図423
シャイナー
1612書簡　B4
Opere　V 32f.
マイアー

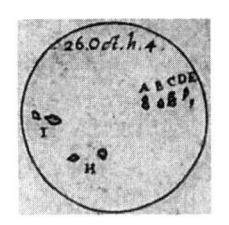

図424
シャイナー
1613書簡　13
—
グロイター

1611年10月27日

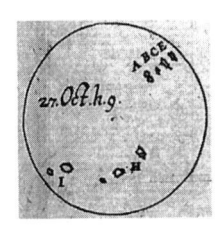

図425
シャイナー
1612書簡　B4
Opere　V 32f.
マイアー

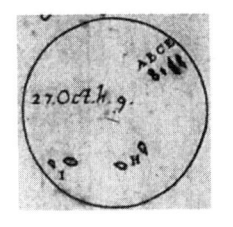

図426
シャイナー
1613書簡　13
—
グロイター

1611年10月28日

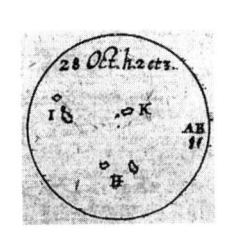

図427
シャイナー
1612書簡　B4
Opere　V 32f.
マイアー

1611年10月28日

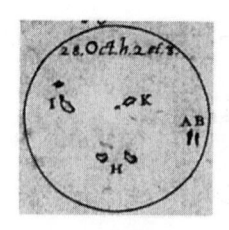

図 428
シャイナー
1613 書簡　13
―
グロイター

1611年10月29日

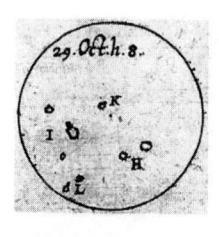

図 429
シャイナー
1612 書簡　B4
Opere　V 32f.
マイアー

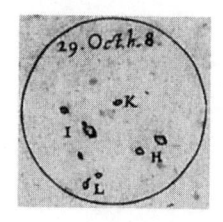

図 430
シャイナー
1613 書簡　13
―
グロイター

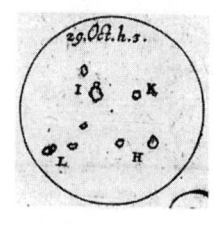

図 431
シャイナー
1612 書簡　B4
Opere　V 32f.
マイアー

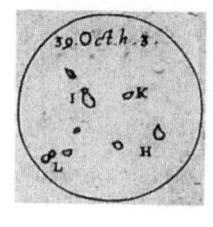

図 432
シャイナー
1613 書簡　13
―
グロイター

1611 年 10 月 30 日

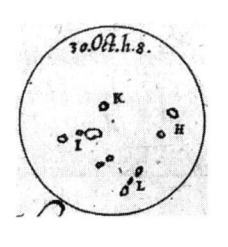

図 433
シャイナー
1612 書簡　B4
Opere　V 32f.
マイアー

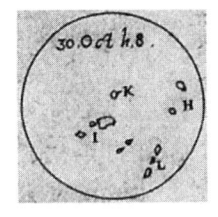

図 434
シャイナー
1613 書簡　13
—
グロイター

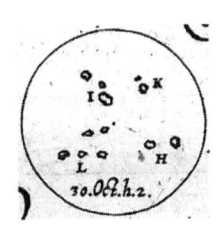

図 435
シャイナー
1612 書簡　B4
Opere　V 32f.
マイアー

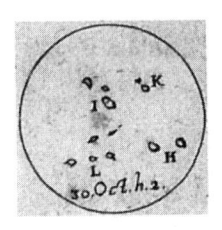

図 436
シャイナー
1613 書簡　13
—
グロイター

1611年11月

1611年11月1日

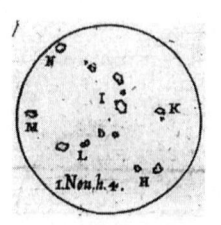

図 437
シャイナー
1612書簡　B4
Opere　V 32f.
マイアー

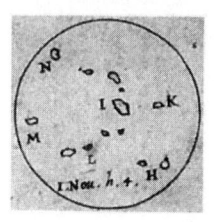

図 438
シャイナー
1613書簡　13
—
グロイター

1611年11月2日

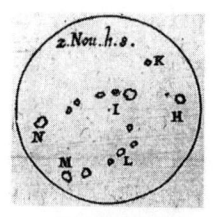

図 439
シャイナー
1612書簡　B4
Opere　V 32f.
マイアー

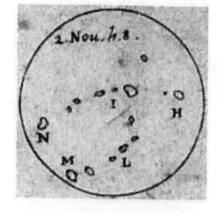

図 440
シャイナー
1613書簡　13
—
グロイター

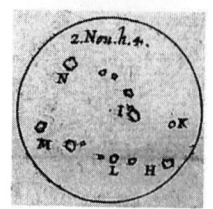

図 441
シャイナー
1612書簡　B4
Opere　V 32f.
マイアー

付録Ⅱ　原図大の太陽黒点　1611年9月−1612年8月　417

1611年11月2日

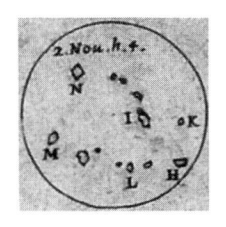

図442
シャイナー
1613書簡　13
—
グロイター

1611年11月5日

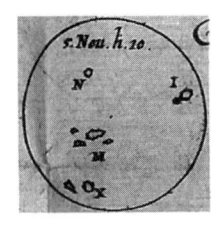

図443
シャイナー
1612書簡　B4
Opere　V 32f.
マイアー

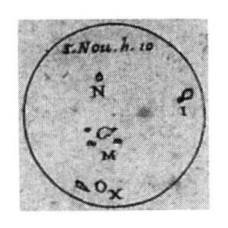

図444
シャイナー
1613書簡　13
—
グロイター

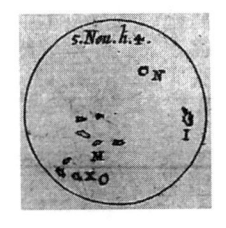

図445
シャイナー
1612書簡　B4
Opere　V 32f.
マイアー

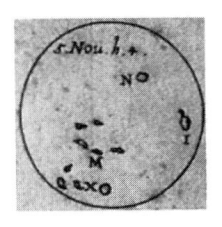

図446
シャイナー
1613書簡　13
—
グロイター

1611年11月6日

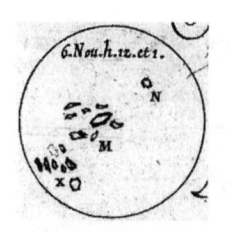

図447
シャイナー
1612書簡　B4
Opere　V 32f.
マイアー

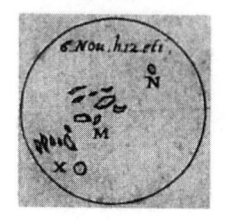

図448
シャイナー
1613書簡　13
—
グロイター

1611年11月7日

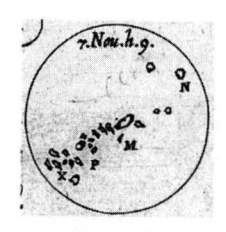

図449
シャイナー
1612書簡　B4
Opere　V 32f.
マイアー

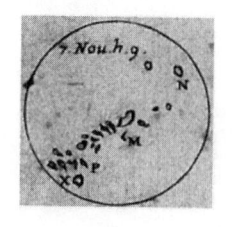

図450
シャイナー
1613書簡　13
—
グロイター

1611年11月8日

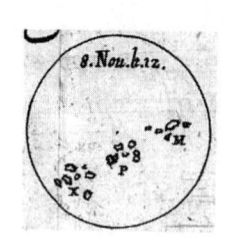

図451
シャイナー
1612書簡　B4
Opere　V 32f.
マイアー

1611年11月8日

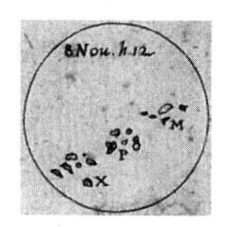

図452
シャイナー
1613書簡　13
—
グロイター

1611年11月9日

図453
シャイナー
1612書簡　B4
Opere　V 32f.
マイアー

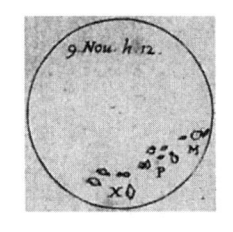

図454
シャイナー
1613書簡　13
—
グロイター

1611年11月10日

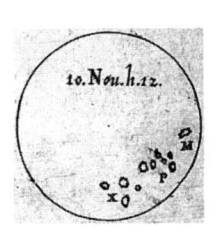

図455
シャイナー
1612書簡　B4
Opere　V 32f.
マイアー

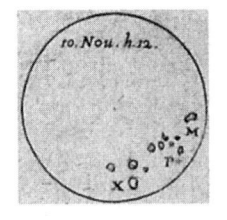

図456
シャイナー
1613書簡　13
—
グロイター

1611年11月12日

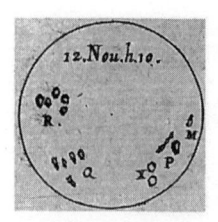

図 457
シャイナー
1612書簡　B4
Opere　V 32f.
マイアー

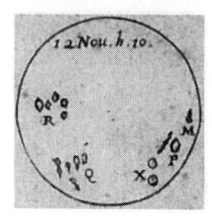

図 458
シャイナー
1613書簡　13
—
グロイター

1611年11月13日

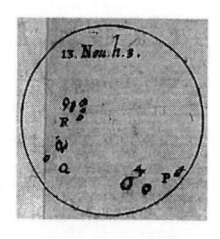

図 459
シャイナー
1612書簡　B4
Opere　V 32f.
マイアー

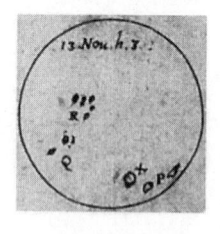

図 460
シャイナー
1613書簡　13
—
グロイター

1611年11月14日

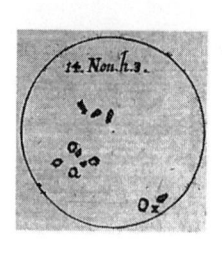

図 461
シャイナー
1612書簡　B4
Opere　V 32f.
マイアー

付録Ⅱ　原図大の太陽黒点　1611年9月–1612年8月　421

1611年11月14日

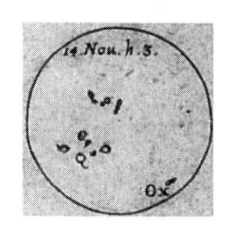

図462
シャイナー
1613書簡　13
—
グロイター

1611年11月23日

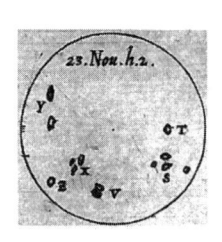

図463
シャイナー
1612書簡　B4
Opere　V 32f.
マイアー

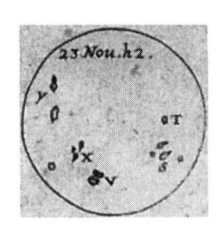

図464
シャイナー
1613書簡　13
—
グロイター

1611年11月26日

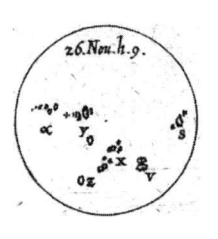

図465
シャイナー
1612書簡　B4
Opere　V 32f.
マイアー

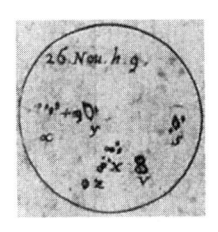

図466
シャイナー
1613書簡　13
—
グロイター

1611 年 11 月 27 日

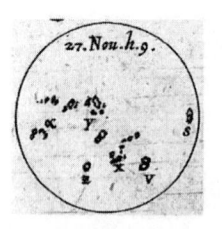

図 467
シャイナー
1612 書簡　B4
Opere　V 32f.
マイアー

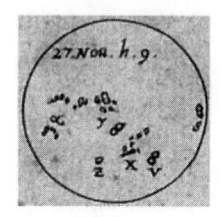

図 468
シャイナー
1613 書簡　13
—
グロイター

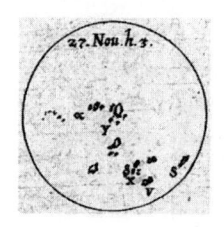

図 469
シャイナー
1612 書簡　B4
Opere　V 32f.
マイアー

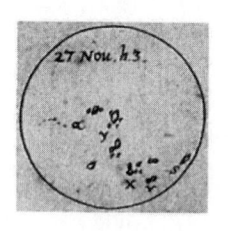

図 470
シャイナー
1613 書簡　13
—
グロイター

1611 年 11 月 28 日

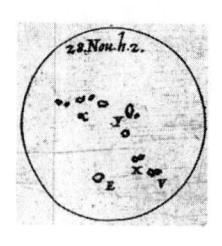

図 471
シャイナー
1612 書簡　B4
Opere　V 32f.
マイアー

付録II　原図大の太陽黒点　1611年9月–1612年8月　423

1611年11月28日

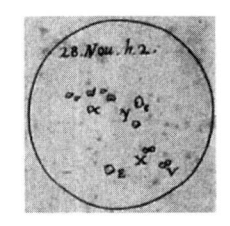

図472
シャイナー
1613 書簡　13
—
グロイター

1611年12月

1611年12月1日

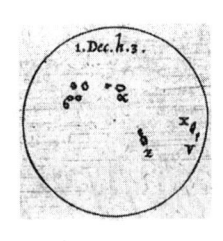

図473
シャイナー
1612 書簡　B4
Opere　V 32f.
マイアー

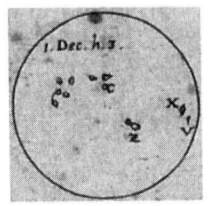

図474
シャイナー
1613 書簡　13
—
グロイター

1611年12月8日

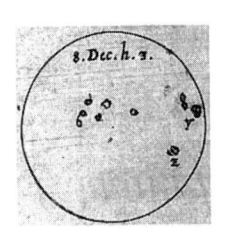

図475
シャイナー
1612 書簡　B4
Opere　V 32f.
マイアー

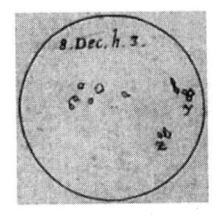

図476
シャイナー
1613 書簡　13
—
グロイター

1611 年 12 月 10 日

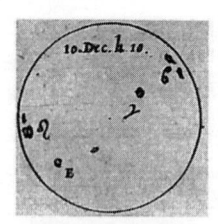

図 477
シャイナー
1612 書簡　B4
Opere　V 32f.
マイアー

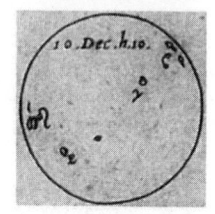

図 478
シャイナー
1613 書簡　13
—
グロイター

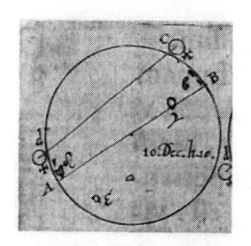

図 479
シャイナー
1612 De Maculis 16
Opere　V 32f.
マイアー

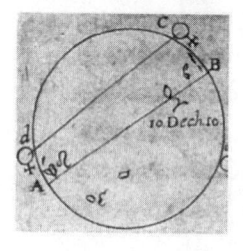

図 480
シャイナー
1613 De Maculis 27
—
グロイター

1611 年 12 月 11 日

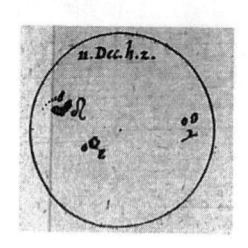

図 481
シャイナー
1612 書簡　B4
Opere　V 32f.
マイアー

1611年12月11日

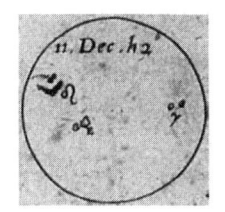

図 482
シャイナー
1613 書簡　13
—
グロイター

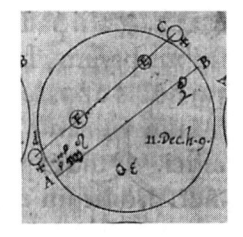

図 483
シャイナー
1612 書簡　De Maculis 16
Opere　V 32f.
マイアー

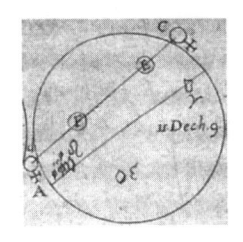

図 484
シャイナー
1613 De Maculis 27
—
グロイター

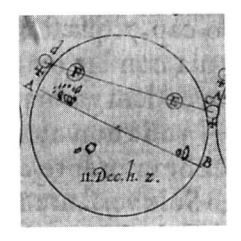

図 485
シャイナー
1612 De Maculis 16
Opere　V 32f.
マイアー

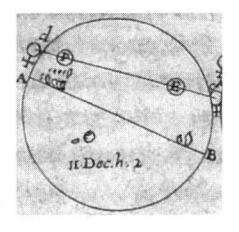

図 486
シャイナー
1613 De Maculis 27
—
グロイター

1611年12月13日

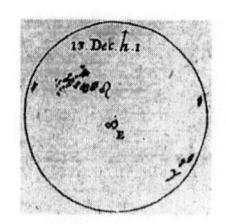

図487
シャイナー
1612 書簡　B4
Opere　V 32f.
マイアー

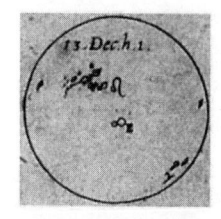

図488
シャイナー
1613 書簡　13
—
グロイター

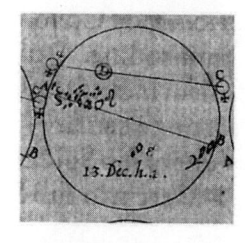

図489
シャイナー
1612 De Maculis 16
Opere　V 32f.
マイアー

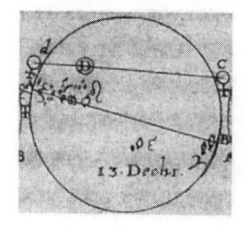

図490
シャイナー
1613 De Maculis 27
—
グロイター

1611年12月14日

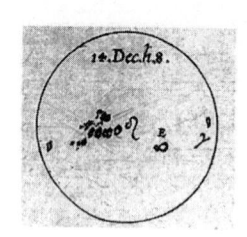

図491
シャイナー
1612 書簡　B4
Opere　V 32f.
マイアー

付録II　原図大の太陽黒点　1611年9月–1612年8月　427

1611年12月14日

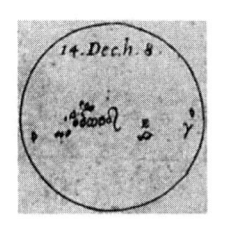

図492
シャイナー
1613 書簡　13
—
グロイター

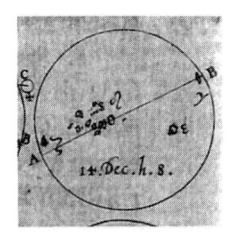

図493
シャイナー
1612 De Maculis 16
Opere　V 47
マイアー

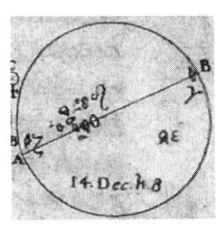

図494
シャイナー
1613 De Maculis 27
—
グロイター

1611年12月16日

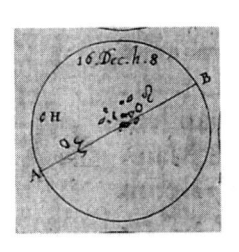

図495
シャイナー
1612 De Maculis 16
Opere　V 47
マイアー

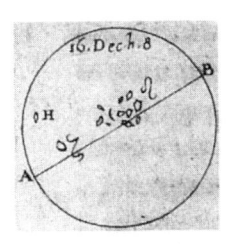

図496
シャイナー
1613 De Maculis 27
—
グロイター

1611 年 12 月 17 日

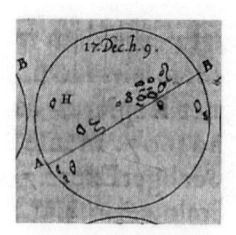

図 497
シャイナー
1612 De Maculis 16
Opere　V47
マイアー

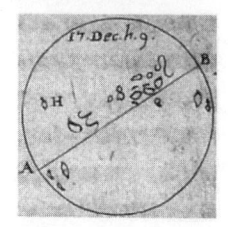

図 498
シャイナー
1613 De Maculis 27
—
グロイター

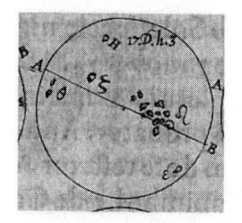

図 499
シャイナー
1612 De Maculis 16
Opere　V 47
マイアー

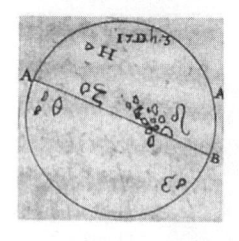

図 500
シャイナー
1613 De Maculis 27
—
グロイター

1611 年 12 月 18 日

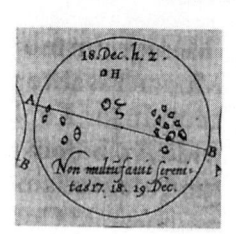

図 501
シャイナー
1612 De Maculis 16
Opere　V 47
マイアー

付録Ⅱ　原図大の太陽黒点　1611 年 9 月 – 1612 年 8 月　429

1611 年 12 月 18 日

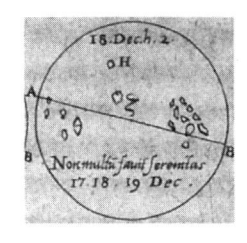

図 502
シャイナー
1613 De Maculis 27
―
グロイター

1611 年 12 月 19 日

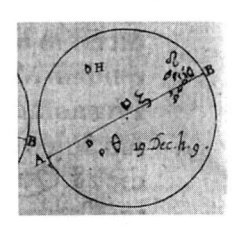

図 503
シャイナー
1612 De Maculis 16
Opere　V 47
マイアー

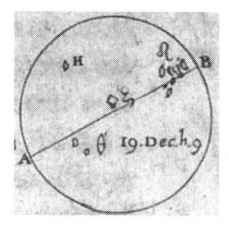

図 504
シャイナー
1613 De Maculis 27
―
グロイター

1611 年 12 月 24 日

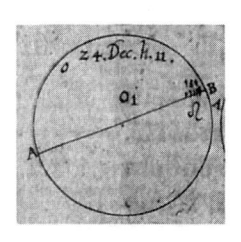

図 505
シャイナー
1612 De Maculis 16
Opere　V 47
マイアー

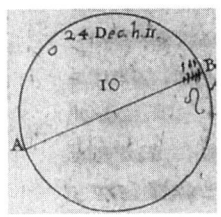

図 506
シャイナー
1613 De Maculis 27
―
グロイター

1611年12月25日

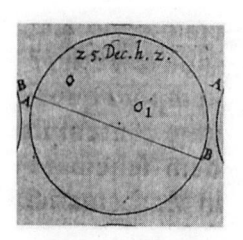

図507
シャイナー
1612 De Maculis 16
Opere　V 47
マイアー

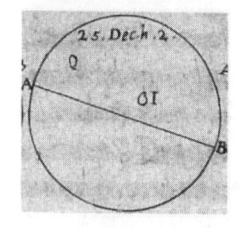

図508
シャイナー
1613 De Maculis 27
—
グロイター

1611年12月28日

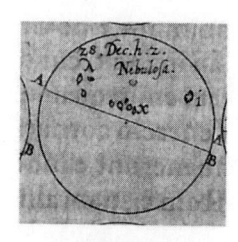

図509
シャイナー
1612 De Maculis 16
Opere　V 47
マイアー

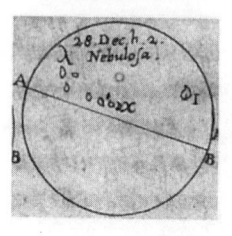

図510
シャイナー
1613 De Maculis 27
—
グロイター

1611年12月29日

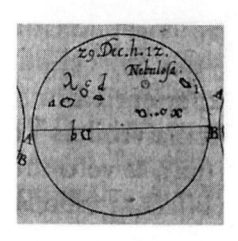

図511
シャイナー
1612 De Maculis 16
Opere　V 47
マイアー

1611 年 12 月 29 日

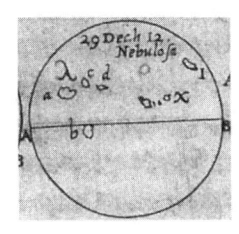

図 512
シャイナー
1613 De Maculis 27
―
グロイター

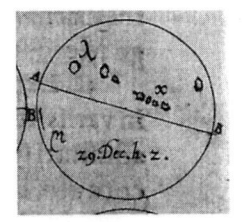

図 513
シャイナー
1612 De Maculis 16
Opere　V 47
マイアー

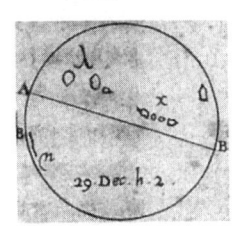

図 514
シャイナー
1613 De Maculis 27
―
グロイター

1611 年 12 月 30 日

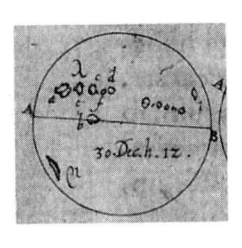

図 515
シャイナー
1612 De Maculis 16
Opere　V 47
マイアー

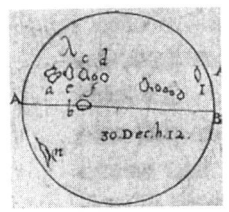

図 516
シャイナー
1613 De Maculis 27
―
グロイター

1611年12月30日

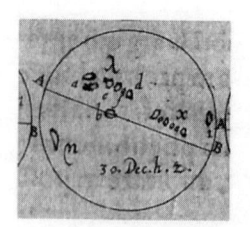

図 517
シャイナー
1612 De Maculis 16
Opere　V 47
マイアー

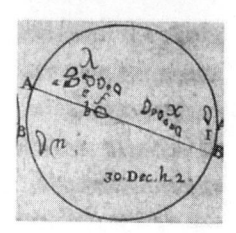

図 518
シャイナー
1613 De Maculis 27
—
グロイター

1611年12月31日

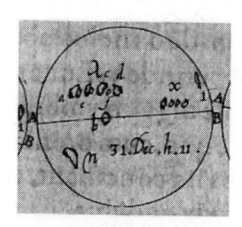

図 519
シャイナー
1612 De Maculis 16
Opere　V 47
マイアー

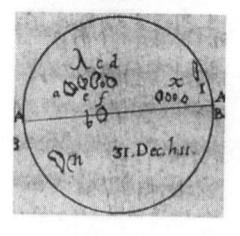

図 520
シャイナー
1613 De Maculis 27
—
グロイター

1612年1月

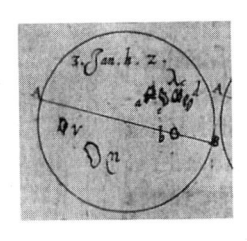

1612年1月2日

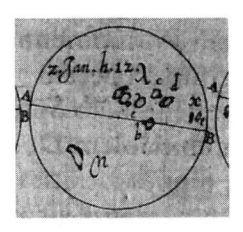

図 521
シャイナー
1612 De Maculis 16
Opere　V 47
マイアー

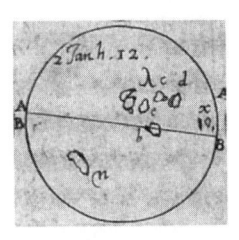

図 522
シャイナー
1613 De Maculis 27
—
グロイター

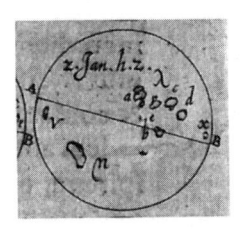

図 523
シャイナー
1612 De Maculis 16
Opere　V 47
マイアー

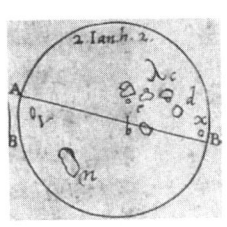

図 524
シャイナー
1613 De Maculis 27
—
グロイター

1612年1月3日

図 525
シャイナー
1612 De Maculis 16
Opere　V 47
マイアー

1612年1月3日

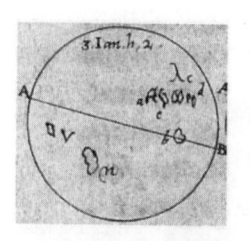

図526
シャイナー
1613 De Maculis 27
—
グロイター

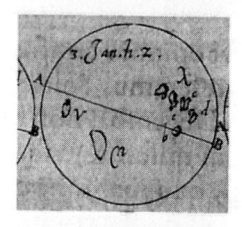

図527
シャイナー
1612 De Maculis 16
Opere　V 47
マイアー

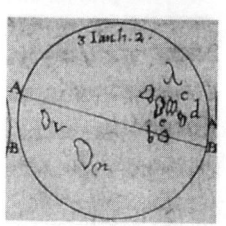

図528
シャイナー
1613 De Maculis 27
—
グロイター

1612年1月4日

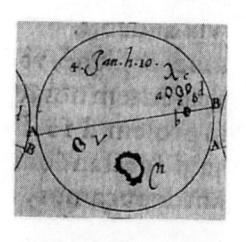

図529
シャイナー
1612 De Maculis 16
Opere　V 47
マイアー

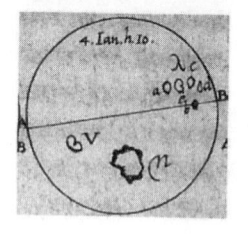

図530
シャイナー
1613 De Maculis 27
—
グロイター

付録II　原図大の太陽黒点　1611年9月–1612年8月　435

1612年1月5日

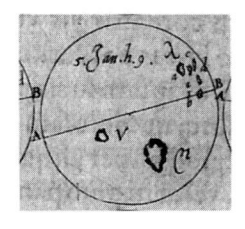

図531
シャイナー
1612 De Maculis 16
Opere　V 47
マイアー

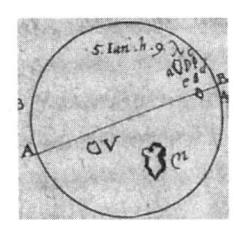

図532
シャイナー
1613 De Maculis 27
—
グロイター

1612年1月8日

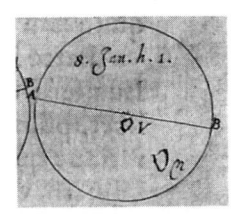

図533
シャイナー
1612 De Maculis 16
Opere　V 47
マイアー

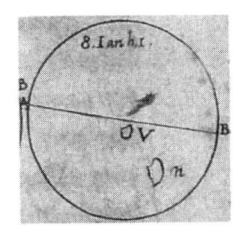

図534
シャイナー
1613 De Maculis 27
—
グロイター

1612年1月9日

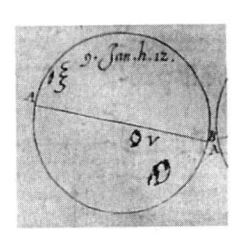

図535
シャイナー
1612 De Maculis 16
Opere　V 47
マイアー

1612年1月9日

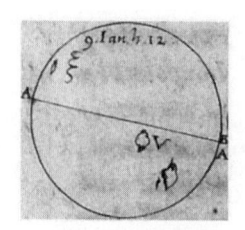

図536
シャイナー
1613 De Maculis 27
―
グロイター

1612年1月10日

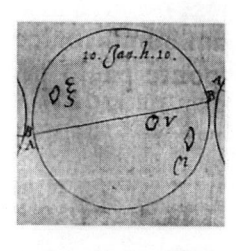

図537
シャイナー
1612 De Maculis 16
Opere　V 47
マイアー

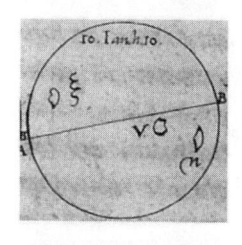

図538
シャイナー
1613 De Maculis 27
―
グロイター

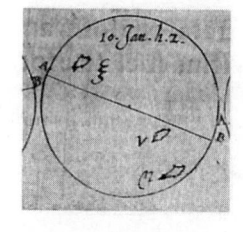

図539
シャイナー
1612 De Maculis 16
Opere　V 47
マイアー

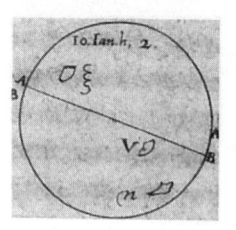

図540
シャイナー
1613 De Maculis 27
―
グロイター

1612年1月11日

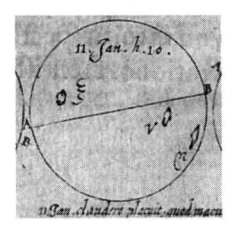

図 541
シャイナー
1612 De Maculis 16
Opere　V 47
マイアー

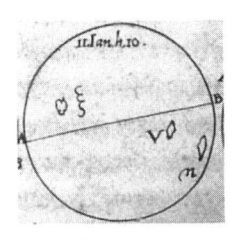

図 542
シャイナー
1613 De Maculis 27
—
グロイター

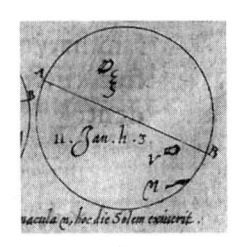

図 543
シャイナー
1612 De Maculis 16
Opere　V 47
マイアー

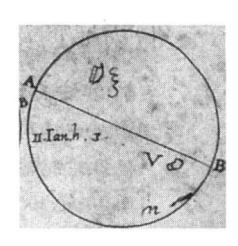

図 544
シャイナー
1613 De Maculis 27
—
グロイター

1612年2月

1612年2月12日

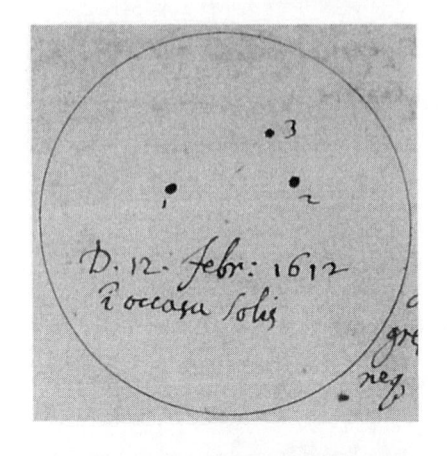

図545
ガリレイ
BNCF Gal. 57 68v
Opere V 253
Galilei

1612年2月17日

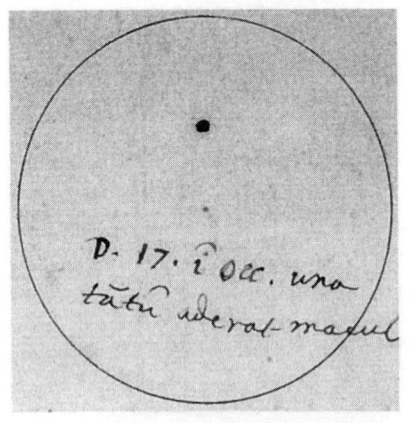

図546
ガリレイ
BNCF Gal. 57 68v
Opere V 253
Galilei

1612年2月18日

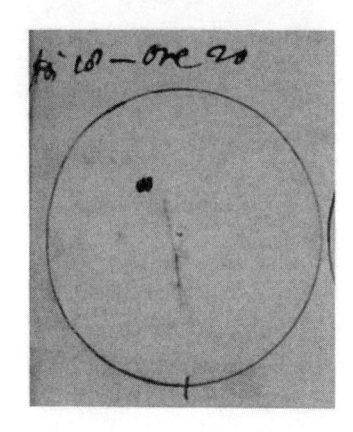

図547
チゴリ
BNCF Gal. 57 62r
Opere XI 288
チゴリ

付録Ⅱ　原図大の太陽黒点　1611年9月–1612年8月　439

1612年2月20日

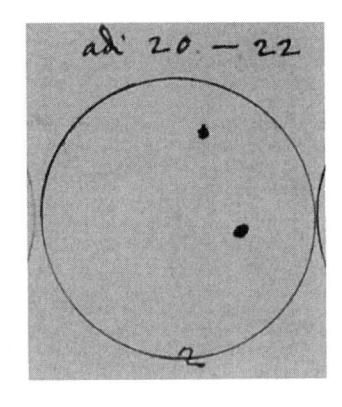

図548
チゴリ
BNCF Gal. 57 62r
Opere XI 288
チゴリ

1612年2月22日

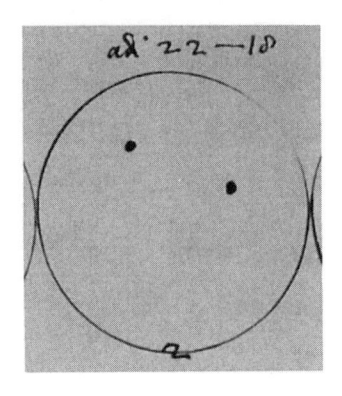

図549
チゴリ
BNCF Gal. 57 62r
Opere XI 288
チゴリ

1612年2月23日

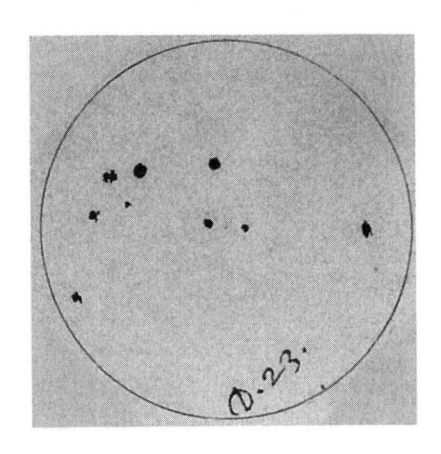

図550
ガリレイ
BNCF Gal. 57 68v
Opere V 253
Galilei

1612 年 2 月 23 日

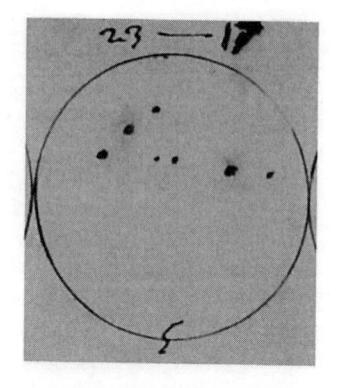

図 551
チゴリ
BNCF Gal. 57 62r
Opere XI 288
チゴリ

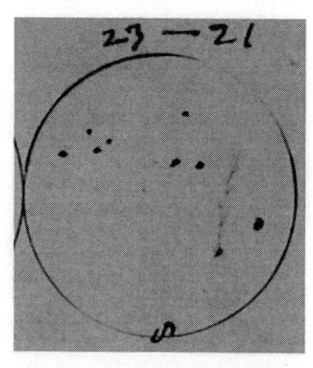

図 552
チゴリ
BNCF Gal. 57 62r
Opere XI 288
チゴリ

1612 年 2 月 24 日

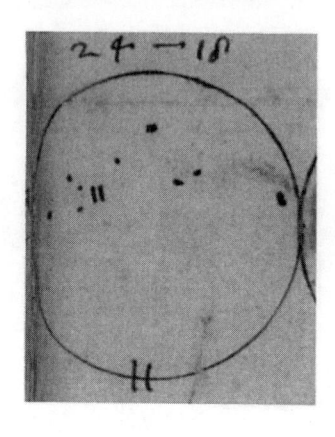

図 553
チゴリ
BNCF Gal. 57 62r
Opere XI 288
チゴリ

1612年2月24日

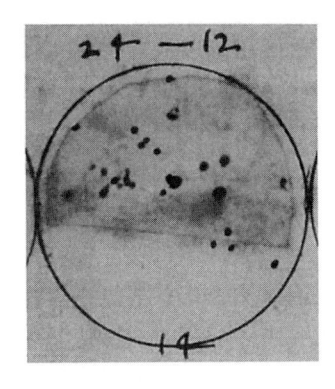

図554
チゴリ
BNCF Gal. 57 62r
Opere XI 288
チゴリ

1612年2月25日

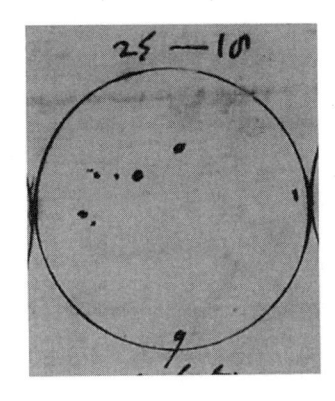

図555
チゴリ
BNCF Gal. 57 62r
Opere XI 288
チゴリ

1612年2月29日

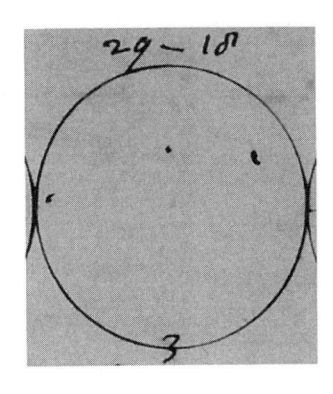

図556
チゴリ
BNCF Gal. 57 62r
Opere XI 288
チゴリ

1612年3月

1612年3月2日

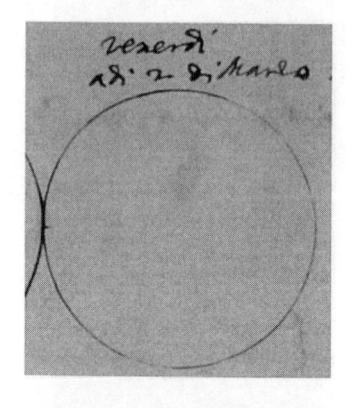

図 557
チゴリ
BNCF Gal. 57 62r
Opere XI 288
チゴリ

1612年3月4日

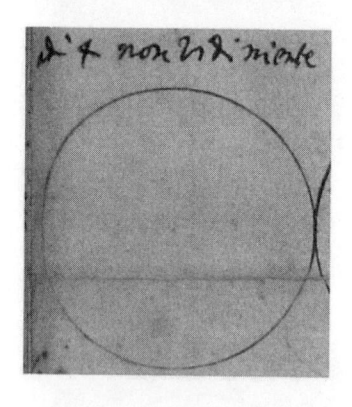

図 558
チゴリ
BNCF Gal. 57 62r
Opere XI 288
チゴリ

1612年3月7日

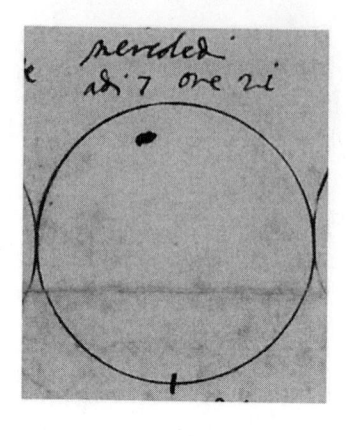

図 559
チゴリ
BNCF Gal. 57 62r
Opere XI 288
チゴリ

付録Ⅱ　原図大の太陽黒点　1611年9月–1612年8月　443

1612年3月10日

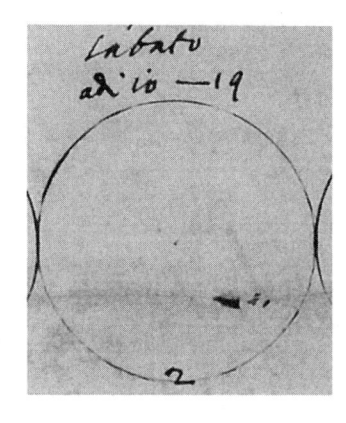

図560
チゴリ
BNCF Gal. 57 62r
Opere XI 288
チゴリ

1612年3月11日

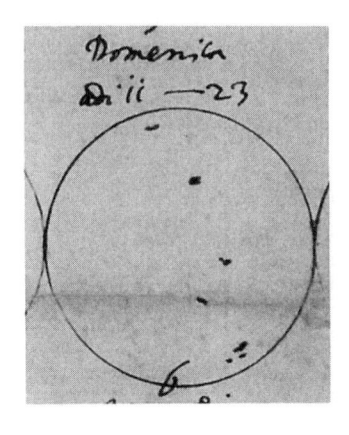

図561
チゴリ
BNCF Gal. 57 62r
Opere XI 288
チゴリ

1612年3月12日

図562
チゴリ
BNCF Gal. 57 62r
Opere XI 288
チゴリ

1612年3月14日

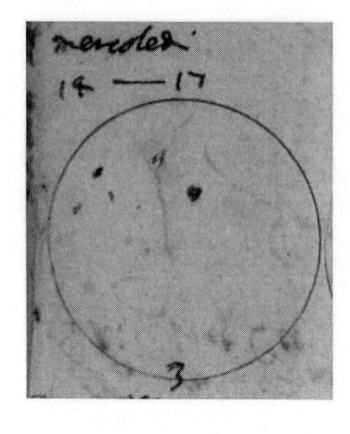

図 563
チゴリ
BNCF Gal. 57 62r
Opere XI 288
チゴリ

1612年3月15日

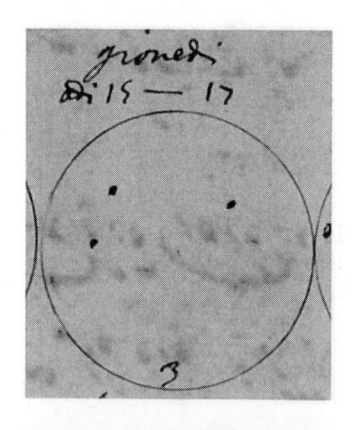

図 564
チゴリ
BNCF Gal. 57 62r
Opere XI 288
チゴリ

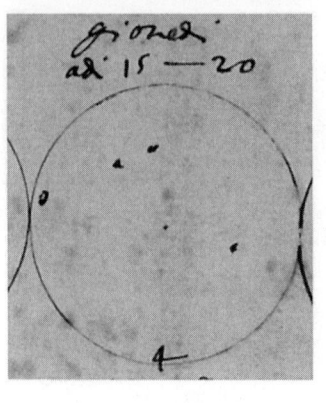

図 565
チゴリ
BNCF Gal. 57 62r
Opere XI 288
チゴリ

1612年3月16日

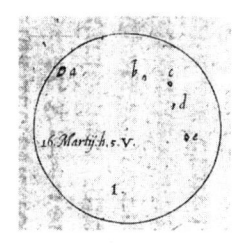

図566
シャイナー
1612 De Maculis 42
Opere V 63
マイアー

図567
シャイナー
1613 De Maculis 47
—
グロイター

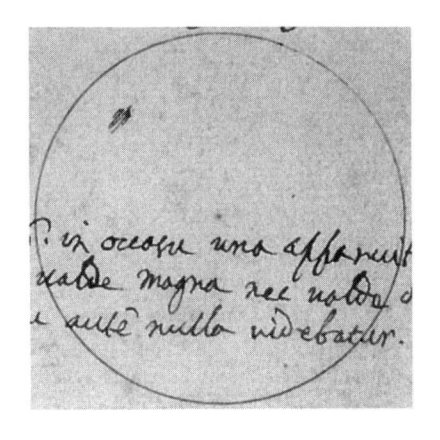

図568
ガリレイ
BNCF Gal. 57 68v
Opere V 253
ガリレイ

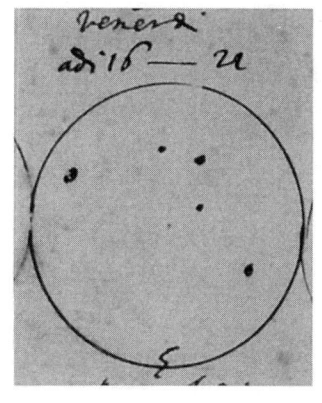

図569
チゴリ
BNCF Gal. 57 62r
Opere XI 288
チゴリ

1612 年 3 月 17 日

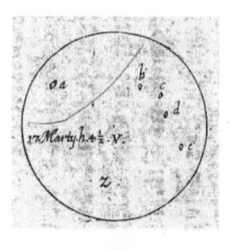

図 570
シャイナー
1612 De Maculis 42
Opere V 63
マイアー

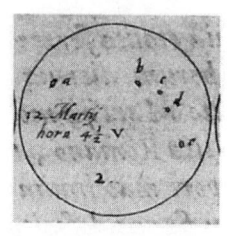

図 571
シャイナー
1613 De Maculis 47
—
グロイター

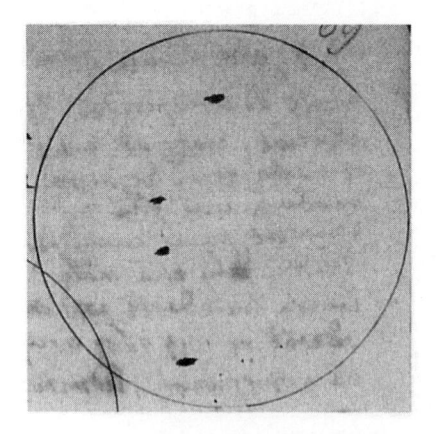

図 572
ガリレイ
BNCF Gal. 57 69r
Opere V 253
ガリレイ

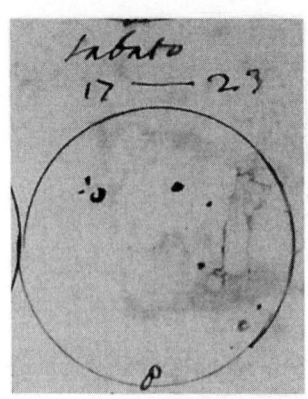

図 573
チゴリ
BNCF Gal. 57 62r
Opere XI 288
チゴリ

1612年3月18日

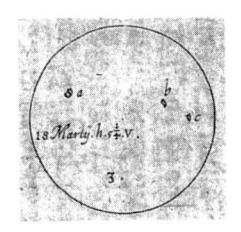

図574
シャイナー
1612 De Maculis 42
Opere V 63
マイアー

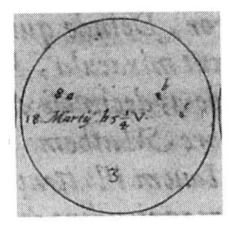

図575
シャイナー
1613 De Maculis 47
—
グロイター

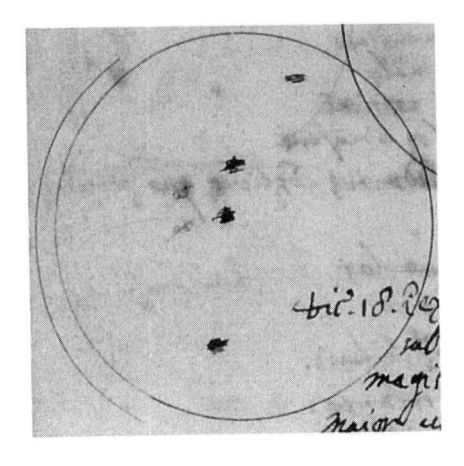

図576
ガリレイ
BNCF Gal. 57 69r
Opere V 253
ガリレイ

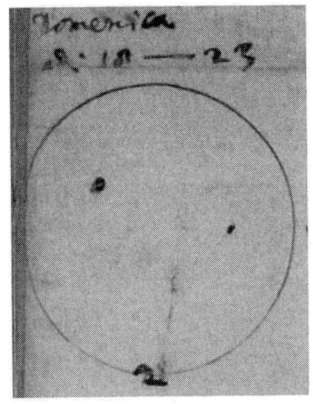

図577
チゴリ
BNCF Gal. 57 62r
Opere XI 288
チゴリ

1612年3月19日

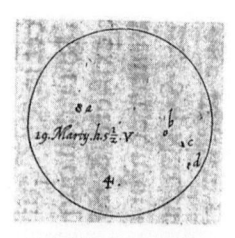

図 578
シャイナー
1612 De Maculis 42
Opere V 63
マイアー

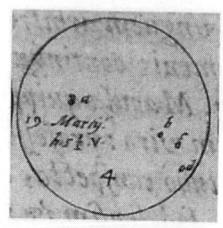

図 579
シャイナー
1613 De Maculis 47
—
グロイター

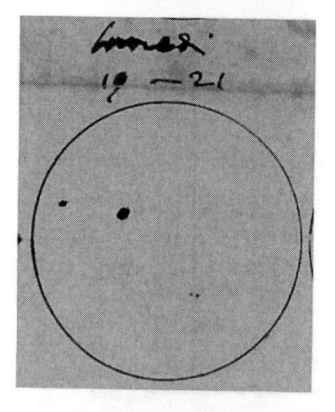

図 580
チゴリ
BNCF Gal. 57 62r
Opere XI 288
チゴリ

1612年3月20日

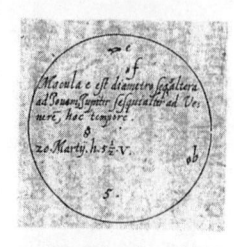

図 581
シャイナー
1612 De Maculis 42
Opere V 63
マイアー

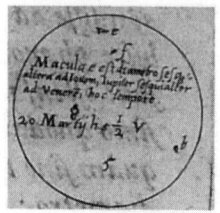

図 582
シャイナー
1613 De Maculis 47
—
グロイター

付録Ⅱ　原図大の太陽黒点　1611年9月–1612年8月　449

1612年3月20日

図 583
ガリレイ
BNCF Gal. 57 69r
Opere V 253
ガリレイ

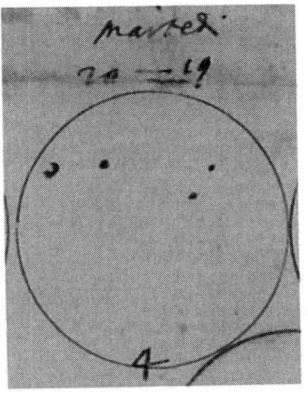

図 584
チゴリ
BNCF Gal. 57 62r
Opere XI 288
チゴリ

1612年3月21日

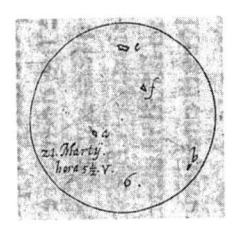

図 585
シャイナー
1612 De Maculis 42
Opere V 63
マイアー

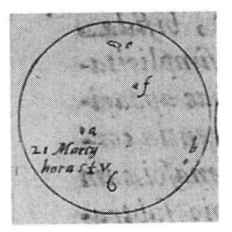

図 586
シャイナー
1613 De Maculis 47
—
グロイター

1612年3月21日

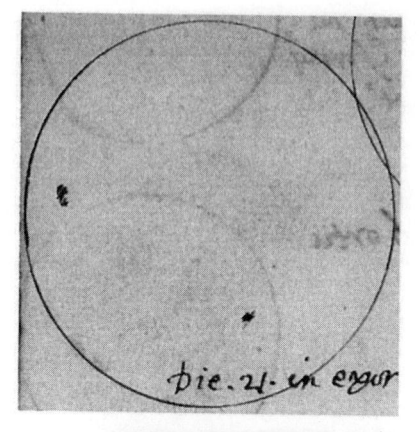

図 587
ガリレイ
BNCF Gal. 57 69r
Opere V 253
ガリレイ

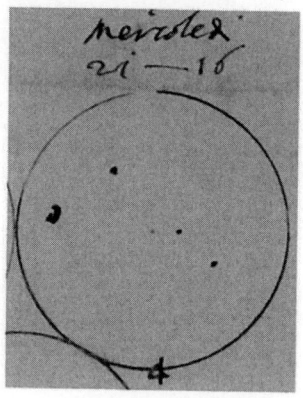

図 588
チゴリ
BNCF Gal. 57 62r
Opere XI 288
チゴリ

1612年3月22日

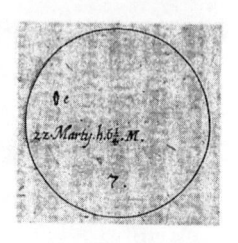

図 589
シャイナー
1612 De Maculis 42
Opere V 63
マイアー

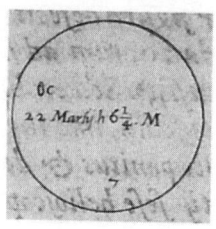

図 590
シャイナー
1613 De Maculis 47
—
グロイター

1612 年 3 月 22 日

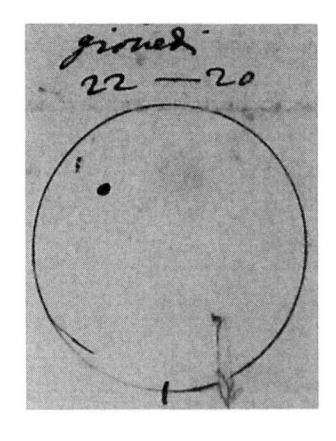

図 591
チゴリ
BNCF Gal. 57 62r
Opere XI 288
チゴリ

1612 年 3 月 23 日

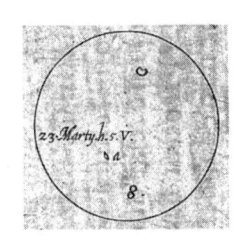

図 592
シャイナー
1612 De Maculis 42
Opere V 63
マイアー

図 593
シャイナー
1613 De Maculis 47
―
グロイター

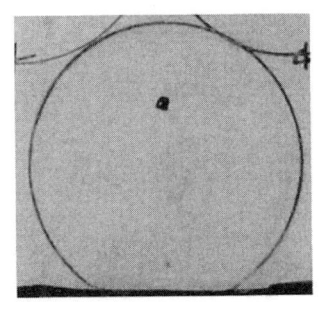

図 594
チゴリ
BNCF Gal. 57 62r
Opere XI 288
チゴリ

1612年3月24日

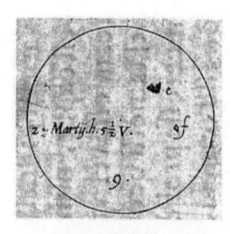

図595
シャイナー
1612 De Maculis 42
Opere V 63
マイアー

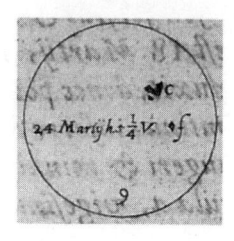

図596
シャイナー
1613 De Maculis 47
―
グロイター

1612年3月25日

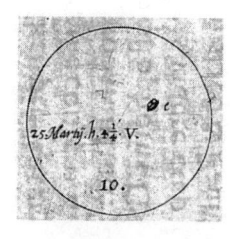

図597
シャイナー
1612 De Maculis 42
Opere V 63
マイアー

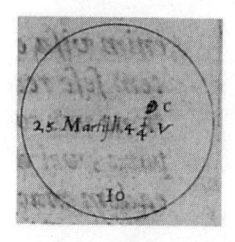

図598
シャイナー
1613 De Maculis 47
―
グロイター

1612年3月26日

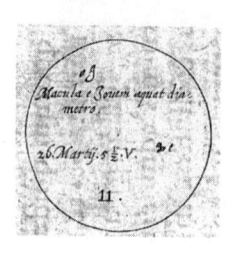

図599
シャイナー
1612 De Maculis 42
Opere V 63
マイアー

付録Ⅱ　原図大の太陽黒点　1611年9月−1612年8月　453

1612年3月26日

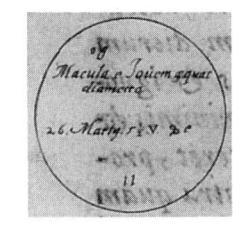

図600
シャイナー
1613 De Maculis 47
—
グロイター

1612年3月27日

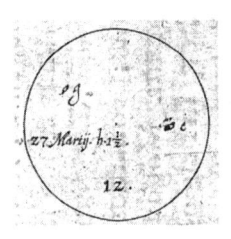

図601
シャイナー
1612 De Maculis 42
Opere V 63
マイアー

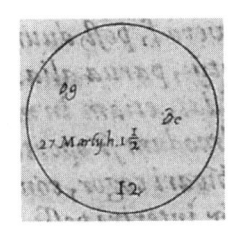

図602
シャイナー
1613 De Maculis 47
—
グロイター

1612年3月28日

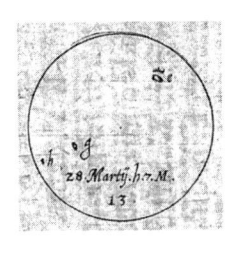

図603
シャイナー
1612 De Maculis 42
Opere V 63
マイアー

図604
シャイナー
1613 De Maculis 47
—
グロイター

1612年3月29日

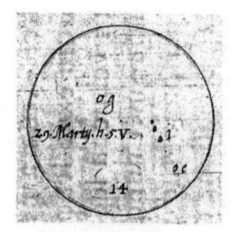

図 605
シャイナー
1612 De Maculis 42
Opere V 63
マイアー

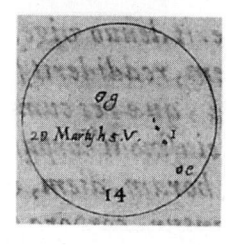

図 606
シャイナー
1613 De Maculis 47
—
グロイター

1612年3月30日

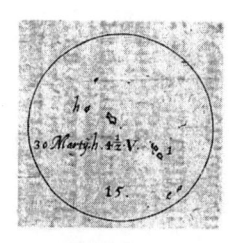

図 607
シャイナー
1612 De Maculis 42
Opere V 63
マイアー

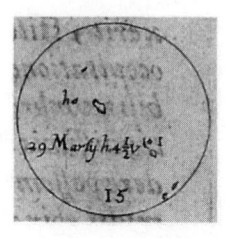

図 608
シャイナー
1613 De Maculis 47
—
グロイター

1612年3月31日

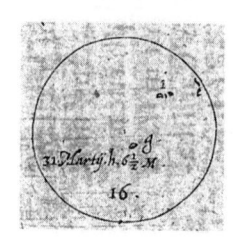

図 609
シャイナー
1612 De Maculis 42
Opere V 63
マイアー

1612 年 3 月 31 日

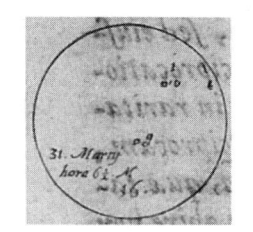

図 610
シャイナー
1613 De Maculis 47
—
グロイター

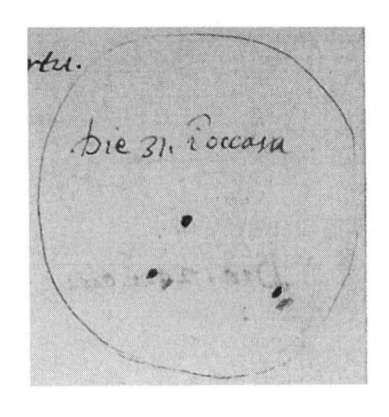

図 611
ガリレイ
BNFC Gal. 57 69r
Opere V 253
ガリレイ

1612年4月

1612年4月1日

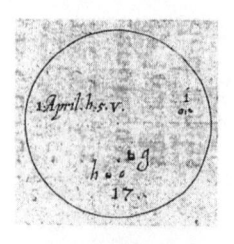

図612
シャイナー
1612 De Maculis 42
Opere V 63
マイアー

図613
シャイナー
1613 De Maculis 47
—
グロイター

1612年4月2日

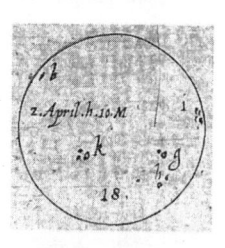

図614
シャイナー
1612 De Maculis 42
Opere V 63
マイアー

図615
シャイナー
1613 De Maculis 47
—
グロイター

1612年4月3日

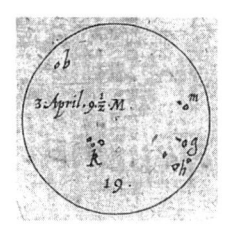

図616
シャイナー
1612 De Maculis 42
Opere V 63
マイアー

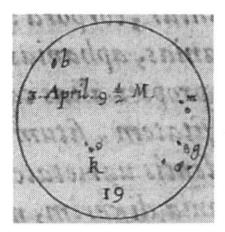

図617
シャイナー
1613 De Maculis 47
—
グロイター

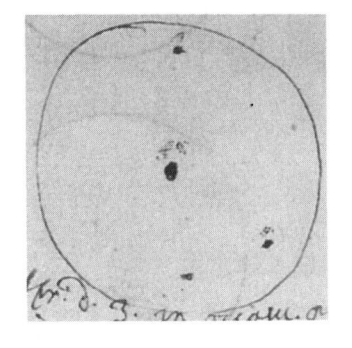

図618
ガリレイ
BNCF Gal. 57 69r
Opere V 253
ガリレイ

1612年4月4日

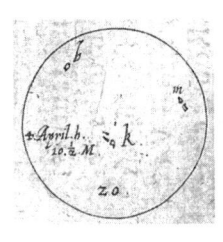

図619
シャイナー
1612 De Maculis 42
Opere V 63
マイアー

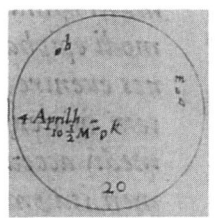

図620
シャイナー
1613 De Maculis 47
—
グロイター

1612年4月5日

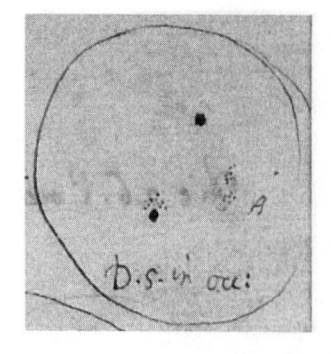

図621
ガリレイ
BNCF Gal. 57 69r
Opere V 253
ガリレイ

図622
ガリレイ
BANL 1 48
—
ガリレイ

図623
ガリレイ
1612 De Maculis 46
Opere V 66
マイアー

図624
1613 De Maculis 50
—
グロイター

図625
1613 22
Opere V 107
グロイター

図626
シャイナー
1612 De Maculis 46
Opere V 66
マイアー

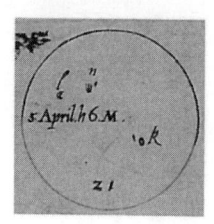

図627
シャイナー
1613 De Maculis 50
—
グロイター

付録Ⅱ　原図大の太陽黒点　1611年9月–1612年8月　459

1612年4月6日

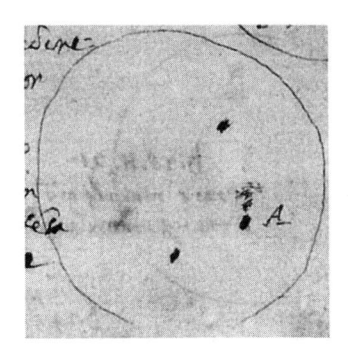

図 628
ガリレイ
BNCF Gal. 57 69r
Opere V253
ガリレイ

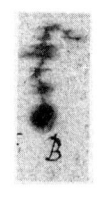

図 629
ガリレイ
BANL 1 48
—
ガリレイ

図 630
ガリレイ
1612 De Maculis 46
Opere V 66
マイアー

図 631
ガリレイ
1613 De Maculis 50
—
グロイター

図 632
ガリレイ
1613 22
Opere V 107
グロイター

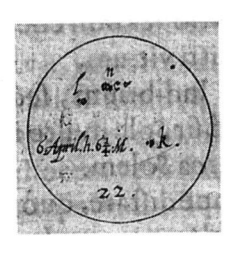

図 633
シャイナー
1612 De Maculis 46
Opere V 66
マイアー

1612年4月6日

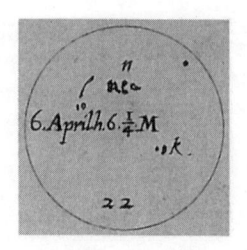

図634
シャイナー
1613 De Maculis 50
—
グロイター

1612年4月7日

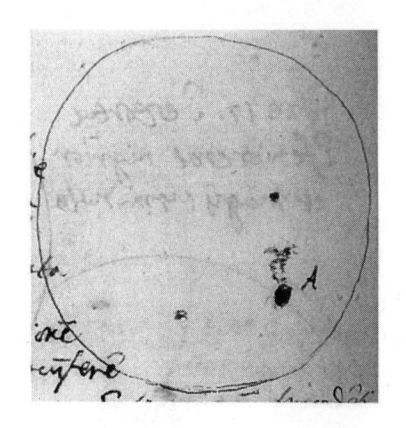

図635
ガリレイ
BNCF Gal. 57 69v
Opere V 254
ガリレイ

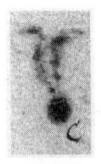

図636
ガリレイ
BANL 1 48
—
ガリレイ

図637
ガリレイ
1612 De Maculis 46
Opere V 66
マイアー

図638
ガリレイ
1613 De Maculis 50
—
グロイター

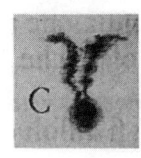

図639
ガリレイ
1613 22
Opere V 107
グロイター

付録Ⅱ 原図大の太陽黒点 1611年9月–1612年8月 461

1612年4月7日

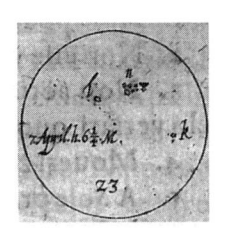

図640
シャイナー
1612 De Maculis 46
Opere V 66
マイアー

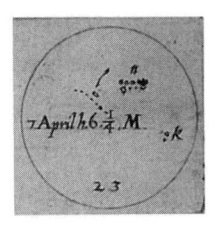

図641
シャイナー
1613 De Maculis 50
—
グロイター

1612年4月10日

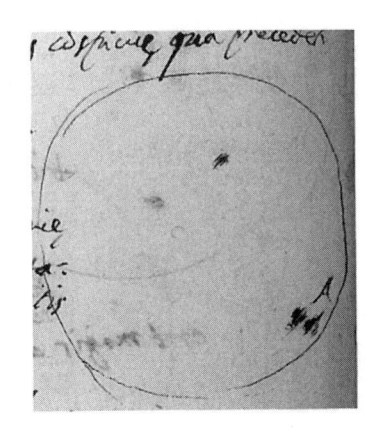

図642
ガリレイ
BNCF Gal. 57 69v
Opere V 254
ガリレイ

1612年4月16日

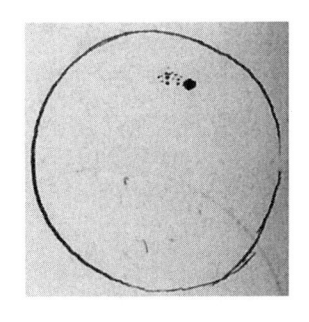

図643
ガリレイ
BNCF Gal. 57 69v
Opere V 254
ガリレイ

462

1612年4月19日

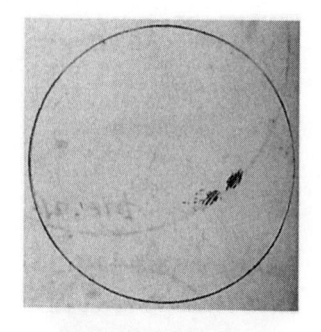

図 644
ガリレイ
BNCF Gal. 57 69v
Opere V 254
ガリレイ

1612年4月20日

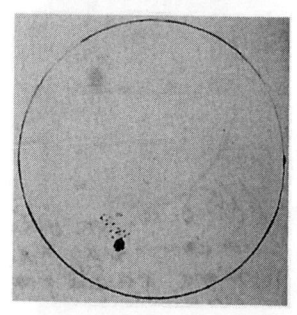

図 645
ガリレイ
BNCF Gal. 57 69v
Opere V 254
ガリレイ

1612年4月26日

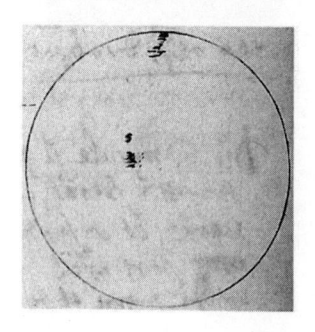

図 646
ガリレイ
BNCF Gal. 57 69v
Opere V 254
ガリレイ

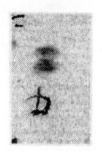

図 647
ガリレイ
BANL 1 48
—
ガリレイ

図 648
ガリレイ
1613 22
Opere V 107
グロイター

付録Ⅱ　原図大の太陽黒点　1611年9月-1612年8月　463

1612年4月28日

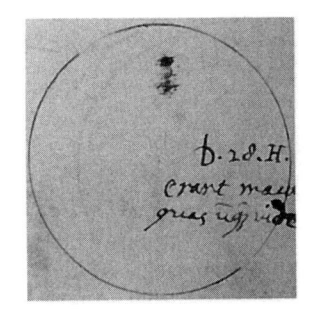

図649
ガリレイ
BNCF Gal. 57 69v
Opere V 254
ガリレイ

図650
ガリレイ
BANL1 48
—
ガリレイ

図651
ガリレイ
1613 22
Opere V 107
グロイター

1612年4月29日

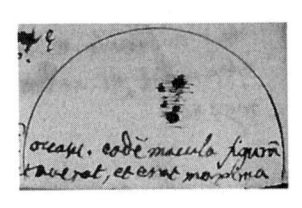

図652
ガリレイ
BNCF Gal. 57 69v
Opere V 254
ガリレイ

図653
ガリレイ
BANL 1 48
—
ガリレイ

図654
ガリレイ
1613 22
Opere V 107
グロイター

1612 年 4 月 29 日

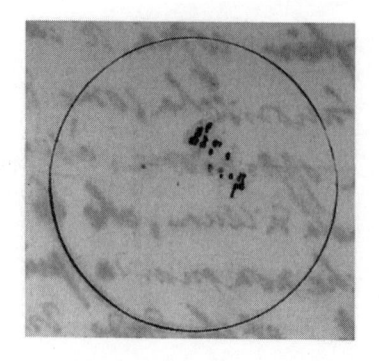

図 655
チゴリ
BNCF Gal. 89 117v
Opere XI 348
チゴリ

1612 年 4 月 30 日

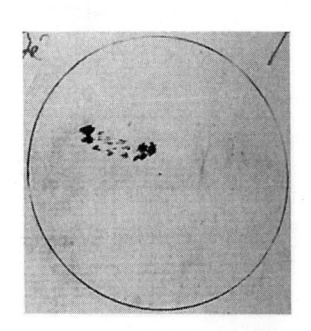

図 656
ガリレイ
BNCF Gal. 57 70r
Opere V 254
ガリレイ

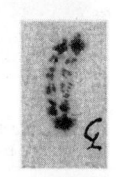

図 657
ガリレイ
BANL 1 48
—
ガリレイ

図 658
ガリレイ
1613 22
Opere V 107
グロイター

付録Ⅱ　原図大の太陽黒点　1611年9月-1612年8月　465

1612年4月30日

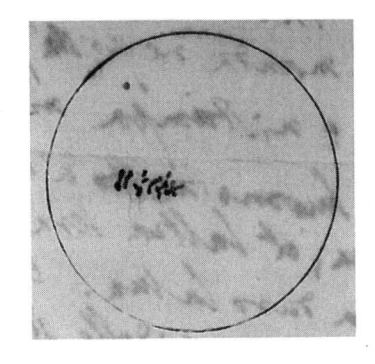

図 659
チゴリ
BNFC Gal. 89 117v
Opere XI 348
チゴリ

1612年5月

1612年5月1日

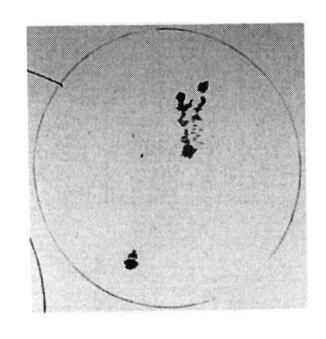

図 660
ガリレイ
BNCF Gal. 57 70r
Opere V 254
ガリレイ

図 661
ガリレイ
BANL 1 48
—
ガリレイ

図 662
ガリレイ
1613 22
Opere V 107
グロイター

1612年5月1日

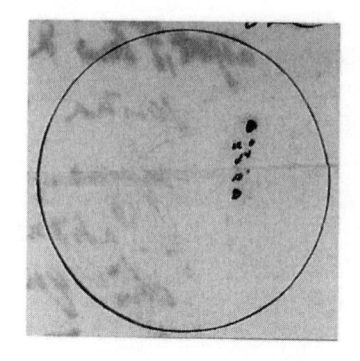

図663
チゴリ
BNCF Gal. 89 117v
Opere XI 348
チゴリ

1612年5月3日

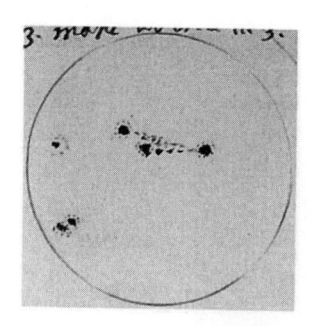

図664
ガリレイ
BNCF Gal. 57 70r
Opere V 254
ガリレイ

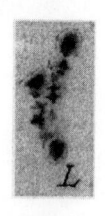

図665
ガリレイ
BANL1 48
—
ガリレイ

図666
ガリレイ
1613 22
Opere V 107
グロイター

付録Ⅱ　原図大の太陽黒点　1611年9月–1612年8月　467

1612年5月3日

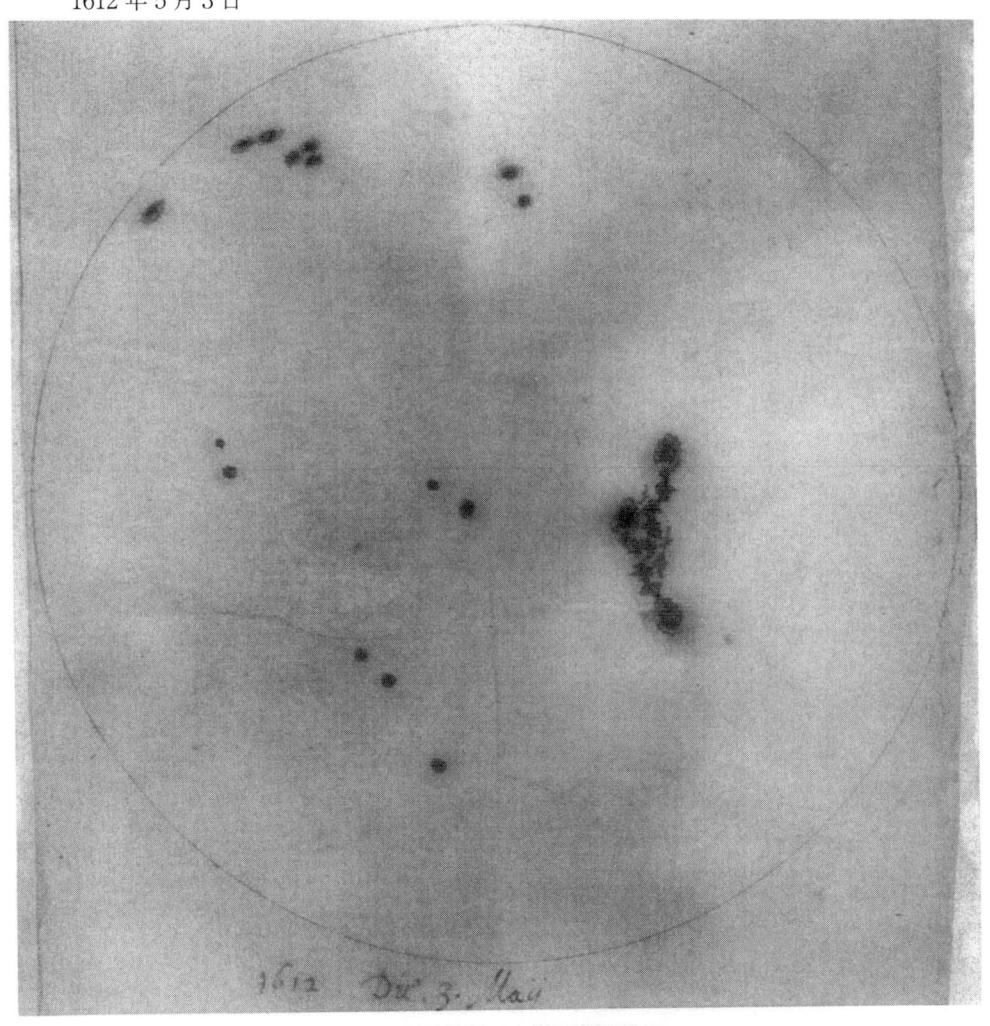

図 667　**ガリレイ**
　　　　Barb. Lat. 6479 18r
　　　　Opere XI 307
　　　　ガリレイ

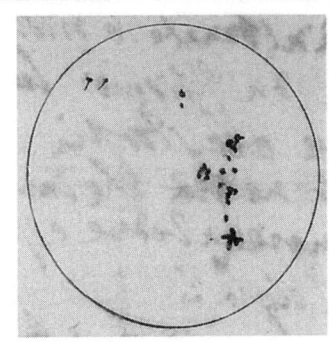

図 668
チゴリ
BNCF Gal. 89 117v
Opere XI 349
チゴリ

1612年5月4日

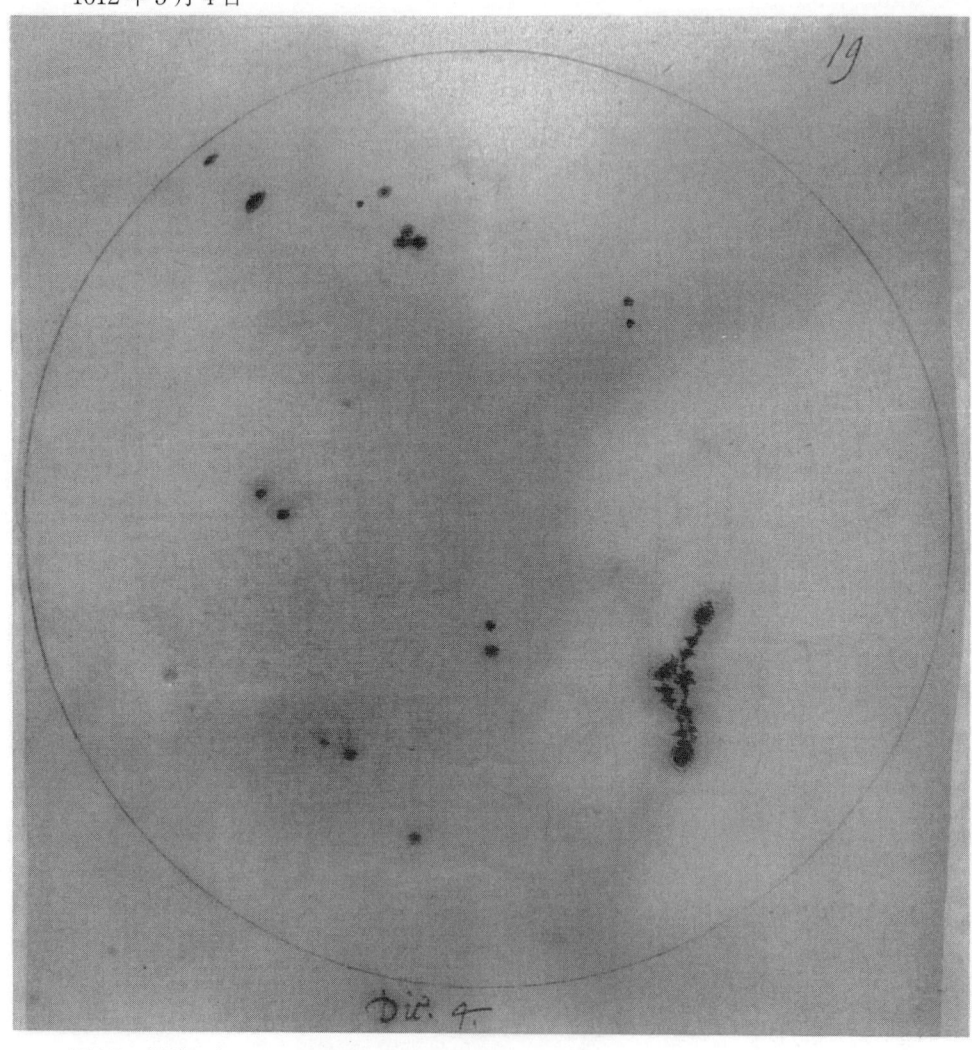

図669　ガリレイ
　　　　Barb. Lat. 6479 19r
　　　　Opere XI 307
　　　　ガリレイ

1612 年 5 月 5 日

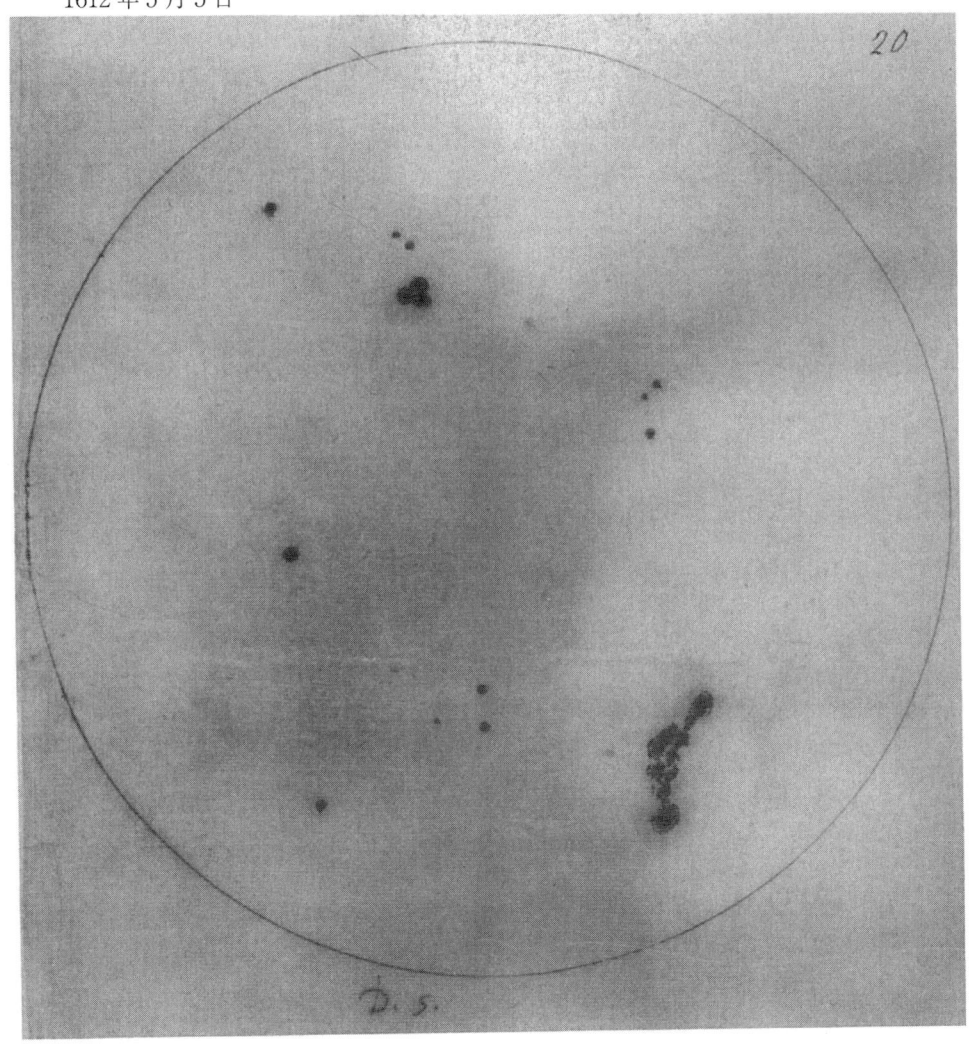

図 670　**ガリレイ**
　　　　Barb. Lat. 6479 20r
　　　　Opere XI 308
　　　　ガリレイ

1612年5月6日

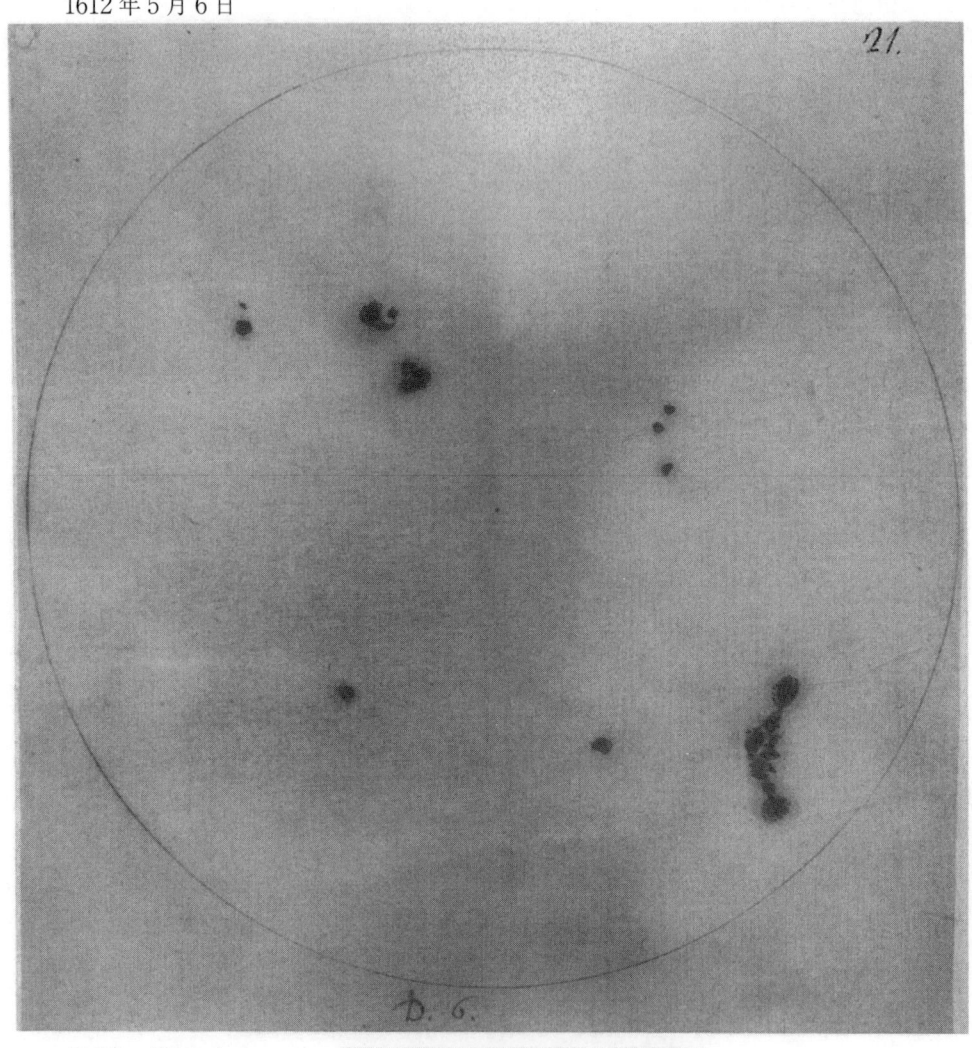

図671 **ガリレイ**
　　　Barb. Lat. 6479 21r
　　　Opere XI 308
　　　ガリレイ

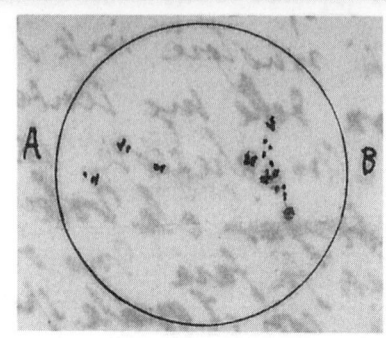

図672
チゴリ
BNCF Gal. 89 117v
Opere XI 349
チゴリ

1612 年 5 月 7 日

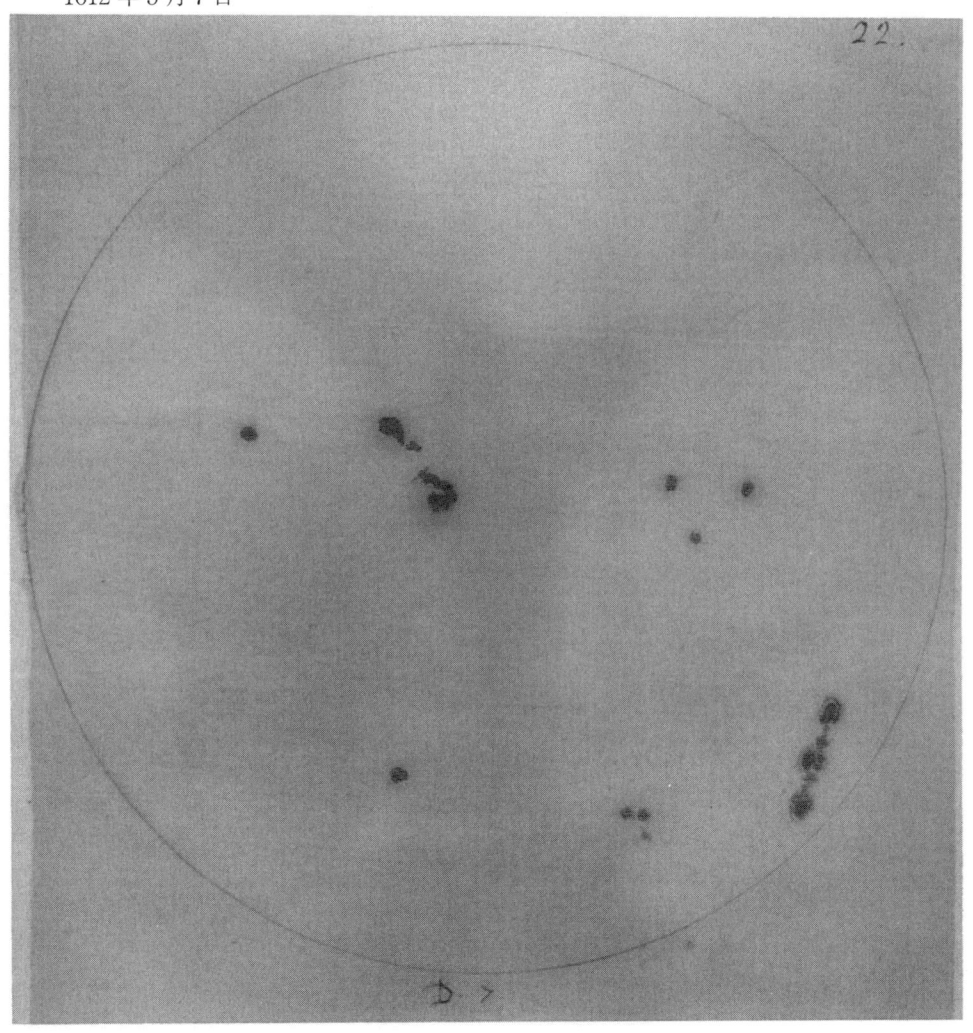

図 673 **ガリレイ**
Barb. Lat. 6479 22r
Opere XI 309
ガリレイ

1612年5月8日

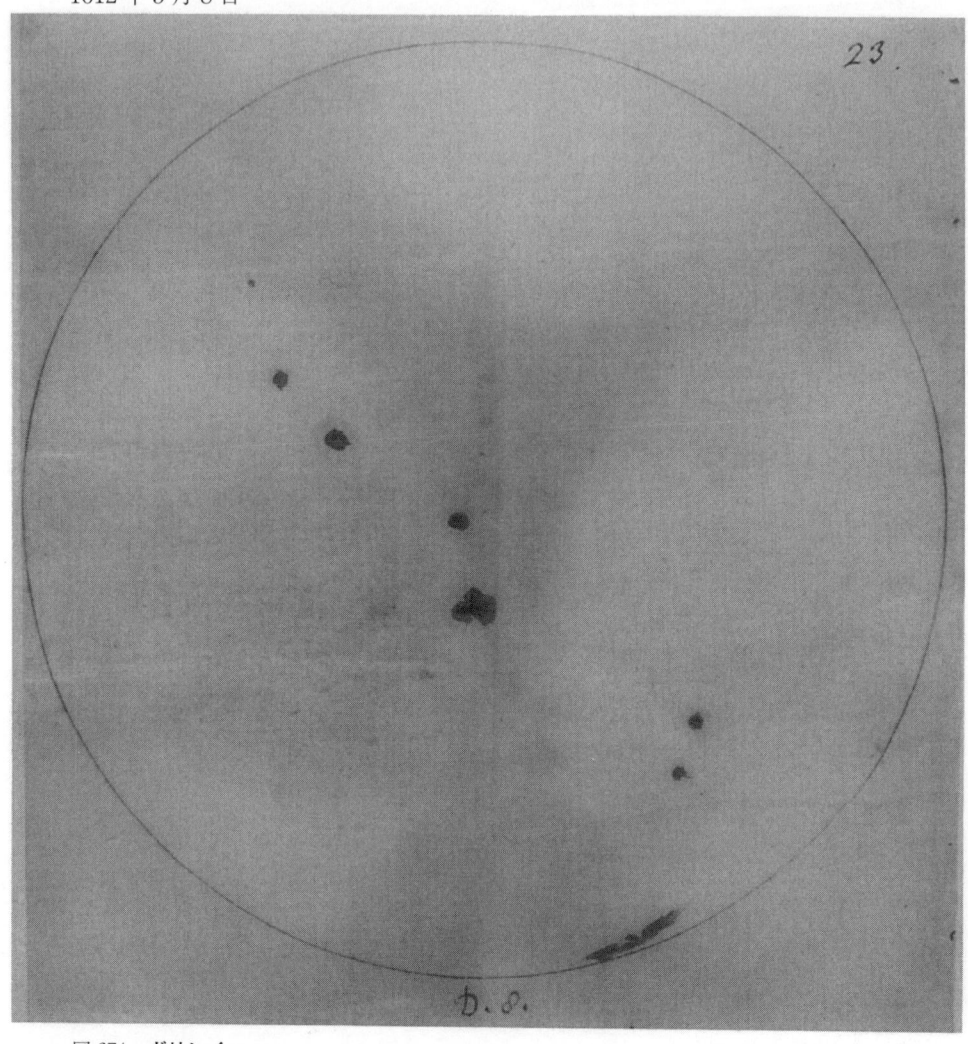

図674　**ガリレイ**
　　　Barb. Lat. 6479 23r
　　　Opere XI 309
　　　ガリレイ

1612年5月9日

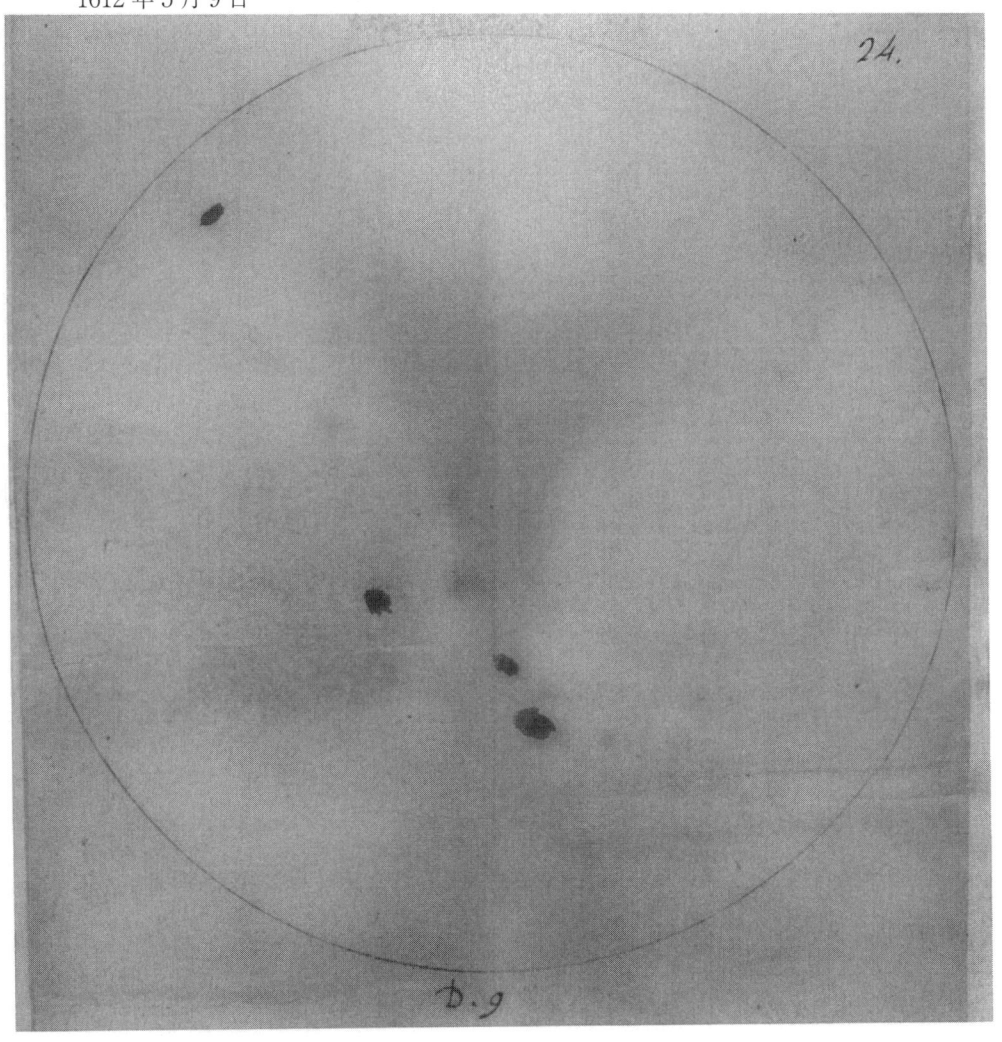

図675　**ガリレイ**
Barb. Lat. 6479 24r
Opere XI 310
ガリレイ

1612年5月10日

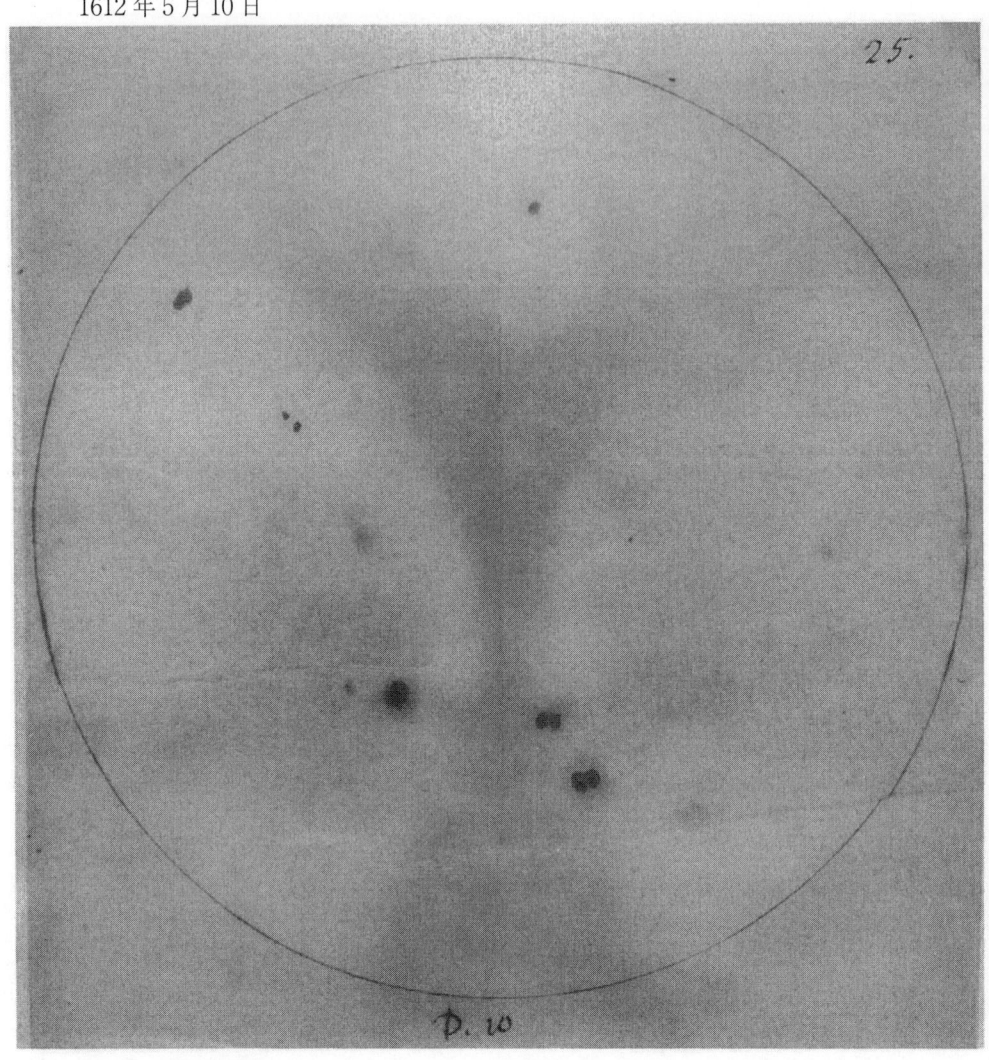

図676 **ガリレイ**
Barb. Lat. 6479 25r
Opere XI 310
ガリレイ

付録Ⅱ　原図大の太陽黒点　1611年9月−1612年8月　475

1612年5月11日

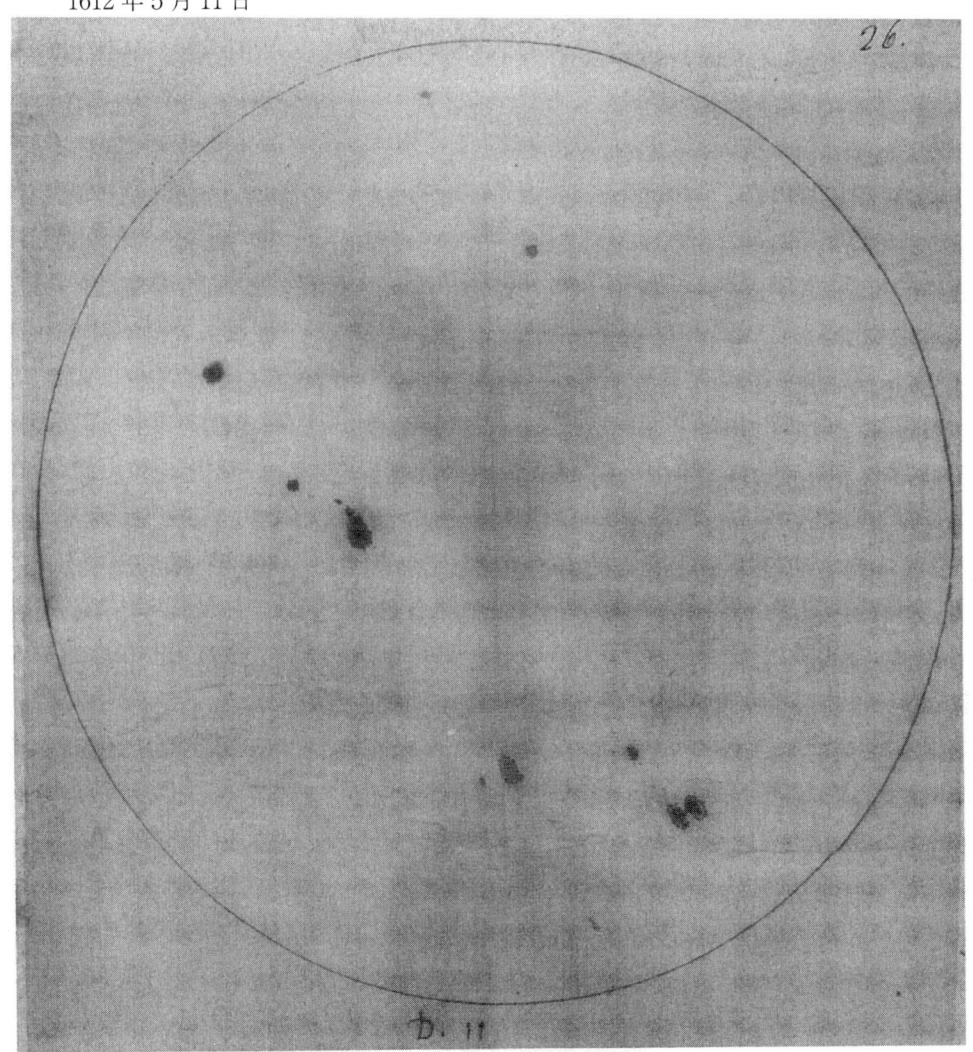

図677　**ガリレイ**
　　　　Barb. Lat. 6479 26r
　　　　Opere XI 311
　　　　ガリレイ

1612年6月

1612年6月2日

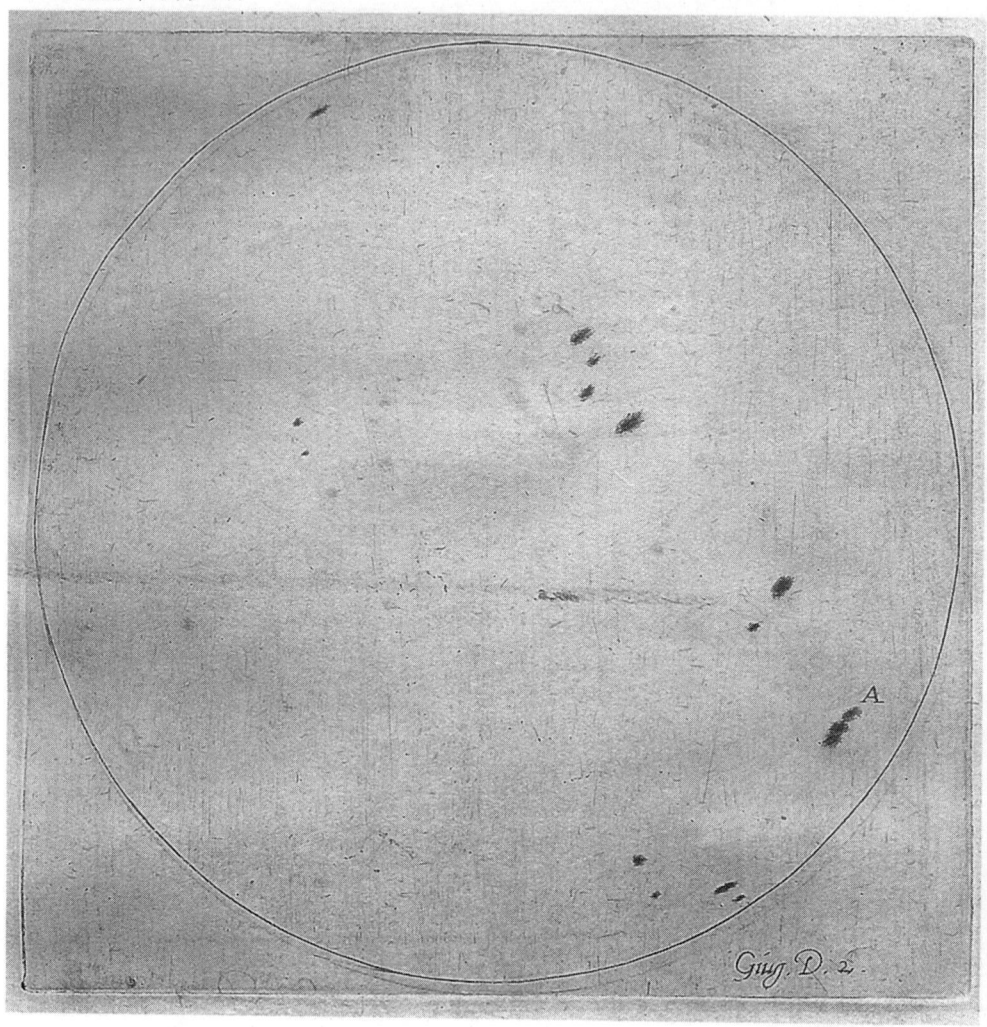

図678 **ガリレイ**
1613 59
Opere V 145
グロイター

付録Ⅱ　原図大の太陽黒点　1611年9月-1612年8月　477

1612年6月3日

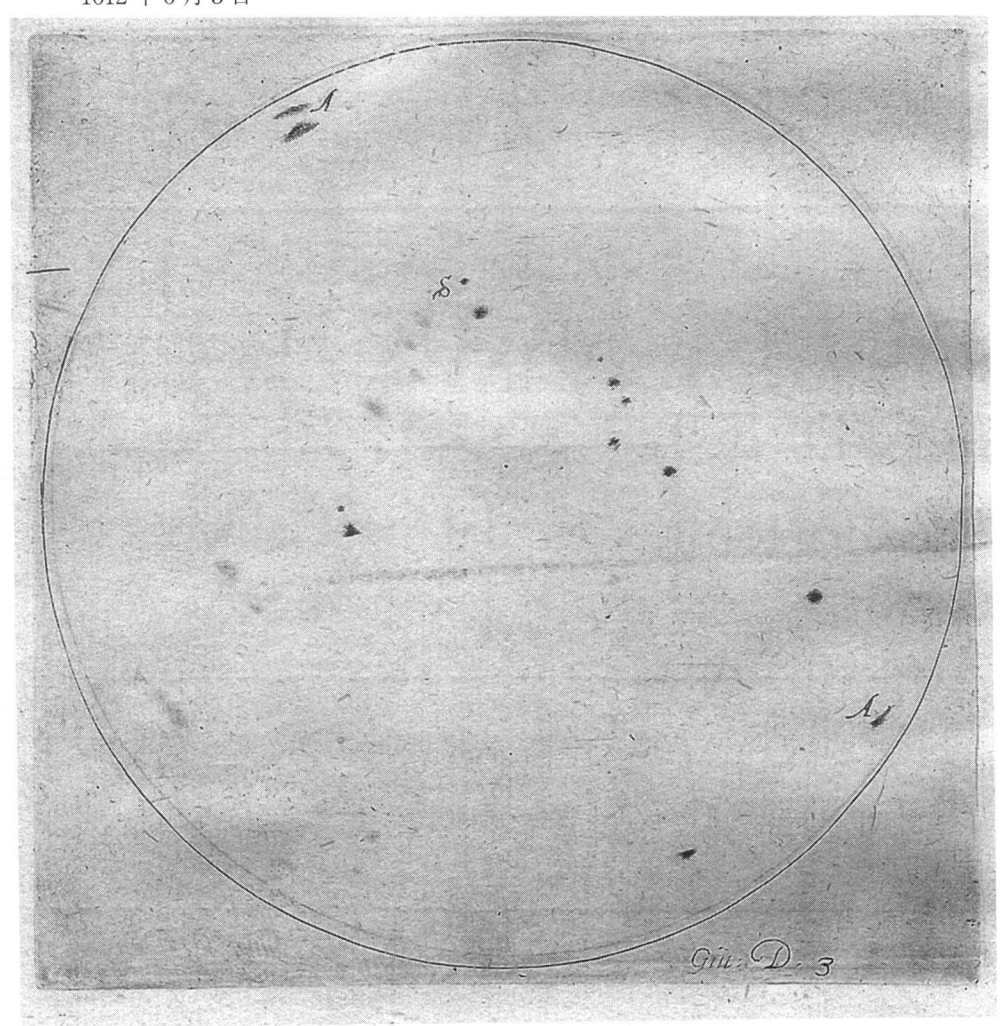

図679　**ガリレイ**
　　　1613 60
　　　Opere V 146
　　　グロイター

1612年6月5日

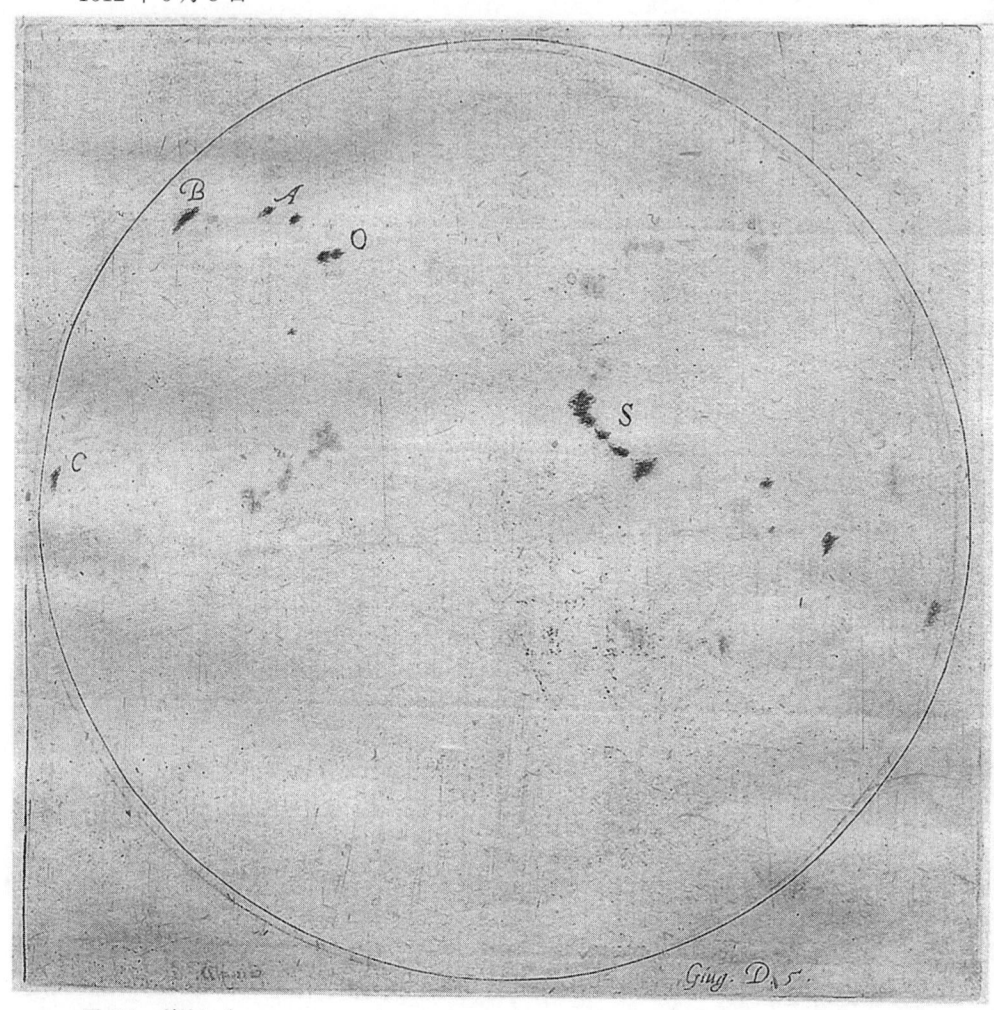

図680　**ガリレイ**
1613 61
Opere V 147
グロイター

付録Ⅱ　原図大の太陽黒点　1611年9月－1612年8月　479

1612年6月6日

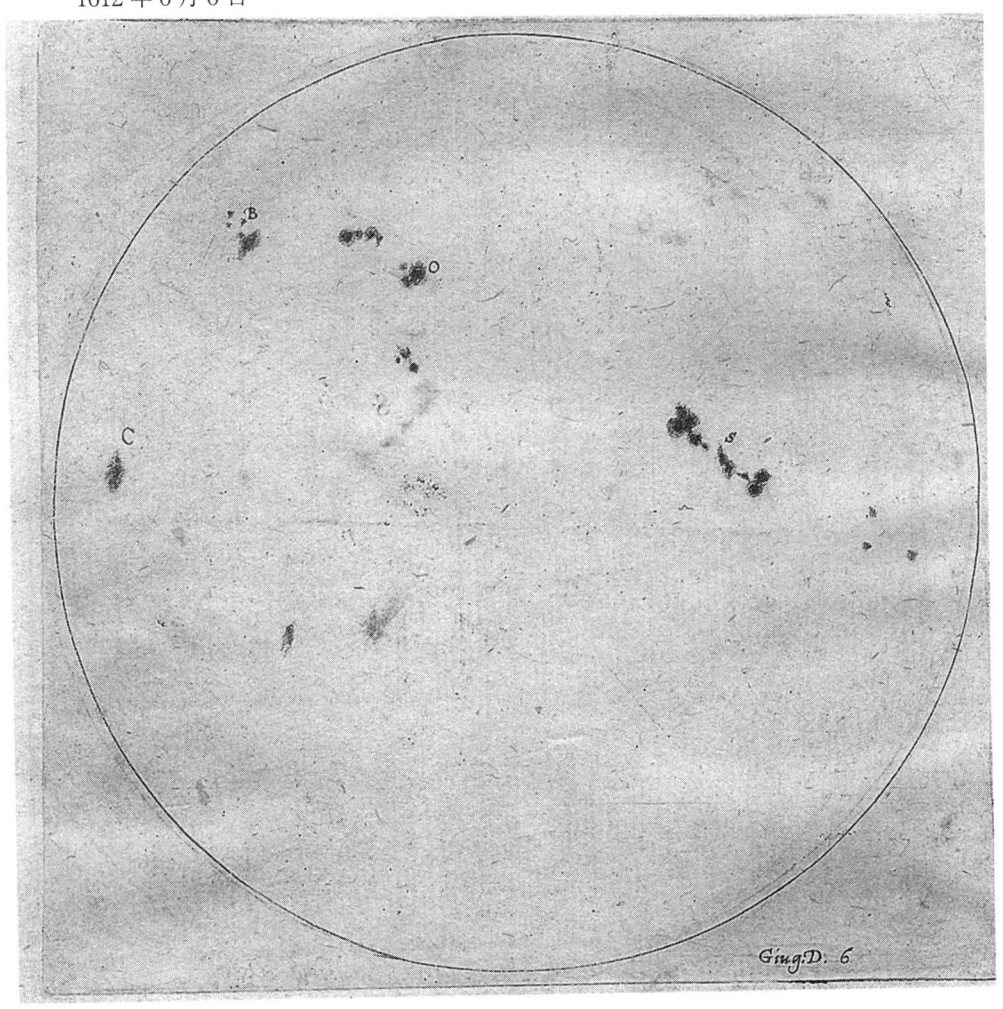

図681　**ガリレイ**
1613 62
Opere V 148
グロイター

1612年6月7日

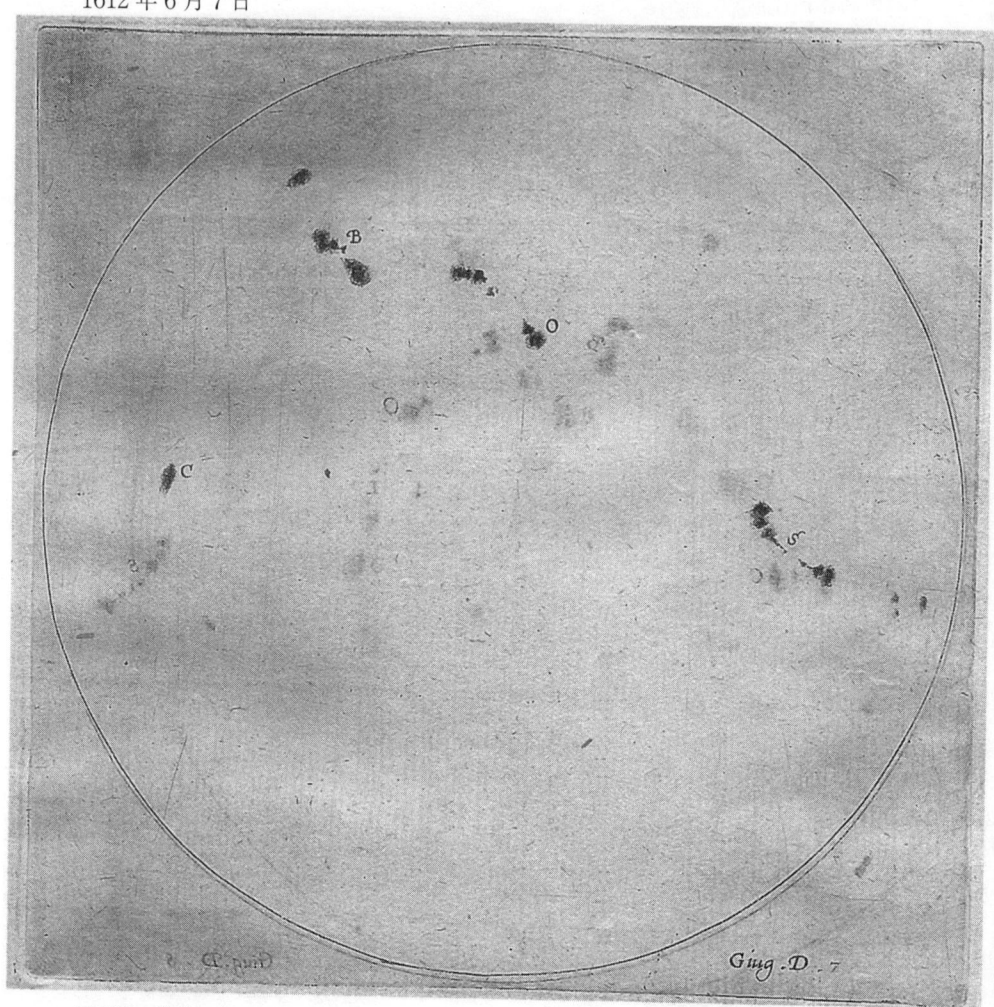

図682 **ガリレイ**
1613 63
Opere V 149
グロイター

1612年6月8日

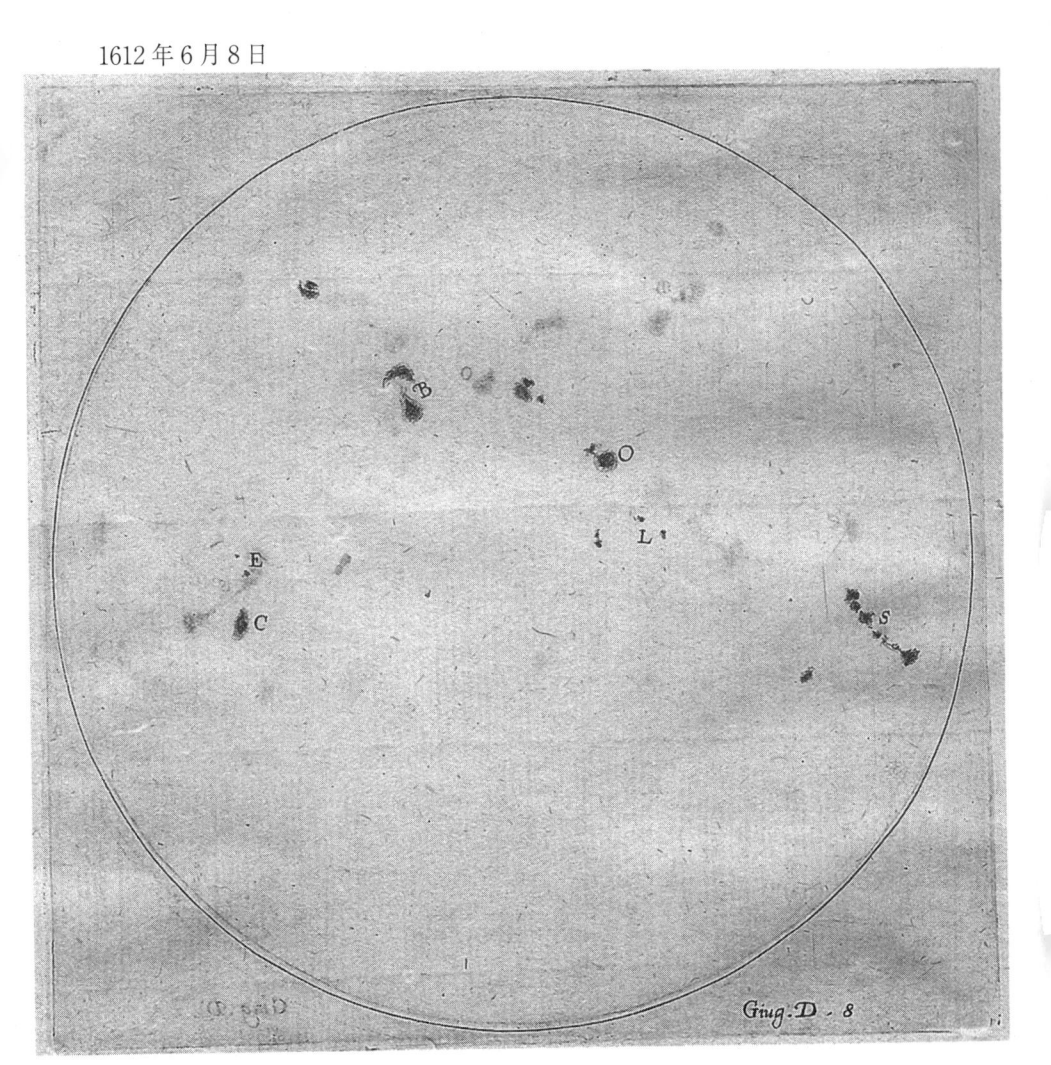

図683　**ガリレイ**
1613 64
Opere V 150
グロイター

1612年6月9日

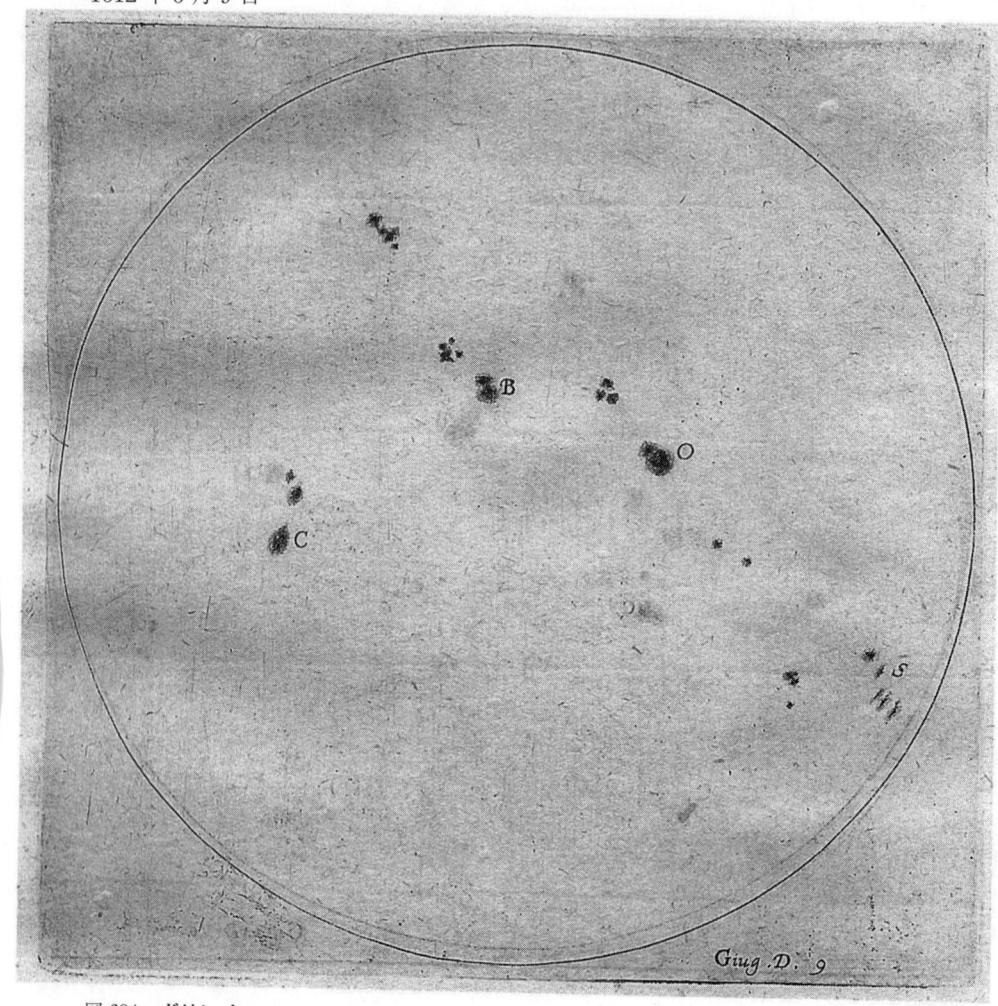

図684 **ガリレイ**
1613 65
Opere V 151
グロイター

付録Ⅱ　原図大の太陽黒点　1611年9月−1612年8月　483

1612年6月10日

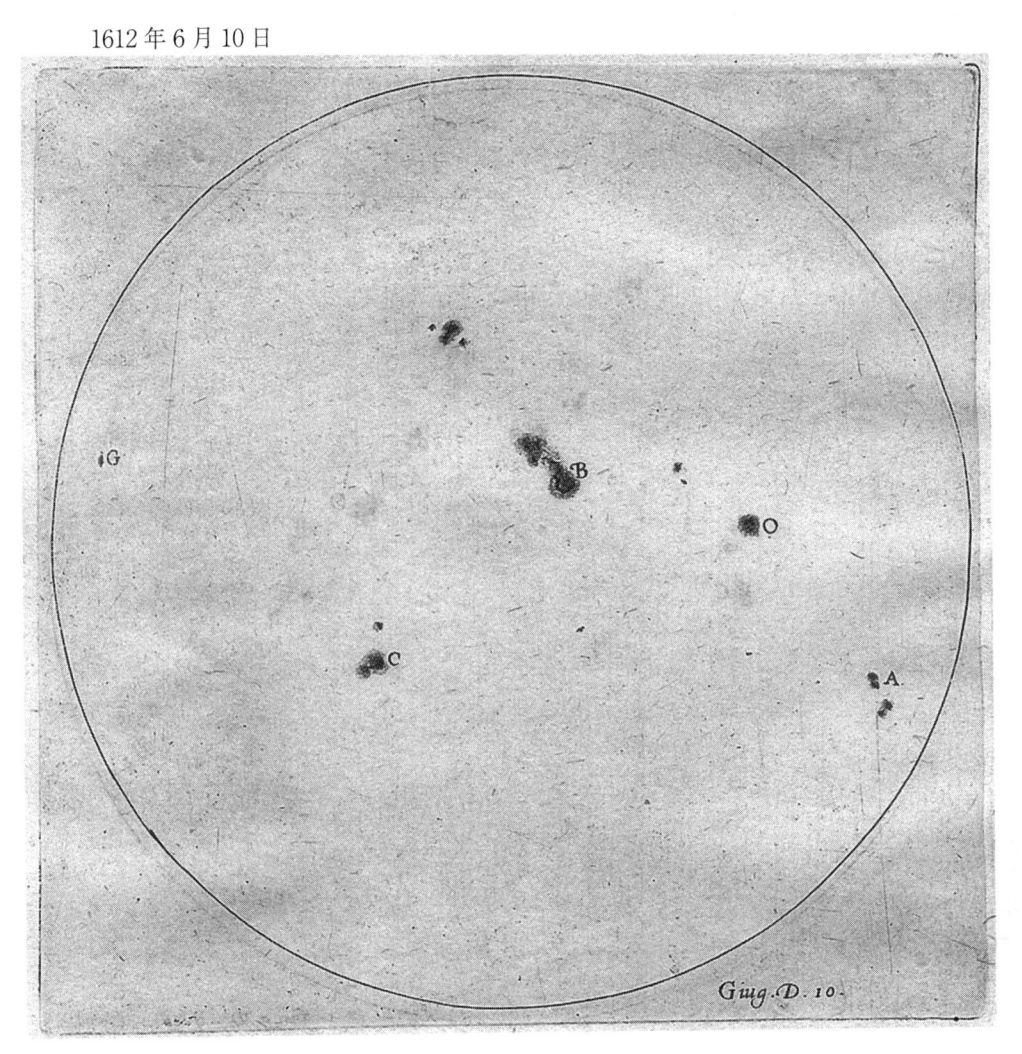

図685　**ガリレイ**
　　　1613 67 [sic!]
　　　Opere V 152
　　　グロイター

1612年6月11日

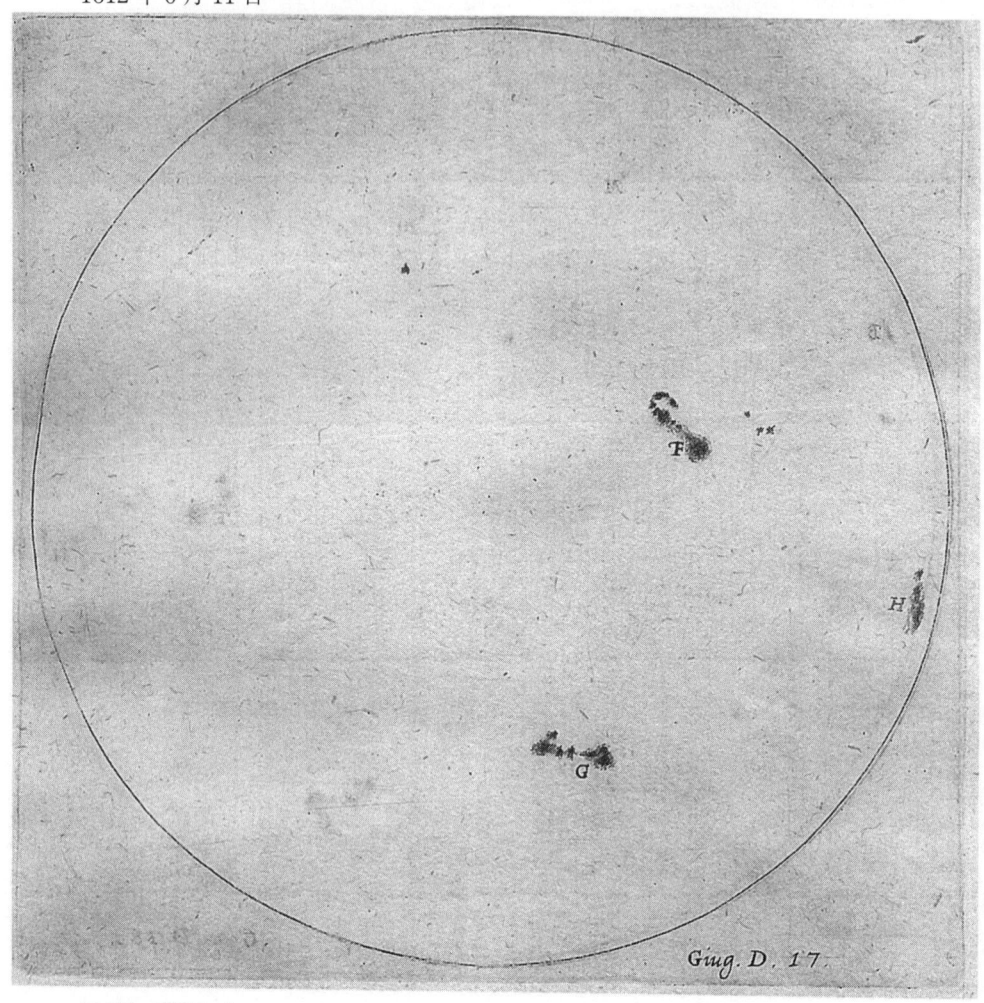

図 686　**ガリレイ**
　　　　1613 66 [sic!]
　　　　Opere V 153
　　　　グロイター

付録Ⅱ　原図大の太陽黒点　1611年9月-1612年8月　485

1612年6月12日

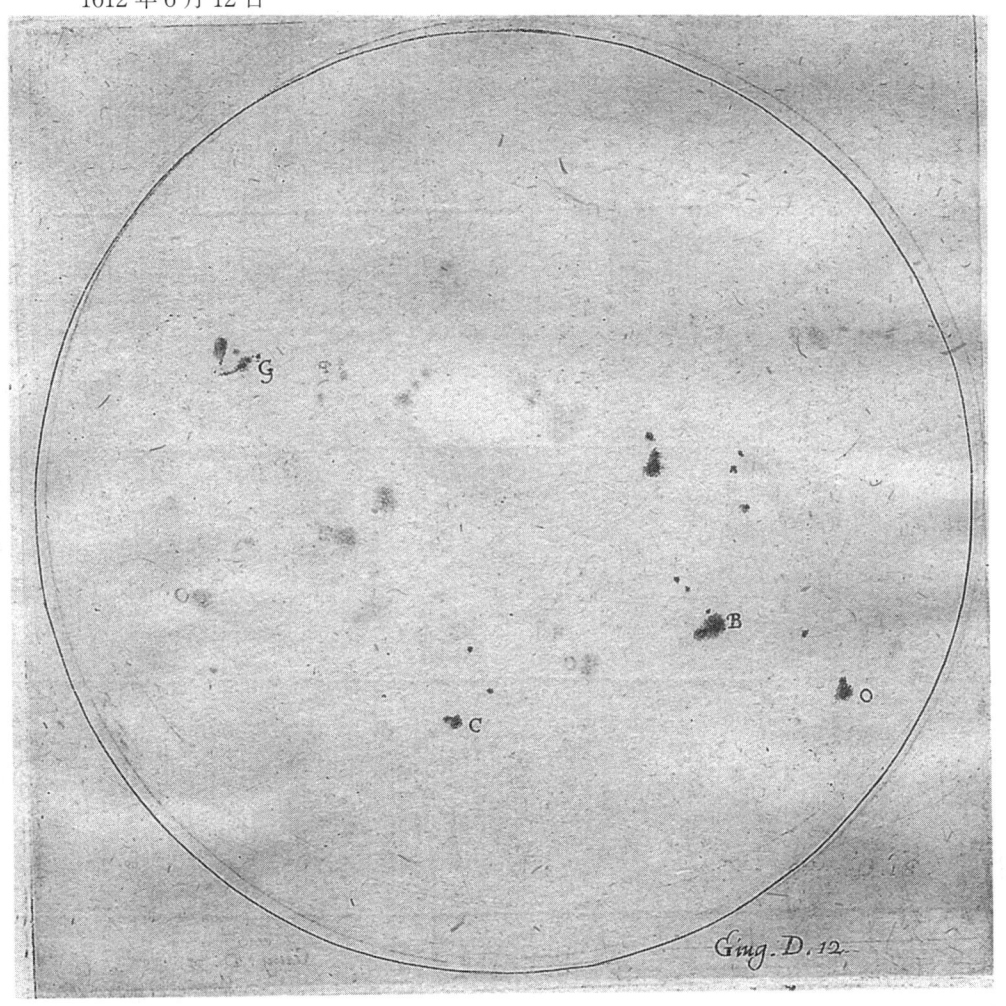

図687　**ガリレイ**
　　　1613 68
　　　Opere V 154
　　　グロイター

1612年6月13日

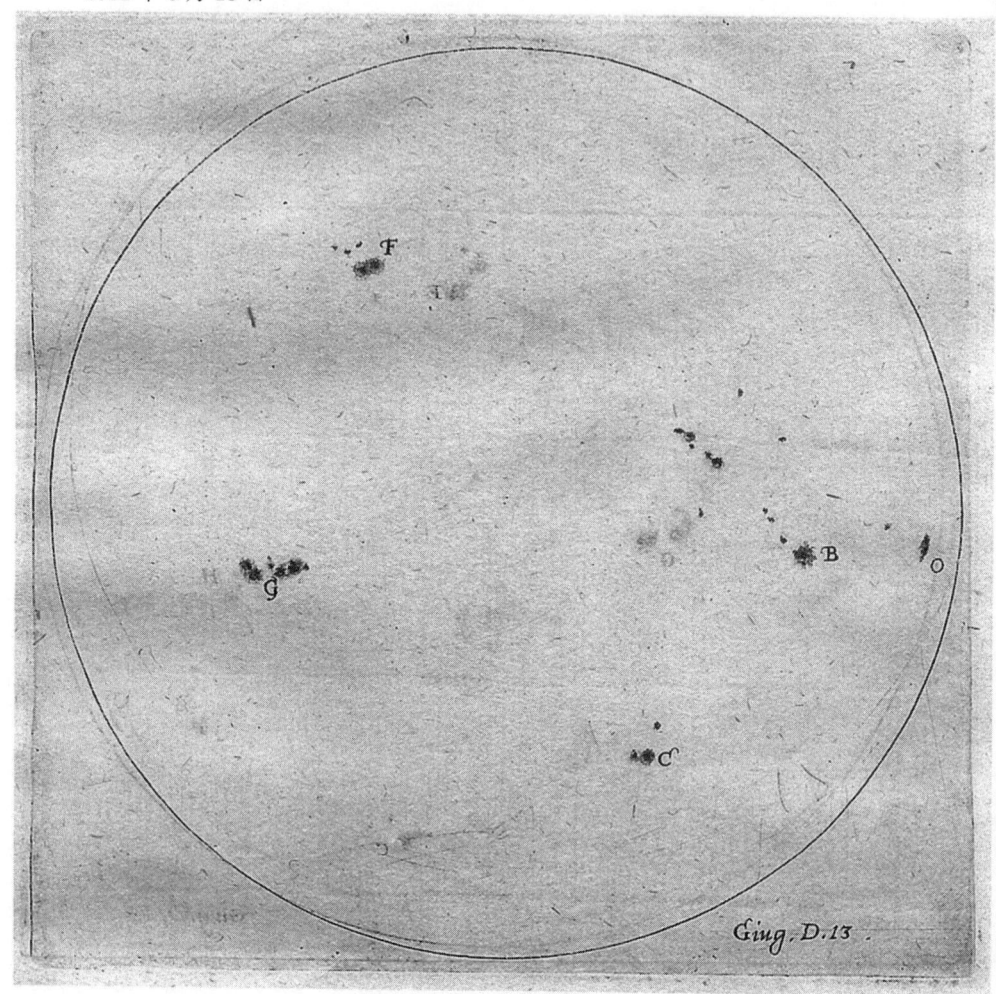

図688　**ガリレイ**
　　　1613 69
　　　Opere V 155
　　　グロイター

付録Ⅱ　原図大の太陽黒点　1611年9月−1612年8月　487

1612年6月14日

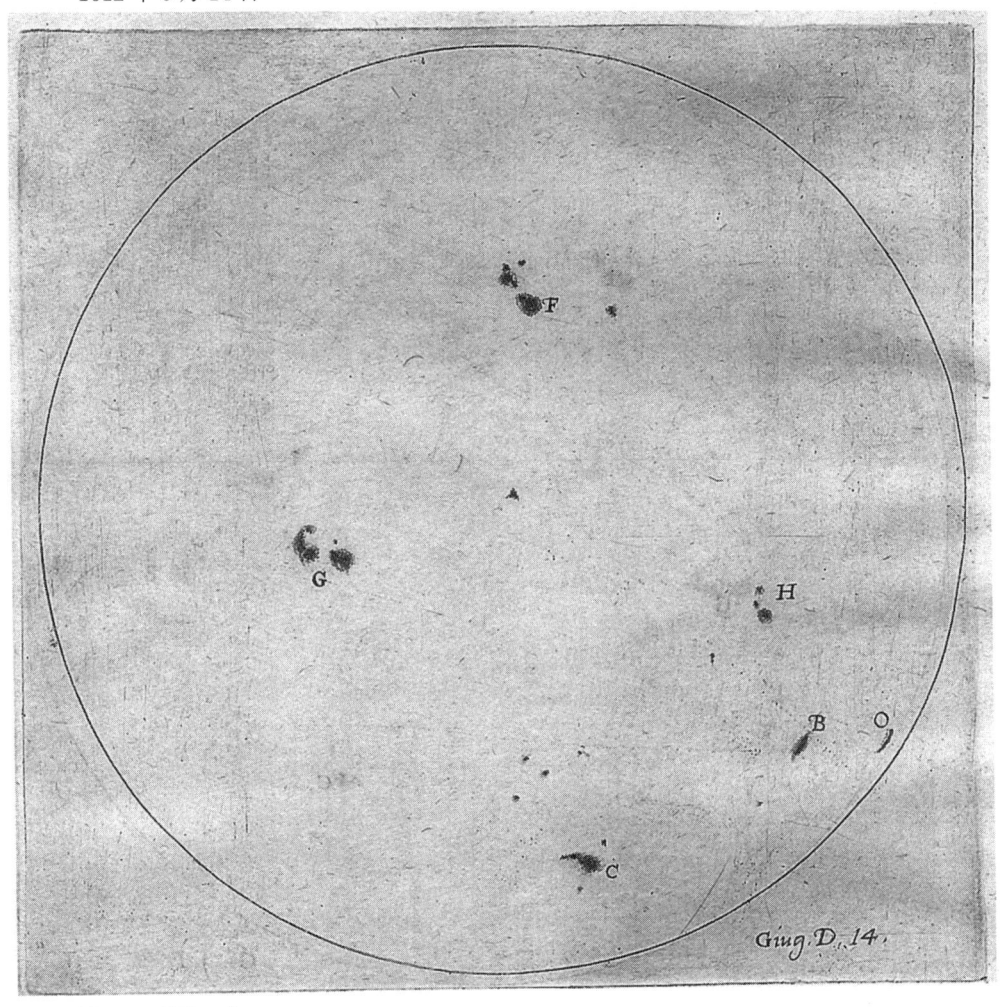

図689　**ガリレイ**
　　　1613 70
　　　Opere V 156
　　　グロイター

1612年6月15日

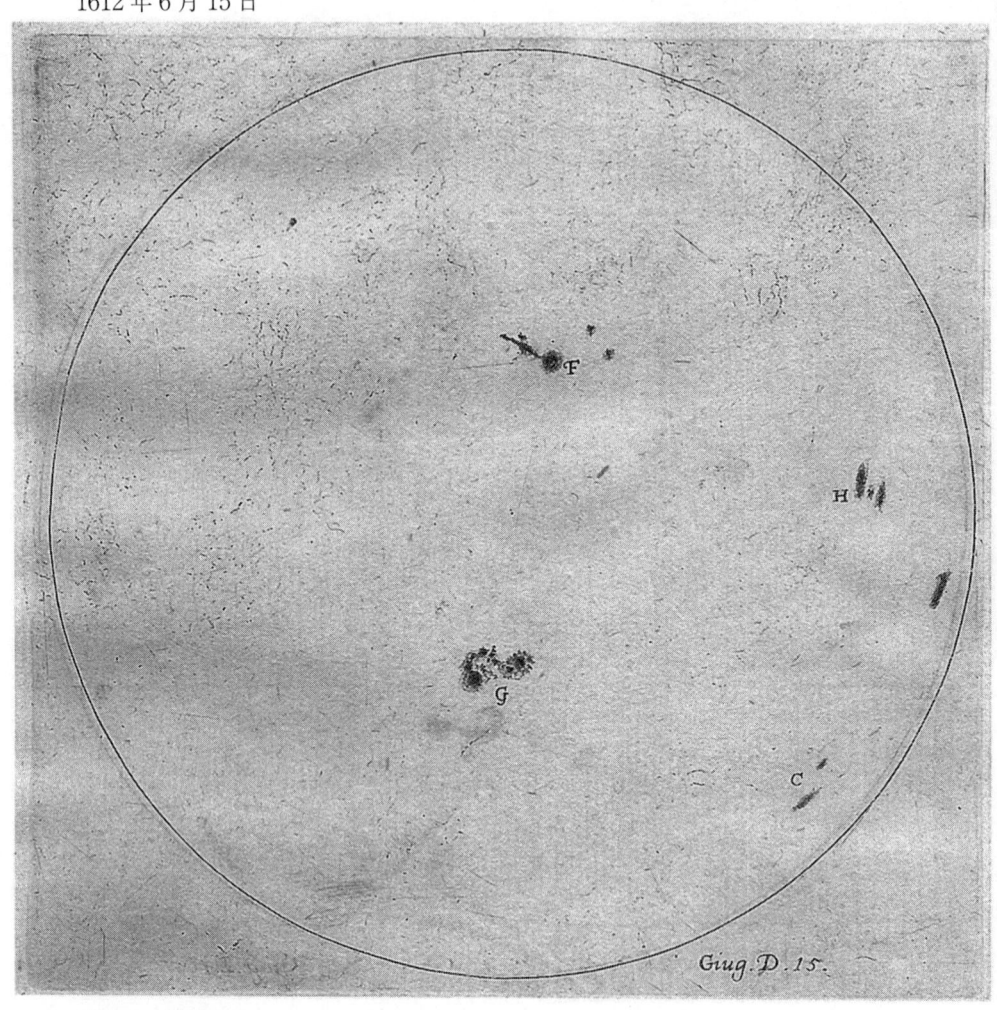

図690　**ガリレイ**
1613 71
Opere V 157
グロイター

1612年6月16日

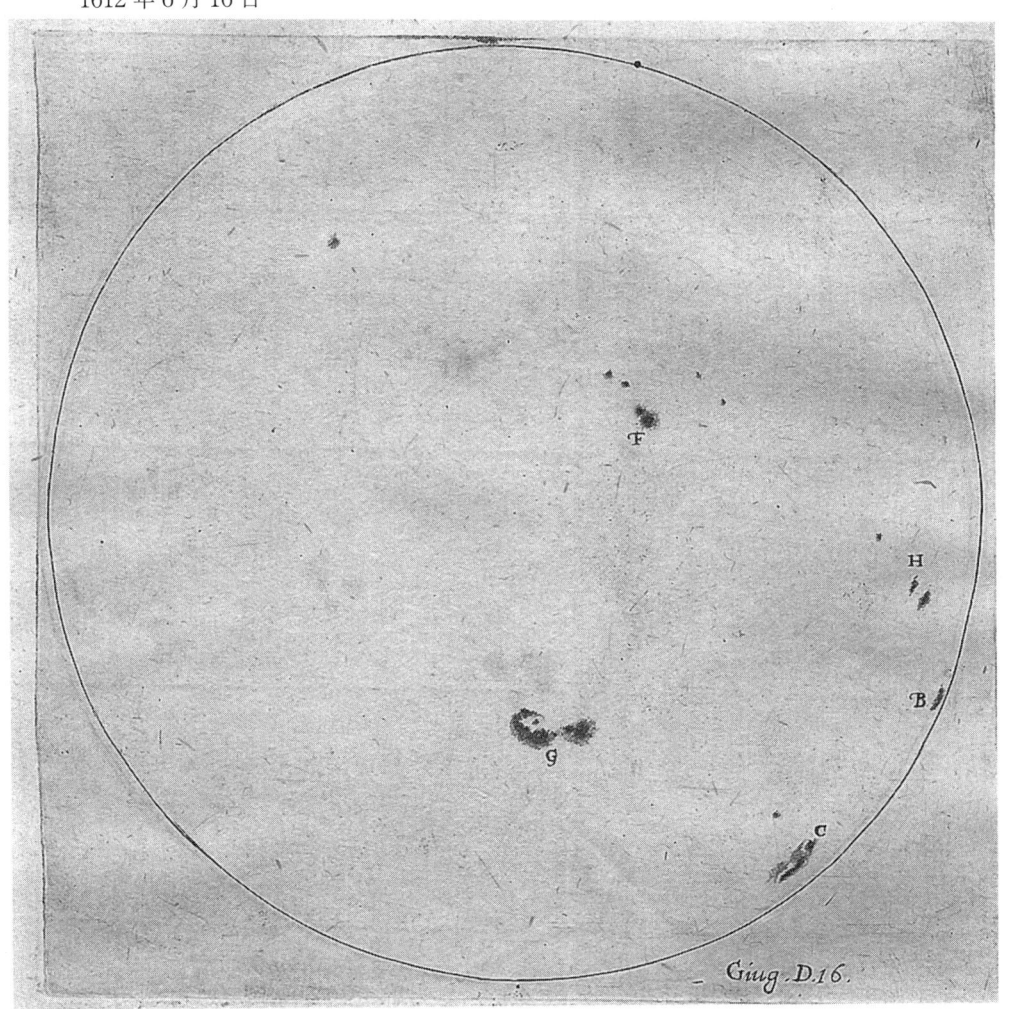

図 691　**ガリレイ**
　　　　1613 72
　　　　Opere V 158
　　　　グロイター

1612年6月17日

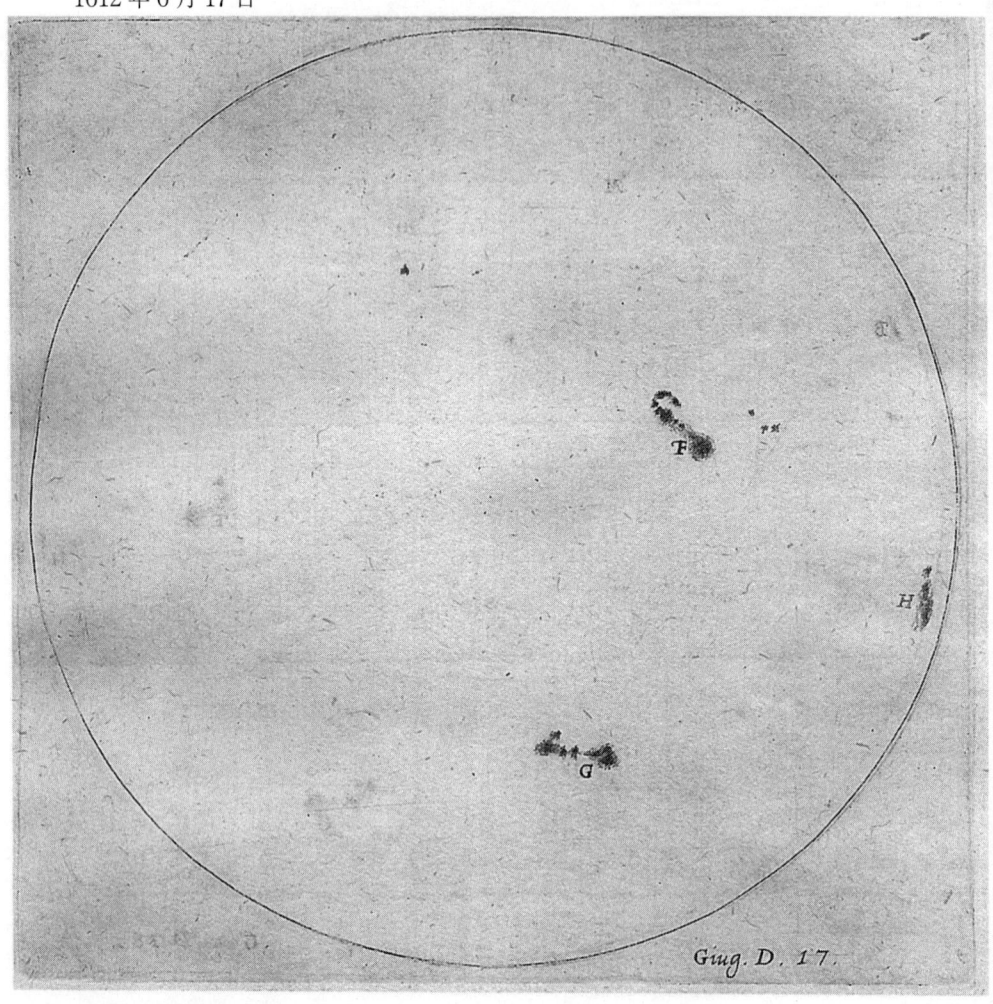

図692 **ガリレイ**
1613 73
Opere V 159
グロイター

1612年6月18日

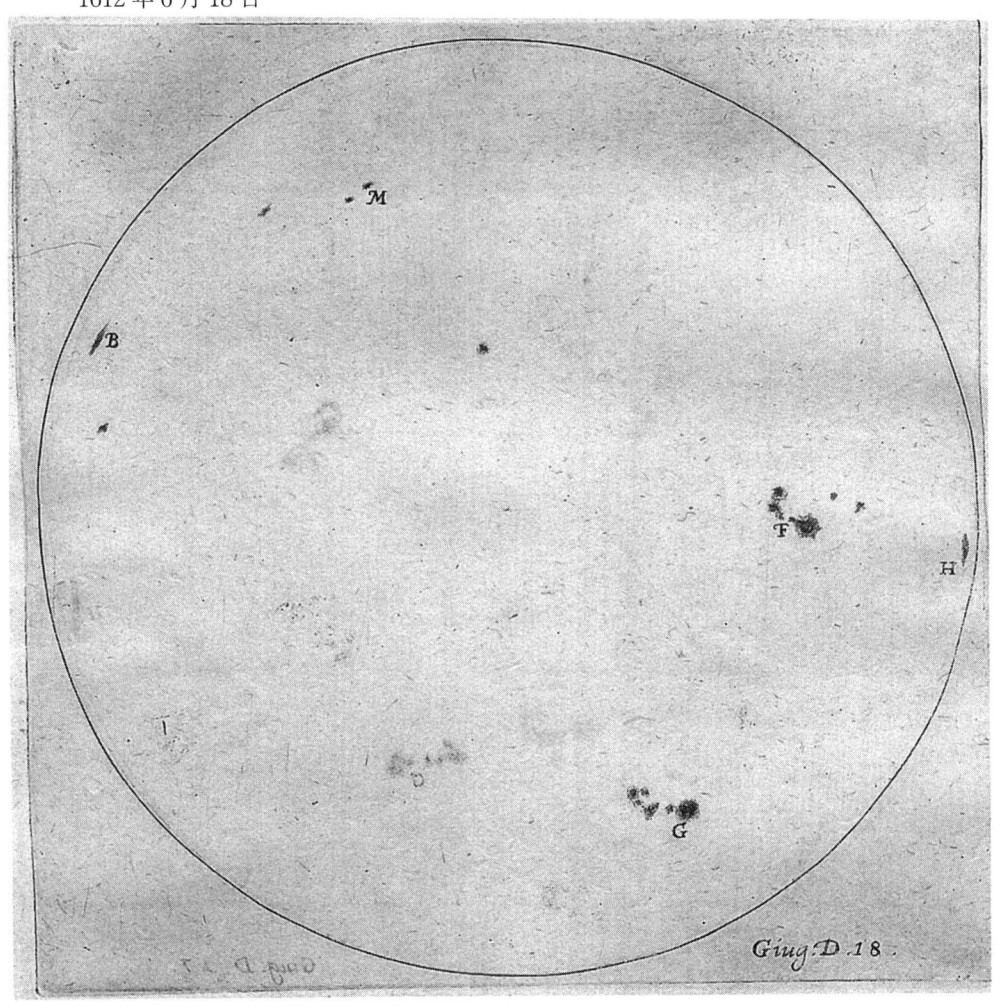

図693　**ガリレイ**
1613 74
Opere V 160
グロイター

1612年6月19日

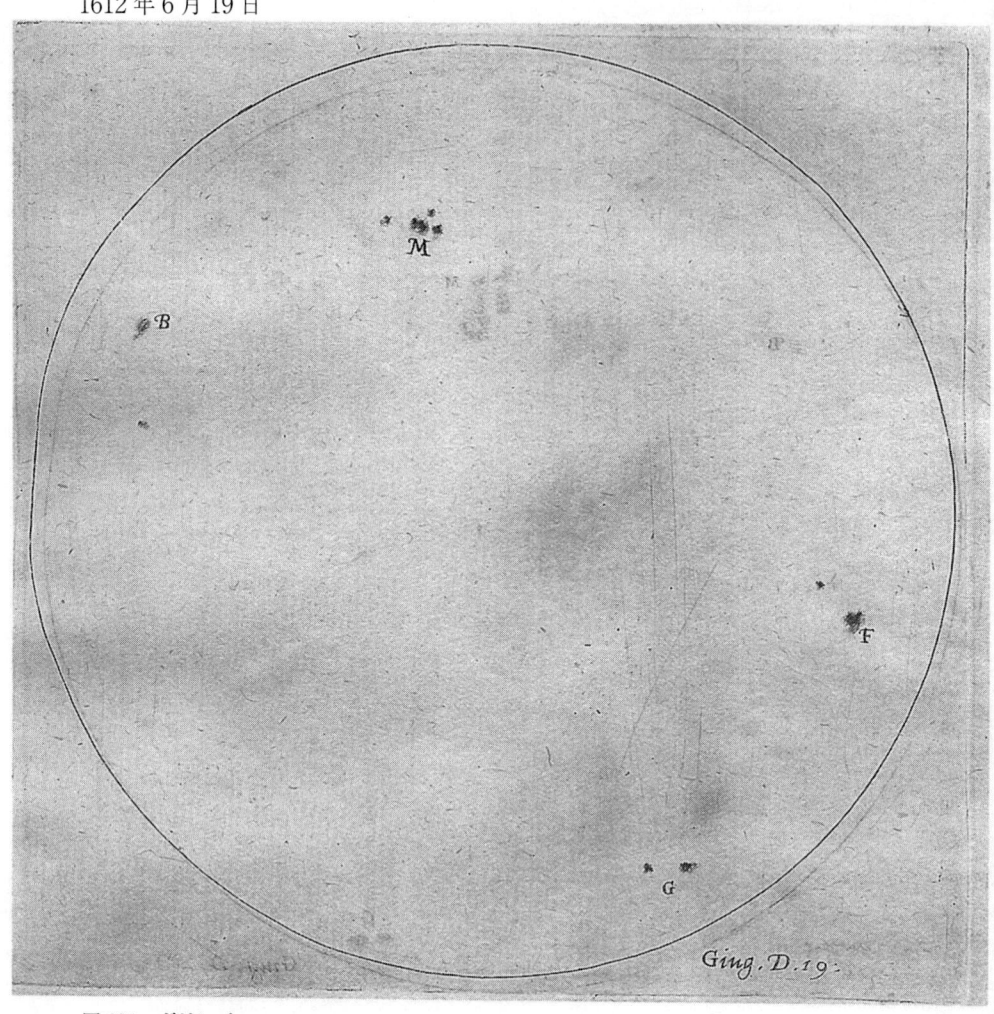

図694　**ガリレイ**
1613 75
Opere V 161
グロイター

付録Ⅱ　原図大の太陽黒点　1611年9月－1612年8月　493

1612年6月20日

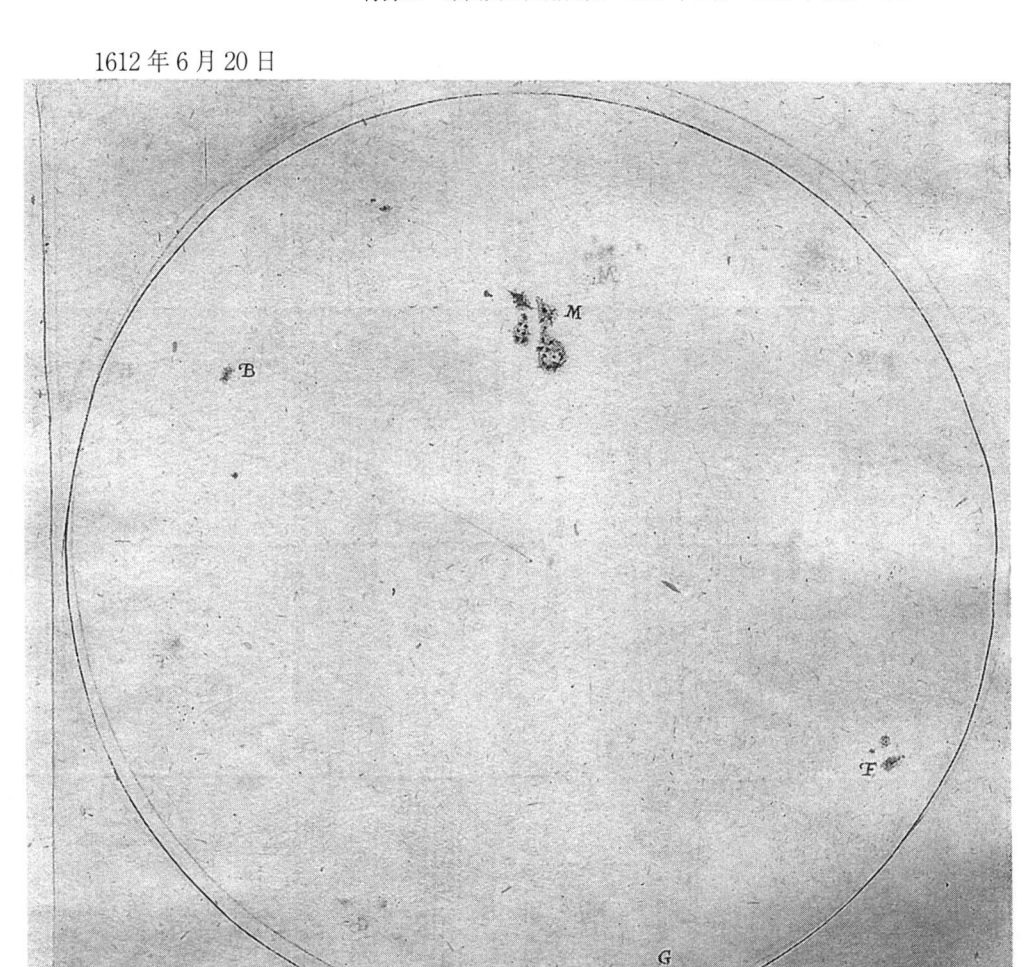

図695　**ガリレイ**
1613 76
Opere V 162
グロイター

1612年6月21日

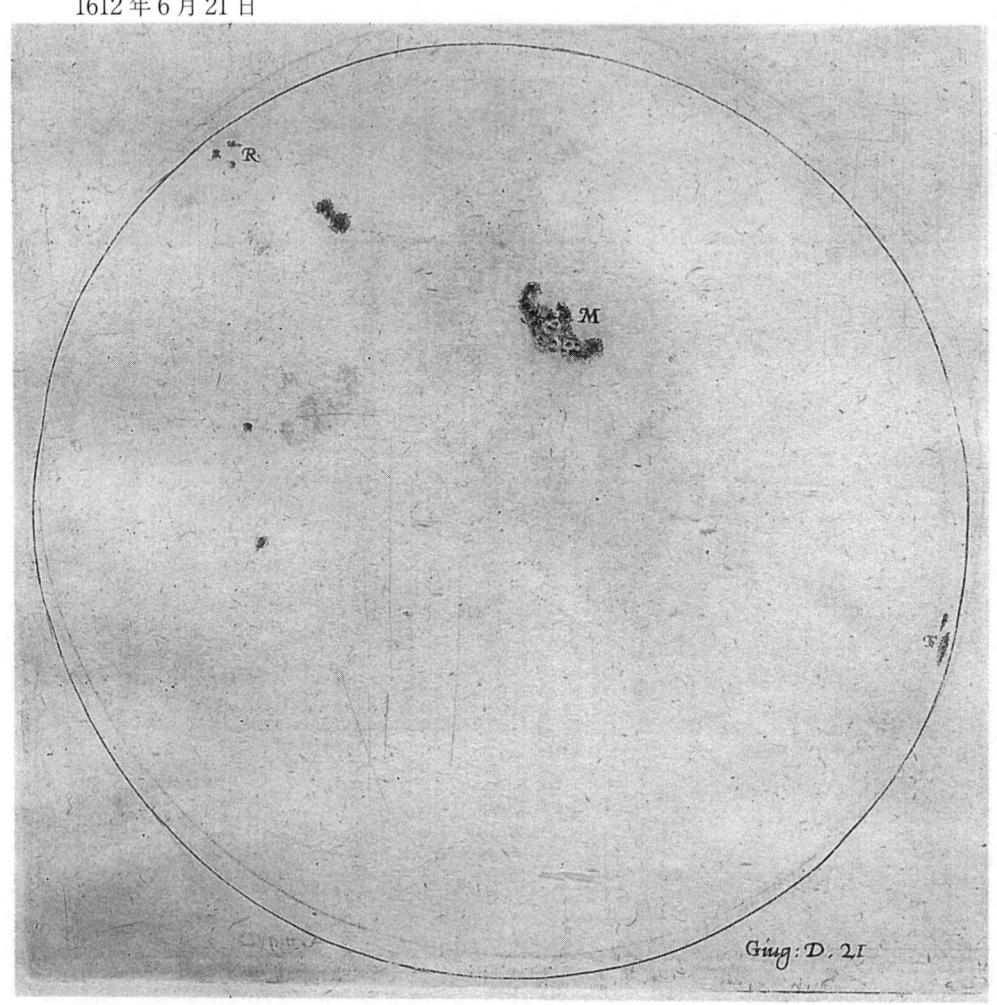

図696　**ガリレイ**
1613 77
Opere V 163
グロイター

付録Ⅱ　原図大の太陽黒点　1611年9月-1612年8月　495

1612年6月22日

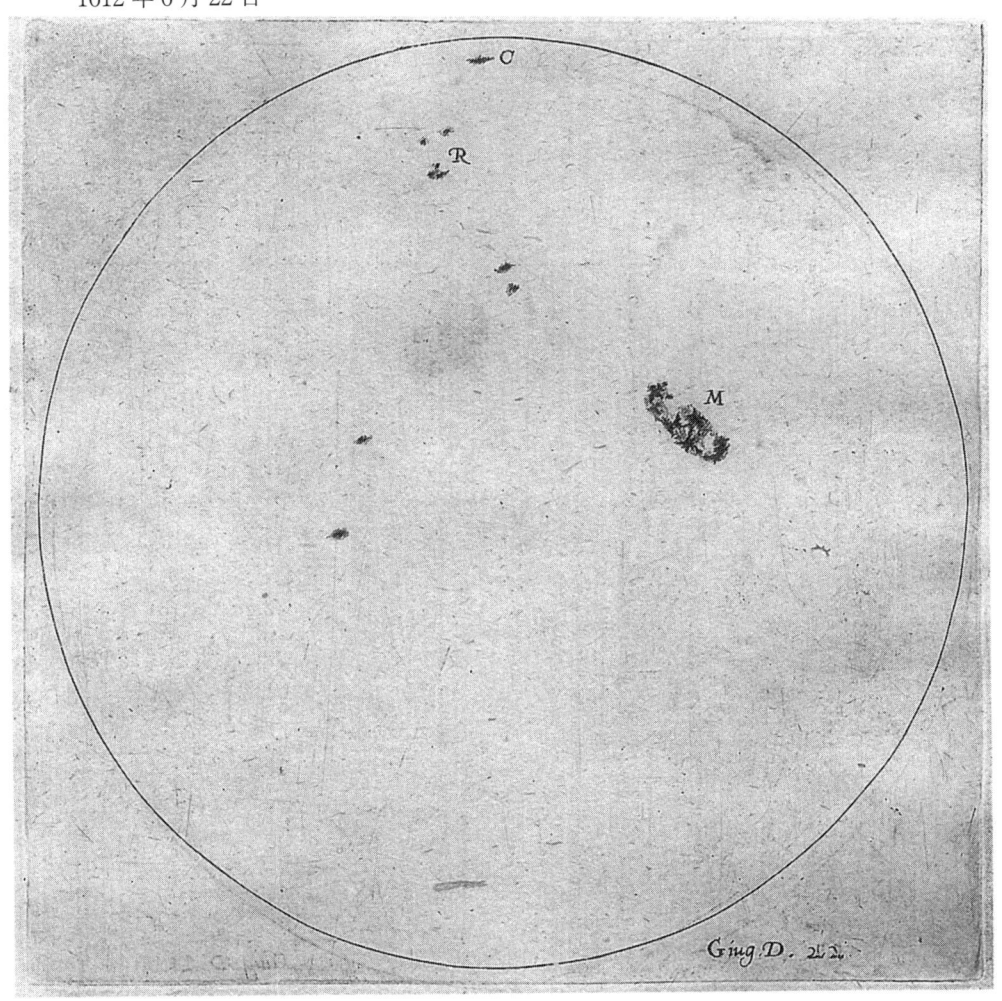

図697　**ガリレイ**
　　　1613 78
　　　Opere V 164
　　　グロイター

1612年6月2日

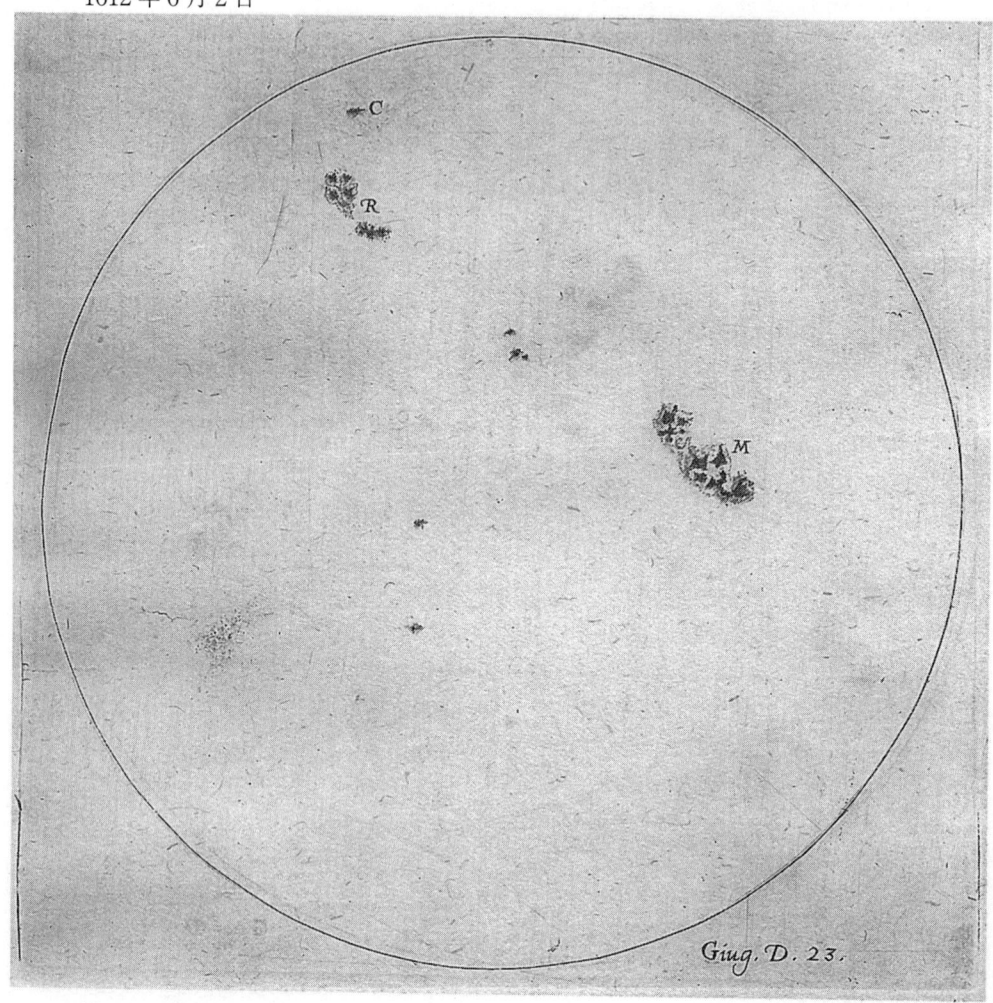

図698　**ガリレイ**
1613 79
Opere V 165
グロイター

付録Ⅱ　原図大の太陽黒点　1611年9月-1612年8月　497

1612年6月24日

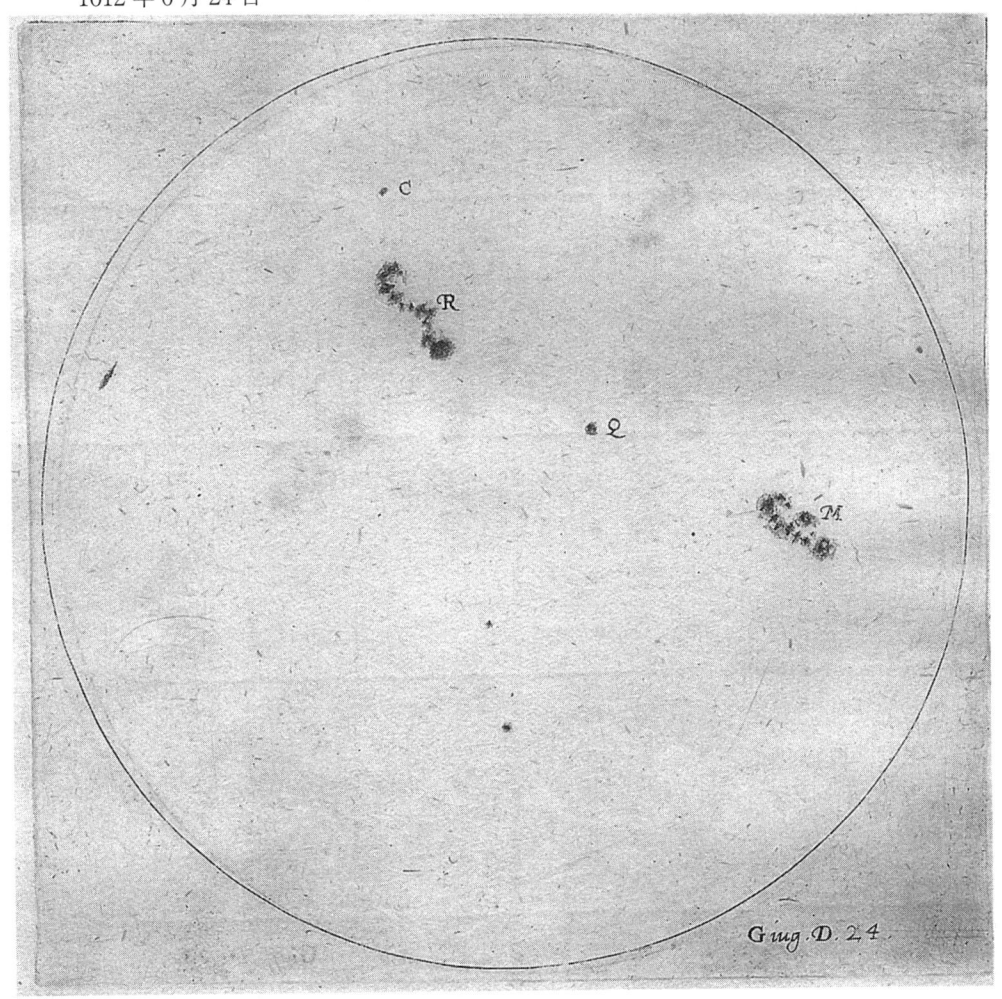

Giug. D. 24.

図699　**ガリレイ**
　　　　1613 80
　　　　Opere V 166
　　　　グロイター

1612年6月25日

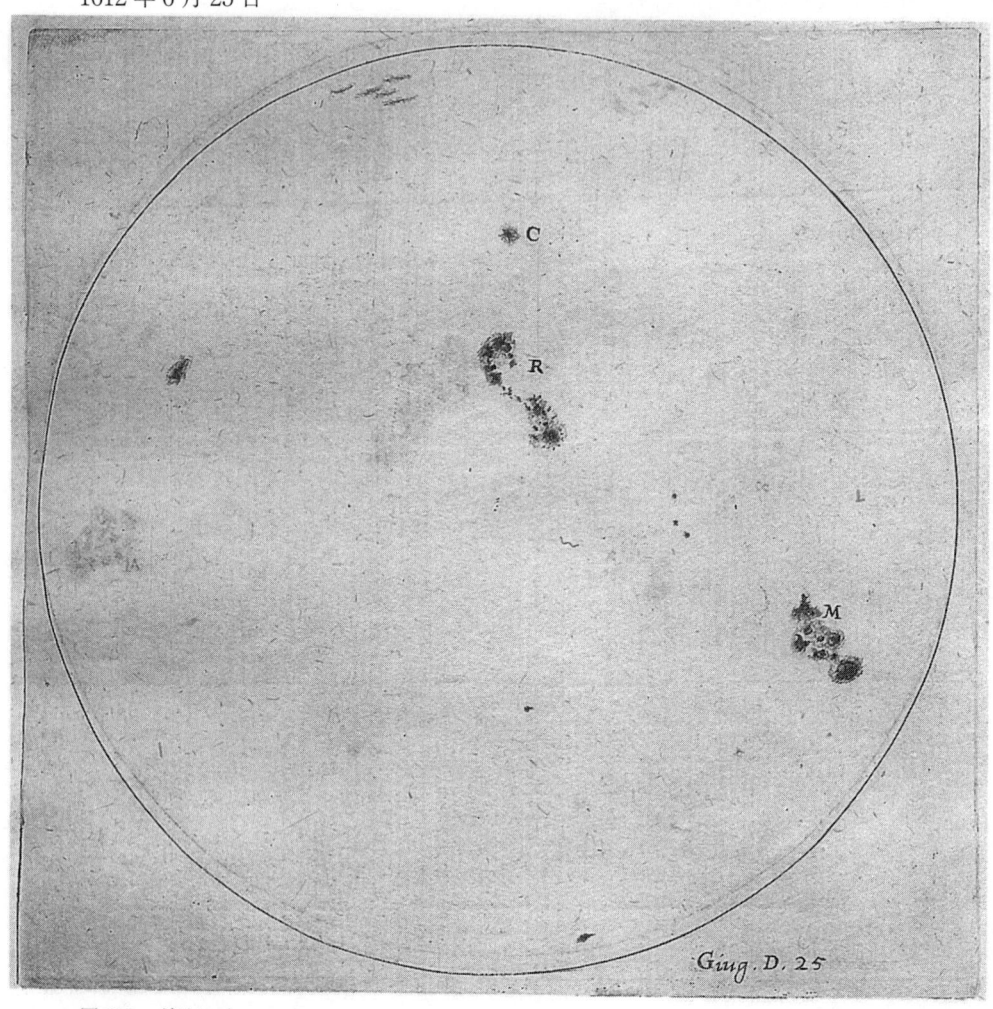

図700　**ガリレイ**
1613 81
Opere V 167
グロイター

付録Ⅱ 原図大の太陽黒点 1611年9月–1612年8月

1612年6月26日

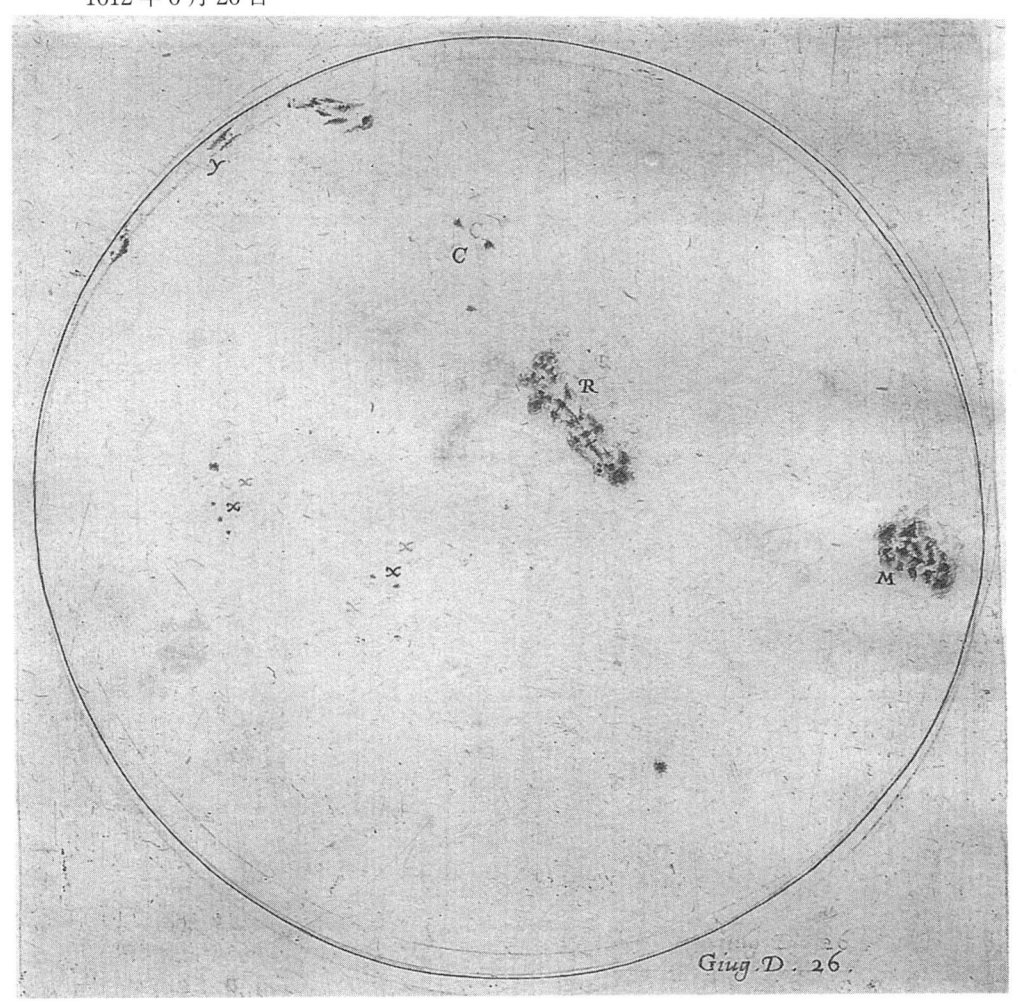

図701 **ガリレイ**
1613 82
Opere V 168
グロイター

1612年6月27日

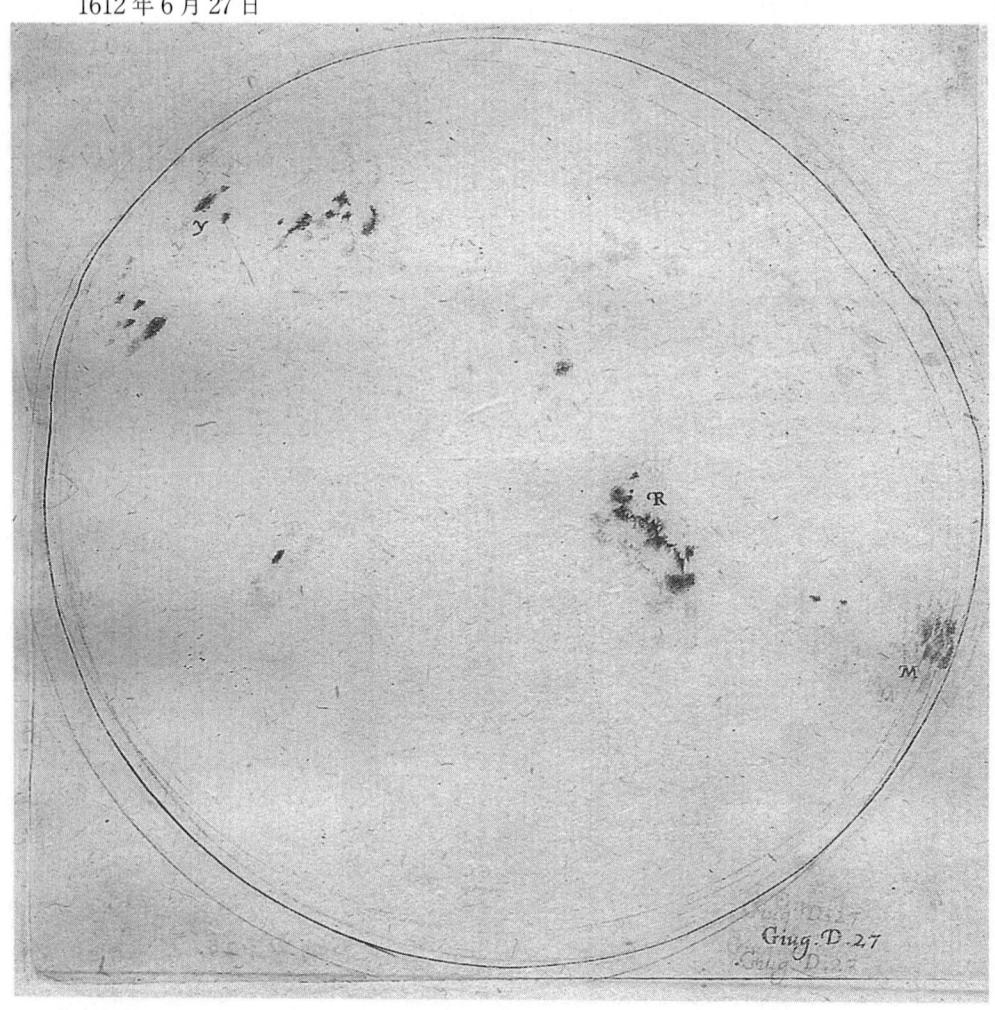

図702　**ガリレイ**
1613 83
Opere V 169
グロイター

付録Ⅱ　原図大の太陽黒点　1611年9月-1612年8月　501

1612年6月28日

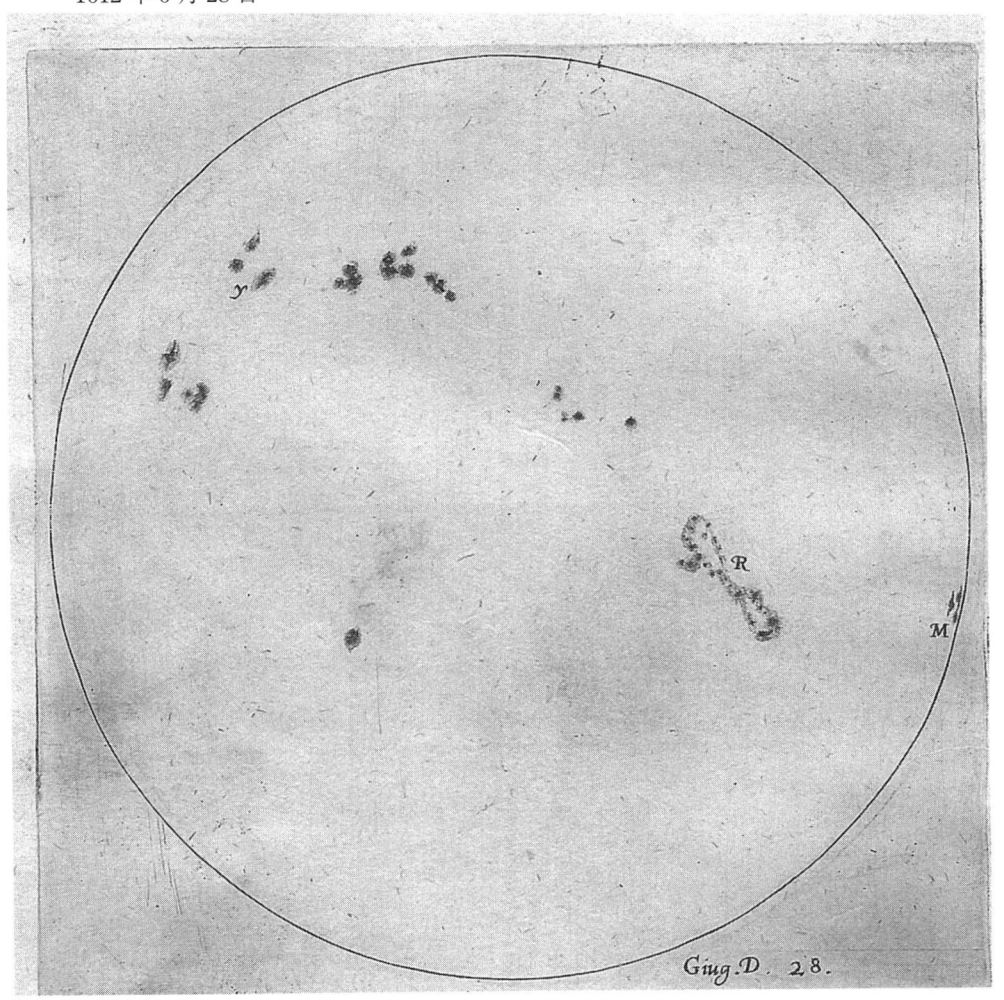

図703　**ガリレイ**
　　　1613 84
　　　Opere V 170
　　　グロイター

1612年6月29日

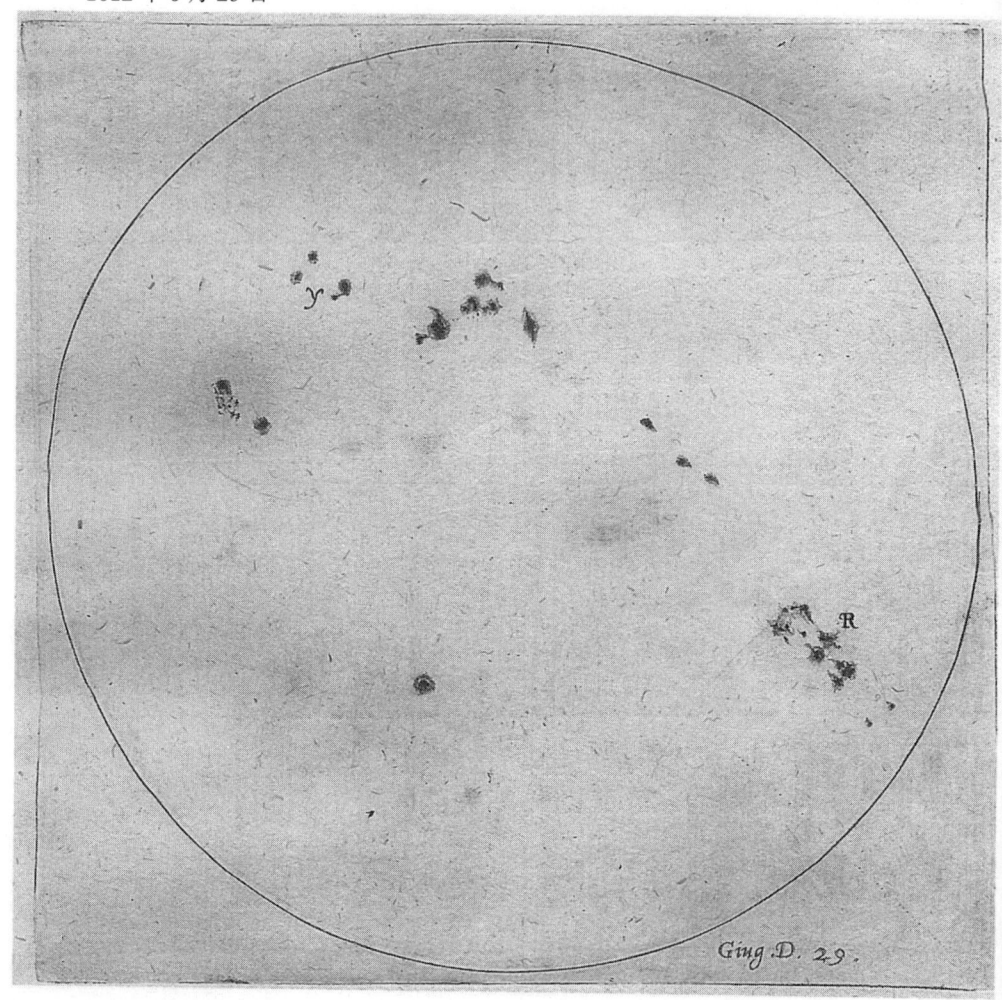

図704 **ガリレイ**
1613 85
Opere V 171
グロイター

1612年7月

1612年7月1日

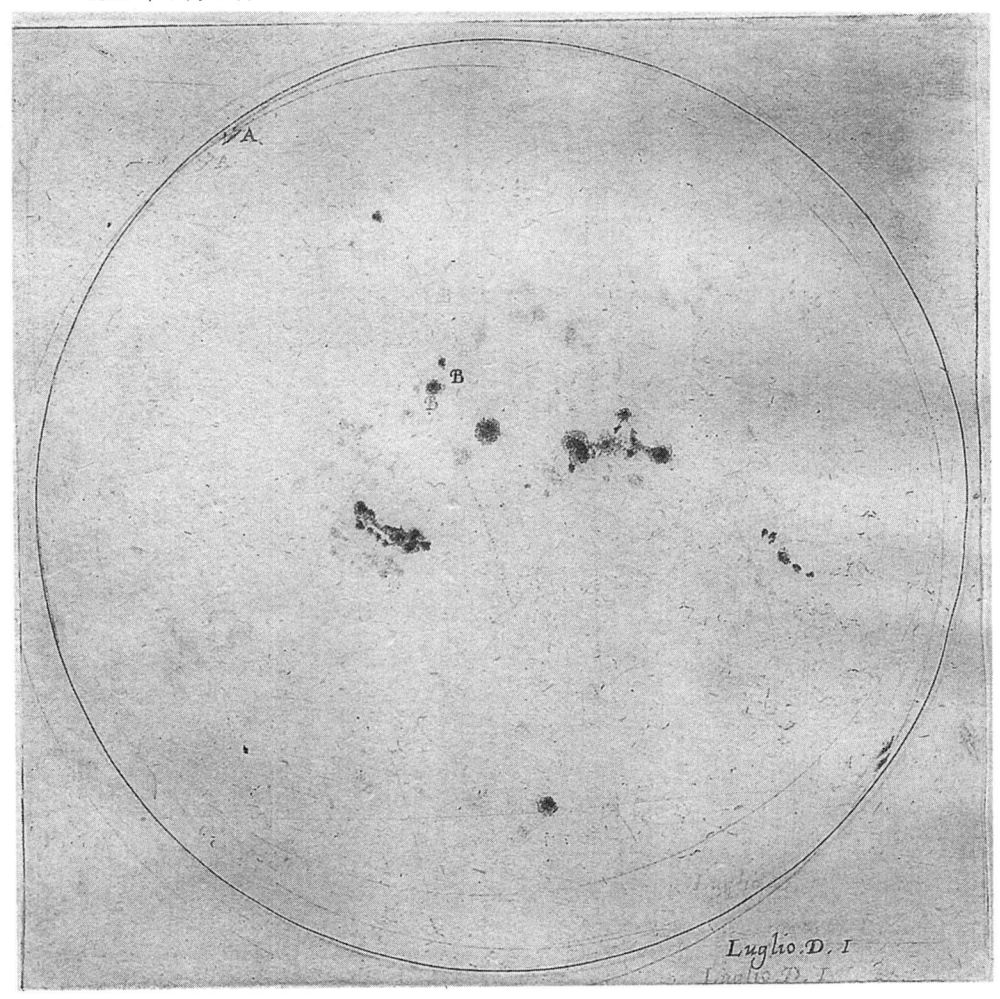

図705　**ガリレイ**
1613 86
Opere V 172
グロイター

1612年7月2日

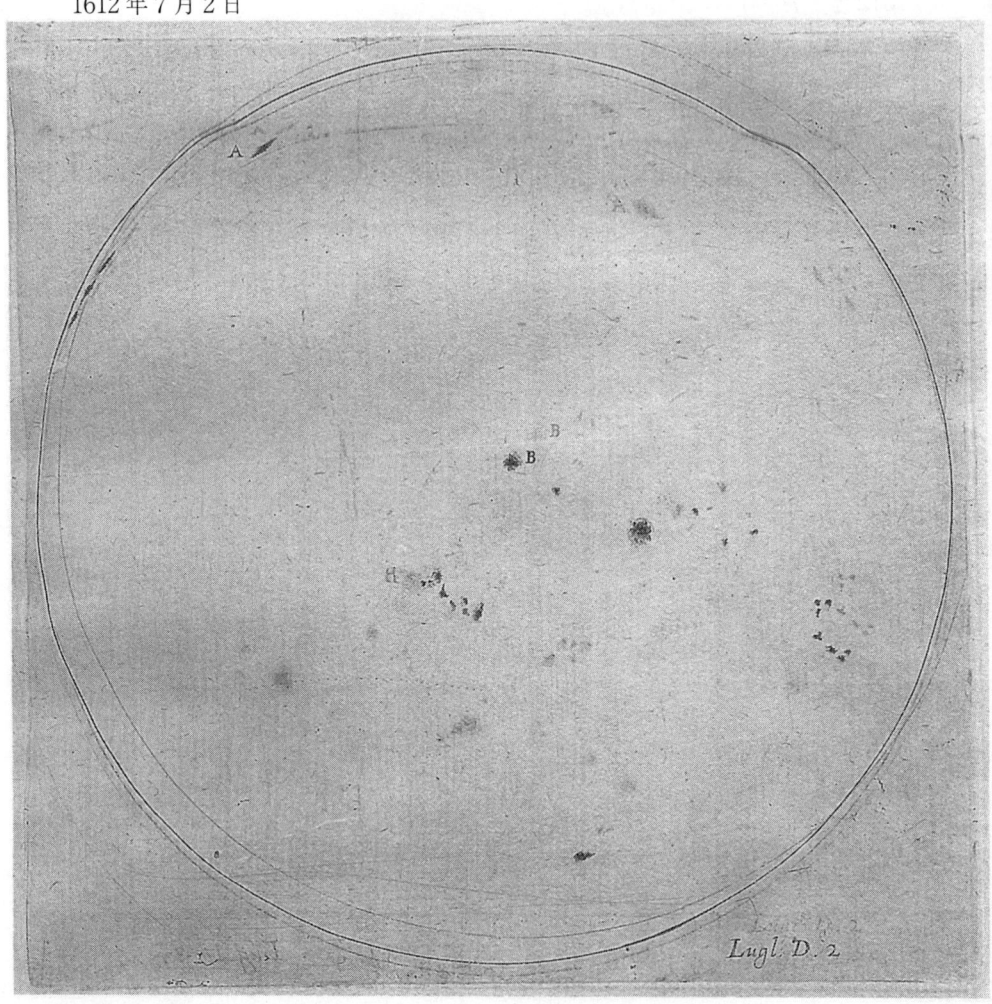

図706　**ガリレイ**
1613 87
Opere V 173
グロイター

1612年7月3日

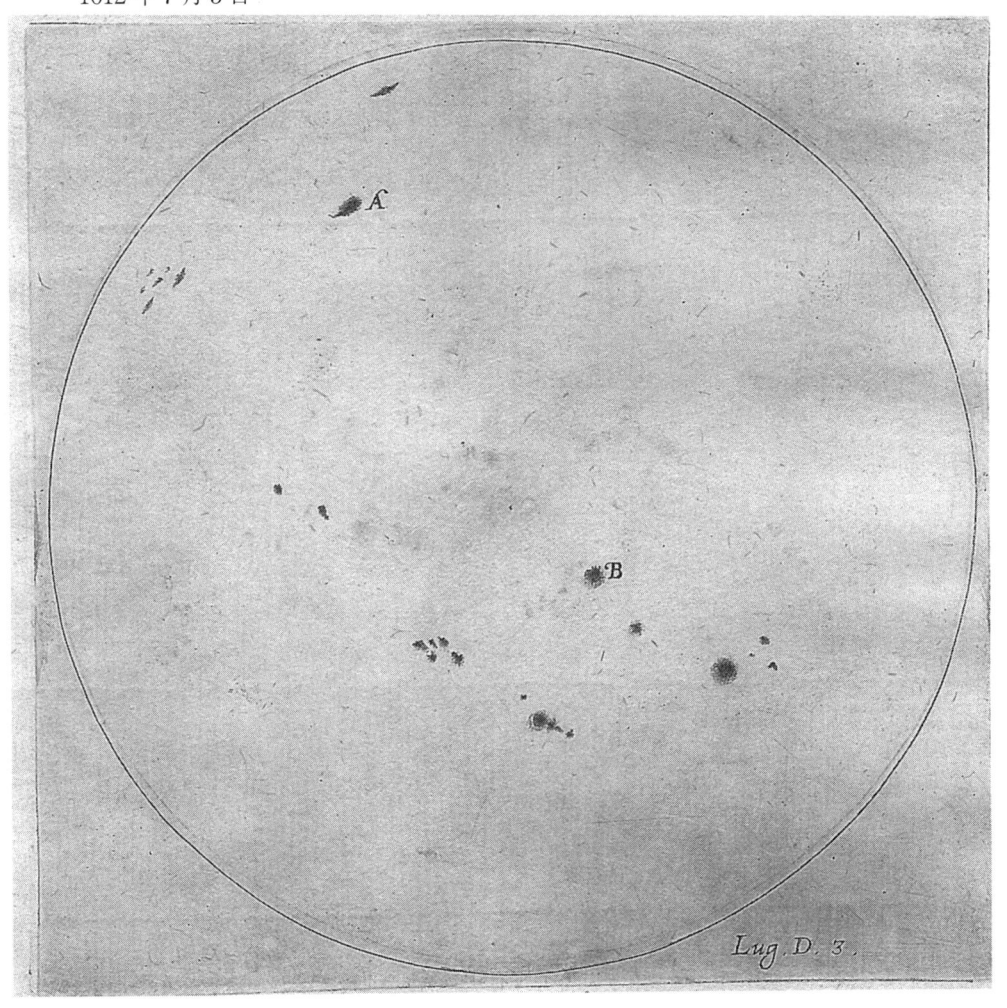

図707　**ガリレイ**
　　　1613 88
　　　Opere V 174
　　　グロイター

1612年7月4日

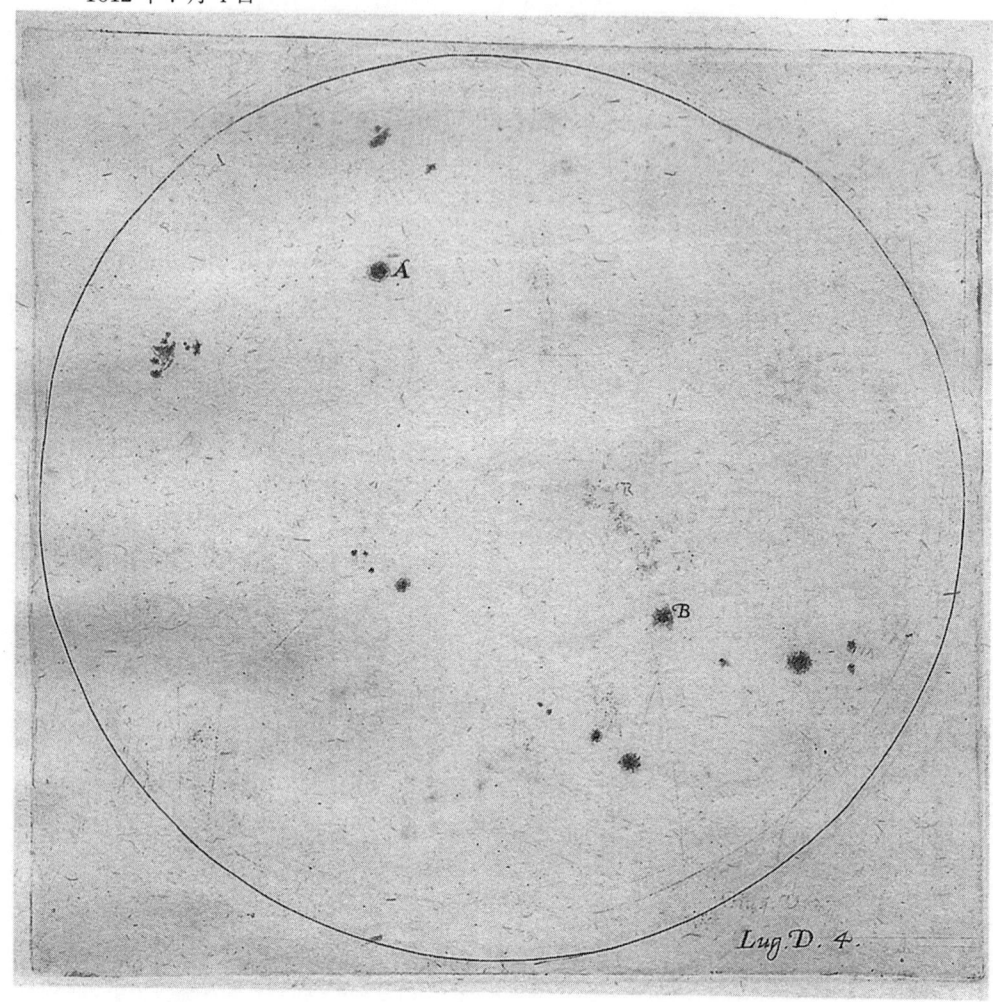

図708　**ガリレイ**
　　　1613 89
　　　Opere V 175
　　　グロイター

付録II　原図大の太陽黒点　1611年9月－1612年8月　507

1612年7月5日

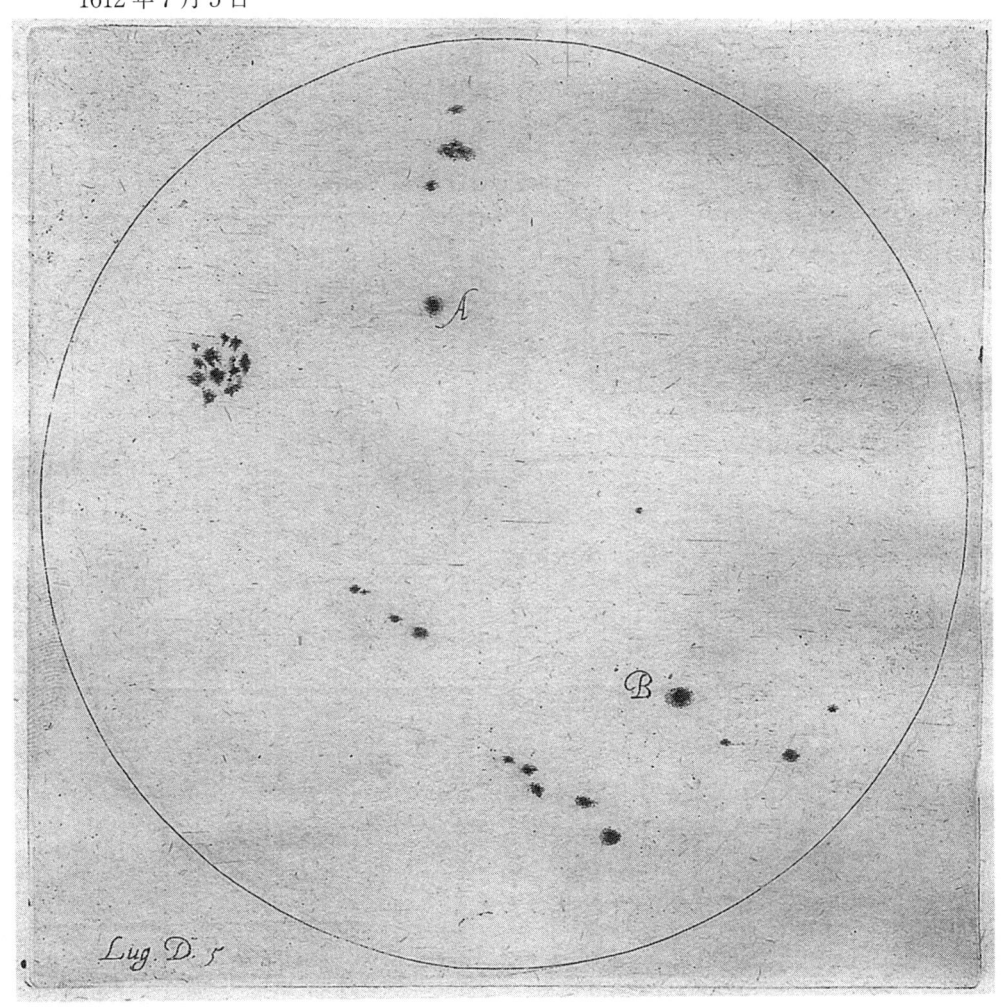

図709　**ガリレイ**
1613 90
Opere V 176
グロイター

508

1612年7月6日

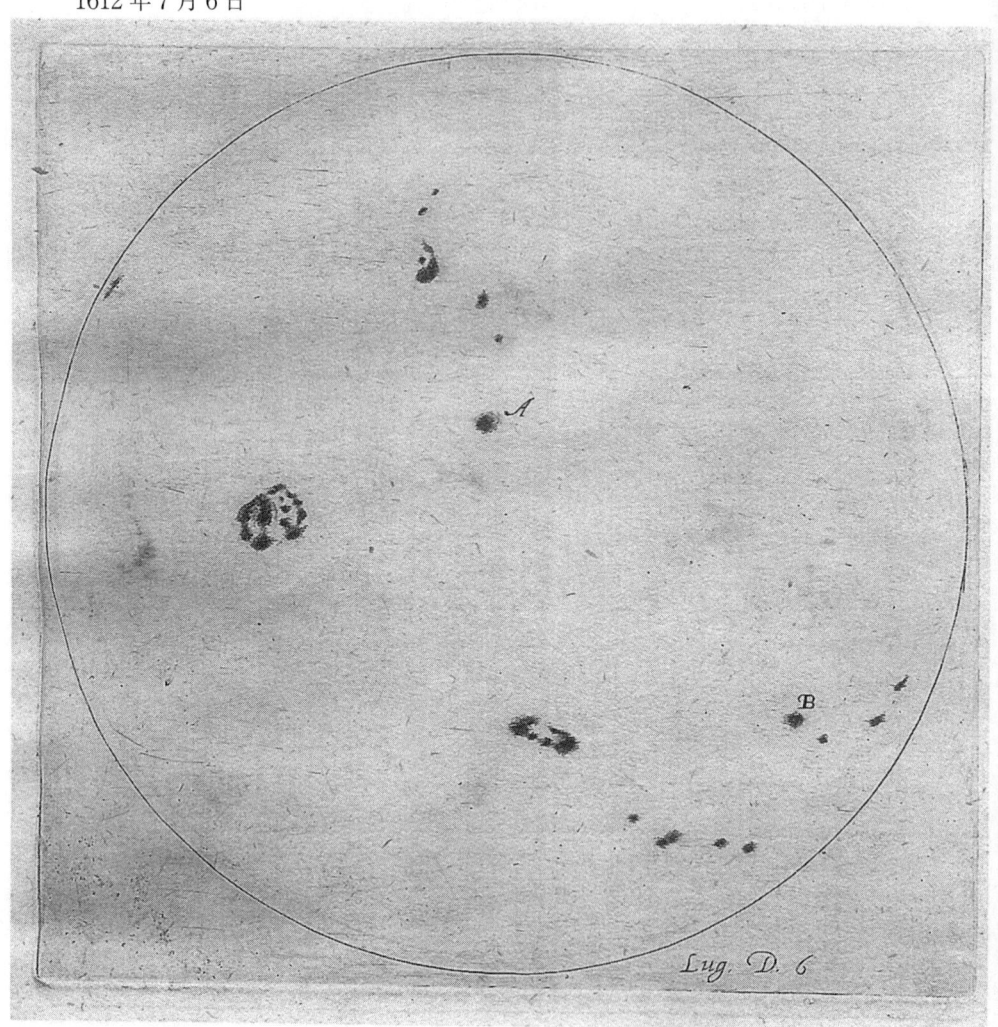

Lug. D. 6

図710　**ガリレイ**
1613 91
Opere V 177
グロイター

1612年7月7日

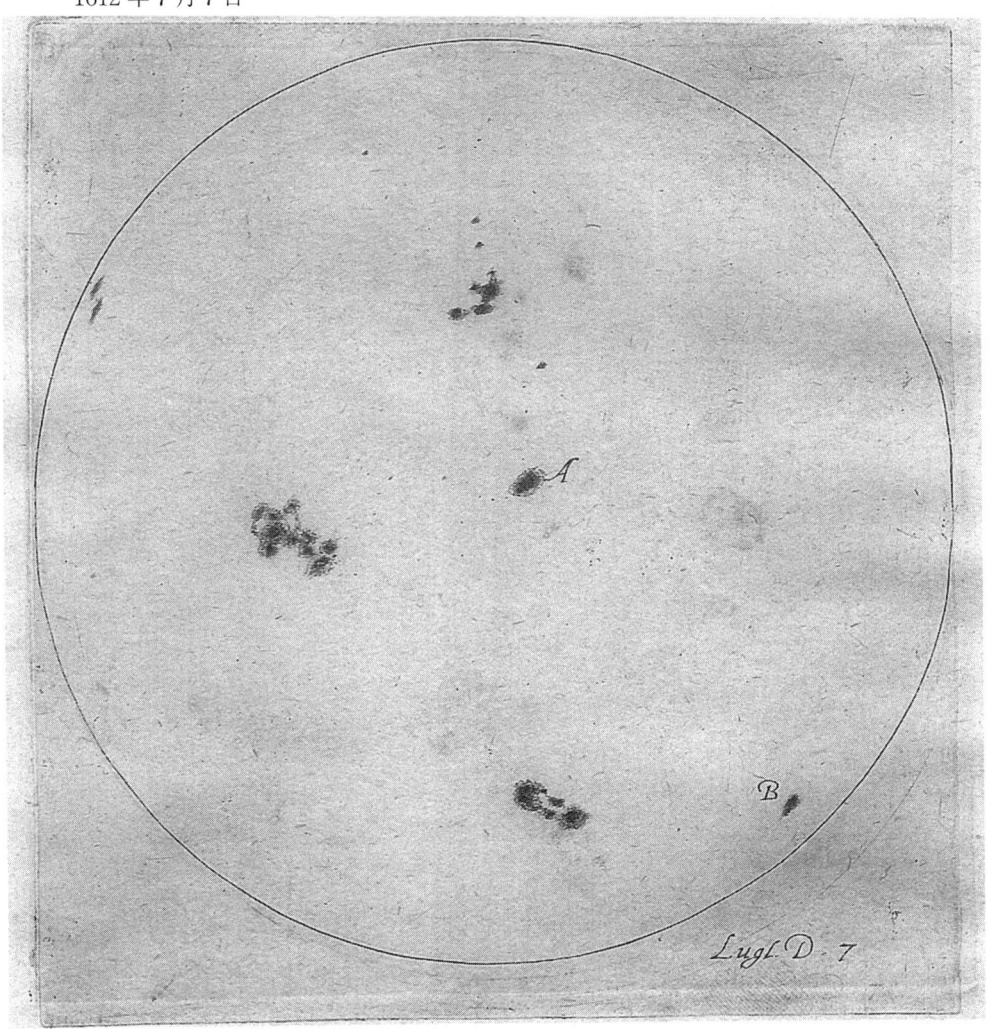

図711　**ガリレイ**
1613 92
Opere V 178
グロイター

1612年7月8日

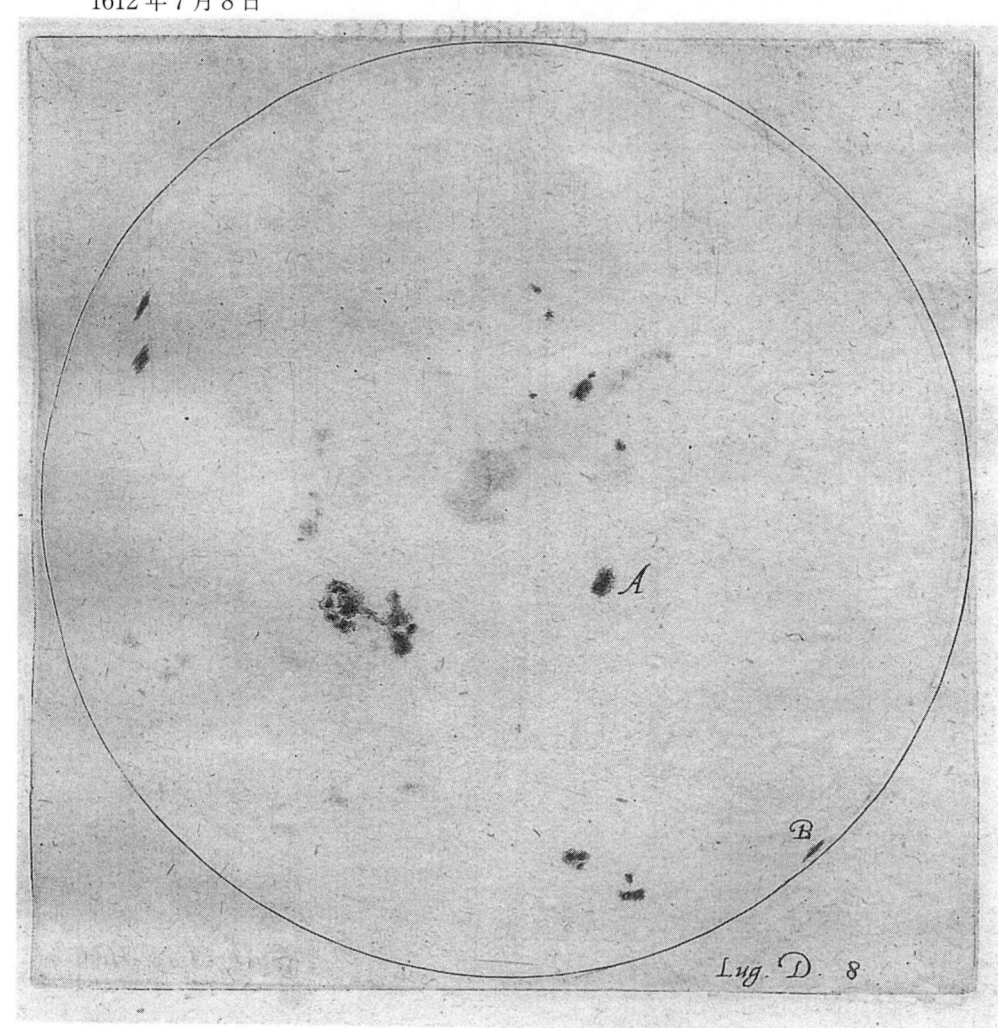

図712　**ガリレイ**
　　　　1613 93
　　　　Opere V 179
　　　　グロイター

1612年8月

1612年8月18日

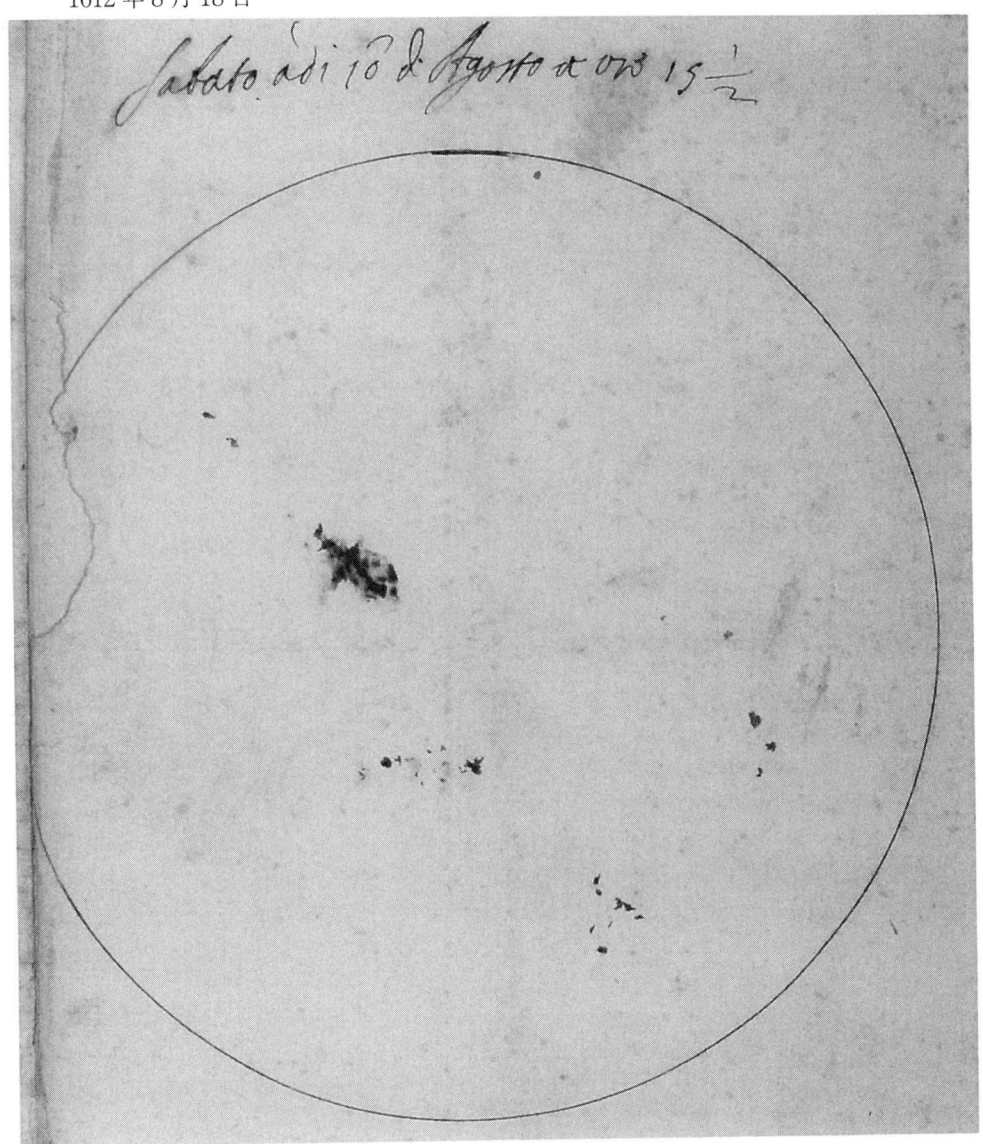

図713　チゴリ
BNCF Gal. 57 104
Opere V 441
チゴリ

1612年8月19日

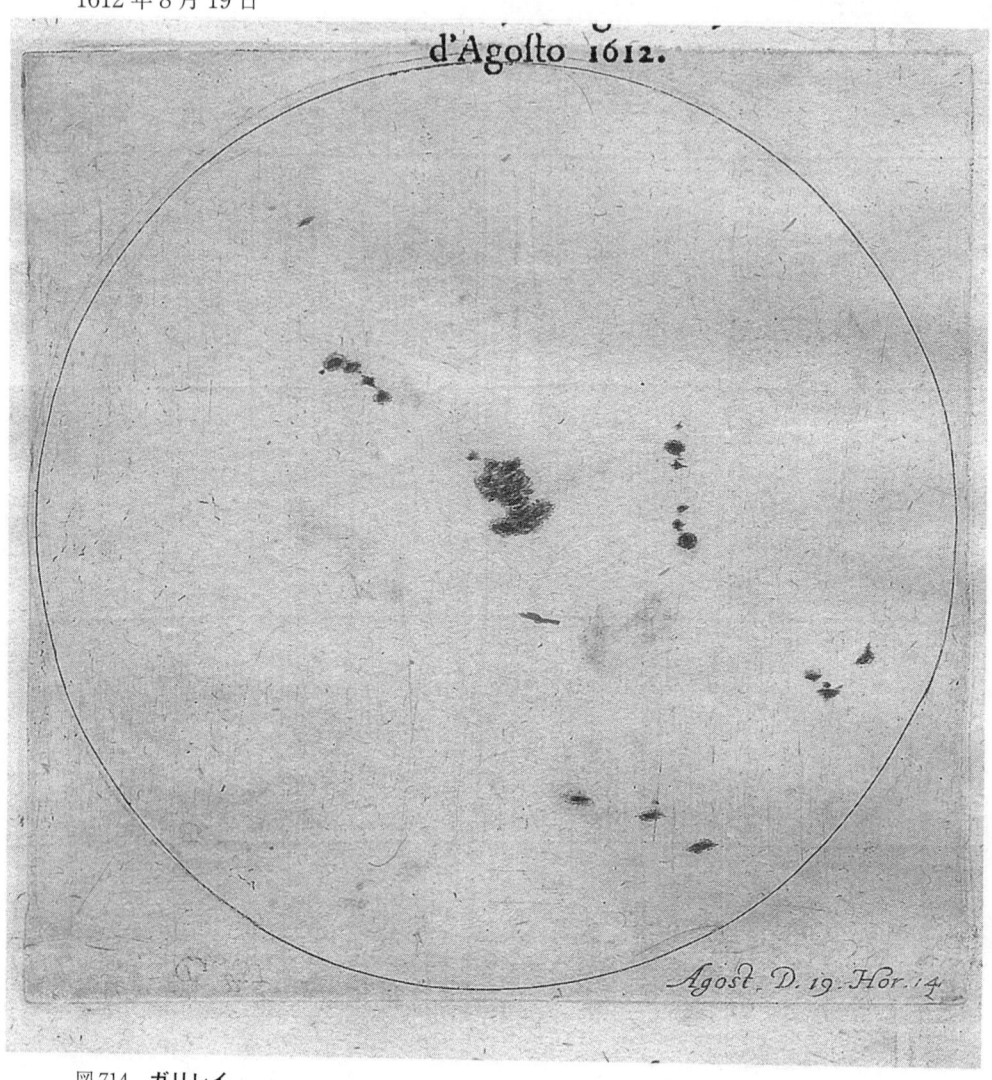

図714　**ガリレイ**
　　　1613 94
　　　Opere V 180
　　　グロイター

1612年8月20日

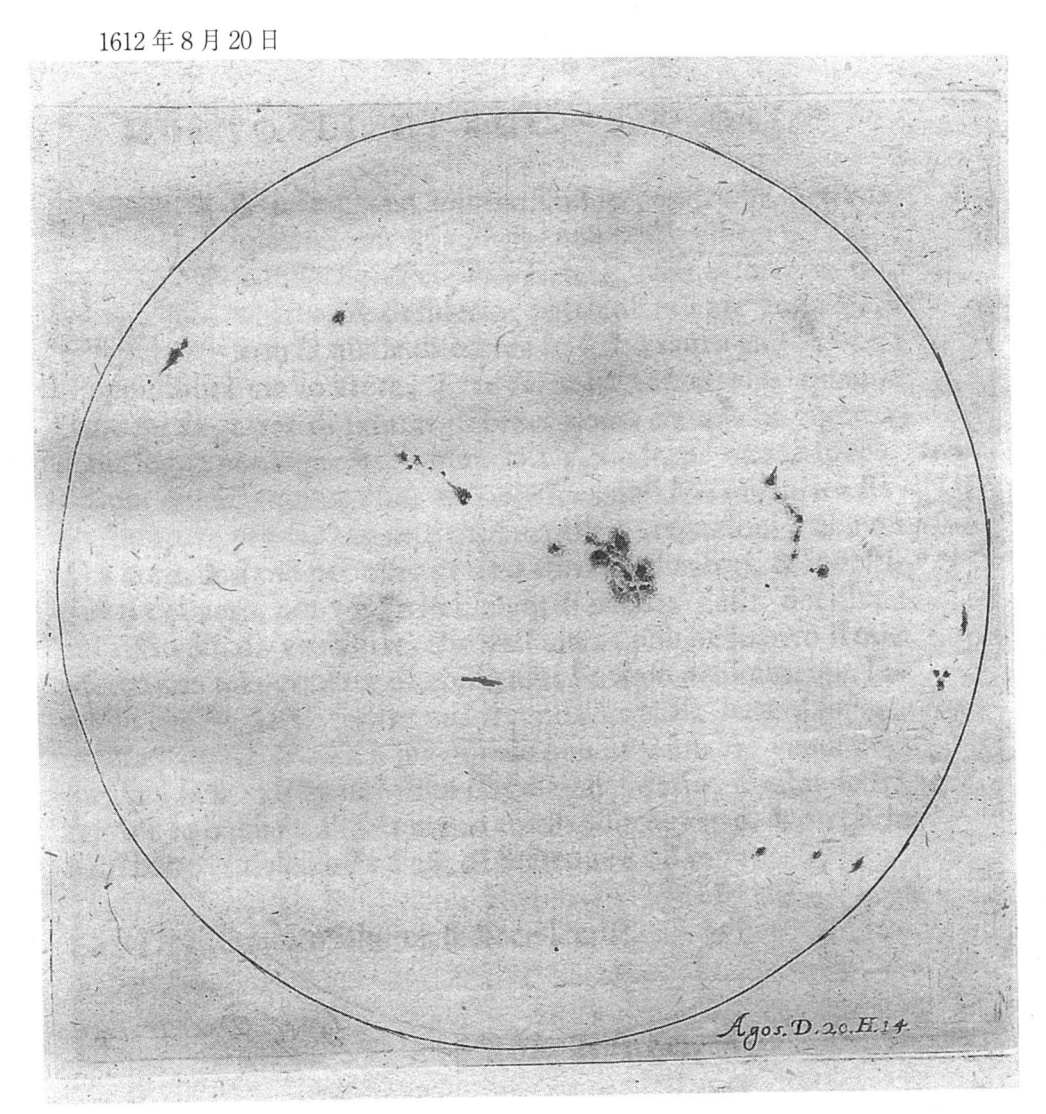

Agos. D. 20. H. 14

図715 **ガリレイ**
1613 95
Opere V 181
グロイター

1612年8月20日

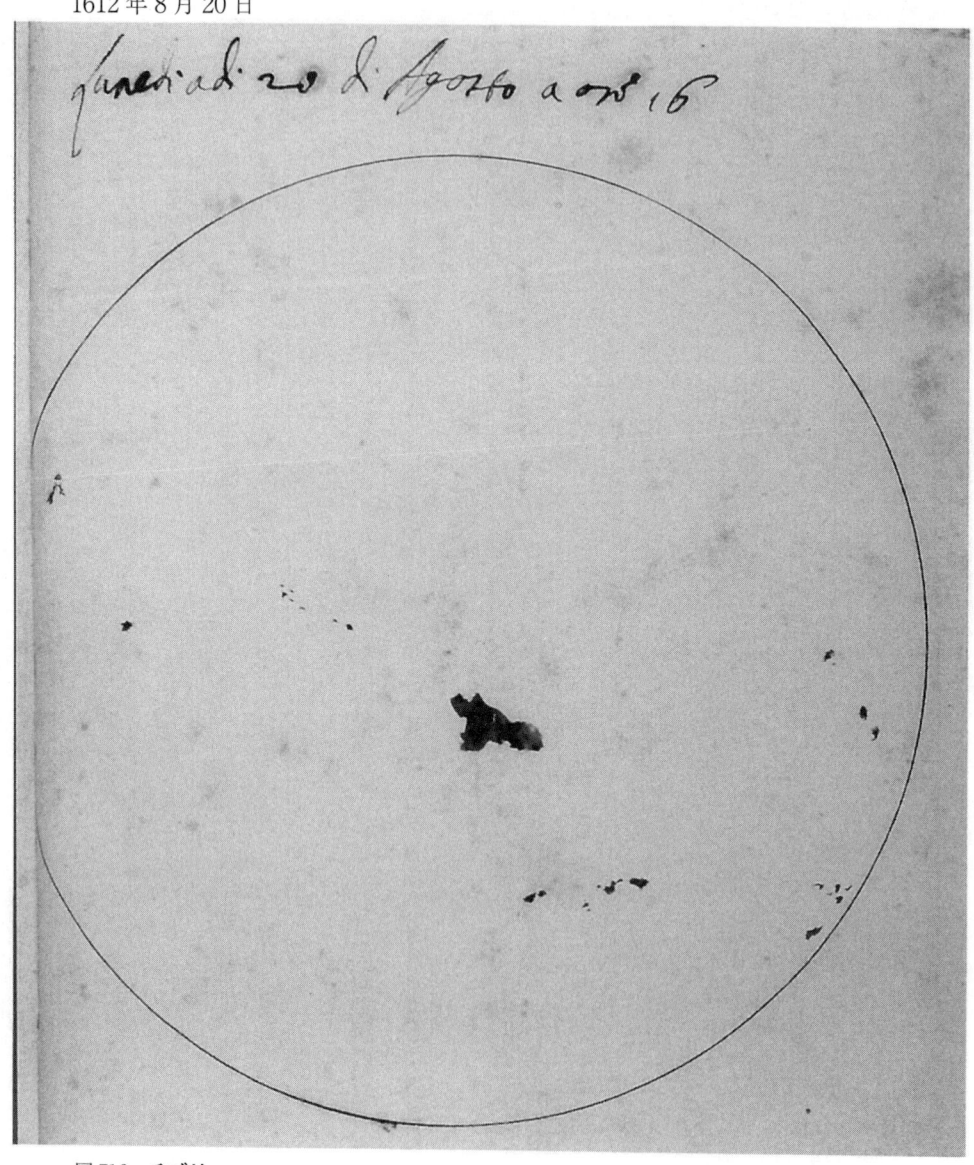

図 716　**チゴリ**
　　　　BNCF Gal. 57 105
　　　　Opere V 443
　　　　チゴリ

1612年8月21日

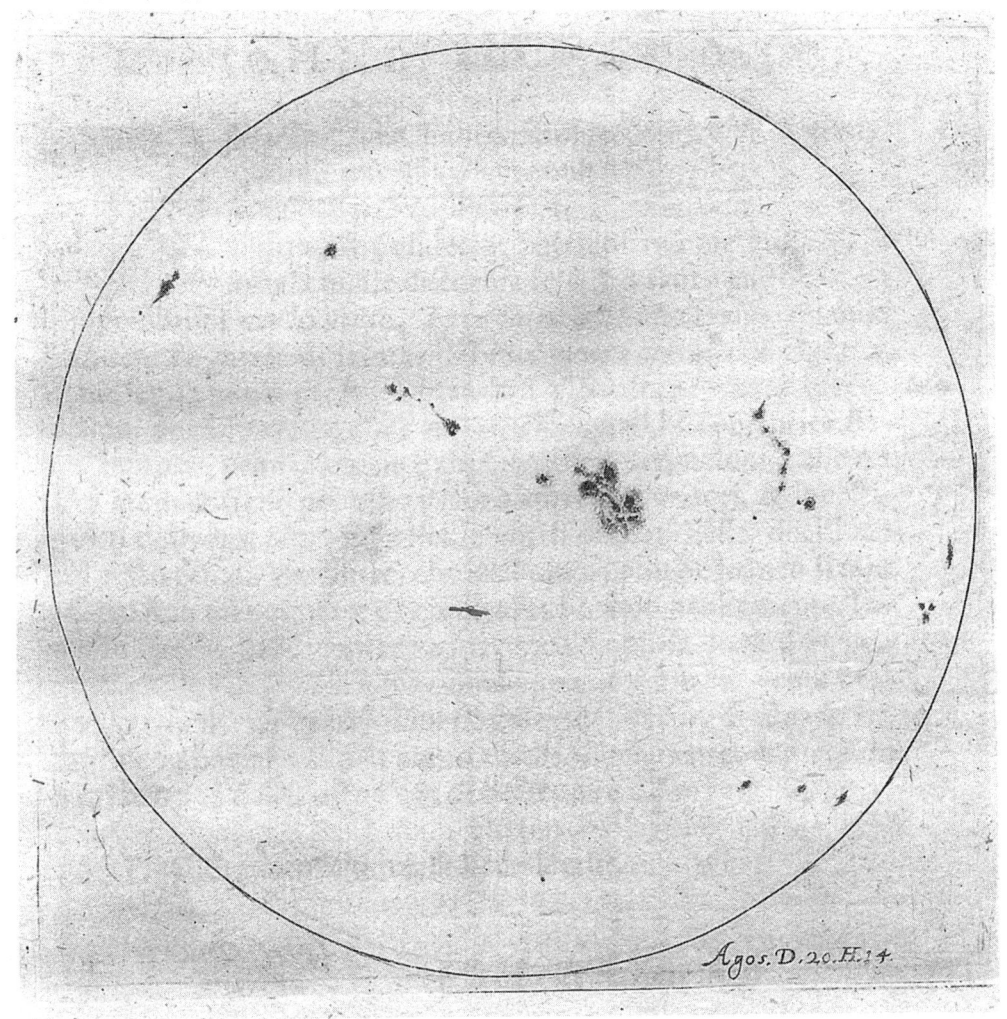

Agos. D. 20. H. 14

図717 **ガリレイ**
1613 96
Opere V 182
グロイター

1612年8月21日

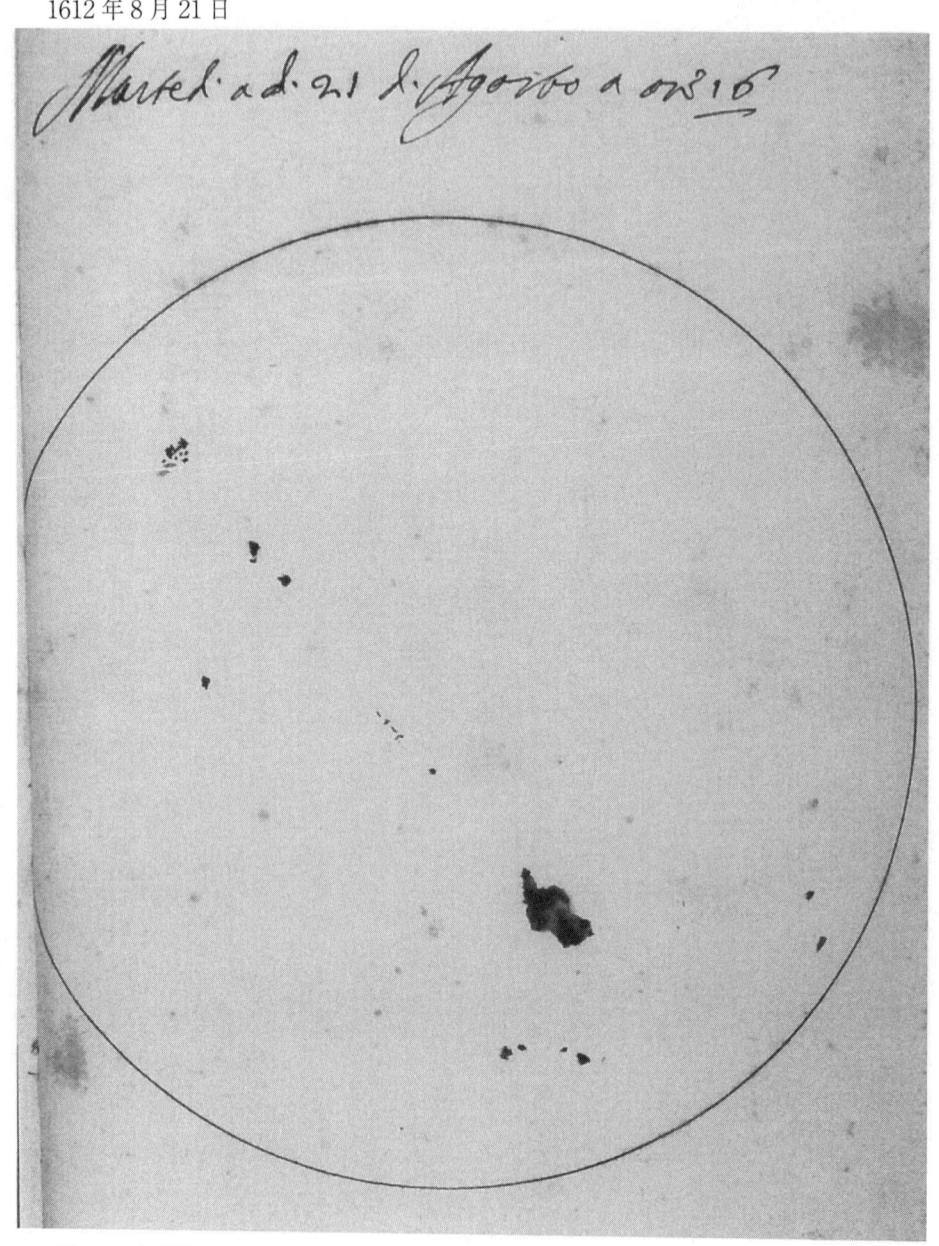

図718 **チゴリ**
BNCF Gal. 57 106
Opere V 445
チゴリ

付録Ⅱ　原図大の太陽黒点　1611年9月–1612年8月　517

1612年8月22日

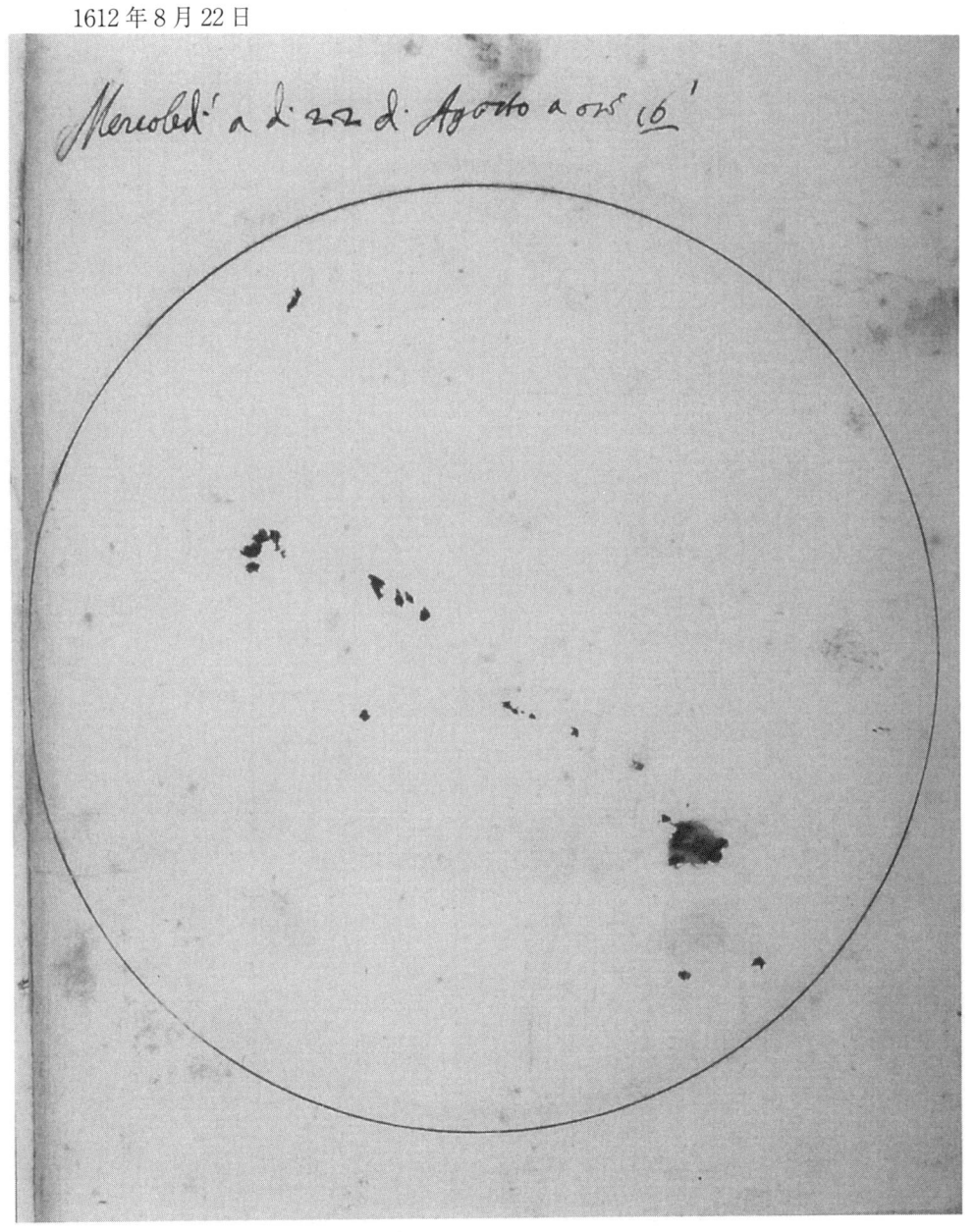

図719　**チゴリ**
　　　　BNCF Gal. 57 107
　　　　Opere V 447
　　　　チゴリ

1612年8月23日

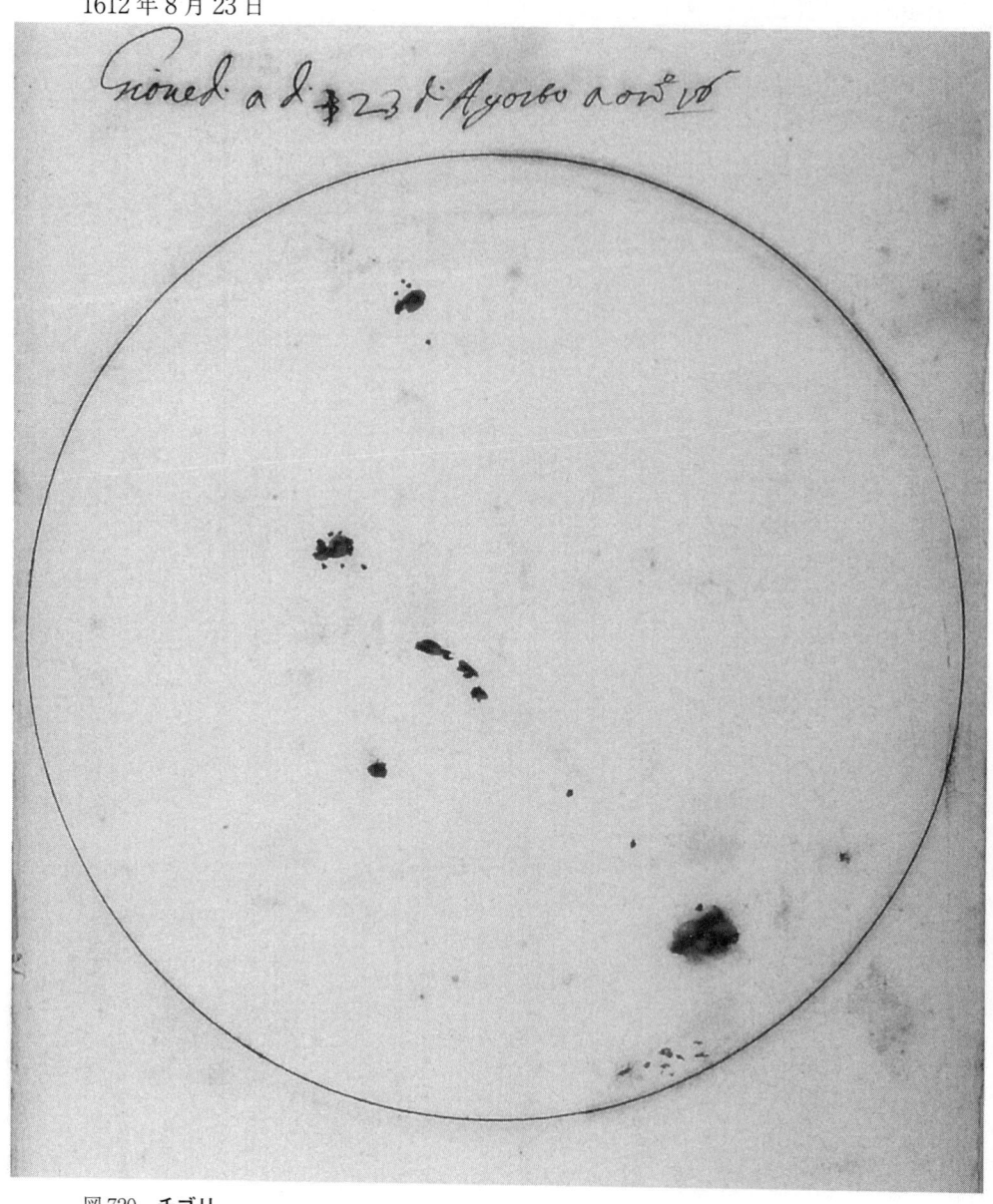

図720 **チゴリ**
BNCF Gal. 57 108
Opere V 449
チゴリ

付録Ⅱ　原図大の太陽黒点　1611年9月–1612年8月　519

1612年8月24日

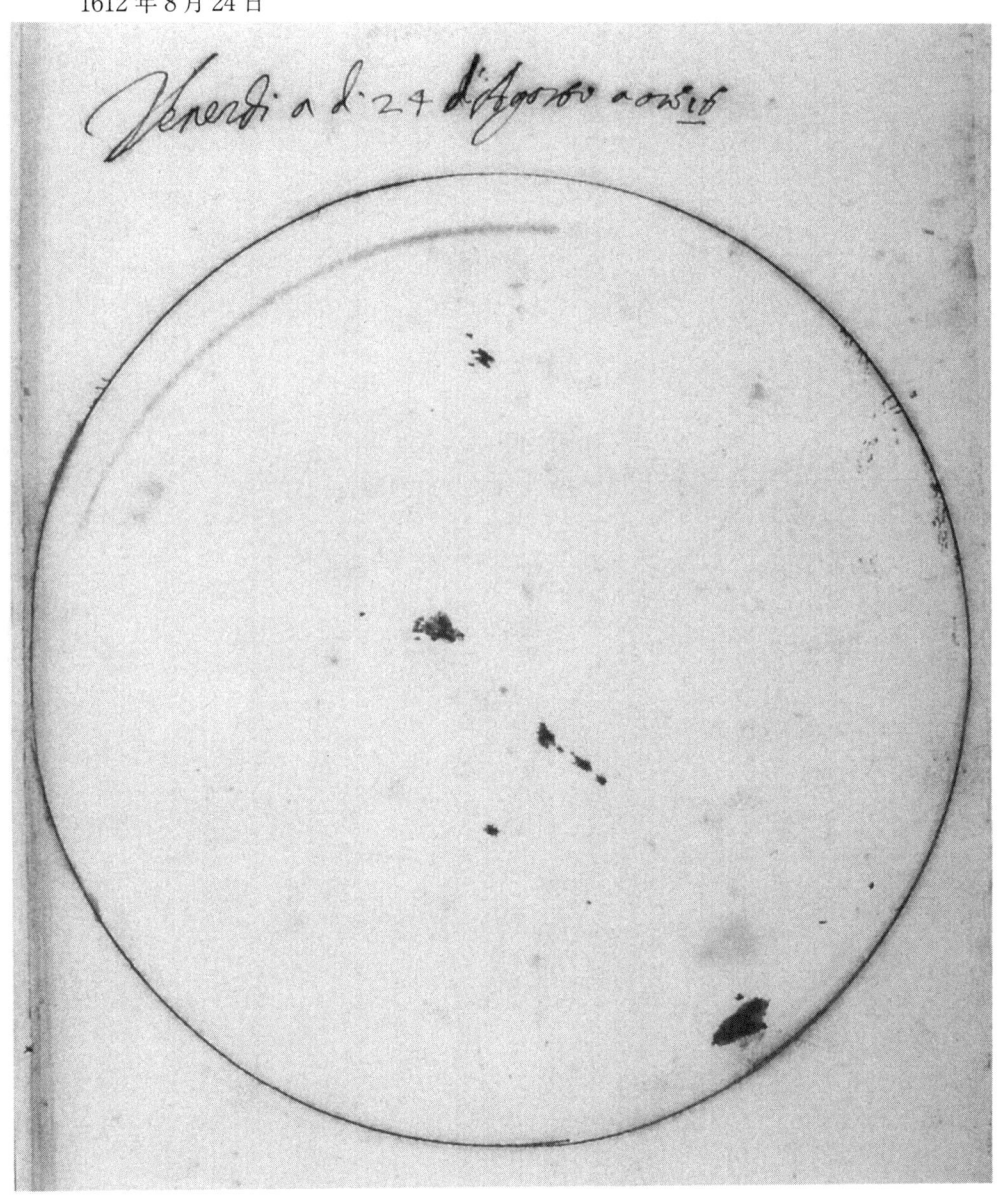

図721　**チゴリ**
　　　BNCF Gal. 57 109
　　　Opere V 451
　　　チゴリ

1612年8月25日

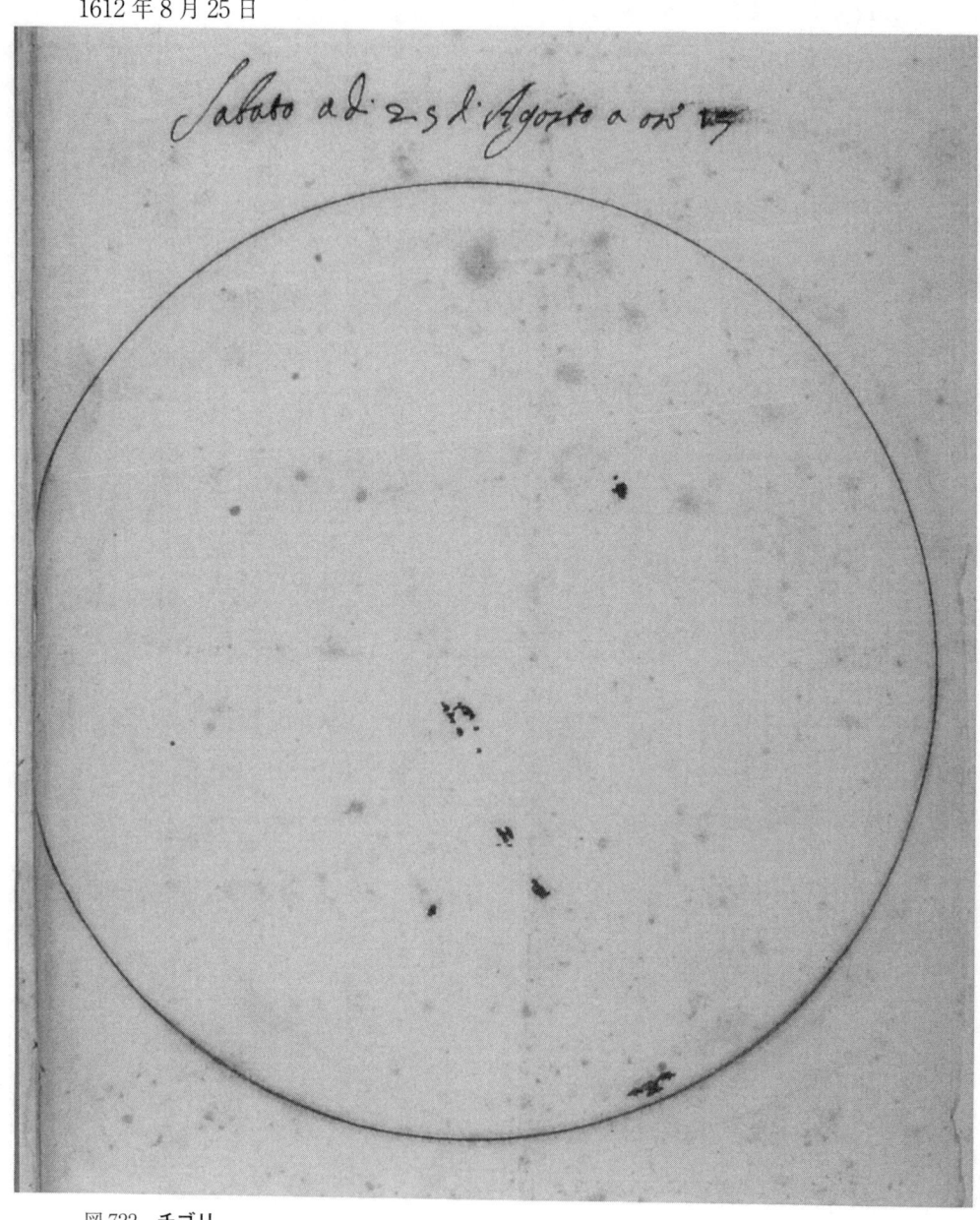

図 722　**チゴリ**
BNCF Gal. 57 110
Opere V 453
チゴリ

2. 太陽黒点に関する情報交換地図

a. ガリレイへの発信者

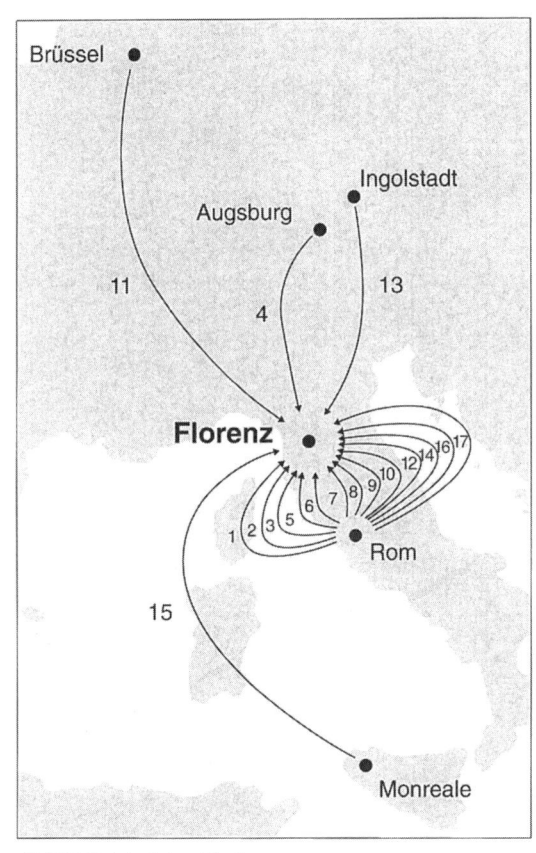

(作図は Brigit Schneider)

1) 1611 年 9 月 16 日
   チゴリ経由でクレスティ
   (パッシニャーノ)
2) 1611 年 9 月 16 日
   チゴリ
3) 1611 年 12 月 30 日
   クレスティ(パッシニャーノ)
4) 1612 年 1 月
   ヴェルザー経由でシャイナー
5) 1612 年 3 月 23 日
   チゴリ
6) 1612 年 5 月 8 日
   カステリ
7) 1612 年 6 月 30 日
   チゴリ
8) 1612 年 6 月 30 日
   コジミーノ・カルディ
9) 1612 年 7 月 21 日
   アントニーニ
10) 1612 年 7 月 28 日
    チゴリ
11) 1612 年 7 月 28 日
    コジミーノ・カルディ
12) 1612 年 8 月 31 日
    チゴリ
13) 1612 年 9 月
    シャイナー
14) 1612 年 10 月 6 日
    チェージ
15) 1612 年 10 月 10 日
    カステリ経由でシギスモンド・ダ・コロニャ
16) 1612 年 10 月 13 日
    チェージ
17) 1612 年 11 月 3 日
    チェージ

b. ガリレイからの受信者

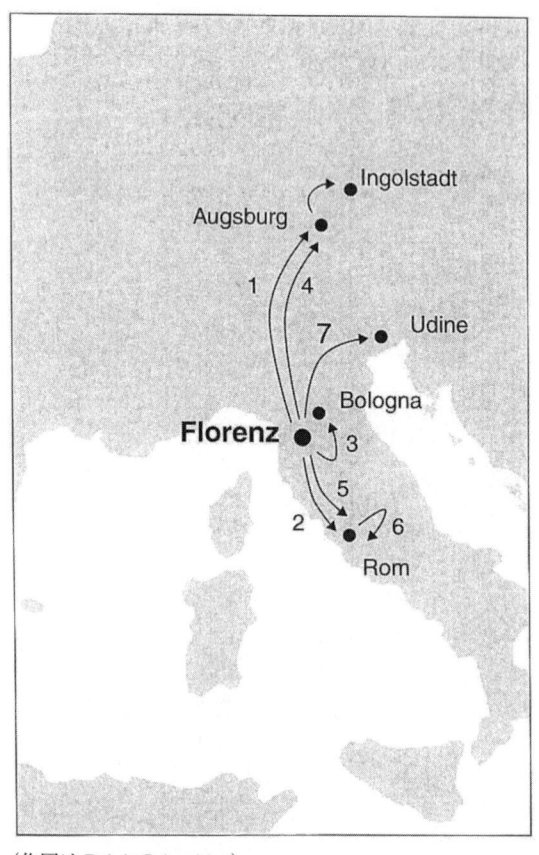

1) 1612 年 5 月 4 日
   ヴェルザー
2) 1612 年 6 月 20 日
   チゴリ
3) 1612 年 6 月 2 日
   マッフェオ・バルベリーニ
4) 1612 年 8 月 14 日
   ヴェルザー
5) 1612 年 5 月 17 日
   チェージ
6) 1612 年 5 月
   チェージ経由でチゴリ
7) 1612 年 10 月 1 日
   アントニーニ

（作図は Brigit Schneider）

III 参照事項

1. 文　　献

Acanfora, Elisa (2000), Cigoli, Galileo e le prime riflessioni sulla cupola barocca, in: Paragone, Jg. LI, Terza Serie, Bd. 31, Nr. 603, S. 29–52

Acidini Luchinat, Cristina (1980), Niccolò Gaddi collezionista e dilettante del Cinquecento, in: Paragone, Jg. XXXI, Nrn. 359–361, S. 141–175

Alberti, Leon Battista (1980), Ludi matematici (Hg. und Übers.: R. Rinaldi), Mailand

Albricci, Gioconda (1993), Donne incisori nei secoli XVI e XVII, in: I Quaderni del conscitore di stampe, Bd. 19, S. 20–25

Alexander, Amir (1998), Lunar Maps and Coastal Outlines: Thomas Harriot's Mapping of the Moon, in: Studies in History and Philosophy of Science, Bd. 29A, Nr. 3, S. 345–368

Algeri, Giuliana (1985), Le incisioni della „Galleria Giustiniana", in: Xenia. Semestrale di Antichità, Bd. 9, S. 71–99

Allegri, Ettore und Alessandro Cecchi (1980), Palazzo Vecchio e i Medici, Florenz

Ariew, Roger (1984), Galileo's Lunar Observations in the Context of Medieval Lunar Theory, in: Studies in History and Philosophy of Science, Bd. 15, Nr. 3, S. 213–226

Aristoteles (1962), Aristotelis Opera cum Averrois Commentariis, Bd. V, Frankfurt am Main

Aristoteles (1984), The Complete Works of Aristotle (Hg.: Jonathan Barnes), Bd. 1, Princeton

Arrighi, Gino (1964), Gli „Occhiali" di Francesco Fontana in un carteggio inedito di Antonio Santini nella collezione Galileiana della Biblioteca Nazionale di Firenze, in: Physis, Jg. VI, Fasc. 4, S. 432–447

Artificio Et Elegantia (2003), Eine Geschichte der Druckgraphik in Italien von Raimondi bis Rosaspina (Hg.: Eckhard Leuschner und Alois Brunner), Regensburg

Ashworth, Jr., William B. (1994), The Map of the Moon of Gassendi, Peiresc and Mellan, in: Quadricentenaire de la Naissance de Pierre Gassendi 1592–1992. Actes du Colloque International Pierre Gassendi Digne-les-Bains 18–21 Mai 1992, Digne-les-Bains, S. 341–352

Baffetti, Giovanni (2001), Fra distanza e passione. Una poetica dell'occhio ‚patetico', in: Lettere Italiane, Jg. LIII, Nr. 1, S. 49–62

Baldinucci, Filippo (1845–1847), Notizie dei professori del disegno da Cimabue in qua, 5 Bde., Florenz

Baldriga, Irene (2002), L'Occhio della Lince. I primi Lincei tra arte, scienza e collezionismo (1603–1630), Rom

Baltrusaitis, Jurgis (1996), Les perspectives dépravées, Bd. 2: Anamorphoses ou Taumarturgus opticus, Paris

Barcaro, Umberto (1984), Riflessioni sul mito platonico del „Dialogo", in: Novità celesti e crisi del sapere. Atti del convegno internazionale di studi Galileiani (Hg.: Paolo Galluzzi), Florenz, S. 118–125

Baroni Vannucci, Alessandra (1997), Jan van der Straet detto Giovanni Stradano flandrus pictor et inventor, Mailand

Barzman, Karen-edis (2000), The Florentine Academy and the Early Modern State. The Discipline of Disegno, Cambridge und London

Baumgarten, Alexander Gottlieb (1988), Theoretische Ästhetik (Hg. und Übers: Hans Rudolf Schweizer), Hamburg

Baumgarten, Alexander Gottlieb (1986), Aesthetica, Hildesheim, Zürich, New York [Frankfurt an der Oder 1750]

Behrmann, Carolin (2004), Die Rückkehr des Lebenden Toten. Berninis Grabmal Urbans VIII. Barberini (1623–1644), in: Totenkult und Wille zur Macht. Die unruhigen Ruhestätten der Päpste in St. Peter (Hg.: Horst Bredekamp und Volker Reinhardt), Darmstadt, S. 179–196

Belici, Giovan Battista (1598), Nuoua inuentione di fabricar fortezze, di uarie forme, in qualunque sito con diuersi disegni (…), Venedig

Belting, Hans (2005), Nieder mit den Bildern. Alle Macht den Zeichen. Aus der Vorgeschichte der Semiotik, in: Bild-Zeichen (Hg.: Stefan Majetschak), München, S. 31–47

Benivieni, Hieronymo (1897), Dialogo di Antonio Manetti, Cittadino Fiorentino, Circa al sito, forma et misure dello Inferno di Dante Alighieri, Poeta Excellentissimo, [Repr. der Ausgabe Florenz 1506], Città di Castello

Berthold, Gerhard (1894), Der Magister Johann Fabricius und die Sonnenflecken. Nebst einem Excurse über David Fabricius, Leipzig

Biagioli, Mario (1990), Galileo's System of Patronage, in: History of Science, Bd. 28, S. 1–62

Biagioli, Mario (1993), Galileo, Courtier. The Practise of Science in the Culture of Absolutism, Chicago und London

Biagioli, Mario (1999), Galilei, der Höfling. Entdeckung und Etikette: Vom Aufstieg der neuen Wissenschaft, Frankfurt am Main

Biagioli, Mario (2002), Picturing Objects in the Making: Scheiner, Galileo and the Discovery of Sunspots, in: Wissensideale und Wissenskulturen in der frühen Neuzeit (Hg.: Wolfgang Detel und Claus Zittel), Berlin, S. 39–96

Biagioli, Mario (2006), Galileo's Instruments of Credit. Telescopes, Images, Secrecy, Chicago u. London

Bissel, R. Ward (1999), Artemisia Gentileschi and the Authority of Art, University Park, Pensylvania

Bloom, Terrie F. (1978), Borrowed Perceptions: Harriot's Maps of the Moon, in: Journal for the History of Astronomy, Bd. 9, Teil 2, Nr. 25, S. 117–122

Blumenberg, Hans (1957), Licht als Metapher der Wahrheit, in: Studium Generale, Jg. 10, S. 432–447

Blumenberg, Hans (1980), Das Fernrohr und die Ohnmacht der Wahrheit, in: Galileo Galilei, Sidereus Nuncius. Nachricht von neuen Sternen. Dialog über die Weltsysteme (Auswahl). Vermessungen der Hölle Dantes. Marginalien zu Tasso (Hg.: Hans Blumenberg; Übers. des Sidereus Nuncius: Malte Hossenfelder), Frankfurt am Main, S. 7–75

Blumenberg, Hans (1983), Die Lesbarkeit der Welt, Frankfurt am Main

Blumenberg, Hans (2003), Die Legitimität der Neuzeit, Frankfurt am Main

Boehm, Gottfried (1999), Begriffe und Bilder, in: Der fragende Sokrates (Hg.: Karl Pestalozzi), Stuttgart und Leipzig, S. 238–250

Boehm, Gottfried (2001), Repräsentation – Präsentation – Präsenz, in: Homo Pictor (Hg.: Gottfried Boehm), München und Leipzig, S. 3–13

Bolzoni, Lina (1995), La stanza della memoria. Modelli letterari e iconografici nell'età della stampa, Turin

Bona Castellotti, Marco (2000), Introduzione, in: Pietra Dipinta. Tesori nascosti del '500 e del '600 da una collezione privata milanese (Hg.: Marco Bona Castellotti), Mailand, S. 19–25

Booth, Sara Elizabeth und Albert van Helden (2001), The Virgin and the Telescope: The Moons of Cigoli and Galileo, in: Galileo in Context (Hg.: Jürgen Renn), Cambridge, S. 193–216

Boschiero, Luciano (2005), Post-Galilean Thought and Experiment in Seventeenth-Century Italy: The Life and Work of Vincenzio Viviani, in: History of Science, Bd. 43, Nr. 139, S. 77–100

Bosse, Abraham (1975), Die Kunst in Kupfer zu stechen [1765], Osnabrück

Brandmüller, Walter (1994), Galilei und die Kirche. Ein „Fall" und seine Lösung, Aachen

Brandmüller, Walter und Ingo Langner (2006), Der Fall Galilei und andere Irrtümer. Macht, Glaube und Wissenschaft, Augsburg

Bredekamp, Horst (1993/2003), Antikensehnsucht und Maschinenglauben. Die Geschichte der Kunstkammer und die Zukunft der Kunstgeschichte, Berlin

Bredekamp, Horst (1995), Words, Images, Ellipses, in: Meaning in the Visual Arts: Views from the Outside. A Centennial Commemoration of Erwin Panofsky (1892–1968) (Hg.: Irving Lavin), Princeton, S. 363–371

Bredekamp, Horst (1996), Galileo Galilei als Künstler, in: Übergangsbogen und Überhöhungsrampe. Naturwissenschaftliche und künstlerische Verfahren. Symposien I und II (Hg.: Bogomir Ecker und Bettina Sefkow), Hamburg, S. 54–63

Bredekamp, Horst (1996), Zwei frühe Skizzenblätter Galileo Galileis, in: Ars naturam adiuvans. Festschrift für Matthias Winner zum 11. März 1996 (Hg.: Victoria von Fleming und Sebastian Schütze), Mainz am Rhein, S. 477–484

Bredekamp, Horst (1999), Thomas Hobbes Visuelle Strategien. Der Leviathan: Das Urbild des modernen Staates. Werkillustrationen und Portraits, Berlin

Bredekamp, Horst (2000), Der Manierismus. Zur Problematik einer kunsthistorischen Erfindung, in: Manier und Manierismus (Hg.: Wolfgang Braungart), Tübingen, S. 109–129

Bredekamp, Horst (2000), Gazing Hands and Blind Spots: Galileo as Draftsman, in: Science in Context, Bd. 13, Nrn. 3–4, S. 423–462

Bredekamp, Horst (2001), Florentiner Fußball: Die Renaissance der Spiele. Calcio als Fest der Medici, Berlin

Bredekamp, Horst (2002), Die Erkenntniskraft der Linie bei Galilei, Hobbes und Hooke, in: RE-VISIONEN. Zur Aktualität von Kunstgeschichte (Hg.: Barbara Hüttel, Richard Hüttel und Jeanette Kohl), Berlin, S. 145–160

Bredekamp, Horst (2003), Kulturtechniken zwischen Mutter und Stiefmutter Natur, in: Bild – Schrift – Zahl (Hg.: Sybille Krämer und Horst Bredekamp), München, S. 117–142

Bredekamp, Horst (2003), Thomas Hobbes. Der Leviathan. Das Urbild des modernen Staates und seine Gegenbilder, 1651–2001, Berlin

Bredekamp, Horst (2004), Die Fenster der Monade. Gottfried Wilhelm Leibniz' Theater der Natur und Kunst, Berlin

Bredekamp, Horst (2005), Luchse, Bienen und Delphine: Galilei in Rom, in: Barock im Vatikan. Kunst und Kultur im Rom der Päpste II. 1572–1676 (Hg.: Kunst- und Ausstellungshalle der Bundesrepublik Deutschland GmbH), Leipzig, S. 449–459

Bredekamp, Horst (2006), Galilei und Cigoli: Elemente einer Freundschaft, in: Grenzen überwindend. Festschrift für Adam S. Labuda zum 60. Geburtstag (Hg.: Katja Bernhardt und Piotr Piotrowski), Berlin, S. 98–111

Bredekamp, Horst (2006), Im Zustand der Belagerung. Michelangelos Prinzip der Kompilation, in: Das Modell in der bildenden Kunst des Mittelalters und der Neuzeit. Festschrift für Herbert Beck (Hg.: Städelscher Museums-Verein, betreut von Peter C. Bol), Petersberg, S. 65–84

Bredekamp, Horst (2007), Die Evidenz des Stiles: Galileis Sonnenflecken, in: Evidenz (Hg.: Frank Büttner), München (im Druck)

Breman, Paul (2002), Books on Military Architecture Printed In Venice, an Annotated Catalogue, MS 't Goy-Houten

Brunner, Michael (1999), Die Illustrierung von Dantes Divina Commedia in der Zeit der Dante-Debatte (1570–1600), München und Berlin

Bucciantini, Massimo (1995), Contro Galileo. Alle origini dell' affaire, Florenz

Bucciantini, Massimo (2007), Galileo e Keplero. Filosofia, cosmologia e teologia nell'Età della Controriforma, Turin

Burioni, Matteo (2004), Die Architektur: Kunst, Handwerk oder Technik? Giorgio Vasari, Vincenzo Borghini und die Ordnung der Künste an der Accademia del Disegno im frühabsolutistischen Herzogtum Florenz, in: Zeitsprünge. Forschungen zur Frühen Neuzeit, Bd. 8, Nr. 3/4, S. 389–408

Büttner, Frank (1976), Die ältesten Monumente für Galileo Galilei in Florenz, in: Kunst des Barock in der Toskana, München, S. 103–117

Büttner, Jochen, Peter Damerow und Jürgen Renn (2001), Traces of an Invisible Giant: Shared Knowledge in Galileo's Unpublished Treatises, in: Largo Campo di Filosofare. Eurosymposium Galileo 2001 (Hg.: José Montesinos und Carlos Solís), La Orotava, S. 183–201

Büttner, Jochen, Peter Damerow, Jürgen Renn und Matthias Schemmel (2003), The Challenging Images of Artillery. Practical Knowledge at the Roots of the Scientific Revolution, in: The Power of Images in Early Modern Science (Hg: Wolfgang Lefèvre, Jürgen Renn und Urs Schoepflin), Basel, Boston und Berlin, S. 3–27

Byard, Margaret M. (1988), Galileo and the Artists, in: History Today, Bd. 38, February, S. 30–38

Caffarelli, Roberto Vergara (1992), Il compasso geometrico e militare di Galileo Galilei. Testi, annotazioni e disputa negli scritti di G. Galilei, M. Bernegger e B. Capra, Pisa

Callot, Jacques (o. J.), Das gesamte Werk (Hg.: Thomas Schröder), Bd. 2, München

Camerota, Filippo (2004), Galileo's Eye: Linear Perspective an Visual Astronomy, in: Galileiana, Bd. I, S. 143–170

Camerota, Michele (2004), Galileo Galilei e la Cultura Scientifica nell'Età della Controriforma, Rom

Camerota, Michele (2006), Perspectiva Mechanica. L'invenzione degli strumenti tra teoria e pratica della rappresentazione prospettica, in: L'Artiste et l'Oeuvre à L'Épreuve de la Perspective. L'artista, L'opera e la sfida della prospettiva (Hg.: Marianne Cojannot-Le Blanc, Marisa Dalai Emiliani und Pascal Dubourg Glatigny), Rom, S. 217–242

Caravaggio in Preußen. Die Sammlung Giustiniani und die Berliner Gemäldegalerie (2001, Hg.: Silvia Danesi Squarzina), Ausstellungskatalog, Mailand

Cardi, Giovan Batista (1913), Vita di Cigoli (Hg.: G. Battelli), Florenz

Casciu, Stefano (2003), Cigoli e la pittura riformata, in: La Galleria Palatina e gli Appartamenti Reali di Palazzo Pitti. Catalogo dei dipinti (Hg.: Marc Chiarini und Serena Padovani), Bd. I, Florenz, S. 170–180

Casini, Paolo (1984), Il „Dialogo" di Galileo e la luna di Plutarcho, in: Novità celesti e crisi del sapere. Atti del convegno internazionale di studi Galileiani (Hg.: Paolo Galluzzi), Florenz, S. 57–62

Catoni, Maria Luisa (2005), Schemata. Communicazione non verbale nella Grecia antica, Pisa

Cavicchi, Elizabeth (1991), Painting the Moon, in: Sky and Telescope, Bd. 81, Nr. 3, S. 313–315

Cecchi, Alessando (1993), L'estremo omaggio al „Padre e Maestro di Tutte le Arti". Il monumento funebro di Michelangelo, in: Il Pantheon di Santa Croce a Firenze (Hg.: Luciano Berti), Florenz, S. 57–82

Cellini, Benvenuto (2000), Mein Leben. Die Autobiographie eines Künstlers aus der Renaissance (Übers.: Jacques Laager), Zürich

Chappell, Miles L. (1975), Cigoli, Galileo, and Invidia, in: The Art Bulletin, Bd. LVII, Nr. 1, S. 91–98

Chappell, Miles L. (1994), The Shaping of Giovanni and Sigismondo Coccapani, in: Antichità viva, Bd. 33, Nr. 2/3, S. 32–38

Chappell, Miles L. (2003), Cigoli's Prospettiva pratica: Unpublished but Not Unknown, in: The Treatise on Perspective: Published and Unpublished (Hg.: Lyle Massey), Washington, S. 105–125

Chiarini, Marco (2000), Pittura su pietra, in: Bizzarrie di pietre dipinte dalle collezioni dei Medici (Hg.: Marco Chiarini e Cristina Acidini Luchinat), Ausstellungskatalog, Florenz, S. 13–22

Ciampoli, Giovanni (1978), Discorso di monsignor Ciampoli sopra la corte di Roma, in: Marziano Guglielminetti und Mariarosa Masoero, Lettere e prose inedite (o parzialmente edite) di Giovanni Ciampoli, in: Studi secenteschi, Bd. 19, III, S. 131–237

Cioni, A. (1963), Tommaso Baglioni, in: Dizionario Biografico degli Italiani, Bd. V, Rom, Col. 249–250

Claude Mellan, gli anni romani un incisore tra Vouet e Bernini (1999, Hg.: Luigi Ficacci), Ausstellungskatalog, Rom

Claus, R. (1993), Was leisten Galileis Fernrohre?, in: Sterne und Weltraum, Bd. 12, S. 842–845

Claussen, Cornelius (1993), Der doppelte Boden unter Holbeins Gesandten, in: Hülle und Fülle. Festschrift für Tilman Buddensieg (Hg.: Andreas Beyer u. a.), Alfter, S. 177–202

Cohen, I. Bernard (1955), An Interview with Einstein, in: Scientific American, Bd. 93, July, S. 69–73

Contini, Roberto (1991), Il Cigoli, Soncino

Cottino, Alberto (2005), Pittori di natura morta toscani a Roma nei primi decenni del Seicento, in: Luce e Ombra. Caravaggismo e naturalismo nella pittura toscana del seicento (Hg.: Pierluigi Carofano), Pisa, S. CCXI–CCXIII

Covoni, P. F. (1892), Don Antonio de'Medici al Casino di San Marco, Florenz

Cremonini, Cesare (1613), Apologia dictorum Aristotelis De Vita Lactea De facie in Orbe Lunae. Ad Illustriss. Virum Nicolaum Contarenum Senatorum Prudentissimum, Venetiis, MDCXIII Apud Thomam Baglionum

Cristofano Allori (1984, Hg.: Miles L. Chappell), Ausstellungskatalog, Florenz

Crombie, Alistair C. (1977), Von Augustinus bis Galilei [1959], München

Cropper, Elizabeth (2005), The Domenichino Affair. Novelty, Imitation, and Theft in Seventeenth-Century Rome, New Haven und London

Damianaki, Chrysa (2000), Galileo e le Arti Figurative. I ritratti i busti di Galileo. Scoperte astronomiche e pittura barocca. La concezione estetica di Galileo, Rom

Damm, Heiko (2006), Santi di Tito (1536–1603) und die Reform des Altarbildes in Florenz, Phil. Diss., Mskpt., FU, Berlin

Dante Alighieri, La Divina Commedia (1996), Illustrazioni Sandro Botticelli (Hg.: Peter Dreyer und Jacqueline Risset), Ausstellungskatalog, Paris und Florenz

Das Berliner Kupferstichkabinett. Ein Handbuch zur Sammlung (1994, Hg.: Alexander Dückers), Berlin

Daston, Lorraine (2001), Eine kurze Geschichte der wissenschaftlichen Aufmerksamkeit, München

Daxecker, Franz (2005), Erzherzog Maximilian III., Erzherzog Leopold V. und die Astronomen Christoph Scheiner und Galileo Galilei, in: Tiroler Heimat, Bd. 69, S. 7–16

Daxecker, Franz (2004), The Physicist and Astronomer Christopher Scheiner. Biography, Letters. Works, Innsbruck

De Angelis, Paolo (1621), Basilicae S. Marioris de Urbe a liberio Papa I usque ad Paulum V Pont. Max. descriptio et delineatio, Rom (imprimatur 1616)

De Dominis, Marco Antonio (1611), De Radiis Visus et Lucis in Vitris Perspectivis et Iride Tractatus, Venetiis, M.DC.XI: Apud Thomam Baglionum

De Mas, Enrico (1984), Il „De Radiis Visus et Lucis". Un trattato scientifico pubblicato a Venezia nel 1611 dallo stesso editore del „Sidereus Nuncius", in: Novità Celesti e Crisi del Sapere. Atti del Convegno Internazionale di Studi Galileiani (Hg.: Paolo Galluzzi), Florenz, S. 159–166

Degenhart, Bernhard (1955), Dante, Leonardo und Sangallo. Dante-Illustrationen Giuliano da Sangallos, in: Römisches Jahrbuch für Kunstgeschichte, Bd. VII, S. 101–292

Dekiert, Marcus (2005), „... Ein Werk, Das In Allen Teilen Zugleich Und In Einem Jeden Besonderlich Ganz Unvergleichlich Ist ..." Adam Elsheimers *Flucht nach Ägypten* – Werk und Wirkung, in: Von Neuen Sternen. Adam Elsheimers Flucht nach Ägypten, Ausstellungskatalog, München, Alte Pinakothek, S. 20–49

Del Bravo, Carlo (1999), Il Passignano, e la libertà, in: Artista, Bd. 11, S. 150–163
Deleuze, Gilles (1993), Lukrez und das Trugbild, in: ders., Logik des Sinns (Übers.: B. Dieckman), Frankfurt am Main, S. 324–340
Dell'Aquila, Giulia (2006), Galileo tra Ariosto e Tasso, in: La prosa di Galileo. La lingua, la retorica, la storia (Hg.: Mauro Di Giandomenico), S. 239–264
Dempsey, Charles (1980), Some Observations on the Education of Artists in Florence and Bologna During the Later Sixteenth Century, in: The Art Bulletin, Bd. LXII, Nr. 4, S. 552–569
Der Blick in die Sonne. Jakob Mattner und die Sonnenforscher des Einsteinturms (2005, Hg.: Anna Maigler und Volker Rattemeyer), Ausstellungskatalog, Berlin
Descartes, René (1650), Specimina Philosophiae: Sev Dissertatio de Methodo Rectè regendae rationis, & veritatis in scientiis investigandae: Dioptrice, et Meteora, Amsterdam
Di Pasquale, Salvatore (2001), Galilei, der Knochen und der falsche Ariost, in: Der ungebändigte Galilei. Beiträge zu einem Symposium (Hg.: Michael Segre und Eberhard Knobloch), Stuttgart, S. 49–58
Dietl, Albert (1994), Künstlerinschriften als Quelle für Status und Selbstverständnis von Bildhauern, in: Studien zur Geschichte der europäischen Skulptur im 12./13. Jahrhundert (Hg.: Herbert Beck und Kerstin Hengevoss-Dürkop), Bd. I, S. 175–191
Dinner for Architects. Serviettenzeichnungen von berühmten Architekten (2003, Hg.: Winfried Nerdinger), Ausstellungskatalog, München
Disegni di Lodovico Cigoli (1559–1613) (1992), Ausstellungskatalog, Florenz
Dobbs, Betty J. T. (1986), Alchemische Kosmogenie und arianische Theologie bei Isaac Newton, in: Die Alchemie in der europäischen Kultur- und Wissenschaftsgeschichte (Hg.: Christoph Meinel), Wiesbaden, S. 137–50
Dolce, Lodovico (1960–1962), Dialogo della pittura, Venedig 1557, in: Trattati d'arte del Cinquecento, fra manierismo e Controriforma (Hg.: Paola Barocchi), 3 Bde., Bari, Bd. I, 1960, S. 141–206
Drake, Stillman (1957), More on Cesi and Galileo, in: Isis, Bd. 48, Nr. 151, S. 65–66
Drake, Stillman (1970), Galileo Studies. Personality, Tradition, and Revolution, Ann Arbor
Drake, Stillman (1976), Galileo against the Philosophers in his *Dialogue* of Cecco Di Ronchitti (1605) and *Considerations* of Alimberto Mauri (1606), Los Angeles
Drake, Stillman (1976), Galileo's First Telescopic Observations, in: Journal for the History of Astronomy, Bd. 7, S. 153–168
Drake, Stillman (1978), Galileo at Work. His Scientific Biography, New York
Dreyer, Peter (1996), La Storia del Manoscritto, in: Dante Alighieri, La Divina Commedia. Illustrazioni Sandro Botticelli, Ausstellungskatalog, Paris, S. 27–40
Dupré, Sven (2003), Galileo's Telescope and Celestial Light, in: Journal for the History of Astronomy, Bd. XXXIX, S. 369–399

Dupré, Sven (2005), Ausonio's Mirrors and Galileo's Lenses: The Telescope and Sixteenth-Century Practical Optical Knowledge, in: Galilaeana, Bd. II, S. 145–180

Dussler, Luitpold (1959), Die Zeichnungen des Michelangelo. Kritischer Katalog, Berlin

Dürer, Albrecht (2004), Das druckgraphische Werk (Hg.: Germanisches Nationalmuseum Nürnberg), München

Ebert-Schifferer, Sybille (1998), Die Geschichte des Stillebens, München

Ebert-Schifferer, Sybille (2006), Raffaello e le sue reincarnazioni, in: Accademia Raffaello. Atti e Studi, Bd. 1, Urbino, S. 5–30

Edgerton, Samuel Y. (1984), Galileo, Florentine „Disegno", and the „Strange Spottedness" of the Moon, in: Art Journal, Bd. 44, Nr. 1, S. 225–232

Edgerton, Samuel Y. (1991), The Heritage of Giotto's Geometry. Art and Science on the Eve of the Scientific Revolution, Ithaca und London

Einstein, Albert (1953), Introduction, in: Galileo Galilei, Dialogue Concerning the Two Chief World Systems (Übers.: Stillman Drake), Berkeley und Los Angeles, S. vi–xx

Einstein, Albert (1982), Einleitung, in: Galileo Galilei, Dialog über die beiden hauptsächlichen Weltsysteme. Das Ptolemäische und das Kopernikanische (Hg.: Roma Sexl und Karl von Meyenn), Stuttgart, S. VII–XII

Fabricius, Johannes (1611), De Maculis Insole Obervatis, Et Apparente erarum cum Sole conversione, Narratio cui Adjecta est de modo eductionis specierum visibilium dubitatio, Wittenberg

Fahie, J. J. (1929), Memorials of Galileo Galilei, 1564–1642. Portraits and Paintings, Medals and Medaillons, Busts and Statues, Monumets and Mural Inscriptions, etc. with Twenty Portraits and Forty-two other Illustrations, Leamington/London

Fara, Amelio (1995), Bernardo Buontalenti, Mailand

Faranda, Franco (1986), Ludovico Cardi detto il Cigoli, Rom

Favaro, Antonio (1879), Inedita Galilaeiana. Frammenti tratti dalla Biblioteca Nazionale di Firenze, in: Memorie del Reale Istituto Veneto di Scienze, Lettere ed Arti, Bd. XXI, Venedig, S. 433–473

Favaro, Antonio (1882), Sul giorno della nascità di Galileo, in: Memorie del Reale Istituto Veneto di Scienze, Lettere ed Arti, Bd. 22, S. 703–711

Favaro, Antonio (1889), Di una rara Edizione Tedesca e di una rarissima Traduzione Francese del Sidereus Nuncius, in: Rivista delle biblioteche, Jg. II, Bd. II, Heft 18/19, S. 81–91

Favaro, Antonio (1889), Intorno alla Licenza di Stampa del Sidereus Nuncius di Galileo Galilei, in: Rivista delle biblioteche, Jg. II, Bd. II, Heft 18/19, S. 98–103

Favaro, Antonio (1992), Scampoli Galileiani (Hg.: L. Rossetti und M. L. Soppelsa), 2 Bde., Triest

Fehl, Philipp (1958), Rez. von Erwin Panofsky, Galileo as a Critic of the Arts, Den Haag 1954, in: The Journal of Aesthetics and Art Criticism, Bd. XVII, S. 124–125

Feinberg, Larry J. (2002), The Studiolo of Francesco I Reconsidered, in: The Medici, Michelangelo, & the Art of Late Renaissance Florence, Ausstellungskatalog, New Haven und London, S. 47–65

Feldhay, Rivka (1995), Galileo and the Church. Political Inquisition or Critical Dialogue?, Cambridge

Ferguson, Eugene S. (1993), Das innere Auge. Von der Kunst des Ingenieurs, Basel, Boston und Berlin

Ferrari, Giovan Battista (1633), De Florum Cultura Libri IV, Rom

Ferrari, Giovan Battista (2001), Flora ouero cultura di fiori [1638] (Hg.: Lucia Tongiorgi Tomasi), Florenz

Ferrer, Urbano (2006), Welt und Praxis. Schritte zu einer phänomenologischen Handlungstheorie, Würzburg

Feyerabend, Paul (1984), Wissenschaft als Kunst, in: Ders., Wissenschaft als Kunst, Frankfurt am Main, S. 15–84

Feyerabend, Paul (1993), Wider den Methodenzwang [1975], Frankfurt am Main

Field, Judith V. (1984), Cosmology in the Work of Kepler and Galileo, in: Novità Celesti e Crisi del Sapere. Atti del Convegno Internazionale di Studi Galileiani (Hg.: Paolo Galluzzi), Florenz, S. 207–215

Fleck, Ludwik (1980), Entstehung und Entwicklung einer wissenschaftlichen Tatsache [1935] (neu hg. von Lothar Schäfer und Thomas Schnelle), Frankfurt am Main

Forster, Kurt W. (1966), Pontormo. Monographie mit Kritischem Katalog, München

Foscolo, Ugo (1958), Saggi di Letteratura Italiana. Parte Seconda, Florenz

Fölsing, Albrecht (1993), Albert Einstein. Eine Biographie, Frankfurt am Main

Fredel, Jürgen (1998), Maßästhetik. Studien zu Proportionsfragen und zum Goldenen Schnitt, Hamburg

Freedberg, David (2002), The Eye of the Lynx. Galileo, his Friends, and the Beginnings of Modern Natural History, Chicago und London

Freedberg, David (2005), The mycological researches of Federico Cesi and the early Lincei, in: Fungi (= The Paper Museum of Cassiano dal Pozzo, Series B, Natural History, Teil II, 3 Bde., Hg.: David Pegler und David Freedberg), Bd. 1 (Hg.: Martin Clayton), London, S. 20–45

Freud, Sigmund (1967), Der Moses des Michelangelo, in: Ders., Studienausgabe. Bd. X, Bildende Kunst und Literatur (Hg.: A. Mitscherlich, A. Richard, J. Strachey), Frankfurt am Main, S. 195–220

Friedländer, Walter (1957), Mannerism and Anti-Mannerism in Italian Painting, New York

Friedländer, Walter (1964), Early to Full Baroque: Cigoli and Rubens, in: Studien zur Toskanischen Kunst: Festschrift für Ludwig Heinrich Heydenreich, München, S. 65–82

Frieß, Peter (1993), Kunst und Maschine. 500 Jahre Maschinenlinien in Bild und Skulptur, München

Gaeta Bertelà, G. (1997), La Tribuna di Ferdinando I de' Medici. Inventari 1589–1631, Modena

Galilei, Galileo (1604), Difesa di Galileo Galilei Nobile Fiorentino, Lettore delle Mathematiche nello Studio di Padoua, Contro alle Calunnie & imposture di Baldessar Capra Milanese, Venedig 1607: Tomaso Baglioni

Galilei, Galileo (1610), Siderevs Nvncivs, Venedig

Galilei, Galileo (1613), Istoria e Dimostrazioni intorno alle Macchie Solari e loro Accidenti Comprese in tre Lettere Scritte all'Illvstrissimo Signor Marco Velseri Linceo Dvvumviro d'Avgvsta Consigliero di Sva Maesta Caesarea dal Signor Galileo Galilei Linceo Nobil Fiorentino, Filosofo, e Matematico Primario del Sereniss. D. Cosimo II. Gran Dvca di Toscana. Si aggiungono nel fine le Lettere, e Disquisizioni del finto Apelle, Rom: Giacomo Mascardi

Galilei, Galileo (1653), Sidereus Nuncius, London

Galilei, Galileo (1655), Discorsi e dimostrazioni matematiche, Intorno à nuove scienze, Attenenti alla Mecanica, & i Mouimenti Locali, Bologna

Galilei, Galileo (1744), Le Operazioni del compasso geometrico e militare, Padua

Galilei, Galileo (1968), Le Opere, Edizione Nazionale (Hg.: Antonio Favaro), 20 Bde., Florenz [Repr. 1929–39, 1964–1966, 1968]

Galilei, Galileo (1970), Scritti Letterari (Hg.: Alberto Chiari), Florenz

Galilei, Galileo (1980), Sidereus Nuncius (Nachricht von neuen Sternen). Dialog über die Weltsysteme (Auswahl). Vermessungen der Hölle Dantes. Marginalien zu Tasso (Hg.: Hans Blumenberg), Frankfurt am Main

Galilei, Galileo (1982), Dialog über die beiden hauptsächlichsten Weltsysteme. Das ptolomäische und das kopernikanische (Hg.: Roman Sexl und Karl von Meyenn), [Repr. 1891], Stuttgart

Galilei, Galileo (1987), Schriften. Briefe. Dokumente (Hg.: Anna Mudrey), 2 Bde., Berlin

Galilei, Galileo (2001), Rime (Hg.: Antonio Marzo), Rom

Galilei, Galileo (2004), Unterredungen und mathematische Demonstrationen über zwei neue Wissenszweige, die Mechanik und die Fallgesetze betreffend (Übers.: A. von Oettingen), Frankfurt am Main

Galilei, Galileo (2005), Capitolo contro il portar la toga (Hg.: Lucia Tongiorgi Tomasi), Pisa

Galilei, Galileo (2005), Il saggiatore (Hg.: Ottavio Besomi und Mario Helbing), Rom

Galleria Giustinana (1636/1637), Hg.: Vincenzo Giustiniani, Rom

Galluzzi, Paolo (1993), I Sepolcri di Galileo. Le spoglie 'vive' di un eroe della scienza, in: Il Pantheon di Santa Croce a Firenze (Hg.: Luciano Berti), Florenz, S. 145–182

Galluzzi, Paolo (1998), The sepulchers of Galileo: The „living" remains of a hero of science, in: The Cambridge Companion to Galileo (Hg.: Peter Machamer), Cambridge, S. 417–447

Garbari, Fabio, Lucia Tongiorgi Tomasi und Alessandro Tosi (1991), Giardino dei Semplici. L'Orto botanico di Pisa dal XVI al XX secolo, Pisa

Garrard, Mary D. (1989), Artemisia Gentileschi. The Image of the Female Hero in Italian Baroque Art, Princeton, New Jersey

Geertz, Clifford (1992), Kulturbegriff und Menschenbild, in: Das Schwein des Häuptlings. Sechs Aufsätze zur Historischen Anthropologie (Hg.: Rebekka Habermas und Nils Minkmar), Berlin, S. 56–82

Gehlen, Arnold (2004), Der Mensch. Seine Natur und seine Stellung in der Welt, Wiebelsheim (14. Aufl.)

Geometrie der Figur (2007), Luca Cambiaso und die moderne Kunst (Hg.: Heribert Schulz), Ausstellungskatalog, Osnabrück

Gherardini, Niccolò (1968), Vita del Signor Galileo Galilei, in: Galilei, Opere, Bd. XIX, S. 633–646 [Repr. 1890–1906]

Gingerich, Owen (1975), Dissertation cum Professore Righini et Siderio Nuncio, in: Reason, Experiment, and Mysticism in the Scientific Revolution (Hg.: M. L. Righini Bonelli und William R. Shea), New York, S. 77–88

Gingerich, Owen und Albert van Helden (2003), From Occhiale to Printed Page: The Making of Galileo's Sidereus Nuncius, in: Journal for the History of Astronomy, Bd. 34, Teil 3, Nr. 116, S. 251–267

Ginzburg, Carlo (1983), Spurensicherungen. Über verborgene Geschichte, Kunst und soziales Gedächtnis (Übers.: Karl Friedrich Hauber), Berlin, S. 61–96

Giovanni Stradano e Dante (1994), Catalogo della Mostra tenuta a Torre de'Passeri nel 1994 (Hg.: Corrado Gizzi), Ausstellungskatalog, Mailand

Giusti, Annamaria (2002), The Origins and Splendors of the Grand-Ducal Pietre Dure Workshops, in: The Medici, Michelangelo, & the Art of Late Renaissance Florence (Hg.: Christina Acidimi Luchinat und Suzanne B. Butters), Ausstellungskatalog, New Haven und London, S. 103–111

Giusti, Annamaria (2005), Pietra Dura. Bilder aus Stein, München

Gorman, Michael John (1996), A Matter of Faith? Christoph Scheiner, Jesuit Censorship and the Trial of Galileo, in: Perspectives on Science 4, Nr. 3, S. 283–320

Grave, Johannes (2006), „Sehen lernen". Über Goethes dilettantische Arbeit am Bild, in: Deutsche Vierteljahresschrift für Literaturwissenschaft und Geistesgeschichte, 80. Jg., Heft 3, S. 357–377

Gregori, M. (1983), Le tombe di Galileo e il palazzo di Vincezo Viviani, in: La Città degli Uffizi, Ausstellungskatalog Florenz, S. 113–118

Grendler, Paul F. (1981), Culture and Censorship in Late Renaissance Italy and France, London

Grünbein, Durs (1996), Galilei vermißt Dantes Hölle und bleibt an den Maßen hängen, Aufsätze 1989–1995, Frankfurt am Main

Guerrini, Luigi (2004), Ricerche su Galilei e il primo Seicento, Pisa und Rom

Guidone, Mario (2001), Ostilio Ricci da Fermo: un ponte fra Galileo e la scienza rinascimentale, in: Quaderni del Consiglio Regionale delle Marche, Jg. 5, Nr. 30, S. 60–73

Gumbrecht, Hans Ulrich (2005), Lob des Sports (Übers.: Georg Deggerich), Frankfurt am Main

Hacking, Ian (1992), ‚Style‘ for Historians and Philosophers, in: Studies in History and Philosophy of Science, Bd. 23. Nr. 1, S. 1–20

Hacking, Ian (1996), Einführung in die Philosophie der Naturwissenschaften, Stuttgart

Hacking, Ian (2005), Ein Stilbegriff für Historiker und Philosophen, in: Nach Feierabend. Zürcher Jahrbuch für Wissensgeschichte, Bd. 1, Bilder der Natur – Sprachen der Technik (Hg.: David Guggerli, Michael Hagner, Michael Hampe, Barbara Orland, Philipp Sarasin und Jakob Tanner), Zürich und Berlin, S. 139–167

Hallyn, Fernand (1992), Introduction, in: Galileo Galilei. Le Messager des Étoiles, Paris, S. 13–101

Hallyn, Fernand (1994), Le regard picturale de Galilée sur la Lune, in: Créis, Bd. II, S. 25–41

Hammond, Frederick (1992), The Artistic Patronage of the Barberini and the Galileo Affair, in: Music and Science in the Age of Galileo (Hg.: Victor Coelho), Dordrecht, Boston und London, S. 67–89

Hartl, Gerhard und Christian Sicka (2005), Komposition oder Abbild? Die Darstellung des Nachthimmels in Adam Elsheimers Flucht nach Ägypten – eine naturwissenschaftlich-kritische Betrachtung, in: Von neuen Sternen, Adam Elsheimer. Die Flucht nach Ägypten (Hg.: Reinhold Baumstark), Ausstellungskatalog, München, S. 107–125

Haskell, Francis und Nicholas Penny (1981), Taste and the Antique. The Lure of Classical Sculpture 1500–1900, New Haven und London

Heikamp, Detlef (1963), Zur Geschichte der Uffizien-Tribuna und der Kunstschränke in Florenz und Deutschland, in: Zeitschrift für Kunstgeschichte, Bd. 26, Heft 3/4, S. 193–268

Heikamp, Detlef (1978), Ammannati's Fountain for the Sala Grande of the Palazzo Vecchio in Florence, in: Fons Sapientiae. Renaissance Garden Fountains, Dumbarton Oaks Colloquium on the History of Landscape Architecture V (Hg.: Elisabeth B. MacDougall), Washington, S. 114–176

Heilbron, J. L. (1999), The Sun in the Church. Cathedrals as Solar Observatories, Cambridge/Mass. und London

Hemleben, Johannes (1969), Galileo Galilei in Selbstzeugnissen und Bilddokumenten, Reinbek bei Hamburg

Hentschel, Klaus (2000), Drawing, engraving, photographing, plotting, printing: Historical studies of visual representations, particularly in astronomy, in: The Role of Visual Representations in Astronomy: History and Practice. Contributions to a Colloquium held at Göttingen in 1999 (Hg.: Klaus Hentschel und Axel D. Wittmann), Thun und Frankfurt am Main, S. 11–53

Herklotz, Ingo (1999), Cassiano dal Pozzo und die Archäologie des 17.Jahrhunderts, München

Hobbes, Thomas (1629), Eight Bookes Of the Peloponnesian Warre, London

Hobbes, Thomas (1991), Leviathan (Hg.: Richard Tuck), Cambridge

Hobbes, Thomas (1994), The Correspondence (Hg.: Noel Malcolm), 2 Bde., Oxford

Hogrebe, Wolfram (1992), Metaphysik und Mantik, Frankfurt am Main

Hogrebe, Wolfram (2006), Echo des Nichtwissens, Berlin

Holton, Gerald (1996), On the Art of Scientific Imagination, in: Daedalus. Journal of the American Academy of Arts and Sciences, Bd. 125, Nr. 2, S. 183–208

I Giustiniani e l'Antico (2001, Hg.: Giulia Fusconi), Ausstellungskatalog, Rom

I segreti di un collezionista. Le straordinarie raccolte di Cassiano dal Pozzo 1588–1657 (2000–2001, Hg.: Francesco Solinas), Rom

Il Seicento Fiorentino. Arte a Firenze da Ferdinando I a Cosimo III. (1986, Hg.: Giuliana Guidi), Ausstellungskatalog, 3 Bde., Band 3, Pittura, Florenz

Infelise, Mario (1999), I libri proibiti. Da Gutenberg all'Encyclopédie, Rom und Bari

Jack, Mary Ann (1976), The *Accademia del Disegno* in Late Renaissance Florence, in: Sixteenth Century Journal, Bd. VII, Nr. 2, S. 3–20

Jacobs, Frederika H. (1984), Vasari's Vision of the History of Painting. Frescoes in the Casa Vasari, in: Art Bulletin, Bd. 66, S. 399–416

Jaffé, David (1990), Mellan und Peiresc, in: Print Quarterly, Bd. VII, Nr. 2, S. 175

Janson, Horst Woldemar (1961), The „Image Made by Chance" in Renaissance Thought, in: De Artibus Opuscula XL, Essays in Honor of Erwin Panofsky (Hg.: Millard Meiss), New York, Bd. I, S. 340–353

Juren Vladimir (2002), Cigoli et Marino, in: Mitteilungen des Kunsthistorischen Institutes in Florenz, Bd. XLVI, Nr. 2/3, S. 510–517

Kant, Max Immanuel (1923), Entwürfe zu dem Colleg über Anthropologie aus den 70er und 80er Jahren, in: Kant's gesammelte Schriften (Hg.: Königlich preußische Akademie der Wissenschaften), Bd. XV, Berlin und Leipzig, S. 655–899

Kant, Max Immanuel (1968), Werkausgabe (Hg.: Wilhelm Weischedel), 12 Bde., Frankfurt am Main

Karsten, Arne (2003), Künstler und Kardinäle. Vom Mäzenatentum römischer Kardinalnepoten im 17.Jahrhundert, Köln, Weimar und Wien

Karsten, Arne und Daniel Büchel (2003), Die „Borgia-Krise" des Jahres 1632: Rom, das Reichslehen Piombino und Europa, in: Zeitschrift für Historische Forschung, Bd. 30, Heft 3, S. 389–412

Kemp, Martin (1981), The Marvellous Works of Nature and Man, London
Kemp, Martin (1991), Lodovico Cigoli on the Origins and Ragione of Painting, in: Mitteilungen des Kunsthistorischen Institutes in Florenz, Bd. XXXV, Heft 1, S. 133–152
Kemp, Martin (2003), Bilderwissen. Die Anschaulichkeit naturwissenschaftlicher Phänomene, Köln
Kemp, Wolfgang (1974), Disegno. Beiträge zur Geschichte des Begriffs zwischen 1547 und 1607, in: Marburger Jahrbuch für Kunstwissenschaft, Bd. 19, S. 219–240
Kemp, Wolfgang (1979), „… einen wahrhaft bildenden Zeichenunterricht überall einzuführen". Zeichnen und Zeichenunterricht der Laien. 1500–1870. Ein Handbuch, Frankfurt am Main
Kepler, Johannes (1611), Dioptrice sev Demonstratio eorum quae visui & visibilibus propter Conspicilla non ita pridem inventa accidunt, Augustae Vindelicoruvm, typis Davidis Franci, M.DCXI.
Kollerstrom, Nicholas (2001), Galileo's Astrology, in: Largo Campo di Filosofare. Eurosymposium Galileo 2001 (Hg.: José Montesinos und Carlos Solís), La Orotava, S. 421–431
Konecny, Lubomír (2005), Peter Paul Rubens, Galileo Galilei und die Schlacht am Weißen Berg, in: Artibus et Historiae 52, S. 85–91
Koyré, Alexandre (1955), Attitude éstetique et pensée scientifique, in: Critique, Nrn. 100–101, S. 835–847
Koyré, Alexandre (1988), Kunst und Wissenschaft im Denken Galileis. Eine Antwort auf Panofsky, in: Galilei. Die Anfänge der neuzeitlichen Wissenschaft, (Hg. Ulrich Raulff), Berlin, S. 70–83
Körner, Hans (2003), Die enttäuschte und die getäuschte Hand: Der Tastsinn im Paragone der Künste, in: Der stumme Diskurs der Bilder (Hg.: Valeska von Rosen, Klaus Krüger und Rudolf Preimesberger), München und Berlin, S. 221–224
Körner, Hans (2006), Botticelli, Köln
Krois, John Michael (2006), Für Bilder braucht man keine Augen. Zur Verkörperungstheorie des Ikonischen, in: Kulturelle Existenz und symbolische Form. Philosophische Essays zu Kultur und Medien (Hg.: John Michael Krois und Norbert Meuter), Berlin, S. 167–189
Kruse, Christiane (2003), Wozu Menschen malen. Historische Begründung eines Bildmediums, München
Kuhn, Heinrich C. (1993), Galileo Galilei Come Lettore Di Cesare Cremonini, in: Centro Tedesco di Studi Veneziani. Quaderni – 45, Venedig
Kutschmann, Werner (1986), Der Naturwissenschaftler und sein Körper. Die Rolle der „inneren Natur" in der experimentellen Naturwissenschaft der frühen Neuzeit, Frankfurt am Main
La Galla, Giulio Caesare (1612), De Phoenomenis in Orbe Lvnae Novi Telescopii VSV A D. Gallileio Gallileo Nvnc Itervm Svscitatis Physica disputatio, Venedig

Lamberini, Daniela (1990), Il Principe Difeso. Vita e Opere di Bernardo Puccini, Florenz

Lankheit, Klaus (1973), Der Tempel der Vernunft. Unveröffentlichte Zeichnungen von Etienne-Louis Boullée, 2. Aufl., Basel und Stuttgart

Latour, Bruno (1986), Visualization and Cognition: Thinking with Eyes and Hands, in: Knowledge and Society: Studies in the Sociology of Culture Past and Present, Bd. 6, S. 1–40

Lattis, James M. (1994), Between Copernicus and Galileo. Christoph Clavius and the Collapse of the Ptolemaic System, Chicago und London

Lavin, Irving (2003), The Story of 0 from Giotto to Einstein, in: Bildwelten des Wissens. Kunsthistorisches Jahrbuch für Bildkritik, Bd. 1.2, S. 37–43

Lavin, Irving (2007), Picassos Stiere oder die Kunstgeschichte von hinten (Übers.: Wolfgang Heuss), Berlin

Leonardo da Vinci (1977), The Literary Works of Leonardo da Vinci, Hg. v. Jean Paul Richter und Carlo Pedretti, London

Leonardo da Vinci (1980), The Codex Leicester (Hg.: Carlo Pedretti), London

Leonardo da Vinci (1990), Sämtliche Gemälde und die Schriften zur Malerei (Hg.: André Chastel, Übers.: Marianne Schneider), Darmstadt

Leonardo da Vinci (1995), Della Natura. Peso e Moto delle Acque. Il Codice Leicester, Ausstellungskatalog, Mailand

Leonardo da Vinci (1995), Libro di Pittura. Edizione in facsimile del Codice Urbinate lat. 1270 nella Bibliotheca Apostolica Vaticana a cura di Carlo Pedretti. Trascrizione critica di Carlo Vecce, Florenz

Leonardo da Vinci (2000), Der Vögel Flug. Sul volo degli uccelli (Hg.: Marianne Schneider), München, Paris und London

Leonhard, Karin und Robert Felfe (2006), Lochmuster und Linienspiel. Überlegungen zur Druckgrafik des 17. Jahrhunderts, Freiburg im Breisgau und Berlin

Lepper, Katharina Barbara (1987), Der „Paragone": Studien zu den Bewertungsnormen der bildenden Künste im frühen Humanismus 1350–1480, Phil. Diss., Bonn

Levi, Eugenia (1968), Indice delle Fonti dell'Edizione Nazionale delle Opere di Galileo Gailei, Florenz

Liebenwein, Wolfgang (1977), Studiolo. Die Entstehung eines Raumtyps und seine Entwicklung bis um 1600, Berlin

Lindberg, David C. (1987), Auge und Licht im Mittelalter. Die Entwicklung der Optik von Alkindi bis Kepler, Frankfurt am Main

Lodovico Cigoli 1559–1613. Tra Manierismo e Barocco. Dipinti (1992, Hg.: Marco Chiarini, Serena Paduvani und Angelo Tartuferi), Ausstellungskatalog, Florenz

L'oeil d'or. Claude Mellan. 1598–1688 (1988, Hg.: Maxime Préaud), Ausstellungskatalog, Bibliothèque National Galerie Mazarine, Paris

Lotz, Wolfgang (1958), Rez. von: Erwin Panofsky, Galileo as a Critic of the Arts, Den Haag, in: The Art Bulletin, Bd. XL, Nr. 2, S. 162–164

Lucretius Carus, Titus (1977), De rerum natura. Welt aus Atomen. Lateinisch und Deutsch (Hg. und Übers.: Karl Büchner), Stuttgart

Madden, Frederik (1849), Index to the Additional Manuscripts with those of the Egerton Collection, preserved in the British Museum and Acquired in the Years 1783–1835, London

Magnificenza alla Corte dei Medici. Arte Firenze alla fine de Cinquecento (1997, Hg.: Christina Acidini Luchinat, Mina Gregori, Detlef Heikamp und Antonio Paolucci), Ausstellungskatalog, Florenz und Mailand

Mahoney, Michael (1985), Diagrams and Dynamics. Mathematical Perspectives on Edgerton's Thesis, in: Science and the Arts in the Renaissance (Hg.: John W. Shirley und F. David Hoeniger), Washington, S. 198–220

Maio, Romeo De (1978), Michelangelo e la Controriforma, Rom und Bari

Mann, Heinz Herbert (1987), Die Plastizität des Mondes – Zu Galileo Galilei und Lodovico Cigoli, in: Natur und Kunst (Hg.: Götz Pochat und Brigitte Wagner), Kunsthistorisches Jahrbuch Graz, Bd. 23, Graz, S. 55–59

Mann, Heinz Herbert (1992), Augenglas und Perspektiv. Studien zur Ikonographie zweier Bildmotive, Berlin

Masera, Maria Giovanni (1941), Michelangelo Buonarroti il Giovane, Turin

Masotti, Arnaldo (1975), Ricci, Ostilio, in: Dictionary of Scientific Biography (Hg.: Charles C. Gillispie), 16 Bde., New York 1970–1980, Bd. XI, S. 405–406

Mathematisierung der Natur (2006), Streitgespräch in der Wissenschaftlichen Sitzung der Versammlung der Berlin-Brandenburgischen Akademie der Wissenschaften am 10. Dezember 2004 und am 27. Mai 2005 (Hg.: Präsident der Berlin-Brandenburgischen Akademie der Wissenschaften), Berlin

Matteoli, Anna (1980), Lodovico Cardi-Cigoli, pittore e architetto, Pisa

Mazzi, Maria Cecilia (1985), Introduzione, in: Erwin Panofsky. Galileo Critico delle Arti, Venedig, S. 7–18

Mazzoni, Jacopo (1587), Della Difesa della Comedia di Dante, Cesena

Meller, Peter (1963), Physiognomical Theory in Renaissance Heroic Portraits, in: Acts of the Twentieth International Congress of the History of Art, New York 1961, Bd. II: The Renaissance and Manierism, Princeton, N. J., S. 53–69

Merz, Jörg Martin (1991), Pietro da Cortona. Der Aufstieg zum führenden Maler im barocken Rom, Tübingen

Meyer-Kalkus, Reinhart (2007), Nachwort, in: György Ligeti und Gerhard Neuweiler, Motorische Intelligenz. Zwischen Musik und Naturwissenschaft (Hg.: Reinhart Meyer-Kalkus), Berlin, S. 79–102

Miller, Peter N. (2000), Peiresc's Europe. Learning and Virtue in the Seventeenth Century, New Haven und London

Mittelstraß, Jürgen (1995), Galilei als Methodologe, in: Berichte zur Wissenschaftsgeschichte, Bd. 18, S. 15–25

Mittelstraß, Jürgen (2005), Buch der Natur, in: Enzyklopädie Philosophie und Naturwissenschaftstheorie, Bd. 1, 2. Aufl., Stuttgart und Weimar, S. 541

Montgomery, Scott L. (1994), The First Naturalistic Drawings of the Moon: Jan van Eyck and the Art of Observation, in: Journal for the History of Astronomy, Bd. 25, Teil 4, Nr. 81, S. 317–320

Montgomery, Scott L. (1996), The Scientific Voice, New York, S. 196–229

Morét, Stefan (2003), Der „paragone" im Spiegel der Plastik, in: Benvenuto Cellini (Hg.: Alessandro Nova), Köln, Weimar und Wien, S. 203–215

Muccini, Ugo (1997), Painting, Sculpture and Architecture in Palazzo Vecchio of Florence, Florenz

Mudry, Anna (1987), Annäherung an Galileo Galilei, in: Galileo Galilei, Schriften. Briefe. Dokumente (Hg.: Anna Mudrey), Berlin, Bd. 1, S. 7–41

Müller-Ludoph, Ute (1991), Philipp Ludwig II. von Hanau-Münzenberg (1576–1612). Eine politische Biographie, Darmstadt und Marburg

Naturalia. Nature morte in collezioni pubbliche e private (1992, Hg.: Gianluca und Ulisse Bocchi), Ausstellungskatalog, Mantua

Nelli, Giovanni Batista Clemente de' (1793), Vita e commercio letterario di Galileo Galilei, 2 Bde., Lausanne

Neuweiler, Gerhard (2007), Was unterscheidet Menschen von Primaten? Die motorische Intelligenz, in: György Ligeti und Gerhard Neuweiler, Motorische Intelligenz. Zwischen Musik und Naturwissenschaft (Hg.: Reinhart Meyer-Kalkus), Berlin, S. 9–37

North, John (1974), Thomas Harriot And The First Telescopic Observations Of Sunspots, in: Thomas Harriot. Renaissance Scientist (Hg.: John W. Shirley), Oxford, S. 129–174

North, John (2002), The Ambassadors' Secret. Holbein and the World of the Renaissance, London und New York

Nova, Alessandro (2003), „Paragone"-Debatte und gemalte Theorie in der Zeit Cellinis, in: Benvenuto Cellini. Kunst und Kunsttheorie im 16. Jahrhundert (Hg.: Alessandro Nova und Anna Schreurs), Köln, Weimar und Wien, S. 183–202

Novità Celesti e Crisi del Sapere (1984), Atti del Convegno Internazionale di Studi Galileiani (Hg.: Paolo Galluzzi), Florenz

Nuovo, Isabella (2006), Galileo e l'„arte" della fortificazione, in: La prosa di Galileo. La Lingua La Retorica La Storia (Hg.: Mauro Di Giandomenico und Pasquale Guaragnella), Lecce, S. 179–213

Oberhuber, Konrad (1968), Hieronymus Cock, Battista Pittoni und Paolo Veronese in Villa Maser, in: Munuscula Discipulorum. Kunsthistorische Studien Hans Kaufmann zum 70. Geburtstag 1966 (Hg.: Tilmann Buddensieg und Matthias Winner), Berlin, S. 207–224

Oberhuber, Konrad (2003), Parmigianino als Zeichner, in: Parmigianino und der europäische Manierismus (Hg.: Sylvia Ferino-Pagden und Lucia Fornari-Schianchi), Mailand und Wien, S. 97–107

Olmi, Giuseppe (1989), Natura morta e illustrazione scientifica, in: La natura morta in Italia (Hg.: Carlo Pirovano), 2 Bde., Mailand, Bd. II, S. 69–91

Olschki, Leonardo (1965), Geschichte der neusprachlichen wissenschaftlichen Literatur, Bde. 1–3, Vaduz [Repr. 1919 (Bd. 1), 1922 (Bd. 2), 1927 (Bd. 3)]

Olson, Roberta J.M. und Jay M. Pasachoff (1999/2001), Moon-Struck: Artists Rediscover Nature and Observe, in: Earth, Moon, and Planets. An International Journal of Solar System Science, Bde. 85–86, Nrn. 1–3, S. 303–341

Orbaan, Johannes A. F. (1920), Documenti sul Barocco a Roma, Rom

Ostrow, Steven F. (1996), Art and Spirituality in Counter-Reformation Rome. The Sistine and Pauline Chapels in S. Maria Maggiore, Cambridge

Ostrow, Steven F. (1996), Cigoli's Immacolata and Galileo's Moon: Astronomy and the Virgin in Early Seicento Rome, in: The Art Bulletin, Bd. LXXVIII, Nr. 2, June, S. 218–235

Ottani Cavina, Anna (1976), On the Theme of Landscape-II: Elsheimer and Galileo, in: The Burlington Magazine, Bd. CXVIII, Nr. 876, March, S. 139–144

Panofsky, Erwin (1932), Zum Problem der Beschreibung und Inhaltsdeutung von Werken der bildenden Kunst, in: Logos, Bd. 21, S. 103–119

Panofsky, Erwin (1954), Galileo as a Critic of the Arts, Den Haag

Panofsky, Erwin (1956), Galileo as a Critic of the Arts. Aesthetic Attitude and Scientific Thought, in: Isis, Bd. XLVII, Nr. 147, March, S. 3–15

Panofsky, Erwin (1956), More on Galileo and the Arts, in: Isis, Bd. XLVII, Nr. 148, June, S. 182–185

Panofsky, Erwin (1984), Zum Problem der Beschreibung und Inhaltsdeutung von Werken der bildenden Kunst, in: Ikonographie und Ikonologie (Hg.: Ekkehard Kaemmerling), Köln, S. 185–206

Panofsky, Erwin (1993), Galilée Critique d'Art (Hg. u. Übers.: Nathalie Heinich), Paris

Panofsky, Erwin (2006), Korrespondenz, Bd. III, 1950 bis 1956 (Hg.: Dieter Wuttke), Wiesbaden

Pantin, Isabelle (1992), Introduction, in: Galileo Galilei, Sidereus Nuncius. Le Messager Celeste, Paris, S. IX–CIV

Pellicano, Antonio (2000), Del periodo giovanile di Galileo Galilei. Il Trattato di Fortificazione alle radici del pensiero scientifico e dell'urbanistica moderni, Rom

Perrig, Alexander (1991), Michelangelo's Drawings. The Science of Attribution, New Haven und London

Pitt, Joseph C. (1992), Galileo, Human Knowledge and the Book of Nature: Method Replaces Methodology, Dordrecht, Boston und London

Pizzorusso, Claudio (1982), Ricerche su Cristofano Allori, Florenz

Pizzorusso, Claudio (2002), Galileo in the Garden: Observations on the Sculptural Furnishings of Florentine Gardens between the Sixteenth and Seventeenth Centuries, in: The Medici, Michelangelo, & the Art of Late Renaissance Florence (Hg.: Christina Acidini Luchinat und Suzanne B. Butters), Ausstellungskatalog, New Haven und London, S. 113–122

Plaisance, Michel (2004), I Dibattiti intorno ai Poemi dell'Ariosto e del Tasso nelle Accademie Fiorentine: 1582–1586, in: L'arme e gli amori. Ariosto, Tasso and Guarini in Late Renaissance Florence. Acts of an International Conference. Florence, Villa I Tatti, June 27–29, 2001 (Hg.: Massimiliano Rossi und Fiorella Gioffredi Superbi), Florenz, S. 119–134

Platon (1958), Politeia (Übers.: Friedrich Schleiermacher), in: Sämtliche Werke (Hg.: Walter F. Otto, Ernesto Grassi und Gert Plamböck), Hamburg, S. 67–310

Plinius d. Ä. (1973–1994), Naturalis historia libri I–XXXVII (Hg. und Übers.: Roderich König in Zus. mit Joachim Hopp), München

Plutarch (1976), Plutarch's Moralia (Hg.: H. Cherniss und W. C. Helmbold), Cambridge/M.

Poeschel, Sabine (1985), Studien zur Ikonographie der Erdteile in der Kunst des 16.–18. Jahrhunderts (= Beiträge zur Kunstwissenschaft Bd. 3), München

Preimesberger, Rudolf (1985), Themes in Art Theory in the Early Works of Bernini, in: Gianlorenzo Bernini. New Aspects of His Art and Thought. A Commemorative Volume (Hg.: Irving Lavin), University Park und London, S. 1–18 u. Abb.

Preimesberger, Rudolf (2001), Paragone-Motive und theoretische Konzepte in Vincenzo Giustinianis „Discorso sopra la Scultura" in: Caravaggio in Preußen. Die Sammlung Giustiniani und die Berliner Gemäldegalerie (Hg.: Silvia Danesi Squarzina), Ausstellungskatalog, Mailand, S. 50–56

Preimesberger, Rudolf (2003), Rilievo und Michelangelo: „... benché ignorantemente", in: Visuelle Topoi. Erfindung und tradiertes Wissen in den Künsten der italienischen Renaissance (Hg. Ulrich Pfisterer und Max Seidel), München und Berlin, S. 303–316

Preimesberger, Rudolf, Hannah Baader und Nicola Suthor (Hg., 1999), Geschichte der klassischen Bildgattungen in Quellentexten und Kommentaren, Bd. 2, Das Porträt, Berlin

Principio Di Secol Novo (1999), Saggi su Galileo (Hg.: L. A. Radicati di Brozolo), Pisa

Prinz, Wolfram (1981), Galerien und Antikengalerien, in: Antikensammlungen im 18. Jahrhundert (Hg.: Herbert Beck, Peter C. Bol, Wolfram Prinz, Hans v. Steuben), Berlin, S. 343–356

Prochno, Renate (2006), Konkurrenz und ihre Gesichter in der Kunst. Wettbewerb, Kreativität und ihre Wirkungen, Berlin

Procissi, Angelo (1959ff.), La Collezione Galileiana della Biblioteca Nazionale di Firenze, Rom, Bd. Iff.

Puppi, Lionello (1995), Galileo Galilei e la Cultura Artistica a Venezia tra la Fine del '500 e l'Inizio del '600, in: Galileo Galilei e la Cultura Veneziana, Atti del Convegno di Studio Promosso nell' Ambito delle Celebrazioni Galileiane indette dall' Università degli Studi di Padova (1592–1992), 1992, Venedig, S. 243–255

Quintilian [M. Fabius Quintilianus] (1974), Institutio oratoria X. Lehrbuch der Redekunst 10. Buch (Übers.: Franz Loretto), Stuttgart

Reaves, Gibson und Carlo Pedretti (1987), Leonardo da Vinci's Drawings of the Surface Features of the Moon, in: Journal for the History of Astronomy, Bd. 18, Teil 1, Nr. 52, Februar, S. 55–58

Redondi, Pietro (1989), Galilei – der Ketzer, Frankfurt am Main

Reeves, Eileen (1997), Painting the Heavens. Art and Science in the Age of Galileo, Princeton/New Jersey

Reeves, Eileen und Albert van Helden (2008), Gaileo and Scheiner on Sunspots, 1611–1613, Chicago (im Druck)

Reinhardt, Volker (2001), Das Konzil von Trient und die Naturwissenschaften. Die Auseinandersetzung zwischen Bellarmin und Galilei als Paradigma, in: Das Konzil von Trient und die Moderne (Hg.: Paolo Prodi und Wolfgang Reinhard), Berlin, S. 381–393

Remmert, Volker R. (1998), Ariadnefäden im Wissenschaftslabyrinth. Studien zu Galilei: Historiographie – Mathematik – Wirkung, Bern, Berlin, Frankfurt am Main, New York, Paris und Wien

Remmert, Volker R. (2001), „Sonne steh still über Gibeon". Galileio Galilei, Christoph Clavius, katholische Bibelexegese und die Mahnung der Bilder, in: Zeitschrift für historische Forschung, Bd. 28, Heft 4, S. 539–580

Remmert, Volker R. (2005), Galileo, God and Mathematics, in: Mathematics and the Divine: A Historical Study (Hg.: Tenn Koetsier und Luc Bergmans), Amsterdam, S. 349–359

Remmert, Volker R. (2005), Widmung, Welterklärung und Welterklärungslegitimierung. Titelbilder und ihre Funktion in der wissenschaftlichen Revolution, Wiesbaden

Renn, Jürgen und Matteo Valleriani (2001), Galileo and the Challenge of the Arsenal, Max-Planck-Institut für Wissenschaftsgeschichte, Preprint 179, Berlin

Repp-Eckert, Anke (2004), Adam Elsheimer und sein römischer Kreis. Studientag, organisiert von Stefan Gronert und Andreas Thielemann, in der Bibliotheca Hertziana, Rom, 26. und 27. Februar 2004, in: Kunstchronik, Nr. 12, S. 599–606

Richter, Jean Paul (1883), The Literary Works of Leonardo da Vinci, 2 Bde., London

Richter, Paul (1970), The Literary Works of Leonardo da Vinci, 3. Aufl., 2 Bde., New York

Riekher, Rolf (1990), Fernrohre und ihre Meister, Berlin

Righini, Guglielmo (1975), New Light on Galileo's Lunar Observations, in: Reason, Experiment, and Mysticism in the Scientific Revolution (Hg.: Maria Luisa Righini Bonelli und William R. Shea), New York, S. 59–76

Righini, Guglielmo (1978), Contributo alla interpretazione scientifica dell' opera astronomica di Galileo, Florenz

Ringwood, Stephen (1994), A Galilean Telescope, in: The Quarterly Journal of the Royal Astronomical Society, Bd. 35, S. 43–50

Ronchi, Vasco (1962), Introduzione. Du De Refractione au De Telescopio, in: Giovan Battista Della Porta, De Telescopio, Florenz, S. 1–19

Rosa, Hartmut (2005), Beschleunigung. Die Veränderung der Zeitstrukturen in der Moderne, Frankfurt am Main

Rosen, Edward (1956), Rez. von Panofsky, 1956, Galileo, in: Isis, Bd. XLVII, 1956, Nr. 147, March, S. 78–80

Rudius, Eustachius (1610), De Morbis Occvltis, et Venenatis, Libri Quinque. Evstachio Rvdio Vtinensi Avctore in Patauino Gymnasio Practico primae Sedis Ordinario (…) Ad Sanctiss. D. N. Pavlvm Qvintvm Pontificem Maximvm. Svperiorvm Permissv, et cvm Privilegio. Veneteiis, MDCX. Apud Thomam Baglionum

Ruospo, Lucrezia (2006), La biografia galileiana di Vincenzio Viviani, in: La prosa di Galileo. La Lingua La Retorica La Storia (Hg.: Mauro Di Giandomenico und Pasquale Guaragnella), Lecce, S. 281–296

Sandrart, Joachim von (1994), Teutsche Academie der Bau-, Bild- und Mahlerey-Künste [Nürnberg 1675–1680], Bde. I–III, Nördlingen

Sani, Bernardina (2005), La Fatica Virtuosa di Ottavio Leoni, Turin

Sauerländer, Willibald (2006), Elsheimers „Flucht nach Ägypten" und die „Neuen Sterne". Aus Anlaß der Ausstellung: Adam Elsheimer. Die Flucht nach Ägypten (2005), München, Alte Pinakothek, 17. Dezember 2005–26. Februar 2006, in: Kunstchronik, Nr. 2, S. 50–54

Saur Allgemeines Künstlerlexikon, (1992), München und Leipzig

Schall, Adam (1626), Yuan-jing-Shuo, o. O.

Schaub, Mirjam (2005), Der kreative Eingriff des Zufalls in Kants Kritik der Urteilskraft, in: Kreativität. XX. Deutscher Kongress für Philosophie. 26.–30. September 2005 in Berlin. Sektionsbeiträge, Bd. 1 (Hg.: Günter Abel), Berlin, S. 539–549

Scheiner, Christoph (1612), De Macvlis Solarib. Et stellis circa Iovem errantibus, Accvratior Disqvisitio ad Marcvm Velservm Avgvstae Vind. II. Virvm, Augsburg, Idib. Septr.

Scheiner, Christoph (1612), Tres Epistolae De Macvlis Solaribvs Scriptae ad Marcvm Velservm, Augsburg

Scheiner, Christoph (1613), De Macvlis Solaribvs Tres Epistolae. De Iisdem et Stellis circa Iovem Errantibvs. Disquisitio ad Marcvm Velservm Augustae Vind. II. Virum Praef. Apellis Post Tabulam Latentis, Rom: Giacomo Mascardi

Scheiner, Christoph (1613), Accuratior Dispositio Eiusdem Appelles, Rom

Scheiner, Christoph (1630), Rosa Ursina, Bracciano
Schulze Altcappenberg, Hein (2000), Sandro Botticelli. Der Bilderzyklus zu Dantes Göttlicher Kommödie, Ausstellungskatalog, Berlin
Schütze, Sebastian (2007), Kardinal Maffeo Barberini (später Papst Urban VIII.) und die Entstehung des römischen Hochbarock, München
Segre, Michael (1989), Viviani's Life of Galileo, in: Isis, Bd. 80, S. 207–231
Segre, Michael (1991), In the Wake of Galileo, New Brunswick/New Jersey
Segre, Michael (1998), Die frühe Biografie in der Geschichte der Mathematik, in: Biografie und Technikgeschichte (Hg.: Wilhelm Füßl und Stefan Ittner), in: Bios. Zeitschrift für Biographieforschung und Oral History, Jg. 11, Sonderheft, S. 70–77
Segre, Michael (1998), The never-ending Galileo story, in: The Cambridge Companion to Galileo (Hg.: Peter Machamer), Cambridge, S. 388–416
Settle, Thomas B. (1971), Ostilio Ricci, a Bridge between Alberti and Galileo, in: Actes du XIIe Congrès International d'Historie des Sciences, Paris 1968, Bd. III B, Paris, S. 121–126
Settle, Thomas B. (1990), Egnazio Danti and Mathematical Education in Late Sixteenth-century Florence, in: New Perspectives on Renaissance Thought. Essays in the History of Science, Education and Philosophy in Memory of Charles B. Schmitt (Hg.: John Henry und Sarah Hutton), London, S. 24–37
Settle, Thomas B. (2001), Experimental Sense in Galileo's Early Works and Its Likely Sources, in: Largo Campo di Filosofare. Eurosymposium Galileo 2001 (Hg.: José Montesinos und Carlos Solís), La Orotava, S. 831–849
Settle, Thomas B. (2002), Dante, The Inferno and Galileo, in: Pictorial Means in Early Modern Engineering, 1400–1650 (Hg.: Wolfgang Lefèvre), Preprint 193, Max-Planck-Institut für Wissenschaftsgeschichte, Berlin, S. 139–157
Settle, Thomas B. (2006), Danti, Gulaterotti, Galilei: Their Telescopes?, in: Atti della „Fondazione Giorgio Ronchi", Jg. LXI, Nr. 5, S. 625–637
Shea, William R. (1970), Galileo, Scheiner, and the Interpretation of Sunspots, in: Isis, Bd. 61, S. 498–519
Shea, William R. (1985), Panofsky Revisited: Galileo as a Critic of the Arts, in: Renaissance Studies in Honor of Craigh Hugh Smyth (Hg.: Andrew Morrogh und Fiorella Superci Gioffredi), Bd. I, Florenz, S. 481–492
Shea, William R. (1990), Galileo Galilei: An Astronomer at Work, in: Nature, Experiment, and the Sciences. Essay on Galileo and the History of Science in Honour of Stillman Drake (Hg.: Trevor H. Levere und William R. Shea), Dordrecht, Boston und London, S. 51–76
Shea, William R. (2001), Galileo e l'atomismo, in: Acta Philosophica, Bd. 10, S. 257–272
Shea, William R. (2001), How Galileo's Mind Guided His Eye When He First Looked At The Moon Throgh A Telescope, in: Proceedings of the XXth International Congress of History of Science (Liège, 20–2 July 1997), Bd. XII, Optics and Astronomy (Hg.: Gérard Simon und Suzanne Débarbat), Turnhout, S. 93–109

Shea, William R. (2005), Galileo and the Supernova of 1604, in: 1604–2004: Supernovae as Cosmological Lighthouses (Hg.: Massimo Turatto, Stefano Benetti, Luca Zamperi und William R. Shea), ASP Conference Series, Bd. 342, S. 13–20

Shea, William R. (2006), State Schools and Private Religious Schools in Galileo's Days, in: Essays in Honour of Ekmeldedin Ihsanoğlu (Hg.: Mustafa Kaçar und Zeynep Durukal Abuhusayn), Bd. I, Istanbul, S. 737–760

Shea, William R. und Mariano Artigas (2003), Galileo in Rome. The Rise and Fall of a Troublesome Genius, Oxford

Shea, William R. und Mariano Artigas (2006), Galileo Observed. Science and the Politics of Belief, Sagamore Beach

Shearman, John (1979), Cristofano Allori's ‚Judith', in: The Burlington Magazine, Bd. CXXI, Nr. 910, S. 3–9

Shirley, John W. (1978), Thomas Harriot's Lunar Observations, in: Studia Copernicana, Bd. XVI, Science and History. Studies in Honour of Edward Rosen, S. 283–308

Singer, Wolf (2004), Das Bild in uns – Vom Bild zur Wahrnehmung, in: Iconic Turn. Die neue Macht der Bilder (Hg.: Christa Maar und Hubert Burda), Köln, S. 56–76

Sluiter, Engel (1997), The Telescope before Galileo, in: Journal of the History of Astronomy, Bd. 28, Nr. 92, S. 223–234

Solinas, Francesco (1994), Neue Meisterschaft einer neuen Kultur – Forschung und Sammeltätigkeit im Rom der Barberini, in: Macrocosmos in Microcosmo. Die Welt in der Stube. Zur Geschichte des Sammelns 1450–1800, Opladen, S. 501–533

Solinas, Francesco (2002), La Signora degli Scorpioni. Un inedito di Ottavio Leoni (1578–1630) e qualche ritratto romano del tempo di Caravaggio, in: Caravaggio nel IV centenario della Cappella Contarelli: convegno internazionale di studi, Rom 24–26 maggio 2001, Rom, S. 243–265

Spear, Richard E. (2005), Money Matters: The Gentileschi's Finances, in: Artemisia Gentileschi: Taking Stock (Hg.: Judith W. Mann), Turnhout, S. 147–159

Spranzi, Marta (2004), Galileo and the Mountains of the Moon: Analogical Reasoning, Models and Metaphors in Scientific Discovery, in: Journal of Cognition and Culture, Bd. 4. Nrn. 3–4, S. 451–483

Stefano della Bella. Ein Meister der Barockradierung (2005, Hg.: Dorit Schäfer), Ausstellungskatalog, Karlsruhe

Stevens, Henry (1900), Thomas Harriot, the Mathematician, the Philosopher and the Scholar, London

Stevens, Kevin M. und Paul F. Gehl (2003), The Eye of Commerce: Visual Literacy Among the Makers of Books in Italy, in: The Art Market in Italy 15th–17th Centuries. Il Mercato dell'Arte in Italia sec. XV–XVII (Hg.: Marcello Fantoni u. a.), Modena, S. 273–281

Stewering, Roswitha (1996), Architektur und Natur in der „Hypnerotomachia Poliphili" [Manutius 1499] und die Zuschreibung des Werkes an Niccolò Lelio Cosmico, Hamburg

Still-Life Paintings from the Netherlands 1550–1720 (1999, Hg.: Alan Chong und Wouter Kloek), Ausstellungskatalog, Amsterdam

Stilleben in Europa (1979, Hg.: Gerhard Langemeyer und Hans-Alpert Peters), Ausstellungskatalog, Münster

Stoichita, Victor I. (1999), Eine kurze Geschichte des Schattens, München

Stolzenwald, Susanna (1991), Artemisia Gentileschi. Bindung und Befreiung in Leben und Werk einer Malerin, Stuttgart und Zürich

Stooke, Philip J. (1992), Mappaemundi and the Mirror in the Moon, in: Cartographica, Bd. 29, Nr. 2, S. 20–30

Stritt, Martin (2004), Die schöne Helena in den Romruinen: Überlegungen zu einem Gemälde Maarten van Heemskercks, Frankfurt am Main

Strunck, Christina (2001), Vincenzo Giustinianis „humor peccante". Die innovative Antikenrepräsentation in den beiden Galerien des Palazzo Giustiniani zu Rom, ca.1630–1830, in: Caravaggio in Preußen. Die Sammlung Giustiniani und die Berliner Gemäldegalerie (Hg.: Silvia Danesi Squarzina), Ausstellungskatalog, Berlin, S. 105–114

Tabarroni, Giorgio (1984), I disegni autografi della luna e altre espressioni figurative dei manoscritti Galileiani, in: Novità celesti e crisi del sapere. Atti del convegno internazionale di studi Galileiani (Hg.: Paolo Galluzzi), Florenz, S. 51–55

The Illustrated Bartsch (1978ff., Hg.: Walter L. Strass), New York

The Medici, Michelangelo, & the Art of Late Renaissance Florence (2002, Hg.: Christina Acidini Luchinat und Suzanne B. Butters,), Ausstellungskatalog, New Haven und London

The Paper Museum of Cassiano dal Pozzo (1588–1657) (1993, Hg. British Museum), Ausstellungskatalog, Mailand

Thielemann, Andreas (2007), Natur pur? Literarische Quellen und philosophische Ziele der Naturdarstellung bei Adam Elsheimer, in: Adam Elsheimer in Rom: Wer – Kontext – Wirkung (Hg.: Stefan Gronert und Andreas Thielemann), München (im Druck).

Thieme, Ulrich und Felix Becker (1999), Allgemeines Lexikon der bildenden Künstler von der Antike bis zur Gegenwart, [Repr. 1907–1950], München

Thimann, Michael (2003), Decorum, in: Metzler Lexikon Kunstwissenschaft. Ideen, Methoden, Begriffe (Hg.: Ulrich Pfisterer), Stuttgart und Weimar, S. 64–68

Thoenes, Christof (1983), Vignolas ‚Regola delle Cinque Ordini', in: Römisches Jahrbuch für Kunstgeschichte, Bd. XX, S. 347–376

Tomasi, Lucia Tongiorgio (2001), „L'Arte Ingenua e Ingnenosa di Coltivare i Fiori". Note su Flora Overo Cultura di Fiori di Giovan Battista Ferrari, in: Giovan Battista Ferrari, Flora ouero cultura di fiori [1638], (Hg.: Lucia Tongiorgi Tomasi), Florenz, S. IX–XXV

Topper, David und Cynthia Gillis (1996), Trajectories of Blood. Artemisia Gentileschi and Galileo's Parabolic Path, in: Woman's Art Journal, Bd. I, S. 10–13

Tordella, Piera Giovanna (2004), Ottavio Leone disegnatore e pittore: i Cesi e il Cardinal Montalto, in: Mitteilungen des Kunsthistorischen Institutes in Florenz, Bd. XLVII, Nr. 2/3, S. 345–374

Torriti, Piero (1966), Luca Cambiaso. Disegni, Genua

Uppenkamp, Bettina (2004), Judith und Holofernes in der italienischen Malerei des Barock, Berlin

Valleriani, Matteo (2007), Galileo Engineer, Phil. Diss., Mskpt., Humboldt Universität, Berlin

Valleriani, Matteo (2001), A View on Galileo's *Ricordi Autografi*. Galileo Practitioner in Padua, in: Largo Campo di Filosofare. Eurosymposium Galileo 2001 (Hg.: José Montesinos und Carlos Solís), La Orotava, S. 281–291

Van Helden, Albert (1977), The Invention of the Telescope, (= Transactions of the American Philosophical Society Held at Philadelphia for Promoting Useful Knowledge, Bd. 67, Teil 4, Juni, S. 5–67), Philadelphia

Van Helden, Albert (1984), Galileo and the Telescope, in: Novità celesti e crisi del sapere. Atti del convegno internazionale di studi Galileiani (Hg.: Paolo Galluzzi), Florenz, S. 149–158

Van Helden, Albert (1989), Galileo, Telescopic Astronomy, and the Copernican System, in: The General History of Astronomy (Hg.: Michael Hoskin), Bd. 2, Teil II: The Impact of the Telescope, Cambridge, S. 82–118

Van Helden, Albert (1996), Galileo and Scheiner on Sunspots: A Case Study in the Visual Language of Astronomy, in: Proceedings of the American Philosophical Society, Bd. 140, Nr. 3, S. 358–396

Van Helden, Albert (1999), Catalogue of Early Telescopes, Florenz

Vasari, Giorgio (1906), Le Vite de'più eccellenti Pittori Scultori ed Architettori (Hg.: Gaetano Milanesi), Bde. I–VIII, Florenz

Vasari, Giorgio (2004), Kunstgeschichte und Kunsttheorie. Eine Einführung in die Lebensbeschreibung berühmter Künstler anhand der Proemien. Neu übersetzt von Victoria Lorini (Hg.: Matteo Burioni und Sabine Feser), Berlin

Vellutello, Alessandro (1544), La Comedia di Dante Alighieri con la nuova espozione di Alessandro Vellutello, Venedig

Visions du déluge de la Renaissance au XIXe siècle (2006, Hg.: Musée cantonal des Beaux-Arts de Lausanne), Ausstellungskatalog, Dijon

Viviani, Vincenzio (1968), Racconto istorico della vita del Sig. Galileo Galilei, in: Opere, Bd. XIX, S. 59–632

Vliegenthart, Adriaan W. (1976), La Galleria Buonarroti: Michelangelo e Michelangelo il Giovane, Florenz
Von Rosen, Valeska (2005), Caravaggio und die Grenzen des Darstellbaren. Ambiguität, Ironie und Performativität in der Malerei um 1600, Habilitationsschrift, FU Berlin
Voss, Hermann (1920), Die Malerei der Spätrenaissance in Rom und Florenz, Bd. I, Berlin
Voss, Hermann (1924), Die Malerei des Barock in Rom, Berlin
Wagner, Chrisoph (2005), Hand und Instrument. Musikphysiologische Grundlagen. Praktische Konsequenzen, Wiesbaden, Leipzig und Paris
Wallace, William A. (1977), Galileo's Early Notebooks: The Physical Questions. A Translation from the Latin, with Historical and Paleographical Commentary, Notre Dame/London
Wallace, William A. (1984), Galileo and his Sources. The Heritage of the Collegio Romano in Galileo's Science, Princeton/New Jersey
Warnke, Martin (1977), Die ersten Seiten aus den Viten Giorgio Vasaris. Der politische Gehalt seiner Renaissancevorstellung, in: Kritische Berichte V/6, S. 5–28
Warnke, Martin (1985), Hofkünstler. Zur Vorgeschichte des modernen Künstlers, Köln
Warnke, Martin (2006), Rubens. Leben und Werk, Köln
Warnke, Martin (2007), Könige als Künstler. Gerda Henkel Vorlesung (Hg.: Gerda Henkel Stiftung), Münster
Was sind und was sollen die Bilder? in: Kunst als Wissenschaft / Wissenschaft als Kunst, in: www.Kunst-als-wissenschaft.de
Wazbinski, Zygmunt (1987), L'Accademia Medicea del Disegno a Firenze nel Cinquecento. Idea e Istituzione. 2 Bde., Florenz
Weigl, Engelhard (1990), Instrumente der Neuzeit. Die Entdeckung der modernen Wirklichkeit, Stuttgart
Wessely, Anna (1991), Transposing „Style" from History of Art to the History of Science, in: Science in Context, Bd. 4, Nr. 3, S. 265–278
Westfall, Richard S. (1984), Galileo and the Accademia dei Lincei, in: Novità celesti e crisi del sapere. Atti del convegno internazionale di studi Galileiani (Hg.: Paolo Galluzzi), Florenz, S. 189–200
Westfehling, Uwe (1993), Zeichnen in der Renaissance. Entwicklung / Techniken / Formen / Themen, Köln
Whitaker, Ewan A. (1978), Galileo's Lunar Observations and the Dating of the Composition of „Siderius Nuncius", in: Journal of the History of Astronomy, Bd. 9, S. 155–169
Whitaker, Ewan A. (1999), Mapping and Naming the Moon. A History of Lunar Cartography and Nomenclature, Cambridge

Whitaker, Ewen A. (1989), Selenography in the Seventeenth Century, in: The General History of Astronomy (Hg.: Michael Hoskin), Bd. 2, Cambridge, S. 119–143

Wiemers, Michael (2000), „Und wo bleibt meine Zeichnung?". Zur Werkgenese im bildhauerischen Oeuvre des Michelangelo-Rivalen Baccio Bandinelli, in: Michelangelo. Neue Beiträge (Hg.: Michael Rohlmann und Andreas Thielemann), Berlin, S. 235–264

Wilding, Nick (2006), Galileo's Idol: Gianfrancesco Sagredo Unveiled, in: Galilaeana, Bd. III, S. 229–245

Wilson, Fred (2001), Galileo's Lunar Observations: Do They Imply the Rejection of Traditional Lunar Theory?, in: Studies in History and Philosophy of Science, Bd. 32, Nr. 3, S. 557–570

Winkler, Mary G. und Albert Van Helden (1992), Representing the Heavens. Galileo and Visual Astronomy, in: Isis, Bd. 83, S. 195–217

Winner, Matthias (1999), Triumph der Malerei von Federico Zuccari, in: Der Maler Federico Zuccari. Ein römischer Virtuoso von europäischem Ruhm. Akten des internationalen Kongresses der Bibliotheca Hertziana. Rom und Florenz, 23.–26. Februar 1993 (Hg.: Matthias Winner und Detlef Heikamp), München, S. 125–145

Wlassics, Tibor (1974), Galilei Critico Letterario, Ravenna

Wohlwill, Emil (1909), Galilei und sein Kampf für die Copernikanische Lehre, 2 Bde., Hamburg und Leipzig, [Repr. 1968]

Wolf, Gerhard (1991/92), Regina Coeli, Facies Lunae, „Et In Terra Pax". Aspekte der Ausstattung der Cappella Paolina in S. Maria Maggiore, in: Römisches Jahrbuch der Bibliotheca Hertziana, Bd. 27/28, S. 284–336

Yates, Frances A. (1964), Giordano Bruno and the Hermetic Tradition, London

Zangheri, Luigi (2000), Gli Accademici del Disegno. Elenco alfabetico, Florenz

Zapperi, Roberto (1990), Annibale Carraci. Bildnis eines jungen Künstlers, Berlin

Zitzlsperger, Philipp (2002), Gianlorenzo Bernini. Die Papst- und Herrscherportraits. Zum Verhältnis von Bildnis und Macht, München

Zöllner, Frank (2005), Sandro Botticelli, München u. a.

2. 出典略記号

BAM	Biblioteca Ambrosiana, Mailand
BANL	Biblioteca dell' Accademia Nazionale dei Lincei, Rom
Barb. Lat.	Biblioteca Apostolica Varicana, Cod. Barb. Lat.
BMLF	Biblioteca Medicea Laurenziana, Florenz
BNCF	Biblioteca Nazionale Centrale di Firenze
Gal.	Manoscritti Galileiani
GDSU	Gabinetto Disegni e Stampe degli Uffizi, Florenz
Greuter	Stecher: Matthias Greuter
Mair	Stecher: Alexander Mair
Opere	Galileo Galilei, Le Opere, Edizione Nazionale (Hg.: Antonio Favaro), 20 Bde., Florenz 1890–1909 [mehrere Nachdrucke; verwendete Ausgabe: 1968]
Passignano	Domenico Cresti
Scheiner	Christoph Scheiner
Scheiner 1612 Epist.	Christoph Scheincr, Tres Epistolae De Macvlis Solaribvs Scriptae ad Marcvm Velservm, Augsburg 1612
Scheiner 1612 De Maculis	Christoph Scheiner, De Macvlis Solaribvs Tres Epistolae, Augsburg 1612
Scheiner 1613 Epist.	Christoph Scheiner, De Macvlis Solaribvs Tres Epistolae, Rom 1613, S. 1–13
Scheiner 1613 De Maculis	Christoph Scheiner, Accuratior Dispositio Eiusdem Appelles, Rom 1613
Sidereus Nuncius ML	Galileo Galilei, Sidereus Nuncius, Venedig 1610, Privatbesitz, *Martayan Lan*, Inc. (New York)

3. 図版出典（出典証明できないものが含まれる）

Augsburg, Staats-und Stadtbibliothek Abb. 223-235, 323; Anhang: Scheiner (1612), Abb. 405-640

BANL Abb. 302, 303, 324; Anhang: Scheiner (1613), Abb. 406-641

BNCF Abb. 95-102, 121, 123, 125, 127, 135, 146, 147, 150, 152, 154, 155, 172-177, 181, 185-188, 193, 196, 197, 199, 212, 219, 373-376

Martayan Lan, New York Abb. 325, 326; Anhang: Galilei (1613), Abb. 678-717

公刊されているもの Abb. 1: www.allposters.com; Abb. 9: Galluzzi, 1993, Abb. 15; Abb. 12; Galluzzi, 1993, Abb. 13; Abb. 14; Galluzzi, 1993, Abb. 11; Abb. 22; Torriti, 1966, Tav. XI; Abb. 25; Haskell & Penny, 1981, Abb. 172; Abb. 32; Lodovico Cigoli, 1992, Tafel 22; Abb. 33; Lodovico Cigoli, 1992, Tafel 23; Abb. 34; G. Briganti, Der italienische Manierismus, Dresden 1961, Abb. 11; Abb. 35: The Medici, 2002, S. 261; Abb. 41; Muccini, 1997, S. 141; Abb. 42: The Medici, 2002, S. 6; Abb. 43: The Medici, 2002, S. 31; Abb. 44: The Medici, 2002, S. 255; Abb. 45: Die Schätze der Medici, 1997, S. 23; Abb. 47: Giovanni Stradano e Dante, 1994, S. 143; Abb. 48: Giovanni Stradano e Dante, 1994, S. 149; Abb. 49: Giovanni Stradano e Dante, 1994, S. 150; Abb. 50: Giovanni Stradano e Dante, 1994, S. 147; Abb. 51: Brunner, 1999, S. 132; Abb. 71: Codex Leister, 1980, S. 37; Abb. 72: Reeves, 1997, Pl. 5; Abb. 73: und 76: Von neuen Sternen, 2005, S. 132; Abb. 77: Edgerton, 1984, Fig. 8; Abb. 214: Edgerton, 1984, Fig. 8; Abb. 215: Edgerton, 1984, Fig. 9; Abb. 306: Der Blick in die Sonne, 2005, S. 57; Abb. 354: J. Pope-Hennessy, Cellini, New York 1985, Abb. 132; Abb. 361: The Medici, 2002, S. 160; Abb. 362: Uppenkamp, 2004, Taf. VI; Abb. 364: Claude Mellan, 1999, S. 259; Abb. 365: The Illustrated Bartsch, 1983, Bd. 44, S. 336; Abb. 367: Naturalia, 1992, S. 194

著者所蔵のもの Abb. 7, 10, 11, 13, 24, 26, 36-40, 46, 69, 70, 75, 78-81, 90-94, 105-111, 160, 202-211, 216, 357-360, 363, 365, 370-372

4．歴史人物索引

[ア行]

アイク、ヤン・ファン　101, 103
アヴィケンナ　29
アヴェロエス　94
アウソニオ、エットーレ　116
アッローリ、アレッサンドロ　49, 55
アッローリ、クリストファーノ　26, 105, 106, 328-330, 334, 349
アラマンニ、ルイジ　75-77
アリエッティ、アンドレア　347
アリオスト、ルドヴィコ　52, 53, 57, 63, 69, 70, 74, 92, 365
アリストテレス　29, 30, 93, 94, 270, 291, 306, 311, 355, 359, 366, 369, 373
アルキメデス　41, 44, 47
アルベルティ、レオン・バティスタ　44-46, 79, 368
アントニーニ、ダニエロ　303
アンマナーティ、バルトロメオ　30, 32, 52

インペラート、フェランテ　61, 62

ヴァイアーニ、アレッサンドロ　341, 349
ヴァイアーニ、アンナ・マリア　337-339, 342-347, 349
ヴァザーリ、ジョルジョ　16, 25, 28, 39, 64, 68, 89, 90, 323, 375
ヴァルキ、ベネデット　314
ヴァロターリ、アレッサンドロ　331, 332
ヴァン、ヘームスケルク・マールテン　132
ヴィヴィアーニ、ヴィンチェンツォ　17-19, 24-29, 36-39, 42, 44, 46, 52, 92, 106, 251, 319, 325, 328, 341, 365, 372
ヴィドマン、ダニエル　282, 283
ヴィトルヴィウス　17
ヴィニョーラ、ジャコモ・バロッツィ　60

ヴィンタ、ベリサリオ　170, 172, 197, 229, 230
ヴェルギリウス　333
ヴェルザー、マルクス　236, 241, 246, 250, 270, 271, 273, 277, 278, 291, 293, 303, 305, 306
ヴェルテロ、アレッサンドロ　72, 76
ウルバヌス8世　16, 22-24, 340

エルスハイマー、アダム　101-103
エンポリ　26

[カ行]

カステリ、ベネデット　280, 304, 305, 309, 347, 351
カストラヴィラ、リドルフォ　72
カストルッチ、ジョヴァンニ　54
カタネオ、ピエトロ　80
ガッディ、ニコロ　61
カプラ、バルダッサーレ　130, 131, 378
カラヴァッジョ　335
ガリレイ、ヴィンチェンツォ　313
カルディ、ジョヴァン・バティスタ　42
カルディ、セバスティアーノ　320, 321
カルディ、ロドヴィコ　26, 43
ガレ(父)、コルネリス　77
カローニ、アンブロジオ　67
カローニ、ステファノ　67
カント、イマヌエル　ii, 9, 20
カンビアーゾ、ルーカ　2, 36

ギルバート、ウィリアム　97

グァルテロッティ、ラファエロ　114
クィンティリアヌス　323
グェッラ、ジョヴァンニ　32, 33
クック、ヒエロニムス　132
クラーヴィウス、クリストフ　355, 356, 358, 359
クレスティ、ドメニコ　26
クレモニーニ、チェザーレ　355

グロイター、マテウス 291-302, 342, 380

ケプラー、ヨハネス 4, 103, 270, 320, 366, 370

ゲラルディーニ、ニコロ 38, 42, 46, 47

コシミーニ 303
コジモ1世 41, 64, 80
コジモ2世 110, 229, 332, 333
コッカパーニ、シジスモンド 105, 309
コペルニクス 270
ゴルゾーニ、ジュゼッペ 215
コルテージ、ヤコポ 339
コレッジオ 55
ゴンザーガ、フェルディナンド 215
コンスタブル、ジョン 162
コンティ、カルロ 291

[サ行]

サグレド、ジョヴァンフランチェスコ 305, 325-328, 330-332, 334, 349, 370
サルヴァトゥス、クラウディウス 349, 351
サルヴィアーティ、フィリッポ 281, 365
サルト、アンドレア・デル 98
サルピ、パオロ 114, 130, 133

ジェンティレスキ、アルテミジア 334-337, 340, 349
シャイナー、クリストフ i, 136, 239-252, 254, 255, 257, 257, 258, 260, 263, 267, 269-271, 273, 276, 280, 281, 291-295, 297, 304-306, 325
シャル、アダム 234
ジュスティニアーニ、ヴィンチェンツォ 314, 343
ジュスティニアーニ、ガリレア 345
シュミット、ユリウス 285
ジョット 25, 38

ステルーティ、フランチェスコ 298
ストラダーノ、ジョヴァンニ 74, 75

セッラ、ヤコポ 108

[タ行]

ダ・ヴィンチ、レオナルド 7, 95-98, 100, 101, 103, 123, 320, 377
ダ・サンガロ、ジュリアーノ 72
ダ・チゴリ、コシミニ・カルディ 277
タッソ、トルクァート 52, 53, 57, 59, 60, 68-71, 108, 334, 361, 365
ターナー、ウィリアム 162
タルタリア、ニコロ 37
ダル・ポッツォ・カッシアーノ 343
タルボット、フォックス 281
ダンテ 71, 73-75, 78, 333
ダンティ、エグナツィオ 64

チェザリーニ、ヴィルジニオ 318
チェージ、フェデリコ 109, 169, 291, 294, 295, 298, 303, 380
チェッリーニ、ベンヴェヌート 39-41, 62, 314
チェレステ、マリア 347
チゴリ、ロドヴィコ 16, 17, 26-28, 41-43, 46-50, 52, 55-57, 77, 78, 90, 99-102, 105, 107-111, 250-253, 260-267, 278, 280, 281, 295, 298, 303, 306-314, 317-320, 322, 323, 325, 332, 335, 355, 356, 358, 378, 380
チマブエ 25, 38

ツュザト、ヨーハン・バプティスト 240

デ・アンジェリス、パオロ 108
ティエポロ、バッティスタ、ジョヴァンニ 162
ディ・コローニャ、シジスモンド 304, 305
ティツィアーノ（ティツィアーノ・ヴェチェリオ）326, 332
ティッツァーティ、ジローラモ 21, 23, 24
デカルト、ルネ 136
デ・ドミニス、マルカントニオ 133-135

付録III　参照事項　555

デ・メディチ、アントニオ　113
デ・メディチ、カルロ　49
デ・メディチ、ジャン・ガストーネ　20
デ・メディチ、ジョヴァンニ　46, 95
デ・メディチ、レオポルト　25
デューイ、ジョン　7
デューラー、アルブレヒト　6, 73, 86, 368
デラ・ヴォルパイア、ロレンツォ　64
デラ・ポルタ、ジョヴァン・バッティスタ　114, 320
デル・ストラエト、ヨハン、ヴァン　74
デル・モンテ、フランチェスコ・マリア　110

ドルチ、カルロ　343

[ナ行]

ニコリーニ，カテリーナ・リカルディ　340
ニコリーニ、フランチェスコ　16, 340
ニスロン、フランソワ　319
ニュートン　20

ネッリ、ジョヴァンニ・バッティスタ　18, 20

[は行]

パウロ5世　105
バッサーノ、ジェローラモ　326-328
バッサーノ、レアンドロ　332, 326
バッサーノ、レオナルド　331
パッシニャーノ、ドメニコ　26, 250-254, 332
バッティスタ、ジョヴァンニ　80, 347
パードレ、サルピ　251
ハリオット、トーマス　103-105, 234, 239, 271
バリオーニ、トンマーゾ　129-131, 133, 203, 218, 359
バルディヌッチ、フィリッポ　19, 26, 42, 55, 320, 339
バルバロ、ダニエレ　80
バルベリーニ、フランチェスコ　15, 341, 348

バルベリーニ、マッフェオ　250, 283, 303, 309, 311
パルミジャニーノ　61, 62
バンディネッリ、バッチオ　61-63
ピットーニ、バッティスタ　132
ピネリ、ジョヴァンニ・ヴィンチェンツォ　79
ビュリヴェルト、ジャック　65, 67
ピンドロス　374, 375
ファブリチウス、ヨハンネス　239, 240
フィオレンティーノ、ロッソ　49, 51, 56, 365
フェラーリ、ジョヴァン・バティスタ　341, 343
フォジーニ、ヴィンツェンツォ　21, 23
フォジーニ、ジョヴァンニ　21
ブオナローティ・イル・ジョヴァーネ、ミケランジェロ　105, 106, 340, 341, 348, 349
フォン、ナッサウ・モーリッツ　114
フォンタナ、フランチェスコ　375
ブォンタレンティ、ベルナルド　42, 43, 65, 67, 68
フック、ロバート　218
プッチーニ、ベルナルド　80-86, 88-92, 375
フライジング大公（エレットーレ）　172
プラトン　371, 381
フランソワ1世　66
フランチェスコ1世　65, 80
プリニウス　323
ブリューゲル、ヤン　343
プルタルコス　95, 96, 100
ブルーノ、ジョルダーノ　270, 371
ブレンガー、ヨーハン・ゲオルク　214, 216
ブレンツォーニ、オッターヴィオ　227
フロイト、ジークムント　6
ブロンズィーノ　26, 328

ベオロニェーゼ、ジョヴァン・アントニオ　39
ベニヴィエニ、ジロラモ　72

ベリチ、ジョヴァン、バッティスト 129
ベルニーニ、ジョヴァンニ・ロレンツォ 22-24, 341
ペーレスク、ニコロ・ファブリ 349

ボス、アブラハム 319
ボッカッチ、ヴィンチェンツォ 105
ポッチェッティ、ベルナルド 54
ボッティチェリ、サンドロ 72, 76, 356, 357
ホッブス、トーマス 7-9
ボルギーニ、ヴィンチェンツォ 89
ホルバイン、ハンス 60
ボロニェッティ、ジョルジョ 15, 17

[マ行]

マイア、アレクサンダー 242-250, 276, 292, 304, 380
マウリ、アリンベルト 93
マツォレッティ、マルカントニオ 218
マネッティ、アントニオ 72, 74-76
マリノ、ジョヴァンニ・バティスタ 357
マルティーニ、フランチェスコ・ディ・ジョルジオ 80
マンゾーニ、ヤコポ 73
マンテーニャ、アンドレア 361

ミカンツィオ、フルジェンツィオ 251
ミケランジェロ、ヴィンチェンツォ 19
ミケランジェロ、ブオナローティ 15-17, 20, 22, 24, 26, 27 30, 57-59, 172, 318, 326, 365

メイエッティ、ロベルト 129-131
メラン、クロード 196, 338, 342, 349, 350

モレッリ、ジョヴァンニ 6

[ヤ行]

ユークリッド 44, 46, 47, 52, 79, 92

[ラ行]

ライプニッツ、ゴットフリート・ヴィルヘルム 7-9
ラ・ガラ、ジュリオ・チェザーレ 359-363, 367
ラファエロ 53, 326, 365

リゴッツィ、フランチェスコ 333
リチェティ、フォルトゥニオ 369, 376
リッチ、オスティリオ 25, 36-39, 41, 42, 44-47, 79, 108, 116
リッパーヘイ、ハンス 114

ルクレティウス 361
ルディウス、エウスタキウス 134, 135
ルーベンス、ペーテル・パウル ii, 100, 102

レオナルディ、ジョヴァン・ヤコポ 80
レオーニ、オッターヴィオ x, 352, 353
レーテンベック、ミヒャエル 378

ロウアー、ウィリアム 104, 105

訳者あとがき

　本書はHorst Bredekamp: Galilei der Künstler. Der Mond, die Sonne, die Hand, Berlin（Akademie, 初版2007、再版2009）の全訳である。
　ホルスト・ブレーデカンプ（1947年キール生まれ、現在ベルリン・フンボルト大学芸術史教授）には、優れた芸術史の著作が多数あるが、『トマス・ホッブス　リヴァイアサン』に始まり、ライプニッツ論『モナドの窓』（産業図書刊）を経て、本書ガリレイ論に至り、＜思想史におけるヴィジュアルの力＞3部作の完結と自ら宣言している。ヨーロッパの学会、読書界では絶賛の書評が相次いだ。

＊＊＊

　3部作を通じて、ヴィジュアルなものこそヨーロッパの悟性構造に深く根ざしていたはずだというのが、最も視野を広く取った場合のブレーデカンプの主張である。つまり哲学がヨーロッパ史を説明すべくもっぱら抽象思考の純度を尺度にしてきたことを、彼は訂正しようという。本書はヴィジュアル・スタディーズによるガリレイ研究であり、この点を共通項として、3部はそれぞれ独立している。
　第一、図版研究からガリレイに接近できるということ自体、新局面にちがいない。
　それもガリレイの知られざる一面という程度のことなら、「ミケランジェロの再来」と呼ばれるにいたる話、アルテミジア・ジェンティレスキといった女性芸術家に大いなる感謝の言葉をたむけられるほどのヒューマンな援助者であったといった話……など、トリヴィアなエピソードにことかかない。しかし、ブレーデカンプはそんなレベルを越えて、「芸術家ガリレオ・ガリレイ」と挑発してくるのである。

では、ガリレイの知られざる芸術作品があるとでも？　まずもって本書の中心を占めるのは、素材のみならずテーマからいっても月相図と太陽黒点図であり――とりわけ『星界の報告』ML版の手描きの月相図は本書によって初めて公開される――付録には原図大で採録され、その筆致をできるだけ追査できるようにしてある。なぜそのようなことが必要なのか、「芸術家ガリレイ」というタイトルに関わることである。

＊＊＊

　1冊の研究書を仕上げるにあたって、手だれのストーリー・テラーであるブレーデカンプは、ルーカ・カンビアーゾの先駆的キュビスムに似ていると評される落書きから何気なく語り始め、最終ページ、河岸都市風景の一気呵成の運筆にふれて語り収めとする。そのあいだ反・マニエリスム美学や円形美学などに話を広げながら、じつは、まず、科学史の常識の若干の訂正をふくみつつ問題提起がなされているので、蛇足と思うのだが、そのことを以下に確認して訳者の後説としたい。

　ヨーロッパを2000年にわたって支配した宇宙観を、1610年3月公刊の『星界の報告』が揺るがせる。それは月面が「疱瘡の跡」のような姿をしていることを図版によって明らかにしたことに発する。アリストテレス以来ヨーロッパ人を支配してきた観念によれば、＜月より上の世界＞と＜月より下の世界＞という区別は絶対で、＜月より上＞は完璧な天界、その証拠に月面は第2の太陽として鏡面の完璧さをもって煌々と輝くのである。そこでこう言われる。望遠鏡の発明者でもないガリレイの功績は望遠鏡を宇宙に向けたこと、月を観測したことにあると。世界観を揺るがすほどの劇的な大発見は、しばしばこんな「瓢箪から駒」みたいな話から生まれるのさ、というような声が聞こえてこないだろうか。瓢箪から駒とは、通史が出来事を説明する際の常套手段である。

　だれが最初の発見者なのかというレベルの話なら、月の表面を望遠鏡で最初に覗いた人は、ガリレイではない。ハリエットあたりに功ありとすればいい。太陽黒点を最初に覗いた人もガリレイではない。ガリレイがプライオリティをやっきとなって争った相手シャイナーの方に軍配をあげるのもいいだろう。そもそも黒点自体、大昔から認識されていたという話である。どちらもガリレイに功ありと記録されたのであれば、それはライヴァルをあらゆる手段を弄して

ガリレイが蹴落としたから……ではない。

そこでブレーデカンプは問いをたてなおす。最初に見たからといってどうだというのか。むしろ、いっせいに同時代人も宇宙を覗き込んだのであって、にもかかわらずガリレイ（と、その友人たち）以外、月面が滑らかではなく山あり谷ありなのだと、どうして発見できなかったのか。どうして黒点は黒点と分からなかったのか。

見れば一目瞭然だったはずなのでは？　見たことがガリレイの勝利だったのでは？　それゆえ以下はガリレイだけが見ることに成功した理由の追求である。

＊＊＊

ガリレイがひたすら見た結果が月相図であり、4種類の図版となって眼前に供される。

　1）1610年1月7日の書簡に説明される月相図
　2）フィレンツェ中央図書館所蔵7つの月相図
　3）世に普及した『星界の報告』所収の5点の銅版画
　4）『星界の報告』MLに手書きされた5点の月相図。

1）は、著作集中に活字化された書簡の図版できわめて不鮮明。2）は表現精度の高いシリーズで、これこそが図版の魅力のオーラを放ってきたのだが、番号が不思議な配列になっている。3）は原図大で見てみると、線がはみ出ていたりして、プロの銅版画師にはあるまじき興味深いミスが散見される。4）は、本来、3）の銅版画が入るはずのページに、後から月相図を手描きで描き込んだ世界で唯一の版であり、ようやく徹底的な検証が行われたのは、まさに本書によってなのだ。

2）、3）、4）についてそもそも作画者がだれなのかは不明であったところ、ブレーデカンプが図像学の眼をもってその表現媒体であるペンや筆のタッチの性質を同定していった。本書の主な部分はこの作業に費やされる。それはくだくだしく、翻訳する身には難行であったのだが、〈見ること〉をなぞるブレーデカンプをさらになぞる作業として、訳者にはやがて稔りをもたらしてくれるものだった。

さて月相図と同じ問題が太陽黒点図にもある。これも原図大にてシャイナー

を始め幾人かの太陽黒点図が掲載され比較の便宜が図ってある。ガリレイの素描がいかに飛び抜けているか。せんないことながら岩波文庫の『星界の報告』に掲載された太陽黒点図では判別不可能なことである。本研究にはどうしても精度の高い、原図大の図版が必要な理があるのである。

　ところで、ガリレイはまごうことなき近代科学の代表という単一なイメージに凝り固まっているので、20世紀に集中砲火を浴びたのも当然だった。例えばフッサール、アレクサンドル・コイレ、ファイヤアーベントといった論客たち、ビッグ・ネームが並んだわけだが、今や揺り戻しが来ている。ただし、訳者の狭い知見からいっても、たとえば伊東俊太郎『ガリレオ』（「人類の知的遺産」1985年刊）には、コイレは間違っている、ガリレオは「手の人」の側面があるのだから、という評価はすでにあった。

　ガリレイ見直しの一般的な趨勢のみならず、すでにブレーデカンプのガリレイ論の衝撃は我が国にも到達していて、「現代思想」（2009年9月号）のガリレオ特集の巻には、田中純によるブレーデカンプ論が掲載され、パノフスキイによる「芸術批評家としてのガリレオ」（1954）から展開していくブレーデカンプの発想の仕方が綿密に批判されている。

＊＊＊

　ケプラーの唱えた惑星楕円軌道をガリレイが迂回したについては、後者に円形に対する審美的嗜好があったからだというパノフスキイの有名な議論は、以下のような二項定立となって展開を見る。

楕円軌道／ケプラー／マニエリスム／タッソの驚異詩学／代数学／抽象思考／観念図法
円形軌道／ガリレイ／古典主義　／アリオストの詩学／幾何学／自然の観察／透視図法

　これらの対照された二項は連鎖しているし、並列もしていて、いっそ横に＝記号で読むことも可能である。すると自然を一切観察することなしに代数学的計算で惑星軌道を描いてしまうケプラーにまったく共感しないガリレイがいる。円形美学にとらわれているという言い方をするのなら、ガリレイはアリストテレスの線上にあるわけだ。しかしこれら二項定立は互いにからまるので、パノフスキイの脱構築のように見えて来るのである。

「現代思想」誌についてもう少し拾っておくと、ガリレイといえば功名争いに命を削る現代科学者の先駆けとして嫌悪する村上陽一郎をのぞいて、大方は、20世紀に否定されたガリレオと異なる新局面が今始まっているのだということを分からせてくれる特集になっていた。例えば、宇宙線物理学の桜井邦朋による太陽黒点の研究。近い将来に予定される小氷河期というか、無黒点期の開始に関わって、ガリレイの黒点観測から17世紀の太陽自転パターンを解析してある。科学者たちのデータがニュートラルに時代を越えて机上に交錯する様子には、あらためて感動。科学者が見れば17世紀初頭のガリレイの素描を現役データとして検証し直すことができるのだ。

ではこうした科学的情報処理の問題ではなく、メディアの問題としてはどうなのか。

ガリレイと友人チゴリ界隈以外の者にとって、月相図も黒点図もアリストテレスの空間を否定し、月と太陽という神聖な像の冒瀆をもたらすものであり、かえりみて自分たちがいかに望遠鏡の向こうに新しい発見をしようが、それはアリストテレスの世界像を強化する発見でしかなかった。シャイナーの描く黒点、つまり使用メディアは記号であるのに、ガリレイの記録した黒点は、実写の細密さを帯びているかのようだ。そうガイドされてガリレイの残した黒点図を見ると、顕微鏡下の微生物のような生気すら感じさせるだろう。そしてたぶん先の物理学者桜井邦朋にとっては、ガリレイの質感溢れる黒点図でもシャイナーの記号的黒点図でもメディアとしてはどちらでも良かっただろうと忖度する次第だ。黒点の数が何より記録としては重要なのだろうから。

誰が最初か、を現代科学者が争わなければいけなくなったのは、モラルの問題というより、望遠鏡というメディアのせいだと、ついでながらブレーデカンプは卓抜な指摘をしている。

＊＊＊

最後に『偽金鑑識官』の有名な一節が検討される。＜数学言語なかりせば宇宙を解読することはかなわない＞という考え方は、世界が数学構造をしており、数学によってこそ解析できるという思想の表明であるのかどうか、むしろ数学の限定適用を志向していたということではないのか。「現代思想」誌の諸論文も同様の解釈傾向にあった。いや、それどころか、ブレーデカンプにかか

ると、近代科学のチャンピオンがまさかのオルタナティヴに反転しそうな形勢である。

　＜ひたすら見ること＞、そして「球、円錐、ピラミッド」などの立体を介した幾何学によって対象に＜浸透する／分け入る＞こと、ガリレイの自然学はこの二つの上に成り立つ。内部に至るには代数学に信をおくことができない。ひたすら見るための光と影の遠近法の習熟が肝要なのであった。されば実測できないものは、たわごとにすぎない。

　そもそもガリレイが様々に描き散らしていた落書きが芸術的素描というわけにはいかないなどと、いまさらそのようなことが問題ではないだろう。そしてまた、そこでは平行線、斜線、交差線の運用が達人の域に達しているというようなレベルの話でももはやないだろう。時代を遠くから俯瞰して見れば、ここには新たな遠近法が発明されていった経緯に平行して、眼を変成させた者たちがいるということなのだ。このあたりブレーデカンプは十分用心して、新しい「素描家ガリレイ」と言えるだけの論証を全編にわたって積んでいく。それは眼と手の両方において専門家であるような相互練成である。内容と器（メディア）の一致、言おうとすることと表現スタイルの一致こそ芸術家でなければなせない技であるだろう……。

　様々な刺激的な知見と素材の微に入った検討に従っていると楽しく沃野に迷ってしまうので、以上、大筋の（つまり痩せた）論の運びを記してみた。余計なことと思う。訳者としては、月相図の美しさに心底魅了され、太陽黒点図については説明を受けるほどにその美へと眼を開いてもらうだけで、有り難かった。

＊＊＊

　ガリレイの残した素描がガリレイの＜見ること＞の自然学そのものであったことを証する、そのブレーデカンプもまた＜見ること＞の哲学を形作るまでに500ページになんなんとする見る作業と遠近法への習熟を披歴してくれた。本書のタイトルはそういうことの十分な自認の表れであると、訳者は絶賛するものである。

　なお、口絵キャプションは読者の便宜のために訳者が加えたもので、ご容赦

いただきたい。最後に原著者の——ガリレイの新局面を開く本邦初公開の——図版の精緻さと原図大へのこだわりを、ぎりぎり引き受けてくださった産業図書編集部鈴木正昭さんに感謝！

　2012年8月

〈訳者略歴〉

原　研二（はら・けんじ）
- 1978年　東京大学人文科学科大学院独文学博士課程中退
- 1978年　名古屋大学教養部ドイツ語講師
- 1981年　ウィーン大学人文学部演劇学科留学（1983・9帰国）
- 1986年　東京都立大学人文学部独文学研究室助教授
- 1996年　東京都立大学人文学部独文学研究室教授
- 2007年　大妻女子大学比較文化学部教授
　　　　　現在に至る

主な著書：『シカネーダー』（平凡社），『グロテスクの部屋』（作品社），
　　　　　『オペラ座』（講談社）
主な訳書：ジョン・ノイバウアー『アルス・コンビナトリア』（ありな書房），
　　　　　H・P・デュル『再生の女神セドナ』（法政大学出版局），
　　　　　ホルスト・ブレーデカンプ『モナドの窓』（産業図書）

芸術家ガリレオ・ガリレイ
——月・太陽・手——

2012年11月30日　初版

著　者　ホルスト・ブレーデカンプ
訳　者　原　研二
発行者　飯塚尚彦
発行所　産業図書株式会社
　　　　〒102-0072 東京都千代田区飯田橋2-11-3
　　　　電話 03(3261)7821（代）
　　　　FAX 03(3239)2178
　　　　http://www.san-to.co.jp

装　幀　戸田ツトム

© Kenji Hara 2012　　　　印刷・平河工業社　製本・小高製本工業
ISBN978-4-7828-0174-1 C1070

モナドの窓
ライプニッツの「自然と人工の劇場」

ホルスト・ブレーデカンプ
原　研二訳

A5判／352頁／3675円

ライプニッツには一見解読不能のシュールなスケッチ群が残されている。思考の速さに追いすがるペンの創痕。それは彼の脳が一直線に「表象の劇場」に接続していくスリリングな現場である。図像の力に共鳴するブレーデカンプが解読する。これが「モナド」のライプニッツなのか！？

ヴァーチャル・ウィンドウ
アルベルティからマイクロソフトまで

アン・フリードバーグ
井原慶一郎・宗　洋訳

A5判／436頁／3990円

絵画、カメラ・オブスクーラ、写真術、建築、映画、テレビ、コンピュータ。「窓の隠喩」をキーワードに据えて、ルネサンス期のアルベルティの遠近法から現代のコンピュータ・スクリーンまで、視覚とフレームの関係を大胆に縦横無尽に論じ尽くした映像メディア研究の才媛アン・フリードバーグの名著。

バーバラ・M・スタフォード／高山　宏訳　［既刊4点］

実体への旅
1760－1840年における美術、科学、自然と絵入り旅行記

B5判／672頁／8400円

キャプテン・クックはじめ18世紀西欧の探険家たちが未踏異域の驚異の情報を文明界に伝えた厖大な旅行実記に今、前代未聞の光が当てられる。近代の出発点が経験した文明と自然の関係をめぐる知恵が、近代の終着点が抱えた〈環境〉の難問（アポリア）を解く手掛りとなる！

ヴィジュアル・アナロジー
つなぐ技術としての人間意識

A5判／260頁／3360円

「分ける」が「分かる」を生んだ近代四百年の二元論思考崩壊の今、かつてマギア（魔術）と呼ばれエロス（愛）と呼ばれた類比と共感のバロック・ヴィジョンを最新の脳科学の只中に蘇らせる奇跡的説得の書。バロック哲学者G・W・ライプニッツの世界再積分の夢、今こそ！認知科学は完全に美学となる！

グッド・ルッキング
イメージング新世紀へ

A5判／320頁／3990円

17世紀バロックの驚異博物館、18世紀ピラネージの廃墟絵画、そして近代科学を準備した博物学、顕微鏡学。近年話題を集める視覚文化の画期的現象を、新千年紀劈頭いよいよ急転回するコンピュータ文化の先駆として一線上に系譜化して学界、読書界をアッといわせた名著、ついに邦訳！

アートフル・サイエンス
啓蒙時代の娯楽と凋落する視覚教育

A5判／486頁／4410円

二千年人類史の終りに沸騰する電子メディア革命。その渦中に滅ぶも生きるもこの本次第だ。18世紀視覚文化の驚異の異貌に21世紀の黎明を透かしみる未聞の博識知、登場！　図版197。

価格は消費税(5%)込